# COLLECTION

DE

# DOCUMENTS INÉDITS

SUR L'HISTOIRE DE FRANCE

PUBLIÉS PAR LES SOINS

DU MINISTRE DE L'INSTRUCTION PUBLIQUE

Par arrêté du 23 juin 1891, M. le Ministre de l'Instruction publique et des Beaux-Arts a ordonné la publication, dans la Collection des documents inédits relatifs à l'Histoire de France, de la *Correspondance administrative d'Alfonse de Poitiers*, par M. Auguste Molinier, professeur à l'École nationale des Chartes.

M. le M<sup>is</sup> de Laborde, membre du Comité des travaux historiques et scientifiques, a été chargé de suivre cette publication en qualité de Commissaire responsable.

# CORRESPONDANCE

## ADMINISTRATIVE

# D'ALFONSE DE POITIERS

PUBLIÉE

## PAR AUGUSTE MOLINIER

PROFESSEUR À L'ÉCOLE NATIONALE DES CHARTES

## TOME PREMIER

## PARIS

### IMPRIMERIE NATIONALE

M DCCC XCIV

# AVANT-PROPOS.

L'éditeur se propose de joindre au tome II de la *Correspondance administrative d'Alfonse de Poitiers* une introduction étendue sur l'origine et la valeur de ce précieux recueil; il lui paraît toutefois indispensable d'expliquer dès maintenant en quelques mots le plan suivi par lui et la manière dont il a exécuté ce plan, une fois celui-ci arrêté dans ses grandes lignes.

Dès le XVIII<sup>e</sup> siècle, les manuscrits, objets de la présente publication, ont été consultés par D. Vaissete, auteur de l'*Histoire générale de Languedoc*, mais le savant bénédictin paraît n'en pas avoir suffisamment apprécié l'intérêt et s'est contenté d'y prendre quelques courtes notes. C'est à Edgar Boutaric que revient l'honneur d'avoir signalé à l'attention des historiens cette mine féconde qu'il fut le premier à mettre en œuvre dans son livre bien connu : *Saint Louis et Alfonse de Poitiers*[1]. Mieux que personne, Boutaric savait combien il était loin d'avoir épuisé cette riche matière, et, peu après l'apparition de l'ouvrage cité plus haut, il proposa au Comité des travaux historiques l'impression intégrale de cette précieuse correspondance. Mais le temps lui manqua pour cette tâche longue et difficile, et, quand il succomba en 1877 à la maladie qui le minait depuis près de deux ans, la publication n'était pas même ébauchée.

[1] Paris, Plon, 1870, in-8°.

AVANT-PROPOS.

Le Comité confia alors l'ouvrage à M. G. Saige, alors archiviste aux Archives nationales. Le nouvel éditeur se mit à l'œuvre et fit exécuter la copie des deux registres subsistants. Mais il semblait que l'entreprise jouât de malheur. En 1881, M. Saige quitte Paris et devient archiviste de la principauté de Monaco. Absorbé par ses nouvelles fonctions, par la préparation et la mise au jour de ces précieux recueils sur l'histoire des Grimaldi que le monde savant a accueillis avec tant de faveur, M. Saige n'avait guère le temps de mener rapidement une publication de nature aussi particulière et qu'il était à peu près impossible d'exécuter loin de Paris. Il n'ignorait pas que depuis de longues années le signataire du présent avant-propos s'occupait de l'histoire du midi de la France; il crut, peut-être à tort, ne pouvoir remettre en meilleures mains la tâche qu'il prévoyait ne pouvoir accomplir. Qu'il reçoive ici les remerciements de son successeur; grâce à cette abnégation, tous ceux qui s'occupent de l'histoire administrative de l'ancienne France pourront bientôt consulter cette volumineuse correspondance qui, l'éditeur croit pouvoir l'affirmer, est l'un des plus précieux restes des archives capétiennes du XIII$^e$ siècle.

Le présent volume renferme le premier des deux registres de mandements conservés aux Archives nationales et une partie du second; dans le tome II figureront, avec la fin de ce dernier recueil, quelques fragments conservés aux Archives nationales et à la Bibliothèque nationale. Si la place ne lui fait pas défaut, l'éditeur compte y joindre les mandements isolés qu'il aura découverts d'ici là (ils seront du reste en petit nombre) et divers documents administratifs, tels que *Mémoriaux*, sentences judiciaires, décisions du conseil ou parlement du prince. Une table unique des noms propres et des matières complétera l'ouvrage.

Les registres d'Alfonse de Poitiers sont divisés par années et par sénéchaussées; l'année administrative va naturellement d'une Pâque

## AVANT-PROPOS.

à l'autre. Ils paraissent avoir été tenus au jour le jour, mais tantôt, — l'éditeur espère le démontrer dans l'introduction, — les pièces ont été transcrites d'après les minutes primitives ou les originaux prêts à être scellés, tantôt, au contraire, ce sont des minutes originales, corrigées par les clercs du comte et d'après lesquelles ont été exécutées les expéditions définitives. Ce sont donc à la fois des registres de chancellerie et des recueils de minutes. Par suite, il fallait publier les manuscrits dans leur ordre actuel, sauf à rectifier quelques erreurs de reliure. Au surplus, en procédant ainsi, on arrivait à dater aisément beaucoup d'actes qui ne renferment que des éléments chronologiques incomplets et se datent par la place même qu'ils occupent dans le registre.

Les titres des originaux ont été conservés et reproduits, sauf à les compléter quand ils paraissaient trop vagues; ces additions, ainsi que les titres donnés aux actes qui n'en ont pas dans les manuscrits, sont toujours placées entre crochets. L'annotation a porté principalement sur les noms de lieux; à la table finale, on trouvera tous les renseignements désirables sur les personnes et les familles citées. Quelques notes éclaircissent les passages obscurs du manuscrit, expliquent les raisons pour lesquelles l'éditeur a adopté telle ou telle date pour un acte particulier, ou corrigent une faute évidente du texte original. Enfin on a indiqué soigneusement les pièces publiées antérieurement, soit par Boutaric, dans son volume sur Alfonse de Poitiers, soit par M. B. Ledain, dans l'*Histoire d'Alphonse, frère de saint Louis et du comté de Poitou sous son administration*[1], soit enfin au tome VIII de la nouvelle édition de l'*Histoire de Languedoc* de D. Vaissete[2], que nous avons donnée il y a quinze ans.

En terminant, il sera permis à l'auteur de remercier le Comité

---

[1] Poitiers, Oudin, 1869, in-8°. — [2] Toulouse, Privat, 1879, in-4°.

des travaux historiques, qui a bien voulu lui confier cette lourde tâche, et particulièrement M. le marquis de Laborde, commissaire responsable, qui a lu les épreuves de la correspondance d'Alfonse avec le soin et l'exactitude dont il avait déjà fait preuve dans la préparation du tome III des *Layettes du Trésor des Chartes*.

Paris, 1er janvier 1894.

A. MOLINIER.

# CORRESPONDANCE

## ADMINISTRATIVE

# D'ALFONSE DE POITIERS.

---

### PREMIER REGISTRE.

(Arch. nat., JJ. xxiv<sup>e</sup>.)

### LITTERE TERRE PICTAVENSIS,

INCEPTE IN PASCHA, ANNO DOMINI M° CC° LX° VII°.

---

I

(Fol. 1.) 28 apr. 1267. — SENESCALLO PICTAVENSI PRO PRIORE DE RUFFIACO [CONTRA DOMINOS DE OBLINQUO].

Alfonsus, filius regis Francie, comes Pictavensis et Tholose, dilecto et fideli suo senescallo Pictavensi salutem et dilectionem. Mandamus vobis quatinus priorem de Ruffiaco Le Franc[1] super hiis que proposuerit coram vobis contra dominos de Oblinquo[2], ratione cujusdam carte dicto prioratui olim a dominis de Ruffiaco, ut dicitur, concesse, diligenter audiatis, et vocatis dictis dominis et qui fuerint evocandi, auditisque eorum rationibus, a personis et super rebus ad jurisdicionem nostram spectantibus dictam cartam teneri et observari, prout justum fuerit, faciatis, nisi causam inveneritis quare non debeat observari. Datum apud Avalonem[3], die jovis post octabas Pasche.

[1] Ruffec, Indre, cant. le Blanc: autrefois prieuré de Saint-Alpinien.
[2] Le Blanc, Indre.
[3] Avallon, Yonne.

## 2

1 mai. 1267. — SENESCALLO PICTAVENSI PRO GUILLELMO BERAUDI ET EJUS FILIIS [CONTRA PRIOREM ET CAPITULUM BEATE RADEGUNDIS].

Alfonsus, *etc.*, senescallo Pictavensi, *etc.* Cum inter priorem et capitulum Beate Radegundis Pictavensis, ex una parte, et Guillelmum Beraudi et ejus filios, ex altera, per venerabilem patrem... episcopum Cenomanensem olim facta fuerit quedam composicio seu ordinacio super injuriis, ut dicitur, illatis dicto Guillelmo et ejus filiis, quam quidem composicionem, ut dicitur, nolunt predicti prior et capitulum observare, mandamus vobis quatinus dictos priorem et capitulum ex parte nostra requiratis seu requiri faciatis ut dictam composicionem seu ordinacionem, prout condecet et justum fuerit, observent, teneant et adimpleant, et faciant observari. Responsionem autem, quam vobis fecerint super hoc, nobis ad instans pallamentum in crastino quindene Penthecostes in scriptis refferatis. Datum die dominica in festo apostolorum Philippi et Jacobi, anno Domini M° CC° LX° VII°.

## 3

9 mai 1267. — AU SENESCHAL DE POITOU POUR LA MONOIE.

Aufonz, fiuz de roi de France, coens de Poitiers et de Tholose, à son amé et son fael, au seneschau de Poitou, saluz et amour. Nos vos mandons que vos requerez et amonesteez de par nous les monaieurs de Monsteruel [1] que il facent si bien et si loiaument la monoie de Poitevins que il n'en puissent estre repris, et le dites et commandez de par nos au chastelein et au chapelein de Monsteruel que il les monaiers en requierent et amonestent sovent que il la facent bien et loiaument, et que il soient curieus et ententis en garder la dite monoie. Ce fu fet à Rampellon [2], le lundi après la feste de l'invencion seinte Croiz en mai, l'an mil CC LXVII.

[1] Montreuil-Bonnin, Vienne, cant. Vouillé. — [2] Rampillon, Seine-et-Marne, cant. Nangis.

Auteles lestres furent envoiées à Jehan Aubert, ajousté que il soit à monseigneur le jeudi après la quinzeinne de Penthecoste qui vient prochenement.

Auteles lestres furent envoiées au seneschal de Tholose et d'Aubijois pour la monoie de Tholose.

(Publiées en partie par Boutaric, p. 201.)

4

10 mai. 1267. — PRO GUIDONE DE LEZIGNIACO, MILITE.

Alfonsus, *etc.*, senescallo Pictavensi, *etc.* Mandamus vobis quatinus nobili viro Guidoni de Lezigniaco[1], militi, terram suam, quam ad manum nostram saisitam detinetis ratione homagii nobis ab eodem non facti, usque ad instans parlamentum quindene Penthecostes recredatis eidem vel ejus certo mandato presentes litteras defferenti. Datum apud Fontembliaudi[2], die martis post invencionem sancte Crucis, anno LXVII.

(Édité par Ledain, p. 136.)

5

11 mai. 1267. — SENESCALLO PICTAVENSI PRO VICECOMITISSA THOARCII.

Alfonsus, *etc.*, dilecto et fideli suo senescallo Pictavensi, *etc.* Mandamus vobis quatinus ducentas libras de emenda, in qua nobis tenetur fidelis nostra vicecomitissa Thoarcii[3], ad compotos ascensionis Domini levetis, ita quod eas ad crastinum instantis quindene Penthecostes apud Templum Parisius afferatis, centum libras residuas ad compotos instantis festi Omnium sanctorum levantes et eas ad crastinum ejusdem festi apud Templum Parisius afferentes. Datum apud Fontembliaudi, die mercurii post festum beati Johannis ante Portam latinam, anno Domini M° CC° LX° septimo.

(Édité par Ledain, p. 137.)

---

[1] Lusignan, Vienne, ch.-l. cant. — [2] Fontainebleau, Seine-et-Marne. — [3] Sans doute Marguerite de Lusignan, veuve d'Aimeri IX, mort en 1256.

## 6

17 mai. 1267. — SENESCALLO PICTAVENSI PRO BERTRANDO DE ROCA, MILITE [CAPTO ET DETENTO AB HAYMERICO BECHET ET HUGONE DE SURGERIIS].

Alfonsus, *etc.* Ex parte fidelis nostri Bertrandi de Roca, militis, nobis est cum querimonia datum intelligi quod fideles nostri Haymericus Bechet et Hugo de Surgeriis[1], milites, ipsum Bertrandum et duos armigeros quos secum habebat cum aliquibus rebus eorum in terra nostra cum armis violenter ceperunt, et adhuc ipsum militem captum detinent in prisione, et quod in captione predictorum fuerunt cum armis aliqui homines nostri de vestra senescallia existentes. Unde vobis mandamus quatinus ab illis, qui de vestra senescallia fuerint, quos in perpetrando maleficio hujusmodi inveneritis extitisse, taliter et tam celeriter per captionem tam bonorum suorum quam corporum, si neccesse fuerit, faciatis emendari, quod de negligencia vel defectu non possitis super hoc reprehendi. Datum apud Fontembleaudi, anno Domini M° CC° LX° VII°, die martis post mensem Pache (*sic*).

(Édité par Ledain, p. 135-136.)

## 7

19 mai 1267. — [SUR LES APLÉGEMENTS EN POITOU.]

Remambrance que le prieur de Sainte Ragon de Poitiers et mestre Gile de la Sale, ou li uns d'auz, aprengnent et enquierent des aplegemenz de tort et de force, quant seneschaus praint en sa main por ce qu'an se plaint de tort et de force, et s'en aplege l'an et l'autre partie ne se viaut aplegier, coumant en an a acostumé et usé ou 'tens monsegnor Enfonz, conte de Poitiers et de Tholose, et de quanz anz en Poito et en Xantange. Et ce soit enquis de monsegnor Hemeri Chastegnier et monsegnor Jeufroi Doe et Geufroi Chesniau et autres qui en sachent, et ce que en an aura enquis et trové, et le los et le conseil qu'an en aura, soit raporté en escrit au parlement qui sera l'an-

---

[1] Surgères, Charente-Inférieure.

demain de la quinzainne de Toz sainz prochainne à venir. Ce fut fet le jeudi devant l'Acension, l'an mil deus cenz LX set.

## 8

19 mai. 1267. — SENESCALLO PICTAVENSI PRO PRIORE BEATE RADEGONDIS PICTAVENSIS [CONTRA CANONICOS SANCTI HILARII].

Alfonsus, *etc.*, dilecto et fideli suo senescallo Pictavensi, *etc.* Veniens ad nos venerabilis vir prior Beate Radegundis Pictavensis, nobis conquerendo monstravit quod canonici ecclesie Beati Hylarii Pictavensis in terra Beate Radegundis, que est in custodia nostra, violencias et dampna quamplurima inferunt et molestant, animalia ipsorum et bona invadendo et capiendo minus juste. Unde vobis mandamus quatinus dictum priorem et canonicos Beate Radegundis non permittatis ab aliquibus laicis super rebus eorum in vestra senescallia existentibus indebite molestari. De laicis vero qui arma portaverunt in nostra jurisdicione faciatis plenarie emendari. Datum die jovis ante Rogationes, anno Domini M° CC° LX° VII°.

## 9

(Fol. 2.) 11 jun. 1267. — PRO GUILLELMO DE VIETA, CLERICO [CONTRA HUGONEM, DOMINUM PARTINIACI].

Alfonsus, *etc.*, dilecto et fideli suo senescallo Pictavensi, *etc.* Veniens ad nos Guillelmus de Vieta, clericus, nobis conquerendo monstravit quod Thomas de la Mariere, ballivus nobilis viri et dilecti et fidelis nostri Hugonis, militis, domini Pertiniaci[1], terris, pratis, nemoribus et aliis minus juste spoliavit eundem. Unde vobis mandamus quatinus dictum Hugonem requiratis seu requiri faciatis, ut dicto clerico faciat justicie complementum, alioquin ipsum, super hiis que de jurisdicione nostra existunt, diligenter audiatis, bonum jus et maturum eidem

---

[1] Parthenay, Deux-Sèvres.

clerico faciendo, si super premissis dictus Hugo negligens fuerit vel remissus. Datum sabbato post Penthecosten, anno Domini M° CC° LX° VII°.

(Édité par Ledain, p. 137.)

## 10

23 jun. 1267. — PRIORI GRANDISMONTIS PRO GAUFRIDO DE LEZEIGNIACO, MILITE.

Alfonsus, *etc.*, religioso et dilecto suo priori Grandismontis salutem et dilectionem sinceram. Cum alias vos rogaverimus quod injurias, gravamina et violencias, a correctore domus vestre de Vaillolo [1] illatas nobili viro, dilecto et fideli nostro Gaufrido de Lezegniaco, militi, in feodis nostris, faceretis, ut condecet, emendari, quod adhuc, ut ipso nobili intelleximus conquerente, facere minime curavistis, iterato vos rogamus quatinus predicta dicto nobili et nobis emendari plenius faciatis, et attemptata a dicto correctore contra dictum nobilem in statum pristinum reduci, et a talibus desisti penitus et cessari, alioquin consilium super hoc apponemus quod videbitur expedire. Datum apud Longumpontem [2], in vigilia beati Johannis Baptiste, anno LX° septimo.

(Édité par Ledain, p. 137-138.)

## 11

7 apr. 1265. — LITTERE GUILLELMI DE VERNOTO
ET AYMERICI DE BOCAIO SUPER COMPROMISSO IN MAGISTRUM JOHANNEM DE SENONIS.

Universis presentes litteras inspecturis, Guillelmus de Vernoto et Aymericus de Bocaio, milites, salutem in Domino. Noverint universi quod nos volumus et consentimus quod vir venerabilis, magister Johannes Senonensis, clericus illustrissimi viri domini comitis Pictavie, inquirat pro suo libito de omnibus causis, querelis, actionibus et controversiis quas habemus et habere possumus, quacumque ex causa, inter nos ad invicem usque ad diem date presentium, tam pro nobis

---

[1] La Vayllole, Vienne, comm. de Nieuil-l'Espoir, prieuré de l'ordre de Grandmont.

[2] Longpont, Seine-et-Oise, cant. Longjumeau.

quam pro nostris hominibus; promittentes per juramenta nostra super sancta Euvangelia prestita, et sub pena quingentarum librarum monete currentis hinc inde apposita, inquestam que super premissis et ipsorum quolibet fiet per dictum magistrum et judicium inde subsequutum tenere, attendere et firmiter observare. Et de premissis omnibus et singulis tenendis et firmiter observandis confitemur nos dedisse predicto magistro fidejussores ydoneos tam pro nobis quam pro predictis hominibus nostris. Renunciamus etiam specialiter et expresse, sub juramentis et pena predictis, omni privilegio crucis assumpte, et quod super predictis et ipsorum aliquo in causam seu judicium alter alterum coram aliquo alio non trahemus, obligantes nos heredesque nostros et omnia bona mobilia et inmobilia, presencia et futura, ad premissa omnia et singula tenenda et firmiter observanda, renunciantes etiam specialiter et expresse, sub juramentis et pena predictis, omni privilegio nobis vel nostrum alteri super premissis vel ipsorum altero competenti vel competituro, omni juris auxilio canonici vel civilis, omnibus allegacionibus, rationibus, deffensionibus et omnibus aliis per que istud factum nostrum posset in posterum irritari. In cujus rei testimonium, presentibus litteris apponi fecimus sigillum capituli Pictavensis. Datum die martis post Pascham, anno Domini m° cc° lx° quinto.

12

28 jun. 1267. — SENESCALLO PICTAVENSI PRO COMITE MARCHIE

Alfonsus, *etc.*, dilecto et fideli suo senescallo Pictavensi, *etc.* Mandamus vobis quatinus nobilem dilectum et fidelem nostrum,... comitem Marchie[1], super hiis que proponenda duxerit coram vobis contra Geraudum, rusticum suum, ut dicit, super eo videlicet quod ipse comes dictum Geraudum justiciare non potest, quamvis trahat moram in terra sua, eo videlicet quod ipse Geraldus se asserit habere franchisiam ville Bellegarde[2], diligenter audiatis, et vocato dicto Geraudo et qui fue-

---

[1] Hugues de Lusignan. — [2] Peut-être Bellegarde-en-Marche, Creuse.

rint evocandi, faciatis eidem secundum usus et consuetudines ville Bellegarde et patrie celeris justicie complementum. Et ipsum comitem et sua in suo jure recommandatum habeatis. Datum apud Longumpontem, die martis in vigilia apostolorum Petri et Pauli, anno Domini M° CC° LX° VII°.

(Édité par Ledain, p. 138.)

## 13

2 jul. 1267. — SENESCALLO PRO BENEDICTO JUDEO.

Alfonsus, *etc.*, dilecto et fideli suo senescallo Pictavensi, *etc.* Mandamus vobis quatinus Benedictum judeum super hiis que proponenda duxerit coram vobis, super eo quod prepositus Pictavensis spoliavit ipsum super[1] rebus, bonis suis et mercimoniis, ut dicitur, minus juste, diligenter audiatis, vocatis qui fuerint evocandi, et sibi de personis et rebus de quibus jurisdicio ad nos spectat faciatis bonum jus et maturum. Datum apud Longumpontem, die sabbati post festum apostolorum Petri et Pauli, anno LX° VII°.

## 14

6 jul. 1267. — SENESCALLO PRO DROCONE DE MELLO PRO CITANDO VICECOMITE THOARCENSI.

Alfonsus, *etc.*, dilecto et fideli suo senescallo Pictavensi et Tholose (*sic*), *etc.* Mandamus vobis quatinus citetis coram nobis nobilem virum et fidelem nostrum vicecomitem Thoarcensem [2] ad tercium diem instantis quindene Omnium sanctorum, ad pallamentum nostrum, fideli nostro Droconi de Mello, militi, domino de Sancto Bricio [3], responsurum et juri pariturum. Datum apud Longumpontem, die mercurii in octabis apostolorum Petri et Pauli.

(Édité par Ledain, p. 138, et par Boutaric, p. 383.)

[1] *Sic* dans le manuscrit; faut-il corriger *nuper?* — [2] Regnauld, frère d'Aimeri IX. — [3] Dreu de Mello, seigneur de Saint-Bris, près Auxerre.

## 15

6 jul. 1267. — SENESCALLO PRO HOSPITALARIIS DE LA VAUCEU.

Alfonsus, *etc.*, dilecto et fideli suo senescallo Pictavensi, *etc.* Cum Johannes Rigaudi, armiger, bona sua domui Hospitalis de La Vauceu [1] dederit, ut dicitur, et vos eadem bona, ut dicitur, teneatis arrestata, cum magister et fratres [2] ejusdem domus eadem se debere tenere et possidere asserant, pretextu libertatis a rege Ricardo sibi concesse, vobis mandamus quatinus eadem bona dictis fratribus recredatis, addiscentes nichilominus qualiter usi sunt hujusmodi libertate, et in quibus personis et in quibus casibus et a quo tempore citra et per quantum tempus, et aliis circunstanciis que in talibus sunt attendende, quid super hiis inveneritis nobis in scriptis, cum ad nos veneritis, refferentes. Datum apud Longumpontem, die mercurii in octabis apostolorum Petri et Pauli, anno Domini M° CC° LX° septimo.

(Édité par Ledain, p. 139.)

## 16

10 jul. 1267. — SENESCALLO PRO COMITE AUGI.

Alfonsus, *etc.*, senescallo Pictavensi, *etc.* Ex parte nobilis dilecti et fidelis nostri comitis Augi [3] nobis extitit intimatum quod vos nobili et fideli nostro Mauricio de Bellavilla [4], militi, saisinam terre des Argerillais [5] cum pertinentiis, ob defectum ballivi sui qui in assisiis nostris deffecit, per judicium curie nostre tradidistis, et cum ipse comes Augi nos super [hoc] rogaverit ut dictum dominum Mauricium requirere vellemus ut dictam saisinam terre predicte cum pertinentiis supradictis eidem comiti Augi vel ejus gentibus vellet dimittere, quousque cum dicto domino Mauricio super hoc colloquium [habuerit], vobis mandamus quatinus ipsum dominum Mauricium ex parte nos-

---

[1] La Vausseau, Vienne, comm. Vouillé. Maison de l'ordre de Saint-Jean de Jérusalem.

[2] Ms. *fraters*.

[3] Alfonse de Brienne, comte d'Eu.

[4] Belleville-sur-Vie, Vendée, comm. Poirée-sur-Vie.

[5] Non retrouvé sur la carte.

tra rogetis ut dictam saisinam dicte terre cum predictis pertinenciis, eidem traditam ob deffectum ballivi dicti comitis, predicto comiti vel ejus gentibus dimittat, quousque cum dicto domino Mauricio colloquium habuerit idem comes. Datum apud Longumpontem, die dominica post festum beati Martini estivalis.

(Édité par Ledain, p. 139.)

## 17

(Fol. 3.) 10 jul. 1267. — SENESCALLO PRO ABBATE DE BEU SUPER CONQUESTIONE [IN FEODIS ET RETROFEODIS COMITIS].

Alfonsus, *etc.*, dilecto et fideli suo senescallo Pictavensi, *etc.* Cum ex parte abbatis et conventus de Beu [1] nobis sit supplicatum, ut quedam bona que sibi in elemosinam data fuerunt a quodam qui tenebat ea a nobili et fideli nostro comite Augi, et que in nostris retrofeodis existunt, eisdem confirmare vellemus, vobis mandamus quatinus ubi et in quibus consistunt dicta bona, et utrum de feodis vel retrofeodis nostris existant, et quantum valent annui redditus, diligenter addiscatis, et tractetis cum ipsis religiosis quantum nobis dare vellent pro confirmacione hujusmodi obtinenda. Datum apud Longumpontem, dominica ante translacionem sancti Benedicti, anno LX° VI° [2].

## 18

Ineunte mense jul. 1267. — SENESCALLO PRO RAYMUNDO DE PERNA.

Alfonsus, *etc.*, dilecto et fideli [suo] senescallo Pictavensi, *etc.* Ex parte Raymundi de Perna [3] nobis extitit conquerendo monstratum quod homines Pictavie equos et quedam alia suis hominibus abstulerunt, que per eosdem Ferrando Poncio, fratri illustris regis Castelle [4], trans-

---

[1] Le Beuil, abbaye de l'ordre de Cîteaux, diocèse de Limoges.

[2] Le manuscrit porte bien *anno* LX° VI°, mais la place de l'acte dans le registre prouve qu'il faut lire *LXVII°*.

[3] Probablement Pern, Lot, cant. Castelnau-de-Montratier.

[4] Fils de Ferdinand III, roi de Castille et de Léon, et frère d'Alfonse X, dit le Sage.

mitebat, que confiscata fuerunt, ut dicitur, eo quod in quadam sedicione mota inter ipsos et homines Pictavie quidam homo fuit interfectus. Quare vobis mandamus quatinus a Johanne de Fonte Arnulpho, clerico vestro, et majore et burgensibus Pictavie et aliis probis viris diligenter addiscatis super premissis omnibus veritatem, videlicet quibus, per quos, vel majorem, vel prepositum Pictavie aut alios, quo tempore, ubi, qua de causa ablata[1] fuerunt dicta bona, et utrum de pecunia de predictorum equorum (sic) predicti habita in nostris compotis fuerit computatum, et quo anno, et in quo termino, et quantum; item, cum dicitur quod dicta pecunia de eisdem habita in quadam abbacia deposita fuerit, vos super hoc similiter addiscatis, et si ipsam inveneritis depositam, eam nomine nostro repetatis. Ex parte enim dicti Raymundi nobis est datus fidejussor fidelis noster Guillelmus de Portu, civis Caturcensis, quia de servando super hoc nos indampnes[2]. Et quid super premissis omnibus inveneritis et feceritis nobis in scriptis significare curetis in crastino instantis quindene Omnium sanctorum, cum ad nos veneritis pro vestris compotis faciendis.

(Édité par Ledain, p. 140.)

## 19

14 jul. 1267. — SENESCALLO PRO EPISCOPO PICTAVENSI
[SUPER JUSTITIA DE BOUTERIIS ET FEODO DE BOTIGNI].

Alfonsus, etc., dilecto et fideli suo senescallo Pictavensi, etc. Cum super peticione venerabilis patris episcopi Pictavensis super justicia de Bouteriis[3], in pallamento quindene Omnium sanctorum proximo preterito ordinatum fuerit in hunc modum :

Super justicia de Bouteriis : non apparet per ea que inquisivit senescallus Pictavensis de jurisdicione vel expletis episcopi Pictavensis in dicto loco, maxime quantum ad altam justiciam. Nichilominus, si idem episcopus vellet ulterius docere de jure suo, libenter audiatur;

[1] Ms. et ablata. — [2] Sic dans le manuscrit; la phrase paraît incomplète. — [3] La Boutière, Vienne, comm. Saint-Gervais.

Item super peticione ejusdem episcopi quantum ad feudum de Botigni[1], in eodem pallamento ita fuerit ordinatum :

Secundum ea que inquisivit senescallus, nundum liquet de jure episcopi quantum ad feodum de Botigni, sed si alias docere voluerit, audiatur;

Vobis mandamus quatinus dicto episcopo vel gentibus suis super predictis duobus articulis, sicut supra scriptum est, respondere curetis, et secundum ordinacionem predictam, si idem episcopus vos super hoc requisierit, ulterius procedatis et ipsum super predictis audiatis. Datum apud Longumpontem, die jovis post translacionem sancti Benedicti.

## 20

14 jul. 1267. — SENESCALLO PRO ABBATE SANCTI BENEDICTI DE QUINCAI.

Alfonsus, *etc.*, dilecto et fideli suo senescallo Pictavensi, *etc.* Cum nobis datum sit intelligi quod vos fratrem abbatis Sancti Benedicti de Quincaio[2] captum detinetis, vobis mandamus quatinus ipsum sub bonis plegiis recredatis, si vos inde duxerit requirendum et recredentia fieri debeat in hac parte. Datum apud Longumpontem, die jovis post translacionem sancti Benedicti.

## 21

14 jul. 1267. — EPISCOPO PICTAVENSI PRO DOMINO COMITE
[SUPER INJURIIS ILLATIS AB ABBATE SANCTI BENEDICTI DE QUINCAIO].

Venerabili in Christo patri H., Dei gratia episcopo Pictavensi[3], Alfonsus, filius regis Francie, comes Pictavie et Tholose, salutem et dilectionem. Fide dignorum relacione nobis extitit intimatum quod abbas monasterii Sancti Benedicti de Quincaio prope Pictavim, per se vel

---

[1] Boutigny, Vienne, comm. Archigny ou comm. Liniers.

[2] Saint-Benoît de Quinçay, abbaye bénédictine au diocèse de Poitiers; auj. Vienne, cant. Poitiers. — Le nom de l'abbé de Quinçay, en 1267, n'est pas connu d'une manière certaine; le *Gallia* indique en 1263 un certain G., en 1270 et 1274 un nommé Aimeri.

[3] Hugues I$^{er}$ († 1271).

suos, quosdam homines qui per prepositum seu allocatos nostros Pictavie [1] in strata publica ex justa et probabili causa fuerant arrestati, pro eo videlicet quod pedagium nostrum non solverant ut debebant, abstulit violenter in nostre jurisdicionis non modicum prejudicium et gravamen. Quamobrem paternitatem vestram scire volumus quod, nisi resaisina in loco facta fuerit, salvo jure nostro et cujuslibet alterius tam super proprietate quam super possessione, dictos prepositum seu allocatos nostros cohibere non intendimus quominus jus nostrum conservent et factam nobis injuriam prosequantur. Super qua injuria, spoliacione videlicet per dictum abbatem vel suos facta, per gentes nostros vel aliquem de nostris intendimus fieri cerciores, nec videtur quod prossequendo jus nostrum in hoc facto alicui injuriam faciamus. Vestram etiam paternitatem rogamus ne impediatis quominus injuria, que nobis facta dicitur, emendetur. Datum apud Longumpontem, die jovis post festum translacionis beati Benedicti, anno LX° VII°.

## 22

15 jul. 1267. — SENESCALLO PRO DOMINO MAURICIO DE BELLAVILLA, MILITE.

Alfonsus, etc., dilecto et fideli suo senescallo Pictavensi, etc. Ex parte nobilis et fidelis nostri Mauricii de Bellavilla, militis, nobis extitit intimatum quod Johannes Ruffi, allocatus [2] noster in terra dicti militis, plures allocatos seu substitutos in dicta terra constituit loco sui, qui allocati seu substituti ab eodem eidem militi plures injurias et dampna quamplurima inferunt indebite et injuste, sicut dicit. Unde vobis mandamus quatinus ipsum nobilem super hoc diligenter audiatis, et vocato dicto Johanne, dicto [3] militi secundum quod multociens vobis injunctum extitit faciatis. Datum apud Longumpontem, die veneris post translacionem sancti Benedicti.

(Édité par Ledain, p. 140.)

[1] *Allocatos*, serviteurs à gages du prévôt, recors.

[2] On voit par là que Ducange rapproche avec raison l'expression *allocatus* d'une autre plus usitée : *comestor*.

[3] Ms. *dicto dicto*.

## 23

15 jul. 1267. — SENESCALLO PICTAVENSI PRO MAURICIO DE BELLAVILLA, MILITE.

Alfonsus, *etc.*, senescallo Pictavensi, *etc.* Ex parte nobilis et fidelis nostri Mauricii de Bellavilla, militis, nobis est significatum quod gentes Giraldi Chaboti in feodis nostris cum armis noviter intraverunt, dicto nobili, ut dicitur, insidias imponendo. Unde vobis mandamus quatinus super hiis addiscatis plenius veritatem, et quid super premissis inveneritis nobis, cum ad nos veneritis ad instans pallamentum Omnium sanctorum, in scriptis significare curetis. Datum apud Longumpontem, die veneris ante festum beati Arnulfi.

## 24

17 jul. 1267. — LITTERA MISSA FUIT MAJORI ET COMMUNIE PICTAVIE.

Alfonsus, *etc.*, dilectis et fidelibus suis... majori et juratis et communie Pictavie salutem et dilectionem sinceram. Dilectos et fideles nostros Johannem de Nantolio et senescallum Pictavensem[1], milites, et Guichardum, clericum nostrum, canonicum Cameracensem, pro quibusdam peticionibus vobis ex parte nostra faciendis[2] ad vos duximus destinandos, vos rogantes et requirentes quatinus easdem favorabiliter admittatis et effectui mancipetis, credentes nichillominus supradictis vel duobus eorum super hiis que in hac parte vobis ex parte nostra duxerint refferenda. Datum apud Longumpontem, die dominica ante festum beate Marie Magdalene, anno Domini M° CC° LX° septimo.

Similis littera missa fuit majori et communie de Niorto.

(Édité par Ledain, p. 141.)

[1] Simon de Coutes, chevalier. (Boutaric, p. 164.) — [2] Ms. *facienda*.

## 25

(Fol. 4.) 26 jul. 1267. — SENESCALLO PICTAVENSI PRO MAGISTRO G. DE MALOMONTE.

Alfonsus, *etc.*, dilecto et fideli suo senescallo Pictavensi, *etc.* Mandamus vobis quatinus citetis seu adjornetis coram nobis ad terciam diem post instantem quindenam Omnium sanctorum quatuor quos lator presencium vobis nominaverit, de jurisdicione nostra et vestra senescallia existentes, super querelis magistri Geraudi de Malomonte et generis (*sic*) sui, quas vobis exponent, responsuros, ita tamen quod nulli dictorum quatuor quos citaveritis seu adjornaveritis contineantur in cedula presentibus interclusa. Datum apud Moissiacum episcopi [1], die martis post festum beate Marie Magdalene.

Similis littera missa fuit senescallo Ruthenensi.

Similis littera missa fuit senescallo Agennensi et Caturcensi.

(Édité par Boutaric, p. 381.)

## 26

26 jul. 1267. — SENESCALLO PICTAVENSI PRO YTERIO DE MAINGNACO, MILITE, BERNARDO DE BROCIA ET G. DE DROIE.

Alfonsus, *etc.*, dilecto et fideli suo senescallo Pictavensi, *etc.* Mandamus vobis quatinus Yterium de Maignaco, militem, Bernardum de Brocia et G. de Droie, domicellos, et terras eorum, quos et quas captos et captas tenetis, ut dicitur, occasione raptus cujusdam domicelle sibi impositi, receptis ab ipsis bonis et sufficientibus fidejussoribus de nostra jurisdicione et vestra senescallia existentibus, corpus pro corpore, de reponendo in prisionem nostram quocienscunque a nobis vel vobis loco nostri super hoc fuerint requisiti et de mille libris pro emenda nostra, recredatis usque ad tres septimanas post festum Omnium sanctorum proximo venturum, finantes rationabiliter cum eisdem de emenda nostra, quantum ad nos pertinet, salvo jure alieno, si super ea vobiscum tractare voluerint, retenta nostra super

[1] Auj. Moissy-Cramayel, Seine-et-Marne, cant. Brie-Comte-Robert.

hoc voluntate. Si vero alii super hoc conquerentur, faciatis eis bonum jus et maturum, et quid super hoc feceritis, nobis in crastino instantis quindene Omnium sanctorum, cum ad nos veneritis, in scriptis refferatis, et super hiis consilium dilecti et fidelis clerici nostri Guichardi, canonici Cameracensis, habeatis. Datum die martis post festum beate Marie Magdalene, anno Domini M° CC° LX° VII°.

(Édité par Ledain, p. 143.)

## 27

1 aug. 1267. — MAGISTRO GUICHARDO PRO ALLELMO, SCUTIFERO DE FER.

Alfonsus, *etc.*, dilecto et fideli clerico suo Guichardo, canonico Cameracensi, salutem et dilectionem sinceram. Litteram nobis missam ab Allelmo Escuier de fer [1] vobis mittimus interclusam presentibus, vobis mandantes quatinus, inspecta ejusdem littere serie, vocatis dicto Allelmo et senescallo nostro Pictavensi, cum ipsis super contentis [2] in dicta littera colloquium habeatis et sciatis ab eisdem plenius veritatem, inhibentes eisdem ne ipsi servientes aliquos instituant sine nostra licencia speciali, et super hiis etiam facientes secundum quod vos videritis faciendum. Datum die lune in festo sancti Petri ad vincula, anno Domini M° CC° LX° VII°.

## 28

Juin ou juillet 1267. — [PLAINTE D'ALLIAUME ESCUIER DE FER, À ALFONSE DE POITIERS CONTRE LE SÉNÉCHAL DE POITOU.]

A redotable seigneur, à mesires Aufonz, fiuz le roi de France, conte de Poitiers et de Tholouse, Alliaume Escuier de fer, saluz et li appareillie et à son servissé fere. Sire, cum vous eussiés envoié à vostre seneschal de Poito unes lettres entreclosses en vostre seau de la garde de la terre mestre Giraut et de ses homes, et qui les seellat de son grant seel, il les a seellés de son contreseel qui ne soufit pas quant à ceu. Et sachiez que la genz du paiz ne vellent obeir pour le seeal

---

[1] Sobriquet ou nom propre (voir, plus loin, n° 79). — [2] Cod. *contenciis*.

qui n'est pas soufisable. Et pour ce que vous ne m'an mescreez, je vous envoi ices letres et le transcrit des letres que vous li envoiastes. Derechief je vous faiz asavoir que le bois des Terres fortes, que mesires R. de Seint Martin solet garder, en la garde desquelles vous m'avez establi et doné gages, vostre bone merci, sunt bien à vii ou à vi ou à viii liues les uns des autres, pourquoi la garde est moust fort à un seul home, quar il sunt espanduz entre chatelenies. Sire, quant je vin au leu, je trovai ii forestiers estranges que li seneschal i avoit mis, qui estoint de son pais, c'est à savoir i chevalier et i escuier qui viveint des esplez du bois et de vostre droiture, et desouz aus avoit ii serjanz à pié qui gardoient les bois, qui ne vivoint de riens du leur, fors de leurs prises, si comme est establi tourjoz, lesquies serjanz i sont anciennemant, et sachiez que je les i ai pas mis, dom je vous faiz asavoir qui les a otez sanz regart pour mal de moi tant seullement, laquelle chosse est vostre domage et ma paine. Derechief je vous faiz asavoir que il a mis les prevoz de Monmoreillon par desus moi, et ne veust que je aie nus des gages ne nulle prise, si comme mi enceseur soloint avor et si comme est establi en la garde de vos autres bois, ne autre avantage fors que mes vi deniers tant seullement, sire, dom je ne pouraie mie vivre, se je n'avaie la droiture ques les autres qui ont esté avant moi hi avoient, des vi deniers, moi et mon cheval. Et sachiez, sire, que les devanz diz boies qui sont en ma garde, que vous avez commandé à vandre, vallent c mars d'argent et plus, se li bois que l'en apelle la Frangerie est vendue. Et sachiez que ne i puis pas durer pour vostre seneschal, se vous n'i metez conseil. Et pour ce que vous ne me mescreez des chosses devant dites, feste les enquerre à vos enquesteurs ou à mestre Guichart, vostre clerc, ou à mestre Gille de la Salle, ou à qui vous plera. Nostre Seigneur vous gart. Et sachiez que il ne veus pas que je leve vostre avenage dou roinage que li autre serjant soleint lever, ainz les commande à lever au prevost de Monmoreillon.

## 29

(Fol. 5.) 2 aug. 1267. — SENESCALLO PICTAVENSI PRO COMITE MARCHIE
ET G. DE LEZIGNIACO.

Alfonsus, *etc.*, dilecto et fideli suo senescallo Pictavensi, *etc.* Mandamus vobis quatinus super seisina feodorum nobilium et fidelium nostrorum comitis Marchie et Gaufredi de Lezigniaco, secundum ordinationem in parlamento nostro Penthecostes proximo preterito factam et vobis traditam, procedatis de consilio dilecti et fidelis clerici nostri Guichardi, canonici Cameracensis, qui et clericus vester, si opus fuerit, dictam ordinationem ad vestram reducent memoriam, factam super seisina feodorum superius memorata. Datum die martis in crastino sancti Petri ad vincula, anno Domini M° CC° LX° VII°.

## 30

2 aug. 1267. — PRO JOHANNE PELARDINI, [SENESCALLO MARCHIE].

Alfonsus, *etc.*, senescallo Pictavensi, *etc.* Ex parte Johannis Pelardini, senescalli Marchie [1], nobis est intimatum, quod vos bona ipsius saisita tenetis, occasione cujusdam redditus a nobili et fideli nostro comite Marchie pro servicio sibi dati. Unde vobis mandamus quatinus ipsum super hoc diligenter audiatis, et vocatis qui fuerint evocandi, jure nostro et alieno servato, de consilio fidelis clerici nostri Guichardi faciatis eidem bonum jus et maturum, bona ipsius Johannis usque ad crastinum instantis quindene Omnium sanctorum eidem recredentes, si recredentia fieri debeat in hac parte. Datum die martis post festum beati Petri ad vincula.

## 31

2 aug. 1267. — PRO EODEM.

Alfonsus, *etc.*, senescallo Pictavensi. *etc.* Ex parte Johannis Pelardini, senescalli Marchie, nobis est conquerendo monstratum, quod vos

[1] Sénéchal du comte de la Marche.

bona ipsius saisita tenetis occasione delictorum aliquorum que in officio advocationis dicitur perpetrasse. Vobis mandamus quatinus predicta bona sua eidem recredatis usque ad crastinum instantis quindene Omnium sanctorum, si recredencia fieri debeat in hac parte, addiscentes interim super delictis hujusmodi plenius veritatem. Et quid super hiis inveneritis, nobis ad crastinum instantis quindene predicte, cum ad nos veneritis, in scriptis significare curetis. Datum ut in precedenti.

## 32

Fin juillet 1267. — AU CONTE SUR LA MONOIE.

A tres excellent et redoutable seigneur... Aufonz, filz de roi de France, coens de Poitiers et de Tholose, Symon de Coute, chevalier, son seneschal de Poitou, et Jehan Aubert, son serjant, bourjois de Tours, saluz, subjection et reverance. Sire, sachiez que nos, le jor de la feste saint Jasque et saint Christofle[1], l'an de l'incarnation nostre Seigneur M CC LXVII, selonc vostre commandement fusmes à Mosteruel[2] por l'essai de la monaie, et fu trové, presenz Pierre de Pontlevoi, Nicholas de Pontlevoi, qui obligierent eus et leur biens pour eus et pour Jehan de Pontlevoi, leur frere, et Jehan de Martiaus pour soi, et Pierre Serret, servant, Pierre de Cahors et Pierre Raymont pour aus, et nos presenz, et monseigneur Jehan, chapelain de Mosteruel, Thomas de Laigne, Jehan Bercil et Bernarz de Guisergues, en la boeste de vi$^{xx}$ et viii milliers, ou marc pesant iii sols viii deniers de forz, qui sont de xv sols v deniers le marc, et c'est xi deniers ou fierton ou il ne doit avoir que trois, et ou marc pesant v sols iiii deniers de fuebles, qui sunt de xix sols vi deniers le marc, c'est ou fierton xvii deniers et obole. Et fu trové par l'essaiement que celle boete se passe tenduestement. — Derechief, sire, il fu trové en la boeste Jehan de Marteaus, Pierre Remon et Pierre de Chaors de lx milliers, si comme l'en dist, ou marc pesant iiii sols v deniers de forz, qui sunt de xv sols v deniers

---

[1] 25 juillet. — [2] Montreuil-Bonnin.

ou marc, c'est ou fierton XIII deniers et poujoise, et VI sols II deniers meins de foibles, qui sunt de XIX sols VI deniers ou marc, c'est ou fierton XVII deniers et obole, et fu trové par l'essaeur que celle boeste se passe. — Derechief, sire, fu trové en la boeste que firent Jehan de Pontlevoi et ses freres emprès leur taasche de XXI millier, si com l'en dist, ou marc III sols I denier meins de forz, qui sunt de XV sols VI deniers le marc, c'est ou fierton VIII deniers et III poujoises, et VI sols I denier meins de fuebles ou marc de XIX solz VI deniers le marc, c'est ou fierton XVIII deniers poujoise meins, et fu trové par l'essaieur qu'il s'en falloit de ceste boeste le tierz d'un grain, et cist defaut du tierz d'un grain monte bien sur chascun millier LXVI sols et plus. Et selonc vostre commandement, sire, ge, seneschal devant diz, les devant diz Pierre et Nicholas de Pontlevoi ai arresté à Mostereul, et les devant diz Jehan de Martiaus et Pierre de Chaors ai fest arrester par vostre seneschal de Xanctonge. Si en fetes et mandez vostre plesir. Et de ce, sire, et des autres besoignes que vos nos avez enjoint, nos fesons et ferons nostre laial pooir. Et sachiez, sire, que li poitevins sont ja corablement partout à V deniers la livre.

(Édité par Ledain, p. 141-142, et par Boutaric, . 201-202.)

## 33

2 août 1267. — SEUR LA MONNOIE DE POITEVINS.

Aufonz, filz de roi de France, cons de Poitiers et de Tholose, à ses amez et ses faiaus Symon de Coutes, chevalier, seneschal de Poitou[1], saluz et amor. Sur ce que vos no avez fet assavoir par voz lestres de l'essai de nostre monoie de Poitevins si obscurement et si diversement que nos ne poons mie pleinement entendre, nos nos merveillons molt que plus clerement ne le nos seneſiastes. Quar com contenu soit ou serement que firent li monoier qu'il devoient fere la diste monoie de III forz et de III foibles ou fierton, vos nos deussiez, ce semble, avoir seneſié

[1] Man. : et Jehan Aubert, bourjois de Tors (mots cancellés).

quele defaute il i a en ce, c'est assavoir qu'il aient fete de iiii forz et iiii foibles ou v ou plus, selonc ce qu'ele est faite, et vos deussiez ausint avoir fet assavoir le domage que nos i avons eu, et l'amende qu'il en doivent fere par desus, selonc ce qu'il vos est avis. Pour quoi nos ne poons pas avoir plein conseil sur ce. Dont nos vos mandons que seur la diste monoie et suer le dist essai, o le conseil de Guichart, nostre amé et nostre feal clerc, qui est ou pais, et d'autres preudes homes, faciez ce que vos devroiz fere, nostre droit et l'autrui gardé en toutes choses, et en meffez et en amendes et en domages. Et com li diz monnoiers soient tenu en prison, si com vos nos feistes assavoir par vos lestres, nos vos mandons, que se il requierent recreance, que vos, par le conseil du dist Guichart et d'autres preudes homes, en faciez ce que vos devroiz. Et vos, devant dist seneschal, le tancrist de ceste lestre envoiez à Jehan Aubert et à Guichart pour avoir conseil plus certainement seur ce. Ce fu donné le mardi après feste saint Pere en gole aoust.

(Édité par Ledain, p. 143-144, et par Boutaric, p. 203-204.)

## 34

Aug. 1267. — POR LA MONNOIE POR PERRE DE PONTLEVOI.

Illustri viro Aufonso, comiti Pictavie et Tholose, Guiterus de Vileto, miles, ballivus Turonensis[1], salutem et se paratum ad ejus beneplacita et mandata. Cum mihi mandaveritis per vestras litteras quod ego vobis mitterem apud Mosterolium Bonnim Petrum, Johannem et Nicholaum de Pontelevio, fratres, cives Turonenses, ad computandum cum gentibus vestris et ad videndum essaementum monete vestre, quam eis tradidistis ad faciendum apud locum predictum, et ego predictos Petrum et Nicholaum, dicto Johanne infirmitate detento, apud Mosterolium Bonim miserim ad predicta facienda, salvo eisdem quod possint tute ire et redire, et senescallus vester Pictavensis dictos Nicho-

---

[1] Pour le roi de France.

laum et Petrum retinuerit in prisione vestra mancipatos, nec ipsos velit reddere vel recredere, nec eisdem jus facere utrum debeat eosdem recredere per fidejussoriam caucionem de stando juri coram vobis, licet super hoc ex parte dictorum Petri et Nicholai idem senescallus fuisset pluries requisitus, et licet ex parte mea fuisset super hoc requisitus pluries, tam per meas litteras quam per Petrum Lebarbe, servientem domini regis in Turonia et mei, dictas litteras defferentem, dominacionem vestram deprecor et requiro quatinus dictos Petrum et Nicholaum faciatis a dicta prisione liberari, recepta fidejussoria caucione ydonea a dictis Petro et Nicholao, burgensibus domini Regis, de stando juri, et super hiis faciatis eisdem justicie complementum, ita quod non possint vel debeant de me conqueri Deo vel hominibus, eo quod ad requisicionem vestram, de mandato meo et conductu meo, imo pocius domini Regis, ad predictum locum iverunt, ubi carcere mancipantur. Et super hoc et super aliis que vobis placuerint, mihi, si placet, per latorem presentium remandetis quod vestre placuerit voluntati, et illud, salvo jure et honore domini Regis, paratus sum pro meis viribus adimplere. Valeat dominacio vestra per tempora longiora.

### 35

(Fol. 6.) 7 aug. 1267. — SUPER EODEM.

Alfonsus, *etc.*, senescallo Pictavensi, *etc.* Cum ballivus Turonensis nobis per suas significaverit litteras quod, cum ipse mitteret apud Mosterolium Bonin Petrum et Nicholaum de Pontelevio, fratres, cives Turonenses, ad computandum una vobiscum et ad videndum essaementum monete nostre, quam eis tradidimus ad faciendum apud locum predictum, et vos dictos Petrum et Nicholaum retinueritis in prisione nostra mancipatos, nec ipsos velitis reddere vel recredere, nec eisdem jus facere utrum debeatis ipsos recredere per fidejussoriam caucionem de stando juri coram nobis, licet super hoc ex parte dictorum Petri et Nicholai fuerit[is] pluries requisitus, et licet ex parte dicti ballivi Turonensis fueritis super hoc pluries requisitus, tam per suas litteras quam per Petrum Lebarbe, servientem domini Regis in Turonia: mandamus vobis quatinus, si predicti Petrus et Nicholaus bonos et ydoneos fidejussores seu plegios de jurisdicione nostra dare voluerint de stando juri super facto monete nostre et convencionibus ad hoc spectantibus coram curia nostra, ipsos usque ad parlamentum nostrum in crastino quindene Omnium sanctorum proximo venturum recredatis. Datum die dominica post festum beati Petri ad vincula, anno Domini M° CC° LX° septimo.

## 36

23 aug. 1267. — SENESCALLO PICTAVENSI PRO ABBATE DE INSULA DEI [CONTRA MAURICIUM DE BELLAVILLA].

Alfonsus, *etc.*, dilecto et fideli suo senescallo Pictavensi, *etc.* Veniens ad nos religiosus vir abbas de Insula Dei, Cisterciensis ordinis[1], nobis conquerendo monstravit quod nobilis et fidelis noster[2] . . . et gentes ipsius eidem abbati et conventui suo quamplures injurias et gravamina injuste intulerunt. Unde vobis mandamus quatinus ipsum Mauricium ex parte nostra requiri faciatis, ut injurias et gravamina, per se et gentes suas eisdem abbati et conventui illata, faciat emendari. Quod si facere noluerit et idem abbas coram vobis super hoc conquestus fuerit, vos ipsum super hoc diligenter audiatis, et de personis et rebus ad jurisdicionem nostram spectantibus exibeatis eidem celeris justicie complementum. Datum apud Josaphat prope Carnotum[3], die martis in vigilia beati Bartholomei apostoli.

(Édité par Ledain, p. 144.)

## 37

23 aug. 1267. — EIDEM PRO EODEM [PRO QUIBUSDAM BONIS INJUSTE DETENTIS].

Alfonsus, *etc.*, dilecto et fideli suo senescallo Pictavensi, *etc.* Ex parte religiosi viri abbatis de Insula Dei, Cisterciensis ordinis, nobis est

---

[1] Notre-Dame-la-Blanche, abbaye de l'ordre de Cîteaux, dans l'île de Noirmoutiers.

[2] Omission dans le manuscrit.

[3] Abbaye de l'ordre de Cîteaux, au diocèse de Chartres, Eure-et-Loir, comm. Lèves.

datum intelligi quod vos aliqua bona, que in nostris feodis sine nostra licencia acquisivit, in manu nostra saisivistis et saysita tenetis. Unde vobis mandamus quatinus predicta bona eidem usque ad crastinum instantis quindene Omnium sanctorum recredatis, addiscentes interim diligenter de valore eorundem bonorum, et tractantes cum eodem abbate quantum nobis daret pro confirmacione a nobis habenda super dictis bonis in manu mortua tenendis. Et quid super hoc inveneritis et feceritis, nobis ad dictum crastinum, cum ad nos veneritis, refferatis in scriptis. Datum ut precedens.

Similis littera missa fuit senescallo Pictavensi pro ministro et fratribus ordinis sancte Trinitatis de Bellovisu[1], facta apud Fontembleaudi in crastino Omnium sanctorum [2 nov.], anno lx° vii°, hoc excepto quod mandatum fuit fieri recredenciam usque ad crastinum quindene Candelose.

## 38

Fin. aug. 1267. — PRO HUGONE DE PERTINIACO, MILITE.

Alfonsus, filius regis Francie, comes Pictavensis et Tholose, dilecto et fideli suo senescallo Pictavensi salutem et dilectionem. Cum nobilis et fidelis noster Hugo, dominus Partiniaci, miles, deliberacionem Theobaldi de Fontenix et Johannis de Cresoneria et Gaufridi de Fontenix, valetorum, quos in prisione nostra, ut dicitur, detinetis captos, occasione raptus neptis Guillelmi de Santo Albino, militis, eisdem valetis interpositi (*sic*), a nobis fieri requisierit, significamus vobis quod non videtur quod restitucio jurisdicionis dictorum valetorum facienda sit dicto domino Partiniaci, cum ipse defuerit et dereliquerit (*sic*) in justicia facienda et in pertinentibus ad fauctum (*sic*) predictum, ut apparet per causas quas vos scitis et contentas in arresto facto in parlamento nostro proximo preterito quod habetis, nec videtur quod deliberacio seu recredentia dictorum valetorum sit facienda, cum de facto predicto constaret per inquestam, unde non sunt recipiendi plegii tan-

---

[1] Beauvoir-sur-Mer, Vendée.

quam de recredencia, sed tanquam de emenda facti cogniti et certi ad arbitrium nostrum, cum delicti quantitas hoc exigat. Quare vobis mandamus quatinus predictos valetos in prisione nostra captos detineatis, quousque emendam nostram ad arbitrium nostrum propter hujusmodi delictum gagiaverint et assecuraverint per plegios de terra et jurisdicione nostra competentes. Preterea, cum nos requisierit dictus dominus Partiniaci ut sibi aliquas ligancias[1] quas vos, ut dicit, in terris et feodis suis saisivistis, sibi deliberari faceremus, vobis mandamus quatinus, secundum ordinacionem in parlamento nostro proximo preterito super hujusmodi saisinis factam, quam in absentia consilii nostri nolumus immutare, de consilio fidelis clerici nostri Guichardi, canonici Cameracensis, procedatis, qui et clericus vester, si opus fuerit, ad vestram reducent memoriam ordinacionem supradictam. Et secundum predicta omnia dicto domino Partiniaci et valetis predictis, si recredenciam pecierint, responsum faciatis. Item quia nos requisivit ut sibi certam diem super terra Tallebur<sub>o</sub>i[2] assignaremus, mandamus vobis quatinus significetis eidem quod, visa et determinata inquesta facta super hoc, et diem sibi et partibus assignabimus secundum quod videbitur expedire.

(Édité par Ledain, p. 145.)

## 39

Aug. 1267. — QUERIMONIA GUILLELMI DE VERNO, MILITIS, CONTRA SENESCALLUM PICTAVENSEM.

Guillaumes de Vernou[3], chevalier, dit et requiert monseigneur le conte de Poitiers et son conseil que il li face amender les griés et les torz que li baillif de Poito fet à icelui Guillaume, c'est à savoir seur ce que, comme le dit Guillaumes feust ajournez à l'asise de Poitiers pour la querelle Hemeri de Bocay[4], chevalier, proposa li devant dis Aymeri

---

[1] Serment de fidélité dû par les vassaux astreints à l'hommage lige.

[2] Taillebourg, Charente-Inférieure, cant. Saint-Savinien.

[3] Vernoux-en-Gatine, Deux-Sèvres, cant. Secondigny, ou Vernoux-sur-Boutonne, *id.*, cant. Brioux.

[4] Première leçon : *Hemeri Chasteignier*.

contre le devant dit Guillaume que il avoit prisses ses chosses dedanz l'aseurement le conte, et à ce prover il s'en meteit en la prison le conte, et requeroit que li dit Guillaume de Vernueil, chevalier, feust pris, et ja soit ce que li dit Guillaume ne feust ajornez avenantment, respondit il meintenant que il avoit bien aseuré, et connust bien que il avoit pris en ɪ fié qui li estoit remés par le jugement qui avoit esté fest en la court meimes du conte de Poitiers, bien et à droit, blé et autres chosses, son droit usant, quar li fiez li estoit remés, si comme il dit, par le dreit de la court le conte, et meesmement par pluseur reddevances qui li avoit ou fié qui n'avoit pas esté paié, lonc tans avoit passé, et par amoneteurs qu'il avoit eu de l'eglisse que il preist en ce fié. Li balis de ces prueves ne de ces chosses ne le vot pas oir, einz l'aresta avant qui li demandast s'il l'avoit pris ou non, dont li dit Guillaumes li disoit et li requeroit, et seur ce il li demandoit le regart de la court le conte, savoir non si le devoist arester au non, et de ce li baillis ne li vost pas fere jugement, mes tant li respondi li baillis qu'il aroit conseil seur ce. Mesires Guillaumes le requist et atandi tant que l'asise feust passée, requerant tourjouz qui li feist le jugement ou qui le delivrast, il ne le vost fere. Li dit Guillaumes atendi l'andemein et l'autre jour enprès, tourjourz requerant la delivrance de son cors ou qui li feist fere le jugement, et li baillis ne vost, ja soi ce qui li presentat tourjours pleges souffisanz por fere droit, li quieus li bailliz refusa. Seur ce li dit Guillaumes, chevalier, appella à monseigneur le conte, et quant il ot appellé, li diz baillis prist toutes ses chosses et mist gardes en ses mesons, et dedanz celle sessine il a peechié en ses estans et chacié en ses garennes et arses ses mesons de muz [1], où il li a damagé de plus de vᶜ livres. Et seu[r] ces chosses il souploiet monseigneur le conte et son conseil qu'il li facent amander ces mefez, si comme il verra que il sera à fere, quar il est prez de fere droit à touz pleintiz devant le conte, comme devant son bon seigneur, et soi aplegier, se mestiers est.

(Édité par Ledain, p. 146.)

[1] On peut lire indifféremment *muz* ou *nuiz*; nous adoptons la première leçon et nous traduisons *maisons d'aguets, cabanes de chasse*.

## 40

(Fol. 7.) 1 sept. 1267. — LITTERA MISSA SUPER DICTA PETICIONE.

Alfonsus, filius regis Francie, comes Pictavensis et Tholose, dilecto et fideli clerico suo Guichardo, Cameracensi canonico, salutem et sincere dilectionis affectum. Exposita nobis Guillelmi de Vernoto questio continebat quod cum Aymericus de Bocaio, miles, coram senescallo Pictavensi ipsum traxisset in causam, super eo quod idem Aymericus contra assecuramentum nostrum dicebat eundem G. quasdam res suas occupasse, et ad hoc probandum se ponebat in carcere domini comitis, requirens quod idem G. similiter caperetur, tandem idem Guillelmus proposuit coram senescallo eodem quod, licet assecurasset eundem, non tamen contra assecuramentum hujusmodi fecerat aliquid, quamquam cepisset aliqua de bonis dicti Aymerici sibi adjudicatis per sententiam nostram et eciam alia sine juris injuria, prout facere poterat et debebat, offerens se coram eodem senescallo hoc legitime probaturum. Cum autem idem senescallus ipsum super hoc contra justiciam audire noluerit, sed eundem, hoc non obstante, arrestaverit, ipse, ex hoc sentiens se gravatum, ad nostram duxit audienciam appellandum. Sed idem senescallus, appellatione hujusmodi contempta, bona ipsius contra justiciam occupavit et occupata detinet minus juste, qua occupatione durante, in bonis predictis eidem in stangnis et domibus et garennis dampna gravia sunt illata. Quare vobis mandamus quatinus, ante omnia bona predicta eidem facientes recredi, si de consuetudine fuerint recredenda, vocatis qui fuerint evocandi, quod super hiis faciendum fuerit faciatis. Datum apud Orssonvillam in Belsia[1], die jovis in festo sanctorum Egidii et Lupi, anno Domini m° ducentesimo lx°ᵐᵒ septimo.

(Édité par Ledain, p. 147.)

---

[1] Orsonville, Seine-et-Oise, cant. Dourdan.

## 41

1 sept. 1267. — COMMISSIO PATENS SUPER EODEM.

Alfonsus, *etc.*, dilecto et fideli clerico suo Guichardo, canonico Cameracensi, salutem et sincere dilectionis affectum. Causam appellationis ad nos a Guillelmo de Vernoto, milite, interposite a gravaminibus eidem a senescallo nostro Pictavensi illatis, vobis committimus audiendam et fine debito terminandam. Datum ut precedens.

Item consimilis littera missa fuit priori Sancte Radegondis Pictavensis pro eisdem, in vigilia beati Clementis [22 nov.], anno LX° VII°.

(Édité par Ledain, p. 147.)

## 42

6 sept. 1267. — SENESCALLO PICTAVENSI PRO PRIORE ET FRATRIBUS DE LA VALLOLE, ORDINIS PREMONSTRATENSIS [CONTRA GAUFRIDUM DE LEZIGNIACO].

Alfonsus, *etc.*, dilecto et fideli suo senescallo Pictavensi, *etc.* Mandamus vobis quatinus priorem et fratres de la Vallole[1], ordinis Premonstratensis, super hiis que contra nobilem et fidelem nostrum Gaufridum de Lezigniaco proponenda duxerint coram vobis, diligenter audiatis, et super personis et rebus ad jurisdicionem nostram spectantibus exibeatis eis celeris justicie complementum. Datum apud Longumpontem, die martis ante nativitatem beate Marie virginis, anno LX° VII°.

## 43

6 sept. 1267. — EIDEM PRO EISDEM [DE BONIS AMORTIZANDIS].

Alfonsus, *etc.*, dilecto et fideli suo senescallo Pictavensi, *etc.* Cum ex parte prioris et fratrum de la Vallole, ordinis Premonstratensis, nobis fuerit intimatum, quod vos aliqua bona, que in feodis nostris acquisierant, ut asserunt, saisivistis et saisita tenetis, vobis mandamus quatinus eisdem fratribus dicta bona usque ad instans pallamentum

---

[1] La Vayolle, Vienne, comm. Nieuil-l'Espoir, prieuré de l'ordre de Grandmont, et non de l'ordre de Prémontré. (Voir plus haut, n° 10.)

Omnium sanctorum recredatis, inquirentes nichilominus interim cum (*sic*), qualiter et a quibus et a quo tempore dicta bona acquisierunt, et qualiter ad manum suam devenerunt, et quantum valent annui redditus dicta bona, et de omnibus aliis circumstanciis que in talibus sunt attendende, et si eisdem fratribus dicta bona, sine alterius prejudicio, confirmare possemus, tractantes interim cum dictis fratribus quantum pro dicta confirmacione habenda dare vellent dicti fratres. Quid autem super premissis inveneritis et feceritis, nobis ad crastinum instantis quindene Omnium sanctorum, cum ad nos veneritis, in scriptis refferatis. Datum apud Longumpontem, die martis ante nativitatem beate Marie virginis, anno Domini m° cc° lx° vii°.

## 44

18 sept. 1267. — SENESCALLO PICTAVENSI PRO GUIDONE DE LEZIGNIACO, MILITE [CRUCESIGNATO].

Alfonsus, *etc.*, senescallo, *etc.* Ex parte nobilis et fidelis nostri Guidonis de Lezigniaco, militis, crucesignati, nobis datum est intelligi quod vos terram suam pro debitis, in quibus quibusdam burgensibus de Turonis tenetur, saisivistis et saisitam tenetis. Cum itaque vobis pluries injunxerimus et mandaverimus, quod super privilegio, a domino rege Francie crucesignatis indulto super respectu debitorum suorum [1], utamini, sicut idem dominus rex super eodem privilegio in Turonensi et Bituricensi facit uti, vobis mandamus quatinus diligenter addiscastis qualiter ballivi [2] Turonensis et Bituricensis pro domino Rege super hoc utuntur, et eodem modo in Pictavia et de hominibus nostris de vestra seneschallia uti et teneri faciatis, et terram dicti Guidonis, si secundum quod inveneritis recredenda fuerit, eidem recredatis, taliter super hiis vos habentes quod nec ipse Guido nec alii aliqui super hoc

---

[1] Il s'agit vraisemblablement ici de l'ordonnance d'octobre 1245, accordant aux croisés un répit de trois ans pour le payement de leurs dettes. (Lenain de Tillemont, *Vie de saint Louis*, III, 89); elle fut plusieurs fois renouvelée durant le règne de ce prince et sous ses successeurs.

[2] Ms. *ballivus*.

nobis ulterius conquerantur. Datum apud Hospitale prope Corbolium [1], dominica post exaltationem sancte Crucis, anno Domini M° CC° LX° VII°.

### 45

23 sept. 1267. — SENESCALLO PRO ABBATE DE ALBIS PETRIS [SUPER BONIS IN MANU MORTUA TENENDIS].

Alfonsus, *etc.*, senescallo Pictavensi, *etc.* Ex parte religiosi viri abbatis de Albispetris [2], Cisterciensis ordinis, nobis est datum intelligi quod vos aliqua bona, que in nostris feodis sine nostra licencia acquisivit, in manu nostra saisivistis et saisita tenetis. Unde vobis mandamus quatinus predicta bona eidem usque ad instans festum sancti Andree apostoli recredatis, addiscentes interim diligenter de valore annuo eorumdem bonorum et tractantes cum eodem abbate quantum nobis daret pro confirmacione a nobis habenda super dictis bonis in manu mortua tenendis. Et quid super hoc inveneritis et feceritis, nobis ad crastinum instantis quindene Omnium sanctorum, cum ad nos veneritis, in scriptis refferatis. Datum die veneris post festum beati Mathei apostoli, anno Domini M° CC° LX° septimo.

### 46

25 sept. 1267. — SENESCALLO PRO ABBATE ET CONVENTU DE CASTELLARIIS [SUPER BONIS IN MANU MORTUA TENENDIS].

Alfonsus, [*etc.*], senescallo Pictavensi, *etc.* Ex parte religiosorum virorum abbatis et conventus de Castellariis [3], Cisterciensis ordinis, nobis extitit intimatum quod aliqua bona, que in feodis nostris sine nostra licencia acquisierunt, saisivistis et saisita tenetis in manu nostra. Intimatum est etiam nobis ex parte eorundem, quod ipsi a nobis super

---

[1] Saint-Jean-en-l'Isle, sur la Juine, près Corbeil, prieuré de l'ordre de Saint-Jean, fondé par Ingeburge. (Lebeuf, *Hist. de... Paris*, nouv. éd., IV, p. 292.)

[2] Aubepierres, abb. cist., au diocèse de Limoges, Creuse, comm. Méasne.

[3] Notre-Dame des Châtelliers, au dioc. de Poitiers, Deux-Sèvres, comm. Fomperron.

acquisitis ab eisdem in nostris feodis confirmacionem per nostras patentes litteras, diu est, habuerunt. Unde vobis mandamus quatinus, visis diligenter litteris nostris patentibus, quas super confirmacione hujusmodi asserunt se habere, addiscatis diligenter quod (*sic*) et qualia bona et in quibus locis et utrum in feodis vel retrofeodis nostris, et quantum valent annui redditus, a tempore dicte confirmacionis nostre citra acquisierunt, et tractetis cum eis quantum nobis dare vellent pro confirmatione a nobis habenda super dictis bonis, a tempore dicte confirmationis nostre citra acquisitis, ab eis in manu mortua tenendis. Et quid super hoc inveneritis et feceritis, nobis ad crastinum instantis quindene Omnium sanctorum, cum ad nos veneritis, in scriptis refferatis, ea que de bonis ipsorum occasione hujusmodi saisita tenetis usque ad instans festum beati Andree apostoli eisdem recredentes. Datum dominica ante festum Michaelis archangeli, anno Domini M° CC°·LX° septimo.

Similis littera missa fuit pro abbate et conventu de Pinu[1].

(Édité par Ledain, p. 148-149.)

47

(Fol. 8.) 25 sept. 1267. — SENESCALLO PICTAVENSI PRO ABBATE ET CONVENTU DE PINU.

Alfonsus, *etc.*, senescallo Pictavensi, *etc.* Ex parte religiosorum virorum abbatis et conventus de Pinu, Cisterciensis ordinis, nobis est conquerendo monstratum quod ab aliquibus hominibus nostris in quibusdam piscaturis, a defuncto Bouchardo de Malliaco eisdem religiosis in elemosinam quondam datis et a nobis postmodum, ut dicitur, confirmatis, eisdem nuper violencia est illata. Unde vobis mandamus quatinus eosdem religiosos super hiis, que racione predictorum proposuerint coram vobis, diligenter audiatis, et vocatis qui fuerint evocandi, auditis racionibus parcium, jure nostro et alieno servato, de personis et rebus ad nostram jurisdicionem spectantibus exibeatis

[1] Le Pin, ordre de Cîteaux, diocèse de Poitiers, Vienne, comm. Béruges.

eisdem celeris justicie complementum. Datum dominica ante festum beati Michaelis archangeli, anno Domini m° cc° lx<sup>mo</sup> septimo.

## 48

26 sept. 1267. — SENESCALLO PICTAVENSI PRO ABBATE ET CONVENTU DE MOROLIA.

Alfonsus, *etc.* Ex parte religiosorum virorum abbatis et conventus de Morolia [1] nobis est intimatum quod vos decem libras annui redditus, quas bone memorie quondam vicecomes Thoarcensis [2] dicte abbatie in elemosinam dederat, saisivistis et saisita tenetis in manu nostra, super quibus decem libris annui redditus et aliis acquisitis in feodis et retrofeodis nostris petunt idem abbas et conventus ut confirmacionem generalem eisdem concederemus. Unde vobis mandamus quatinus inquiratis diligenter que et quanta et qualia et in quibus locis et utrum in feodis et retrofeodis nostris, et quantum valent annui redditus ea que acquisierunt in feodis vel retrofeodis nostris a triginta annis citra, tractantes interim cum eisdem quantum nobis dare vellent pro confirmacione hujusmodi a nobis habenda super dictis acquisitis ab eisdem in manu mortua tenendis, dictas decem libras annui redditus, quas saysitas tenetis, eisdem recredentes usque ad festum beati Andree apostoli proximo venturum. Et quid super omnibus premissis inveneritis et feceritis, nobis ad crastinum instantis quindene Omnium sanctorum in scriptis significare curetis. Datum die lune ante festum beati Michaelis archangeli, anno Domini m° cc° lx<sup>mo</sup> septimo.

## 49

28 sept. 1267. — SENESCALLO PICTAVENSI PRO PRIORE GRANDIMONTIS.

Alfonsus, *etc.*, dilecto et fideli suo senescallo Pictavensi, *etc.* Ex parte religiosorum virorum prioris et conventus ordinis Grandimontis nobis extitit intimatum quod vos aliqua bona ipsorum, que in feodis et retro-

---

[1] Moureilles, ordre de Cîteaux, diocèse de Poitiers. — [2] Aimeri IX.

feodis nostris sine nostra licencia acquisierunt, saisivistis et saisita tenetis apud Montemmaurilii [1] in manu nostra. Unde vobis mandamus quatinus dicta bona que saisita tenetis, ut asserunt, eisdem religiosis usque ad nativitatem Domini recredatis, addiscentes interim que et quanta bona dicti religiosi in feodis et retrofeodis nostris a triginta annis citra [acquisierunt], et quantum valent annui redditus, tractantes nichilominus cum eisdem quantum nobis dare vellent pro confirmacione a nobis habenda super dictis acquisitis ab eisdem in manu mortua tenendis. Et quid super premissis inveneritis et feceritis, nobis ad crastinum instantis quindene Omnium sanctorum, cum ad nos veneritis, in scriptis refferatis. Datum apud Rampillionem [2], die mercurii ante festum beati Michaelis archangeli, anno Domini M° CC° LX° septimo.

50

2 oct. 1267. — SENESCALLO PICTAVENSI SUPER FOREFACTO MONETE.

Alfonsus, *etc.*, senescallo Pictavensi, *etc.* Mandamus vobis quatinus Petro, Johanni et Nicholao de Pontelevio, fratribus, civibus Turonensibus, assignetis coram nobis diem quartam post instantem quindenam Omnium sanctorum, super facto monete nostre Pictavensis, quam fecerunt apud Mosterolium, responsuros. Datum dominica post festum beati Michaelis archangeli, anno Domini M° CC° LX<sup>mo</sup> septimo.

51

2 oct. 1267. — EIDEM SUPER EODEM.

Mandamus vobis quatinus modum seu modos, in quibus Petrus, Johannes et Nicholaus de Pontelevio, fratres, cives Turonenses, in factione monete nostre Pictavensis, quam fecerunt apud Mosterolium, commiserunt, in quodam scripto, per vos, per Johannem Prepositi, castellanum, et Johannem, capellanum Mosterolii, necnon et illum qui dic-

---

[1] Montmorillon, Vienne. — [2] Rampillon, Seine-et-Marne, cant. Nangis.

tam monetam temptavit, concorditer facto, nobis ad crastinum instantis quindene Omnium sanctorum, cum ad nos veneritis, afferatis, magistrum dicte monete nostre qui nunc eam facit monentes et per dictos castellanum et capellanum moneri facientes, ut monetam nostram bene et fideliter faciat et ipsam acceleret prout plus poterit bono modo. Datum ut precedens.

## 52

2 oct. 1267. — JOHANNI AUBERTI SUPER EODEM.

Alfonsus, *etc.*, dilecto et fideli suo Johanni Auberti, civi Turonensi, salutem et dilectionem. Cum senescallo nostro Pictavensi per nostras litteras dederimus in mandatis, ut Petro, Johanni et Nicholao de Pontelevio, fratribus, civibus Turonensibus, assignet coram nobis diem quartam post instantem quindenam Omnium sanctorum, super facto monete nostre Pictavensis, quam fecerunt apud Mosterolium, responsuros, mandamus vobis quatinus ad dictam diem ad nos sitis, et modum seu modos in quibus in factione dicte monete nostre commisisse dicuntur in scriptis afferatis. Et hoc non dimittatis. Datum ut precedens.

## 53

2 oct. 1267. — PRO DOMINO GUILLELMO DE SANCTO ALBINO ET NEPTE SUA.

Alfonsus, *etc.*, senescallo Pictavensi, *etc.* Refferente nobis Richardo, filio Guillelmi de Sancto Albino, militis, qui nomine patris sui querimoniam detulit, intelleximus quod neptis dicti Guillelmi, que sibi sub certa forma fuerat restituta, nuper modo indebito eidem, ut asserit, est ablata, necnon boves arabiles dicti G. cepit vel capi fecit injuste et distraxit H., dominus Pertiniaci[1], prout ex parte dicti G. nobis monstratum est conquerendo. Hinc est quod vobis mandamus, quatinus super utroque casu addiscentes plenius veritatem, dictum dominum Pertiniaci, seu alium vel alios qui dictam neptem detinent, requiratis

---

[1] Hugues III l'Archevêque, seigneur de Parthenay.

vel requiri faciatis ut eandem avo suo predicto restituant, si tamen juxta facti predicti seriem id videritis de jure vel consuetudine requirendum, et super bobus captis, ut dicitur, contra justiciam, exhibeatis eidem G. celeris justicie complementum, rei veritatem ac responsum quod vobis fecerint qualiterque processeritis in hac parte in scriptis, cum ad nos veneritis, refferentes. Datum apud Rampillon, die dominica post festum beati Michaelis, anno Domini M° CC° LX° VII°.

(Édité par Ledain, p. 149.)

## 54

(Fol. 17.) 23 sept. 1267. — LITTERA EUSTACHIE, UXORIS OJHANNIS DE FONTENESIO, MILITIS, ET THEOFANIE, EJUSDEM FILIA (sic).

Viro nobili ac excellentissimo domino Alfonso, filio regis Francie, comiti Pictavie et Tholose, sue devote Eustachia, uxor Johannis de Fontenesio, militis, et Theofania, ejusdem Eustachie filia, uxor Theobaldi de Fontenesio, valeti, salutem et se ad pedes. Sicientes nos ad vos, qui verus fons estis justicie, accurrimus, vobis humiliter supplicantes ne[1] propter insinuationem vel denunciacionem aliquam, vobis ficticie et falso factam vel faciendam a Guillelmo de Sancto Albino et a Guillelmo de Vernoto, militibus, vel altero ipsorum, res et bona nostra, et specialiter res et bona mei dicte Theophanie, saisiatis vel saisiri faciatis. Sciat enim nobilitas vestra quod dicti Guillelmus de Sancto Albino et Guillelmus de Vernoto, milites, matrimonium mei dicte Theophanie impediunt pro posse suo, quod non possunt, cum verum sit matrimonium et voluntarium sit et fuerit in principio, medio et in fine. Sciat etenim vestra discrecio quod, cum dictus Guillelmus de Sancto Albino, miles, in custodia sua haberet me dictam Theophaniam, me cuicunque nubere differebat, ut fructus terre mee percipere posset et ut pro me cum aliquo matrimonialiter copulanda pecuniam posset recipere et habere, et super hoc habuit colloquium pro predicta pecunia recipienda cum pluribus inferioribus me, et non tantum no-

---

[1] Le manuscrit porte ut.

bilibus sicuti ego sum. Intuitu ergo pietatis et precum nostrarum piissimo interventu placeat nobilitati vestre deliberare res nostras et bona, et specialiter res et bona mei dicte Theophanie, et permittere ipsis bonis uti [et] frui, et maxime bonis de Gersaio [1] et aliis bonis meis universis. Et quia sigillum non habebamus, sigillum venerabilis viri Bouchardi, archipresbyteri de Pertiniaco, presentibus apponi supplicavimus. Datum die veneris post festum beati Mauricii, anno Domini M° CC° LX° VII°.

(Édité par Ledain, p. 148.)

## 55

10 oct. 1267. — SENESCALLO PICTAVENSI PRO ABBATE DE MISERICORDIA DEI [SUPER BONIS IN MANU MORTUA TENENDIS].

Alfonsus, *etc.* Ex parte religiosorum virorum abbatis et conventus de Misericordia Dei [2], ordinis Cisterciensis, nobis extitit intimatum quod vos aliqua bona ipsorum, que in feodis et retrofeodis nostris sine nostra licencia acquisierunt, saisivistis et saisita tenetis in manu nostra. Unde vobis mandamus quatinus dicta bona que saisita tenetis, ut asserunt, eisdem religiosis usque ad natale Domini recredatis, addiscentes interim que et quanta bona dicti religiosi in feodis et retrofeodis nostris a triginta annis citra acquisierunt, et quantum valent annui redditus, tractantes nichilominus cum eisdem quantum nobis dare vellent pro confirmatione a nobis habenda super dictis acquisitis ab eisdem in manu mortua tenendis. Et quid super premissis inveneritis et feceritis nobis ad crastinum instantis quindene Omnium sanctorum, cum ad nos veneritis, in scriptis referatis. Datum apud Samoisellum [3], die lune post festum beati Dyonisii, anno Domini M° CC° LX° VII°.

[1] Jarzay, Vienne, comm. Massogne, seigneurie relevant de Parthenay. — [2] La Merci-Dieu, au diocèse de Poitiers, Vienne, comm. La Roche-Posay. — [3] Samoreau, Seine-et-Marne, arr. Fontainebleau.

## 56

4 oct. 1267. — PRO DOMINO AYMERICO BECHET [SUPER RESTITUTIONE BONORUM USQUE AD FESTUM OMNIUM SANCTORUM FACIENDA].

Alfonsus, *etc.*, senescallo Pictavensi, *etc.* Mandamus vobis quatinus, receptis prius bonis plegiis, de nostra jurisdicione et vestra senescallia existentibus, a fideli nostro Aymerico Bechet, milite, et aliis militibus et armigeris, qui cum ipso fuisse dicuntur in capcione Bertrandi de Rocha, militis, et aliorum armigerorum, terras suas et bona que propter hoc saisita tenetis eisdem usque ad tres septimanas post instans festum Omnium sanctorum recredatis, ita quod de levatis tunc nobis respondere possitis, nisi interim aliud a nobis receperitis in mandatis. Ceterum vobis mandamus quatinus in crastino instantis quindene Omnium sanctorum ad nos personaliter intersitis. Datum apud Rampillon, die martis post festum beati Michaelis, anno Domini M° CC° LX° septimo.

Similis littera missa fuit senescallo Xanctonensi.

## 57

6 oct. 1267. — SENESCALLO PICTAVENSI PRO TERRA DE OBLINQUO.

Alfonsus, *etc.*, senescallo Pictavensi, *etc.* Mandamus vobis quatinus diligencius et cercius quam poteritis addiscatis quantum valet terra de Oblinquo[1] in redditibus per annum, super qua vobiscum habuit colloquium Guillelmus de Chauviniaco, miles, ut nobis retulit Guichardus, clericus noster, canonicus Cameracensis, et in quibus consistit etiam ipsa terre, et veritatem quam super hec inveneritis nobis, cum ad nos veneritis in crastino quindene Omnium sanctorum, in scriptis refferre curetis. Predicta autem ita caute et secrete adimplere curetis quod nec dictus G. aut alius percipere seu perpendere valeat quod a nobis emanaverit hoc mandatum, nec causam eciam quare hoc facere

[1] Le Blanc, Indre.

debeatis. Datum apud Rampillonem, die jovis post festum beati Michaelis, anno LX° VII°.

(Édité par Ledain, p. 150.)

## 58

26 oct. 1267. — SENESCALLO PICTAVENSI PRO ABBATE ET CONVENTU DE COLUMBA.
[SUPER BONIS IN MANU MORTUA TENENDIS].

Alfonsus, *etc.*, senescallo Pictavensi, *etc.* Ex parte abbatis et conventus de Columba [1], Cisterciensis ordinis, nobis extitit intimatum quod vos aliqua bona dictorum religiosorum, que acquisierunt in feodis et retrofeodis nostris usque ad valorem decem librarum vel circiter, ut dicitur, annui redditus, ad manum nostram saisivistis et saisita tenetis. Unde vobis mandamus quatinus eisdem dicta bona usque ad mensem post instans festum natalis Domini recredatis, addiscentes interim de valore annuo dictorum bonorum, nichilominus tractantes cum eisdem religiosis quantum nobis dare vellent pro confirmacione habenda a nobis super dictis bonis in manu mortua tenendis. Et quid super hoc inveneritis et feceritis, nobis ad crastinum instantis quindene Candelose, cum ad nos veneritis, in scriptis refferatis. Datum apud Hospitale prope Corbolium, die mercurii ante festum apostolorum Symonis et Jude, anno Domini M° CC° LX° VII°.

## 59

(Fol. 18.) 25 nov. 1267. — LUDOVICO DE BELLOJOCO, MILITI,
PRO HUGONE DE BROCIA.

Alfonsus, *etc.*, nobili et dilecto suo Ludovico de Bellojoco, militi, salutem et dilectionem. Ex parte nobilis et fidelis nostri Hugonis de Brocia, militis, nobis extitit monstratum quod vos dampna et gravamina non modica eidem indebite intulistis, ac in nostris feudis, que [a] nobis tenet dictus miles, cum armis calvacastis in nostre jurisdicionis et nostri ac ipsius nobilis prejudicium, injuriam et gravamen.

---

[1] La Colombe, abbaye du diocèse de Limoges.

Quare vobis mandamus et requirimus quatinus dicto Hugoni predicta dampna restituatis et restitui faciatis, et illatam nobis injuriam emendetis, ita quod nos et ipse nobilis debeamus nos tenere plenarie pro pagatis, scituri quod, nisi hoc feceritis, non poterimus equanimiter sustinere quin consilium apponamus quod in hac parte viderimus apponendum. Quod vero super hiis faciendum duxeritis, nobis litteratorie rescribatis. Datum[1] apud Longumpontem, die veneris in festo sancte Katerine virginis, anno Domini millesimo ducentesimo LX$^{mo}$ septimo.

## 60

1266. — [BAIL DE LA MONNOIE DE MONTREUIL-BONNIN À BERNART DE GUISERGUES.]

C'est la forme des covenances esqueles Bernart de Guisergues, borjois de la Rochele, veut prendre la monoie monseigneur le conte de Poitiers à fere à Mosteruel Bonin, c'est asavoir ou point et en la maniere et en la forme que Jehan de Pontlevey et ses compaignons l'avoient en covenant à fere, et segont la convenance que messires li coens avoit à aus, tout einsint com il est contenu en la lestre monseigneur le conte. Et est assavoir qu'il fera III$^{xx}$ milliers au gros millier à trois forz et trois foibles en fierton et commencera desja et fenira de ceste saint Jehan prochienne en l'an nostre Seigneur mil CC LX VII en deus anz, c'est asavoir jusques à la feste de la saint Jehan qui sera l'an nostre Seigneur mil deus cenz saixante nuef. Et doit rendre li diz Bernarz por chascun gros millier à monseigneur le conte, au Temple à Paris, L livres à encherissement de cent solz le millier, et doit durer li diz encherissemenz jusques à la premiere paie qui doit estre fete dedenz l'uictave de la prochienne feste de Touz sainz. Et est asavoir que se encherissemenz i estoit fez, que cil qui encheriroit rendroit au dit Bernart pour ses couz et pour sa poine C livres, avant que li diz Bernart lessat la dite monoie à faire. Et a juré li diz Bernarz à tenir les dites convenances, si com il est contenu en la lestre des dites cove-

---

[1] Le manuscrit porte *data*.

nances et du serement fet par l'a, be, ce. Ce fu fet l'an de l'incarnacion nostre Seigneur mil CC LX VI.

(Édité par Ledain, p. 135, et par Boutaric, p. 198-199.)

## 61

### 28 NOV. 1267. — LES LESTRES BERNART DE GUISERGUES SUR LA MONNOIE DE POITEVINS.

A touz ceaus qui ces presentes lettres verront, Bernarz de Guisergues, bourjeois de la Rochele, saluz en nostre Signeur. Je faz asavoier à touz que pardesus les autres covenances que je otres noble home monsigneur Aufons, fiz du roi de France, conte de Poitiers et de Tholouse, de sa monoie de poitevins que je faz fere à Monstereul Bonnim, lesqueles covenances sont plus plainnement contenues au lestres de mes plaiges que j'ai doné à celi monsigneur le conte ou à sun comandemant d'iceles covenances acomplir, c'est asavoir Thomas de Legne, Gaubert de Lerme et Hernaut de Lerme, bourjois de la Rochelle, je Bernarz desus diz ai promis à iceli monsigneur le conte à fere cint miliers de mailles poitevines doubles au gros millier, c'est asavoier unze cenz vint e cint livres au gros millier. Et je, li diz Bernarz, sui tenuz à randre à monsigneur le conte devant dist cent livres de poitevins neus pour chacun gros millier, et doi fere la dite monnoie à troise maille de lai, ansint come poitevins neus sont, à quatre denies poijaise mains, et se devant delivrer au marc auquel li denier sunt delivrez de dis uit souz[1] et deus deniers le marc. Et de chacunes cent livres delivres doivant estre mis sis deniers an une boite où il aura II clef, desqueles la garde monsigneur le conte aura une clef, et je l'autre, et par les deniers d'icele boite seroit prové, se mestiers estoit, saver se les mailles seroient de la lai desus dite, et les poies[2] de la dite monoie serunt fetes au Temple, à Paris, par trois termes en l'an ou

---

[1] Ici le mot *seiaz* que nous proposons de corriger en *souz*. (Voir Boutaric, p. 195.) —
[2] Le manuscrit porte *l'anpoies*.

l'autre poie des deniers poitevins, selon ce que j'auré fest de la dite monoie des mailles, c'est asavoier à la quinzene de la Chandeleur, et à la quinzaine de l'Acension, et à la quinzaine de la Tousainz, an tele maniere que j'auré toust fest et tout poié dedanz le terme que les deniers devant estre fest, c'est asavoier de la proichienne feste de saint Jehan an un an qui sera an l'an de l'incarnacion nostre Signoir mil deus cenz sexante neuf. Et je Bernart desus dit a juré seur sainz evangiles que la dite monoie, tant des deniers come des mailles, feré bien et laiaumant, si cum il est devisé, et acompliré toutes les covenances chacunes desus dites biem et laiaument. An temoin de laquele chose, j'ai donés au devant dist monsigneur le conte ces lestres seelés de mon seel. Ce fust fest le lundi devant la festre saint Andri l'apostre, an l'an de l'incarnaciom nostre Signeur M CC et LX et VII.

(Édité par Ledain, p. 151.)

## 62

(Fol. 19.) Nov. 1267. — SENESCALLO PRO JOHANNE PELERETI, BURGENSI DE CONDOMIO (*SIC*).

Alfonsus, *etc.*, senescallo Pictavensi, *etc.* Ex parte Johannis Pilereti, burgensis et mercatoris[1] de Cadomo[2], nobis extitit intimatum, quod gentes dilecti et fidelis nostri Mauricii de Bellavilla, militis, tresdecim libras ipsius mercatoris indebite arrestaverunt, ut dicitur. Unde vobis mandamus quatinus predictum Mauricium vel gentes ipsius requiratis, ut predictam peccuniam eidem J. mercatori restituant seu restitui faciant et reddi, secundum quod coram eodem Mauricio vel ejus mandato cognita fuerit vel probata. Si autem dictus Mauricius vel ejus mandatum in hoc negligentes fuerint vel remissi, vos illud eidem faciatis et dicto J. de persona, mercimoniis... (*La suite manque.*)

---

[1] Le texte porte *mercator*. — [2] Caen, Calvados. (Voir n° 95.)

## 63

2 dec. 1267. — SENESCALLO PICTAVENSI PRO COMITE MARCHIE.

Alfonsus, *etc.*, senescallo Pictavensi, *etc.* Ex parte nobilis et fidelis nostri... comitis Marchie nobis datum est intelligi quod venerabilis pater... episcopus Pictavensis vel gentes sue ipsum comitem in explectamento castellanie de Lezigniaco quam tenet a nobis in feudum, indebite impediunt et perturbant, tenendo ibidem assisias suas et gentibus ejusdem comitis inhibendo ne assisias suas teneant in eadem, in locis in quibus ipse comes et antecessores sui assisias suas tenere sunt a longis temporibus, ut dicitur, assueti. Unde vobis mandamus quatinus dictum episcopum ex parte nostra requiri faciatis ut gentes suas ab impedimento et perturbacione desistere faciat antedictis, et responsionem quam vobis super hoc fecerit idem episcopus, et quid super hoc feceritis, nobis ad crastinum instantis quindene Candelose, cum ad nos veneritis, refferatis in scriptis. Datum die veneris post festum beati Andree apostoli, anno LX° VII°.

(Édité par Ledain, p. 152.)

## 64

2 dec. 1267. — SENESCALLO PRO GAUFRIDO DE LEZEIGNIACO.

Alfonsus, *etc.*, senescallo Pictavensi [1], *etc.* Ex parte dilecti et fidelis nostri Gaufridi de Lezegniaco nobis extitit intimatum, quod vos mensuras contra justiciam imponitis [2], in pertinenciis de Bovelia in ipsius Gaufridi prejudicium et gravamem. Unde vobis mandamus quatinus super eisdem mensuris addiscatis cum diligencia veritatem, et quid super hoc inveneritis, vobiscum in scriptis afferatis nobis, cum ad nos veneritis ad crastinum quindene proxime Candelose pro vestris compotis faciendis. Datum apud Moissiacum, die veneris post festum beati Andree apostoli.

[1] Le texte ajoute ici par erreur *et Tholose*. — [2] C'est-à-dire, prescrire la mesure à employer.

## 65

2 dec. 1267. — SENESCALLO PRO GAUFRIDO DE LEZEIGNIACO, MILITE.

Alfonsus, *etc.*, senescallo [*etc.*]. Mandamus vobis quatinus ducentas L<sup>a</sup> libras, in quibus dilectus et fidelis noster Gaufridus de Lezeigniaco, miles, nobis tenetur, racione cujusdam emende, ut asserit, solvendas ad instans festum Candelose, usque ad instantem Ascensionem Domini in respectu nostro ponatis, et eas in dicto termino taliter levare curetis, quod easdem vobiscum afferatis apud Templum Parisius, cum ad nos veneritis pro vestris compotis faciendis[1]. Datum apud Moissiacum, die veneris proxima post festum beati Andree apostoli, anno Domini M° CC° LX° VII°.

## 66

12 dec. 1267. — SENESCALLO PICTAVENSI PRO COMITISSA LEYCESTRIE [SUPER COMITATU ENGOLISMENSI].

Alfonsus, *etc.*, senescallo Pictavensi, *etc.* Cum nobilis et dilecta nostra Alienordis, comitissa Leycestrie[2], nobis per suas significaverit litteras quod, cum ipsa diu placitaverit in curia domini regis Francie super jure quod dicebat se habere in comitatu Engolismensi, et idem dominus rex per judicium comiti Engolismensi[3], presenti coram eo, ut dicitur, et illis qui pro aliis adversariis suis presentes interfuerunt, preceperit quod infra instans festum Penthecostes eidem faciant et assignent competentem partem in comitatu predicto, alioquin si eos deficientes invenerit, partem fieri faciet antedictam, ac eadem comitissa nos litteratorie rogaverit quod vos ad crastinum instantis Epiphanie, sibi a dicto comite Engolismensi pro parte facienda assignatum, apud Barreis[4] mitteremus, cum ex presencia aliquarum gentium nostrarum negocium suum melioracionem consequi spem habeat eadem comitissa;

---

[1] Le manuscrit porte *faciatis*.
[2] Éléonore, veuve de Simon de Montfort, comte de Leicester.
[3] Hugues de Lusignan. (Voir sur cette affaire Delisle, *Restitution d'un volume des Olim*, n. 21.)
[4] Probablement Barret, Charente, cant. Barbezieux.

vobis mandamus quatinus ad dictos diem, videlicet ad crastinum instantis Epiphanie, et locum aliquem ydoneum loco vestri mittere studeatis, visurum et intellecturum assignacionem que predicte comitisse facta fuerit de parte sibi in comitatu eodem contingente. Et quid super hoc factum fuerit, nobis ad crastinum instantis quindene Candelose, cum ad nos veneritis, refferatis in scriptis. Datum die lune post festum beati Nicholai hyemalis, anno Domini M° CC° LX° VII°.

(Édité par Ledain, p. 150.)

## 67

24 dec. 1267. — SENESCALLO PICTAVENSI PRO NAVERIO, FORESTARIO MOLERIE.

Alfonsus, *etc.*, senescallo Pictavensi, *etc.* Mandamus vobis quatinus de denariis nostris tradatis mutuo viginti libras pictavensium Naverio, forestario Molerie[1], super gagia sua, receptis ab ipso litteris suis patentibus de mutuo peccunie supradicte. Datum apud Corbolium, in vigilia natalis Domini, anno ejusdem M° CC° LX° VII°.

## 68

22 febr. 1268. — PRIORI BEATE RADEGONDIS PRO REGINALDO OLRICI.

Alfonsus, *etc.*, dilecto et fideli suo magistro Johanni, priori secularis ecclesie Beate Radegundis Pictavensis, salutem et dilectionem sinceram. Ex parte Raginaldi Oulrici nobis est conquerendo monstratum quod Guillelmus Petot, postquam fuit in servicio nostro et senescalli nostri Pictavensis, contra ipsum Reginaldum dedit judicium in causa que inter ipsum ex una parte et Aymericum et Stephanum de Latouche ex altera vertebatur, licet, sicut asserit, antea dictus Guillelmus pro parte adversa fuisset advocatus. Unde vobis mandamus quatinus super premissis veritatem, vocatis partibus coram vobis, diligenter inquiratis [et] ea que emendanda fuerint faciatis, prout condecet, emendari. Datum apud Longumpontem, die mercurii in festo cathedre sancti Petri, anno Domini M° CC° LX° septimo.

[1] Forêt domaniale de Moulière, Vienne, arr. Châtellerault.

## 69

(Fol. 20.) 14 dec. 1267. — SENESCALLO PICTAVENSI PRO PREPOSITO
ET CAPITULO ECCLESIE AHENTENSIS.

Alfonsus, *etc.*, senescallo Pictavensi, *etc.* Ex parte prepositi et capituli ecclesie Ahentensis[1], Lemovicensis dyocesis, nobis extitit intimatum quod vos decimas ecclesiarum Sancti Amandi, Sancti Juliani[2] et Sancti Petri de Denha quas ipsi acquisierunt et, diu est, possiderunt (*sic*), ut asserunt, saisivistis et saisitas in manu nostra tenetis. Unde vobis mandamus quatinus eisdem preposito et capitulo dictas decimas usque ad instans festum Penthecostes recredatis, addiscentes interim utrum de nostris feodis vel retrofeodis existant dicte decime, et si a triginta annis citra vel a quo tempore fuerint acquisite, et quantum valent annui redditus, tractantes nichilominus cum eisdem quantum nobis dare vellent pro confirmacione a nobis habenda super dictis decimis in manu mortua tenendis. Et quid super premissis inveneritis et feceritis, nobis ad crastinum instantis quindene Candelose, cum ad nos veneritis, in scriptis refferatis. Datum die mercurii post festum beate Lucie virginis, anno Domini M° CC° LX° septimo.

## 70

22 dec. 1267. — JOHANNI AUBERTI, CIVI TURONENSI [SUPER FACTO MONETE].

Alfonsus, *etc.*, dilecto et fideli suo Johanni Auberti, civi Turonensi, salutem et dilectionem. Mandamus vobis quatinus diligenter et caute addiscatis pro quanto possit haberi Turonibus marcha auri in paleola[3] de meliori et mediocri, et similiter de aliis monetis aureis precium nobis significare curetis et vestrum consilium in hac parte. Ceterum sollicitetis magistrum monete nostre de Mosterolio quod bene et legaliter faciat cudi monetam nostram, ita quod non possit inde aliquatenus reprehendi, et quantum plus poterit, bono modo cudi faciat de eadem.

---

[1] Eymoutiers, Haute-Vienne. — [2] Saint-Amand-le-Petit, Haute-Vienne, cant. Eymoutiers; Saint-Julien-le-Petit, *id.* — [3] En français, paillole ou paillette. (Ducange, s. v.)

Et de istis nos per latorem presencium certificare curetis, venientes ad nos quarta die post instantem quindenam Candelose. Datum die jovis in crastino beati Thome apostoli, anno Domini M° CC° LX° VII°.

## 71

19 jan. 1268. — PRIORI BEATE RADEGUNDIS PRO GUIDONE SENESCALLI, MILITE, COMMISSIO PATENS.

Alfonsus, *etc.*, dilecto et fideli clerico suo magistro Johanni de Castellariis, priori secularis ecclesie Beate Radegundis Pictavensis, salutem et sinceram dilectionem. Causam appellecionis ad nos interposite, ut dicitur, a Guidone senescalli, milite, et Odoneto de Confluento [1], domicello, nomine uxorum [2] suarum, a gravaminibus eisdem illatis, ut dicunt, per dilectum et fidelem nostrum Symonem de Cubitis, senescallum nostrum Pictavensem, in causa que vertitur inter ipsos Guidonem et Odonetum ex una parte, et Sibillam de Clifort, viduam, ex altera, vobis committimus audiendam, mandantes quatinus, evocatis qui fuerint evocandi, causam audiatis et fine debito terminetis. Datum die jovis ante festum beati Vincencii martiris, anno Domini M° CC° LX° VII°.

## 72

19 jan. 1268. — PRIORI SECULARIS ECCLESIE BEATE RADEGONDIS PICTAVENSIS PRO GUIDONE SENESCALLI, MILITE, ET ODONETO DE CONFLUENTO.

Alfonsus, *etc.*, dilecto et fideli suo magistro Johanni de Castellariis, priori ecclesie Beate Radegundis Pictavensis, salutem et dilectionem sinceram. Mandamus vobis et vos rogamus quatinus curam apponatis diligentem in reformacione pacis inter Guidonem Senescalli, militem, et Odonetum de Confluento, domicellum, ex una parte, et Sibillam de Cliffort, viduam, ex altera, si hoc bono modo facere valeatis. Datum die jovis ante festum beati Vincencii martiris.

[1] Peut-être Confolens, Charente. — [2] Le texte porte *uxorarum*.

## 73

27 jan. 1268. — SENESCALLO PICTAVENSI SUPER CAMBIO MONETE.

Aufons, fiuz de roi de France, coens de Poitiers et de Tholose, à son amé et son feel au seneschau de Poitou, saluz et amor. Sachiez que nos nos merveillons moult de ce que vos nos avez fet assavoir par vos letres, que nos ne vos avons riens mandé de nos deniers changer. Car nos le vos avons autrefoiz mandé, commandi et dit plusors foiz que vos les changissiez au meilleur marchié de change que vos porriés. Et sachiez que se nos avions domage ou delai, il senbleroit que ce fust par vostre defaut. Et toutesvoies, ce que vos nos ferez aporter de deniers de cest terme, nos fetes aporter au Temple, à Paris, à l'endemain de la quinzaine de la Chandeleur qui vient, en tornois en la greigneur quantité que vos porroiz, ou en parisis au meilleur change que vos porroiz, et le remanant en autre monnoie, si que vos n'en reteignez nus par devers vos. Et tos les autres deniers que vos nos devez de viez et de novel, et toz autres que vos verrez qui sera à fere et que vos porrez, tant par la reson des voies qui vos ont esté pieça balliées en escrit et d'autres que vos verrez qui seront bones et porfitables, comme d'autres choses, selonc ce qui fu ordené au parlement prochenement passé, nos fetes aporter à devant dit l'endemain de la quindaine de la Chandeleur au Temple à Paris, et adonc nous ramentevez en escrit que vos aurés fet des devant dites voies. Et en totes ces besoignes et en autres, et ou boen et leal governement de nostre terre, soiez curieus, diligens et ententis, car le besoing de la Sante terre doit emovoir et haster à porchacier les choses devant dites en la plu grant quantité de deniers que l'en porra en bone maniere et loial. Ce fu fet le vendredi après la conversion sant Por, en l'an nostre Seigneur M II$^c$ LX VII.

(Édité par Ledain, p. 152-153.)

## 74

28 jan. 1268. — SENESCALLO PRO HELIA DE BOSCO ET QUATUOR NEPOTIBUS SUIS.

Alfonsus, *etc.*, senescallo Pictavensi, *etc.* Ex parte Helie de Bosco de Orador[1], pro se et quatuor nepotibus suis, liberis defuncti Aimerici de Bosco, quondam fratris sui, nobis extitit conquerendo monstratum quod dominus Helias de Orador, miles, super quibusdam possessionibus, ad se ratione successionis fratris dictorum Helie et Aymerici pertinentibus, ut asserit, injuriatur eisdem. Unde vobis mandamus quatinus dictum militem, cum ad nostram jurisdicionem pertineat, ex parte nostra requiri faciatis ut eisdem Helie et dictis nepotibus suis super predictis faciat quod justum fuerit et consonum rationi. Quod si requisitus facere noluerit, et predicti Helias et nepotes sui vel aliqui eorumdem coram vobis querimoniam protulerint, vocatis qui fuerint evocandi, de personis et rebus ad nostram jurisdicionem spectantibus exhibeatis eisdem celeris justicie complementum. Datum die sabbati post conversionem sancti Pauli.

(Édité par Ledain, p. 153.)

## 75

(Fol. 21.) 23 febr. 1268. — PRIORI BEATE RADEGONDIS
ET EGIDIO DE AULA PRO PAPELARDA.

Alfonsus, *etc.*, dilectis et fidelibus suis magistro Johanni, priori secularis ecclesie Beate Radegundis Pictavensis, et Giloni de Aula, salutem et dilectionem. Mandamus vobis quatinus Papelardam Pictavensem, super hiis que petit a nobis in prepositura super qua condam inquisierunt magister Johannes de Cocayo et Guichardus, canonicus Beate Radegondis, clericus noster, que quidem in scriptis tradidit senescallo nostro Pictavensi et que vobis tradet idem senescallus, diligenter audiatis, et vocatis qui fuerint evocandi, de personis et rebus ad juris-

---

[1] Il y a plusieurs lieux du nom d'Oradour dans la Charente et la Haute-Vienne.

dicionem nostram spectantibus faciatis eidem bonum jus et maturum. Et quid super hoc feceritis, nobis ad crastinum instantis Penthecostes remittatis in scriptis. Et si ambo ad hoc nequiveritis interesse, alter vestrum id nichilominus exequatur. Datum apud Longumpontem, die jovis post festum cathedre sancti Petri, anno Domini m° cc° lx° vii°.

## 76

3 mart. 1268. — SYMONI DE CUBITIS, MILITI, PRO EUSTACHIO DE BELLOMARCHESIO [NOVITER SENESCALLO PICTAVENSI DESIGNATO].

Alfonsus, *etc.*, dilecto et fideli suo Symoni de Cubitis, militi, salutem et dilectionem. Cum nos dilecto et fideli nostro Eustachio de Bellomarchesio, militi, senescallia[m] nostra[m] Pictavensem tradiderimus, quamdiu nobis placuerit, custodiendam, vobis mandamus quatinus per quadraginta dies, prout moris est, in senescallia eadem sitis, querelantibus de vobis, si qui fuerint, prout condecet, responsuri, medietatem solitorum gagiorum vestrorum pro rata dicti temporis habituri. Ceterum vobis mandamus ut dicto Eustachio assistatis, et ipsum super nostris negociis plenius instruatis, tradentes eidem in scriptis redditus nostros et debita tam nova quam vetera que nobis debentur in senescallia supradicta, necnon juvetis eundem in debitis ipsis recuperandis, assignantes[1] sibi sigillatim singulas summas debitorum nostrorum, ac nomina eorum qui eadem debent et fidejussorum qui sunt pro eisdem debitoribus constituti, taliter super hiis vos habentes, sicut confidimus vos facturos, quod propter hoc debeamus vobis merito scire gratum, scituri quod nos vobis transmittimus per eundem Eustachium litteras nostras patentes de custodia castri nostri de Rocha super Oyon[2], quod vobis committimus, quamdiu nobis placuerit, custodiendum. Datum apud Corbolium, die sabbati post Brandones.

(Édité par Boutaric, p. 147.)

[1] Ms. *assagnantes*. — [2] Roche-sur-Yon, Vendée.

## 77

3 mart. 1268. — PHELISETO COCO PRO SYMONE DE CUBITIS.

Alfonsus, *etc.*, dilecto et fideli servienti suo Pheliseto Quocco salutem et dilectionem. Cum nos dilecto et fideli militi nostro, Symoni de Cubitis, castrum nostrum de Rocha super Oyon tradiderimus, quandiu nobis placuerit custodiendum, vobis mandamus quatinus eidem Symoni dictum castrum cum garnisione ejusdem, cum ab ipso fueritis requisiti, sine difficultate qualibet deliberetis. Datum apud Hospitale prope Corbolium, die sabbati post Brandones.

## 78

26 mart. 1268. — SENESCALLO PICTAVENSI PRO AUDIGERIO BARBOU.

Alfonsus, *etc.*, senescallo Pictavensi, *etc.* Mandamus vobis quatinus diligenter addiscatis super hiis que tenet Audigerius de Subterranea[1] in feodis et retrofeodis nostris, quantum valent annui redditus et per quantum temporis ea tenuit. Et si inveneritis ipsum ea per quinquaginta annos tenuisse, sicut dicit, ipsum predicta tenere, quamdiu nobis placuerit, permittatis. Datum apud Hospitale prope Corbolium, die lune post annunciacionem Domini, anno incarnacionis ejusdem M° CC° LX<sup>mo</sup> septimo.

## 79

26 mart. 1268. — SENESCALLO PICTAVENSI PRO MAGISTRO GERAUDO DE MALOMONTE.

Alfonsus, *etc.*, senescallo Pictavensi, *etc.* Mandamus vobis quatinus terram et homines dilecti et fidelis clerici nostri magistri Geraudi de Malomonte, canonici Aniciensis, in feudis nostris seu retrofeudis existentes, habeatis specialiter commendatos, precipientes Alelmo dicto Scutifero ferri quod terram et homines dicti magistri custodiat sicut

---

[1] La Souterraine, Creuse.

decet, et si quid injurie illatum fuerit in personis vel rebus hominum dicti magistri, de nostro feudo existencium, ab aliquibus de quibus jurisdicio ad nos spectet, faciatis illatam eis injuriam, prout justum fuerit, emendari. Ceterum fructus et proventus dicte terre sue, quos fidelis noster Aymericus, vicecomes de Ruppecavardi[1], vel alius nomine suo levasse et detinere dicitur minus juste, eidem magistro vel certo mandato suo, secundum quod de hoc vobis constiterit, restitui faciatis, nisi ex parte dicti Aymerici aliquid racionabile objectum fuerit, propter quod restitucio hujusmodi merito debeat impediri. Ad hoc quandam summam peccunie in qua fidelem nostrum H., comitem Marchie, dictus magister sibi asserit obligatum, eidem solvi faciatis secundum quod fuerit cognita vel probata, nisi causam sufficientem pretenderit per quam ad solucionem hujusmodi peccunie minime teneatur. Datum apud Hospitale prope Corbolium, die lune post annunciacionem beate Marie virginis, anno Domini M° CC° LX°  septimo.

## 80

26 mart. 1268. — SENESCALLO PICTAVENSI PRO VICECOMITISSA LEMOVICENSI.

Alfonsus, *etc.*, senescallo Pictavensi, *etc.* Mandamus vobis quatinus illis, qui ex parte nobilis et fidelis nostre vicecomitisse Lemovicensis[2] vobis nominati fuerint, dum tamen de nostra jurisdicione existant, ex parte nostra dicatis ne cum armis hostiliter intrent terram dicte vicecomitisse, aut sibi vel hominibus suis quicquam forisfaciant aut forisfactores minime receptent, presertim quamdiu[3] eadem nobilis parata sit cuilibet conquerenti coram illustrissimo et karissimo domino et fratre nostro rege Francorum, seu alibi ubicumque debuerit, stare juri. Datum ut precedens.

[1] Rochechouart, Haute-Vienne, ch.-l. de canton.

[2] Il s'agit sans doute ici de Marguerite de Bourgogne, veuve du vicomte Gui VI et tutrice de la jeune vicomtesse Marie.

[3] *Sic;* faut-il corriger *cum?*

## 81

26 mart. 1268. — SENESCALLO PICTAVENSI PRO PIPINO LITTERA PATENS.

Alfonsus, *etc.*, senescallo Pictavensi, *etc.* Significamus vobis quod nos Pipino, latori presencium, duodecim denarios pictav. gagiorum per diem in foresta nostra de Mosterolio [1] dedimus quamdiu nostre placuerit voluntati, mandantes vobis quatinus eidem predicta gagia persolvatis. Datum apud Hospitale prope Corbolium, die lune ante Ramos palmarum, anno Domini M° CC° LX° VII°.

[1] Montreuil-Bonnin, Vienne, cant. Vouillé.

# LITTERE TERRE XANCTONIE,

## INCEPTE IN PASCHA, ANNO DOMINI M° CC° LX° VII°.

### 82

(Fol. 23.) 5 mai. 1267. — SENESCALLO XANCTONENSI PRO GUILLELMO FERDINS.

Alfonsus, *etc.*, senescallo Xanctonensi, *etc.* Mandamus vobis quatinus Guillelmum Ferdins, latorem presencium, super hiis que contra Petrum Assoilli et Petrum de Sancto Amante, executores, ut dicitur, defuncte Johanne de Tabulis, coram vobis proponenda duxerit, audiatis diligenter, et sibi de personis et rebus ad nostram jurisdicionem spectantibus super hiis exhibeatis celeris justicie complementum, nostrum jus in omnibus observantes. Quid autem super hiis feceritis et facti seriem nobis, cum ad nos veneritis ad crastinum instantis quindene Penthecostes, refferatis in scriptis. Datum die jovis post invencionem sancte Crucis, anno Domini M° CC° LX° VII°.

### 83

9 mai 1267. — AU SENESCHAL DE XANTONGE POUR LA DEITE DE LA ROCHELE.

Aufonz, fiuz de roi de France, coens de Poitiers et de Tholose, à son amé et son fael le seneschal de Xantonge, saluz et amour. Nos vos mandons que vos requerez de par nos le mere et le commun de la Rochele que le remanant de la deite, en que il nos sont tenu, facent tant que il nos soit aporté au Temple à Paris, ou la moitié au moins, en tornois ou en estellins, au melleur marchié que vos porroiz, le lundi après la quinzeinne de Penthecoste qui vient, et se ce ne fesoient, que vos i metez peinne à ce que il le facent, ou il nos desplera mout, car la chose a trop delaié. Ce fu donné à Rampellon, le lundi après l'invencion seinte Croiz, en l'an mil et deus cenz sexante set.

(Édité par Ledain, p. 156, et par Boutaric, p. 288.)

## 84

11 mai. 1267. — SENESCALLO XANCTONENSI PRO PETRO DE CATURCO ET JOHANNE DE MARTELLIS ET PETRO RAYMUNDI.

Alfonsus, etc., senescallo Xanctonensi, etc. Cum bona Petri de Caturco, Johannis de Martellis et Petri Raymundi, burgensium de Rupella, propter defectum solutionis monetagii, in quo nobis tenentur quilibet in solidum, statuto termino nobis minime persoluti, saisiveritis, ut dicitur, et Petrus Raymundi nobis predictum monetagium promiserit reddere in turonensibus, et solvere pro nobis et nomine nostro Templo Parisius in crastino instantis quindene Penthecostes, vobis mandamus quatinus dictis burgensibus bona sua, que propter hoc saisita detinetis, usque ad dictum crastinum quindene Penthecostes recredatis. Datum die mercurii post festum beati Johannis ante Portam latinam, anno Domini M° CC° LX° septimo, apud Fontembleaudi[1].

## 85

17 mai. 1267. — SENESCALLO XANCTONENSI PRO BERTRANDO DE ROCA, MILITE.

Alfonsus, etc., senescallo Xanctonensi, etc. Ex parte fidelis nostri Bertrandi de Roca, militis, nobis est cum querimonia datum intelligi quod fideles nostri Aymericus Bechet et Hugo de Surgeriis, milites, eidem violencias et dampna quamplurima intulerunt, et ipsum captum in prisione detinent minus juste. Unde vobis mandamus quatinus super hoc tale consilium apponatis et maturum quod videritis apponendum, tantum super hoc facientes quod inde non possitis de negligencia vel defectu juris reprehendi. Et quid super hoc feceritis, in crastino quindene Penthecostes nobis significare curetis. Datum apud

[1] Fontainebleau, Seine-et-Marne.

Fontembleaudi, die martis post mensem Pasche, anno Domini M° CC° LX° septimo.

## 86

19 mai. 1267. — SENESCALLO XANCTONENSI PRO FILIABUS DEI DE RUPELLA.

Alfonsus, *etc.*, senescallo Xanctonensi, *etc.* Mandamus vobis quatinus Filiabus Dei de Rupella tradatis de denariis nostris sexaginta solidos turonensium, quas eisdem dedimus pro domo sua construenda. Datum apud Moyssiacum, die jovis ante Rogaciones, anno Domini M° CC° LX° VII°.

## 87

21 mai. 1267. — SENESCALLO XANCTONENSI PRO ABBATISSA FONTIS EBRAUDI [SUPER QUODAM REDDITU IN MANU MORTUA TENENDO].

Alfonsus, *etc.* Ex parte religiosarum abbatisse et conventus Fontis Ebraudi nobis est significatum quod ipse a fideli nostro Guillelmo Meingoti, milite, L libras annui redditus, de ducentis libris quas annuatim percipiebat in prepositura nostra de Rupella, emerunt pro septingentis libris, et nobis ex parte ipsarum extitit suplicatum ut predictam vendicionem concedere et confirmare eisdem vellemus, et quod predictas L libras annui redditus in manu mortua possint tenere, litteras nostras eisdem super hiis concedendo. Unde vobis mandamus quatinus de jure nostro, videlicet utrum quintum denarium vel quantum, si predicta vendicio alicui laico vel militi facta esset, exinde habere deberemus, et quantum pro mortificacione, si alteri religioni fieret, habere deberemus, item si predicte emissent ab aliquo alio milite, quantum pro vendicione et quantum pro mortificacione haberet idem miles, diligenter addiscatis, tractantes interim cum predictis religiosis vel eorum (*sic*) certo mandato quantum nobis pro vendicione et quantum pro mortificacione voluntarie dare vellent. Et quid super hiis inveneritis et feceritis, nobis ad crastinum instantis quindene Penthecostes, cum ad nos veneritis, in scriptis refferatis. Datum die sabbati ante ascensionem Domini, anno LX° VII°.

## 88

29 mai 1267. — AU SENESCHAL DE XANCTONGE POUR LE CONTE DE POITIERS ET DE THOLOSE.

Aufonz, filz de roi de France, coens de Poitiers et de Tholose, à son amé et son feel le seneschal de Xainctonge, saluz et amor. Come vos nos aiez fest assavoir par voz lestres que vos aiez baillié à cens XVI$^{xx}$ arpenz de nostre bois en une partie de nostre forest de Banaon[1] à IIII anz de delivrance, en tele maniere que duranz ces IIII anz en ne puisse vendre en nostre forest de Banaon que XL arpenz chascun an des diz IIII anz, et à autres preudes homes aiez baillié à cens en la diste forest en une partie qu'en apele les Haies de Mause[2] III$^c$ LX arpenz, en tele maniere que en IIII anz n'en puissent vendre chascun an que XL arpenz, et en IIII anz après doivent tuit delivrer, et einsint il ont VIII anz de delivrance, nos vos mandons que il semble que ceste voie de baillier la diste forest ne soit pas boenne. Por quoi nos vos mandons que les distes convenances rapelez ne ne les tenez mie, mes festes crier la vente de Guillaume et de la forest de Baconais[3], et en vendez en gros à enchierement en II leus ou III ou IIII, en chascun leu d'icele forest de Baconais XL arpenz ou LX ou C, à la mesure de l'arpent le roi de France, à I an ou II ou III au plus de delivrance, et faciez durer l'enchierement jusque à la premiere paie. Et il semble que ceste voie soit meilleur que l'autre, et einsint le fest fere le roi de France. Et de la forest de Argenton[4] et des autres bois que nos avom el païs, faites ausint en ceste maniere, ou en meilleur se vos poez. Derechief de ce que vos avez treitié o le prevost d'Iers[5] sur terres forfaites qui sont assises en Marempne[6] et qu'il en veut doner II$^c$ livres et X sols de cens, nos vos mandons que il semble que ce n'est pas boenne ma-

---

[1] Forêt de Benon, à l'ouest de Mauzé, Charente-Inférieure.

[2] Probabl. Mauzé, Charente-Inférieure.

[3] Sans doute partie de la forêt de Benon.

[4] Peut-être Argenton-Château, Deux-Sèvres.

[5] Hiers-Brouage, Charente-Inférieure, cant. Marennes.

[6] Marennes, Charente-Inférieure.

niere de baillier, se il n'i a enchierement jusque à 1 an et ou cens et
es deniers, et que la vente soit criée en tele maniere que la maniere
du baillier soit seue. Derechief, com vos nos aiez fest assavoir que
vos avez saisi molt de choses sus les religions et surs les roturiers,
nos vos mandons que vos ne nos avez pas soufisanment escript sur ce,
quar vos nos deussiez avoir fet assaveir queles choses vos avez saisi et
sur qui de chascun par soi, et combien vaut chascune chose par soi de
rente, et quanz anz il a qu'eles furent aquises, et savoirmon se c'est
en fié ou rierefié. Por quoi nos vos mandons que sur toutes ces choses
et de chascunne par soi, et sur toutes les choses que vos nos escrip-
sistes et toutes les autres que vos verroiz profiter, nos faciez plus certains en escript quant vos vendroiz à nos au pallement, et en saiez
curieus et ententis. Ce fu fait[1] le diemenche devant Penthecoste.

## 89

7 jun. 1267. — INQUISITORIBUS IN PICTAVIA ET XANCTONIA
PRO PETRO DE SANCTO CESARO.

Alfonsus, *etc.*, religiosis viris et in Christo sibi dilectis, fratribus
Jacobo de Gyemo et ejus socio, ordinis fratrum Predicatorum, et dilecto et fideli clerico suo archipresbytero de Remorentino[2], inquisitoribus in Pictavia et Xanctonia, salutem et dilectionem. Ex parte
Petri de Sancto Cesaro[3], valeti, nobis extitit conquerendo monstratum quod, cum ipse haberet quamdam terram gastam justa nemus
nostrum quod vocatur Guillelmus, in qua terra nemus crevit, ut dicitur, dictum nemus senescallus noster Xanctonensis una cum venditore
forestarum nostrarum vendiderunt, in prejudicium ipsius et gravamen,
sicut dicit. Unde vobis mandamus quatinus super predictis inquiratis

---

[1] Ici le manuscrit porte à *Loncpo* (pour Longpont).
[2] Romorantin, Loir-et-Cher.
[3] Saint-Césaire, Charente-Inférieure, cant. Burie. Le bois dit *Guillelmus* est sans doute le bois Guillaume, nommé dans l'acte n° 88; le souvenir de cette forêt s'est conservé dans les noms de Saint-Bris-les-Bois et Villars-les-Bois, communes voisines de Saint-Césaire.

diligenter veritatem, qua reperta, nobis in scriptis una cum aliis inquestis vestris, cum ad nos veneritis, refferatis. Datum die martis post Penthecosten.

## 90

(Fol. 24.) 7 jun. 1267. — PRO FRATRIBUS BEATE MARIE DE MONTE CARMELI DE RUPPELLA.

Alfonsus, *etc.*, senescallo Xanctonensi, *etc.* Ex parte quorumdam fratrum ordinis beate Marie de Monte Carmeli nobis est suplicatum, ut eisdem de aliqua platea in villa nostra de Rupella vel prope providere vellemus et eisdem concedere intuitu pietatis, in qua possent edificare taliter quod ibi possent congrue commorari et divina officia celebrare. Unde vobis mandamus quatinus diligenter addiscatis utrum in dicta villa nostra vel prope habemus aliquam plateam eisdem competentem ad sua edificia facienda, quam eisdem dare possemus absque prejudicio alterius cujuscumque. Et quid inde inveneritis et de situ loci et utrum firmitati castri nostri Rupelle posset nocere, nobis in scriptis, cum ad nos veneritis, significare curetis. Datum die martis post Penthecosten, anno Domini M° CC° LX° VII°.

## 91

29 mai 1267. — AU SENESCHAL SUR LE CHANGE DE LA MONOIE DES POITEVINS.

Aufonz, filz de roi de France, coens de Poitiers et de Tholose, à son amé et son fael le seneschal de Xanctonge, saluz et amor. Come vos nos aiez fet assavoir par voz lestres que nostre monoie de poitevins ne poez changier à tournois, se vos ne donez XVI deniers ou entour pour la livre, sachiez que nos nos en merveillons molt, com, si come nos avons entendu, la diste nostre monoie soloit estre changiée, puisque la terre vint à nostre mein, pour II deniers et obole la livre ou pour III deniers ou environ. Et come pour ce nos et toute nostre terre puissions avoir trop grant domage, et par ce change la diste nostre monoie pourroit estre trop avilliée ou neis du tout abatue, nos vos mandons que touz les changeeurs de la Rochele et de toute nostre terre de vostre seneschauciée requerez de par nos que la diste nostre monnoie de poitevins preignent au change qui a esté acostumé ça en arrieres, se il ne dient resons par quoi il ne le doivent mie fere. Et se il ne le vuelent fere, ou se vos ne poez trover resonnable change, soufrez vos de changier quant à ores, et aportez avant les poitevins au Temple à Paris, et touz ceus qui einsint ont avilliée nostre monoie, requerez de par nos que le domage que nos avons eu ou change que il nos ont fet es termes trespassez nos rendent et amendent, si come il devront par droit, le meffet qu'ils ont fet vers nos, com ils soient noz jurez et nos deussent garder laiauté. Et touz les nons de ceus que vos auroiz requis et amonestez seur ce, metez en escrit, et les nons d'iceus et la response qu'il vos feront, nos aportez en escript quant vos vendroiz à nos à ce prochien pallement. Ce fut fest à Loncpont, le diemenche après l'Ascension, en l'an nostre Seigneur M II° LX VII.

Auteles lestres furent envoiées au seneschal de Poitou.

(Édité par Ledain, p. 142-143, et par Boutaric, p. 221-222.)

## 92

23 jun. 1267. — INQUISITORIBUS PRO REGINALDO JUDE.

Alfonsus, etc., religiosis et dilectis suis fratribus Jacobo de Jiemo et ejus socio, ordinis fratrum Predicatorum, et dilecto et fideli clerico suo Roberto, archipresbyteri (sic) Remorentoni, inquisitoribus in Pictavia et Xanctonia, salutem et dilectionem. Mandamus vobis quatinus inquestam, factam a vobis super negocio Reginaldi Jude, nobis per latorem presentium transmitatis, ut super ea plenius consilium habeatur. Et in partibus Pictavie et Xanctonie moram faciatis usque ad instantem nativitatem beate Marie virginis pro negociis nostris vobis commissis et aliis que vobis occurrerint, necnon et pro forefactis nostris et servientum nostrorum emendandis. Datum apud Longumpontem, in vigilia nativitatis beati Johannis baptiste, anno Domini M° CC° LX<sup>mo</sup> septimo.

## 93

30 jun. 1267. — SENESCALLO XANCTONENSI PRO GUILLELMO MOLINI.

Alfonsus, *etc.*, senescallo Xanctonensi, *etc.* Ex parte dilectorum nostrorum civium Tholose nobis est conquerendo monstratum quod bona et mercimonie Guillelmi Molini, civis Tholose, in Ymberniam per gentes nobilis viri... Edoardi, illustris regis Anglie primogeniti [1], fuerunt indebite arrestata, occasione cujusdam arrestacionis seu expoliacionis facte per fidelem nostrum Gaufridum, dominum de Talniaco, in terra sua de quadam peccunie quantitate quorumdam mercatorum de Ymbernia, ut dicitur. Unde vobis mandamus quatinus dictum Gaufridum diligenter moneri faciatis ut predicto Guillelmo Molini de mercimoniis suis, in Ymbernia detentis occasione dicte arrestacionis ab ipso facte, satisfaciat competenter, nisi causam sufficientem pretenderit quare ad hoc minime teneatur. Quam si pretenderit, vos, auditis racionibus parcium, predicto Guillelmo, civi nostro, exibeatis celeris justicie complementum. Datum apud Longumpontem, die jovis post festum apostolorum Petri et Pauli, anno Domini M° CC° LX° VII°.

## 94

6 jul. 1267. — SENESCALLO PRO FRATRIBUS HOSPITALIS DE RUPPELLA.

Alfonsus, *etc.*, senescallo Xanctonensi, *etc.* Mandamus vobis quatinus, si qua pignora fratrum sancte domus hospitalis Jerosolimitani de Ruppella vel hominum suorum capta sint et detenta, occasione emendarum factarum vel gagiatarum ab hominibus dicti hospitalis ob delictum perpetratum in domanio nostro, cum hujusmodi emendas asserant ad se pertinere, pretextu libertatis a rege Richardo sibi concesse, eisdem hujusmodi pignora recredatis, addiscentes nichillominus qualiter usi sunt dicti hospitalarii hujusmodi libertate et in quibus personis, et in quibus casibus, et a quo tempore citra et per quantum tempus, et aliis

---

[1] Plus tard roi sous le nom d'Édouard I<sup>er</sup>.

circunstanciis que sunt in talibus attendende, quid super hiis inveneritis in scriptis, cum ad nos veneritis, refferentes. Datum apud Longumpontem, die mercurii in octabis apostolorum Petri et Pauli, anno Domini m° cc° lx° septimo.

## 95

6 jul. 1267. — PRO MERCATORIBUS DE CADOMO.

Alfonsus, *etc.*, senescallo Xanctonensi, *etc.* Cum aliqui mercatores de Cadomio[1] apud Ruppellam pignoratos se asserant pro debitis aliorum quibus sunt minime obligati, mandamus vobis quatinus pignoraciones hujusmodi non permittatis de cetero attemptari, et si qua occasione hujusmodi detenta sint, pignoratis restitui faciatis, nisi consuetudo approbata vel aliud racionabile obstiterit in hac parte. Datum apud Longumpontem, die mercurii in octabis apostolorum Petri et Pauli, anno Domini m° cc° lx° septimo.

## 96

Juillet 1267. — [INSTRUCTIONS DU COMTE À JEAN DE NANTEUIL ET À MAÎTRE GUICHARD, ENVOYÉS EN POITOU, POUR LE FAIT DE LA SUBVENTION DE TERRE SAINTE.]

Remembrance soit que mesires Jehan de Nantueill et mestre Guichart aillent en Poitou et requierent diligamment des viles de Poitou subvencion à monsegneur le conte pour la besongne de la Sainte terre et tretent o aus, au mieuz qui porront en bone maniere, d'avoir grant some d'argent, apelez o aus les seneschaus, et soit mis en escrit l'acort de ce qui sera tretié, et la some et le non de chascune vile.

Derechief que il tretent o les Templiers de Poitou pour confermer ce qui tiennent en Poitou et en Xanctonge, quele aide il feroient de nes, à quanz chevaliers et quanz escuiers et quanz destriers passer, et savoir se cil qui tient le liu de mestre es parties par deçà mer pourroit fere estable leur offre, ou s'il ne fesoient la nef, combien il donroient

---

[1] Caen, Calvados. (Voir n° 62.)

en deniers et quele somme, et s'il ne pooient fere estable ce qui seroit tretié o aus, qu'il pourchaçassent le poveir et le congié de fere estable.

Derechief que il regardent toutes les autres voies balliées au seneschaus en escrit, de fiez, de rierefiez et d'autre choses, et tretent ensemble o les seneschaus à ceus qui les devant dites choses voudront tenir, soient eglises, religions ou autres persones qui ne pueent tenir ne ne doivent sans volenté de seigneur, et pour confermement des devant distes choses tretent diligenment d'avoir tant grant some comme il pourroit en boenne maniere.

Derechief que il treitent o ceus de la Rochele et à autres genz, s'il voient que bien soit, des hales monseigneur le conte de ce liu, et pour soufrir de vendre les marchaandises en leur osteus, qu'il ne pueent fere sanz la volenté monseigneur le conte, si comme l'en dit, et la graigneur que l'en pourra trere de ceste chose en boene maniere, qu'ele soit trete. Et apraignent missires Jehans et mestre Guichart, savoirmon se misire li coens puet deffendre qu'il ne vendent les marchaandises en leur osteus sanz la volenté monseigneur le conte.

Derechief que Guichart soit à Mosteruel[1] o le seneschal de Poitou et o Jehan Aubert, quant sera fet l'essai de la monnoie par Jehan de Pontlevoi et ses freres et ceus de la Rochele, et dient au monoiers qu'il pensent de bien fere la diste monnoie et leaument, et amonestent de bien fere, aus mieuz qu'il pourront, les monnoiers qui sont orendroit.

## 97

(Fol. 25.) Avant juillet 1267. — SUR LA MONNOIE.
[PROMESSE DES FERMIERS DE L'ATELIER DE MONTREUIL-BONNIN.]

Nos, Jehan de Pontlevoi, Pierre de Pontlevoi, Nicholas de Pontlevoi et Andriu de Pontlevoi, freres, borjois de Tours, et nos Pierre de Cahors et Jehan de Martiaus[2], bourjois de la Rochele, jurons, touchiées les saintes Euvangiles, et en vertu del serement prometons nos fermement

---

[1] Montreuil-Bonnin, Vienne. — [2] Probablement originaire de Martel, en Quercy, aujourd'hui Lot, ch.-l. cant.

et sanz maumetre garder toutes les condicions et chascune par soi contenues en l'estrument des convenances, faites sur la façon de la monnoie des poitevins entre nos et noble home monseigneur Aufonz, conte de Poitiers et de Tholose, et juron que à noz pooirs et à nos esciens icele monoie[1] forgerons ou ferons forgier laiaument et feaument, et toutes les autres convenances acunplirom selonc ce que en l'estrument sur ce fait plus plenierement est contenu, et jurons que nos ne recevrons nus des deniers des ovriers, pour qu'il i ait plus de III forz et de trois foibles eu fierton, c'est assavoir que li fort doivent estre de quinze souz et cinc deniers eu marc de Troies, et les foibles de XIX sous VI deniers. Et vousimes et volons que la teneur du serement de nos deue par l'a, be, ce devisé, soit mis en escrit, de la teneur duquel l'une partie remaigne par devers nos, et l'autre partie par l'a, be, ce devisé, si com il est dist, par devers monseigneur le conte devant dit, et nos devant dist borjois nos obligons, chascun tout pour tout.

## 98

17 jul. 1267. — MAJORI ET JURATIS COMMUNIE XANCTONENSIS PRO DOMINO COMITE.

Alfonsus, *etc.*, dilectis et fidelibus suis majori et juratis communie Xanctonensis, salutem et dilectionem. Dilectos et fideles nostros Johannem de Nantolio et senescallum Xanctonensem[2], milites, et magistrum Guichardum, clericum nostrum, pro quibusdam petitionibus vobis ex parte [nostra] faciendis ad vos duximus destinandos, vos rogantes quatinus easdem favorabiliter admittatis et effectui mancipetis, credentes nichilominus supradictis vel duobus eorum super hiis que in hac parte vobis ex parte nostra duxerint refferenda. Datum apud Longumpontem, die dominica ante festum beate Marie Magdalene, anno M° CC° LX° VII°.

Similis littera missa fuit majori et juratis communie de Ruppella.

Item similis littera missa fuit majori et juratis communie Sancti Johannis Angeliacensis.

[1] Le manuscrit porte *manière*. — [2] Jean de Villette.

## 99

18 jul. 1267. — SENESCALLO XANCTONENSI PRO GUILLELMO ARNAUDI DE CADILLACO.

Alfonsus, *etc.*, senescallo Xanctonensi, *etc.* Cum nobis datum sit intelligi quod Guillelmus Arnaudi de Cadillaco, miles, occasione guerre dudum inter dominum regem Francie et nos ex una parte... [1] ex altera mote, quasdam terras amiserit quas in dyocesi Petragoricensi tunc temporis possidebat, quas etiam Guillelmo de Sancto Quintino, militi, patri condam Philipo (*sic*) de Sancto Quintino, militis, dicitur nos dedisse, vobis mandamus quatinus super hoc diligenter addiscatis qualiter amisit dictam terram, et si eam dicto Guillelmo vel Philipo dedimus, et utrum ad vitam tantum vel sibi et heredibus suis, et utrum super dicto dono habuerint a nobis [litteras], et quantum valet annui redditus, et quis eam tenet et qua de causa. Et quid super hiis inveneritis una cum transcripto litterarum, si que a nobis super dicto dono fuerint concesse, nobis in crastino instantis quindene Omnium sanctorum, cum ad nos veneritis, in scriptis refferatis. Datum apud Longumpontem, die lune ante festum beate Marie Magdalene.

## 100

16 aug. 1267. — PRO BURGENSIBUS DE RUPELLA.

Alfonsus, *etc.*, senescallo Xanctonensi, *etc.* Cum per vos mandavissemus ut de summa nobis debita a burgensibus de Rupella mitterentur in festo Assumpcionis proximo preterito mille libre et alie mille libre in festo Omnium sanctorum, et residuum in festo Purificacionis subsequenti, et dicti burgenses nobis supplicaverint ut dictas mille libras quas mandaveramus nobis mitti in dicto festo Assumptionis, poneremus in respectu usque ad parlamentum nostrum Omnium sanctorum, mandamus vobis quatinus solucionem dictarum mille librarum prorogetis, ita quod ad crastinum instantis quindene Omnium sanc-

---

[1] Ici manquent plusieurs mots dans le texte. Il s'agit probablement de la guerre de 1242.

torum nobis mittantur Parisius apud Templum, et alia duo milia residua nobis mittantur similiter apud Templum, mille videlicet in crastino quindene Candelose, et alia milia in crastino quindene Penthecostes subsequenti, et bona dictorum burgensium, que propter solucionem dictarum mille librarum nobis minime factam in dicto festo Assumptionis saisita tenetis, ut dicitur, usque ad dictum crastinum instantis quindene Omnium sanctorum recredatis eisdem. Datum apud Hospitale, die martis in crastino dicte assumpcionis beate Virginis, anno Domini M° CC° LX° VII°.

## 101

23 aug. 1267. — SENESCALLO XANCTONENSI PRO RENAUDO DE SORS, MILITE.

Alfonsus, etc., senescallo Xanctonensi, etc. Ex parte fidelis nostri Renaudi de Sors, militis, nobis est datum intelligi quod abbatissa Fontis Ebraudi ipsum seu gentes suas coram judicibus ecclesiasticis trahit in causam, vexat et molestat super aliquibus, super quibus jurisdicio ad nos dignoscitur pertinere. Unde vobis mandamus quatinus ipsam abbatissam ex parte nostra requiri faciatis, ut a predictis vexacione et molestacione desistat. Quod si facere noluerit, vos super hiis, de quibus jurisdicio ad nos spectat, consilium apponatis quod cum consilio bonorum super hoc videritis apponendum. Datum apud Josaphas prope Carnotum [1], die martis in vigilia beati Bartholomei apostoli.

## 102

8 sept. 1267. — PRO PETRO BASSECHAUDIERE [CORAM COMITE CITANDO].

Alfonsus, etc., senescallo Xanctonensi, etc. Mandamus vobis quatinus Petrum Bassechaudiere citetis, ut coram nobis compareat ad terciam diem post instantem quindenam Omnium sanctorum, auditurum, facturum et recepturum illud quod super inquesta facta contra ipsum pro magistro Guillelmo de Monteleonis, canonico Xanctonensi, duxe-

---

[1] Abbaye de Josaphat, au diocèse de Chartres, Eure-et-Loir, comm. Lèves.

rimus ordinandum, nichilominus significantes dicto canonico ut dicta die compareat coram nobis pro negotio supradicto. Datum die jovis in festo nativitatis beate Marie virginis, anno Domini M° CC° LX° VII°.

### 103

(Fol. 26.) 12 sept. 1267. — PRO JOHANNE DE MORLANS
[IN JURE AUDIENDO CONTRA ARNALDUM DE GISTEDE ET BIDAUT DE LUC].

Alfonsus, *etc.*, senescallo Xanctonensi, *etc.* Mandamus vobis quatinus Johannem de Morlans super hiis que proponenda duxerit coram vobis contra Arnaldum de Gistede et dictum Bidaut de Luc, burgenses de Ruppella, si ad nos jurisdicio pertineat eorumdem, diligenter audiatis, et super hiis et de quibus jurisdicio ad nos spectat faciatis eidem bonum jus et maturum. Si vero jurisdicio dictorum Arnaldi et dicti Bidaut ad majorem communitatis Ruppelle vel preceptorem Templi pertineat, vos super hoc dictos majorem et preceptorem requiratis seu requiri faciatis, ut dicto Johanni de dictis Arnaldo et Bidaut exibeant celeris justicie complementum. Quod si ad requisicionem vestram facere noluerint vel si ipsos in predictis faciendis negligentes inveneritis vel remissos, bonum jus et maturum super hiis faciatis eidem. Datum apud Longumpontem, die lune post nativitatem beate Marie virginis, anno Domini M° CC° LX° VII°.

### 104

25 sept. 1267. — SENESCALLO PRO LUPO GARSIE
[PRO SCAMBIO CONCEDENDO APUD RUPPELLAM].

Alfonsus, *etc.*, senescallo Xanctonensi, *etc.* Cum ex parte Lupi Garsie, burgensis nostri de Ruppella, nobis extiterit supplicatum ut quoddam scambium in quadam domo quam ipse tenet apud Ruppellam concederemus eidem, vobis mandamus quatinus addiscatis diligenter quid est et utrum dictum scambium eidem concedere possemus absque alterius prejudicio et peccato. Quod autem super premissis inveneritis, nobis in scriptis, cum ad nos veneritis ad crastinum instantis quindene

Omnium sanctorum, refferatis. De laicis vero in nostra jurisdicione existentibus, de quibus conquestus fuerit coram vobis, nominatim de personis et rebus ad nostram jurisdicionem spectantibus, bonum jus et maturum eidem faciatis. Datum apud Moissi, dominica post festum beati Mathei apostoli.

## 105

3o sept. 1267. — SENESCALLO XANCTONENSI PRO BENEDICTO DE MAURITANIA ET PONCIO DE MIRABELLO, MILITIBUS [CONTRA GIRARDUM DE BLAVIA, DE SENESCALLIA WASCONIE].

Alfonsus, *etc.*, senescallo Xanctonensi, *etc.* Cum nobis per vestras litteras significaveritis quod Girardus de Blavia[1] cum multis complicibus suis in feodis nostris, in terra nobilium et fidelium nostrorum Benedicti de Mauritania et Poncii de Mirabello, militum, cum armis currerint, eisdem hominibus nostris quamplurima dampna et injurias dictis hominibus nostris, in terris quas tenent a nobis in feodo inferendo, vobis mandamus quatinus dictum Girardum ex parte nostra requiri faciatis, ut predicta dampna et injurias dictis hominibus nostris in nostris feodis ab ipso illata debeat emendare, nec de cetero in nostris feodis equitare cum armis presumat. Quod si requisitus facere noluerit, vos senescallum Wasconie vel priorem Mansi[2], locum dicti senescalli tenentem, prout vestre littere continebant, requiri iterato faciatis, ut predicta dampna et injurias dictis hominibus nostris a dicto Girardo et ejus complicibus illata faciat, ut condecet, emendari et eisdem expresse inhiberi ne in nostris feodis de cetero cum armis presumant facere calvacatam. Et quid super premissis feceritis et responsionem tam dicti Girardi quam dicti senescalli vel ejus locum tenentis, nobis ad crastinum instantis quindene Omnium sanctorum, cum ad nos veneritis, refferatis in scriptis et de veritate facti nos plenius instruatis, ut tunc cercius consilium habere possimus quid super hoc agere debeamus. Datum apud Rampellon, die veneris post festum beati Michaelis archangeli.

[1] Probablement Blaye, Gironde; il s'agit ici, la suite de l'acte le prouve, d'un seigneur gascon. — [2] Le Mas-d'Agenais, Lot-et-Garonne.

## 106

3 oct. 1267. — SENESCALLO SUPER EO QUOD IPSE ET CASTELLANUS XANCTONENSIS SCIANT ET VIDEANT GARNISIONEM CASTRI XANCTONENSIS.

Alfonsus, *etc.*, senescallo Xanctonensi, *etc.* Mandamus vobis quatinus sciatis, una cum castellano Xanctonensi, quot baliste facte sunt et erant in castro Xanctonensi in festo assumpcionis beate Virginis nuper preterito, et eciam quot quarrelli, ut videatur clarius quot balistas et quarrelos per annum poterunt operarii operari, cujusmodi numerum balistarum et quarrellorum nobis in scriptis refferatis, cum ad nos veneritis, transcriptum quoddam castellano predicto et aliud magistro Gualtero, altiliatori, dimittentes, monentes dictum magistrum G. et alios operarios ut ipsi diligenter et sollicite operentur. Ceterum vobis mandamus quatinus ex parte nostra dicatis Radulpho, venditori nostrarum forestarum, ut ad nos veniat quarta die post instantem quindenam Omnium sanctorum. Datum die lune post festum beati Michaelis, anno LX° septimo.

## 107

3 oct. 1267. — SENESCALLO PICTAVENSI, UT IPSE ET CASTELLANUS NIORTI SCIANT ET VIDEANT GARNISIONEM EJUSDEM CASTRI.

Alfonsus, *etc.*, senescallo Pictavensi, *etc.* Mandamus vobis quatinus, una cum castellano nostro Niorti, sciatis quot erunt facte baliste in castro nostro apud Niortum in festo Omnium sanctorum proximo venienti, ut videatur qualiter operarius hujusmodi balistarum operatur et operabitur de cetero in faccione earumdem, cujusmodi balistarum numerum, nobis, cum ad nos veneritis, refferatis in scriptis, transcriptum quoddam dicto castellano et aliud operario dimittentes, et dictum operarium ex parte nostra moneatis ut ipse diligenter et sollicite operetur. Injungatis eciam ex parte nostra dicto castellano Niorti ut ipse garnisionem nostram dicti castri, bladi videlicet et vini, reficiat et ad statum reducat debitum, ut tenetur [1].

[1] La date n'est pas exprimée, mais l'acte est sans doute du même jour que le mandement n° 106, adressé au sénéchal de Saintonge.

## 108

3 oct. 1267. — JOHANNI DE NANTOLIO, UT INTERSIT DOMINO COMITI
IN OCTABIS OMNIUM SANCTORUM.

Alfonsus, *etc.*, dilecto et fideli suo Johanni de Nantolio, militi, domino de Torz, salutem et dilectionem. Mandamus vobis, rogantes, quatinus in octabis instantis festi Omnium sanctorum ad nos, ubi fuerimus, personaliter intersitis, et hoc non dimittatis. Datum die lune post festum beati Michaelis, anno Domini M° CC° LX° VII°.

## 109

5 oct. 1267. — SENESCALLO XANCTONENSI PRO BURGENSIBUS DE RUPPELLA.

Alfonsus, *etc.*, senescallo, *etc.* Transcriptum cujusdam littere, facte in crastino assumpcionis beate Virginis proximo preterite, vobis ex parte nostra misse, super prorogatione terminorum in quibus nobis tenentur burgenses de Ruppella solvere tria millia librarum, vobis ad memoriam mittimus infrascriptum :

Alfonsus, *etc.*, *et postea illa littera que facta fuit super eodem, dicta die in crastino assumpcionis beate Virginis, que est in folio precedenti.* (Voir plus haut, n. 100.)

Unde vobis mandamus quatinus faciatis tantum quod mille libre mittantur Parisius apud Templum in crastino quindene Omnium sanctorum, et alie mille libre in crastino quindene Candelose, et alie mille libre in crastino quindene Penthecostes, secundum quod in dictis litteris continetur. Datum apud Rampillonem, die mercurii post festum beati Michaelis archangeli, anno Domini M° CC° LX° VII°.

## 110

(Fol. 27.) 19 nov. 1267. — LITTERE MAJORIS ET JURATORUM COMMUNIE DE RUPPELLA
SUPER CENSU PLATEE IN QUA SITE ERANT HALE.

Universis presentes litteras inspecturis, . . . major et jurati communie de Ruppella salutem in Domino. Notum facimus quod nos reverentissimo et karissimo domino nostro Alfonso, filio regis Francie, comiti Pictavie et Tholose, sollempni stipulacione promisimus et promittimus ipsum, heredes successoresque suos liberare penitus et quictari facere erga quascunque personas, tam religiosas quam seculares, de redditu, censu seu deverio alio, [quocumque] nomine censeatur, qui quidem census, redditus vel deverium aliud debebatur pro platea in qua hale seu cohua site fuerant in dicta villa Ruppelle et platea exteriori ad eandem cohuam pertinere (sic). Item ordinatum extitit quod tam in platea, in qua site sunt dicte hale, quam in platea foris sita, quam nobis ad censum infrascriptum concessit idem dominus comes, fiant ad minus tres vici, et pro qualibet brachiata ex parte vicorum tenemur et promittimus reddere dicto domino comiti, heredibus et successoribus ipsius duodecim denarios pictavensis monete censuales, in festo sancti Michaellis annuatim, eo modo quo alii census ejusdem domini comitis in dicta villa Ruppelle solvuntur, quousque edificate fuerint platee supradicte. Postquam vero edificate fuerint in toto vel in parte, pro qualibet brachiata ex parte vicorum idem dominus comes, heredes et successores sui percipiant super domibus ibidem edificatis dictos duodecim denarios censuales, in termino prenotato et modo supradicto, et tam ad liberacionem predictam in omnibus et erga omnes quam ad solucionem annui census, ut dictum est, faciendam, obligamus predictas plateas et edificia que construuntur ibidem ac bona in eisdem existencia specialiter et expresse. In cujus rei testimonium, sigillo nostro communie quo utimur presentes litteras fecimus roborari. Datum apud Longumpontem, anno Domini m° cc° lx° septimo, die sabbati ante festum beati Clementis.

## 111

19 nov. 1267. — ITEM LITTERE EORUMDEM SUPER DONACIONE SEX MILIUM LIBRARUM PRO COHUA SEU HALIS AMOVENDIS.

Universis presentes litteras inspecturis,... major et jurati communie de Ruppella salutem in Domino. Notum facimus quod nos, pensata utilitate nostra, volentes indempnitati nostre providere in posterum, reverentissimo et karissimo domino nostro Alfonso, filio regis Francie illustri, comiti Pictavie et Tholose, pro liberalitate quam nobis fecit de halis seu cohua amovendis perpetuo de loco in quo apud Ruppellam edificate fuerant, nec de cetero in villa de Ruppella vel infra dimidiam leugam circunquaque Ruppellam tam per mare quam per terram edificandis, seu cumpellendis mercatoribus quod vendant merces suas alibi quam consueverint temporibus retroactis, promisimus nos daturos eidem sex milia librarum turonensium, quam peccunie summam eidem vel senescallo suo Xantonensi vel alii certo mandato suo tenemur solvere terminis infrascriptis : videlicet infra proximum festum Omnium sanctorum, quod erit anno Domini M° CC° LX° octavo, duo milia librarum turonensium, et infra festum Candelose sequentis duo milia librarum turonensium, et infra ascensionem Domini, anno M° CC° LX° nono, duo milia librarum turonensium. Et ad premissam peccunie quantitatem exsolvendam terminis supradictis obligamus nos, heredes nostros et successores ac bona nostra mobilia et immobilia, presencia et futura, ubicunque vel sub quacunque jurisdicione existant; renunciantes in hac parte specialiter et expresse omni excepcioni et omni auxilio seu beneficio juris canonici et civilis, necnon omni privilegio crucesignatis vel crucesignandis indulto vel indulgendo, et omnibus aliis que nos possent juvare et prefato domino comiti nocere seu dictam promissionem nostram irritare vel minuere in toto vel in parte. Volumus insuper et dictum illustrem dominum comitem rogamus, ut si in solucione prefate pecunie terminis suprascriptis vel aliquo predictorum defficeremus in toto vel in parte, quod per capcionem bonorum nostrorum mobilium et inmobilium nos posset cumpellere, nulla monitione seu requisicione premissa, ad predictam peccunie summam integraliter persolvendam. In cujus rei testimonium, sigillo nostro communie quo utimur presentes litteras fecimus roborari. Datum apud Lungumpontem, anno Domini millesimo CC° LX° septimo, die sabbati ante festum beati Clementis.

## 112

19 nov. 1267. — LITTERE MAJORIS ET JURATORUM COMMUNIE DE RUPPELLA SUPER DUOBUS MILLIBUS LIBRARUM.

Universis presentes litteras inspecturis,... major et jurati communie de Ruppella salutem in Domino. Notum facimus quod, cum reverentissimus et karissimus dominus noster Alfonsus, filius regis Francie, comes Pictavie et Tholose, crucis caractere insignitus, proponat in Terre Sancte subsidium proficisci, nos attendentes honera sumptuum que oportet eum subire, volentes saltim pro parte aliqua, licet modica, onera hujusmodi relevare, gratis, spontanei, non coacti, sed ex mera et libera voluntate nostra promisimus et promittimus domino eidem duo milia librarum turonensium, cujus peccunie summam promittimus et tenemur sibi seu senescallo suo Xanctonensi vel alii certo mandato suo solvere terminis infrascriptis : videlicet mille libras turonensium infra instantem Candelosam, et alias mille libras infra festum ascensionis Domini proximo subsequentis, quod erit anno Domini M° CC° LX° octavo. Ad cujus peccunie solucionem integre faciendam terminis supradictis nos, heredes successoresque nostros et omnia bona nostra mobilia et immobilia, presencia et futura, sub cujuscumque dominio existant, obligamus specialiter et expresse. In cujus rei testimonium, sigillo nostro communie quo utimur presentes litteras fecimus roborari. Datum, *etc.*[1].

## 113

Nov. 1267. — [DE SUBSIDIO A COMMUNITATE SANCTI JOHANNIS ANGELIACENSIS PROMISSO [2].]

Universis presentes litteras inspecturis,... major et jurati comunie Sancti Johannis Angeliacensis salutem in Domino. Notum facimus quod, cum reverentissimus et karissimus dominus noster Alfonsus, fi-

---

[1] Cette pièce est vraisemblablement du même jour que les deux précédentes.

[2] Cette pièce, sans date dans l'original, mais qui doit être du même temps que la précédente, renfermant l'acte d'octroi de la Rochelle, a été cancellée.

lius regis Francie, comes Pictavie et Tholose, crucis carathere insignitus, proponat in Terre Sancte subsidium proficisci, nos attendentes honera sumptuum que oportet eum subire, volentes saltim pro parte aliqua, licet modica, honera hujusmodi relevare, gratis, spontanei, non coacti, sed ex mera et libera voluntate nostra promisimus et promittimus eidem dare mille libras turonensium, cujus pecunie summam promittimus et tenemur sibi seu senescallo suo Xanctonensi vel alii certo mandato suo solvere in festo Omnium sanctorum, quod erit anno Domini M° CC° LX° octavo. Ad cujus pecunie solucionem integre faciendam in festo Omnium sanctorum supradicto nos, heredes successoresque nostros et omnia bona nostra mobilia et immobilia, presencia et futura, sub cujuscunque dominio existant, obligamus specialiter et expresse. In cujus rei testimonium, sigillo nostro communie quo utimur presentes litteras fecimus roborari.

## 114

Nov. 1267. — LITTERE ABBATIS DE SABLONCELLIS SUPER QUITACIONE QUARUMDAM LANDARUM.

Universis presentes litteras inspecturis,... abbas et conventus monasterii de Sabloncellis[1], ordinis sancti Augustini, Xanctonensis dyocesis, salutem in Domino. Noverint universi quod nos excellenti viro, karissimo domino nostro Alfonso, filio regis Francie, comiti Pictavensi et Tholose, pro nobis et successoribus nostris remisimus et quittavimus plene, specialiter et expresse quidquid juris habebamus vel habere poteramus in landa que dicitur de Arbore curvata[2], et in landa que dicitur de Pendente capra[3], excepto eo que (sic) in eisdem landis jam per metas et certos fines divisum pacifice possidemus, nec nos vel successores nostri a prefato comite vel suis successoribus, occasione predictorum vel alicujus de predictis, racione arreragiorum, dampnorum vel eciam expensarum aut quacunque alia causa exnunc vel imposterum,

[1] Sablonceaux, Charente-Inférieure, cant. Saujon. — [2] Arbre Courbé, écart marqué par Cassini au nord-ouest de Sablonceaux. — [3] Je n'ai point retrouvé ce nom sur les cartes.

per nos vel per alium, aliquid petere poterimus vel eciam reclamare. In cujus rei testimonium, presentes litteras prefato domino comiti dedimus sigillorum nostrorum munimine roboratas. Datum, *etc.*

## 115

(Fol. 28.) Nov. 1267. — LITTERE ABBATIS DE SABLONCELLIS SUPER CC LIBRIS PICTAVENSIUM.

Universis presentes litteras inspecturis,... abbas et conventus de Sabloncellis, *etc.* Noverint universi quod nos, pro liberalitate et gratia quam fecit nobis et nostris antecessoribus vir illustris, karissimus dominus noster Alfonsus, filius regis Francie, comes Pictavie et Tholose, transferendo in nos, nomine dicti monasterii nostri, quicquid juris habebat in locis talibus, prout in litteris domini comitis super hoc confectis et nobis concessis plenius continetur, necnon pro eo quod acquisitiones licite factas a nobis et nostris predecessoribus in suis fe[o]dis et retrofeodis, quantum ad ipsum pertinet, pro se, heredibus et suis successoribus liberaliter confirmavit, pensata utilitate monasterii nostri, dedimus eidem spontanea, non coacta, set mera et libera voluntate nostra cc libras Pictavensis monete, de qua pecunie quantitate ipsum, heredes successoresque suos scienter et sponte absolvimus penitus et quiptamus specialiter et expresse, promitentes pro nobis et successoribus nostris quod occasione dicte pecunie vel quacunque alia ab ipso, heredibus seu successoribus suis nichil prorsus de dicta peccunia vel parte ejusdem petemus vel reclamabimus in futurum. In cujus rei testimonium, dedimus eidem presentes litteras sigillis nostris sigillatas. Datum, *etc.*

## 116

9 dec. 1267. — DOMINO REGI FRANCIE PRO PRIORE DE AYS.

Excellentissimo ac karissimo domino ac fratri suo Ludovico, Dei gratia Francorum regi illustrissimo, Alfonsus, filius regis Francie, comes Pictavie et Tholose, salutem et cum fraterna dilectione paratam ad ejus beneplacita voluntatem. Lacrimabilis querimonia religiosi viri prioris de Ais[1], Clugniacensis ordinis, dyocesis Xanctonensis, sepius iterata nos inducit serenitati vestre iterum supplicare ut super facto enormi per quosdam predones de Baiona[2], ut dicitur, perpetrato in prioratu dicti loci, de nostris feudis existente, dignetur majestas regia, intuitu pietatis et favore religionis, consilium apponere quod fore noverit oportunum. Datum die veneris post festum beati Nicholai hyemalis, anno LX° VII°.

## 117

20 dec. 1267. — SENESCALLO XANTONENSI PRO RENAUDO, DOMINO DE PONTE, MILITE.

Alfonsus, *etc.*, senescallo Xantonensi, *etc.* Significavit nobis dilectus et fidelis noster nobilis vir Renaudus de Ponte, quod ipse pro se et quibusdam suis feudatariis raciones habet legittimas, sicut dicit, per quas deliberacio terre Yterii de Bovisvilla, militis, quam tenemus in manu nostra, juste debeat impediri. Unde vobis mandamus quatinus rationes dicti R. et aliorum quorumcunque interest audiatis et super hoc quod justum fuerit faciatis. Datum die martis in vigilia sancti Thome apostoli, anno Domini M° CC° LX° VII°.

## 118

20 dec. 1267. — SENESCALLO XANCTONENSI PRO PETRO VINCENTII DE BIGNAI [CONTRA QUOSDAM HABITATORES SANCTI JOHANNIS ANGELIACENSIS].

Alfonsus, *etc.*, senescallo Xanctonensi, *etc.* Mandamus vobis quatinus Petrum Vincencii de Bignai, exibitorem presencium, super hiis que coram vobis contra magistrum Petrum Gaillardi, de Sancto Johanne Angeliacensi, clericum, et Petrum de Sancto Amando, burgensem ejusdem ville Sancti Johannis Angeliacensis, duxerit proponenda, diligenter audiatis, et vocatis qui fuerint evocandi, super hiis et de quibus jurisdicio ad nos spectat faciatis eidem bonum jus et maturum, tantum inde facientes quod ob defectum juris et vestri ipsum

[1] L'Isle-d'Aix, Charente-Inférieure, cant. Rochefort-sur-Mer. — [2] Bayonne, Basses-Pyrénées.

de cetero ad nos non oportet laborare. Datum die martis ante natale Domini.

### 119

22 dec. 1267. — SENESCALLO XANTONENSI PRO COMITE PICTAVIE ET THOLOSE [SUPER PECUNIA OMNIBUS MODIS HABENDA].

Alfonsus, *etc.*, senescallo Xantonensi, *etc.* Cum, sicut scire potestis, pro negotio Terre Sancte, in cujus subsidium proponimus personaliter proficisci, nos oportet subire quasi importabilia honera expensarum, vobis mandamus quatinus peccuniam quantamcumque, tam de nostris redditibus quam ex aliis justis causis in senescallia vestra nobis debitam, exigatis diligencius et levetis, presertim ea de quibus vobiscum finatum est pro emenda aut aliis de quibus minime oportet litteras nostras dari, perquirentes nichilominus sollicite universas et singulas vias per quas justo et licito modo peccuniam, in majori quantitate qua poteritis, habeamus, ac ea que receperitis afferatis apud Templum Parisius in crastinum instantis quindene Candelose. Nomina vero eorum qui nobis post dictum terminum remanebunt obligati in scriptis redacta, necnon quantitatem singulorum debitorum referatis in termino supradicto, taliter super hiis et aliis que nobis expedire videritis vos habentes, quod per effectum operis cognoscamus cordi vobis negotium extitisse, scituri quod eos, qui ad tam pium opus feliciter prosequendum opem et operam prestiterint efficacem, indulgencie a sede apostolica concesse confidimus non expertes. Datum die jovis ante natale Domini.

Similis littera senescallo Pictavensi pro comite Pictavie et Tholose.

### 120

27 jan. 1268. — SENESCALLO XANTONENSI PRO COMITE [DE EADEM RE].

Alfonsus, *etc.*, senescallo Xanctonensi, *etc.* Mandamus vobis quatinus duo milia librarum, in quibus nobis tenentur burgenses nostri de Ruppella, ad terminum instantis Candelose exigatis ab eisdem diligentius et levetis, et ea una cum aliis denariis nostris de balliviis nostris et denariis qui nobis debentur in seneschallia vestra, tam de finacionibus emendarum quam de finacionibus per nos factis super viis vobis diu traditis, ad crastinum instantis quindene Candelose, cum ad nos veneritis, apud Templum Parisius afferri faciatis, et peccuniam Pictavensium ad Turonenses in majori quantitate quam poteritis, pro minori cambio quod poteritis, cambietis, et quod cambiatum fuerit faciatis in Turonensibus et residuum in aliis monetis apportari. Et in perquirendis pro nobis denariis justo et licito modo secundum vias vobis diu traditas et alias quas nobis expedire videritis, et in bono et fideli regimine terre nostre sitis diligens et intentus, quia appropinquans neccessitas subsidii Terre Sancte movere debet et accelerare ad hec perquirenda in majori summa que poterit bono modo. Datum die veneris post conversionem sancti Pauli, anno LX° VII°.

## 121

23 febr. 1268. — SENESCALLO PRO PETRO FOUCHERII.

Alfonsus, *etc.*, dilecto et fideli clerico suo magistro Petro Sorini, canonico Xanctonensi, salutem et dilectionem. Mandamus vobis quatinus causam appellacionis interposite a sententia per senescallum nostrum Xanctonensem lata pro Petro Foucherii contra Petrum de Camera, sicut eam vobis commisimus, quam cicius commode poteritis, terminetis. Datum die jovis post festum cathedre sancti Petri.

## 122

6 mart. 1268. — SENESCALLO XANCTONENSI PRO MAGISTRO PETRO MARESCALLI, CANONICO ANICIENSI.

Alfonsus, *etc.*, senescallo Xanctonensi, *etc.* Significavit nobis magister Petrus dictus Marescalli, canonicus Aniciensis, quod gentes vestre diruerunt quasdam furcas quas ipse fecerat erigi prope villam de Luche[1], in qua quidem villa et pertinenciis ejusdem asserit se habere

[1] Luché-sur-Brioux, Deux-Sèvres, cant. Brionne. Je ne trouve, au surplus, nulle part trace de possessions de l'église du Puy en Saintonge.

altam et bassam justiciam, nomine dicte ecclesie Aniciensis, et alias predecessores suos usos fuisse in dicto loco alte justicie (*sic*), et dictam justiciam alias per gentes nostras restitutam fuisse predecessoribus suis. Item significavit nobis idem magister quod serviens de Mineriis[1] nomine nostro detinet contra justiciam et in prejudicium ipsius et dicte ecclesie Aniciensis quamdam vineam suam. Hinc est quod vobis mandamus quatinus super hiis que ad nos spectant dictum magistrum diligenter audiatis, et eidem magistro super hiis exhibeatis celeris justicie complemento (*sic*), jure nostro et alieno illeso servato. Et quid super premissis feceritis, nobis, cum ad nos veneritis ad crastinum quindene Penthecostes, in scriptis referatis. Datum apud Feritatem Alesie[2], die martis post Reminiscere, anno Domini M° CC° LX° VII°.

## 123

(Fol. 29.) 15 mart. 1268. — DOMINO COMITI PICTAVIE ET THOLOSE
[EX PARTE FRATRIS JOHANNIS, MAGISTRI FRATRUM PREDICATORUM IN FRANCIA].

Illustri viro domino in Christo karissimo A., Dei gratia filio regis Francie, comiti Pictavie et Tholose, frater Johannes, fratrum ordinis Predicatorum in Francia servus indignus, salutem et cum omni reverencia devotum ad beneplacita famulatum. Vestre dominacionis precibus humilem et benignum imparcientes assensum, ordinationem factam a dilecto nostro fratre H., ordinis nostri, priore Senonensi, auctoritate fratris M., prioris Insulensis ejusdem ordinis, tunc prioris provincialis in Francia vices gerentis, de fratribus Jacobo de Gyemo et Drocone de Apuniaco, de conventu Antissiodorensi, in inquestis et negociis vestris in Pictavia et Xanctonia, quantumcunque vobis placuerit et eos requirendos duxeritis, destinandis, ratam et firmam haberi volumus et habemus, et hoc dicto priori Senonensi expressimus viva voce, nostrasque patentes litteras super hoc ipsis misimus fratribus supradictis. Valeat nobilitas vestra semper in Domino. Datum apud Montemargi, feria quinta ante mediam XL$^{am}$.

[1] La lecture de ce mot est douteuse. — [2] La Ferté-Alais, Seine-et-Oise.

## 124

15 mart. 1268. — DOMINO COMITI PICTAVIE ET THOLOSE.

Karissimis in Christo fratribus Jacobo de Gyemo et Droconi de Apuniaco, in conventu Antissiodorensi, ordinis Predicatorum, frater Johannes, fratrum ejusdem ordinis in provincia Francie servus indignus, salutem in Domino sempiternam. Ad preces et instanciam illustris viri A., Dei gratia comitis Pictavie et Tholose, ordinationem a dilecto nostro fratre H., ordinis nostri priore Senonensi, auctoritate fratris M., prioris Insulensis ejusdem ordinis, tunc prioris provincialis in Francia vices gerentis, factam de vobis destinandis in inquestis et negociis suis in Pictavia et Xantonia, quantumcunque sibi placuerit et vos super hoc duxerit requirendos, ratam et firmam habemus tenore presencium, volentes et vobis mandantes quatinus eam tanquam nostram implere, prout oportunum fuerit, studeatis. Valete. Datum apud Montemargi, feria quinta ante mediam XL$^{am}$, anno Domini M° CC° LX° VII°.

## 125

21 mart. 1268. — FRATRI H., PRIORI PREDICATORUM SENONENSIUM, PRO FRATRIBUS HABENDIS.

Alfonsus, etc., religioso viro et in Christo sibi dilecto fratri H., de ordine fratrum Predicatorum, priori Senonensi, salutem et dilectionem. Litteras ex parte religiosi viri fratris Johannis, de ordine fratrum Predicatorum, dilecti nostri, prioris provincialis in Francia, porrectas, apertas et suo sigillo sigillatas, religiosis et dilectis nostris fratribus Jacobo de Gyemo et Droconi de Apuniaco, de ordine Predicatorum, in conventu Altissiodorensi, vobis, ut videatis, mittimus per presentium portitorem. Item transcripta duarum litterarum, scilicet quarumdam quas super hoc mittimus dictis duobus fratribus, religiosis et dilectis nostris Jacobo et Droconi, de ordine Predicatorum, in conventu Altissiodorensi, et aliarum quas super hoc mittimus dilecto et fideli clerico nostro R., archipresbitero Remorentini, vobis mittimus his presentibus interclusa, ut videatis et sciatis tenorem, vos rogantes et requirentes quatinus ipsos fratres Jacobum et Droconem exorare et requirere velitis, ut in instanti quindena Pasche intersint apud Remorentinum, prompti et parati extunc in crastino iter arripere, in Pictaviam et Xanctoniam ituri pro inquestis et aliis nostris negociis faciendis, prout per litteras dicti sui provincialis sibi datum extitit in mandatis. Datum apud Hospitale juxta Corbolium, die mercurii post mediam XL.am, anno Domini M° CC° LX° septimo.

### 126

21 mart. 1268. — FRATRIBUS JACOBO DE GYEMO ET DROCONI DE APUGNIACO.

Alfonsus, *etc.*, viris religiosis et in Christo sibi dilectis fratribus Jacobo de Gyemo et Drocone de Apuniaco, ordinis fratrum Predicatorum[1], in conventu Altissiodorensi, salutem et dilectionem. Rogamus vos et requirimus quatinus in instanti quindena Resurrectionis dominice apud Remorantinum personaliter intersitis, ita prompti quod extunc in crastino possitis iter arripere in Pictaviam et Xanctoniam, una cum dilecto et fideli clerico nostro Roberto, archipresbitero Remorantini, pro inquestis et negociis nostris ibidem faciendis, sicut in litteris religiosi viri et dilecti nostri fratris Johannis, provincialis vestri, directis, quas vobis mittimus, continetur. Item mandetis nobis quot equi vobis defuerint, et ubi transmittemus. Datum die mercurii post dominicam qua cantatur Letare Jerusalem, anno Domini M° CC° LX° septimo.

### 127

21 mart. 1268. — ARCHIPRESBITERO REMORENTINI.

Alfonsus, *etc.*, dilecto et fideli suo R., archipresbitero Remorantini, salutem et dilectionem. Vobis mandamus quatinus in instanti quindena Resurrectionis Domini proximo venture sitis apud Remorantinum personaliter, promptus et paratus taliter quod extunc in crastino pos-

[1] Le manuscrit porte, par erreur, *Minorum*.

sitis iter arripere in Pictaviam et Xanctoniam una cum religiosis et dilectis nostris fratribus Jacobo de Gyemo et Drocone de Apuniaco, de ordine Predicatorum in conventu Altissiodorensi, quibus hoc mandavimus per nostras litteras, pro inquestis nostris ibidem faciendis et aliis nostris negociis, super quibus habuerunt speciale mandatum ex parte religiosi viri et dilecti nostri fratris Johannis, sui provincialis, per litteras suas super hoc sibi missas, de quibus transcriptum vobis mittimus his presentibus interclusum. Si qua vero vobis defuerint, nobis ante dictum terminum significetis. Datum die mercurii post dominicam qua cantatur Letare Jerusalem, anno Domini M° cc° lx° septimo.

## 128

20 jan. 1269. — FRATRIBUS INQUISITORIBUS ET ARCHIPRESBITERO DE REMORANTINO.

Alfonsus, *etc.*, religiosis et dilectis suis fratribus Jacobo de Gyemo et Petro de Castriduno, de ordine Predicatorum, et dilecto et fideli clerico suo R., archipresbitero de Remorantino, inquisitoribus in Pictavia et Xanctonia, salutem et dilectionem sinceram. Vobis per latorem presentium tres equos transmittimus, sicut nobis per vestras litteras intimastis. Insuper mittimus vobis per eundem decem libras turonensium pro expensis vestris interim faciendis, mandantes vobis quatinus denarios a senescallo Pictavensi et Xanctonensi exigatis pro equis emendis, si vobis defuerint, et aliis neccessariis et expensis faciendis. Visis autem litteris istis, iter arripiatis in Pictaviam et Xanctoniam pro inquestis et aliis negociis nostris[1] ibidem expediendis, prout vobis est commissum, vos rogantes ut super hiis sitis solliciti et intenti. Oretis pro nobis et orari faciatis. Datum apud Moissi, dominica ante festum sancti Vincencii, anno Domini M° cc° lx° octavo[2].

[1] Le manuscrit porte *vestris*; je corrige *nostris*. (Voir le n° 126.)

[2] Le dernier terme du millésime est exprimé en toutes lettres. En transcrivant ici ce mandement de janvier 1269, le clerc de la chancellerie comtale aura sans doute voulu réunir tous les actes se rapportant à la mission des frères Jacques de Gien et Pierre de Châteaudun, et de Robert, archiprêtre de Romorantin.

## LITTERE TERRE RUTHINENSIS,

INCEPTE IN PASCHA, ANNO DOMINI Mº CCº LXº VIIº.

### 129

(Fol. 9.) 8 mai. 1267. — PRO PRECEPTORE DOMUS MILICIE TEMPLI DE LA CAPELLA[1].

Alfonsus, filius regis Francie, comes Pictavie et Tholose, dilecto et fideli suo... senescallo Ruthenensi, salutem et dilectionem. Ex parte preceptoris domus milicie Templi nobis extitit intimatum quod, cum ipse arrendaverit seu ascensaverit quoddam territorium seu locum in Caturcensi ab abbatissa d'Elbois[2] sub certa pensione, vos in eadem ascensione et possessione dicti loci dictum preceptorem inquietatis indebite et turbatis. Unde vobis mandamus quatinus dictum preceptorem super hiis audiatis diligenter, et vocatis dicta abbatissa et qui fuerint evocandi, faciatis eidem quod de jure fuerit faciendum, in dicta ascensacione et possessione dicti loci impedimentum aliquod non ponentes, nisi causam rationabilem habueritis quare hoc facere debeatis. Datum apud Rampillon, die dominica post festum sancti Johannis ante Portam latinam, anno Domini Mº CCº LXº VIIº.

### 130

9 mai 1267. — AU SENESCHAL DE ROERGUE POUR L'ARGENT TRET DOU MINIER D'ORZEALS.

Aufonz, fiuz de roi de France, coens de Poitiers et de Tholose, à son amé et son fael le seneschau de Roergue, saluz et amour. Nos vos

---

[1] Commanderie de La Capelle-Livron, en Quercy, auj. Tarn-et-Garonne, cant. Caylus; cette partie du Quercy dépendait de la sénéchaussée de Rouergue (Dubourg, *Grand-Prieuré de Toulouse*, p. 552 et suiv.).

[2] On peut aussi lire d'*Esbois*; nous n'avons rien trouvé sur cette abbaye; il doit y avoir une faute dans le manuscrit.

mandons derechief, si comme nos avons autrefoiz mandé, que se vos ne l'avez fet, que vos vos porveiez de fere deus moulins ou trois ou pluseurs, se mestiers est, à oue ou à chevaus ou à vent ou neis à braz, pour ouvrer la mine trete dou miner d'Orzeals[1] en nostre partie, et la dite mine diligenment et isnelement, et en la gregneur quantité que vos porrez, facez ouvrer en tele maniere, en l'endemein de la quinzeinne de la prochene Penthecoste à venir envoiez à Paris au Temple l'argent qui lors aura esté tret et ouvré sanz afiner. Et se aucune chose seur ce est ja fet, et quecunque chose des ore en avant auroiz fet, nos curez segnefier en escrit, en seur que tout et quanz mars d'argent l'endemein de la devant dite quinzeinne de la prochene Penthecoste à Paris au Temple vos auroiz envoié à nos, le jeudi après la quinzeinne de Penthecoste, rescrivez par vostre clerc, quand il vendra à nos, des quiex mars d'argent ja tret de par nos la quantité doit estre grant, si com l'en dit. Et cest escrit vers vos retegniez que cez choses aiez mieuz à memoire. Ce fu donné à Rampellon, le lundi après l'invencion seinte Croiz, l'an mil deus cenz sexante set.

(Édité par Boutaric, p. 209.)

## 131

13 mai. 1267. — SENESCALLO RUTHENENSI PRO CONSULIBUS ET CONSILIO VILLE AMILIAVI.

Alfonsus, *etc.*, senescallo Ruthenensi salutem et dilectionem. Cum ex parte consulum et consilii ville Amiliavi intellexerimus vos precepisse quod nulla moneta expendatur in dicta villa, preterquam Turonensis tantummodo, in ipsorum prejudicium, ut dicitur, propter quod ex parte ipsorum nobis fuerit supplicatum quod nos preceptum hujusmodi revocari faceremus, vobis mandamus quatinus sciatis quid est et super hoc plenius veritatem, et quare hujusmodi inhibicionem fecistis, et que sit utilitas nostra in ipsa facienda. Et super premissis omnibus nobis veritatem rescribatis in scriptis per vestrum clericum ad diem

---

[1] Nous ignorons l'emplacement exact de cette mine d'argent; elle devait se trouver dans le massif montagneux qui avoisine Saint-Rome-de-Tarn, Aveyron; le seigneur de Saint-Rome avait, en effet, des droits sur elle.

lune post quindenam Penthecostes, ad pallamentum nostrum, cum ad nos venerit pro vestris compotis faciendis. Datum die veneris post octabas invencionis sancte Crucis, anno Domini m° cc° lx° vii°.

## 132

13 mai. 1267. — EIDEM PRO EISDEM.

Alfonsus, *etc.*, senescallo Ruthenensi, *etc.* Cum ex parte consulum et consilii ville Amiliavi nobis fuerit conquerendo monstratum [quod] itinerantes et ducentes saumerios consueverint longis temporibus per villam Amiliavi transitum facere, et modo de novo transeunt extra muros, in dicte ville prejudicium, ut dicitur, vobis mandamus quatinus sciatis quid est et veritatem rei, et ipsam nobis rescribatis in scriptis ad pallamentum nostrum, quod erit in crastino instantis quindene Penthecostes, per magistrum Guillelmum Ruffi seu per vestrum clericum, cum ad nos venerit pro vestris compotis faciendis. Datum die veneris post octabas invencionis sancte Crucis, anno Domini m° cc° lx° vii°.

## 133

8 jun. 1267. — SENESCALLO RUTHENENSI PRO ARNALDO BARASCI, CLERICO.

Alfonsus, *etc.*, senescallo Ruthenensi, *etc.* Mandamus vobis quatinus Arnaldum Barasci, clericum, filium defuncti Arnaldi Barasci, militis, et bona sua in jurisdicione nostra existentia, quantum ad res et laicas personas de nostra jurisdicione existentes, in jure suo recommendata habeatis. Datum die mercurii post Penthecosten, anno Domini lx° septimo.

## 134

8 jun. 1267. — EIDEM PRO GUIBERTO DE FELZINHL, ARMIGERO.

Alfonsus, *etc.*, senescallo Ruthenensi, *etc.* Ex parte Guirberti de Felzinhio[1], armigeri, nobis extitit intimatum quod dampna data fuerunt

[1] Felzins, Lot, cant. Figeac.

sibi per incendium a quibusdam malefactoribus in terra sua et in vineis suis de nocte, que petebat sibi per homines parrochie vicine emendari. Quare vobis mandamus quatinus, vocatis qui fuerint evocandi, servato jure nostro et alieno, super dictis dampnis faciatis eidem quod justum fuerit et consonum rationi. Datum die mercurii post Penthecosten, anno LX° VII°.

### 135

6 jul. 1267. — SENESCALLO PRO GUIDONE DE MONGEU.

Alfonsus, *etc.*, senescallo Ruthenensi, *etc.* Mandamus vobis quatinus Hugonem de Balaguier et alios qui sunt immediate de jurisdicione nostra in senescallia Ruthenensi, qui dicuntur interfuisse capcioni pignorum Guidonis de Montgeu, militis, hominis nostri, vel cepisse, videlicet boves somarios et alia pignora, per capcionem bonorum suorum compellatis ad restituendum eidem dicta pignora cum omni casu dampni dati et factam nobis injuriam emendari. Si vero aliqui alii fuerint, quos vobis lator presencium nominabit, qui mediate subsint jurisdicioni nostre in dicta senescallia, dominos eorum, quibus immediate subsunt, requiratis ut eosdem compellant ad predicta similiter facienda, et si dicti domini super hoc negligentes fuerint vel remissi, vos, quantum ad jurisdicionem nostram pertinet, predicta exequi nullatenus obmittatis. Datum die mercurii in octabis apostolorum Petri et Pauli, anno Domini M° CC° LX° VII°.

### 136

12 juillet 1267. — AU SENESCHAL POUR LE CONTE SUR L'ARGENT DU MINIER [D'ORZALS].

Aufons, filz de roi de France, coens de Poitiers et de Tholose, à son amé et son feal le seneschau de Rohergue, saluz et bone amor. Sachiez que nos nos mervellons molt coment vos nos avez enveié si petite somme d'argent nuef de nostre partie du minier d'Orzals, de si grant quantité com il i deust avoir. Dont vos mandons que vos, oveques les ovriers que vos i avez mis, mestez enquore assez des autres, et se vos n'avez molins à iaue, si festes fere molins à chevaus et à braz, si comme autre foiz vos avons mandé, si que vos en puissiez fere trere et envoier au Temple à Paris, environ iiii jors après la quinzaine de ceste prochienne Touz sainz, au plus que vos pourroiz ou monde de l'argent nuef, sanz affiner, de nostre partie du dist minier. Et metez sur ce si grant peine et si grant diligence, que nos vos en sachons gré et que vos n'en puissiez estre repris de negligence, quar la chose a trop deloié à aporter. Ce fu doné le mardi après la translation saint Benooit, en l'an M II<sup>c</sup> LX VII.

(Édité par Boutaric, p. 209-210.)

### 137

(Fol. 10.) 11 jul. 1267. — SENESCALLO PRO DOMINO COMITE
[SUPER CURSU MONETE TURONENSIS IN VILLA AMILIAVO].

Alfonsus, *etc.*, senescallo Ruthenensi, *etc.* Significamus vobis quod nobis placet ut moneta karissimi domini et fratris nostri regis Francie, videlicet moneta Parisiensium [et] Turonensium argenteorum et aliorum Turonensium, currat in villa nostra de Amiliavo cum moneta nostra. Et si aliqui conquerantur de via extra villam Amilliavum[1], illos audiatis et faciatis eis bonum jus et maturum. Datum apud Longumpontem, in festo beati Benedicti estivalis.

### 138

14 jul. 1267. — SENESCALLO SUPER CITACIONE HOMINUM QUI FECERUNT INJURIAS
SEU CALVACATAS IN TERRA DOMINI COMITIS IN ALVERNIA FACIENDA.

Alfonsus, *etc.*, senescallo Ruthenensi, *etc.* Mandamus vobis quatinus illos quorum nomina inferius sunt expressa : videlicet Hugonem Balaiguers, militem, Guillelmum d'Estang et Guidonem d'Estang, domicellos, fratres, Henricum de Benavent, militem, Raymundum de Brotmalt, Pinum, milites, Gaillardum de Lentillac, Leonet, domicellum, filium Dalmacii de Vezinchis, domicellum, Hugonem d'Au-

---

[1] Sur cette dernière affaire, voir l'acte n° 132.

riac, Motet, Berenguiers de la Glazole, et Bertrandum de Pavion[1], et alios si quos dilectus et fidelis noster clericus magister Guillelmus Ruffi vobis per suas litteras significaverit, coram dilecto et fideli nostro conestabulo Alvernie, ad diem et locum quos idem magister G. vobis per suas intimaverit litteras, citetis, super maleficiis, injuriis et violenciis ab ipsis illatis, ut dicitur, in feodis et retrofeodis nostris in Alvernia responsuros. Datum apud Longumpontem, die jovis post translacionem sancti Benedicti.

### 139

14 jul. 1267. — SENESCALLO RUTHINENSI PRO COMITE.

Alfonsus, *etc.*, senescallo Ruthenensi, *etc.* Mandamus vobis quatinus ad diem et locum, quos vobis dilectus et fidelis clericus noster magister Guillelmus Ruffi per suas litteras significaverit, pro negociis nostris quas habemus in Alverniam cum nobili viro Henrico, filio comitis Ruthenensis, et super aliis negociis nostris expediendis, intersitis, et hoc non dimittatis. Datum ut in precedenti.

### 140

15 jul. 1267. — MAGISTRO GUILLELMO RUFFI PRO COMITE RUTHENENSI.

Alfonsus, *etc.*, magistro Guillelmo Rufi, *etc.* Ex parte nobilis et fidelis nostri comitis Ruthenensis nobis est conquerendo monstratum, quod senescallus noster Ruthenensis ipsum comitem possessione quarumdam herbarum de la Calmp[2] sine cause cognitione indebite dissaisivit, et quod partem suam trium solidorum pro qualibet marcha argenti, qui levati fuerunt tempore quo fuit bannitum minerium d'Orzals, sibi restituere contradicit, nisi solveret idem comes pro

[1] Tous les chevaliers ici nommés sont, en effet, du Rouergue; voici à ce sujet quelques indications géographiques : Estaing, Aveyron, ch.-l. cant.; Bénaven, comm. Sainte-Geneviève; Brommat, cant. Mur-de-Barrez; Lentillac-près-Figeac, Lot, cant.; Figeac; Auriac, Aveyron, comm. Laguiole; Laguiole, ch.-l. cant. (Voir plus loin, n° 202.)

[2] Lacalm, Aveyron, cant. Sainte-Geneviève. Ici le mot *herbae* a le sens de *pâturages*.

parte sua expensas et salaria nunciorum seu servientum qui fuerunt in dicto minerio tempore dicti banni; item et quod idem senescallus noster ipsum comitem possessione mansi del Boisse, siti in districtu et mandamento de Agenno[1], indebite dissaisivit. Unde vobis mandamus quatinus ipsum comitem super hiis omnibus diligenter audiatis, et vocato dicto senescallo nostro et aliis qui fuerint evocandi, auditis rationibus hinc inde coram vobis propositis, jure nostro, suo et alieno servato, super hiis de quibus jurisdicio ad nos spectat exhibeatis eidem celeris justicie complementum. Convenciones seu composicionem inter nos et dictum comitem factam super predicto minerio d'Orzals[2], prout in carta super hoc confecta plenius continetur, faciatis, prout justum fuerit, observari. Datum apud Longumpontem, die veneris ante festum beati Arnulfi.

141

23 aug. 1267. — SENESCALLO RUTHENENSI PRO RAYMUNDO FABRO ET DURANDO AUDEBAUT [MERCATORIBUS].

Alfonsus, *etc.*, senescallo Ruthenensi, *etc.* Mandamus vobis quatinus in negotio Raymundi Fabri et Durandi Audebaut, secundum quod in arresto facto in pallamento Omnium sanctorum, quod vobis mittimus infra scriptum, ordinatum extitit, procedatis prout de jure fuerit procedendum, de personis et rebus ad jurisdicionem nostram spectantibus et in vestra senescallia existentibus, tantum super hiis facientes ut dictos mercatores ad nos de cetero non oporteat laborare. Datum apud Josaphas prope Carnotum, die martis in vigilia beati Bartholomei apostoli, anno Domini M° CC° LX° septimo.

*Arrestum factum super hoc in pallamento predicto.*

De petitione Raymundi Fabri et Durandi Audebaut super quod pannis suis spoliati fuerunt in strata publica prope Ruthenam, et de hoc senescallus Ruthenensis inquisivit, ordinacio : Quantum ad

[1] Agen, Aveyron, cant. Pont-de-Salars.
[2] Voir à ce sujet Boutaric, p. 208-209; cette transaction remontait au mois de novembre 1265.

dampna dictorum mercatorum, senescallus Ruthenensis faciat requiri dominos sub cujus jurisdicione existant, ut faciant dicta dampna dictis mercatoribus restitui, vel faciat quod debebit senescallus Ruthenensis.

(Cet arrêt a été publié par Boutaric, p. 384.)

## 142

30 aug. 1267. — SENESCALLO RUTHENENSI PRO ABBATE
ET CONVENTU SANCTE MARIE GORDONII[1] [SUPER TERRIS IN MANU MORTUA TENENDIS].

Alfonsus, *etc.*, senescallo Ruthenensi, *etc.* Ex parte religiosorum virorum abbatis et conventus Sancte Marie Gordonii nobis est supplicatum ut possessiones et faziones de Bes[2], in dyocesi Ruthenensi sitas, que abbas Obazine[3] ad opus predicte abbacie in nostris feodis acquisivit, eisdem confirmare vellemus. Unde vobis mandamus quatinus de valore predictarum possessionum per annum et utrum in nostris feodis vel retrofeodis existant diligenter addiscentes, tractetis cum eisdem quantum nobis dare vellent pro habenda a nobis confirmacione predicta. Et quid super hoc inveneritis et feceritis, nobis per vestrum clericum, cum ad nos venerit ad instantes compotos Omnium sanctorum, in scriptis significare curetis. Datum apud Josaphas prope Carnotum, die martis post festum decollationis beati Johannis Baptiste, anno Domini M° CC° LX° septimo.

## 143

5 sept. 1267. — SENESCALLO RUTHENENSI PRO COMITE SUPER NUNDINIS
[IN VILLA NAIACO PRECONIZATIS].

Alfonsus, *etc.*, senescallo Ruthenensi, *etc.* Datum est nobis intelligi quod cum vos nomine nostro apud Naiacum[4] quasdam nundinas pre-

---

[1] N.-D.-de-Gourdon, diocèse de Cahors.
[2] Le Bès, Aveyron, comm. Lapanouse ou comm. Saint-Laurent-d'Olt.
[3] Aubazine, ordre de Cîteaux, dioc. de Limoges, Corrèze, c°ⁿ Beynat.
[4] Najac, Aveyron.

conizari fecissetis, que durare debebant, ut dicitur, per tres dies, videlicet in vigilia nativitatis beati Johannis Baptiste et in die et in crastino, burgenses nostri de dicta villa contra preconizationem vestram, nostro nomine factam, predictas nundinas disclamari fecerunt in nostrum prejudicium et dampnum. Unde vobis mandamus quatinus super premissis veritatem addiscentes, jus nostrum et emendam super hoc conservetis. Et quid super hiis inveneritis et feceritis, nobis per vestrum clericum, cum ad nos venerit circa quartam diem instantis quindene Omnium sanctorum pro vestris compotis faciendis, in scriptis significare curetis. Datum apud Longumpontem, die lune post festum sanctorum Egidii et Lupi, anno LX° VII°.

## 144

6 sept. 1267. — AU SENESCHAL DE ROHERGUE SUR L'ARGENT NUEF DU MINIER [D'ORZALS[1]].

Aufonz, filz de roi de France, coens de Pieters et de Tholose, à son amé et son feel au seneschau de Rohergue, saluz et amor. Sachiez que nos nos merveillons molt coment vos nos avez envoié si petite some d'argent nuef de nostre partie du minier d'Orzals, de si grant quantité cum il i deust avoir. Dont nos vos mandons que vos, oveques les ouvriers que vos i avez mis, metez enquore des autres assez, et se vos n'avez molins à eaue, si festes fere molins à chevaus et à braz, si comme autre foiz vos avons mandé, si que vos en puissiez fere trere et envoier au Temple à Paris, environ III jors après la quinzaine de ceste prochiene Touz sainz, au plus que vos porroiz ou monde de l'argent nuef, sanz affiner, de nostre partie du dist miner. Et metez sur ce si grant peine et si grant diligence, que nos vos en sachons gré et que vos n'en puissiez estre repris de negligence, quar la chose a trop delaié à aporter. Derechief nos vos mandons que touz les deniers que vos nos devez [2], et qui nos sunt deu en vostre seneschauciée de viez et de novel, en-

---

[1] Cette pièce est, en partie, rédigée dans les mêmes termes que les n°ˢ 130 et 136.

[2] Ici les mots : de viez et de novel envoiez, sont effacés.

voiez au Temple à Paris, avec l'arjent nuef devant dist au devant dist jor. Et sur toutes ces choses dessus distes et sur autres, et sur les vaies que nos vos envoiasmes pieça en escrit, et ou boen et ou laial governement de nostre terre vos aiez curiesement et laialement. Ce fut doné à Loncpont, le mardi devant la nativité Nostre Dame, en l'an nostre Seigneur M CC LX VII.

Item similes litteras per Gessardum eidem super eodem, apud dictum locum, die veneris sequenti (9 sept. 1267).

## 145

(Fol. 11.) 8 sept. 1267. — [SENESCALLO RUTHENENSI, UT DIE 27 SEPT. BRIVATAM ADEAT PRO NEGOCIIS DOMINI COMITIS.]

Alfonsus, *etc.*, senescallo Ruthenensi, *etc.* Mandamus vobis quatinus hac instanti die martis in festo sanctorum Cosme et Damiani, apud Brivatam[1], una cum gentibus nostris pro negociis nostris que habemus cum illustrissimo rege Arragonum et Henrico, filio comitis Ruthenensis, expedire, ibidem personaliter intersitis. Et hoc non dimittatis. Datum die jovis in festo nativitatis beate Virginis, anno Domini M° CC° LX° VII°.

Similis littera domino Eustachio de Bellomarchesio missa fuit.

## 146

21 sept. 1267. — SENESCALLO PRO ABBATE ET CONVENTU LOCI DEI [PRO BASTIDA CONSTRUENDA IN SENESCALLIA RUTHENENSI].

Alfonsus, *etc.*, senescallo Ruthenensi, *etc.* Ex parte religiosorum virorum abbatis et conventus Loci Dei[2] nobis est supplicatum ut, in quodam loco suo qui dicitur Garride Salvahucum in Ruthenensi, quem nobis offerunt se daturos, bastidam quandam que, sicut dicitur, nobis et patrie utilis esset valde et necessaria, fieri faceremus. Unde vobis mandamus quatinus de dicto loco et situ et valore ejusdem, et

---

[1] Brioude, Haute-Loire.
[2] Loc-Dieu, ordre de Cîteaux, diocèse de Rodez (à l'ouest de Villefranche, Aveyron).

quod jus habent dicti religiosi in eo, et utrum illum nobis dare possent, et utrum ibidem bastidam facere possemus absque alterius prejudicio, injuria vel peccato, et si ibidem bastidare vellemus, si nobis et patrie expediret, et sub quibus condicionibus et convencionibus posset ibi fieri bastida predicta, et de aliis circonstanciis que in talibus sunt attendende, addiscatis plenius veritatem [1]. Et quid super premissis inveneritis, nobis per vestrum clericum, cum ad nos venerit circa quartam diem post instantem quindenam Omnium sanctorum, in scriptis significare curetis. Datum die mercurii in festo beati Mathei apostoli, anno Domini M° CC° LX° VII°.

## 147

21 sept. 1267. — EIDEM SENESCALLO PRO EISDEM.

Alfonsus, *etc.*, senescallo Ruthenensi, *etc.* Mandamus vobis quatinus homines abbatis et conventus Loci Dei, in granchiis eorum existentes, usque ad viginti quinque focos quantum ad focagium in respectu nostro et sufferencia ponatis usque ad voluntatem nostram. Datum die mercurii in festo beati Mathei apostoli, anno Domini M° CC° LX° VII°.

## 148

24 sept. 1267. — SENESCALLO PRO ABBATE BONECOMBE
[SUPER RESPECTU DANDO PRO SOLUTIONE FOCAGII].

Alfonsus, *etc.*, senescallo Ruthenensi, *etc.* Mandamus vobis quatinus focagium hominum religiosorum virorum abbatis et conventus Bonecombe, Cisterciensis ordinis, Ruthenensis dyocesis, usque ad ducentos focos in nostram ponatis sufferenciam et respectum, addiscentes interim utrum dicti homines teneantur solvere focagium de jure vel consuetudine, usagio seu promisso vel alia justa causa, tractantes nichil-

---

[1] Il ne semble point qu'il ait été donné suite à ce projet de construire une bastide; du moins celle-ci n'est pas mentionnée dans la liste des nouvelles villes créées par ordre d'Alfonse. (*Histoire de Languedoc*, nouv. éd., VIII, col. 1733-1734.)

ominus cum dictis hominibus de prestanda nobis aliqua quantitate pro focagio antedicto per composicionem, spontanea voluntate. Et quid super premissis inveneritis et feceritis, nobis in scriptis per vestrum clericum, cum ad nos venerit pro vestris compotis faciendis circa quartam diem post instantes octabas festivitatis Omnium sanctorum, significetis. Datum die sabbati post festum beati Mathei apostoli, anno Domini M° CC° LX° VII.

Similis littera missa fuit eidem senescallo pro abbate Bonevallis usque ad quadraginta focos vel circa.

### 149

2 oct. 1267. — SENESCALLO RUTHENENSI PRO MONIALIBUS DE CAPELLA SUPER FOCAGIO.

Alfonsus, *etc.*, senescallo Ruthenensi, *etc.* Mandamus vobis quatinus focagium, nobis ab hominibus monialium de Cappella [1] debitum seu promissum, usque ad decem focos in nostra ponatis sufferencia et respectu usque ad voluntatem nostram. Datum apud Rampellon, dominica post festum beati Michaelis archangeli, anno Domini M° CC° LX° septimo.

### 150

2 oct. 1267. — SENESCALLO RUTHENENSI PRO NAUTIS PORTUS DE CAPDENNIACO.

Alfonsus, *etc.*, senescallo Ruthenensi, *etc.* Ex parte quorumdam nautarum portus castri de Capdenniaco [2] nobis est conquerendo monstratum quod, licet ipsi in dyocesi Caturcensi existant, in qua nunquam levatum fuit commune seu pazagium, bajulus noster de Petrucia [3] de novo ab ipsis commune seu pazagium nititur extorquere. Unde vobis mandamus quatinus ipsos super hiis que contra dictum bajulum pro-

---

[1] Nous n'avons rien trouvé sur ce monastère de filles.

[2] Capdenac, Lot, cant. Figeac. Cette localité, quoique située dans le diocèse de Cahors, avait été rattachée à la sénéchaussée de Rouergue. En 1341, elle est indiquée comme faisant partie de la baylie de Peyrusse. (*Bibl. de l'École des chartes*, t. XLIV, p. 464.)

[3] Peyrusse, Aveyron, cant. Montbazens.

ponenda duxerint coram vobis, diligenter audiatis et vocatis dicto bajulo et aliis qui fuerint evocandi, auditis racionibus parcium, jure nostro et alieno servato, de personis et rebus ad nostram jurisdicionem spectantibus faciatis eisdem bonum jus et maturum. Datum ut precedens.

## 151

2 oct. 1267. — SENESCALLO RUTHENENSI PRO DOMINIS DE BELLOCASTRO, DE AUZIC, DE PENNAT ET DE AURIAC.

Alfonsus, *etc.*, senescallo Ruthenensi, *etc.* Ex parte dominorum castrorum de Bellocastro [1], de Ausiz [2], de Pannac [3], de Auriac [4] et de Calsas [5] nobis extitit conquerendo monstratum, quod bajulus noster de Perucia levat injuste captenium ab aliquibus hominibus dictorum castrorum, eisdem super hoc et aliis novitates faciendo, et sexaginta solidos propter effusionem sanguinis ab hominibus eorundem exigendo, quos dicunt ad se ipsos pertinere. Unde vobis mandamus quatinus, dictis bajulo et hominibus coram vobis vocatis et illis qui fuerint evocandi, auditis rationibus hinc et inde super hiis de quibus jurisdiccio ad nos dicitur pertinere, faciatis eisdem justicie complementum, aliquas novitates indebitas ab aliquo eisdem nullatenus facientes vel fieri permittentes, jus nostrum servantes in omnibus illesum. Datum apud Rampillonem, die dominica post festum beati Remigii.

## 152

2 oct. 1267. — SENESCALLO RUTHENENSI PRO HOMINIBUS BERTRANDI DE BALAGARIO ET PLURIBUS ALIIS [SUPER FOCAGIO].

Alfonsus, *etc.*, senescallo Ruthenensi, *etc.* Mandamus vobis quatinus focagium subditorum Bertrandi de Balaguerio [6] et hominum de Coi-

---

[1] Belcastel, Aveyron, canton de Rignac.

[2] Auzits, Aveyron, cant. Rignac.

[3] Panat, Aveyron, commune de Clairvaux.

[4] Peut-être Auriac, Aveyron, cant. Cassagnes-Bégonhès.

[5] Château inconnu, non mentionné par la liste de 1341, citée plus haut.

[6] Balaguier, Aveyron, cant. Asprières.

rode [1], et subditorum Frotardi de Bellocastro senioris et Frotardi de Bellocastro junioris, hominum castri de Panat et districtus, hominum castri et districtus d'Auzicz, hominum castri et districtus de la Vinzola [2], hominum castri Sancti Juliani [3] et mandamenti ejusdem, hominum de Vaureilhas [4], hominum castri de Moreto [5] et districtus, hominum ville et parochie de Galgainh [6] et aliorum subditorum Guiraldi Hectoris, hominum castri de Mirabello [7] et districtus ejusdem, et eciam hominum d'Escallar [8] et d'Argac [9], in nostram ponatis sufferenciam usque ad mensem post instantem nativitatem Domini, addiscentes interim utrum focagium nobis promiserunt, et utrum unquam solverunt bone memorie Raymundo, quondam comiti Tholose, predecessori nostro, seu eidem aliquam aliam gratiam vel subvencionem in denariis vel talliis seu alio modo fecerunt, et utrum teneantur de jure vel consuetudine, usagio vel alia justa causa, nichilominus tractantes cum predictis hominibus si quid nobis dare voluerint pro focagio seu nomine focagii seu eciam nomine alterius gracie, ex gratia et spontanea voluntate, quid super hiis inveneritis et feceritis nobis rescribentes infra terminum supradictum. Et super hiis cum fidelibus nostris Guillelmo de Plesseio et Salomone, Poncio Astoaudi, milite, et magistro Odone de Montoneria, Raymundo de Podio et Sicardo Alemanni, milite, et aliis cum quibus expedire videritis, colloquium et consilium habeatis, summam pecunie quam vobis obtulerint homines predicti pro certa quantitate focorum seu pro auxilio nobis rescribentes. Datum die dominica post festum sancti Michaelis, anno Domini M° CC° LX° septimo, apud Rampillonem.

Similis littera pro Arnaldo de Cardelliaco pro quinquaginta focis.

[1] Probablement faute de copiste pour Rignodes, Aveyron, comm. Ols-et-Rignodes.

[2] La Vinzelle, comm. Grand-Vabre.

[3] Saint-Julien-d'Empare, Aveyron, cant. Asprières.

[4] Vaureilles, Aveyron, cant. Montbazens.

[5] Mouret, Aveyron, cant. Marcillac.

[6] Galgan, Aveyron, cant. Montbazens.

[7] Mirabel, Aveyron, comm. Rignac.

[8] Peut-être Escallans, comm. Rodelle.

[9] Arjac, Aveyron, comm. Saint-Cyprien.

## 153

15 oct. 1267. — SALOMONI PRO FOCAGIO.

Alfonsus, *etc.* Mittimus vobis formam littere quam misimus senescallo nostro Ruthenensi pro focagio vel subventione nobis facienda, presentibus interclusam, ut melius videatis qualiter procedere debeatis, videlicet curialiter et benigne cum istis hominibus et aliis, mandantes vobis ut in piis et curialibus [1] diligenter et curiosius vos in isto negotio habeatis. Et super hiis et aliis ad senescallum nostrum, in cujus senescallia fueritis, recursum habeatis, ipsius consilium et auxilium requirentes. Datum die sabbati post festum beati Dyonisii, anno Domini M° CC° LX° VII.

## 154

(Fol. 12.) 4 oct. 1267. — SENESCALLO RUTHENENSI PRO ABBATE BELLILOCI [SUPER FOCAGIO].

Alfonsus, *etc.*, senescallo Ruthenensi, *etc.* Cum abbas Belloloci, Cisterciensis ordinis [2], circiter quindecim focos in ballivia de Naiaco [3] asserat se habere, mandamus vobis quatinus Salomoni et Guillelmo, clericis, et aliis collectoribus focagii dicatis ex parte nostra quatinus in nostra sufferencia et respectu ponant focagium hujusmodi usque ad numerum pretaxatum, nec compellant interim solvi focagium ab hominibus dicti abbatis quoad numerum supradictum. Datum apud Rampellonem, die martis ante festum beati Dyonisii, anno Domini M° CC° LX° VII°.

## 155

15 oct. 1267. — SENESCALLO RUTHENENSI PRO COMITE SUPER PEDAGIO DE SORRINO ET MAURIACO.

Alfonsus, *etc.* Ex parte nobilis viri et fidelis nostri comitis Ruthenensis

---

[1] Le texte paraît ici altéré; nous proposons de corriger: *cum benignis et curialibus.*

[2] Belloc, au diocèse de Rodez.

[3] Najac, Aveyron, chef-lieu de baylie et de châtellenie.

nobis extitit intimatum quod vos, sine cause cognitione vel quasi, [partem] quam dicit se habere et hactenus habuisse in pedagiis de Sorrino [1] et de Mauriaco [2], saisivistis inhibendo ne levaret ulterius ipsa pedagia et levatores etiam capiendo, quanquam, ut asserit, causa rationabilis nulla subsit. Quare vobis mandamus quatinus ipsum comitem super premissis, prout justum fuerit, audientes, vocatis qui fuerint evocandi, si legittime vobis constiterit ita esse, saisinam et inhibitionem quam fecisse dicimini sine difficultate aliqua amovere curetis, salva questione proprietatis in dictis pedagiis omnibus quorum interest vel interesse potest contra comitem supradictum, super qua quidem proprietate, vel ad querelam vel ad instantiam aliorum seu ex officio vice nostra, veritatem plenius inquirentes, nobis remittatis in scriptis [quid] inveneritis et feceritis in hac parte. Datum die sabbati post festum beati Dyonisii, anno Domini M° CC° LX° VII°.

## 156

15 oct. 1267. — SENESCALLO RUTHENENSI PRO EODEM SUPER ECCLESIIS DE BERRIACO ET DE SANCTO AMANCIO.

Alfonsus, etc. Ex parte dilecti et fidelis nostri comitis Ruthenensis nobis extitit intimatum quod, cum inter quosdam clericos super ecclesiis de Berriaco [3] et Sancto Amancio [4] questio verteretur, in quibus locis dictus comes plenam jurisdicionem asserit se habere, vos ad instantiam alterius dictorum clericorum nuncium cum baculo nostro tanquam conservatorem possessionis dictarum ecclesiarum posuistis. Quare vobis mandamus quatinus, si ita est, vos dictum servientem, quem sic tanquam deffensorem posuisse dicimini, amovere curetis,

---

[1] Probablement Souyri, Aveyron, com. Salles-la-Source, sur l'ancienne route de Rodez à Aurillac.

[2] Probablement Mauriac, Aveyron, com. Saint-Georges-de-Lévezou, sur la route de Rodez à Millau.

[3] Ne doit-on pas corriger Benaco? On trouve, en effet, dans le département de l'Aveyron, plusieurs lieux du nom de Bennac.

[4] Peut-être Saint-Amans, Aveyron, ch. l. cant.

nisi obsistat consuetudo contraria vel aliud rationabile in hac parte. Datum die sabbati post festum beati Dyonisii, anno Domini m° cc° lx° vii°.

### 157

15 oct. 1267. — ITEM EIDEM PRO PAZAGIO RUTHENENSI.

Alfonsus, *etc.* Ex parte nobilis et fidelis nostri comitis Ruthenensis extitit intimatum, quod vos partem reddere eidem contradicitis quam in pazagio Ruthenensi quolibet anno percipere consuevit. Unde vobis mandamus quatinus portionem debitam, quam idem comes percipere consuevit in eodem pazagio, liberetis eidem, nisi causa rationabilis subsit quare hoc facere minime debeatis, quam causam, si subsistat, nobis in scriptis significare curetis. Datum die sabbati post festum beati Dyonisii, anno Domini m° cc° lx° vii°.

### 158

15 oct. 1267. — SENESCALLO RUTHENENSI PRO COMITE RUTHENENSI SUPER FOCAGIO.

Alfonsus, *etc.* Mandamus vobis quatinus focagium hominum nobilis et fidelis nostri comitis Ruthenensis in nostram ponatis sufferenciam usque ad mensem post instantem nativitatem Domini, addiscentes nichilominus utrum focagium nobis promiserunt, et utrum unquam solverunt bone memorie comiti Raymundo, predecessori nostro, seu eidem aliquam aliam gratiam vel subventionem aliquam in denariis, talliis vel alio modo fecerunt, utrum etiam teneantur de jure, consuetudine vel usagio seu alia justa causa, nichilominus tractantes interim cum predictis hominibus si quid nobis dare voluerint pro focagio seu nomine focagii vel etiam nomine alterius gratie, ex gratia et spontanea voluntate. Quid super hiis inveneritis et feceritis nobis rescribatis infra terminum supradictum, et super hiis cum fidelibus nostris Guillelmo de Plesseio et Salomone, Poncio Astoaudi, milite, magistro Odone de Montoneria, Sycardo Alemanni et Raymundo de Podio, et aliis cum quibus expedire videritis, colloquium et consilium habeatis, summam peccunie quam vobis obtulerint homines predicti pro certa quantitate focorum seu pro auxilio nobis rescribentes. Datum die sabbati post festum beati Dyonisii, anno Domini m° cc° lx° vii°.

Iterum missa fuit littera senescallo pro eodem comite sub eadem forma, respectus usque ad quindenam Omnium sanctorum. Datum apud Hospitale prope Corbolium, die lune post annunciacionem Domini, anno lx° vii° [1268, 26 mars].

## 159

15 oct. 1267. — SENESCALLO RUTHENENSI PRO G. DE BALAGUERIO ET HUGONE, FRATRE EJUS, ET PARCIONARIORUM SUORUM (sic).

Alfonsus, *etc.*, senescallo Ruthenensi, *etc.* Mandamus vobis quatinus focagium hominum Guillelmi de Balaguerio et Hugonis fratris ejus, Arnaldi de Cardeillaco, Arnaldi Barat, Bernardi de Cardengnaco, senioris, et Bernardi de Cardampgnaco, junioris, Johannis de Merthou, Aymerici de Cardempgnaco, Estoldi de Cardempnaco, in nostram ponatis sufferenciam usque ad mensem post instantem nativitatem Domini, addiscentes nichilominus utrum nobis focagium promiserunt, et utrum unquam solverunt bone memorie comiti Remundo, predecessori nostro, seu eidem aliquam graciam vel subvencionem aliquam in denariis, taliis vel alio modo fecerunt, utrum eciam teneantur de jure, consuetudine vel usagio seu alia justa causa, nichilominus tractantes interim cum predictis hominibus si quid nobis dare voluerint pro focagio seu nomine focagii vel eciam nomine alterius gracie, ex gracia et spontanea voluntate. Quid super hiis inveneritis et feceritis nobis rescribatis infra terminum supradictum, et super hiis cum fidelibus nostris Guillelmo de Pleseio et Salomone, Poncio Astoaldi, milite, et magistro Odone de Montoneria, Sycardo Allemanni, milite, et Raymundo de Podio, et aliis cum quibus expedire videritis[1], colloquium et consilium habeatis, summam pecunie quam nobis obtulerint ho-

---

[1] Ms. *veneritis*.

mines predicti pro certa quantitate focorum seu pro auxilio nobis rescribentes. Datum die sabbati post festum beati Dyonisii, anno Domini м° cc° lx° septimo.

Similis littera missa fuit pro Begone de Calvomonte.

Similis littera missa fuit senescallo Rupthenensi pro focagio hominum Guillelmi et Guidonis, domicellorum, et Petri de Stangno, clerici, fratrum.

### 160

15 oct. 1267. — SIMILIS [LITTERA] SENESCALLO RUPTHENENSI PRO COMITE RUPTHENENSI.

Alfonsus, *etc.*, senescallo Rupthenensi, *etc.* Ex parte nobilis et fidelis nostri comitis Rupthenensis nobis extitit intimatum quod vos possessione vel quasi medietatis cujusdam mansi, siti in mandamento et districtu castri vocati Le Ram [1], quod castrum dicit se tenere a nobis in feodum dictus comes, in qua quidem medietate fuit dictus comes in possessione vel quasi pascendi herbas cum animalibus suis et vendendi glandes nemorum et ipsa nemora et jurisdicionem plenarie exercendi per xxx annos et amplius, pacifice et quiete, sine cause cognicione spoliastis, inhibendo eidem ne in predicti mansi medietate utatur aliquo predictorum, quam quidem mansi medietatem quidam miles Gardia nomine, ut dicitur, a nobis nomine nostro receperat in feodum ab anno et dimidio citra. — Item, quod vos possessione quorumdam territoriorum et mansorum, sitorum in districtu et jurisdicione castri de Cadars [2] et ejus pertinenciis, in quibus tam ipse quam antececessores sui exercuit jurisdicionem plenariam per xxx annos et amplius, sicut dicit, sine cause cognicione indebite spoliastis, inhibentes eidem ne ipse [3] predictis territoriis et mansis in aliquo utatur, de quibus quidem mansis et territoriis vobis, nomine nostro, ut dicitur, recognicionem fecerunt ab anno citra filie quondam Bertrandi dicti Gua, nurus Frotardi de Ferrusset, et in feodum receperunt. Quare vobis mandamus quatinus super premissis, vocatis

[1] Le Ram, Aveyron, comm. Vezins. — [2] Cadars, Aveyron. comm. Quins. — [3] Ici le mot *in* que je supprime.

dicto Gardia, milite, et filiabus dicti Bertrandi et aliis quorum interest, ipsum comitem audientes, eisdem exibeatis celeris justicie complementum. Datum die sabbati post festum sancti Dyonisii, anno Domini m° cc° lx° septimo.

## 161

15 oct. 1267. — PRO COMITE RUTHINENSI.

Alfonsus, *etc.*, magistro Guillelmo Ruffi salutem et dilectionem. Cum alias ex parte comitis Ruthinensis nobis fuisset conquerendo monstratum, quod senescallus noster Ruthinensis ipsum possessione mansi del Boisso, siti in districtu et mandamento castri de Agen[1], indebite spoliavit, propter quod vobis mandavimus ut super hoc ipsum audiretis, et de spectantibus ad jurisdicionem nostram bonum jus faceretis, et ex parte dicti comitis Ruthinensis nuperrime datum sit intelligi quod tunc erratum fuit in nomine, cum pro manso del Boisso mansum de la Veisseira[2] debuissent gentes dicti comitis nominasse, vobis mandamus quatinus, non obstante errore hujusmodi, ipsum comitem super hiis, que ratione dicti mansi de la Vaissaira coram vobis proponenda duxerit, diligenter audiatis, et vocatis qui fuerint evocandi, jure nostro et alieno servato, auditis que hinc inde proposita fuerint coram vobis, de personis et rebus ad nostram jurisdicionem spectantibus exhibeatis eidem celeris justicie complementum. Datum die sabbati post festum [beati] Dyonisii, anno Domini m° cc° lx° vii°.

## 162

(Fol. 13.) 16 oct. 1267. — SENESCALLO RUTHENENSI PRO ABBATE ET CONVENTU SANCTE FIDIS CONCHENSIS, SUPER FOCAGIO.

Alfonsus, *etc.*, senescallo Ruthenensi, *etc.* Mandamus vobis quatinus focagium hominum religiosorum virorum abbatis et conventus

---

[1] Agen, Aveyron, cant. Pont-de-Salars. — Moulin-de-Boussou, sur l'Aveyron, à l'ouest d'Agen. (Cassini.)

[2] La Bessière, au nord d'Agen, sur l'Aveyron. (Cassini.) — Voir, ci-dessus, le n° 140.

Sancte Fidis Conchensis [1], in vestra senescallia existencium, in nostram ponatis sufferenciam et respectum quousque aliud a nobis receperitis in mandatis, addiscentes interim utrum predicti homines teneantur solvere focagium vel auxilium seu subvencionem de jure vel consuetudine, usagio seu promisso vel alia justa causa, tractantes nichilominus cum eisdem hominibus de prestanda nobis aliqua competenti peccunie quantitate pro dicto focagio vel pro subvencione vel auxilio, nobis ab ipsis pro succursu Terre Sancte faciendo spontanea voluntate. Et quid super premissis inveneritis et feceritis, nobis, cum commode poteritis, in scriptis significare curetis. Datum dominica ante festum beati Luce euvangeliste, anno Domini M° CC° LX° VII.

## 163

16 oct. 1267. — SENESCALLO RUTHENENSI PRO SYMONE DE CAVILLA, CLERICO.

Alfonsus, *etc.* Ex parte Symonis de Cavilla, clerici, nobis datum est intelligi quod per aliquos laicos, de nostra jurisdicione et vestra senescallia existentes, de quadam ecclesia sua violenter et cum armis extitit spoliatus. Quare vobis mandamus quatinus predictum clericum super hiis diligenter audientes, eidem de dictis laicis exhibeatis celeris justicie complementum, super delatione armorum jus nostrum et alienum observantes illesum. Datum dominica ante festum beati Luce euvangeliste, anno Domini M° CC° LX° VII°.

## 164

23 oct. 1267. — SENESCALLO RUTHENENSI PRO ABBATE AURELIACENSI.

Alfonsus, *etc.*, senescallo Ruthenensi, *etc.* Mandamus vobis quatinus focagium subditorum abbatis Aureliacensis [2] de Foissiaco [3] et de Valle Orllas [4], usque ad octo viginti focos vel circa, in nostro respectu po-

[1] Conques, diocèse de Rodez.
[2] Aurillac, diocèse de Clermont, puis de Saint-Flour.
[3] Foissac, Aveyron, cant. Asprières.
[4] Vailhourlès, Aveyron, cant. Villefranche.

natis quousque aliud a nobis receperitis in mandatis, addiscentes utrum focagium nobis promiserunt, et utrum unquam solverunt bone memorie Raymundo, quondam comiti Tholose, predecessori nostro, seu eidem aliquam aliam gratiam seu subvencionem in denariis vel talliis seu alio modo fecerunt, et utrum facere teneantur de jure vel consuetudine seu usagio aut alia justa causa, tractantes nichilominus cum predictis hominibus si quid nobis dare voluerint et quantum pro focagio seu nomine focagii vel pro subvencione pro succursu Terre Sancte, seu nomine alterius gratie, ex gratia et spontanea voluntate, quid super premissis inveneritis et feceritis nobis, cum commode poteritis, rescribentes. Datum apud Hospitale prope Corbolium, dominica post festum beati Luce euvangeliste, anno Domini m° cc° lx° septimo.

Similis littera missa fuit pro hominibus Hugonis de A[r]paione usque ad ducentos focos vel circa.

Similis littera missa fuit pro hominibus Deodati Baras usque ad triginta focos vel circa.

165

24 oct. 1267. — SENESCALLO PRO HUGONE DE ALPAIONE.

Alfonsus, *etc.*, senescallo Ruthenensi, *etc.* Veniens ad nos Hugo de Alpaione, domicellus, sua petitione nobis conquerendo monstravit quod inter homines suos et homines Roberti de Castromari, armigeri, propter porcos in nemore dicti Hugonis ab hominibus dicti Roberti positos mota fuit, jam diu est, contencio, in qua contencione unus de hominibus dicti Roberti fuit vulneratus, ut dicitur, ad mortem, et omnes qui fuerint ad pugnacionem hujusmodi recesserunt a patria [et] fugerunt. Quo facto, vos omnia bona eorumdem mobilia et immobilia cepistis in manu vestra in prejudicium ipsius H. et gravamen. Unde vobis mandamus quatinus, partibus vocatis coram vobis et illis qui fuerint vocandi, de omnibus hiis et personis que ad jurisdicionem nostram spectant faciatis eisdem justicie complementum, jure nostro servato in omnibus et alieno. Datum die lune ante festum beatorum Symonis et Jude, anno Domini m° cc° lx° septimo. Cum dilectis et fidelibus nostris Poncio

Astoaudi, milite, et magistro Odone de Montoneria consilio habito super premissis.

### 166

24 oct. 1267. — SENESCALLO RUTHENENSI PRO HUGONE DE ARPAIONE SUPER EMPTIONE [FACTA] A JACOBO DE BOSCO.

Alfonsus, *etc.*, senescallo Ruthenensi, *etc.* Veniens ad nos Hugo de Arpaione[1], domicellus, nobis suplicavit ut quedam nobis incursa propter hereticam pravitatem que a Jacobo de Bosco nomine nostro emit, ut dicitur, vellemus sigilli nostri mu[ni]mine facere roborari. Unde vobis mandamus quatinus, vocato dicto Jacobo, addiscatis diligenter que emit a dicto Jacobo dictus Hugo, et pro quanta et quantum valent in redditibus per annum, et quis habuit pecuniam inde receptam. Et quid super hiis inveneritis, nobis, cum commode poteritis, rescribatis. Datum apud Hospitale prope Corbolium, die lune ante festum apostolorum Symonis et Jude.

### 167

25 oct. 1267. — SENESCALLO RUTHENENSI PRO HUGONE DE ALPAIONE.

Alfonsus, *etc.*, senescallo Ruthenensi, *etc.* Veniens ad nos Hugo de Alpaione nobis conquerendo monstravit quod vos ipsum pazagio cujusdam domus, quam pater ipsius comparaverat et quod pazagium idem pater et predecessor suus multis annis habuerant et receperant, quod pazagium vallet circa decem solidos annui redditus, ut dicitur, indebite spoliastis. Unde vobis mandamus quatinus ipsum super hiis que racione premissorum coram vobis proposuerit diligenter audiatis, et de personis et rebus ad nostram jurisdicionem spectantibus et in vestra senescalcia existentibus faciatis eidem bonum jus et maturum, jus nostrum et alienum super hiis servantes illesum. Datum apud Hospitale prope Corbolium, die martis ante festum apostolorum Symonis et Jude, anno Domini m° cc° lx° septimo.

[1] Ms. *Arpinione.*

## 168

(Fol. 14.) 26 oct. 1267. — SENESCALLO RUTHENENSI PRO HOMINIBUS DE LIGONS [GAILLIACI, BUZEINS, GAIGNACI ET SEVERACI ECCLESIE, SUPER FOCAGIO].

Alfonsus, *etc.*, senescallo Ruthenensi, *etc.* Mandamus vobis quatinus focagium hominum ville de Ligons[1] usque ad septem focos vel circa, item hominum ville de Gaillac[2] usque ad triginta quinque focos vel circa, item hominum ville de Buzaines[3] usque ad quadraginta duos focos vel circa, item hominum ville de Gaignac[4] usque ad decem et octo focos vel circa, item hominum ville de Severaco Ecclesie[5] usque ad quinquaginta focos vel circa, in nostram ponatis sufferentiam et respectum usque ad mensem nativitatis Domini instantis, addiscentes interim utrum nobis focagium promiserunt, et unquam bone memorie Raymundo, quondam comiti Tholose, predecessori nostro, focagium solverunt, vel eidem subvencionem in talliis vel denariis vel alio modo fecerunt, vel nobis facere teneantur de jure vel consuetudine seu usagio aut alia justa causa, tractantes nichilominus cum eisdem hominibus utrum nobis nomine focagii vel subvencionis pro succursu Terre Sancte aliquid et quantum dare vellent. Et quid super premissis inveneritis et feceritis, et oblacionem quam vobis pro certa quantitate focorum fecerint, nobis, cum commode poteritis, rescribatis. Datum die mercurii ante festum apostolorum Symonis et Jude, anno Domini M° CC° LX° septimo.

## 169

31 oct. 1267. — SENESCALLO RUTHENENSI PRO GALHARDO ROLANDI, CLERICO.

Alfonsus, *etc.*, senescallo Ruthenensi, *etc.* Veniens ad nos Gailhardus Rolandi, clericus, lator presencium, nobis conquerendo monstravit quod Guillelmus de Balaguerio et Aymericus, fratres, cum pluribus

---

[1] Lugans, Aveyron, comm. Gaillac.
[2] Gaillac, Aveyron, cant. Laissac.
[3] Buzeins, Aveyron, cant. Séverac-le-Château.
[4] Gagnac, Aveyron, commune de Gaillac.
[5] Séverac-l'Église, Aveyron, canton Laissac.

hominibus armatis fregerunt hostium ecclesie d'Elvas[1], in cujus possessione erat dictus clericus, et eam intraverunt violenter, quam quidem ecclesiam tenet modo, ut dicitur, bajulus noster de Najaco, in ipsius clerici prejudicium et gravamen. Quare vobis mandamus quatinus dicto clerico de dictis fratribus, si sint laici, et aliis laicis qui cum ipsis fuisse dicuntur armati, faciatis quod fuerit faciendum quantum ad nostram spectat jurisdicionem, et super hiis et personis de quibus jurisdicio ad nos spectat, super delacione armorum jus nostrum plenius observantes. Et bajulum predictum qui sic dictam ecclesiam tenere dicitur, cum se de ecclesiis sasiendis intromittere non debeat, ut condecet, puniatis. Datum die lune ante festum Omnium sanctorum, anno Domini m° cc° lx° septimo.

## 170

2 nov. 1267. — SENESCALLO RUTHENENSI PRO HOMINIBUS VILLELONGE SUPER FOCAGIO.

Alfonsus, *etc.*, senescallo Ruthenensi, *etc.* Mandamus vobis quatinus focagium hominum Villelonge[2], sub dominio Bernardi Berengarii existentium, ut dicitur, usque ad instantem Candelosam in respectu nostro ponatis, addiscentes interim diligenter utrum focagium nobis promiserunt, et utrum unquam solverunt bone memorie Raymundo, quondam comiti Tholose, precedessori nostro, et si unquam fecerunt ei subvencionem in denariis vel talliis aut alio modo, et si facere teneantur de jure vel consuetudine aut usagio aut alia justa causa, tractantes interim cum eisdem si quid et quantum pro focagio vel subsidio pro succursu Terre Sancte nobis voluntarie dare vellent. Quid super premissis inveneritis et feceritis, nobis, cum commode poteritis, rescribatis. Datum apud Fontem Bliaudi, die mercurii in crastino Omnium sanctorum, anno Domini m° cc° lx° vii.

Similis littera pro hominibus de Priudougnas[3] et Castrinovi[4].

[1] Elbès, Aveyron, comm. Martiel; était encore, en 1341, dans la baylie de Najac.
[2] Villelongue, Aveyron, comm. Cabanès.
[3] Peut-être Pruines, cant. Marcillac.
[4] Castelnau-de-Pégayrolles, cant. Saint-Beauzély.

# ROUERGUE [1267].

## 171

3 nov. 1267. — SENESCALLO RUPTINENSI PRO BERENGARIO HENRICI SUPER HERBAGIO DE VILLEGNAC ET DE VILLA DE PAUILLE.

Alfonsus, *etc.*, senescallo Ruptinensi, *etc*. Mandamus vobis quatinus Berengarium Henrici, militem, super his que proponenda duxerit coram vobis super herbagio de Villegnac[1] et de villa de Pauille[2], de quo est desesitus per bajulum Amiliavi, ut dicitur, diligenter audiatis, vocato dicto bajulo pro jure nostro servando, et vocatis qui fuerint evocandi, et auditis rationibus partium, faciatis eidem bonum jus et maturum super personis et rebus de quibus jurisdicio ad nos spectat. Datum die jovis post festum Sanctorum omnium, anno Domini M° CC° LX<sup>mo</sup> septimo.

## 172

3 nov. 1267. — SENESCALLO RUPTINENSI PRO HOMINIBUS DE CONPETRA SUPER FOCAGIO.

Alfonsus, *etc.*, senescallo Ruptinensi, *etc*. Mandamus vobis quatinus focagium hominum de Conpetra[3], hominum Berengarii Henrici, militis, usque ad instantem quindenam Candelose in respectu nostro ponatis, addiscentes interim diligenter utrum focagium nobis promiserunt dicti homines, vel alius seu alii pro ipsis, et si unquam solverunt illud bone memorie Raymundo, comiti Tholose, predecessori nostro, vel aliquod auxilium ei fecerunt in denariis, talliis aut alio modo, et si facere teneantur de jure vel consuetudine seu usagio aut alia justa causa, tractantes interim cum eisdem hominibus si aliquid et quantum pro focagio vel pro subventione seu auxilio pro succursu Terre Sancte nobis voluntarie dare vellent, quid autem super premissis feceritis et inveneritis, et quid nobis obtulerint pro certa quantitate focorum seu pro auxilio vel gratia, nobis, cum commode poteritis, rescribentes. Et super his cum fidelibus nostris Guillelmo de Plesseio et Salomone, domino Poncio Austoaudi, milite, et magistro Odone de Montoneria,

[1] Je ne retrouve pas ce nom aux environs de Paulhe.
[2] Paulhe, Aveyron, cant. Millau.
[3] Compeyre, cant. Millau.

Remondo de Podio et Sycardo Alemanni, milite, et aliis quibus expedire videritis consilium habeatis. Datum die jovis post festum Omnium sanctorum, anno Domini M° CC° LX° septimo.

## 173

3 nov. 1267. — SENESCALLO RUPTINENSI PRO DOMINO GUIDONE DE SEVRACO ET PETRO DE SEGNORET, MILITIBUS.

Alfonsus, *etc.*, senescallo Ruptinensi, *etc.* Mandamus vobis quatinus focagium hominum nobilis et fidelis nostri Guidonis de Sevraco et Petri de Segnoret, militum, usque ad instantem quindenam Candelose in respectu nostro ponatis, addiscentes interim diligenter utrum focagium nobis promiserunt dicti homines, vel alius seu alii pro ipsis, et si unquam solverunt illud bone memorie Raymundo, quondam comiti Tholose, predecessori nostro, vel aliquod auxilium ei fecerunt in denariis, talliis aut alio modo, et si facere teneantur de jure vel consuetudine seu usagio aut alia justa causa, tractantes interim cum eisdem hominibus si aliquid et quantum pro focagio vel pro subvencione seu auxilio pro succursu Terre Sancte nobis voluntarie dare vellent, quid autem super premissis feceritis et inveneritis, et quid nobis obtulerint pro certa quantitate focorum seu pro auxilio vel gratia, nobis, cum commode poteritis, rescribentes. Et super his cum fidelibus nostris Guillelmo de Plesseio et Salomone, domino Poncio Austoaudi, milite, et magistro Odone de Montoneria, Raymundo de Podio et Sycardo Allemanni, milite, et aliis quibus expedire videritis, consilium habeatis. Datum die jovis post festum Omnium sanctorum, anno Domini M° CC° LX° septimo.

## 174

6 nov. 1267. — SENESCALLO RUTHENENSI PRO ROBERTO DE CASTROMARINO [CONTRA COMITEM RUTHENENSEM].

Alfonsus, *etc.*, senescallo Ruthenensi, *etc.* Cum ex sufficientibus et legitimis causis ex parte Roberti de Castromarino ad vos a comite

Ruthenensi appellatum dicatur, et pendente appellatione hujusmodi coram vobis et post inhibicionem vestram, idem comes vel sui de mandato suo vel ejus nomine, ipso ratum habente, in prejudicium jurisdicionis nostre et gravamen dicti Roberti nonnulla innovaverint, sicut asserit Robertus predictus, terram ipsius cum armis invadendo et alia contra justiciam faciendo, vobis mandamus quatinus de appellationis hujusmodi meritis, vocatis qui fuerint evocandi, prout justum fuerit, cognoscentes, quicquid contra jus attemptatum inveneritis ad statum debitum reducatis, super delacione armorum et aliis, si que sint que nos tangant, secundum jus et consuetudinem patrie et statutum pacis, dictum comitem requirentes ut emendam faciat et fieri faciat competentem. Nobis tam responsum suum quam [1] quicquid super hoc factum fuerit, fideliter et celeriter rescribatis. Advocacionem autem castri de Verduno [2], cujus recognicionem idem Robertus ad nos asserit pertinere, recipiatis, si de jure fieri debeat et aliud rationabile non obsistat. Datum apud Moissi, dominica post festum Omnium sanctorum, anno Domini M° CC° LX° septimo.

## 175

(Fol. 15.) 6 nov. 1267. — PRO HOMINIBUS D'AIGILENCA PRO FOCAGIO.

Alfonsus, etc., senescallo Ruthenensi, etc. Ex parte hominum d'Aigilenca [3] nobis extitit supplicatum ut sibi de viginti septem libris quatuor solidis turonensium, quas nobis debent pro focagio, ut dicunt, seu pro auxilio quod nobis faciunt in subsidium Terre Sancte, sibi gratiam aliquam faceremus. Quare vobis mandamus quatinus de dictis viginti septem libris quatuor solidis ad instans festum Purificacionis beate Virginis levetis viginti libras turonensium pro auxilio antedicto, dictas vero septem libras III solidos residuas in nostram ponatis sufferenciam usque ad voluntatem nostram. Si autem dictum focagium seu auxilium, quantum ad numerum focorum, dictam summam viginti septem

---

[1] Le manuscrit porte *tam*.
[2] Verdun, Aveyron, comm. Quins.
[3] Aygaleneq, Aveyron, comm. Montpeyroux.

librarum IIII solidorum turonensium excesserit, illud quod excedet levetis et exigatis ad terminum antedictum. Datum die dominica post festum Omnium sanctorum, anno Domini M° CC° LX° VII°.

### 176

10 nov. 1267. — PRO HOMINIBUS HOSPITALIS DE ALTOBRACO SUPER FOCAGIO.

Alfonsus, [etc.], senescallo Ruthenensi, etc. Mandamus vobis quatinus focagium hominum hospitalis de Altobraco [1], usque ad sexinginta (sic) focos vel circa, ponatis in nostram sufferenciam et respectum usque ad voluntatem nostram, addiscentes interim utrum nobis promiserunt focagium dicti homines, et utrum unquam bone memorie Raymundo, quondam comiti Tholose, predecessori nostro, focagium solverunt, vel eidem subvencionem in talliis vel denariis vel alio quoquo modo fecerunt, seu nobis facere teneantur de jure vel consuetudine seu usagio aut alia justa causa, tractantes nichilominus cum eisdem hominibus utrum nobis, nomine focagii vel subvencionis pro succursu Terre Sancte aliquid et quantum dare vellent. Et quid super premissis inveneritis et feceritis et oblacionem quam vobis fecerint pro certa quantitate focorum, nobis, cum commode poteritis, rescribatis. Datum die jovis ante festum beati Martini hyemalis, anno Domini M° CC° LX° VII°.

Similis littera missa fuit pro abbate Salvaniensi [2] usque ad quater viginti focos, et pro abbatissa Annonensi [3] usque ad quadraginta focos.

Similis littera missa fuit pro hominibus abbatis Vabrensis [4] dicta die usque ad ducentos viginti focos.

[1] Aubrac, Aveyron, comm. Saint-Chély-d'Aubrac. Hôpital de l'ordre de Saint-Augustin, fondé au XII° siècle.

[2] Sylvanès, Aveyron, cant. Camarès; abbaye, ordre de Cîteaux, dioc. de Rodez.

[3] Nonenque, abbaye bén., dioc. de Rodez, puis de Vabres.

[4] Vabres, Aveyron, cant. Saint-Affrique, abbaye de l'ordre de Saint-Benoît, érigée en évêché en 1317.

## 177

10 nov. 1267. — SENESCALLO PRO HOMINIBUS DE SANCTO AFFRICANO SUPER FOCAGIO.

Alfonsus, *etc.*, senescallo Ruthenensi, *etc.* Mandamus [vobis] quatinus focagium hominum de Sancto Affricano [1], usque ad trescentos III$^{xx}$ et unum focos, ponatis in nostram sufferenciam et respectum usque ad instantem mensem post nativitatem Domini, addiscentes interim utrum nobis promiserunt focagium dicti homines, et utrum unquam bone memorie Raymundo, quondam comiti Tholose, predecessori nostro, focagium solverunt, vel eidem subvencionem in talliis vel denariis vel alio quoquo modo fecerunt, seu nobis facere teneantur de jure vel consuetudine seu usagio aut alia justa causa, tractantes nichilominus cum eisdem hominibus quantum nobis nomine focagii vel subvencionis pro succursu Terre Sancte dare vellent, scituri quod Raymundus Do, procurator ipsorum, nobis ducentas libras obtulit pro focagio antedicto. Et quid super premissis inveneritis et feceritis et oblacionem quam vobis fecerint pro certa quantitate focorum, nobis, cum commode poteritis, rescribatis. Datum die jovis ante festum beati Martini hyemalis, anno Domini M° ducentesimo LX$^{mo}$ septimo.

## 178

10 nov. 1267. — SENESCALLO PRO HOMINIBUS DE VENDELOVIS SUPER FOCAGIO.

Alfonsus, *etc.* Mandamus vobis quatinus focagium hominum de Vendelovis [2], hominum Arnaldi de Caslucio, domicelli, usque ad viginti et octo focos in nostram ponatis sufferenciam et respectum usque ad mensem post instans festum natalis Domini, addiscentes interim utrum nobis promiserunt focagium dicti homines, et utrum unquam bone memorie Raymundo, quondam comiti Tholose, predecessori nostro, focagium solverunt, vel eidem subvencionem in

---

[1] Saint-Affrique, Aveyron. — [2] Vendelove, Aveyron, comm. Saint-Affrique.

talliis vel denariis vel alio quoquo modo fecerunt, seu nobis facere teneantur de jure vel consuetudine seu usagio aut alia justa causa, tractantes interim cum eisdem hominibus utrum nobis nomine focagii vel subvencionis pro succursu Terre Sancte aliquid et quantum dare vellent. Et quid super premissis inveneritis et feceritis et oblacionem quam vobis fecerint pro certa quantitate focorum, nobis, cum commode poteritis, rescribatis. Datum die jovis ante festum beati Martini hyemalis, anno Domini M° CC° LX° VII°.

Similis littera pro hominibus castri Pontis de Caramesio [1] super focagio usque ad... [2].

Similis littera pro hominibus Bermondi de Romegueria et pro hominibus ejusdem castri [3] super focagio usque ad... [4].

## 179

10 nov. 1267. — SENESCALLO PRO ABBATE VABRENSI.

Alfonsus, *etc.*, senescallo Ruthenensi, *etc.* Veniens ad nos vir religiosus abbas Vabrensis sua peticione nobis conquerendo monstravit quod P., R. et B., domicelli, terram monasterii ejusdem in mansso de Blaunac [5] cum armis intraverunt, homines ejusdem abbatis percuciendo, necnon et duos equos interfecerunt ac duos monachos vulneraverunt, in dampnum et prejudicium ipsius abbatis et monasterii non modicum et gravamen. Unde vobis mandamus quatinus dictum abbatem diligenter super hiis audiatis, et abbate ac domicellis et illis qui fuerint evocandi coram vobis vocatis, de rebus et personis que ad nostram jurisdictionem spectant et de vestra senescallia existunt, faciatis eidem bonum jus et maturum, et super predicto inquiratis si de jure vel consuetudine fuerit inquisicio facienda. Super vero deportacione armorum emendam nostram judicari faciatis et levari. Datum die jovis

---

[1] Camarès, Aveyron, ch.-l. cant.//
[2] La suite manque.//
[3] Peut-être la Romiguière, Aveyron, comm. le Truel.//
[4] La suite manque.//
[5] Blaunac (marqué sur la carte de Cassini), au sud-ouest de Saint-Rome-de-Tarn, Aveyron.

in vigilia beati Martini hyemalis, anno Domini M° ducentesimo LX<sup>simo</sup> septimo.

## 180

10 nov. 1267. — SENESCALLO RUTHENENSI PRO DICTO ABBATE.

Alfonsus, *etc.*, senescallo Ruthenensi, *etc.* Ex parte religiosi viri B.<sup>(1)</sup>, abbatis Vabrensis, nomine monasterii ejusdem nobis extitit conquerendo monstratum quod, cum ipse esset in possessione justicie de villa Vabri, villa Byarcii<sup>(2)</sup>, villa Bedocii<sup>(3)</sup> et districtus earumdem, et eandem justiciam tenuerit pacifice et quiete, vos eundem super justicia locorum predictorum, ut dicit, contra justiciam perturbatis. Unde vobis mandamus quatinus dictum abbatem super premissis diligenter audiatis, et super hiis eidem faciatis bonum jus et maturum, jure nostro in omnibus observato. Datum die jovis in vigilia beati Martini hyemalis, anno Domini M° ducentesimo LX<sup>mo</sup> septimo.

## 181

19 nov. 1267. — SENESCALLO RUPTENENSI PRO HOMINIBUS GUILLELMI DE CAUMONT DE VILLA DE CASSENGUES.

Alfonsus, *etc.*, senescallo Ruthenensi, *etc.* Mandamus vobis quatinus focagium hominum Guillelmi de Caumont, militis, de villa de Cassengues<sup>(4)</sup> ponatis in sufferenciam nostram et respectum usque [ad] proximam Candelosam, addiscentes interim utrum nobis focagium promiserunt dicti homines, et utrum unquam bone memorie Raymundo, quondam comiti Tholose, predecessori nostro, solverunt focagium, vel eidem subvencionem in talliis vel denariis vel alio quoquo modo fecerunt, seu nobis facere teneantur de jure vel consuetu-

---

<sup>(1)</sup> Bègue-Jourdain, abbé de 1235 à 1271 ou environ. (*Hist. de Languedoc*, nouv. édit., IV, 568.)

<sup>(2)</sup> Bias, sur la Sorgue, au sud de Vabres. (Cassini.)

<sup>(3)</sup> Bedos, au nord de Vabres. (Cassini.)

<sup>(4)</sup> Ce doit être Cassagnes-Bégonhès, Aveyron.

dine, usagium (*sic*) aut alia justa causa, tractantes interim cum eisdem hominibus utrum nobis, nomine focagii seu gratie vel subvencionis pro succursu Terre Sancte aliquid et quantum dare vellent. Et quid super premissis inveneritis et feceritis et oblacionem quam vobis fecerint pro certa quantitate focorum, nobis, cum commode poteritis, rescribatis, scientes quod procurator dictorum hominum nobis promisit pro centum quindecim focis dicte ville dare sexaginta libras turonensium in pecunia numerata. Datum apud Longumpontem, sabbato post octabas beati Martini hyemalis, anno Domini м° cc° lx° septimo.

## 182

19 nov. 1267. — PRO HOMINIBUS CASTRORUM DE PETRALEVI ET BEATE MARIE DE LAUCEUZ.

Alfonsus, *etc.*, senescallo Ruthenensi, *etc.* Mandamus vobis quatinus focagium hominum de Petralevi[1] et Beate Marie de Lauceuz[2] ponatis in suferenciam nostram et respectum usque ad proximam Candelosam, adiscentes interim utrum dicti homines nobis focagium promiserunt, et utrum unquam bone memorie Raymundo, quondam comiti Tholosano, predecessori nostro, solverunt focagium vel eidem subvencionem in taliis seu denariis vel alio quoquo modo fecerunt, seu nobis facere teneantur de jure vel consuetudine, usagio aut alia justa causa, tractantes interim cum dictis hominibus utrum nobis, nomine focagii seu gracie vel subvencionis pro succursu Terre Sancte aliquid et quantum dare vellent. Et quid super premissis inveneritis et feceritis, et oblacionem quam nobis fecerint pro certa quantitate focorum, nobis, cum commode poteritis, rescribatis[3]. Datum apud Longumpontem, die sabbati post octabas sancti Martini hyemalis, anno Domini м° cc° lx° septimo.

[1] Peyreleau, Aveyron.
[2] Liaucous, Aveyron, comm. Mostuéjouls.
[3] Ici la clause suivante cancellée: *Scientes quod procurator dictorum hominum nobis promisit pro quater viginti et sex focis dictarum villarum seu dictorum castrorum dare tringinta libras turonensium in pecunia numerata.*

## 183

19 nov. 1267. — SENESCALLO RUTHENENSI PRO HOMINIBUS GUILLELMI BENARDI DE LARGUES, MILITIS.

Alfonsus, *etc.*, senescallo Ruthenensi, *etc.* Mandamus vobis quatinus focagium hominum Guillelmi Benardi de Largues, militis, usque ad quater viginti et septemdecim focos ponatis in sufferenciam nostram et respectum usque ad proximam Candelosam, adiscentes interim utrum dicti homines nobis focagium promiserunt, et utrum unquam bone memorie Raymundo, quondam comiti Tholosano, predecessori nostro, solverunt focagium vel eidem subvencionem aliquam in taliis, denariis vel alio quoquo modo fecerunt, seu nobis facere teneantur de jure seu consuetudine, usagio aut alia justa causa, tractantes interim cum eisdem hominibus utrum nobis, nomine focagii seu gratie vel subvencionis pro succursu Terre Sancte aliquid et quantum dare vellent. Et quid super premissis inveneritis et feceritis, et oblacionem quam nobis fecerint pro certa quantitate focorum, nobis, cum commode poteritis, rescribatis. Datum apud Longum[pontem], die sabbati post octabas sancti Martini hyemalis, anno Domini M° CC° LX° VII°.

Similis littera missa fuit senescallo Ruthenensi pro hominibus Rostangni de Buisseiol usque ad Penthecosten pro L focis vel circa. Datum dominica post Brandones, anno LX° VII° [4 mart. 1268].

Similis littera missa fuit senescallo Ruthenensi pro hominibus ville Clarevallis [1] pro IIII$^{xx}$ focis usque ad voluntatem domini comitis.

Similis littera missa fuit senescallo Ruthenensi pro hominibus de la Gliole [2] pro C et tribus focis.

Similis littera missa fuit eidem senescallo pro hominibus de Curreriis [3] pro quinquaginta focis.

Similis littera missa fuit eidem senescallo pro hominibus de Vitraco [4] pro XXX$^a$ quatuor focis.

---

[1] Clairvaux, Aveyron, cant. Marcillac.
[2] Laguiole, Aveyron.
[3] Curières, cant. Laguiole.
[4] Vitrac, cant. Sainte-Geneviève.

Similis littera missa fuit eidem senescallo pro hominibus de Cassenge [1] pro xxxv focis.

Similis littera missa fuit eidem senescallo pro hominibus de Bournazel [2] pro xlvii focis.

Similis littera missa fuit eidem senescallo pro Deodato de Cangnelac [3] pro lx focis. Datum die jovis post festum beati Clementis, anno Domini m° cc° lx° septimo [24 nov. 1267].

### 184

22 nov. 1267. — pro priore sancti leoncii [pro focagio].

Alfonsus, *etc.*, senescallo Rupthenensi, *etc.* Mandamus vobis quatinus focagium hominum prioris Sancti Leoncii [4], Sancti Laurencii [5] et de Mauriaco [6], spectancium, ut dicitur, ad abbatiam Sancti Victoris Massiliensis, usque ad quater viginti decem novem focos, ponatis in sufferenciam nostram et respectum usque ad voluntatem nostram, addiscentes interim utrum dicti homines nobis focagium promiserunt et utrum unquam bone memorie Raymundo, quondam comiti Tholosano, predecessori nostro, solverunt focagium, vel eidem subvencionem aliquam in taliis vel denariis vel alio quoquo modo fecerunt, seu nobis facere teneantur de jure seu de consuetudine, usagio aut alia justa causa, tractantes interim cum eisdem hominibus utrum nobis, nomine focagii seu gracie vel subvencionis pro sucursu Terre Sancte aliquid et quantum dare vellent. Et quid super premissis inveneritis et feceritis, et oblacionem quam vobis fecerint pro certa quantitate focorum, nobis, cum comode poteritis, rescribatis. Datum apud Longumpontem, die martis in vigilia beati Clementis, anno Domini m° cc° lx° vii°.

---

[1] Peut-être Cassagnes-Bégonhès.
[2] Aveyron, cant. Rignac.
[3] Ou *Caignelac*.
[4] Saint-Léons, Aveyron, cant. Vezins.
[5] Saint-Laurent-de-Lévezou, Aveyron, cant. Vezins.
[6] Mauriac, Aveyron, comm. Saint-Laurent-de-Lévezou.

## 185

23 nov. 1267. — SENESCALLO RUPTINENSI PRO PRIORE SANCTI LEUNTII
[SUPER FURCIS APUD MAURIACUM ERECTIS].

Alfonsus, *etc.*, senescallo Ruthinensi, *etc.* Cum super furcis apud Mauriacum, in tenemento Sancti Leuncii, ut dicitur, erectis, per vos inquesta facta fuerit, et nos dictam inquestam a consilio nostro diligenter inspici fecerimus, vobis singnificamus quod per rubricam dicte inqueste non invenitur quod in dicta inquesta pro nobis vel ex parte nostra testes aliqui producti fuerint, sed solummodo ex parte prioris superius memorati. Unde vobis mandamus quatinus dictam inquestam, quam vobis deffert dictus prior, sub sigillo dilecti et fidelis clerici nostri thesaurarii Pictavensis clausam, perfecte facientes, testes ex parte nostra, pro jure nostro super dictis furcis inquirendo, producatis et recipiatis seu produci et recipi faciatis, de jure nostro diligenter inquirentes ab eisdem seu inquiri facientes et eamdem inquestam, cum perfecta fuerit, nobis quancicius commode poteritis remittentes, sub sigillo vestro clausam. Datum apud Longumpontem, die mercurii in festo sancti Clementis, anno Domini M° CC° LX° septimo.

## 186

22 nov. 1267. — SENESCALLO RUPTINENSI PRO COMITE RUPTINENSI
[SUPER HERBAGIIS DE LACALM, MINERIO DE ORZALS ET PAZAGIO].

Alfonsus, *etc.*, senescallo Ruptinensi, *etc.* Veniens ad nos Bernardus Berengarii, clericus, procurator fidelis nostri comitis Ruthinensis, nobis pro ipso comite et nomine ipsius conquerendo exposuit quod vos ipsum comitem quibusdam herbagiis et pascuis in mandamento castri de Calm[1] indebite spoliastis; item quod vos medietatem trium solidorum qui levantur de qualibet marcha argenti minerii d'Orzals, ad ipsum comitem spectantem racione dominii, ut dicit, retinetis; item

---

[1] Lacalm, Aveyron, cant. Sainte-Geneviève.

quod vos medietatem pazagii Ruthinensis, quam consuevit percipere idem comes in eodem pazagio, retinetis. Unde vobis singnificamus quod nos predicta dilecto et fideli nostro clerico, magistro Guillelmo Rufi, commisimus audienda et etiam terminanda. Quare vobis mandamus quatinus raciones, si quas pro nobis super premissis habueritis, coram dicto magistro proponere studeatis, jus nostrum in his et aliis viriliter defendentes. Datum die martis ante festum beati Clementis, anno Domini M° CC° LX° septimo.

### 187

25 nov. 1267. — [SENESCALLO, SUPER PACE INITA INTER HENRICUM, FILIUM COMITIS RUTHENENSIS, ET GENTES COMITIS ALFONSI.]

Alfonsus, etc., senescallo Ruthenensi, etc. Cum inter gentes nostras ex una parte et Henricum, filium comitis Ruthenensis, ex altera, super mutuis interprisiis et querelis tractatus habitus fuerit, ex quo speratur pax et concordia provenire, vobis mandamus quatinus personas et res, si quas de suis captas detinetis, usque ad mediam quadragesimam sub ydonea caucione recredatis, facta pariter recredencia de personis et rebus terre nostre, si que forsan a dicto Henrico vel suis gentibus detinentur. Datum apud Longumpontem, die veneris post festum beati Clementis, anno Domini M° CC° LX°° septimo.

[La fin du cahier des actes de l'an 1267-1268 pour le Rouergue paraît perdue.]

# LITTERE ARVERNIE,

QUE INCIPIUNT IN PASCHA, ANNO DOMINI M° CC° LX° VII°.

## 188

(Fol. 31.) 18 apr. 1267. — LITTERA PATENS PRO GRANICARIO TURONENSI SUPER ORDINATIONE FACTA INTER DOMINUM COMITEM ET EPISCOPUM CLAROMONTENSEM.

Universis presentes litteras inspecturis Alfonsus, filius regis Francie, comes Pictavie et Tholose, salutem in Domino. Noverit universitas vestra quod nos mittimus dilectum et fidelem [1] clericum nostrum, magistrum [2] Guillelmum de Ruppe, doctorem Parisius in decretis, ad procedendum super querelis et controversiis que vertuntur inter nos, ex una parte, et venerabilem in Christo patrem G. [3], Dei gratia episcopum Claromontensem, ex altera, secundum ordinacionem factam Parisius super predictis controversiis et querelis, super quibus ita extitit ordinatum; videlicet quod dictus episcopus debebat eligere unam personam ydoneam et nos similiter aliam, et karissimus dominus et frater noster rex Francie, ad instanciam dicti episcopi et nostram, debet mittere terciam personam, neutri parti suspectam, que a dicto domino rege posita, una cum personis a dicto episcopo et nobis positis, possit querelas et controversias predictas pace vel judicio terminare, illas dumtaxat querelas et controversias que ad restitucionem seu recredenciam bonorum mobilium vel pignorum hinc inde detentorum spectare noscuntur. Illud tamen additum fuit et ordinatum quod super violencia, quam idem episcopus sibi asserit fuisse injuste illatam vel suis

---

[1] Ici les mots suivants cancellés : *venerabilem virum*.

[2] Mots cancellés : *Egidium de Bonavalle*, *granicarium ecclesie Beati Martini Turonensis*.

[3] Guy de la Tour (1250-1286).

gentibus per gentes nostras in domo de Belloregardo juxta Vendoin[1], dicte tres persone possint cognoscere, et secundum quod de violencia seu spoliacione hujusmodi constiterit, diffinire et restitucionem facere, si apparuerit quod dictus episcopus vel sui per gentes nostras fuerit spoliatus, salva tamen et in suo robore duratura sentencia lata per venerabilem in Christo patrem dominum S., Dei gratia tituli Sancte Cecilie presbiterum cardinalem, apostolice sedis legatum[2], super negotio domus de Belloregardo predicte. — Actum eciam fuit inter nos et dictum episcopum quod recredencie fiant et facte durent tam ex parte dicti episcopi quam nostra, donec dicte controversie et querele per dictas personas fuerint terminate. — Item actum fuit quod potestas data a nobis et dicto episcopo personis predictis duret usque ad quindenam instantis festi assumpcionis beate Marie virginis, et interim dictus episcopus debet relaxare et facere relaxari omnes sentencias latas tam ab ipso quam officialibus seu judicibus suis in ballivos et gentes nostras. — Ordinacionem autem hujusmodi, quantum ad nos pertinet, volumus et approbamus, salvis rationibus et deffensionibus et juribus personarum quas inquisicio seu ordinacio hujusmodi tangit et tangere potest, vel ad ipsas personas poterit pertinere, et quantum ad nos pertinet, dicto magistro[3] Guillelmo super premissis concedimus potestatem. In cujus rei testimonium, presentibus litteris sigillum nostrum duximus apponendum. Datum in crastino Resurrectionis dominice[4], anno Domini M° CC° LX° VII°.

## 189

13 apr. 1267. — PRO HOSPITALI JEROSOLIMITANO DE TORTEBAISSE
[SUPER USU IN NEMORIBUS DE RUPE].

Alfonsus, etc., dilecto et fideli suo connestabulo Alvernie, etc. Cum ex parte preceptoris sancte domus Hospitalis Jerosolimitani de Torte-

---

[1] Beauregard-Vendon, Puy-de-Dôme, cant. Combronde.

[2] Simon de Brie ou de Brion, plus tard pape sous le nom de Martin IV.

[3] *Granicario* effacé.

[4] Le manuscrit portait d'abord : *die jovis ante ramos palmarum* (7 avril 1267); on a corrigé.

beise⁽¹⁾ nobis fuerit conquerendo monstratum quod, cum usus fuerit in granchia sua de loco qui dicitur Tralege⁽²⁾ explectandi de nemoribus de Ruppe ad ignem et edificia construenda, bajulus dicti loci eidem dictum usagium inpedit et perturbat, ut dicitur, minus juste. Unde vobis mandamus quatinus ipsum preceptorem super his et aliis que proponenda duxerit coram vobis diligenter audiatis, et sibi super his rebus et personis de quibus jurisdicio ad nos spectat, faciatis eidem bonum jus et maturum. Datum die mercurii post Ramos palmarum, anno Domini M° CC° LX° sexto.

## 190

5 mai. 1267. — INQUISITORIBUS IN ALVERNIA PRO PETRO RIPARIO.

Alfonsus, *etc.*, viris religiosis et dilectis suis fratribus Odoni de Par. et...⁽³⁾, ordinis fratrum Minorum, et dilecto et fideli clerico suo magistro Alano de Meulento, inquisitoribus in Alvernia, salutem et dilectionem sinceram. Veniens ad nos Petrus Ripparius, lator presentium, nobis conquerendo exposuit quod Gaufridus de Meleduno, quondam castellanus Riomi, quandam terram a dicto Petro comparavit, de cujus precio sibi, ut idem Petrus asserit, minime satisfecit. Unde vobis mandamus quatinus eundem Petrum super hoc diligenter audientes, sibi exhibeatis celeris justicie complementum. Datum die jovis post exaltacionem⁽⁴⁾ sancte Crucis, anno Domini M° CC° LX° VII°.

## 191

8 mai. 1267. — EPISCOPO CLAROMONTENSI PRO DOMINO COMITE PICTAVIE ET THOLOSE [SUPER PACE INTER IPSOS REFORMANDA].

Venerabili in Christo patri et dilecto suo G., Dei gratia Claromontensi episcopo, Alfonsus, *etc.*, salutem et dilectionem sinceram. Pater-

---

⁽¹⁾ Tortebesse, Puy-de-Dôme, cant. Herment.

⁽²⁾ Tralaigues, Puy-de-Dôme, cant. Pontaumur.

⁽³⁾ Le second nom est en blanc dans le manuscrit.

⁽⁴⁾ Il faut évidemment corriger : *invencionem*. (Voir l'acte suivant.)

nitatem vestram requirimus ex affectu, quatinus in reformanda pace inter vos et gentes vestras ex una parte et nos et gentes nostras ex altera, gentibus nostris curialem et benignum ac facilem reddere vos velitis, scientes quod pacem inter vos et eas desideramus concupiscenti animo reformari et gentes nostras erga vos et negocia vestra curiales et favorabiles volumus exiberi, nec per eas jura vestra et ecclesie vestre volumus diminui, sed sine alterius injuria sustineri pocius et foveri. Datum die dominica post invencionem sancte Crucis, anno Domini m° cc° lx° septimo.

## 192

9 mai 1267. — MAGISTRO G. RUFFI SUPER VIIS [DENARIOS PERQUIRENDI].

Aufons, fiuz de roi de France, coens de Poitiers et de Tholose, à son amé et son feel clerc mestre Guillaume Rous, saluz et amour. Com nos aions propos de secorre personaument à la Seinte Terre qui a si grant mestier d'eide, et où il nos convendra faire si granz despens et si granz mises, nos vos mandons que, regardées les voies que nous vos avons autrefoiz baillées en escrit et toutes les autres que vos verrez porfiter, metez poine et cure et diligence de porchacer deners por nous en bone maniere et leiau. Et en ce et es autres besoignes que nos vos avons commises, soiez diligens et ententis, et ce que vos en aurez fet et traitié, nos raportez l'endemain de la quinzaine de Penthecoste qui vient en escrist, auquel jour vos soiez à nous personaument. Ce fu fet à Rampillon, le lundi après l'invencion saint Croiz [1], en l'an lx vii.

## 193

13 mai. 1267. — CONESTABULO PRO MONACHIS MAUSIACENSIBUS.

Alfonsus, *etc.*, conestabulo Arvernie, *etc.* Ex parte quorumdam monachorum conventus Mausiacensis [2], Clugniacensis ordinis, nobis est conquerendo monstratum, quod quidam laici consanguinei et amici et

---

[1] Le texte porte ici la figure d'une croix.

[2] Mauzac, diocèse de Clermont, aujourd'hui Mozac, Puy-de-Dôme, cant. Riom.

consentanei abbatis Mausiaci, videlicet Johannes d'Ossarpa [1], Hugo de Chicai, Guillelmus frater dicti Hugonis, Philippus de Bellafaya, Bernardus de Vilari, miles, Guillelmus de Castello, Chatardus de Randa, Bernardus Ebrardi, Petrus frater dicti Bernardi, Aquinet frater predictorum Bernardi et Petri, Guillelmus filius Chatardi de Sancto Germano, miles, Cassanha, Petrus de la Ronda, miles, Dalmasetus de Burgo, Johannes Bardo, bajulus de Riom, Umbaudus de Giaco, Andrivetus, prepositus de Montanha [2], et plures alii laici de nostra jurisdicione existentes, ut dicunt, eisdem monachis multas violencias et injurias et gravamina non modica intulerunt, nec hiis contenti, aministracionibus, prioratibus, possessionibus, bonis et rebus aliis quampluribus que tenebant et possidebant, ipsos violenter, ut dicunt, spoliarunt, ac eos cum armis de predictis turpiter et irracionabiliter ejecerunt, et cum armis cotidie, ut asserunt, insecuntur. Quare vobis mandamus quatinus, vocatis qui fuerint evocandi, super predictis veritatem diligenter inquiratis, et a personis laicis predictis et aliis laicis de nostra jurisdicione existentibus, quas in forefactis predictis culpabiles inveneritis, predictis monachis dampna et bona sua, de quibus vobis constiterit ipsos per predictas personas laicas fore spoliatos, restitui faciatis et injurias et violencias eisdem monachis a predictis illatas, sibi et nobis ratione dictorum forefactorum faciatis emendari, prout consonum fuerit rationi, districtius predictis personis laicis inhibentes ne predictis monachis violencias seu gravamina aliqua contra justiciam inferre presumant in personis vel rebus eorumdem. Quid autem super premissis feceritis, nobis, cum ad nos veneritis ad crastinum instantis quindene Penthecostes, in scriptis plenius refferatis. Datum apud Fontembleaudi, die veneris post festum beati Johannis ante Portam latinam, anno Domini M° CC° LX° VII°.

Similis littera alias missa fuit pro eisdem. Datum die lune ante nativitatem beate Virginis, anno predicto [5 sept. 1267].

[1] On pourrait aussi lire *Eissarpa*.
[2] Je ne trouve rien; il faut peut-être traduire *la Montagne* et faire de cet Andrivet un bayle des possessions d'Alfonse dans le haut pays, dans les montagnes d'Auvergne.

## 194

(Fol. 32.) 20 jun. 1267. — [LUDOVICUS REX ALFONSO COMITI DE INJURIIS CANONICIS EVAHONENSIBUS A QUIBUSDAM LAICIS ILLATIS.]

Ludovicus, Dei gratia Francorum rex, karissimo fratri ac fideli suo A., comiti Pictavie et Tholose, salutem et sincere dilectionis affectum. Cum Guillelmus de Ausoncia, miles, castellanus dilecti et fidelis nostri Roberti, comitis Alvernie, in Combralia, de nocte gentes suas cum armis miserit ad monasterium Evahonense[1], situm in feodis que dilectus et fidelis noster episcopus Lemovicensis tenet a nobis, que gentes quamdam portam novam ipsius monasterii penitus demolliéntes et aliam antiquam portam frangentes, dictum monasterium violenter intraverunt, clamantes ad mortem preposito et canonicis, et novem ex canonicis ipsius monasterii atrociter vulneraverunt, ceteros vero canonicos cum lapidibus et sagittis intrare ecclesiam compulerunt, et quasdam res ipsius monasterii per violenciam asportarunt, prout gentes nostre in Lemovicensi dyocesi commorantes, quibus constat de maleficio hujusmodi, nobis viva voce retulerunt; mandamus vobis quatinus tam atrox delictum et tam nequiter perpetratum a vestris subditis taliter emendari faciatis, quod propter defectum justicie dictos prepositum et canonicos ad nos propter hoc ulterius non oporteat habere recursum, et quod exinde valeatis commendari. Datum Parisius, die lune ante nativitatem beati Johannis Baptiste.

## 195

30 jun. 1267. — CONESTABULO ALVERNIE PRO ABBATE ET CONVENTU CASE DEI [SUPER BONIS IN MANU MORTUA TENENDIS].

Alfonsus, *etc.*, conestabulo Alvernie, *etc.* Cum ex parte religiosorum abbatis et conventus Case Dei[2] nobis fuerit supplicatum quod nos de

[1] Evaux, Creuse, ch.-l. de canton, situé en Combraille, anciennement chapitre de l'ordre de Saint-Augustin. — [2] La Chaise-Dieu, abbaye bénédictine, dioc. de Clermont.

omnibus rebus quas acquisierunt in nostris feodis, et que sibi date fuerunt in elemosinam, confirmacionem concederemus eisdem, vobis mandamus quatinus diligenter addiscatis de valore rerum legatarum et eciam acquisitarum, de quibus petunt confirmationem habere, plenius veritatem, et quid commodi vel incommodi esset nostri si confirmaremus petita, et specificentur in litteris confirmacionis expresse res super quibus fiet confirmacio. Et quid super hoc feceritis, nobis ad proximum parlamentum rescribatis. Datum apud Longumpontem, die jovis post festum beatorum apostolorum Petri et Pauli, anno Domini M° CC° LX° VII°.

## 196

5 jul. 1267. — CONESTABULO PRO PRIORE ET FRATRIBUS DOMORUM HOSPITALIS JEROSOLIMITANI IN ALVERNIA.

Alfonsus, etc., conestabulo Alvernie, etc. Mandamus vobis quatinus priorem et fratres domorum hospitalis Jerosolimitani in Alvernia super hiis que proponenda duxerint coram vobis, super eo quod castellanus noster de Montone [1] quoddam charreum seu quamdam manobriam [2] petit ab hominibus ville hospitalis Jerosolimitani de Martres [3], et eos super hoc vexat multipliciter et molestat, diligenter audiatis, et vocato coram vobis dicto castellano, auditis ejus rationibus pro nobis, jure nostro servato, faciatis eisdem bonum jus et maturum. Datum apud Longumpontem, die martis post festum apostolorum Petri et Pauli.

## 197

5 jul. 1267. — EIDEM PRO EISDEM.

Alfonsus, [etc.], conestabulo Alvernie, etc. Mandamus vobis quatinus priorem et fratres domorum hospitalis Jerosolimitani in Alvernia super hiis que proposuerint coram vobis super quodam usagio, quod se habere asserunt et longo [tempore] habuisse in nemore de Translai-

---

[1] Veyre-Monton, Puy-de-Dôme. — [2] *Manobria* a ici le sens de corvée. — [3] Martres-de-Veyre, Puy-de-Dôme, cant. Veyre.

gna⁽¹⁾, diligenter audiatis, et de personis et rebus a[d] jurisdicionem nostram spectantibus faciatis eisdem bonum jus et maturum, non permittentes ipsos dicto usagio indebite dissaisiri, jus tamen nostrum servantes illesum. Datum ut in precedenti.

## 198

5 jul. 1267. — CONESTABULO PRO ELDINE CELAIRA ET P. CELAIRA [SUPER VIGERIA DEL FRENAL].

Alfonsus, *etc.*, conestabulo Alvernie, *etc.* Ex parte Eldine Celaira et Petri Celeiri, ejus filii, nobis est cum querimonia intimatum quod vos quartam partem vigerie del Frenal⁽²⁾, ad eos spectantem, ut dicitur, indebite saisivistis. Unde vobis mandamus quatinus super hiis que proponenda duxerint coram vobis racione dicte quarte partis dicte vigerie diligenter audiatis, et super hiis de quibus jurisdicio ad nos spectat, faciatis eisdem bonum jus et maturum, non permittentes eos jure suo indebite dissaisiri, jus tamen nostrum servantes illesum. Et quid super hoc feceritis et causam quare eandem saisivistis, nobis loco et tempore significare curetis in scriptis. Datum ut supra.

## 199

6 jul. 1267. — LITTERA PATENS GAUFRIDO THOME, MILITI, PRO COMITISSA DROCENSI ET DOMINA BRANE.

Alfonsus, *etc.*, dilecto et fideli suo Gaufrido Thome, militi, salutem et dilectionem. Causam seu causas, quam vel quas movet seu movere intendit nobilis domina... Maria, comitissa Drocensis et domina Brane⁽³⁾, contra nobilem virum et fidelem nostrum... Johannem, dominum Borbonii, et ejus uxorem, vobis committimus audiendam et fine debito terminandam. Datum apud Longumpontem, die mercurii in octabis apostolorum Petri et Pauli, anno Domini M° CC° LX° VII°.

⁽¹⁾ Tralaigues, Puy-de-Dôme, cant. Pontaumur. — ⁽²⁾ La situation de ce lieu de Frenal nous est inconnue. — ⁽³⁾ Marie de Bourbon, femme de Jean Iᵉʳ, comte de Dreux et de Braine.

## 200

6 jul. 1267. — CONESTABULO PRO COMITISSA DROCENSI.

Alfonsus, *etc.*, conestabulo Alvernie, *etc.* Mandamus vobis quatinus citetis nobilem virum et fidelem nostrum Johannem, dominum de Borbonio, et ejus uxorem ad instantes octabas assumpcionis beate Virginis apud Paluellum[1] in Alvernia, coram mandato nostro, nobili domine Marie, comitisse Drocensi et domine de Brane, super quadam retractione terrarum et aliarum rerum quas vir venerabilis Guido de Borbonio, decanus Rothomagensis, dictis Johanni, domino Borbonii, et ejus uxori dicitur vendidisse[2], et super hiis que dicta comitissa contra predictos proponere voluerit et petere ab eisdem, dicta die responsuros et juri parituros. Datum apud Longumpontem, die mercurii in octabis apostolorum Petri et Pauli.

## 201

6 jul. 1267. — CONESTABULO ALVERNIE PRO AYMONE DE MARCAT ET DURANDO DE SPINA.

Alfonsus, *etc.*, conestabulo Alvernie, *etc.* Mandamus vobis quatinus super causa seu negocio, quod inter Aymonem de Marcat, ex una parte, et Durandum de Spina, ex altera, vertitur, supersedeatis seu supersederi faciatis, donec de dicta causa seu negocio in instanti parlamento Omnium sanctorum nobis per vos veritas plenius innotescat. Datum apud Longumpontem, die mercurii in octabis apostolorum Petri et Pauli, anno Domini M° CC° LX° VII°.

## 202

13 jul. 1267. — CONESTABULO PRO COMITE PICTAVIE ET THOLOSE ET PRO HENRICO DE RODAIS.

Alfonsus, *etc.*, conestabulo, *etc.* Mandamus vobis quatinus ad diem et

---

[1] Palluet, faubourg de Saint-Pourçain, Allier, jadis siège de juridiction.

[2] Cette vente datait de 1266. (Voir Huillard-Bréholles, *Titres de la maison de Bourbon*, I, n°˚ 439, 442 et 443.)

locum, quos vobis dilectus et fidelis clericus noster, magister Guillelmus Ruffi, per suas litteras significaverit, intersitis pro negotio quod vertitur inter nos, ex una parte, et nobilem virum Henricum, filium comitis Ruthenensis, ex altera, et hoc non dimittatis, scire vos volentes quod nos dilecto et fideli nostro senescallo Ruthenensi per nostras litteras mandavimus[1], ut ipse citet coram vobis ad diem et locum predictos illos quorum nomina inferius sunt expressa : videlicet Hugonem Balenguiers, militem, Guillelmum d'Estang et Guidonem d'Estang, domicellos, fratres, Henricum de Benavent, militem, Raymundum de Baigniach, Pun.[2], militem, Gaillardum de Lentillac, Leonet, domicellum, filium Dalmacii de Vezinch, domicellum[3], Hugonem d'Auriac, Motet, Berengarium de la Glaiole et Bertrandum de Pavion, et alios quos dictus magister sibi intimabit. Et ad diem martis post octabas[4] beate Marie Magdalene apud Montemferrandi intersitis pro negotio quod habemus cum episcopo Claromontensi et pro aliis negotiis nostris. Datum apud Longumpontem, die mercurii post translacionem sancti Benedicti.

## 203

(Fol. 33.) 9 sept. 1267. — LITTERE PROCURATORIE PATENTES SUPER FACTO HENRICI DE RODAIS.

Alfonsus, *etc.*, universis presentes litteras inspecturis salutem in Domino. Noverit universitas vestra quod nos dilectos et fideles clericos nostros magistrum Guillelmum de Ruppe et Eustachium de Mesiaco, exhibitores seu exhibitorem presencium, nostros constituimus procuratores, quemlibet in solidum, ita quod non sit melior condicio occupantis, coram quibuscunque judicibus seu arbitris veris vel arbitratoribus vel amicabilibus compositoribus, in causis et negociis quas vel

---

[1] Voir plus haut, n° 138, un mandement du 14 juillet, qui renferme les mêmes noms, mais avec quelques variantes.

[2] *Sic* dans le texte.

[3] Le texte porte bien *domicellum*, ce qui prouve qu'il faut faire de Leonet et du fils de Dalmace de Vezins deux personnages différents.

[4] Le texte portait d'abord *festum*; on a corrigé en interligne.

que movemus seu movere intendimus contra Jacobum, illustrem regem Arragonum, et contra Henricum, filium nobilis viri et fidelis nostri Hugonis, comitis Ruthenensis, gentes et complices suos, vel ipsi contra nos et gentes nostras, quantum ad nos pertinet; dantes eisdem procuratoribus et cuilibet eorum plenam et liberam potestatem agendi, deffendendi, excipiendi, replicandi et jurandi de calumpnia, prestandi cujuslibet alterius generis juramentum in predictis, et alium seu alios procuratores substituendi, et omnia alia faciendi que nos faceremus vel facere possemus, si presentes essemus; ratum et firmum habituri quicquid per predictos procuratores vel eorum alterum seu substitutum vel substitutos ab eis in predictis causis seu negociis actum fuerit seu eciam procuratum; promittentes sub ypotheca rerum nostrarum pro predictis vel altero eorumdem seu substituto vel substitutis ab eis, si neccesse fuerit, judicatum solvi. In cujus rei testimonium, presentibus litteris sigillum nostrum apponi fecimus. Datum die veneris in crastino nativitatis beate Virginis[1], anno Domini M° CC° LX° VII°.

Ista littera dupplicata fuit.

Item sub eadem forma fuit facta alia littera et dupplicata, excepto quod non fuit apposita clausa de juramento.

## 204

15 jul. 1267. — LITTERE PROCURATORIE PATENTES
SUPER NEGOCIO EPISCOPI CLAROMONTENSIS.

Alfonsus, *etc.*, universis presentes litteras inspecturis salutem in Domino. Noverit universitas vestra quod nos dilectum et fidelem nostrum clericum, magistrum Eustachium de Mesiaco, exhibitorem presentium, nostrum constituimus procuratorem coram quibuscunque judicibus seu arbitris veris vel arbitratoribus vel amicabilibus compositoribus, in causis et negociis quas vel que movemus seu movere intendimus contra venerabilem in Christo patrem G., Dei gracia

---

[1] Date primitive : *die veneris ante festum S. Arnulfi*, ce qui correspond au 15 juillet 1267.

Claremontensem episcopum, gentes et complices suos, vel ipsi contra nos et gentes nostras, quantum ad nos pertinet; dantes eidem procuratori plenam et liberam potestatem agendi, deffendendi, excipiendi, replicandi et alium procuratorem substituendi, et omnia alia faciendi que nos faceremus vel facere possemus si presentes essemus; ratum et firmum habituri quicquid per predictum procuratorem seu substitutum ab eo in predictis causis seu negociis actum fuerit seu eciam procuratum; promittentes sub ypoteca rerum nostrarum pro predicto procuratore vel substituto ab eodem, si necesse fuerit, judicatum solvi. In cujus rei testimonium, presentibus litteris sigillum nostrum apponi fecimus. Datum die veneris ante festum sancti Arnulphi, anno Domini m° cc° lx° septimo.

Similis littera facta fuit, excepto quod non fuit apposita clausa in qua continetur de juramento.

### 205

29 jul. 1267. — CONESTABULO ALVERNIE PRO PETRO FERMESI [SUPER RESTITUTIONE CUJUSDAM FEODI FACIENDA].

Alfonsus, *etc.*, conestabulo Alvernie, *etc.* Veniens ad nos Petrus Fermesi, lator presentium, nobis conquerendo exposuit quod vos quamdam terram, sibi a Guillelmo de Ruppedagulfi, milite, concessam ob remuneracionem sui servicii, eidem militi ab eodem Petro impensi, quam tenebat a nobis in feodum, ut dicitur, dictus miles, saisivistis cum fructibus ejusdem terre. Unde vobis mandamus quatinus dictam terram dicto Petro usque ad instans parlamentum Omnium sanctorum recredatis, et vocatis quorum interest coram vobis, eidem Petro super hoc exhibeatis[1] bonum jus et maturum. Item nobis exposuit dictus Petrus quod ipse Roberto de Croisillis, militi, castellano quondam Ruppedagulfi[2], promisit injuste viginti libras turonensium, de quibus solvit eidem decem libras quas sibi petit restitui, et vos alias decem libras ab eodem Petro vultis, ut dicit, exigere et levare. Quare

---

[1] Ici le mot *eidem* répété. — [2] Roche-d'Agoux, Puy-de-Dôme, cant. Pionsat.

vobis mandamus quatinus, addiscentes super hoc diligencius veritatem, secundum quod inveneritis, vocatis qui fuerint evocandi, memorato Petro faciatis super hoc bonum jus et maturum. Et quid super premissis omnibus feceritis et veritatem predictorum nobis ad crastinum instantis quindene Omnium sanctorum refferatis in scriptis. Datum die veneris post festum sanctorum Jacobi et Christofori, anno Domini M° CC° LX° VII°.

## 206

2 aug. 1267. — CONESTABULO ALVERNIE PRO ABBATE COMBELONGE.

Alfonsus, *etc.* Ex parte religiosorum virorum abbatis et conventus de Combelonga[1] nobis extitit supplicatum ut quandam bastidam in quodam loco qui dicitur Casteillon, qui est de fundo ejusdem ecclesie, ut dicitur, construeremus. Unde vobis mandamus quatinus diligenter addiscatis seu didici faciatis de cujus jurisdicione existat dictus locus, et utrum de nostro moveat feodo, utrum eciam sine cujusquam injuria et peccato possemus ibidem bastidam construere, et utrum nostra et patrie esset utilitas si in dicto loco contingeret nos bastidare, et de omnibus aliis circunstanciis que sunt in talibus attendende, sub quibus eciam conditionibus vellent dicti abbas et conventus bastidam construi in loco superius memorato. Et quid super hiis inveneritis nobis in scriptis significare curetis. Datum die mercurii in crastino beati Petri ad vincula[2].

[1] Nous ne connaissons qu'une abbaye de Combelongue, ordre de Prémontré, au diocèse de Couserans. Il faut admettre que le scribe a, par erreur, transcrit dans le cahier de la connétablie d'Auvergne cet acte qui aurait dû être mis dans celui de la sénéchaussée de Toulouse. Par contre, nous ne trouvons rien sur cette bastide de *Casteillon*. (Voir plus loin, n° 304, un autre mandement expédié vers la même date en faveur de ce même abbé de Combelongue.)

[2] La date était primitivement ainsi exprimée : *die mercurii ante invencionem beati Stephani*, soit le 27 juillet 1267; la pièce n'ayant été expédiée que quelques jours plus tard, le 2 août, le scribe a corrigé, mais incomplètement : il aurait dû écrire : *die martis in crastino*.

## 207

5 août 1267. — [AU CONNÉTABLE D'AUVERGNE : ORDRE DE POURSUIVRE
GUILLAUME DE LESPINASSE.]

Aufonz, fiz le ray[1] de France, conte de Poitiers et de Toulose, à son amé et à son feel le connastable d'Auverne, saluz. Nous avons antandu que monseigneur Guillaume de l'Espinace a fet un cruel fet, pour laquel chose nous vous mandons que vous en facet droit, aus us et à coutumes du pais, des persones et des choses qui apartiennet à nostre jurisdicion, et an fetes tant que vous n'an saiet an defaut, et vous an conseilliez à preudes homes. Ceste lestre fut donnée le vandredi devant la saint Lorenz.

## 208

(Fol. 34.) 9 sept. 1267. — LITTERA MISSA PRO EMENDIS COMITIS [LEVANDIS
ET PARISIUS AFFERENDIS].

Alfonsus, *etc.*, conestabulo Alvernie, *etc.* Mandamus vobis quatinus emendas omnes nobis debitas in terra nostra conestabulie vestre judicari faciatis et levari, apud Templum Parisius, cum ad nos veneritis pro vestris compotis faciendis ad instantem quindenam Omnium sanctorum, easdem asportantes. Datum apud Longumpontem, die veneris in crastino nativitatis beate Marie virginis, anno LX$^{mo}$ septimo.

## 209

15 sept. 1267. — CONESTABULO PRO COMITE BOLONIE [CONTRA PREPOSITUM
ET MONASTERIUM EVANONENSES].

Alfonsus, *etc.*, conestabulo Alvernie, *etc.* Mandamus vobis quatinus prepositum et conventum monasterii Evanonensis[2] ex parte nostra requiri faciatis, ne ea vel aliquid eorum que a nobili et fideli nostro comite Bolonie[3] vel alio tenentur a nobis in feodum vel retrofeodum,

---

[1] On avait d'abord écrit *fiz de ray*. — [2] Évaux, Creuse. — [3] Robert V, comte de Boulogne et d'Auvergne.

advoent ab alio vel aliis quam a nobis, maxime cum de dicto comite Bolonie, si de ipso conquerantur coram nobis super hiis que ad nostram jurisdicionem pertinent, parati simus eisdem exibere celeris justicie complementum. Et responsionem dictorum prepositi et capituli, et quid super hoc factum fuerit, nobis in crastino instantis quindene Omnium sanctorum, cum ad nos veneritis, refferatis in scriptis, jus nostrum et dicti comitis super hiis que de nostris feodis et retrofeodis movere noscuntur, secundum quod de jure poteritis, prosequentes. Datum apud Hospitale juxta Corbolium, die jovis post exaltacionem sancte Crucis, anno LX° septimo.

### 210

24 oct. 1267. — CONESTABULO PRO CONFRATRIBUS CONFRATRIE SANCTI SPIRITUS [DE CEBAZIACO].

Alfonsus, *etc.*, conestabulo Alvernie, *etc.* Ex parte confratrum confratrie Sancti Spiritus de Cebaziaco[1] in Alvernia nobis extitit suplicatum quod nos quoddam asium[2], quod quedam mulier eisdem in elemosina dedit et concessit, quod aisium movet a nobis ad unam minam palmule[3] annui redditus, eisdem confirmaremus, et dictam minam palmule eisdem in perpetuum quitaremus, vel quod ipsi assiderent nobis[4] alibi dictam minam palmule. Unde vobis mandamus quatinus addiscatis que et qualis est dicta confratria, et quantum vallet dictum aisium annui redditus, et quid debetur nobis pro dicto aisio, et utrum aliquod prejudicium in hujusmodi donacione vel confirmacione vel permutacione nobis posset generari. Et quid super premissis inveneritis, nobis, cum ad nos veneritis ad crastinum instantis quindene Omnium sanctorum, in scriptis refferatis. Datum die lune ante festum apostolorum Symonis et Jude, anno Domini M° CC° LX° septimo.

[1] Cébazat, Puy-de-Dôme, cant. Clermont-Ferrand.

[2] Le nom *asium*, analogue à *ajacis*, paraît désigner une petite propriété, une terre adjacente à une maison.

[3] La forme la plus usitée est *palmola*, orge ou froment.

[4] Le manuscrit porte *assederant a nobis*.

## 211

[Oct. 1267.] — [SUPER VIIS ET MODIS PECUNIAM PERQUIRENDI.]

Memoriale magistro Guillelmo Ruffi et conestabulo Alvernie, quod ipsi bono et licito modo considerent et perquirant vias et articulos per quas et per quos dominus comes possit habere pecuniam bono modo, cum neccesse habeat subire quasi importabilia onera expensarum et intendat personaliter proficisci in subsidium Terre Sancte. Et super viis et articulis hujusmodi, expressis singulis nominibus rerum et personarum et summa quantitatis oblate de hiis de quibus tractatus habitus fuerit, necnon consilium suum in hac parte in scriptis refferant vel remittant fideliter quam cito et quociens sibi obtulerit se facultas.

## 212

3 dec. 1267. — PRO LUDOVICO DE BELLOJOCO, MILITE [CONTRA GUILLELMUM RUFFI, COMITIS CLERICUM].

Alfonsus, *etc.*, conestabulo Alvernie, *etc.* Ex parte dilecti consanguinei nostri Ludovici de Bellojoco, militis, datum est nobis intelligi quod super querella, que inter ipsum ex una parte et dilectum et fidelem clericum nostrum, magistrum Guillelmum Ruffi, ex altera, vertebatur, ab ipsis concorditer extitit in arbitros compromissum. Unde vobis mandamus quatinus, vocato coram vobis dicto magistro G., si recognoverit ita esse, eundem magistrum requiratis ut dictum seu arbitrium arbitrorum predictorum, prout juste prolatum est, observet. Quod si negaverit vel recognoscens facere noluerit, et dictus Ludovicus de eodem magistro vel aliis de jurisdicione nostra existentibus coram vobis conqueratur, vos, partibus evocatis coram vobis, auditis eorum racionibus, de personis et rebus ad nostram jurisdicionem spectantibus faciatis quod justum fuerit et consonum racioni. Datum die sabbati post festum beati Andree apostoli.

## 213

12 dec. 1267. — CONESTABULO PRO YMBERTO DE BELLOJOCO, MILITE.

Alfonsus, [etc.], conestabulo, etc. Significamus vobis quod nos dedimus dilecto et fideli nostro Ymberto de Bellojoco, militi, conestabulo Francie, respectum de centum libris turonensium usque ad instantem Candelosam, mandantes vobis quatinus, elapso termino supradicto, ipsas centum libras levetis seu levari faciatis et ipsas cum aliis denariis nostris apud Templum Parisius ad crastinum instantis Candelose afferatis. Datum die lune post festum sancti Nicholai hyemalis, anno Domini M° CC° LX° VII°.

## 214

24 dec. 1267. — CONESTABULO ALVERNIE PRO HUGONE DANBERTI, MILITE.

Alfonsus, etc. Mandamus vobis quatinus Gabertum, qui se gerit, ut dicitur, pro serviente karissimi domini et fratris nostri... Ludovici, Dei gratia regis Francorum illustrissimi, in abbatia Mausiacensi[1], requiratis vel requiri faciatis ut si que cepit vel capta detinet de rebus fidelis nostri... Hugonis Danberti[2], militis, ea restituat indilate, cum parati simus de dicto milite exhibere justicie complementum cuilibet conquerenti. Datum apud Hospitale juxta Corbolium, die sabbati in vigilia natalis Domini, anno ejusdem M° CC° LX° VII.

## 215

24 jan. 1268. — CONESTABULO ALVERNIE [PRO] BERTRANDO PERRONNELLI.

Alfonsus, etc., conestabulo, etc. Super negocio Bertrandi Perronnelli in pallamento proximo preterito sic extitit ordinatum :

De petitione Bertrandi Perronnelli super rebus suis saisitis per conestabulum, ratione cujusdam tunice quam dicebatur furasse a Vanaire, qui Vanaire gagium suum obtulit contra eundem, et ipse

---

[1] Mozac, au diocèse de Clermont. — [2] On peut aussi lire *Dauberti*.

Bertrandus contra eum; conestabulus addiscet secreto a fide dignis utrum dicta tunica, de qua fit mencio, fuisset dicto B. obligata, et si sit, mitigetur emenda; sin autem, levetur in totum, et conestabulus respondebit in partibus[1].

Unde vobis mandamus quatinus quid super hoc jam fecistis, nobis ad crastinum instantis quindene Candelose refferatis in scriptis. Datum die martis ante festum conversionis sancti Pauli.

### 216

16 jan. 1268. — MAGISTRO GUILLELMO RUFFI PRO HENRICO, FILIO COMITIS RUTHENENSIS [SUPER INTERFECTIONE RAIMONDI DE MONTESALVIO].

Alfonsus, etc., dilecto et fideli clerico suo magistro G. Rufi salutem et dilectionem sinceram. Ex serie litterarum nobilis et dilecti nostri... Henrici, primogeniti nobilis et fidelis nostri comitis Ruthenensis, quas recepimus dominica proxima post octabas Epiphanie, intelleximus quod Gaufridus, dictus Troillart, bajulus de Montanis[2], vocavit ad se certis die et loco Raymundum de Montesalvio, bajulum dicti H. Bainazes[3], quem, cum venisset ad ipsum Gaufridum apud reparium de Senezargues[4], cepit et occidit et duos socios ejus vulneravit. Unde vobis mandamus quatinus addiscatis super hiis diligencius veritatem, et eam quam inveneritis, fideliter redactam in scriptis, cum ad nos veneritis die tercia vel quarta post quindenam instantis Candelose, vobiscum reportetis, ut postmodum tutius procedi valeat in negotio memorato. Datum die lune ante festum beati Vincencii, anno ut supra.

[1] Faut-il corriger *inde partibus?*

[2] Boutaric ne cite pas cette fonction de *bayle des Montagnes;* l'officier qui portait ce titre est sans doute le prédécesseur direct du *bailli des montagnes d'Auvergne* du xive siècle. Cette baylie comprenait le sud du département actuel du Cantal, vers Montsalvy.

[3] Je ne trouve nulle part ailleurs trace de ce surnom d'Henri, fils du comte de Rodez.

[4] Sénezergues, Cantal, cant. Montsalvy.

## 217

(Fol. 35.) 16 jan. 1268. — H., PRIMOGENITO COMITIS RUTHENENSIS, SUPER EODEM.

Alfonsus, *etc.*, nobili et dilecto suo H., primogenito comitis Ruthenensis, salutem et dilectionem. Litterarum vestrarum seriem, quas nuper recepimus, intelleximus diligenter, scituri quod super facto in eisdem contento nobis displicet, si narracioni veritas suffragatur. Unde dilecto et fideli clerico nostro, magistro G. Ruffi, per litteras nostras mandavimus ut super facto eodem addiscat diligenter et fideliter veritatem, et eam quam invenerit, in scriptis redactam repportet secum, cum ad nos venerit die quarta post quindenam instantis Candelose, ut tunc, habito pleniori consilio, tucius in predicto negocio procedere valeamus. Datum ut in precedenti.

## 218

31 jan. 1268. — CONESTABULO ALVERNIE PRO DOMINA BORBONII.

Alfonsus, *etc.*, conestabulo Alvernie, *etc.* Ex parte nobilis domine Borbonii [1] nobis est datum intelligi quod vos quosdam homines suos, pignora sua et quorumdam hominum suorum capta tenetis, occasione inobediencie ipsius domine de castro de Chauvenic [2]. Unde vobis mandamus quatinus, si dictos homines suos et pignora occasione predicta et non alia teneatis, ea sub bonis plegiis recredatis illis quibus recredencia debebit fieri, si fieri debeat in hac parte. Recredenciam hujusmodi usque ad diem crastinam instantis [3] quindene Candelose, cum ad nos veneritis, tantummodo faciatis. Datum die martis ante purificationem beate Marie virginis, anno LX° VII°. Et quid super hoc factum fuerit, tunc nobis in scriptis refferatis.

---

[1] Agnès, dame de Bourbon, épouse de Jean de Bourgogne, puis de Robert I<sup>er</sup> d'Artois.

[2] Je ne retrouve pas ce château, qui devait être dans l'Allier ou dans le Puy-de-Dôme actuel. C'est soit Chauvigny, Allier, commune de Givarlais, soit Chevagnes, Allier, chef-lieu de canton; cette dernière localité doit son origine à un château des sires de Bourbon.

[3] On avait d'abord écrit *ad instans parlamentum*.

## 219

21 febr. 1268. — H., FILIO COMITIS RUTHENENSIS, PRO SE IPSO.
LEGATUR NON OBSTANTE CANCELLATURA [1].

Alfonsus, *etc.*, nobili et dilecto suo H., filio comitis Ruthenensis, salutem et dilectionem. Litteras vestras, quas nobis nuperrime transmisistis, inspeximus diligenter, et presente coram nobis fideli clerico nostro... magistro Guillelmo Ruffi, cui super facto de Senazargues [2] veritatem commiseramus plenius addiscendam seu inquirendam, qui a nobis diligenter super hoc requisitus, nobis dixit quod gentes vestre ad turrim de Senazargues cum armis venientes, bajulum nostrum de Montanis et duos socios suos obsessos tenuerunt per biduum in eadem. Ceterum dictam turrim, in cujus medietatis saysina erant gentes nostre, postea, ut dicitur, in nostrum prejudicium saysivistis, et saysitam detinetis indebite et injuste. Unde vobis mandamus quatinus dictam turrim ad statum pristinum reducere et injurias a vestris gentibus nostris illatas emendare minime postponatis. Parati enim sumus, quantum ad nos pertinet, vestris gentibus injurias, si que a nostris ipsis [3] illate fuerint et super hoc conquesti fueritis, facere emendari, prout de jure et consuetudine fuerit faciendum. De facto vero de Vigero [4] idem magister Guillelmus et alii boni nobis firmiter asseruerunt quod nullus de servientibus vel gentibus nostris interfuit ipsi facto, et si per aliquos de jurisdicione nostra existentes maleficium hujusmodi fuerit perpetratum, parati sumus cuilibet conquerenti exhibere justicie complementum. Datum apud Longumpontem, die martis ante cathedram sancti Petri, anno LX° VII°.

---

[1] L'acte, en effet, a été cancellé, par erreur.

[2] Voir plus haut, sur cette affaire, le n° 216.

[3] Première leçon : *gentibus vestris*.

[4] Peut-être Lavigerie, Cantal, arr. et cant. Murat. Peut-être, enfin, *vigero* est-il un nom commun.

## 220

9 mart. 1268. — CONESTABULO ALVERNIE PRO PRECEPTORE TEMPLI ALVERNIE.

Alfonsus, *etc.*, conestabulo Alvernie, *etc.* Mittimus vobis transcriptum ordinacionis facte in parlamento Omnium sanctorum anno LX° VII° super petitione preceptoris Templi Alvernie super conquestibus suis saisitis per conestabulum, sub forma que sequitur :

De petitione preceptoris ejusdem super conquestibus suis saisitis per conestabulum. Recredat conestabulus saisita usque ad crastinum quindene Candelose, et addiscat de valore annuo acquisitorum, et in quibus consistunt acquisita, et a quo tempore et in cujus feodis, et videat privilegia sua que habent (*sic*) super hoc, et referat quod invenerit ad proximum parlamentum.

Unde vobis mandamus quatinus eidem preceptori domus de Paluiau [1] dicta acquisita, si contingat in hiis recredencia, iterum recredatis usque ad diem martis post quindenam Penthecostes proximo venturam, et addiscatis diligenter de valore annuo acquisitorum, et in quibus consistunt acquisita, et a quo tempore, et in cujus feodis, et videatis privilegia sua que habent (*sic*) super hoc, et quantum dare vellent (*sic*) pro confirmatione habenda de ipsis tenendis. Et quod inveneritis, nobis in scriptis ad parlamentum quod erit in crastino quindene Penthecostes referatis. Datum die veneris ante festum sancti Gregorii, anno Domini M° CC° LX° VII°.

## 221

18 mart. 1268. — LITTERA PATENS PROCURATIONIS PRO MAGISTRIS EUSTACHIO DE MESIACO ET GUILLELMI (*sic*) DE RUPPE.

Alfonsus, *etc.*, universis presentes litteras inspecturis salutem in Domino. Notum facimus quod nos dilectos et fideles clericos nostros, magistros Eustachium de Mesiaco et Guillelmum de Ruppe, quemlibet in solidum, constituimus loco nostri seu allocatos nostros ad

---

[1] Paluel, Allier, comm. Saint-Pourçain.

procedendum in inquesta quam nobis petierunt fieri dilecti et fideles nostri Ludovicus de Bellojoco, miles, et procuratores consulum et communitatis Montisferrandi [1], et ad audiendam causam dictorum consulum et communitatis pro eisdem, super processu habito coram conestabulo nostro Alvernie seu allocatis suis et emenda taxata, ut dicitur, per eundem, necnon eisdem clericis nostris liberam concedimus facultatem faciendi ea que causa ipsa desiderat vel inquesta. Datum die dominica in media quadragesima, anno Domini M° CC° LX° VII°.

## 222

25 mart. 1268. — CONESTABULO ALVERNIE PRO EUSTACHIO DE MONTEBUXERIO.

Alfonsus, etc., conestabulo Arvernie, etc. Mandamus vobis quatinus dilectum et fidelem nostrum Eustachium de Montebuxerio, valletum nostrum, seu fidejussores suos creditoribus, quibus extitit obligatus, usuras quas usuras esse probare poterit, solvere minime compellatis seu compelli ab aliis de nostra jurisdicione existentibus permittatis, ac quicquid suis creditoribus ab ipso vel ejus nomine solutum fuisse constiterit, in sortem faciatis, prout condecet, computari. Datum apud Hospitale justa Corbolium, in festo annunciacionis beate Virginis, anno Domini M° CC° LX° VII°.

## 223

26 mart. 1268. — MAGISTRO EUSTACHIO DE MESIACO PRO EODEM EUSTACHIO [SUPER DELIBERATIONE TERRE].

Alfonsus, etc., dilecto et fideli clerico suo, magistro Eustachio de Mesiaco, salutem et dilectionem. Mandamus vobis quatinus de valore domus nostre de Montuel [2], que dudum empta fuisse dicitur per Henricum de Ponciaus [3] defunctum, quondam conestabulum nostrum in Arvernia, necnon de juribus et redevanciis ad domum ipsam spec-

---

[1] Montferrand, Puy-de-Dôme, comm. Clermond-Ferrand, communauté indépendante au moyen âge.

[2] Probablement le Montel, Puy-de-Dôme, comm. Busséol.

[3] Connétable en 1244 et 1245.

tantibus, quantumque precium possemus habere pro eadem, si extra manum nostram eam vendicionis titulo poneremus, ac de feudo quod a nobis tenere dicitur... dominus de [1]            , utrum sine injuria feudum ipsum seu homagium quod racione feudi nobis facit possimus alii assignare, inquiratis diligentissime veritatem cum aliis circonstanciis que sunt in talibus attendende; nichilominus plenius addiscentes de expensis factis circa custodiam terre dicti valeti et fidelis nostri Eustachii de Montebuxerii, necnon debitis solutis pro patre suo et alimentis dicti Eustachii ceterisque missionibus quas frequenter fecimus mittendo nuncios et pluribus aliis que liquere possunt diligenti oculo intuenti, ita quod, cum ad nos redieritis, de premissis in scriptis nos possitis reddere cerciores. Non enim videtur aliquibus quod dicto Eustachio in magna quantitate pecunie teneamur, si, diligenti inquisicione prehabita, competens deductio facta fuerit expensarum et aliorum que principaliter vel occasionaliter possunt contingere in hoc casu. Datum die lune in crastino annunciacionis beate Marie virginis, anno Domini M° CC° LX° VII°.

## 224

(Fol. 35 bis.) 11 sept. 1268. — [THEOBALDO DE NOVIACO DE AUXILIO IN ALVERNIA LEVANDO PRO SUCCURSU TERRE SANCTE [2].]

Alfonsus, filius regis Francie, comes Pictavie et Tholose, dilecto et fideli suo... Theobaldo de Noviaco, salutem et dilectionem. Mandamus vobis quatinus donum, talliam, promissum seu graciam quam fecerunt villa Ryomi et alie ville nostre in Alvernia, quando primo profecti fuimus in subsidium Terre Sancte, quelibet villa per se, et quantum nobis dedit et promisit, solverit et inde levatum fuerit de qualibet villa in scriptis nobis transmittatis, et si de predictis aliqua scripta habeatis, per latorem presencium vel quancito poteritis transcriptum

---

[1] Le nom est en blanc dans le manuscrit.

[2] Cette pièce, ainsi que la suivante, est transcrite à part sur un morceau de parchemin; c'est un mandement mis au net, mais non expédié.

predictorum nobis similiter transmittatis. Datum die martis post nativitatem beate Marie virginis, anno Domini M° CC° LX° octavo.

## 225

1 dec. 1267. — [CONESTABULO PRO ERARDO DE ALNEIO, MILITI.]

Alfonsus, filius regis Francie, comes Pictavie et Tholose, dilecto et fideli suo conestabulo Alvernie, salutem et dilectionem. Ex parte dilecti et fidelis nostri Erardi de Alneio, militis, nobis extitit intimatum quod bajuli vestri [1] boves, vaccas et alia bona hominum ipsius Erardi, occasione cujusdam judei detenti per ipsum, capta detinetis. Unde vobis mandamus quatinus predicta bona eisdem hominibus [2] usque ad crastinum instantis Candelose [3] recredatis, et super facto predicto sitis taliter instructus ut nos super hoc possitis reddere cerciores, cum ad nos veneritis ad crastinum Candelose predicte. Et si occasione detencionis [4] dicti judei vel alia racione aliqua nobis competat emenda, jus nostrum super hoc observetis. Datum die jovis post festum beati Andree apostoli, anno Domini M° CC° LX° VII°.

## 226

(Fol. 36.) 1 apr. 1268. — PRO ABBATE YSSYODORENSI.

Alfonsus, filius, etc., conestabulo Alvernie, etc. Mandamus vobis quatinus virum religiosum abbatem Ysiodorensem [5] super hiis que coram vobis contra ballivos nostros de Noneta [6] et de Montonio [7] proponenda duxerit, specificatis ab ipso abbate vobis casibus et personis et rebus in quibus et de quibus conqueri voluerit, diligenter audiatis, et eidem super rebus et personis ad nostram jurisdicionem spectantibus exhibeatis celeris justicie complementum. Datum apud Fontembleaudi, dominica in ramis palmarum, anno Domini M° CC° LX° VII°.

---

[1] Première leçon : *quod vos aliqua bona.*

[2] Première leçon : *eidem Erardo.*

[3] Première leçon : *ad instans proximum pallamentum.*

[4] Première leçon : *ad predictum pallamentum. Et si super detencione.*

[5] Issoire, ordre de Saint-Benoît, dioc. de Clermont.

[6] Nonette, Puy-de-Dôme, cant. Saint-Germain-Lambron.

[7] Monton, Puy-de-Dôme, commune de Veyre.

# LITTERE THOLOSE ET ALBIENSIS
## INCEPTE IN PASCHA, ANNO DOMINI M° CC° LX° VII°.

### 227

(Fol. 39.) 15 et 17 apr. 1267. — COMITI CONVENNARUM PRO COMITE FUXENSI.

Alfonsus, *etc.*, nobili viro dilecto et fideli suo... comiti Convennarum, salutem et sincere dilectionis affectum. Litteras excellentissimi domini et karissimi fratris nostris regis Francorum die resurrectionis Domini recepimus in hec verba :

Ludovicus, *etc.*, karissimo fratri et fideli suo A., comiti Pictavie et Tholose, salutem et sincere dilectionis affectum. Significavit nobis dilectus et fidelis noster... comes Fuxensis quod, cum nuper ad mandatum et pallamentum nostrum venissent gentes comitis Convennarum, terram suam violenter et cum armis intraverint et abinde magnam predam animalium secum duxerint. Unde vobis mandamus quatinus, si est ita, vos super hujusmodi [re], prout ad vos pertinet, festinum curetis remedium adhibere, ita quod idem comes Fuxensis et terra sua super hoc servetur indempnis. Datum apud Castrumnovum[1], die veneris ante Pascha.

Unde vobis mandamus quatinus injurias, si que per vos et gentes vestras dicto comiti Fuxensi vel terre sue illate fuerint, sicut dicto domino regi datum est intelligi, taliter emendari curetis, quod non oporteat super hoc manum apponere graviorem[2], scituri quod senescallo nostro Tholose et Albiensis scribimus quod predictas injurias, secundum quod de ipsis sibi constiterit, faciat emendari. Datum die resurrectionis Domini predicta.

Édité dans *Hist. de Languedoc* (nouv. édit.), VIII, cc. 1600-1601.

---

[1] Probablement Châteauneuf-sur-Loire, Loiret. — [2] Première leçon : *violentam*.

## 228

17 apr. 1267. — SENESCALLO THOLOSE ET ALBIENSIS PRO EODEM.

Alfonsus, *etc.* Litteras excellentissimi, *etc.*, *ut in precedenti usque ibi*: Unde vobis mandamus quatinus injurias, si que per comitem Convenarum et gentes suas dicto comiti Fuxensi vel terre sue illate fuerint, sicut dicto domino regi datum est intelligi, emendari faciatis, prout de ipsis vobis constiterit et de jure fuerit faciendum. Datum die resurrectionis Domini predicta.

Édité dans *Hist. de Languedoc* (nouv. édit.), VIII, c. 1601.

## 229

17 apr. 1267. — PRO MAGISTRO JOHANNE DOMINICI.

Alfonsus, *etc.*, senescallo Tholose et Albiensis, *etc.* Mandamus vobis quatinus super hiis que magister Johannes Dominici coram vobis duxerit proponenda, tam contra nos quam contra alios sub districtu nostro et in vestra senescallia existentes, de rebus et personis que ad nostram jurisdicionem pertinent, vocatis quorum interest et defensore pro nobis legitime constituto, auditis hinc inde rationibus, exibeatis celeris justicie complementum. Datum die Pasche, anno Domini M° CC° LX° VII°.

## 230

18 apr. 1267. — LITTERA PATENS PRO FOREFACTIS JUDICUM, BAJULORUM ET SERVIENTUM CORRIGENDIS.

Alfonsus, *etc.*, senescallo Tholose, *etc.* Significamus vobis quod nos dilectis et fidelibus nostris Poncio Astoaudi, militi, et magistro Odoni de Montoneria commisimus et injunximus, ut ipsi audiant, addiscant et inquirant diligenter de forefactis judicum, bajulorum, servientum et scriptorum, qui in nostris existunt seu extiterunt obsequiis in senescallia Tholosana et Albiensi, et eadem forefacta, prout justum fuerit, faciant emendari. Quare vobis mandamus quatinus eisdem vestrum consilium et auxilium ad predicta forefacta facere emendari impendatis, quandocumque ab ipsis fueritis requisiti. Durent littere iste usque ad instans festum purificacionis beate Marie virginis. Datum in crastino Resurrectionis dominice, anno Domini m° cc° lx° septimo.

Similis littera missa fuit senescallo Agennensi et Caturcensi super eodem, que est in quaterno Agennensi.

Édité par Boutaric, p. 390, et dans *Hist. de Languedoc* (nouv. édit.), VIII, c. 1566.

## 231

21 apr. 1267. — SENESCALLO THOLOSANO PRO FRATRIBUS ORDINIS BEATE MARIE, MATRIS CHRISTI, DE THOLOSA.

Alfonsus, *etc.*, senescallo Tholose et Albiensis, *etc.* Mandamus vobis quatinus fratribus ordinis sancte Marie, matris Christi, de Tholosa centum solidos tholosanorum de denariis nostris tradatis pro edificiis suis faciendis. Datum die jovis ante Quasimodo, anno Domini millesimo duccentesimo lx° vii°.

## 232

25 apr. 1267. — PRO PETRO GUILLEBAUDI, SENESCALLO THOLOSANO.

Alfonsus, *etc.* Mandamus vobis quatinus religiosum virum abbatem Villelonge[1] requiri faciatis, quod Petrum Guilebaudi super aliquibus ad jurisdicionem nostram spectantibus coram judice ecclesiastico non molestet, et si molestare vel citare ipsum inceperit super rebus ad nostram jurisdicionem spectantibus, viso libello, ipsum requiri faciatis quod a molestacione et citacione seu vexacione hujusmodi desistat. Quod si facere noluerit, vos abbatem Moysiacensem, subdelegatum a conservatore privilegiorum nobis a sede apostolica concessorum, requiratis quod super hoc apponat consilium quod viderit apponendum, et super hoc idem requiri faciatis nobilem virum senescallum

[1] Villelongue, abb. cistercienne, dioc. de Carcassonne, Aude, comm. Saint-Martin-le-Vieil.

Carcassone, secundum quod videritis faciendum. Datum apud Courbegniacum[1], die lune post octabas Pasche, anno LX° VII°.

Édité dans *Hist. de Languedoc* (nouv. édit.), VIII, cc. 1601-1602.

## 233

25 apr. 1267. — PRO HOMINIBUS DE CALVOMONTE SUPER FOCAGIO.

Alfonsus, *etc.*, senescallo Tholose et Albiensis, *etc.* Ex parte hominum de Calvomonte[2] nobis extitit supplicatum, ut sibi de centum libris turonensium, que debent levari ab eisdem pro focagio, ut dicunt, aliquam gratiam faceremus. Unde vobis mandamus quatinus de dictis centum libris quaterviginti decem libras turonensium levetis, videlicet quadraginta quinque libras turonensium ad instantem ascensionem Domini et alias quadraginta quinque libras turonensium ad instans festum beati Michaelis, et decem libras turonensium residuas in nostram ponatis sufferenciam usque ad voluntatem nostram. Si autem dictum focagium dictam summam dictarum centum librarum turonensium excesserit, illud quod excedet levetis ad terminos antedictos. Datum die lune in crastino octabarum Pasche, anno Domini M° CC° LX° VII°.

## 234

25 apr. 1267. — VICARIO THOLOSE PRO MICHAELE LAURENCII.

Alfonsus, *etc.*, dilecto et fideli suo vicario Tholose salutem et dilectionem. Mandamus vobis quatinus fideles nostros consules Tholose ex parte nostra requiratis et moneatis, ut ipsi Michaeli Laurencii, latori presentium, de hiis in quibus eidem tenentur satisfaciant secundum quod de jure fuerit faciendum. Quod si ipsi super hoc deficientes fuerint et ad monitionem vestram predicto M. satisfacere noluerint, vos eidem de eisdem, super hiis de quibus jurisdicio ad nos spectat, exhibeatis celeris justicie complementum. Datum apud Courbeigniacum,

---

[1] Corbigny, Nièvre.
[2] Caumont, Tarn-et-Garonne, cant. Saint-Nicolas-de-la-Grave, ou Calmont, Haute-Garonne, cant. Cintegabelle.

die lune in crastino octabarum resurrectionis Domini, anno Domini millesimo ducentesimo LX° VII°.

## 235

1 mai. 1267. — PONCIO ASTOAUDI ET MAGISTRO ODONI DE MONTONERIA PRO GUILLELMO ATHONE.

Alfonsus, *etc.*, dilectis et fidelibus suis Poncio Astoaudi, militi, et magistro Odoni de Montoneria, clerico, salutem. Veniens ad nos Guillelmus Athonis, lator presencium, coram nobis asseruit bone memorie comitem Raymundum, predecessorem nostrum, sibi teneri in quadam pecunie quantitate, quam eidem comiti mutuo tradiderat, ut dicebat, et eandem sibi a nobis restitui petebat. Quare vobis mandamus quatinus diligenter addiscatis utrum dictus Guillelmus dicto comiti aliquam summam pecunie mutuaverit, et si sic, racionem quare et quantum sibi mutuavit, et quo tempore, et utrum super hoc habuerit sufficiens instrumentum, et utrum etiam sibi in toto vel in parte fuerit satisfactum, et utrum aliquis alius quam nos ad solucionem hujusmodi pecunie teneatur, et de aliis circonstanciis predictum factum tangentibus et que in talibus fuerint attendende et addiscende, addiscatis diligencius veritatem, qua reperta, nobis eandem cum aliis vestris inquestis, cum ad nos veneritis, refferatis in scriptis. Datum die dominica in festo apostolorum Philippi et Jacobi, anno LX° VII°.

## 236

(Fol. 40.) 9 mai. 1267. — PRO ARNALDO DE PONTE.

Alfonsus, *etc.*, senescallo Tholose et Albiensis, *etc.* Mandamus vobis quatinus Arnaldum de Ponte, civem Tholose, super his que proponenda duxerit coram vobis contra Guillelmum Unaldi, militem, super eo quod ipsum indebite spoliavit, ut dicitur, de quodam caselagio, quod olim tenebat ab ipso milite Guillelmus Jaule, diligenter audiatis, et vocato dicto milite et qui fuerint evocandi, auditis racionibus parcium, de personis et rebus ad nostram jurisdicionem spectantibus faciatis eidem bonum jus et maturum. Ceterum super his que idem Arnaldus et socii sui, tutores, ut dicitur, puerorum quondam Petri Barravi, super his que nomine dictorum puerorum proposuerint coram vobis contra liberos defuncti Durandi Barravi super perceptione fructuum nemoris de Revigano [1], diligenter audientes, vocatis qui fuerint vocandi, super his, de quibus jurisdicio ad nos spectat, exibeatis eisdem celeris justicie complementum. Datum apud Ranpilon, die lune post inventionem sancte Crucis.

Édité dans Hist. de Languedoc (nouv. édit.), VIII, c. 1602.

### 237

9 mai 1267. — VICARIO THOLOSE PRO ARNALDO DE PONTE.

Alfonsus, *etc.*, vicario Tholose, *etc.* Mandamus vobis quatinus Arnaldum de Ponte, civem Tholose, super his que proponenda duxerit coram vobis contra Lombardam de Montibus, uxorem quondam defuncti Berangarii Alemenni, et ejus familiam, super eo quod ipsum perturbant indebite, ut dicit, in possessione caselagii Rosaldorum, et super quampluribus injuriis eidem ab ipsa Lumbarda et ejus familia illatis, diligenter audiatis, et vocatis qui fuerint evocandi et auditis eorum racionibus, de personis et rebus ad jurisdicionem nostram spectantibus faciatis eidem bonum jus et maturum. Datum apud Rampillon, die lune post invencionem sancte Crucis.

### 238

9 mai 1267. — AU SENESCHAL [DE] THOLOSE, PRO FOCAGIO ET BALLIVIIS AFFIRMANDIS.

Aufonz, fiuz de rai de France, coens de Poitiers et de Tholose, à son amé et son feel, au seneschal de Tholose et d'Aubijois, saluz et amor. Nos vos mandons que vos levez et faciez lever le foage de vostre seneschaucie bien et ententivement et loiaument, et au plus tost que

---

[1] J'ignore la position exacte de cette forêt de *Reviganum*; il faut peut-être la chercher près de Lanta (Haute-Garonne), seigneurie des Unaud.

vos porroiz, en tele maniere que toz les deniers qui en seront levez,
ensenble o les deniers que vos nos devez et o les deniers de noz ballies de la seneschaucie de Tholose et d'Aubijois, envoiez au Temple à
Paris le juedi après la quinzainne de la procheinne Pentecoste venant,
la plus grant quantité que vos porroiz, en tornois ou paresis. Ce que
vos ne porroiz envoier en tornois ou paresis, envoiez en estellins, se
vos les trovez à boen marchié, ou en plate d'argent afiné ou en or au
melleur change que vos porroiz trover. Et que vos envoiez audit juedi
d'après la quinzainne de ceste procheinne Pentecoste vostre clerc por
conter des ballies et dou foage devant dit, et raport en escrit queles
monnoies il aportera, et combien de chacunne, et s'il aporte plates,
qu'il sache à dire en escrit quanz mars il aura en chacunne, et laquele
sera afinée et laquele ne sera pas afinée. Derechief comme nos aions
propos de secorre personaument à la sainte Terre d'outremer, qui a si
grant mestier de grant aide et où il nos convandra fere si grant despens
et si granz mises, nos vos mandons que regardées totes les voies que
nos vos envoiames en escrit et totes les autres que vos verrez profiter,
metez peinne et diligence et cure de porchacier deniers por nos en
bonne maniere et loial. Et ce que vos en auroiz fet et tretié, nos fetes
savoir en escrit par ledit vostre clerc au devant dit jor de juedi d'après
la quinzainne de ceste procheinne Pentecoste, car en si grant besoigne covient grant porveance et hastive. Derechief nos vos mandons
que quant vos affermerez noz ballies de vostre seneschaucie, iceles
affermez chacunne par soi, si bien et si sagement et si clerement en
la melleur maniere et plus loial que vos porroiz, selonc les condicions
que vos avez pieça, que l'an voie bien qui n'i ait point de chanlandise [1], ne ne les affermez mie à genz soupeçonneuses de heresie ne
de autre grant crime, ne à juis, ne à voz paranz, ne à voz cosins, ne à
voz afins, ne à autres de vostre mesnie, ne à autres qui soient à noz
gages ne à voz, ne ne sofrez qu'il en soient parçonnier. Et nos ranvoiez
en escrit par vostre clerc coment eles sont affermées, ne à qui et com-

---

[1] Association, entente, accord tacite et illicite.

bien chacunne par soi. Et en totes les choses desus dites et ou boen et laial governement de nostre terre saiez curieus, diligent et ententis. Ce fu donné à Rampillon, le lundi après la feste de l'invention sainte Croiz, en moi, l'an de l'incarnation Jhesu Crist M CC LX VII.

### 239

9 mai 1267. — À GUILLAUME ET SALEMON [POUR HÂTER LA LEVÉE DU FOUAGE].

Aufonz, etc., à ses amez et ses feaus clers Guillaume et Salemon, saluz et amor. Com nos aions mandé à nostre seneschau de Tholose et d'Aubijois que il liet et face lever le foage de la seneschaucie de Tholose et de Aubijois bien et ententivement et leaument, et au plus tost que il porra, en tele maniere que les deniers qui en seront levez nos envoit au Temple à Paris au jeudi après la quinzainne de Pentecoste par son clerc, nos vos mandons que au devant dit foage lever soiez curieus et ententis, en tele maniere que il les nos puist anvoier par son clerc au jeudi après la quinzainne de Pentecoste qui vient. Et li ramentevez sovant que il le liet et reçoive, et que au devant dit joedi après la quinzainne de Pentecoste le nos envoit par son clerc au Temple à Paris, si com nos li avons mandé. E vos mandons que vos vegnez à nos au devant dit jeudi aveic le devant dit clerc au seneschal et avec les deniers dou fouage, ou l'un de vos deus, ou Guillaume ou Salemon. Ce fu fait à Rampillon, le lundi après l'invencion sainte Croiz, en l'an nostre Seigneur M CC LX set.

### 240

8 mai. 1267. — RESPONSIO SENESCALLI SUPER FACTO BERAUDI DE ANDUSIA, AD PETICIONEM LEGATI.

Illustrissimo domino suo Alfonso, filio regis Francie, comiti Pictavie et Tholose, P. de Landrevilla, miles, senescallus suus in Tholosano et Albiensium partibus, seipsum semper mandatis et beneplacitis humilem et devotum. Noverit vestra dominacio nos mandatum vestrum nobis factum super facto domini Beraudi de Andusia execution mandasse, juxta mandati seriem supradicti, et omnia que tenet a vobis tam ex donacione vestra quam alio modo ad manum vestram deposuisse, et ibi custodias posuisse. Datum Tholose, die dominica post festum exaltacionis [1] sancte Crucis.

## 241

19 mai. 1267. — SENESCALLO PRO YSARNO NIGRO DE CASTRONOVO, MILITE DE ARRIO.

Alfonsus, *etc.*, senescallo Tholose et Albiensis, *etc.* Mandamus vobis quatinus Ysarno dicto Nigro, de Castronovo de Arrio [2], militi, latori presencium, tradatis de denariis nostris sexaginta solidos tholosanorum, quos eidem dedimus pro filiabus suis maritandis. Datum apud Moissiacum episcopi, die jovis ante Rogaciones, anno Domini M° CC° LX° VII°.

## 242

19 mai. 1267. — SENESCALLO THOLOSE ET ALBIENSIS PRO DOMINO COMITE PICTAVIE ET THOLOSE [SUPER EMENDA AB ABBATE BONIFONTIS LEVANDA].

Alfonsus, *etc.*, senescallo Tholose et Albiensis, *etc.* Cum per vestras nobis significaveritis litteras quod religiosos abbatem et conventum Bonifontis [3] in quinquaginta libris condampnaveritis, eo videlicet quod cum judex noster Gasconie et Rogerius, serviens noster et bajulus in Wasconia, ad assisiam quam assignaverant ad bastidam nostram Carbone [4] interessent et multi boni viri pro suis causis expediendis seu negociis convenissent, et specialiter dominus episcopus Coseranensis et multi alii nobiles, milites et religiosi, quia preceptor milicie Templi de Montesaunes [5], miles, ibidem venerat pro suis negociis expediendis et equitaturas suas incluserat in stabulo nostri

---

[1] La place occupée par cet acte dans le registre prouve qu'il faut corriger *invencionis* et traduire 8 mai et non 18 septembre.

[2] Castelnaudary, Aude.

[3] Bonnefont, ordre de Cîteaux, diocèse de Comminges, Haute-Garonne, comm. Proupiary.

[4] Carbonne, Haute-Garonne.

[5] Montsaunès, Haute-Garonne, cant. Salies-du-Salat.

bajuli supradicti, abbate Bonifontis presente infra dictam villam et non ignorante, socii sui monachi et nuncii laici et specialiter grancharius dicti loci cum securibus et armis, facto inpetu ex improviso, dictam assisiam invadentes, presente dicto episcopo et aliis predictis, dictum preceptorem in ipsa assisia dehonestaverunt et cum securibus hostia dicti bajuli contigua ipsi assisie fregerunt, nitentes extrahere equitaturas dicti preceptoris, insuper et traxerunt[1] villiter dictum judicem et bajulum et alias fecerunt molestias, propter quod condampnastis eos in dicta summa, et quod dictus abbas dictam condampnationem acceptavit, sicut nobis singnificastis per vestras litteras. Et cum vobis scripserimus quod si ob hoc aliquid de suo cepistis occasione emende, quod recredatis nec levetis usque ad adventum domini Poncii et magistri Odonis, quod non fecissemus si veritatem nobis dixisset dictus abbas, vobis mandamus quod, non obstante predicta littera taliter obtenta, in negotio predicto de consilio dictorum domini Poncii et magistri Odonis, prout justum fuerit, procedatis. Super eo vero quod per vestras intelleximus litteras, quod dilectus et fidelis noster dominus Gerardus de Armegniaco hominibus nostris bastide de Gimont[2] multa gravamina inferat minus juste, vobis singnificamus quod nos super hoc colloquium habuimus cum dicto domino Poncio et magistro Odone et domino Sycardo Alemanni, unde super hoc loquamini cum ipsis. Datum die jovis ante Rogationes, anno LX° septimo.

### 243

19 mai 1267. — SENESCALLO THOLOSE ET ALBIENSIS PRO DOMINO COMITE
[SUPER LEVATIONE FOCAGII ET CAMBIO MONETE].

Alfonz, *etc.*, à son amé et son faél le seneschal de Tholose et d'Aubijais, saluz et amor. Les lestres que vos envoiastes au tresorier de Poitiers avons veues diligenment, et par la teneur d'iceles entendismes, et bien le savions avant, que le foage de Tholosan et la promesse de la

---

[1] Sans doute pour *tractaverunt*. — [2] Gimont, Gers.

cité de Tholose nos est deue tout en tournois, et doivent les homes qui le foage doivent pourchacier le change et fere les paie[s] en tournois tout à leur couz. Mes pour ce que es distes voz lestres estoit contenu que l'en trovoit pou de tornois ou pais, par quoi les paies porroient estres delaiées, nos vos mandons que toutes les paies qu'il vos doivent fere recevez tout en tornois se il le pueent fere, et se il ne pooient paier tout en tornois, que au plus qu'il porront paient en tornois, et le remenant en tholosans ou en autres monoies, tant que les monoies que vous recevroiz vallent bien au change ce qu'il vos devront de tornois, si que le domage du change chiee sur eus et ne mie sur nos. Et ausint les deniers de noz bailliées et les deniers que vos nos devez de viez et de novel, o les deniers devant diz du foage, envoiez au Temple à Paris par vostre clerc au plus que vos porroiz entor le jeudi d'après la quinzaine de Penthecoste qui vient prochienement, selonc ce que nos vos avons autre foiz mandé, en tornois au plus que vos porroiz, et le remenant en estellins ou en or ou en argent, au meilleur change que vos porroiz. Et sachiez que le seneschal d'Agenas et de Caorsin nos envoia bien le foage de sa seneschauciée et les deniers de noz rentes, et vos meismes ausint les deniers de noz rentes de vostre seneschauciée nos avez envoiez en tornois, et si n'estoit il mie lores tant de tornois d'assez com il est ores, quar nostre sires li rois de France a puis fet forgier tornois à Nimes et à Borges, à Senz, à Tours et à Paris, par quoi il est plus de tornois que il ne seut et sont plus espanduz, et en doit l'en plus trover et à greigneur marchié. Et seur toutes les choses desus dites soiez curieus, diligenz et ententis, et ces lestres mostrez à Thomas vostre clerc, et li commandez que de toutes ces choses soit curieus et ententis et que les deniers aport au Temple à Paris entor le juedi d'après la quinzaine de la Penthecoste qui vient prochiennement, en tornois au plus qu'il porra, et le remenant en estellins ou en or ou en argent, au meilleur change qu'il porra, et raport en escrit combien il aportera de chascune monoie par soi dessevreement. Et semble que la some du foage qui en doit estre levée à ceste Ascension et des deniers de noz rentes de vostre seneschauciée doit monter grant chose, et que

Thomas vostre clerc nos doie aporter grant some de deniers à ce terme desus dist au Temple à Paris. Et en toutes ces choses desus distes et en pourchacier deniers pour nos en toutes boennes manieres et laiaus, metez peine et diligence, si que nos vos en sachions gré. Quar il est grant mestier que nos aions assez deniers au Temple à Paris pour la besoigne de la Terre d'outremer que nos avons emprise, où il nos covendra mout mestre et molt despendre. Ce fu doné à Moissi, le jeudi d'après le mois de Pasques, en l'an nostre Seigneur M CC LX VII. Il n'est pas boen que vos veigniez à cest terme, d'ores mes quant Thomas vostre clerc sera venu et aura aporté noz deniers entour le juedi d'après la quinzaine de Penthecoste qui vient prochienement, nos vos ferons assavoir par celi Thomas quant vos vendroiz à nos.

Autele lestre fu envoiée el seel au tresorier à iceli.

### 244

(Fol. 41.) 19 mai. 1267. — SENESCALLO THOLOSE PRO HOMINIBUS BASTIDE VILLEFRANCHE, THOLOSANE DYOCESIS.

Alfonsus, *etc.*, senescallo Tholose et Albiensis, *etc.* Ex parte hominum bastide nostre Villefranche [1], dyocesis Tholosane, nobis extitit significatum quod vos ab ipsis focagium levare intenditis, licet illud ab aliis bastidis nostris non levetis; item ex parte ipsorum nobis extitit suplicatum ut nos [ipsis] libertates seu franchesias concederemus. Unde vobis mandamus quatinus utrum dicta bastida incepta fuerit tempore nostro, et quare ab ipsis focagium levare intenditis, necnon et quas consuetudines seu libertates habere volunt dicti homines, nobis per vestrum clericum, cum ad nos venerit, in scriptis significare curetis. Datum apud Moyssiacum, die jovis ante Rogationes.

[1] Villefranche-de-Lauragais, Haute-Garonne.

## 245

23 mai. 1267. — SENESCALLO PRO BIDALDO DE SERRA [SUPER BASTIDA DE BEDET].

Alfonsus, *etc.*, senescallo Tholose et Albiensis, *etc.* Veniens ad nos Bidaldus de Serra nobis conquerendo monstravit quod vos, ad requisicionem abbatis Grandissilve [1], bastidam de Bedet [2] in terra ipsius Bidaldi edificari facitis in ejus prejudicium et jacturam. Unde vobis mandamus quatinus de jure ipsius plenius addiscentes, si ipsum in dicto loco inveneritis jus habere, predictam bastidam in ejus prejudicium minime faciatis vel fieri permittatis, jure tamen nostro et alieno servato. Ceterum super hiis que proponenda duxerit coram vobis contra homines bastide de Gemont, super dampnis et injuriis que sibi inferunt in terra sua, ut dicit, diligenter audiatis, et vocatis ipsis hominibus auditisque eorum racionibus, de personis et rebus ad nostram jurisdicionem spectantibus faciatis eidem bonum jus et maturum, abbatem de Gemont [3] requiri facientes ut quasdam quartas [4], sibi a quodam avunculo suo quondam in deposito traditas, jura ipsius tangentes, ut dicit, eidem restituat atque reddat. Et quid responderit idem abbas, et quid super premissis feceritis, nobis loco et tempore rescribatis. Datum die lune ante ascensionem Domini, anno Domini M° CC° LX° VII°.

## 246

30 mai. 1267. — PRO FRATRIBUS ORDINIS BEATI AUGUSTINI THOLOSE.

Alfonsus, *etc.*, senescallo Tholose et Albiensis, *etc.* Mandamus vobis quatinus fratribus ordinis beati Augustini Tholose sex libras tholosanorum, quas eisdem dedimus in elemosina, de denariis nostris tradatis. Datum die lune ante Penthecosten, anno Domini M° CC° LX° VII°.

---

[1] Grandselve, ordre de Cîteaux, diocèse de Toulouse, Tarn-et-Garonne, comm. Bouillac.

[2] Je pense que ce *Bidaldus de Serra* tirait son nom de Lasserre, Haute-Garonne, canton de Léguevin. La bastide de Bedet paraît n'avoir jamais été achevée; aucun texte, au surplus, ne la mentionne, à ma connaissance.

[3] Gimont, ordre de Cîteaux, diocèse de Toulouse; Gers, ch.-l. cant.

[4] Lisez *cartas*.

## 247

1 jun. 1267. — SENESCALLO THOLOSE PRO BERTRANDO CARBONEL.

Alfonsus, *etc.*, senescallo Tholose, *etc.* Veniens ad nos Bertrandus Carbonel, domicellus, nobis conquerendo monstravit quod consules de Vauro[1] ipsum intendunt pro solvendo nobis focagio talliare, in ejus prejudicium, cum sit nobilis et filius militis, ut dicit, et nunquam extitit consuetum nobiles talliari pro focagio vel alia quacumque causa. Unde vobis mandamus quatinus, vocatis dictis consulibus et auditis eorum racionibus, dictum domicellum non permittatis indebite talliari contra consuetudinem diucius usitata[m]. Insuper dedit nobis intelligi idem domicellus, quod duas heresias, videlicet terram Odi Gagii et terram Boneti Dominici, quas ad manum nostram tenetis, libenter emeret vel nobis competens escambium daret pro eisdem. Unde vobis mandamus quatinus quantum vellet nobis dare de eisdem in emendo vel in cambiando, et ubi site sunt dicte terre, et quantum vallent annui redditus, et utrum esset utilitas nostra, diligenter addiscatis, nos super hiis omnibus loco et tempore plenius certificare curantes. Datum die mercurii ante Penthecosten.

Édité dans *Hist. de Languedoc* (nouv. édit.), VIII, c. 1623.

## 248

(Fol. 42.) 6 jun. 1267. — SENESCALLO THOLOSANO PRO GUIDONE DICTO ALBIGENSI [FRATRE DEFUNCTI VICECOMITIS LAUTRICENSIS].

Alfonsus, *etc.*, senescallo Tholose et Albiensis, *etc.* Veniens ad nos Guido dictus Albigensis, miles, frater quondam vicecomitis Lautricensis[2], nos cum instancia requisivit ut ipsum in hominem nostrum recipere deberemus pro hereditaria porcione, que ipsum contingit ex suscessione dicti[3] vicecomitis fratris sui. Hinc est quod vobis manda-

---

[1] Lavaur, Tarn.

[2] Ce vicomte s'appelait Sicard, il devait être mort depuis peu; voir à ce sujet une note de Dom Vaissete (*Hist. de Languedoc*, nouv. édit., VII, p. 59).

[3] Le texte porte *dicis*.

mus quatinus, vocatis his quorum interest, juramentum fidelitatis pro rata hereditatis fraterne recipiatis a milite supradicto, si aliud [1] rationabile non obsistat, significantes nobis per vestras litteras de quibus et cujusmodi homagium planum vel ligium nobis facere teneatur, conservetisque in hiis omnibus et singulis jus nostrum et quo[d]libet alienum. Datum Parisius, in crastino Panthecostes, anno Domini M° CC° LX° septimo.

## 249

7 jun. 1267. — SENESCALLO THOLOSE ET ALBIENSIS PRO JORDANO DE SAXACO, MILITE [SUPER FOCAGIO].

Alfonsus, *etc.*, senescallo Tholose et Albiensis, *etc.* Ex parte nobilis et fidelis nostri Jordani de Saxaco, militis, nobis est datum intelligi quod vos ab hominibus ipsius focagium pro nobis et nomine nostro levare intenditis, licet ipse et dicti homines nunquam dictum focagium promiserint, ut dicitur, nec alia aliqua ratione ad solvendum nobis focagium teneantur. Unde vobis mandamus quatinus utrum idem miles pro predictis hominibus vel etiam dicti homines predictum focagium solvere promiserunt, vel alia ratione ad solucionem ipsius focagii teneantur diligenter addiscentes, de consilio dilectorum et fidelium nostrorum Poncii Astoaudi et magistri Odonis de Montoneria et aliorum proborum virorum, faciatis eisdem hominibus, jure nostro servato, quod justum fore noveritis et consonum rationi, dictum tamen focagium in respectu nostro ponentes usque ad festum beati Michaelis proximo venturum, tractantes interim cum predictis hominibus utrum aliquid nobis pro focagio vel gracia et quantum nobis voluntarie dare vellent, responsionem et voluntatem eorum super hoc et quid inde factum fuerit nobis loco et tempore rescribentes. Datum die martis post Penthecosten, anno Domini M° CC° LX° VII°.

---

[1] Ms. *alius*.

## 250

7 jun. 1267. — PONCIO ASTOAUDI ET MAGISTRO ODONI PRO GERARDO ROUALLI ET PETRO DE CANDEZAS.

Alfonsus, *etc.*, dilectis et fidelibus suis Poncio Astoaldi et magistro Odoni de Montoneria, salutem et dilectionem. Mandamus vobis quatinus Gerardum Roualli et Petrum de Candezas, super hiis que proponenda duxerint coram vobis contra senescallum nostrum Ruthenensem, super quadam injusta condampnacione contra ipsos per dictum senescallum lata, ut dicitur, racione quorumdam porcorum, diligenter audiatis, et vocatis qui vocandi fuerint, jure nostro servato, de personis et rebus ad nostram jurisdicionem spectantibus faciatis eisdem celeris justicie complementum. Datum die martis post Penthecosten, anno Domini M° CC° LX° VII°.

## 251

7 jun. 1267. — EISDEM PRO SADALINA ET ACELINA, SORORIBUS.

Alfonsus, *etc.*, Poncio Astoaudi et Odoni de Montoneria, *etc.* Mandamus vobis quatinus Sadelinam et Acelinam, sorores, super hiis que proponenda duxerint coram vobis contra Raymundum Pictavini, bajulum, et judicem de Caramanno [1], super quibusdam oppressionibus ab ipsis predictis sororibus injuste illatis, ut dicitur, diligenter audiatis, et vocatis qui vocandi fuerint, jure nostro servato, de personis et rebus ad jurisdicionem nostram spectantibus secundum omnia arramenta et instrumenta faciatis eisdem bonum jus et maturum. Datum die martis post Penthecosten, anno Domini M° CC° LX° VII°.

## 252

8 jun. 1267. — SENESCALLO THOLOSE ET ALBIENSIS PRO HOMINIBUS DE PEREINX SUPER FOCAGIO.

Alfonsus, *etc.*, senescallo Tholose et Albiensis, *etc.* Ex parte homi-

---

[1] Caraman, Haute-Garonne.

num nostrorum de Percinx[1] nobis est supplicatum ut de triginta libris turonensium, quas ab ipsis pro focagio levare debetis, ut dicitur, intuitu pietatis gratiam aliquam facere deberemus. Unde vobis mandamus quatinus de dictis triginta duabus libris centum solidos turonensium in respectu nostro ponatis usque ad voluntatem nostram. Datum die mercurii post Penthecostem, anno LX° septimo.

### 253

8 jun. 1267. — EIDEM PRO HOMINIBUS DE MONTELUCANO SUPER FOCAGIO.

Mandamus vobis quatinus hominibus de Montelucano[2] detis respectum usque ad duodecim focos, donec aliud a nobis receperitis in mandatis, tractantes interim cum dictis hominibus utrum nobis de dicto focagio dare et concedere voluerint aliquid spontanea voluntate, ratione seu nomine focagii supradicti, quid super hoc feceritis nobis per vestrum clericum, cum ad nos venerit, intimantes in scriptis. Datum ut precedens.

### 254

8 jun. 1267. — EIDEM PRO HOMINIBUS HUGONIS DE ALFARIO.

Cum, sicut ex parte Hugonis de Alfario nobis fuit intimatum, prior Beate Marie Deaurate de Tholosa homines ipsius Hugonis de Montelauro[3] et de Valleberaudi[4], ratione decimarum feni quas idem prior petit ab eisdem, ut dicit, indebite et injuste, coram judicibus ecclesiasticis vexari faciat et citari, vobis mandamus quatinus dictum priorem ex parte nostra requiri faciatis ut ab hujusmodi vexacione et citacione desistat. Responsionem autem, quam vobis super hoc fecerit dictus prior, nobis in scriptis significetis. Datum ut precedens.

[1] Peyrens, Aude, cant. Castelnaudary.

[2] J'ignore la forme moderne de ce nom de lieu. Faut-il supposer une mauvaise traduction, par le scribe, de *Monlezun, Gers*, cant. *Nogaro*, localité qui, peut-être, dès cette époque, dépendait de la sénéchaussée de Toulouse, baylie de Gascogne ?

[3] Montlaur, Haute-Garonne, cant. Montgiscard.

[4] Belbéraud, Haute-Garonne, cant. Montgiscard.

## 255

8 jun. 1267. — EIDEM PRO HOMINIBUS EJUSDEM HUGONIS DE MONTELAURO ET DE SANCTO GEORIO SUPER FOCAGIO.

Ex parte Hugonis de Alfario nobis est datum intelligi quod vos ab hominibus suis de Montelauro et de Sancto Georio[1] focagium levare intenditis, licet ipse pro dictis hominibus vel etiam ipsi homines nunquam dictum focagium nobis vel alii nomine nostro promiserint, vel aliqua alia ratione ad solvendum nobis dictum focagium teneantur. Unde vobis mandamus quatinus utrum predicti homines vel alius pro ipsis dictum focagium nobis promiserint vel alias ad solucionem ipsius teneantur diligenter addiscentes, de consilio bonorum, jure nostro et alieno servato, faciatis eisdem hominibus quod justum fore noveritis et consonum rationi, tractantes interim cum eisdem hominibus utrum nobis pro focagio vel gratia aliquid et quantum voluntarie dare vellent, dictum focagium in respectu nostro ponentes usque ad festum beati Michaelis proximo venturum. Datum ut precedens.

## 256

(Fol. 43.) 10 jun. 1267. — SENESCALLO SUPER FACTO BERNARDI, FILII YSARNI JORDANI, MILITIS.

Alfonsus, *etc.*, senescallo Tholose et Albiensis, *etc.* Super eo quod nobis per vestras litteras intimastis quod Bernardus Jordani, filius Ysarni Jordani, militis, multa mala fecit in terra quorumdam militum, qui tenent a nobili et fideli nostro Jordano, domino Insule, milite, qui est de feodo nostro, ibidem ignem apponendo et illos de terra illa cum armis hostiliter invadendo, et multa gravamina facere comminatur, et quod ipsum de tota terra nostra non comparentem coram vobis, ut debuit, baniri fecistis, vobis mandamus quatinus in hujusmodo negocio, quantum[2] tangit personas et res de nostra jurisdicione et vestra

---

[1] Ce doit être Saint-Jory, Haute-Garonne, cant. Fronton. — [2] Le manuscrit porte *quatenus*.

senescallia existentes, de proborum virorum consilio procedatis, dilectorum et fidelium nostrorum Poncii Astoaudi, militis, et Sycardi Alemanni et magistri Odonis de Montoneria consilium super hoc requirentes. Datum die veneris post Penthecosten, anno LX° VII°.

Édité dans *Hist. de Languedoc* (nouv. édit.), VIII, cc. 1602-1603.

### 257

10 jun. 1267. — SENESCALLO THOLOSE PRO PREPOSITO THOLOSE [SUPER FOCAGIO].

Alfonsus, *etc.*, senescallo Tholose et Albiensis, *etc.* Ex[1] parte venerabilis et dilecti nostri prepositi Tholose nobis est datum intelligi quod ab hominibus capituli Tholose, qui sunt circa quaterviginti foci, nomine nostro exigitur focagium, licet ad solucionem ipsius dicti homines, ut dicitur, minime teneantur. Unde vobis mandamus quatinus quot foci sunt de capitulo predicto, et utrum jus aliquod habeamus levandi ab ipsis focagium, et utrum promiserunt diligenter addiscentes, predictum focagium in respectu nostro ponatis usque ad voluntatem nostram, tractantes interim cum preposito et hominibus predictis quantum nobis pro focagio vel gratia voluntarie dare vellent, responsionem et voluntatem eorum super hoc nobis rescribentes. Datum die veneris post Penthecosten, anno Domini M° CC° LX° VII°. Et super premissis cum Poncio Astoaudi, milite, et magistro Odone colloquium habeatis.

### 258

11 jun. 1267. — PONCIO ASTOAUDI, MILITI, ET MAGISTRO ODONI DE MONTONERIA PRO RAYMUNDO GUILLELMI ALERON.

Alfonsus, *etc.*, dilectis et fidelibus suis Poncio Astoaudi, militi, et magistro Odoni de Montoneria, salutem et dilectionem. Mandamus vobis quatinus Raymundum Guillelmi Aleron, latorem presencium, super hiis que ratione cujusdam maresc, de quo per Johannem de

[1] Le manuscrit porte, par erreur, *Cum ex*.

Malonido, quondam bajulum Marmande [1], extitit, ut asserit, spoliatus, coram vobis proponenda duxerit, audiatis diligenter et sibi super hoc faciatis bonum jus et maturum secundùm traditam vobis formam. Datum die sabbati post Penthecosten, anno Domini M° CC° LX° septimo.

## 259

11 jun. 1267. — SENESCALLO THOLOSE PRO EGIDIO CAMELINI, CLERICO.

Alfonsus, *etc.*, senescallo Tholose et Albiensis salutem et dilectionem sinceram. Significamus vobis quod Egidius Camelin, clericus, posuit Parisius apud Templum ducentas libras turonensium de denariis suis nomine nostro. Quare vobis mandamus quatinus predictas ducentas libras turonensium apud Tholosam eidem vel ejus mandato de denariis nostris faciatis persolvi, visis litteris, et nos predictam pecunie summam in aquitacionem vestram computari faciemus pro clerico supradicto. Datum apud Moissi, die sabbati post Panthecosten, anno Domini M° CC° LX° septimo.

## 260

12 jun. 1267. — PONCIO ASTOAUDI, MILITI, ET MAGISTRO ODONI PRO EPISCOPO THOLOSANO [SUPER DESTRUCTIONE FURCARUM CASTRIMAURONIS].

Alfonsus, *etc.*, dilectis et fidelibus suis Poncio Astoaudi, militi, et magistro Odoni de Montoneria, salutem et dilectionem. Ex parte venerabilis patris... episcopi Tholosani nobis est conquerendo monstratum quod vicarius Tholose furcas, justicias et costellum sive pilori de Castromauronis [2], in quo idem episcopus omnimodam jurisdicionem spiritualem et temporalem, altam et bassam, habere se dicit a tempore cujus non extat memoria, post ordinacionem circa mediam quadragesimam proximo preteritam per consilium nostrum factam, cum armis diruit seu dirui fecit in ipsius episcopi et jurisdicionis sue prejudi-

[1] Marmande, Lot-et-Garonne. C'est évidemment par erreur que cet acte se trouve dans le cahier des actes relatifs à la sénéchaussée de Toulouse. — [2] Castelmaurou, Haute-Garonne, cant. Toulouse.

cium atque dampnum. Unde vobis mandamus quatinus secundum quod ordinatum tunc extitit per consilium nostrum et vobis injunctum in negotio hujusmodi procedatis, si que postea per dictum vicarium indebite fuerint attemptata ad statum debitum reduci facientes. Et super ordinacione hujusmodi cum Sycardo Alemanni, milite, et judice vicarii Tholose, qui predicte ordinacioni interfuerunt, colloquium habeatis. Datum dominica in Trinitate, anno Domini M° CC° LX° VII°.

Édité dans *Hist. de Languedoc* (nouv. édit.), VIII, c. 1603.

### 261

12 juin 1267. — SENESCALLO THOLOSE ET ALBIENSIS PRO DOMINIS DE COLUMB[ER]IIS.

Alfonsus, *etc.*, senescallo Tholose et Albiensis, *etc.* Ex parte dominorum de Columb[er]iis nobis extitit conquerendo monstratum, quod cum ipsi sint et fuerint, ut dicitur, in possessione vel quasi majoris et minoris jurisdicionis in castro de Columb[er]iis[1], vicarius noster Tholose ipsos in eadem inquietat multipliciter et perturbat. Quare vobis mandamus quatinus ipsos super hoc audientes, vocato dicto vicario et aliis quorum interest, eisdem exhibeatis super hoc bonum jus et maturum, fidelium nostrorum Poncii Astoaudi, militis, et magistri Odonis de Montoneria consilium super hoc requirentes. Datum die dominica in festo sancte Trinitatis.

### 262

12 juin 1267. — P. ASTOAUDI ET O. PRO PETRO DE NOVAVILLA.

Alfonsus, *etc.*, Poncio Astoaudi, militi, et magistro Odoni de Montoneria, *etc.* Veniens ad nos Petrus de Novavilla, burgensis Mermande, nobis conquerendo monstravit quod Symo Clareti, quondam senescallus noster Agennensis[2], in quadam platea sita in villa Mermande, quam ipse et sui tenebant a nobis in feodum, ut dicit, quemdam furnum edificavit, in ipsius Petri prejudicium et gravamen. Unde vo-

[1] Colomiers-Lasplanes, Haute-Garonne, cant. Toulouse. — [2] Sénéchal d'Agenais et de Quercy en 1252 et 1253.

bis mandamus quatinus dictum Petrum super hoc diligenter audiatis et sibi super hiis faciatis [1] bonum jus et maturum, secundum traditam [vobis formam] [2]. Data in die sancte Trinitatis, anno Domini M° CC° [LX°] VII°.

## 263

12 jun. 1267. — PRO DOMINO BERTRANDO ROQUE, MILITE [DE HERESI SUSPECTO].

Alfonsus, *etc.*, domino Poncio et magistro Odoni, *etc.* Cum olim fuerit Bertrandus Roque, miles, ut dicitur, de heresi suspectus, et propter hoc ad manum nostram bona ipsius teneamus, ut asserit, confiscata, vobis mandamus quatinus de valore ipsorum bonorum in redditibus annuatim et in quibus consistant, et quanto tempore tenuimus, et de fama ipsius militis addiscatis diligencius veritatem, quid super hiis inveneritis nobis rescribentes vel cum aliis vestris inquestis in scriptis, cum ad nos veneritis, refferentes. Datum apud Hospitale juxta Corbolium, die sancte Trinitatis, anno LX° VII°.

## 264

(Fol. 44.) 12 jun. 1267. — PONCIO ASTOAUDI, MILITI, ET MAGISTRO ODONI PRO BERNARDO CHAPELERII ET PETRO, FRATRIBUS.

Alfonsus, *etc.*, dilectis et fidelibus suis Poncio Astoaudi, militi, et magistro Odoni de Montoneria, salutem et dilectionem. Cum senescallus noster Tholose in castro de Penna in Albigesio [3] captos detineat Bernardum Chapelerii et Petrum, fratres, prout ex relacione cujusdam fratris eorumdem intelleximus, vobis mandamus quatinus, quantum ad nos pertinet, vocato senescallo Tholose, eosdem fratres deliberari vel recredi faciatis, si de jure vel de consuetudine patrie delibe-

---

[1] Ici les lettres *re*, que nous supprimons.

[2] Ici le copiste a d'abord écrit *Dat.*, puis il a ajouté la clause qui suit, avec la forme insolite *Data*. — Même observation que pour le n° 258.

[3] Penne-du-Tarn, Tarn, canton de Vaour.

rari possint et debeant vel recredi. Datum die sancte Trinitatis, apud Hospitale justa Corbolium, anno Domini M° CC° LX° septimo.

Édité dans *Hist. de Languedoc* (nouv. édit.), VIII, cc. 1603-1604.

### 265

12 jun. 1267. — SENESCALLO THOLOSE PRO HOMINIBUS BASTIDE SANCTI SULPICII DE LERADES.

Alfonsus, *etc.*, senescallo Tholose et Albiensis, *etc.* Mandamus vobis quatinus focagium hominum bastide Sancti Sulpicii de Lerades[1] in nostram ponatis sufferenciam usque ad instans festum beati Michaellis archangeli, tractantes interim cum eisdem hominibus quantum nobis dare voluerint pro focagio seu nomine focagii, ex gratia et spontanea voluntate. Preterea vobis mandamus quatinus ex parte nostra requiratis seu requiri faciatis... senescallum Carcassone, ut injurias et gravamina eisdem hominibus illata, ut dicitur, a comite Fuxensi et suis, eisdem faciat, ut condecet, emendari, et responsionem quam vobis super hoc fecerit nobis significetis in scriptis. Predictis eciam hominibus contra justiciam aliquas novitates non faciatis nec fieri permittatis. Datum die sancte Trinitatis, apud Hospitale juxta Corbolium, anno Domini M° CC° LX° septimo.

### 266

14 jun. 1267. — PONCIO ASTOAUDI, MILITI, ET MAGISTRO ODONI PRO RAYMUNDO ATONIS DE ASPELLO.

Alfonsus, *etc.*, Poncio Astoaudi, militi, et magistro Odoni de Montoneria, *etc.* Mandamus vobis quatinus peticionem seu requisicionem, quam vobis faciet Raymundus Atonis de Aspello, miles, super quibusdam convencionibus condam habitis inter magistrum Guillelmum Rollandi, tunc clericum nostrum, et Philipum de Aquabona, militem, pro nobis ex una parte et ipsum Raymundum ex altera, diligenter au-

---

[1] Saint-Sulpice, Haute-Garonne, cant. Carbonne.

diatis, peticionem vero predictam et quid super hoc factum fuerit et consilium vestrum, una cum aliis inquestis vestris, cum ad nos veneritis, vobiscum in scriptis afferentes. Et super hiis cum senescallo nostro Tholosano et Sicardo Alemanni, milite, et aliis quibus videritis expedire colloquium habeatis. Datum die martis post [octabas] Penthecostes [1], anno Domini M° CC° LX° VII°.

## 267

14 jun. 1267. — SENESCALLO PRO HOMINIBUS FORTANERII DE CONVENNIS, MILITIS, ET AIMERICI, FRATRIS SUI [SUPER FOCAGIO].

Alfonsus, *etc.*, senescallo Tholose et Albiensis, *etc.* Mandamus vobis quatinus focagium hominum Fortanerii de Convennis, militis, et Aymerici, fratris sui, videlicet castri Montispesati [2], de Samuha [3], de Saboheras [4] et Sorgas [5], la Fara [6] et Bragairac [7] et pertinenciarum, si dicte ville sint, in quibus sunt circa ducenti quinquaginta foci, ut dicitur, in nostram ponatis sufferenciam usque ad instans festum beati Michaelis archangeli, interim addiscentes utrum predicti homines dictum focagium promiserunt, et utrum unquam solverunt focagium bone memorie comiti Raymundo, predecessori nostro, seu eidem aliquam aliam subvencionem in denariis vel taliis aut alio modo fecerunt, et utrum teneantur de jure; nichilominus tractantes cum eisdem si quid nobis pro focagio vel nomine focagii dare voluerint de gratia et spontanea voluntate, quid super hiis inveneritis et feceritis nobis rescribentes infra terminum supradictum. Et super hoc cum dilectis et fidelibus nostris Poncio Astoaudi, milite, domino Sycardo Alemanni, milite, et magistro Odone de Montoneria colloquium et consilium

---

[1] Nous suppléons *octabas* dans le texte, à cause de la place occupée par cet acte dans le registre et de la manière dont la date est exprimée dans le mandement suivant.

[2] Montpezat, Gers, cant. Lombez.

[3] Peut-être Saman, Haute-Garonne, cant. Boulogne.

[4] Sabonères, Haute-Garonne, cant. Rieumes.

[5] Forgues (corrigez *Forgas*), canton de Rieumes.

[6] Lahage, Haute-Garonne, canton de Rieumes.

[7] Bragayrac, cant. Saint-Lys.

habeatis. Datum die martis post octabas Penthecostes, anno Domini
M° CC° LX° VII°.

## 268

14 jun. 1267. — PRO RAYMUNDO ATTONIS [DE ASPELLO], MILITE,
ET HOMINIBUS SUIS [SUPER FOCAGIO].

Alfonsus, *etc.*, senescallo Tholose et Albiensis, *etc.* Mandamus vobis quatinus focagium hominum Raymundi Attonis de Aspello, militis, scilicet Bastide Barrati [1], de Pallamenico [2], de Colareda [3] et de Maragno [4], in nostram ponatis sufferenciam usque ad instans festum beati Michaelis archangeli, interim addiscentes utrum focagium nobis promiserunt, et utrum focagium unquam solverunt bone memorie Raymundo, condam comiti Tholose, predecessori nostro, seu eidem aliquam aliam gratiam seu subvencionem in denariis vel talliis vel alio modo fecerunt, et utrum teneantur de jure; nichilominus tractantes cum eisdem si quid nobis dare voluerint pro focagio seu nomine focagii ex gratia et spontanea voluntate, quid super hiis inveneritis et feceritis nobis rescribentes infra terminum supradictum. Et super hoc cum dilectis et fidelibus nostris Poncio Astoaudi, milite, et Sicardo Alemanni, milite, et magistro Odone de Montoneria colloquium et consilium habeatis. Datum die martis post octabas Penthecostes, anno Domini M° CC° LX° VII°.

## 269

18 juin 1267. — AU SENESCHAL DE THOLOSE POUR LE CONTE DE POITIERS
ET DE THOLOSE.

Le millier des quarriaus greigneurs coste xx sols et des meneurs xviii sols, et l'arbaleste iiii sols et les cros xii deniers.

Alfonz, filz de roi de France, coens de Poitiers et de Tholose, à son amé et son feal le seneschal de Tholose et d'Aubigeois saluz et amour. Nous vos fesons assavoir, que pour fere quarriaus et arbalestes et cros

---

[1] Non retrouvé sur les cartes. — [2] Palaminy, cant. Cazères. — [3] Couladère, cant. Cazères. — [4] Mauran, cant. Cazères.

et tarcais avons envoiées unes lestres à nostre amé et nostre feau Sycart Alemant, chevalier, en la forme qui s'ensuit ci desouz escriptes :

*Le tancrit de la lestre qui fu envoiée à monseigneur Sycart Alemant* [18 juin 1267].

Aufonz, filz de roi de France, coens de Poitiers et de Tholose, à son amé et son feau mesire Sicart Alemant, chevalier, saluz et attalentement de boenne amor. Come Sycart, vostre filz, ait baillié arbalestes et tarcais et quarriaus, dont le millier des greigneurs carriaus costeroit xx sols et des meneurs xviii sols, si comme il estoit contenu en l'escrit que cil vostre filz bailla, nos vos fesons assavoir que les devant diz quarriaus que il bailla sunt trop lons, et ne sunt mie bien droit enferrez. Pour quoi nos vos envoions iiii quarreaus à estreu, et vos prions qu'à l'essamplaire des devant diz iiii quarriaus que nos vous envoions nos en faciez fere c milliers à arbaleste à estreu, pour xviii sols tholosans le millier ou pour meins au meilleur marchié que vos pourroiz, et que li diz c milliers soient d'autel façon et au plus semblables qu'en pourra comme les iiii que nos vos envoions, et de lonc et de gros de fer et de fust et droitement enferrez. Et des gros à ii piez dont nos vos envoions ausint ii qui n'a point de pointe, nos faciez fere xx milliers por xx sols de tholosans le millier ou entour, au meuz que vos porrez, et les diz xx milliers à ii piez faciez fere d'autel façon come celui que nos vos envoions et de lonc et de gros de fer et de fust, et que il soient droitement enferrez et bien apointiez et que il siée sur la querre. Et que les diz c milliers à estrief et les xx milliers à ii piez soient fez dedenz ce prochien Noel, et bien nos plest que des arbalestes et des cros et des tarcais nos faciez fere de chascun xl, pour iiii sols une arbaleste et pour xii deniers le croc et le tarcais, si comme celi Sycart vostre fiz dist, si comme nos avons entendu. Et ces choses festes commencer à fere au plus tost que vos pourroiz. Et quant vos auroiz fet commencer, si nos envoiez vi des quarriaus à estrieu et vi de ceus à ii piez. Et sachiez que nos avons mandé par noz lestres à nostre seneschal de Tholose par le porteeur de ces lestres que il vos face baillier de noz deniers tholosans ce que les devant distes choses costeront, quant vos l'en requerrez. Ce fu fet le samedi après les oitieves de Penthecoste, l'an de l'incarnacion nostre Seigneur M II$^c$ LX VII.

Dont nos vos mandons que au devant dist mesire Sicart, quant il vos en requerre, bailliez ou faciez baillier de nos deniers tholosans ce que les devant distes choses costeront à fere, c'est assavoir c milliers de quarriaus à estreuf pour XVIII sols tholosans le millier ou entor, et les XX milliers à II piez XX sols tholosans ou environ, et les XL arbalestes et XL cros et XL tarcais V sols tholosans chascune arbaleste et cros et tarcais ensemble ou entor, dont la somme de tout monte VI$^{xx}$ livres de tholosans ou entour. Et quant ces choses seront fetes, que elles soient bien gardées et bien estorées sauvement, et le nos festes assavoir par voz lestres. Datum die et anno predictis.

<small>La lettre à Sicard Alaman a été publiée par Boutaric, p. 117-118, avec la date de 1268.</small>

### 270

(Fol. 45.) 26 jun. 1267. — VICARIO THOLOSE PRO DOMINO COMITE PICTAVIE [SUPER CONFRATRIA CARMELI, THOLOSE INSTITUTA].

Alfonsus, *etc.*, dilecto et fideli suo vicario Tholose salutem et dilectionem. Cum intellexerimus quod in civitate Tholose quedam confratria de Carmello de novo est instituta, in qua sunt, sicut dicitur, quinque milia hominum et mulierum vel circa, et posset numerus augmentari, et per quam multa pericula possent terre et civitati evenire, et jam aliqua, ut dicitur, evenerunt, vobis mandamus quatinus super hiis veritatem diligenter inquiratis, vocatis ad hoc dilectis et fidelibus nostris senescallo Tholose, Pontio Astoaudi et Sycardo Alemanni, militibus, ac magistro Odone de Mo[n]toneria. Et si inveneritis ita esse, vos dictam confratriam faciatis amoveri vel ad talem statum reduci, quod per eam non possit terre periculum aliquod evenire. Et quidquid de consilio predictorum inveneritis et feceritis, nobis in scriptis significare curetis. Datum apud Lungumpontem, die dominica post nativitatem beati Johannis Baptiste, anno Domini M° CC° LX° VII°.

<small>Édité dans *Hist. de Languedoc* (nouv. édit.), VIII, c. 1610.</small>

## 271

26 jun. 1267. — SENESCALLO THOLOSE ET ALBIENSIS PRO ARNAUDO BARRALLI ET EJUS SOCIIS [SUPER LEUDIS IN CIVITATE THOLOSE].

Alfonsus, *etc.*, senescallo Tholose et Albiensis, *etc.* Mandamus vobis quatinus Arnaldum Barralli et ejus parerios, cives Tholose, super eo quod dicunt se dissaisitos fuisse per vicarium nostrum Tholose de quibusdam leudis in civitate Tholose, ad ipsos, ut dicunt, pertinentibus, diligenter audiatis et super hiis faciatis eisdem celeris justicie complementum, jure nostro servato. Datum ut supra.

## 272

26 jun. 1267. — SENESCALLO PRO GUISCARDO DE RUPPEFORTI ET EJUS FRATRE [CONTRA HOMINES CASTRINOVI ET MONTIS MIRABELLI].

Alfonsus, *etc.*, senescallo Tholosano et Albiensis, *etc.* Mandamus vobis quatinus dominum Guiscardum de Rupeforti et ejus fratrem super hiis que proponenda duxerint coram vobis contra homines de Castronovo et de Monte Mirabelli[1], super injuriis et molestacionibus et usurpacionibus sibi factis in nemora sua de Gramencha[2] per dictos homines, ut dicitur, minus juste, diligenter audiatis, vocatis qui fuerint evocandi, et sibi super hiis et de personis et rebus ad nostram juridicionem spectantibus faciatis bonum jus et maturum.

## 273

26 jun. 1267. — SENESCALLO PRO HOMINIBUS SANCTE MARIE DEAURATE THOLOSE.

Alfonsus, *etc.*, senescallo Tholosano et Albiensis, *etc.* Mandamus

---

[1] Le scribe paraît avoir fait deux localités d'une seule; il s'agit ici vraisemblablement de Castelnau-de-Montmiral, Tarn, ch.-l. de cant. Guichard de Roquefort était coseigneur du château de Penne en Albigeois, comme nous l'apprend le mandement publié plus loin sous le n° 274.

[2] Sans doute partie de la grande forêt de Grésigne, au nord de Castelnau-de-Montmiral.

vobis quatinus sciatis diligenter utrum homines prioris Sancte Marie Deaurata (sic) Tholose teneantur nobis dare focagium, et an promiserunt dare, et quomodo usum fuit super hoc tempore quondam bone memorie R., comitis Tholose, et hoc faciatis de consilio domini Poncii Austoaudi et domini Sicardi Allemani. Et quod inveneritis nobis super hoc rescribatis, tractantes interim cum dictis hominibus de [1] aliqua compositione facienda pro habendo auxilio ab eisdem, et pendente inquisicione [super]sedeatis usque ad festum beati Michaelis proximo venturum levare focagium ab eisdem. Datum die dominica post nativitatem beati Johannis Baptiste, apud Longumpontem, anno Domini millesimo ducentesimo sexagesimo septimo.

Similis littera missa fuit pro hominibus boeriarum abbatis Sancti Saturnini Tholose.

## 274

26 jun. 1267. — SENESCALLO PRO GUISCARDO DE RUPPEFORTI, MILITE.

Alfonsus, etc., senescallo Tholose et Albiensis, etc. Mandamus vobis quatinus Guiscardum de Rupeforti, militem, et consortes, super hiis que proponenda duxerint coram vobis super eo quod vos expulistis [2], ut dicitur, bajulum eorumdem de castro de Panna [3] minus juste quem habere consueverunt, diligenter audiatis, et de consilio domini Poncii Austoaudi et magistri Odonis de Montoneria faciatis eisdem bonum jus et maturum super hiis et de quibus juridicio ad nos spectat, et quod feceritis nobis rescribatis ad proximum palamentum. Super eo vero quod petit quod non compellatur vendere terram suam occasione expensarum adjudicatarum Bernardo de Panna, adversario suo, que ascendit (sic) centum et sexaginta libras caturcensium, ipsum similiter audiatis et faciatis quod fuerit faciendum, requirentes nichilominus dictum Bernardum de Panna per vestras litteras absque compulsione, quod si sibi placeat, quod sibi faciat gratiam super hoc, dando sibi de solucione facienda per bonos plegios terminos compectantes (sic).

[1] Le texte porte et.
[2] Le manuscrit porte exspullistis.
[3] Sans doute Penne-du-Tarn, Tarn, cant. Vaour.

Datum apud Longumpontem, die dominica post nativitatem beati Johannis Baptiste, anno sexagesimo septimo.

### 275

(Fol. 46.) 26 jun. 1267. — SENESCALLO PRO HOMINIBUS ARNALDI PONCII DE NOERIO.

Alfonsus, *etc.*, senescallo Tholose et Albiensis, *etc.* Mandamus vobis quatinus inquiratis diligenter utrum homines de Noerio[1], homines domini Arnaldi Poncii, militis, de Noerio, teneantur ex debito vel usu seu consuetudine seu promissione dare nobis focagium, et hoc faciatis de consilio domini Poncii Astoaudi et domini Sycardi Alemanni, et quod inveneritis nobis rescribatis, tractantes interim cum dictis hominibus de aliqua compositione facienda pro habendo auxilio ab eisdem, et pendente inquisicione, supersedeatis usque ad festum beati Michaelis proximo venturum levare focagium ab eisdem. Datum apud Longumpontem, die dominica post festum nativitatis sancti Johannis Baptiste, anno Domini M° CC° LX° VII°.

Similis littera missa fuit eidem senescallo pro hominibus universitatis de Palheriis[2].

### 276

27 jun. 1267. — SENESCALLO THOLOSE PRO RAYMUNDO ET YSARNO DE BERIENS, FRATRIBUS.

Alfonsus, *etc.*, senescallo Tholose et Albiensis, *etc.* Mandamus vobis quatinus Guidonem de Severaco, Raymundum de Scuria et Guillelmum Audomari, milites, et Armengaudum de Combret, domicellum, compellatis indilate, prout justum fuerit, ad solvendum dilectis burgensibus nostris Raymundo de Beriens et Isarno, fratri suo, centum viginti quinque libras turonensium, in quibus eisdem tenentur, ut dicitur, ex vendicione pannorum, prout erunt cogniti vel probati, compellatis,

---

[1] Noé, Haute-Garonne, cant. Carbonne. — [2] Pailhès, Ariège, cant. Le Fossat.

nisi dicti debitores crucesignati extiterint vel rationabilem causam pretenderint quare ad solucionem faciendam cogi non debeant quoad presens. Datum apud Longumpontem, die lune proxima post nativitatem beati Johannis Baptiste, anno LX° VII°.

### 277

27 jun. 1267. — SENESCALLO THOLOSE PRO HOMINIBUS WILLELMI UNALDI ET SYCARDI DE MONTEALTO [SUPER FOCAGIO].

Alfonsus, *etc.*, senescallo Tholose et Albiensis, *etc.* Mandamus vobis quatinus ab hominibus Guillelmi Unaldi et Sicardi de Montealto, militum, focagium quod nobis debent usque ad instans festum Omnium sanctorum proximo venturum non levetis, quia usque ad dictum terminum ei[s]dem respectum dedimus de focagio antedicto, ipsum focagium, elapso termino predicto, ab ipsis hominibus integraliter levantes. Datum apud Longumpontem, die lune post festum nativitatis beati Johannis Baptiste, anno Domini M° CC° LX° VII°.

### 278

30 jun. 1267. — SENESCALLO THOLOSE PRO HOMINIBUS BERNARDI DE MONTEACUTO, MILITIS [SUPER FOCAGIO].

Alfonsus, *etc.*, senescallo Tholose, *etc.* Ex parte fidelis nostri Bernardi de Monteacuto, militis, nobis est datum intelligi quod vos ab hominibus ipsius focagium nomine nostro levare intenditis, licet ipsi homines vel ipse Bernardus seu alius pro ipsis dictum focagium nunquam promiserint, nec alias ad solucionem dicti focagii teneantur. Unde vobis mandamus quatinus utrum dicti homines vel ipse Bernardus seu alius vel alii pro ipsis dictum focagium promiserunt, et si unquam illud tempore predecessoris nostri solverunt, et si alias ad solucionem dicti focagii de jure vel usu aut consuetudine teneantur diligenter addiscentes, predictum focagium usque ad quinquaginta focos tantummodo in respectu nostro ponatis usque ad festum beati

Michaelis proximo venturum, tractantes interim cum predictis hominibus vel dicto Bernardo pro ipsis quantum nobis pro focagio vel pro gratia ad subsidium Terre Sancte voluntarie dare vellent, responsionem et voluntatem eorum super hoc et quid super premissis inveneritis nobis loco et tempore rescribentes. Datum apud Longumpontem, die jovis post festum apostolorum Petri et Pauli, anno Domini M° CC° LX° VII°.

## 279

30 jun. 1267. — SENESCALLO THOLOSE PRO COMITE CONVENNARUM.

Alfonsus, *etc.*, senescallo Tholose et Albiensis, *etc.* Ex parte nobilis et fidelis nostri B.[1], comitis Convennarum, nobis est conquerendo monstratum quod Rogerius de Espieriis et quidam alii servientes et bajuli nostri costumas et consuetudines ipsius... comitis minus juste infringunt et violant, et jurisdicionem ipsius indebite multipliciter usurpare nituntur, in ipsius comitis prejudicium atque dampnum. Unde vobis mandamus quatinus ipsum comitem indebite a predictis nostris servientibus seu bajulis molestari minime permittatis, et si aliqua contra dictum comitem ab ipsis indebite inveneritis attemptata, ea ad statum debitum reduci, et injurias, si que ab ipsis eidem illate fuerint, emendari, prout justum fuerit, faciatis. Datum apud Longumpontem, die jovis post festum apostolorum Petri et Pauli, anno Domini M° CC° LX° VII°.

## 280

30 jun. 1267. — SENESCALLO THOLOSE PRO UNIVERSITATE HOMINUM DE MONTE ESQUIVO ET DE BOLBESTRE.

Alfonsus, *etc.*, senescallo Tholose et Albiensis, *etc.* Cum ex parte universitatis hominum de Monte esquivo et de Bolbestre[2] nobis extiterit suplicatum, quod nos eisdem gratiam super focagio faceremus, eo videlicet quod sunt pauperes et quandam ecclesiam in dicta villa con-

[1] Bernard VII. — [2] Montesquieu-Volvestre, Haute-Garonne.

struunt non modice sumptuosam, cujus operi nos de dicto focagio fieri elemosinam seu gratiam exigunt, iterum quod nos ab ipsis pro dicto focagio monetam Tholosanam recipiamus, vobis mandamus quatinus, inspectis et consideratis omnibus incommoditatibus quas allegant dicti homines, cum pium et decens esse videatur, de quingentis triginta et una libris turonensium ab eisdem impositis sibi triginta et unam libras penitus remittatis, dantes eisdem terminum de dictis quingentis libris solvendis vel de hoc quod debuerint terminis infrascriptis, videlicet quod solvant medietatem quantitatis ab ipsis debite ad terminum Omnium sanctorum proximo venturum et aliam medietatem ad terminum Candelose inmediate sequentem [1], dum tamen dicti homines fidejussores bonos dederint de dicto focagio et dicta emenda solvendis terminis antedictis. Datum apud Longumpontem, die jovis post festum beatorum apostolorum Petri et Pauli, anno Domini m° cc° lx° septimo.

Édité dans *Hist. de Languedoc* (nouv. édit.), VIII, cc. 1623-1624.

## 281

2 jul. 1267. — SENESCALLO PRO BERTRANDO DURANDI ET GUILLELMO DURANDI, FRATRIBUS, ET FRATRIBUS SUIS [SUPER JUSTICIA CASTRI DE COLUMBERIIS].

Alfonsus, *etc.*, senescallo Tholose et Albiensis, *etc.* Cum ex parte Bertrandi Durandi et Guillelmi Durandi, fratrum, et fratrum suorum, civium Tholose, nobis fuerit conquerendo monstratum quod vicarius noster Tholose ipsos spoliaverit minus juste super possessione vel quasi majoris, medie et minoris jurisdicionis castri seu ville de Columberiis [2], in qua longo tempore fuerunt, et ipsos minus juste inquietat, non permittendo ipsos uti de dicta jurisdicione, vobis mandamus

[1] Ici la phrase suivante biffée : « Ceterum cum judex vester Tholose ipsos minus juste aggravet et molestet super facto cujusdam inquisicionis facte contra ipsos, per quam condampnati fuerunt in centum libris Turonensium, quam sententiam cassavit et mutavit, ut dicitur, magister Odo de Montoneria, vobis mandamus quatinus dictis hominibus de dicta emenda centum quadraginta libras turon. remittatis, si absque alterius prejudicio fieri possit. »

[2] Colomiers-Lasplanes, Haute-Garonne.

quatinus ipsos super hoc diligenter audiatis, vocatis qui fuerint evocandi, et sibi super hiis rebus et personis, de quibus jurisdicio ad nos spectat, faciatis eisdem bonum jus et maturum. Et de hoc habeatis consilium et colloquium cum domino Sycardo Allemanni, domino Poncio Astoaudi, militibus, et magistro Odone de Montoneria, clerico, et rationem quare dictus vicarius hujusmodi spoliacionem et inhibicionem [fecerit], nobis in scriptis rescribatis, auditis rationibus vicarii antedicti. Datum apud Longumpontem, die sabbati post festum apostolorum Petri et Pauli, anno LX° VII°.

### 282

2 jul. 1267. — SENESCALLO PRO HOMINIBUS SANCTI ANTHONINI.

Alfonsus, *etc.* Mandamus vobis quatinus homines ville Sancti Antonini[1], super hiis que proponenda duxerint coram vobis contra homines de Penna in Albigesio[2], super eo quod arietes et animalia ipsorum minus juste ceperunt et detinent et alias injurias eisdem intulerint, diligenter audiatis, vocatis qui fuerint evocandi, et sibi super hiis rebus et personis, de quibus jurisdicio ad nos spectat, faciatis eisdem bonum jus et maturum. Datum ut in precedenti.

### 283

2 jul. 1267. — [PRO ABBATE AURELIACENSI SUPER POSSESSIONE CASTRI DE PENNA IN ALBIGESIO.]

Alfonsus, Poncio Astoaudi et magistro Odoni, *etc.* Mandamus vobis quatinus diligenter addiscatis de jure quod se habere asserunt abbas et conventus monasterii Aureliacensis[3] in castro de Penna in Albigesio, secundum traditam vobis formam. Et quid super hoc inveneritis, cum aliis inquestis vestris, cum ad nos veneritis, refferatis in scriptis. Datum ut supra.

[1] Saint-Antonin, Tarn-et-Garonne. — [2] Penne-du-Tarn, Tarn, cant. Vaour. — [3] Aurillac, ordre de Saint-Benoît, diocèse de Clermont, puis de Saint-Flour, Cantal.

## 284

(Fol. 47.) 7 jul. 1267. — PONCIO ASTOALDI PRO EPISCOPO MIMATENSI.

Alfonsus, *etc.*, Poncio Astoaudi, militi, *etc.* Ad instanciam venerabilis in Christo patris Mimatensis [episcopi], vobis mandamus quatinus processum per vos factum et tractatum [1] super feudo castri de Mousteijol [2], dyocesis Ruthenensis, nobis in scriptis sub sigillo vestro transmittatis per nuntium episcopi memorati. Datum die jovis post festum beati Martini estivalis.

## 285

6 jul. 1267. — COMMISSIO EISDEM PRO GUISCARDO DE RUPPEFORTI, MILITE, ET FRATRIBUS SUIS.

Alfonsus, *etc.*, Poncio Astoaldi, militi, et magistro Odoni de Montoneria, salutem et dilectionem sinceram. Significavit nobis Guiscardus de Ruppeforti, miles, pro se et fratribus suis, quod cum causa appellacionis, ab ipso et fratribus suis interposite ad nos et emisse ab audiencia magistri Guillelmi de Furno, judicis senescalli nostri Tholose, a sentencia lata ab ipso magistro Guillelmo contra predictos Guischardum et fratres suos pro Bernardo de Penna, milite, esset commissa magistro Stephano de Biterri a nobis, idem magister, in causa procedens, perperam et inique pronunciavit se in dicta causa non posse procedere, ex eo quod effluxerat tempus prosequende appellacionis a jure concessum, quod tum non fluxerat, si tempus quod de jure subducendum erat idem judex subducere voluisset, tempus videlicet quo ipse appellans, valetudine proprii corporis impeditus, nos adire non potuit, nec tempus quo ad nos iter arripuit vel postquam ad nos venit, et per nos stetisse asserit quominus in causa predicte appellationis nostre commissionis litteras obtineret, a qua pronunciacione et antedictis gravaminibus et aliis ad nostram audienciam appellavit. Hinc est quod vobis mandamus quatinus, vocatis qui fuerint evocandi, causam pre-

---

[1] Ici le ms. ajoute *per vos habitum*. — [2] Mostuéjouls. Aveyron, cant. Peyreleau.

dicte appellacionis audiatis et eam, si ita est, fine debito terminetis, revocantes in irritum quicquid post dictam appellacionem ad nos interpositam inveneritis temere attemptatum. Datum apud Longumpontem, die mercurii in octabis apostolorum Petri et Pauli, anno Domini M° CC° LX° septimo.

Édité dans Hist. de Languedoc (nouv. édit.), VIII, cc. 1604-1605.

### 286

6 jul. 1267. — COMMISSIO PATENS MAGISTRO ODONI DE MONTONERIA PRO BERNARDO AUZELLI, PROCURATORE GUILLELMI AUDERICI DE SANCTA COLUMBA ET GUILLELMI GROSSI DE VADEGIA.

Alfonsus, *etc.*, magistro Odoni de Montoneria, *etc.* Super causa restitucionis in integrum, ad quam Bernardus Auzelli, procurator specialis Guillelmi Audrici de Sancta Columba et Guillelmi Grossi de Vadigia, tutorum Poncii Vitalis Pulhin, pupilli, petit admitti a sentencia lata per magistrum Raymundum Capellani contra dictum pupillum appellantem ex parte una, et pro sororibus dicti pupilli appellatis ex altera, vobis committimus vices nostras, mandantes vobis quatinus causam hujusmodi audiatis et fine debito terminetis. Datum ut in precedenti.

### 287

6 jul. 1267. — SENESCALLO PRO HOMINIBUS JORDANI DE INSULA, MILITIS, SUPER FOCAGIO.

Alfonsus, *etc.*, senescallo Tholose et Albiensis, *etc.* Mandamus vobis quatinus homines fidelis nostri Jordani, de Insula domini, usque ad instans parlamentum Candelose focagium solvere minime compellatis, addiscentes interim an dicti homines teneantur solvere focagium de jure vel de cousuetudine, usagio seu promisso vel alia justa causa, tractantes eciam interim cum dictis hominibus de prestanda nobis aliqua quantitate, nomine focagii, per composicionem spontanea voluntate. Datum apud Longumpontem, die mercurii in octabis apostolorum Petri et Pauli, anno Domini M° CC° LX° septimo.

## 288

9 jul. 1267. — SENESCALLO THOLOSE PRO RAYMUNDO GUILLELMI DE MARCAFABA, MILITE.

Alfonsus, *etc.*, senescallo Tholose et Albiensis, *etc.* Ex parte Raymundi Guillelmi de Marcafaba, militis, militum parçonnariorumque suorum nobis extitit conquerendo monstratum quod homines bastide de Carbona[1] ad pascua dictorum Raymundi, militum ac parçonnariorum suorum bestias ac animalia sua adducunt, in ipsorum prejudicium et gravamen, ut dicitur. Unde vobis mandamus quatinus dictos Raymundum et milites ac parçonnarios suos super hiis diligenter audiatis, et vocatis dictis hominibus, faciatis eisdem bonum jus et maturum de personis et rebus ad nostram jurisdicionem spectantibus et in vestra senescallia existentibus. Datum apud Longumpontem, die sabbati post festum beati Martini estivalis.

## 289

9 jul. 1267. — SENESCALLO PRO RAYMUNDO GUILLELMI DE MARCAFABA SUPER FOCAGIO.

Alfonsus, *etc.*, senescallo Tholose et Albiensis, *etc.* Mandamus vobis quatinus homines Raymundi Guillelmi de Marcafaba, militis, et militum parçonnariorumque suorum usque ad instans festum beati Michaelis focagium solvere minime compellatis, addiscentes interim an dicti homines teneantur solvere focagium de jure vel consuetudine, usagio seu promisso vel alia justa causa, tractantes eciam interim cum dictis hominibus de prestanda nobis aliqua quantitate nomine focagii, per composicionem spontanea voluntate. Datum apud Longumpontem, die sabbati post festum beati Martini estivalis, anno Domini M° CC° LX° septimo.

[1] Carbonne, Haute-Garonne.

## 290

9 jul. 1267. — EIDEM PRO EODEM [CONTRA HOMINES BASTIDE DE CARBONA] [1].

Alfonsus, etc., senescallo Tholose et Albiensis, etc. Ex parte Raymundi Guillelmi de Marcafaba, militis, nobis extitit conquerendo monstratum quod [2] quidam homines de Carbona quasdam terras ipsius militis intraverunt dictas terras excolendo, et quas terras dicti homines tenent nec easdem dicto militi volunt reddere, quamvis pluries requisiti, prout in illis partibus in aliis locis est usitatum, ut asserit idem miles. Unde vobis mandamus quatinus, vocatis [3] dictis hominibus nominatim, faciatis eidem bonum jus et maturum, secundum usus et consuetudines patrie, de personis et rebus que ad nostram spectant jurisdicionem. Datum sabbato post festum beati Martini estivalis.

## 291

9 jul. 1267. — EIDEM [PRO ARNALDO DE SANCTO LEODEGARIO, MILITE, CONTRA HOSPITALARIOS SANCTI SULPICII] [4].

Alfonsus, etc., senescallo Tholose et Albiensis, etc. Ex parte Arnaldi de Sancto Leodegario, militis, nobis extitit conquerendo monstratum quod, cum Johannes de Espieriis olim fecisset mensurari aliquas terras suas quas habebat, ut asserit, circa Sanctum Suplicium, et easdem tradi ad certas oblias, ut asserit, una cum terris nostris [5], de quibus obliis terrarum suarum nos debebamus habere medietatem et idem miles aliam medietatem, de quibus predictis terris suis, cum homines qui dictas terras suas tenent eidem dictas oblias reddere voluissent,

---

[1] Ce mandement a été cancellé; il ne fut probablement pas expédié. (Voir plus loin, n° 293.)

[2] Première leçon : *quod cum idem miles terras suas quibusdam hominibus de Carbona tradiderit ad culturam secundum usus et consuetudines illius terre, et dicti homines dictas terras suas eidem militi reddere noluerint, quamvis...*

[3] On avait d'abord écrit *vocatis partibus*

[4] Cette pièce a été cancellée.

[5] Première leçon : *suis*.

hospitalarii de Sancto Suplicio[1] dictas oblias dicti militis occuparunt, dicentes easdem ad se pertinere, et easdem usquemodo dictas oblias a dictis hominibus receperunt, in prejudicium ipsius militis non minimum et gravamen, ut asserit idem miles. Unde vobis mandamus quatinus, vocato dicto Johanne qui dictas terras dicitur mensurasse, addiscatis super hiis ab eodem et aliis probis viris plenius veritatem, et quomodo super premissis extitit ordinatum, et an dicte terre essent dicti militis vel hospitalariorum predictorum, et, secundum quod inveneritis, dictos hospitalarios requiratis ut dicto militi super predictis aliquam injuriam non inferant. Et quid super premissis inveneritis et feceritis et responsionem dictorum hospitalariorum nobis in scriptis loco et tempore significare curetis. Datum apud Longumpontem, sabbato post festum beati Martini estivalis.

## 292

9 jul. 1267. — EIDEM PRO DICTO RAYMUNDO GUILLELMI [DE MARCAFABA] SUPER CUSTODIBUS MESSIUM ET VINEARUM [DE CARBONA].

Alfonsus, *etc.*, senescallo Tholose et Albiensis, *etc.* Ex parte Raymundi Guillelmi, militis de Marcafaba, nobis extitit intimatum quod custodes messium et vinearum bastide de Carbona capiunt costumas seu justicias ab hominibus suis et militum parçonnariorumque suorum, et in terris suis, in ipsius prejudicium et gravamen, sicut dicit. Unde vobis mandamus quatinus dictum militem super hoc audiatis, et vocatis dictis custodibus nominatim et qui fuerint evocandi, faciatis eidem militi bonum jus et maturum, secundum usum et consuetudines patrie, super hiis et de quibus jurisdicio ad nos spectat. Datum apud Longumpontem, die sabbati post festum beati Martini estivalis.

[1] Il s'agit ici de la commanderie de Saint-Sulpice de Lézat; en 1257, de concert avec Alfonse de Poitiers, les chevaliers fondèrent une bastide auprès de cette commanderie. (Voir Du Bourg, *Grand-Prieuré de Toulouse*, p. 105 et suiv.)

## 293

9 jul. 1267. — EIDEM PRO EODEM RAYMUNDO [CONTRA QUOSDAM HOMINES DE CARBONA] [1].

Alfonsus, *etc.*, senescallo Tholose et Albiensis, *etc.* Ex parte Raymundi Guillelmi de Marcafaba, militis, nobis extitit conquerendo monstratum quod quidam homines de Carbona super quibusdam terris injuriantur eidem, sicut dicit. Unde vobis mandamus quatinus, vocatis dictis hominibus et qui fuerint evocandi, faciatis eidem bonum jus et maturum super hiis et de quibus jurisdicio ad nos spectat. Datum ut in precedentibus.

## 294

(Fol. 48.) 9 jul. 1267. — PONTIO ASTOAUDI, MILITI, ET MAGISTRO ODONI [PRO ARNALDO DOT, MILITE].

Alfonsus, *etc.*, dilectis et fidelibus suis Poncio Astoaudi et magistro Odoni de Montoneria [2], *etc.* Mandamus vobis quatinus Arnaldum Dot, militem, super eo quod dicit Johannem de Espieriis quasdam terras suas mensurasse et easdem ad oblias tradidisse, diligenter audiatis, et vocatis qui fuerint evocandi, inquiratis super hiis diligencius veritatem, secundum traditam vobis formam. Quid autem super premissis inveneritis nobis, cum ad nos veneritis, cum aliis inquestis vestris in scriptis refferatis. Datum ut supra.

## 295

14 jul. 1267. — SENESCALLO PRO ABBATE SANCTI SATURNINI THOLOSE SUPER DECIMIS.

Alfonsus, *etc.*, senescallo Tholose et Albiensis, *etc.* Ex parte abbatis et conventus Sancti Saturnini Tholose nobis est conquerendo monstratum quod, cum ipsi a quibusdam parrochianis suis de feno et quibusdam aliis, de quibus decima datur communiter in dyocesi Tholosana, decimas

---

[1] Cet acte paraît être l'expédition définitive de la pièce 290 qui a été cancellée. (Voir plus haut, p. 180.)

[2] Le scribe avait d'abord écrit par erreur : *dilecto et fideli suo senescallo Tholose et Albiensis.*

exigunt, eas reddere contradicunt, cumque super hoc vel excommunicantur vel coram ecclesiastico judice pertrahuntur, bajulos vestros dicti excommunicati seu coram judice ecclesiastico tracti adeunt et requirunt, ut non permittant eos super decimis hujusmodi molestari, et sic per eosdem bajulos hujusmodi solucio decime impeditur. Unde vobis mandamus quatinus ipsos abbatem et conventum diligenter super hiis audiatis, et jurisdicionem ecclesiasticam non permittatis indebite impediri. Datum apud Longumpontem, die jovis post translacionem sancti Benedicti.

Édité dans *Hist. de Languedoc* (nouv. édit.), VIII, c. 1605.

## 296

14 jul. 1267. — EIDEM PRO EODEM [SUPER VILLA DE LOBERVILLA].

Alfonsus, *etc.*, senescallo Tholose et Albiensis, *etc.* Ex parte abbatis et conventus Sancti Saturnini Tholose nobis extitit supplicatum quod villam, que vocatur Lobervilla [1], que pertinet ad monasterium Sancti Saturnini, ab omnibus, cujuscunque conditionis sint, adversariis manda[re]mus per vos vel per bajulos Sancte Fidis [2], diocesis Tholosane, protegi et deffendi. Unde vobis mandamus quatinus ipsos super hiis, quantum [3] de jure poteritis, audiatis, et super hiis quod justum fore inveneritis faciatis. Datum ut in precedenti.

## 297

14 jul. 1267. — SENESCALLO SUPER RECEPTACIONE BERNARDI JORDANI, FILII ISARNI JORDANI [DE INSULA].

Alfonsus, *etc.*, senescallo Tholose et Albiensis, *etc.* Cum nobis datum sit intelligi quod Bernardus Jordani, filius Ysarni Jordani, cum quibusdam complicibus suis, cum armis quamplurima maleficia noviter perpetrarunt, et in castro de Launaco [4], quod dicti Ysarni dicitur esse,

[1] Louverville, Gers, com. Marestaing.
[2] Sainte-Foy, Haute-Garonne, cant. Saint-Lys.
[3] Première leçon : *quantum ad nos pertinet*.
[4] Launac, Haute-Garonne, cant. Grenade-sur-Garonne.

fuerint malefactores hujusmodi receptati, vobis mandamus quatinus super receptacione hujusmodi veritatem plenius addiscentes, receptatores ipsos, prout justum fuerit, puniatis, laicos videlicet de jurisdiccione nostra existentes. Datum apud Longumpontem, die jovis post translacionem sancti Benedicti. Gentibus nobilis et fidelis nostri Jordani de Insula, militis, per terram suam propriam, ad deffensionem ipsius terre, portandi arma licenciam concedentes.

## 298

16 jul. 1267. — SENESCALLO THOLOSE PRO RAYMUNDO SAXETI, MILITE.

Alfonsus, *etc.*, senescallo Tholose et Albiensis, *etc.* Ex parte Raymundi Saxeti, militis, nobis est conquerendo monstratum quod per gentes nostras inhibitum est eidem ne in molendino de Toreta[1] in riparia de Agot[2], ubi aliquando consuevit esse molendinum navile, terrenum edificet molendinum, que inhybicio in ipsius militis prejudicium vertitur et jacturam, cum plures alii in predicta ripparia, ubi molendina fuerant navilia, terrena edifficaverunt pro sue libito voluntatis. Unde vobis mandamus quatinus ipsum super hiis diligenter audiatis, et vocatis qui fuerint evocandi, jure nostro servato et alieno, de personis laicis et rebus ad jurisdicionem nostram spectantibus exibeatis eidem celeris justicie complementum, ita quod propter deffectum juris et vestri ipsum militem ad nos non oporteat ulterius laborare. Datum apud Longumpontem, die sabbati ante festum beati Arnulfi.

## 299

16 jul. 1267. — SENESCALLO PRO HOMINIBUS VICECOMITIS DE LAUTRÉ [SUPER FOCAGIO].

Alfonsus, *etc.*, senescallo Tholose et Albiensis, *etc.* Mandamus vobis quatinus homines fidelis nostri vicecomitis Lautricensis usque adin-

---

[1] Non marqué par Cassini. — [2] L'Agout, affluent du Tarn.

stans festum Omnium sanctorum focagium solvere minime compellatis, addiscentes interim an dicti homines teneantur solvere focagium de jure vel consuetudine, usagio seu promisso vel alia justa causa, tractantes interim cum dictis hominibus de prestanda nobis aliqua quantitate, nomine focagii, per composicionem spontanea voluntate. Datum apud Longumpontem, sabbato ante festum beati Arnulfi, anno Domini M° CC° LX° VII°.

### 300

16 jul. 1267. — EIDEM PRO EODEM VICECOMITE [CONTRA JACOBUM DE BOSCO].

Alfonsus, etc., senescallo Tholose et Albiensis, etc. Ex parte nobilis et fidelis nostri vicecomitis de Lautre nobis est conquerendo monstratum quod Jacobus de Bosco, clericus noster, ipsum nobilem super quibusdam bonis suis cujusdam hominis sui condampnati de heresi a Pascha citra perturbavit, in ipsius prejudicium, sicut dicit. Unde vobis mandamus quatinus ipsum nobilem super hiis diligenter audiatis, et vocato dicto Jacobo de Bosco pro jure nostro servando, de consilio fratrum inquisitorum heretice pravitatis faciatis eidem bonum jus et maturum, jure nostro et alieno servato. Datum apud Longumpontem, die sabbati ante festum beati Arnulphi.

Édité dans *Hist. de Languedoc* (nouv. édit.), VIII, cc. 1605-1606.

### 301

16 jul. 1267. — SENESCALLO THOLOSE PRO EPISCOPO THOLOSE SUPER FOCAGIO.

Alfonsus, etc., senescallo Tholose et Albiensis, etc. Mandamus vobis quatinus focagium, quod ab hominibus venerabilis patris... episcopi Tholosani nomine [nostro] petitis, in respectu nostro ponatis, videlicet medietatem usque ad instans festum Omnium sanctorum et aliam medietatem usque ad festum Candelose proximo subsequens, addiscentes interim utrum ipsi de jure vel consuetudine seu promisso ad solucionem dicti focagii vel ad subsidium competens nobis faciendum pro negocio Terre sancte teneantur, tractantes interim cum eisdem utrum aliquid pro subsidio et quantum nobis voluntarie dare vellent. Et quid super [hoc] feceritis et inveneritis, nobis in scriptis significare curetis per vestrum clericum, cum ad nos venerit pro vestris compotis faciendis. Datum apud Longumpontem, die sabbati ante [1] festum beate Marie Magdalene.

### 302

16 jul. 1267. — SENESCALLO THOLOSE PRO VICECOMITE DE LAUTRE [SUPER CONTENTIONE MOTA INTER HOMINES DE ESCORCEINS ET DE LA BRUGUIERE].

Alfonsus, *etc.*, senescallo Tholose et Albiensis, *etc.* Cum nobis datum sit intelligi quod inter homines ville nostre de Escorceins [2], ex parte una, et homines ville de la Bruguiere [3], que est nobilis et fidelis nostri vicecomitis de Lautre, ex altera, mota sit contencio super quibusdam pascuis seu pasturagiis, et ob hoc se ad invicem cum armis invaserint, ut dicitur, vobis mandamus quatinus addiscatis super hoc plenius veritatem, dicto vicecomiti nullam injuriam super hoc inferendo. Et quid super predictis inveneritis, nobis per clericum vestrum, cum ad nos venerit pro vestris compotis faciendis, in scriptis significare curetis. Datum ut in precedenti.

### 303

22 jul. 1267. — SENESCALLO PRO PETRO DE QUIDERIIS [BONIS SUIS A JACOBO DE BOSCO SPOLIATO].

Alfonsus, [*etc.*], senescallo, *etc.* Veniens ad nos Petrus de Quideriis pro se et Bertrando, fratre suo, nobis conquerendo monstravit quod Jacobus de Bosco, clericus noster, ipsos fratres indebite et sine cause cognicione omnium bonorum suorum possessione spoliavit. Unde vobis mandamus quatinus ipsos fratres super hiis, que ratione premissorum proponenda duxerint coram vobis, diligenter audiatis, et vocato dicto Jacobo, auditis ipsius racionibus, de consilio dilectorum et fidelium nostrorum Poncii Astoaudi, militis, et magistri Odonis de Montoneria

---

[1] Première leçon : *die lune post* (25 juillet). — [2] Escoussens, Tarn, cant. Labruguière. — [3] Labruguière, Tarn.

et inquisitorum heretice pravitatis, jure nostro et alieno servato, de personis et rebus ad nostram jurisdicionem spectantibus exibeatis eisdem celeris justicie complementum. Datum die veneris in festo beate Marie Magdalene.

## 304

(Fol. 49.) 2 aug. 1267. — SENESCALLO THOLOSE PRO ABBATE ET CONVENTU COMBELONGE [SUPER DOMO QUADAM IN MANU MORTUA TENENDA].

Alfonsus, *etc.* Cum, sicut ex parte abbatis et conventus Combelonge nobis extitit intimatum, vos quandam domum sitam apud Montem Esquivum[1], sibi a Vitali Carot et ejus filio concessam, banniveritis, ob hoc quod eandem domum ultra annum et diem, ut dicitur, tenuerunt, vobis mandamus quatinus de domo illa sciatis plenius veritatem, tractantes interim cum dictis abbate et conventu quantum nobis dare voluerint pro eadem domo in manu mortua possidenda ab eisdem. Et quid super hiis inveneritis et feceritis, nobis per vestrum clericum in scriptis significare curetis. Datum die martis ante Invencionem sancti Stephani sociorumque ejus, anno Domini M° CC° LX° VII°.

## 305

4 aug. 1267. — DOMINO PHILIPPO DE MONTEFORTI PRO VICECOMITE LAUTRICENSI ET B. FRATRE SUO.

Alfonsus, *etc.*, nobili et dilecto suo Philippo de Monteforti, militi[2], salutem et dilectionem sinceram. Ex parte nobilium et fidelium nostrorum Ysarni, vicecomitis Lautricensis, et Bertrandi, fratris ipsius, nobis extitit intimatum quod gentes vestre nuper ad villam eorumdem fratrum, que vocatur Brugueria[3], quam tenent a nobis in feodum, venientes, bladum eorumdem fratrum ibidem sine ratione aliqua rapuerunt. Unde vos rogamus[4] et requirimus quatinus predictis fra-

---

[1] Montesquieu-Avantés, Ariège, cant. Saint-Lizier, ou Montesquieu-Volvestre, Haute-Garonne.

[2] Seigneur de Castres.
[3] Labruguière, Tarn.
[4] Première leçon : *vobis mandamus*.

tribus dictum bladum restitui et injuriam emendari, prout condecet, faciatis, inhibentes eisdem gentibus vestris ne predictis fratribus indebite inferant injuriam vel gravamen. Datum die jovis post festum beati Petri ad vincula, anno Domini M° CC° LX° septimo.

Édité dans Hist. de Languedoc (nouv. édit.), VIII, c. 1606.

### 306

4 aug. 1267. — SENESCALLO THOLOSANO ET ALBIENSIS PRO EISDEM.

Alfonsus, *etc.*, senescallo Tholose et Albiensis, *etc.* Ex parte nobilium et fidelium nostrorum Ysarni, vicecomitis Lautricensis, et Bertrandi, fratris ejusdem, nobis extitit intimatum quod gentes nobilis viri Philippi de Monteforti, militis, ad villam eorundem fratrum, que vocatur Brugueria, quam tenent a nobis in feodum, venientes, bladum eorundem fratrum sine racione aliqua ibidem rapuerunt. Unde vobis mandamus quatinus dictum dominum Philippum ex parte nostra requiri faciatis, ut dictum bladum dictis fratribus restitui et injuriam, prout condecet, faciat emendari. Quod si ad requisicionem vestram hoc facere noluerit, ex parte nostra requiri faciatis senescallum Carcassone [1] ut predicta faciat, prout justum fuerit, emendari, cum dictum bladum in terra karissimi domini et fratris nostri regis Francie fuerit, ut dicitur, asportatum. Datum quando precedens.

### 307

4 aug. 1267. — DOMINO PHILIPPO DE MONTEFORTI PRO DOMINO SICARDO ALEMANNI.

Alfonsus, *etc.*, nobili viro et dilecto suo Philippo de Monteforti, militi, salutem et dilectionem sinceram. Ex parte dilecti et fidelis nostri Sycardi Alemanni, militis, nobis extitit intimatum quod Raymonnetus de Conteins, valetus, bajulus vester, et sui complices eidem multas injurias et gravamina quamplurima intulerunt, terram suam

[1] En effet, la seigneurie de Castres, possédée alors par Philippe de Montfort, relevait du roi et était dans le ressort de la sénéchaussée de Carcassonne.

quam tenet a vobis in parte et in parte a se ipso[1], ut dicitur, comburendo, porcos, oves, capras, boves, vacas et alia animalia hominum suorum interficiendo, et homines suos capiendo et pignorando, et alias quamplurimas injurias eidem inferendo. Quare dilectionem vestram rogamus et requirimus quatinus eidem militi injurias et gravamina predicta faciatis, prout condecet, emendari, inhibentes gentibus vestris, si placet, ne dicto militi injuriam seu molestiam inferant minus juste. Datum die jovis post festum beati Petri ad vincula, anno LX° septimo.

### 308

4 aug. 1267. — SENESCALLO THOLOSANO PRO DOMINO SICARDO ALEMANNI.

Alfonsus, etc., senescallo Tholose, etc. Sicardus, valetus noster, filius nobilis et fidelis nostri Sicardi Alemanni, militis, nobis dedit intelligi quod Raymonnetus de Contains, bajulus nobilis viri Philippi de Monteforti, militis, et complices sui dicto Sicardo Alemanni, patri suo, multas injurias et dampna non modica intulerunt, terram suam, quam ab eodem Philippo tenet, ut dicitur, comburendo, sua animalia interficiendo et homines ejusdem indebite pignorando. Unde vobis mandamus quatinus dictum Philippum ex parte nostra requiri faciatis, ut predicto domino Sicardo predictas injurias et gravamina faciat, prout justum fuerit, emendari et dampna restitui, sicut decet. Quod si ad requisicionem vestram hoc facere noluerit, vos senescallum Carcassone requiri faciatis, ut predicta faciat emendari et restitui, prout justum fuerit et consonum rationi. Preterea nobis dedit intelligi dictus Sicardus, quod cum piscatores dicti domini Sicardi, patris sui, quandam navem suam ad terram nostram in aqua que vocatur Agout [haberent], dictus Raymonnetus fecit eam portari in castro de Jerusains[2], quod est dicti domini Philippi, in ipsius domini Sicardi Alemanni et nostri prejudicium et gravamen. Item quod idem Raimonnetus defert arma per terram et feoda nostra, quod in nostrum vertitur prejudicium. Quare

---

[1] C'est-à-dire, en franc-alleu. — [2] Girousseins, Tarn, cant. Lavaur.

vobis mandamus quatinus dictum dominum Sicardum super predicta navi diligenter audiatis, et sibi, vocato dicto Raymonneto coram vobis, exhibeatis eidem celeris justicie complementum, quantum ad nostram spectat jurisdicionem, et eundem Raymonnetum super delacione armorum facta ab eodem per terram et feoda nostra, ut dicitur, prout justum fuerit, puniatis, jus nostrum et alienum in omnibus observantes. Datum die jovis post festum beati Petri ad vincula, anno LX° septimo.

Édité dans *Hist. de Languedoc* (nouv. édit.), VIII, cc 1606-1607.

### 309

17 aug. 1267. — PONCIO ASTOAUDI, MILITI, ET MAGISTRO ODONI DE MONTONERIA PRO ABBATE ET CONVENTU DE EONES [SUPER LEGATO OLIM A RAIMUNDO COMITE IPSIS FACTO].

Alfonsus, *etc.*, Poncio Astoaudi, militi, et magistro Odoni de Montoneria, *etc.* Significavit nobis religiosus vir abbas de Eones[1], pro se et conventu suo, quod bone memorie Raymundus, quondam comes Tholose, predecessor noster, monasterio predicto de Eones centum marchas argenti legavit in suo testamento. Quare vobis iterato mandamus, sicut alias mandavimus, quatinus super dictis centum marchis argenti, auditis ipsorum abbatis et conventus racionibus, addiscatis plenius veritatem. Qua reperta, nobis eandem cum aliis inquestis vestris, cum ad nos veneritis, refferatis in scriptis. Datum apud Longumpontem, die mercurii post assumpcionem beate Marie virginis, anno Domini M° CC° LX° VII°.

### 310

6 sept. 1267. — SENESCALLO THOLOSE ET ALBIENSIS PRO UNIVERSITATE FOSSERETI.

Alfonsus, *etc.* Ex parte universitatis Fossereti nobis est supplicatum ut quandam forestam nostram, sitam prope villam Fossereti[2], eisdem tradi ad feudum seu censivam faceremus. Unde vobis mandamus quatinus ipsos super hiis, que coram vobis racione dicte foreste duxerint

[1] Eaunes, abb., ordre de Cîteaux, dioc. de Toulouse, Haute-Garonne, cant. Muret. —
[2] Le Fousseret, Haute-Garonne, ch.-l. cant.

proponenda, diligenter audiatis, et de quantitate dicte foreste et valore et quot arpenta sunt in ea et utrum esset utilitas nostra eam dare ad feudum vel censivam diligenter addiscentes, tractetis cum eisdem quantum nobis in grossa summa pecunie in introitu et quantum pro quolibet arpento annui census seu redditus dare vellent. Et quid super hiis inveneritis et feceritis, nobis circa quintam diem post quindenam Omnium sanctorum proxime venturam per vestrum clericum, cum ad nos venerit pro vestris compotis faciendis, in scriptis significare curetis. Datum apud Longumpontem, die martis ante nativitatem beate Marie virginis, anno LX° VII.

Édité dans *Hist. de Languedoc* (nouv. édit.), VIII, cc. 1566-1567.

## 311

(Fol. 50.) 6 sept. 1267. — SENESCALLO THOLOSANO PRO MACELLARIIS FOSSORETI.

Alfonsus, *etc.*, senescallo Tholose et Albiensis, *etc.* Mandamus vobis quatinus homines Fossoreti, super hiis que proponenda duxerint coram vobis contra bajulum nostrum Fossoreti, super eo quod ipse percipit indebite, ut dicitur, jambam cujuslibet porci quem macellarii seu carnifices Fossoreti interficiunt in dicta villa, diligenter audiatis, et vocatis qui fuerint evocandi, auditis parcium rationibus, de consilio dilectorum et fidelium nostrorum Poncii Astoaudi, militis, et magistri Odonis de Montonneria ac aliorum bonorum, de personis et rebus ad jurisdicionem nostram spectantibus faciatis super hiis quod justum fuerit et consonum rationi. Datum ut precedens.

## 312

6 sept. 1267. — EIDEM SENESCALLO PRO HOMINIBUS EJUSDEM VILLE [SUPER NOVALIBUS SIVE ESSARTIS].

Alfonsus, *etc.*, senescallo Tholose et Albiensis, *etc.* Mandamus vobis quatinus homines Fossoreti, super hiis que proponenda duxerint coram vobis contra quosdam milites, prope villam Fossoreti existentes, super eo quod ipsi milites eisdem hominibus quedam novalia[1] auferunt indebite, ut dicitur, et sine cause cognicione, diligenter audiatis, et vocatis dictis militibus coram vobis et qui vocandi fuerint, auditis parcium rationibus, de consilio dilectorum et fidelium nostrorum Poncii Astoaudi, militis, et magistri Odonis de Montonneria ac aliorum bonorum, de personis et rebus ad jurisdicionem nostram spectantibus faciatis super hiis quod justum fuerit et consonum rationi. Datum ut precedens.

### 313

7 sept. 1267. — SENESCALLO PRO RELICTA DEFUNCTI PETRI DE VICINIS, MILITIS [QUONDAM SENESCALLI THOLOSANI].

Alfonsus, *etc.*, senescallo Tholose et Albiensis, *etc.* Significamus vobis quod de ducentis quadraginta sex libris, undecim solidis et uno denario turonensium, in quibus nobis tenebatur defunctus P. de Vicinis, miles[2], pro defuncto Guillelmo de Ecclesia, relicte ejusdem defuncti P. respectum dedimus in hunc modum : videlicet quod medietas dicte peccunie nobis solvatur ad festum Candelose proximo venturum, et alia medietas ad ascensionem Domini proximo subsequentem. Unde vobis mandamus quatinus ipsam ad solvendam predictam pecuniam usque ad predictos terminos minime compellatis, dum tamen vobis ydonee cautum sit de dictis peccunie summis in eisdem terminis sine ulteriori respectu integre persolvendis. Datum apud Longumpontem, die mercurii ante nativitatem beate Marie virginis, anno Domini M° CC° LX° VII°.

---

[1] Ici ce terme a sans doute le sens de *champs récemment défrichés*, car la bastide du Fousseret datait tout au plus d'une trentaine d'années; le château lui-même n'avait été construit qu'en 1226. (Voir *Hist. de Languedoc*, nouv. édit., VIII, cc. 828 et suiv.)

[2] Sénéchal de Toulouse jusqu'au 14 février 1254.

## 314

9 sept. 1267. — SENESCALLO PRO PONCIO DE GAILLACO
[CONTRA GENTES EPISCOPI THOLOSANI].

Alfonsus, *etc.*, senescallo Tholose et Albiensis, *etc.* Ex parte Poncii de Gaillaco nobis extitit conquerendo monstratum quod gentes venerabilis patris... episcopi Tholosani ipsum in possessione quarumdam terrarum, quas asserit tenere a nobis, perturbant indebite et molestant. Unde vobis mandamus quatinus dictas gentes dicti episcopi requiratis seu requiri faciatis, ut a perturbacione et molestacione hujusmodi desistant et ipsum Poncium super dictis terris quas a nobis tenere dicitur de cetero non perturbent. Et si ad requisicionem vestram ab hujusmodi perturbacione et molestacione desistere noluerint, vos super hoc de consilio bonorum consilium aponatis quod de jure fuerit apponendum. Datum apud Longumpontem, die veneris post nativitatem beate Virginis.

## 315

9 sept. 1267. — EIDEM PRO EODEM
[A P. B. DE VIRIDIFOLIO APUD NARBONAM INJUSTE CITATO].

Alfonsus, [*etc.*], senescallo Tholose, *etc.* Cum ex parte Poncii de Gallaco nobis fuerit conquerendo monstratum quod Petrus Bernardi de Viridifolio, miles, super quibusdam terris et possessionibus, quas a nobis habere et tenere [1] dicitur, ipsum apud Narbonam [2] citari facit et vexari, in ipsius et nostrum prejudicium et gravamen, vobis mandamus quatinus ipsum militem ex parte nostra requiri faciatis ut a dictis citacione et vexacione desistat, cum dictus Poncius paratus sit in curia nostra super hiis stare juri. Quod si ad requisicionem vestram facere noluerit, vos super hoc de consilio bonorum apponatis consilium quod de jure fuerit apponendum. Datum ut in precedenti.

[1] Le manuscrit porte: *tenere, habere et tenere.* — [2] Devant la cour du vicomte sans doute, car il n'y avait pas encore de tribunal royal à Narbonne au xiii° siècle.

## 316

10 sept. 1267. — VICCARIO THOLOSE PRO MAGISTRO ARNALDO FORTI, DE THOLOSA, [SUPER GAGIIS].

Alfonsus, *etc.*, viccario Tholose, *etc.* Mandamus vobis quatinus magistro Arnaldo Forti, de Tholosa, latori presencium, ab octabis ascensionis Domini proximo preteritis usque ad octabas Omnium sanctorum proximo venturas, et extunc in antea quandiu nobis placuerit, duodecim denarios tholosanos per quamlibet ebdomadam persolvatis. Datum apud Longumpontem, die sabbati post nativitatem beate Marie virginis, anno Domini M° CC° LX° VII°.

## 317

13 sept. 1267. — SENESCALLO THOLOSE PRO GUILLELMO DE SAUBARS ET PETRO JOHANNIS FERRATERII.

Alfonsus, *etc.*, senescallo Tholose et Albiensis, *etc.* Ex parte Guillelmi de Sabars et Petri Johannis Ferraterii, pro se et Guillelmo de Bellooculo, cujus sunt tutores, datum est intelligi quod ipsi a magistro Guillelmo de Furno, judice senescalli Tholosani, quondam diffinitivam sententiam pro se contra Durandum Baudeti habuerunt, qui Durandus a dicta sententia appellavit, super qua appellacione datus fuit eidem judex magister Stephanus de Biterri, judex noster Agennensis, qui magister Stephanus predictus dictam sententiam approbavit et laudavit, ut asserunt. Unde vobis mandamus quatinus, vocatis qui fuerint evocandi, super hiis et de quibus jurisdicio ad nos spectat, faciatis eisdem super predictis quod faciendum fuerit, justicia mediante. Datum apud Longumpontem, die martis post nativitatem beate Marie virginis.

## 318

13 sept. 1267. — SENESCALLO PRO HOMINIBUS DE RABASTEINX [CONTRA SICARDUM ALEMANNI].

Alfonsus, *etc.*, senescallo Tholose et Albiensis, *etc.* Ex parte hominum de Rabasteinx [1] nobis extitit conquerendo monstratum quod Sicardus Alemanni, miles, sex denarios tholosanorum apud Sanctum Georgium [2] nomine pedagii extorquet ab eisdem indebite et injuste, item tres denarios tholosanorum apud les Valelires [3]. Unde vobis mandamus, quatinus dictum Sicardum ex parte nostra requiri faciatis, ut a dictis extorsionibus vel pedagiis indebite extorsis, ut asserunt, desistat. Quod si facere noluerit, vos super hoc de consilio bonorum faciatis quod de jure fuerit faciendum in hac parte, si super hoc dicti homines querimoniam fecerint coram vobis. Item ex parte dictorum hominum nobis est intimatum quod Philippus de Monteforti, miles, apud Loupiac [4] tres denarios tholosanorum nomine pedagii recipit et extorquet ab eisdem minus juste. Unde vobis mandamus quatinus eundem Philippum ex parte nostra requiri faciatis, ut super dicto pedagio indebite percepto, ut dicitur, desistat, et si hoc facere noluerit, vos senescallum Carcassone, si dicti homines ad vos super hoc querimoniam proferant, ex parte nostra requiri faciatis, ut dictum Philippum ab hujusmodi extorsionibus desistere faciat, vel quod super predictis faciat quod debebit, justicia mediante. Datum ut precedens.

Édité dans *Hist. de Languedoc* (nouv. édit.), VIII, cc. 1607-1608.

## 319

15 sept. 1267. — SENESCALLO PRO ABBATE BELLEPERTICE.

Alfonsus, *etc.*, senescallo, *etc.* Mandamus vobis quatinus triginta sex libras turonensium, quas levaverunt, ut dicitur, collectores focagii nostri ab hominibus bastidarum religiosorum virorum abbatis et conventus Bellepertice [5], videlicet de Montay [6] et de Razeto [7], predictis

[1] Rabastens, Tarn.
[2] Saint-Géry, Tarn, comm. Rabastens. (Voir Cabié et Mazens, *Cartulaire des Alb*- p. 52, 59 et 106.)
[3] Les Valières, ou Lavallière, Tarn, comm. Rabastens. (Cabié, p. 59.)
[4] Loupiac, Tarn, cant. Gaillac.

[5] Belleperche, abbaye de l'ordre de Cîteaux, dioc. de Toulouse, puis de Montauban; Tarn-et-Garonne, comm. Cordes-Tolosanes.
[6] Montoin, Tarn-et-Garonne, cant. Saint-Nicolas.
[7] Larrazet, *ibid.*, cant. Beaumont.

hominibus et non abbati usque ad voluntatem nostram reddatis et recredatis. Et quid super hoc factum fuerit, nobis per vestrum clericum, cum ad nos venerit, significare curetis in scriptis. Datum apud Hospitale prope Corbolium, die jovis post exaltacionem sancte Crucis, anno Domini M° CC° LX° VII°.

### 320

3 oct. 1267. — SENESCALLO PRO RICHARDA, FILIA QUONDAM SYCARDI VIGUIER, ET PRO COMITE.

Alfonsus, *etc.*, senescallo Tholose, *etc.* Cum nos per vestras litteras rogaveritis quod Richardam, filiam quondam Sycardi Viguier, nostram mulierem de corpore et caselagio, manumittere velimus, vobis mandamus quatinus que et quanta tenet a nobis in caselagio et quantum valent annui redditus, et super omnibus aliis que in talibus sunt attendenda, nos circa quartam diem post instantem quindenam Omnium sanctorum per Thomam, clericum vestrum, cum ad nos venerit, plenius et cercius edocere curetis, omnes denarios, quos nobis de novo et veteri debetis et qui in vestra senescallia debentur, apud Templum Parisius circa dictam quartam diem per eundem Thomam transmittentes, necnon et in levacione focagii seu auxilii pro succursu Terre sancte nobis debiti vel promissi in senescallia vestra curam et diligenciam quam poteritis adhibentes bono modo, et quid inde levatum fuerit in turonensibus, parisiensibus seu stellingis, et in turonensibus in majori quantitate quam poteritis, circa predictam diem apud Templum Parisius destinantes. In hiis omnibus predictis et in bono et fideli regimine terre nostre sitis sollicitus et intentus. Super viis autem seu modis querendi pro nobis denarios bono modo pro subsidio Terre sancte, quas seu quos vobis, diu est, transmisimus et aliis quas vestra diligencia poterit invenire, curam et diligenciam quam poteritis apponatis, et super omnibus predictis cum Thoma, clerico vestro, colloquium habeatis. Datum die lune post festum beati Michaelis archangelli, anno Domini M° CC° LX° VII°.

Édité dans *Hist. de Languedoc* (nouv. édit.), VIII, cc. 1568-1569.

## 321

(Fol. 51.) 29 sept. 1267. — PONCIO ASTOAUDI, MILITI, ET MAGISTRO ODONI PRO COMITISSA SABAUDIE [SUPER DOTE OLIM A RAIMUNDO VII IPSI PROMISSA].

Alfonsus, *etc.*, Poncio Astoaudi et magistro Odoni, *etc.* Cum nobilis domina C., comitissa [1], relicta A., bone memorie [2] quondam comitis Sabaudie, nobis per suas requisierit litteras ut sibi solveremus illud quod de dote sua, sibi per nobilem virum bone memorie comitem Tholose, socerum nostrum, promissa, remanet ad solvendum, vobis mandamus quatinus diligenter addiscatis de dote illa, utrum sibi solutum fuerit aliquid et quantum, et quantum remanet ad solvendum, et utrum alius quam nos ad solucionem dotis hujusmodi teneatur, utrum eciam habuerit aliquos plegios super solucione dicte dotis sibi facienda, et veritatem super hiis repertam nobis cum aliis vestris negociis, cum ad nos veneritis circa quartam diem post quindenam Candelose, in scriptis refferatis. Datum die jovis in festo beati Michaelis archangeli, anno Domini M° CC° LX° VII°.

## 322

[Circa 29 sept. 1267.] — EIDEM COMITISSE.

Nobili domine et sibi karissime C., comitisse, relicte A., quondam comitis Sabaudie, Alfonsus, *etc.*, salutem et dilectionem sinceram. Super eo quod nobis per vestras requisivistis litteras ut illud quod de dote vestra, vobis per bone memorie quondam comitem Tholose, socerum nostrum, promissa, remanet ad solvendum, [vobis solveremus], vobis significamus quod nos dilectis et fidelibus nostris Poncio Astoaudi, militi, et magistro Odoni de Montoneria per nostras damus litteras in mandatis, ut super dote illa addiscant diligencius veritatem et nobis eandem refferant, cum ad nos venerint circa quartam diem post instantem quindenam Candelose, ut videamus clarius quid super hoc sit agendum.

[1] Cécile de Baux. — [2] Ici le nom *Amedei*, effacé. Il s'agit d'Amédée III.

### 323

2 OCT. 1267. — AU SENESCHAL DE THOLOSE ET D'AUBIJOIS POR LE FOAGE ET LES VOIES ET LES AFFERMEMENZ DES BALLIES.

Aufonz, fiuz de roi de France, coens de Poitiers et de Tholose, à son amé et son faau le seneschal de Tholose et d'Aubijois, saluz et amour. Nos vos mandons que vos levez et faciez lever le foage ou l'aide que l'en nos doit ou a promis en vostre seneschauciée por le secors de la Terre seinte d'outremer, bien et ententivement et loiaument, et au plus tost que vos porroiz, en tele maniere que toz les deniers, qui en seront levez, envoiez au Temple à Paris, ensemble o les deniers que vos nos devez de viez et de novel et o les deniers de noz ballies de la seneschauciée de Tholose et d'Aubijois et dou moneage de nostre monoie qu'en fet à Tholose, environ le quart jor après la quinzeinne de la Toz seinz qui vient prochenement, la plus grant quantité que vos porroiz en tornois ou paresis. Et semble que vos devriez trover assez tornois, quar nostre sires li rois de France a fet forgier puis II anz en ça tornois à Borges, à Senz, à Tors, à Paris, à Seint Anthonnin et en la seneschauciée de Biauquaire, si com l'en dit, par quoi il est plus de tornois que il ne seut, et sont plus espanduz, et en doit l'en plus trover et à gregneur marchié. Et ce que vos ne porroiz envoier en tornois ou paresis, envoiez en estellins, se vos les trovez à bon marchié, ou en plate d'argent affiné ou ne mie affiné, ou en or au melleur change que vos en porroiz trover, et totes voies en la gregneur quantité que vos porroiz en tornois. Et bien vos prenez garde que de ceus qui nos doivent le dit foage ou aide por le secors de la Terre seinte, les poies qu'il vos doivent fere recevez tot en tornois se il le pueent fere, et se il ne les pueent poier tot en tornois, que au plus que il porront poient en tornois, et le remenant en tholosans ou en autres monoies, tant que les monoies que vos recevroiz vallent bien au change ce qu'il vos devront de tornois, si que le domage dou change chiée seur eus et ne mie seur nos. Et envoiez, environ le devant dit quart jor après la quinzeinne de ceste prochene Toz seinz, Thomas, vostre clerc, por conter des ballies et dou foage ou de l'aide devant dit, et raport en escrit queles monoies il aportera, et combien de chascune par soi desevreement, et se il aporte plates, qu'il sache à dire en escrit quanz mars il aura en chascune, et laquele sera affinée et laquele ne sera pas affinée. Derechief, cum nos aions propos de secorre personaument à la Seinte terre d'outremer, qui a si grant mestier de grant aide, et ou il nos covendra fere si granz despens et si granz mises, nos vos mandons que regardées totes les voies que nos vos envoiasmes pieça en escrit, et totes les autres que voz verroiz profiter, mestez peinne et diligence et cure de porchacier deniers por nos au plus que vos porroiz, en bone maniere et loial, et ce que vos en auroiz fet et tretié, nos festes savoir en escrit par le dit vostre clerc, environ le devant dit quart jor après la quinzeinne de ceste prochene Toz seinz, car en si grant besongne nos covient grant porveance et hastive et meesmement de deniers avoir au plus que nos porrons en bone maniere et loial et au plus tost que nos porrons. Derechief nos vos mandons que quant vos affermerez noz ballies de vostre seneschauciée, iceles affermez chascune par soi o encherissement, si bien et si sagement et si clerement, en la melleur maniere et la plus loial que vos porroiz, selonc les condicions que vos avez pieça, que l'en voie bien qu'i n'i ait point de chalandise, ne ne les affermez mie à gens suspeçonneuses d'eresie ne d'usure ne d'autre grant crime, ne à juis, ne à voz parenz, ne à voz anfanz, ne à voz cosins, ne à voz affins, ne à autre de vostre mesniée, ne à autres qui soient à noz gages ne aus voz, ne ne soffrez qu'il en soient parçonnier. Et nos renvoiez en escrit par vostre clerc, environ le devant dit quart jor après la quinzeinne de ceste prochene Toz seinz, comment eles seront affermées ne à qui, et combien chascune par soi. Et totes les amendes qui nos sont deues en vostre seneschauciée, faciez jugier et les levez, ne n'en laaschiez nule sanz nostre congié especial. Et en totes les choses dessus dites, et en totes noz autres besongnes que vos verroiz profitables à nos et ou boen et ou loial governement de nostre terre, vos aiez curieusement, diliganment, ententivement et loiaument, si que nos vos en sachons gré et puissons bien aparcevoir que vos en aiez esté curieus. Et cez lestres mostrez au devant dit Thomas le clerc, et li dites et enjongniez de par nos que en totes les choses qui i sont contenues et en totes noz besongnes meste peinne et diligence, et loialment s'i contiengne, si que nos li en sachons gré. Et à totes cez choses dessus dites fere et acomplir, et meesmement à porchacier deniers por nos en totes bones manieres et loiaus et hastivement, et en la gregneur quantité que vos porroiz, vos doit semondre et esmovoir loiauté et curieuseté et la grant neccessité que la Terre seinte a et le pueple crestien qui est par dela la mer en perill de mort par deffaut d'aide, et por ce que ce est por le servise nostre segneur Jesu Crist et por sa foi essaucier, et après por ce que nos i proposons à mestre notre propre cors. Et semble que ce soit grant charité et aumosne à toz ceus qui aident à la Seinte terre en bone maniere et loial. Ce fu donné à Rampellon, le diemenche après la feste seint Michiel, en l'an nostre Seigneur M CC LX VII.

Auteles lestres furent envoiées au seneschall d'Agenois et de Caorsin, sanz la clause dou foage.

Auteles lestres furent envoiées au seneschal de Venissi.

Auteles lestres furent envoiées au seneschal de Poitou.

Auteles lestres furent envoiées au seneschal de Xanctonge.

Auteles lestres furent envoiées au conestable d'Auvergne.

Auteles lestres furent envoiées au seneschal de Roergue, ajostée la clause dou minier.

Auteles lestres furent envoiées à Guillaume dou Plessie, seur le foage et seur les voies.

Auteles lestres furent envoiées à Salemon.

### 324

(Fol. 52.) 2 oct. 1267. — PONCIO ASTOAUDI, MILITI, SUPER VIIS ET ALIIS.

Alfonsus, *etc.*, Poncio Astoaudi, *etc.* Compacientes neccessitatibus Terre sancte et eorum qui degunt in partibus transmarinis, in firmo gerimus proposito subsidium quod poterimus eisdem personaliter impertiri. Et quia negocium hujusmodi sumptus requirit quasi innumerabiles, providenciam celerem et expensas, vobis mandamus vos rogantes quatinus, inspectis diligenter viis quas vobis, diu est, in scriptis tradi fecimus necnon aliis quibuscumque poteritis, bono et legali modo celeriter peccuniam perquiratis, habentes tractatum prout in eisdem viis inspicere poteritis, et scientes valorem annuum rerum super quibus tractaveritis et oblacionem quam vobis fecerint illi cum quibus per vos habebitur tractatus, retenta in omnibus nostra voluntate. Et quid super premissis omnibus feceritis et tractaveritis, cum quibus et super quibus, et statum vestrum, utinam semper prosperum, nobis, quociens commode poteritis, in scriptis insinuare curetis, scientes quod in confectione presencium sani eramus et incolumes, Domino concedente. In premissis omnibus et singulis et in negociis nostris vobis injunctis et in bono statu terre nostre conservando curam et diligenciam taliter adhibere curetis, quod propter hoc vos possimus merito commendare. Et ad hec omnia facienda et precipue ad denarios ad opus nostrum pro succursu Terre sancte perquirendos, bono modo et legali et celeriter et in majori quantitate quam poteritis, debent vos excitare neccessitates Terre sancte et pium propositum Dominum serviendi et fidem Christianam, auxiliante Domino, exaltandi, maxime cum servicium hujusmodi in proprio corpore facere intendamus. Datum ut precedens.

Similis littera missa fuit Odoni de Montoneria.
Similis littera missa fuit domino Sycardo Alamanni.
Similis littera missa fuit Jacobo de Bosco.
Similis littera missa fuit Egidio Camelini.
Similis littera missa fuit magistro Guillelmo Ruffi.
Similis littera missa fuit magistro Guillelmo de Ruppe.
Similis littera missa fuit magistro Eustachio de Mesiaco.

Édité dans *Hist. de Languedoc* (nouv. édit.), VIII, cc. 1567-1568.

## 325

2 oct. 1267. — SENESCALLO THOLOSE ET ALBIENSIS SUPER PROMISSIONE FACTA PRO CIVIBUS THOLOSE DE VI<sup>m</sup> LIBRIS TURONENSIUM.

Alfonsus, *etc.*, senescallo Tholose et Albiensis, *etc.* Cum religiosi viri fratres Guillelmus de Monterevelli, inquisitor heretice pravitatis in partibus Tholosanis, et Guillelmus Bernardi, ordinis fratrum Predicatorum, ex parte consulum et communitatis urbis et suburbii Tholose, cum ipsorum litteris patentibus ad nos missi pro composicione super focagio seu subsidio vel dono gratuito nobis ab ipsis civibus promisso nobiscum facienda, promiserint pro dictis civibus nobis pro predicto focagio vel subsidio seu dono solucionem et satisfactionem plenam facere usque ad summam sex milium librarum turonensium, hiis terminis : videlicet duo milia librarum turonensium infra octabas Resurrectionis dominice nuper preteritas, et alia duo milia librarum ejusdem monete infra octabas nativitatis beati Johannis Baptiste jam transactas, reliqua vero duo milia librarum turonensium infra instantes octabas Omnium sanctorum, et super predictis solucionibus sic faciendis litteras patentes dictorum consulum et communitatis nobis dare in forma quam eisdem fratribus tradi in scriptis fecimus, prout hec omnia in litteris patentibus dictorum fratrum sigillisque suis sigillatis plenius contine[n]tur, dictique cives in solucione facienda duobus primis terminis, videlicet infra octabas resurrectionis Domini et infra octabas nativitatis beati Johannis Baptiste jam elapsis, necnon in tradicione litterarum suarum super predictis solucionibus faciendis defecerint, vobis mandamus quatinus dictos cives ex parte nostra bono modo et curialiter requiratis vel requiri faciatis ut, sicut nobis ex parte ipsorum per dictos fratres fuit promissum, dicta sex milia librarum turonensium, videlicet quatuor milia de terminis predictis et duo milia que ad instantes octabas Omnium sanctorum debent solvi, pro nobis curialiter vobis solvant ad predictas octabas instantis festi Omnium sanctorum, ita quod dicta sex milia librarum turonensium apud Templum Parisius circa quartam diem post instantem quindenam Omnium sanctorum integraliter, una cum aliis denariis nostris, mittere valeatis, cum predictis fratribus super hiis nichilominus habentes colloquium et ipsos requirentes ut que nobis promiserunt per dictos cives faciant adimpleri. Si vero predictam pecunie summam solverint dicti cives vel taliter solvere preparaverint quod circa quartam diem post quindenam instantis festi Omnium sanctorum apud Templum Parisius per nuncium vestrum vel eorum totaliter possint poni, nullam faciatis eisdem super hiis monicionem. Responsionem autem dictorum civium et fratrum super hoc et quid inde factum fuerit et quid super hoc proponunt facere dicti cives, nobis rescribere curetis per presencium portitorem. Datum dominica post festum beati Mychaelis, anno Domini m° ducentesimo lx$^{mo}$ septimo.

Édité dans *Hist. de Languedoc* (nouv. édit.), VIII, cc. 1562-1563.

### 326

3 oct. 1267. — PRO STEPHANO DE CASTRONOVO ET JOHANNE DE GALLIACO [SUPER APPELLATIONE AB EIS INTERJECTA].

Alfonsus, *etc.*, dilecto et fideli suo magistro Guillelmo de Furno, judici senescalli Tholose, salutem et dilectionem. Cum in causis appellacionum, que inter Stephanum de Castronovo, ex una parte, et Johannem de Galliaco et consortes suos, ex altera, coram dilecto et fideli clerico nostro magistro Johanne de Senonis auctoritate nostra [vertuntur], eo usque processum dicatur a partibus supradictis quod testes in eisdem causis sibi neccessarios pars utraque producere proponat, nec illi sine gravi dispendio tam parcium predictarum quam testium Parisius possint produci, ne ob defectum testium alterutrius partis justicia valeat deperire, vobis mandamus quatinus auctoritate nostra testes utrinque in causis hujusmodi producendos una cum Poncio de Montibus, publico notario ville de Vauro, cui super hoc scribimus, recipientes usque ad festum beati Vincencii proximo venientis, tam dicta ipsorum quam vestra et dicti Poncii, qui super hiis scire dicimini veritatem, et in quos ut in dictis causis deponatis partes predicte consentire dicuntur, cum interrogatoriis et responsionibus parcium predictarum, dicto magistro Johanni Parisius sub sigillis remittatis inclusa, prefigentes partibus diem veneris post instantem purificationem beate Virginis, quo Parisius coram predicto magistro Johanne cum dictis attestacionibus sufficienter compareant, in causis hujusmodi, prout justum fuerit, processure. Quod si non ambo hiis exequendis poteritis interesse, alter vestrum nichilominus exequatur. Datum die lune post festum beati Michaelis archangeli, anno Domini M° CC° LX° VII°.

Sub eadem forma scriptum fuit Poncio de Montibus, publico notario ville de Vauro, mutata forma verborum.

### 327

8 oct. 1267. — SENESCALLO PRO JOHANNE DE BURES, CLERICO, [SUPER GAGIIS EIDEM PER HEBDOMADAM SOLVENDIS].

Alfonsus, *etc.*, senescallo Tholose et Albiensis, *etc.* Mandamus vobis quatinus Johanni de Bures, clerico, latori presentium, tradatis de denariis nostris viginti solidos tholosanorum, quos ei ad presens dedimus, et ab instantibus octabis Omnium sanctorum in antea duodecim denarios tholosanorum per quamlibet ebdomadam, quamdiu nobis placuerit, persolvatis eidem. Datum apud Rampilionem, die sabbati ante festum sancti Dionisii, anno Domini millesimo ducentesimo sexagesimo septimo.

### 328

(Fol. 53.) 26 oct. 1267. — SENESCALLO THOLOSE ET ALBIENSIS PRO BERNARDO CAPELLE, DE CASTRONOVO DE ARRE.

Alfonsus, *etc.*, senescallo Tholose et Albiensis, *etc.* Mandamus vobis quatinus Bernardum Capelle, de Castronovo de Arre, super hiis que proponenda duxerit coram vobis contra Remundum Be[r]nardi, racione debiti in quo tenebatur eidem Bernardo Capelle Manerius, miles, ut dicit, diligenter audiatis super hiis et de quibus ad nos jurisdicio spectat, et bonum jus et maturum eidem faciatis. Datum apud Hospitale juxta Corbolium, die mercurii ante festum apostolorum Symonis et Jude.

## 329

26 oct. 1267. — SENESCALLO THOLOSE ET ALBIENSIS PRO BLANCIA,
FILIA DEFUNCTI GINCHACI.

Alfonsus, *etc.*, senescallo Tholose et Albiensis, *etc.* Mandamus vobis quatinus Blanchiam, filiam defuncti Ginchaci, super hiis que proponenda duxerit coram vobis, racione eorum que idem pater suus tenebat a nobis in feodum racione officii arquerie[1], diligenter audiatis, et super hiis que ad nostram jurisdicionem spectant faciatis eidem bonum jus et maturum. Datum apud Hospitale prope Corbolium, die mercurii ante festum apostolorum Symonis et Jude, anno Domini M° CC° LX° septimo.

## 330

26 oct. 1267. — SENESCALLO THOLOSE ET ALBIENSIS PRO HOMINIBUS DE PAREINX.

Alfonsus, *etc.*, senescallo Tholose et Albiensis, *etc.* Cum vobis alias per nostras literas mandavissemus ut de tringinta duabus libris turonensium, quas ab hominibus de Pareinx[2] pro focagio levare debebatis, centum solidos in respectu nostro usque ad voluntatem nostram poneretis, vosque tringinta duas libras integraliter levaveritis, ut dicitur, mandamus vobis quatinus, si dictas tringinta [duas] libras integraliter levaveritis, eisdem hominibus centum solidos reddatis et in respectu nostro ponatis usque ad voluntatem nostram. Datum anno Domini M° CC° LX° septimo, die mercurii ante festum apostolorum Symonis et Jude.

## 331

26 oct. 1267. — SENESCALLO THOLOSE ET ALBIENSIS PRO RAYMUNDO DE PUTEO,
PODII LAURENCII, ET ARNALDO GOTI.

Alfonsus, *etc.*, senescallo Tholose et Albiensis, *etc.* Mandamus vobis

---

[1] Ce mot, d'après Ducange, aurait le même sens que le mot *sergenteria*. — [2] Peyrens, Aude, canton de Castelnaudary.

quatinus Raymundum de Puteo, Podii Laurencii[1], et Arnaldum Goti de hiis que proponenda duxerint coram vobis, racione quorumdam debitorum in quibus eisdem tenebatur, ut dicitur, defunctus Raymundus de Dernonio[2], cujus bona ex donacione ejusdem defuncti, ut dicitur, possidemus, necnon eundem Raymundum de Puteo, Podii Laurencii, super jure quod dicit se habere in mandagio furnorum Podii Laurencii diligenter audiatis, et vocatis qui fuerint evocandi, jure nostro et alieno servato, de personis et rebus ad nostram jurisdicionem spectantibus faciatis eisdem bonum jus et maturum. Datum apud Hospitale prope Corbolium, die mercurii ante festum apostolorum Symonis et Jude.

## 332

26 oct. 1267. — PONCIO ASTOALDI, MILITI, ET MAGISTRO ODONI DE MONTONERIA PRO B. OALRICI ET YSARNO CONSANGUINEO SUO.

Alfonsus, *etc.*, Poncio Astoaldi, militi, et magistro Odoni de Montoneria, *etc.* Ex parte B. Oalrici de Castronovo, domicelli, et Ysarni, consanguinei sui, nobis extitit intimatum quod nos terciam partem cujusdam ville, que villa vocatur Noveta[3], ad manum nostram detinemus, pro indiviso ad ipsum B. domicellum racione paterne successionis, ut dicitur, pertinentem et debere (*sic*) de jure pertinere; item sextam partem ejusdem ville, ad dictum Ysarnum consanguineum suum racione patris sui similiter pertinentem, ut dicitur. Unde vobis mandamus quatinus ipsos super hiis diligenter audiatis, exibentes eisdem super hiis celeris justicie complementum, jus nostrum et alienum super hiis in omnibus observantes. Datum apud Hospitale prope Corbolium, die mercurii ante festum apostolorum Symonis et Jude, anno Domini M° CC° LX° septimo.

[1] Puylaurens, Tarn.
[2] *Corr*. Dorniano: Dourgne, Tarn.
[3] Villenouvelle, Haute-Garonne, cant. de Villefranche-de-Lauragais.

## 333

26 oct. 1267. — SENESCALLO THOLOSE ET ALBIENSIS PRO
GUILLELMO DE BRUNEQUELLO, MILITE.

Alfonsus, *etc.*, senescallo Tholose et Albiensis, *etc.* Ex parte Guillelmi de Brunequello, militis, nobis extitit intimatum quod, cum quedam causa cujusdam condamine, site, ut dicitur, in confinibus comitatus Tholose, inter dictum militem, ex parte una, et Bertrandum de Sancto Martino veteri et Aymericum ejus fratrem, Carcassonensis dyocesis, ex altera, coram judice ordinario Castrinovi de Arrio ventilaretur, coram quo judice fuit exceptum dictam condamiam[1] esse in Carcassonensi, et dictus judex, receptis super hoc testibus ab utraque parte, pronunciavit dictam condamiam esse in Tholosano, a qua pronunciacione extitit pluries appellatum, postmodum primus judex, cognoscens super principali, sentenciavit pro dicto milite et contra dictos fratres. Et cum dictus judex vellet sentenciam suam mandare executioni, dicti fratres in detractione comitatus Tholosani dictam condamiam miserunt in manu castellani Montis regalis[2] nomine domini regis Francie, et dictus judex, videns rebellitatem dictorum fratrum, decrevit dictum militem fore mittendum in possessione omnium bonorum que dicti fratres habebant in Fanojove[3] et Vilario[4] in Tholosano, quousque sue sentencie pareretur, quam missionem senescallus Tholose confirmavit. Quare petit dictus miles ut dicta bona dictorum fratrum eidem faciamus, nomine dicte condamie, assignari, quousque dicti fratres dictam condamiam, prout ipsi possidebant tempore late sentencie, restituant militi antedicto. Unde vobis mandamus quatinus ipsum militem super hoc diligenter audiatis et faciatis eidem super hoc quod justum fuerit et consonum racioni, consilium vero Poncii Astoaudi, militis, et magistri Odonis de Montoneria super hoc

[1] La forme la plus ordinaire est *condamina*; Ducange note pourtant la forme *condoma*.
— [2] Montréal, Aude. — [3] Fanjeaux, Aude. — [4] Peut-être Villasavary, Aude, cant. Fanjeaux.

requirentes. Datum apud Hospitale prope Corbolium, die mercurii ante festum apostolorum Symonis et Jude, anno Domini m° cc° lx° septimo.

### 334

31 oct. 1267. — PONCIO ASTOAUDI, MILITI, ET MAGISTRO ODONI DE MONTONERIA PRO UNIVERSITATE CASTRI DE ARRIO NOVI.

Alfonsus, *etc.*, Poncio Astoaudi, militi, et magistro Odoni de Montoneria, *etc.* Cum ex parte consulum et universitatis Castrinovi de Arrio nobis extitit intimatum quod Bartholomeus de Landrevilla, miles, filius senescalli nostri Tholosani, vel mandatum suum, eo ratum habente, eisdem inhibuit sine causa racionabili, ne mercatum exercerent diebus lune in mercatali dicti castri, quo uti consueverunt, sicut dicunt, vobis mandamus quatinus tam de causa dicte prohibicionis quam de usu et exercicio dicti mercati, necnon de dampno quod aliis, si mercatum ibidem diebus lune fieret, et que nobis et patrie utilitas proveniret vel actenus provenit tempore quo aliis diebus mercatum consueverunt exercere, et si sine cujusdam injuria et peccato fieri posset dictum mercatum die lune, diligenter addiscatis, quid super premissis inveneritis nobis sub sigillis vestris, cum commode poteritis, rescribentes. Datum die lune in vigilia Omnium sanctorum, anno Domini m° cc° lx° septimo.

### 335

31 oct. 1267. — PONCIO ASTOALDI, MILITI, ET MAGISTRO ODONI DE MONTONERIA PRO UNIVERSITATE CASTRI DE ARRIO LITTERE PATENTES.

Alfonsus, *etc.*, dilectis et fidelibus suis Poncio Astoaldi, militi, et magistro Odoni de Montoneria, salutem et dilectionem. Ex parte consulum et universitatis Castrinovi de Arrio nobis est conquerendo monstratum quod, cum ipsi essent in possessione vel quasi habendi mercatum in mercatali dicti castri singulis diebus septimane, et frequencius diebus lune, jovis et sabbati, Bartholomeus de Landrevilla, miles, filius senescalli nostri Tholosani, seu mandatum ipsius, ipsorum racionibus legitimis non admissis, sine cause cognicione, inhibuit ne diebus lune in mercatali castri predicti merces venales producerent nec forum inhibi exercerent, in ipsorum prejudicium et gravamen. Propter quod ipsi, sencientes se ex hoc indebite aggravatos, ad nos super hoc se asserunt appellasse, supplicantes super premissis eis justiciam exhiberi, sed idem Bartholomeus, appellacioni hujusmodi non defferens, aliqua quoad mercatum predictum in eorum prejudicium, ut dicitur, innovavit. Quare vobis mandamus quatinus, vocatis qui fuerint evocandi, super premissis quod justum fuerit faciatis. Datum die lune in vigilia Omnium sanctorum, anno Domini M° CC° LX° septimo.

## 336

(Fol. 54.) 11 nov. 1267. — VICARIO THOLOSE [EX PARTE THESAURARII PICTAVENSIS, SUPER REGALIBUS EPISCOPATUS THOLOSANI].

St. de Sacleiis, thesaurarius ecclesie Beati Hylarii Pictavensis et clericus illustris comitis Pictavie et Tholose, viro provido et discreto Guillelmo de Nantolio, vicario Tholose, salutem et sinceram in Domino dilectionem. Receptis litteris a domino comite, sibi ex parte vestra missis super sesina per vos facta super bonis episcopalibus, et tenore earumdem diligencius intellecto, super hiis consilium cum consiliariis suis voluit habere plenius dictus comes. Unde vobis significamus quod, considerato tenore litterarum vestrarum, videtur consilio dicti domini comitis quod sit expediens et racionabile, quod absolucionis beneficium cum debita devocione petatis, et si absolucionem aliter non possitis obtinere, juretis vel aliter bene caveatis stare mandatis ecclesie, cum non sit verisimile quod bonus judex ex hac causa vobis precipiat indebitum aliquid vel injustum. Obtento vero absolucionis beneficio, de jure nostro super regalibus et saisina bonorum episcopalium, sede Tholosana vacante, diligenter et fideliter addiscatis, et quod super hoc inveneritis, nobis fideliter rescribatis. Datum Parisius, die veneris in festo beati Martini hyemalis, anno Domini M° CC° LX° septimo.

Édité dans *Hist. de Languedoc* (nouv. édit.), VIII, c. 1611.

## 337

11 nov. 1267. — FRATRI GUILLELMO DE MONTEREVELLI, INQUISITORI HERETICE PRAVITATIS IN PARTIBUS THOLOSANIS, [DE EADEM RE].

Alfonsus, *etc.*, viro religioso et sibi in Christo karissimo fratri Guillelmo de Monterevelli, inquisitori heretice pravitatis in partibus Tholosanis, salutem et dilectionem sinceram. Receptis vestris litteris super facto vicarii nostri Tholose et tenore earundem diligenter intellecto, quantum ad bona episcopalia per ipsum bannita, nos super hoc cum consiliariis nostris consilium plenius habere volentes, discrecioni vestre significandum duximus quod consilium super dicto facto habitum dilectus et fidelis clericus noster thesaurarius Beati Hylarii Pictavensis dicto vicario nostro per suas litteras intimavit. Datum die veneris in festo beati Martini hyemalis, anno Domini M° CC° LX° septimo.

Similis littera missa fuit fratri Guillelmo Bernardi.

## 338

11 nov. 1267. — FRATRI GUILLELMO DE MONTEREVELLI [SUPER SUBSIDIO DOMINO COMITI A CIVIBUS THOLOSANIS PROMISSO].

Alfonsus, *etc.*, viro religioso et sibi dilecto in Christo fratri Guillelmo de Monterevelli, inquisitori heretice pravitatis, salutem et dilectionem sinceram. Quia super promissione per vos nobis facta a civibus Tholosanis justa (*sic*) formam per vos preloqutam, secundum quod in litteris vestris quas penes nos habemus plenius continetur, necdum prout condictum fuerat extitit negocium effectui mancipatum, super quo plurimus (*sic*) amiramur, discrecionem vestram rogamus quatinus, prout vestre congruit honestati, partes vestras interponere studeatis, quod negocium ipsum finem debitum sorciatur. Quid super hoc factum fuerit vel superest faciendum nobis, quam cito commode poteritis, rescribatis. Datum Parisius, in festo beati Martini hyemalis, anno Domini M° CC° LX° VII°.

Similis littera missa fuit fratri Guillelmo Bernardi.

Édité dans *Hist. de Languedoc* (nouv. édit.), VIII, c. 1564.

## 339

12 nov. 1267. — SENESCALLO THOLOSE ET ALBIENSIS PRO HOMINIBUS
GUILLELMI UNALDI SUPER FOCAGIO.

Alfonsus, *etc.*, senescallo Tholose et Albiensis, *etc.* Mandamus vobis quatinus, si focagium ab hominibus Guillelmi Unaldi, militis, debitum nondum levatum fuerit, ipsum focagium usque ad instans festum Candelose in nostro respectu ponatis; si vero, ipsis hominibus contradicentibus, levatum fuerit, illud eisdem hominibus usque ad dictum terminum, si petierint, recredatis, addiscentes interim diligenter utrum predicti homines ad solucionem ejusdem focagii de jure vel de consuetudine eu promisso aut alia causa racionabili teneantur, communicato consilio Guillelmi de Pleseio et Salomonis, clericorum nostrorum, qui super facto focagii sunt experti. Si vero ad hoc minime teneantur, tractetis cum eisdem hominibus si quid et quantum nobis pro focagio vel nomine focagii vel pro subvencione pro sucursu Terre sancte gratis et liberaliter ex gracia et voluntate propria dare vellent. Si autem predicte inquisicioni stare noluerint et super hoc sibi pecierint justiciam exiberi, vos super iis, jure nostro et alieno servato, faciatis eisdem quod justum fuerit et consonum racioni, quid super premissis inveneritis et feceritis nobis, cum commode poteritis, rescribentes. Datum Parisius, die sabbati post festum beati Martini hyemalis, anno Domini M° CC° LX° septimo.

Similis littera missa fuit senescallo Tholose et Albiensis pro hominibus Sycardi de Montealto, militis.

## 340

[12 vel 13 nov. 1267.] — PONCIO ET ODONI PRO COMITE.

Alfonsus, *etc.*, domino Poncio et Odoni de Montoneria, *etc.* Cum de voluntate nostra quedam negocia super quibusdam articulis vobis sint mandata per litteras nostras, et vos super hiis per litteras vestras nobis significaveritis quod Egidio Camelini, clerico, ad predicta procuranda litteras commissionis mitteremus speciales, videtur quod alicui non est bonum mittere litteras commissionis super predictis, quia vos, quando per terram nostram discurritis, super predictis articulis potestis tractare sine litteris, nostra retenta in omnibus voluntate. Unde vobis mandamus rogantes quatinus, inspectis diligenter viis quas vobis, diu est, in scriptis tradi fecimus necnon aliis quibuscumque poteritis, bono et legali modo et sine cujusquam injuria et peccato secundum vobis mandata pertractetis et sicut vobis alias mandavimus. Quid super premissis feceritis nobis, cum commode poteritis, significare curetis in scriptis. Et ut melius ad memoriam reducatis premissa, vobis tenorem predictarum litterarum mittimus infrascriptam : Alfonsus, filius, *etc.*, Poncio Astoaudi et magistro Odoni, *etc.* Compacientes neccessitatibus Terre sancte, *etc.*, prout in littera que est in tercio precedenti folio usque in finem continetur[1].

Édité dans *Hist. de Languedoc* (nouv. édit.), VIII, c. 1569.

## 341

13 nov. 1267. — CONSULIBUS URBIS ET SUBURBII THOLOSE PRO COMITE.

Alfonsus, *etc.*, dilectis et fidelibus suis consulibus urbis et suburbii Tholose salutem et dilectionem sinceram. Perlecta vestrarum serie litterarum, intelleximus quod vos illam quartam partem focagii, que nobis debebatur ab hominibus villarum et boeriarum, infra *lo dex* Tholose et extra existencium, ad cives Tholose pertinencium, exigere intenditis et levare. Super quo scire vos volumus, quod nostre intencionis non existit quod focagium de illa quarta parte per vos levari debeat ullo modo, sed dumtaxat in sufferencia poneretur. Ceterum super eo quod vestra littera mencionem de cambio faciebat, scire vos volumus quod non est nostri propositi seu voluntatis nostre, quod promissio de sex milibus librarum turonensium, nobis facta a vobis vel per fratres Guillelmum Bernardi et Guillelmum de Monterevelli, de ordine fratrum Predicatorum, nomine vestro, secundum quod in ipsorum lit-

[1] Voir plus haut, n° 324.

teris, quas penes nos habemus, plenius continetur, in aliquo minuatur vel quantum ad monetam aliam immutetur. Unde vobis mandamus et vos attente requirimus, quatinus de dictis sex milibus libr. turon. integre et sine more dispendio satisfaciatis senescallo nostro Tholose, ita quod de eadem quantitate pecunie nostro nomine teneat se plenarie pro pagato, et eam infra instans natale Domini possit mittere Parisius apud Templum, presertim cum prefixi termini per dictos fratres, nuncios vestros, ad solucionem dicte peccunie faciendam sint elapsi, vel si vobis placuerit, dicta sex milia libr. turon. infra instans natale Domini apud Templum Parisius per vestros nuncios transmittatis. Datum Parisius, dominica post festum beati Martini hyemalis, anno Domini M° CC° LX° septimo.

Édité dans *Hist. de Languedoc* (nouv. édit.), VIII, cc. 1564-1565.

### 342

13 nov. 1267. — SENESCALLO THOLOSANO PRO EODEM.

Alfonsus, *etc.*, senescallo Tholose et Albiensis, *etc.* Transcriptum litterarum, quas mittimus dilectis et fidelibus nostris consulibus Tholosanis, vobis mittimus infrascriptum : Alfonsus, *etc.*; *ponatur totus tenor precedens usque ad finem.* Unde nos predictus comes vobis mandamus quatinus dictam peccunie quantitatem, ut dictum est, recipiatis in turonensibus a dictis consulibus Tholosanis, et nobis eam mittatis, ita quod infra instans natale Domini sint Parisius apud Templum, quia dilacionem nimiam recepit negocium supradictum, cum convenciones predicte jamdiu est sint elapse. Datum Parisius, dominica post festum beati Martini hiemalis, anno Domini M° CC° LX° VII°.

### 343

(Fol. 55.) 16 nov. 1267. — PONCIO ASTOAUDI ET ODONI DE MONTONERIA PRO BERARDO DE CASTRONOVO [SUPER TERRA IPSI RESTITUENDA].

Alfonsus, *etc.*, Poncio Astoaudi et magistro Odoni de Montoneria, *etc.* Veniens ad nos Berardus de Castronovo, domicellus, a nobis terram, que fuit Bernardi de Castronovo, defuncti avunculi sui, jure hereditario sibi restitui postulavit. Unde vobis mandamus quatinus super hoc inquiratis diligenter veritatem, secundum traditam vobis formam, [et] quid super hoc inveneritis nobis, cum ad nos veneritis circa quartam diem post instantem quindenam Candelose, in scriptis refferre curetis cum aliis vestris negociis et inquestis. Datum apud Longumpontem, die mercurii post festum beati Martini hyemalis, anno Domini M° CC° LX° VII°.

### 344

17 NOV. 1267. — LESTRES PENDANZ AU SENESCHAL POUR SYCART DE MONTAUT [POUR LE FOAGE DES HOMMES DUDIT SEIGNEUR].

Aufons, filz de roi de France, coens de Poitiers et de Tholose, à son amé et son fael, le seneschal de Tholose et d'Aubijois, saluz et amour. Come entre nos, d'une part, et nostre amé et nostre fael Sycart de Montaut, chevalier de l'evesché de Tholose, d'autre, soient fetes certaines covenances par quoi il nos doit servir outremer en l'aide de la Terre sainte, si comme il est plus pleinement contenu en ses lestres pendanz et de ses pleiges qu'il etabli por li principals rendeeurs, c'est assavoir Guillaume Unaut, chevalier, et Sycart, viconte de Lautré[1], domzel, lesqueles lestres nos avons par devers nos seellées de leur seaus, nous vous mandons que vos faciez lever le foage des homes de la terre dudit Sycart, tant de la sene terre propre cum de celle terre ou nos avons part o li, cum il soit einsint acordé entre nos et li, et li faciez paier cinc cenz livres de tornois des premiers deniers qui seront levez ou ont esté levez dou dit foage, receu de lui puble instrument et ses lestres pendanz dou paiement que vos li auroiz fet des dites cinc cenz livres de tornois. Ce fu doné à Lonpont, le juedi après la feste saint Martin d'yver, en l'an nostre Seigneur mil CC LX VII.

[1] Sur Sicard, vicomte de Lautrec en 1267, voir *Hist. de Languedoc*, nouv. édit., VII, p. 59.

## 345

18 nov. 1267. — SENESCALLO PRO HOMINIBUS DICTI SYCARDI SUPER DICTO FOCAGIO.

Alfonsus, *etc.*, senescallo Tholose et Albiensis, *etc.* Cum per nostras patentes litteras vobis scripserimus quod vos dilecto et fideli nostro Sycardo de Montealto, militi, quingentas libras turonensium de primis denariis quos de focagio hominum suorum levaveritis solveretis, vobis mandamus quatinus, non obstante dicto mandato, ipsos homines, si coram vobis super hoc querimoniam protulerint, diligenter audiatis, facientes eisdem super predictis quod justum fuerit et consonum racioni, communicato consilio Guillelmi de Plesseio et Salomonis, clericorum nostrorum. Et quantum ad alios istud secretum teneatis. Datum apud Longumpontem, die veneris in octabis beati Martini hyemalis, anno Domini M° CC° LX° VII°.

Édité dans *Hist. de Languedoc* (nouv. édit.), VIII, cc. 1624-1625.

## 346

15 nov. 1267. — SENESCALLO PRO HOMINIBUS GUILLELMI UNALDI SUPER FOCAGIO.

Alfonsus, *etc.*, senescallo Tholose et Albiensis, *etc.* Mandamus vobis quatinus focagium ab hominibus terre Guillelmi Unaldi, militis, quam tenet ex hereditate paterna, integraliter levetis. De hominibus vero terre sue, quam habet ex parte matris sue, inquiratis diligenter utrum unquam solverint vel teneantur nobis solvere focagium vel subvencionem de jure vel consuetudine seu promisso aut alia justa causa, vel si dicti homines subvencionem seu graciam aliquam pro succursu Terre sancte gratis facere nobis vellent. Et si ex premissis vel aliquo premissorum ipsi nobis non teneantur, ipsos ad solucionem dicti focagii minime compellatis, significantes vobis quod hanc litteram fecimus fieri, ipso milite procurante. Datum die martis post festum beati Martini hyemalis, anno Domini M° CC° LX° VII°.

### 347

18 nov. 1267. — SENESCALLO THOLOSE ET ALBIENSIS PRO GUILLELMO SUDRE.

Alfonsus, *etc.*, senescallo Tholose et Albiensis, *etc.* Veniens ad nos Guillelmus Sudre, lator presencium, nobis conquerendo monstravit quod bajulus noster de Cordua [1] omnia bona sua saisivit, ex eo quod ipse Guillelmus fuit presens cuidam pelegie [2] facte apud ecclesiam de Alsabaisse [3]. Unde vobis mandamus quatinus, vocato dicto bajulo et aliis qui fuerint evocandi, auditis hinc inde racionibus, exhibeatis eidem G. celeris justicie complementum. Datum apud [Longumpontem], die veneris in octabis beati Martini hyemalis, anno Domini M° CC° LX° VII°.

### 348

22 nov. 1267. — SENESCALLO PRO HOMINIBUS PRECEPTORIS DE LESPINAU.

Alfonsus, *etc.*, senescallo Tholosano et Albiensis, *etc.* Mandamus vobis quatinus focagium hominum preceptoris de les Pinau [4], Grandimontensis ordinis, prope Tholosam, ponatis in sufferenciam nostram et respectum usque ad proximam Candelosam, addiscentes interim utrum dicti homines nobis focagium promiserunt, et utrum unquam bone memorie Remondo, quondam comiti Tholosano, predecessori nostro, solverunt focagium, vel eidem subvencionem aliquam in taliis seu denariis vel alio quoquo modo fecerunt, seu nobis facere teneantur de jure seu de consuetudine, usagio aut alia justa causa, tractantes interim cum dictis hominibus utrum nomine focagii seu gracie vel subvencionis pro sucursu Terre sancte aliquid et quantum dare vellent. Et quid super premissis inveneritis et feceritis et oblacionem quam vobis fecerint pro certa quantitate focorum, nobis, cum com-

---

[1] Cordes, Tarn.
[2] Rixe, querelle. (Voir Ducange, v° *Pelegiare*.)
[3] Aussevaisse, Tarn, comm. Milhars;

Cassini indique près de cet écart une église de Notre-Dame, sans doute celle dont parle le mandement.
[4] Pinel, auj. H<sup>te</sup>-Gar., comm. Villariès.

mode poteritis, rescribatis. Datum anno Domini millesimo ducentesimo sexagesimo septimo, die martis in vigilia beati Clementis.

### 349

14 nov. 1267. — PRO BERTRANDO DE PALACIO
[CONTRA PRIOREM B. M. DEAURATE[1].]

Alfonsus, etc., senescallo Tholose et Albiensis, etc. Cum, sicut ex parte fidelis nostri Bertrandi de Palacio, civis Tholose, nobis extitit intimatum, prior Beate Marie Deaurate Tholose ipsum trahat in causam oram judice ecclesiastico, necnon jam fecerit excommunicationis vinculo innodari, ut dicitur, super hiis que ad nostrum feudum spectare dicuntur, vobis mandamus quatinus dictum priorem ex parte nostra requiratis vel requiri faciatis, ut a vexacione dicti Bertrandi desistat; parati enim sumus eidem priori de hiis, que ad nostram spectant jurisdicionem, facere exiberi justicie complementum, addiscentes nichilominus veritatem super quibusdam possessionibus et juribus que a priore vel monachis dicti loci in nostris feudis aquisita dicuntur, consensu predecessoris nostri comitis Raymundi vel nostro in hac parte minime requisito. Quid super hiis feceritis, nobis in scriptis significare curetis. Datum Parisius, die lune post festum beati Martini hyemalis, anno Domini M° CC° LX° VII°.

### 350

28 nov. 1267. — SENESCALLO PRO HABITATORIBUS VILLE DE VAZEGIA.

Alfonsus, etc., senescallo Tholose et Albiensis, etc. Habitatores ville de Vazegia[2] nobis per procuratorem supplicarunt, ut pro subvencione nobis promissa ab eisdem pro subsidio Terre sancte centum viginti libras turonensium nobis placeret recipere, vel secundum numerum focorum suorum, qui nunc est, focagium recipi faceremus. Quare vobis mandamus quatinus, numero focorum suorum diligenter quesito,

---

[1] On retrouve cette pièce, mais cette fois cancellée, au folio 20 du même registre.

[2] Baziège, Haute-Garonne, cant. Montgiscard.

quod[1] utilius fore nobis videbitis faciatis. Datum die lune post festum beate Katerine virginis, anno Domini M° CC° LX° septimo.

Édité dans *Hist. de Languedoc* (nouv. édit.), VIII, c. 1625.

## 351

(Fol. 56.) 28 nov. 1267. — SENESCALLO THOLOSANO PRO COMITE PICTAVIE ET THOLOSE SUPER DEBITO HEREDUM HUGONIS [DE ARSICIO].

Alfonsus, *etc.*, senescallo Tholose et Albiensis, *etc.* Cum relicta et liberi defuncti Hugonis de Arsicio, quondam senescalli nostri Tholose, teneantur nobis in certa pecunie quantitate, mandamus vobis quatinus, receptis ab eisdem idoneis fidejussoribus apud Fanumjovis[2] ab hominibus nostris ejusdem ville vel alterius ville de vestra senescallia, pro solucione trecentarum librarum turonensium nobis facienda terminis infrascriptis, videlicet infra octabas instantis ascensionis Domini centum libras turonensium, et infra octabas subsequentis festi Omnium sanctorum alias centum libras ejusdem monete, et infra octabas sequentis festi Candelose, quod erit anno Domini M° CC° LX° octavo, alias centum libras, non compellatis vel compelli faciatis dictam relictam vel suos liberos interim ad solucionem pecunie supradicte, vobis tamen in recepcione dictorum fidejussorum taliter precaventes, quod ex aliqua causa seu occasione non possit solucio dicte pecunie prefixis terminis impediri vel differri in toto vel in parte. Et pecuniam quam ex hoc debito receperitis, singulis terminis afferatis apud Templum Parisius vel mittatis. Datum apud Longumpontem, anno Domini M° CC° LX° septimo, die lune ante festum beati Andree apostoli.

Édité dans *Hist. de Languedoc* (nouv. édit.), VIII, cc. 1569-1570.

## 352

29 nov. 1267. — SENESCALLO THOLOSE PRO DOMINO COMITE [SUPER VIIS].

Alfonsus, *etc.*, senescallo Tholose et Albiensis, *etc.* Sicut vobis scrip-

---

[1] Ici le manuscrit ajoute à tort : *vobis*. — [2] Fanjeaux, Aude.

sisse et verbo tenus injungi fecisse meminimus, ut summa diligencia et cura pervigili inspiceretis et perquireretis vias, per quas bono et licito modo pecuniam habere possimus pro relevacione oneris expensarum, quas nos oportet subire pro sucursu Terre sancte, in cujus subsidium proponimus personaliter proficisci, iterato vobis scribimus et mandamus quatinus vias hujusmodi diligenter perquiratis et de consilio fidelium nostrorum Sycardi Allemanni, Poncii Astoaudi, militum, et magistri Odonis de Montoneria, quibus super hoc scribimus, tam super articulis quos Jacobus de Bosco et Egidius Camelini, clerici nostri, vobis in scriptis vel viva voce ostenderint, quam super aliis viis et articulis quas et quos vos aut iidem clerici seu predicti S., P. et O. conjunctim vel divisim inveneritis, tractatum diligentem habeatis et retenta voluntate nostra, expressis rerum et personarum necnon quantitatis oblate singulis nominibus, de tractatu qui habitus fuerit in hac parte, per litteras vestras una cum sigillis predictorum vel aliquorum de predictis, et consilium vestrum et ipsorum nobis significare curetis, quam cito et quociens vobis obtulerit se facultas. Datum apud Longumpontem, die martis in vigilia beati Andree apostoli.

Similis littera missa fuit Sycardo Alemanni, militi. — Similis littera missa fuit Pontio Astoaudi, militi. — Similis littera fuit missa magistro Odoni de Montoneria.

Édité dans *Hist. de Languedoc* (nouv. édit.), VIII, cc. 1570-1571.

## 353

1 dec. 1267. — SENESCALLO PRO HOMINIBUS YSARNI, VICECOMITIS LAUTRICENSIS, SUPER FOCAGIO.

Alfonsus, *etc.*, senescallo Tholose et Albiensis, *etc.* Mandamus vobis quatinus focagium hominum nobilis et fidelis nostri Ysarni, vicecomitis Lautricencis, usque ad ducentos focos vel circa in sufferenciam nostram ponatis usque ad instantem Candelosam, addiscentes interim utrum dicti homines vel alius pro ipsis nobis focagium promiserunt, et utrum unquam bone memorie Raymundo, quondam comiti Tholosano, predecessori nostro, solverunt focagium, vel eidem subvencionem aliquam in denariis seu taliis vel alio quoquo modo fecerunt, seu nobis facere teneantur de jure vel consuetudine, seu usagio aut alia justa causa, tractantes interim cum dictis hominibus utrum nobis nomine focagii seu gratie vel subvencionis pro sucursu Terre sancte aliquid et quantum dare vellent. Quid autem super premissis inveneritis et feceritis nobis, cum commode poteritis, rescribatis. Datum die jovis post festum beati Andree apostoli.

### 354

1 dec. 1267. — PHILIPPO DE MONTEFORTI PRO YSARNO, VICECOMITE LAUTRICENSI, ET BERTRANDO, FRATRIS SUI (*sic*).

Alfonsus, *etc.*, nobili et dilecto suo Philipo de Monteforti, militi, salutem et sinceram dilectionem. Ex parte nobilium et fidelium nostrorum Ysarni, vicecomitis La[u]tricencis, et Bertrandi, fratris ipsius, nobis est conquerendo monstratum quod gentes vestre, jamdiu est, ad villam eorundem fratrum que vocatur Burgeria [1], quam tenent a nobis in feodum, venientes, bladum eorundem fratrum ibidem sine racione aliqua rapuerunt. Cum autem alias vos rogaverimus ut predictis fratribus predictum bladum restitui et injurias faceretis, prout deceret, emendari, quod nundum per vos factum extitit, sicut ex parte eorundem fratrum nobis est relatum, iterato vos rogamus et requirimus quatinus predictum bladum eisdem fratribus restitui et injurias emendari, ut condecet, sine more dispendio faciatis, taliter quod vobis propter hoc debeamus merito scire gratum. Datum die jovis post festum beati Andree apostoli.

### 355

1 dec. 1267. — SENESCALLO PRO EISDEM FRATRIBUS.

Alfonsus, *etc.*, senescallo Tholose et Albiensis, *etc.* Ex parte nobilium et fidelium nostrorum Ysarni, vicecomitis Lautricensis, et Bertrandi,

---

[1] Labruguière, Tarn, chef-lieu de canton. (Voir plus haut, n° 305.)

fratris ipsius, nobis est conquerendo monstratum quod gentes nobilis viri Philipi de Monte Forti, militis, jam diu est, ad villam eorumdem fratrum, que vocatur Burgeria, quam tenent a nobis in feudum, venientes, bladum eorumdem fratrum ibidem sine racione aliqua rapuerunt. Cum autem alias vobis mandaverimus ut dictum Philippum requireretis seu requiri faceretis, ut predictis fratribus predictum bladum restitui et injurias faceret emendari, prout deceret, quod si nollet facere, vos super hoc senescallum Carcassone requiri faceretis, quod nondum factum extitit, sicut ex parte eorundem fratrum nobis est relatum, iterato vobis districte precipiendo mandamus quatinus eundem Philippum ex parte nostra requiratis seu requiri faciatis, ut a gentibus dicti Philippi dictis fratribus predictum bladum restitui et injurias emendari faciat sine more dispendio, sicut decet, tantum inde facientes quod dictos fratres ad nos de cetero non oporteat laborare ob deffectum vestri. Datum die jovis post festum beati Andree apostoli.

## 356

20 dec. 1267. — SENESCALLO THOLOSE ET ALBIENSIS PRO HOMINIBUS DE ORSEROLES.

Alfonsus, *etc.*, senescallo Tholose et Albiensis, *etc.* Ex parte religiosorum virorum abbatis et conventus monasterii de Castris[1], Albiensis diocesis, nobis extitit intimatum quod bajulus de Podio Laurencii compellit indebite, sicut dicunt, homines cujusdam bastide sue, que vocatur Orseroles[2], site in ea parte terre que dudum per karissimum dominum et fratrem nostrum regem Francorum assignata fuisse dicitur domino Philippo de Monteforti in diocesi Albiensi, ad solutionem annuam decem librarum cere pro captannio sive garda, quod quidem

---

[1] Castres, abbaye de l'ordre de Saint-Benoît, plus tard siège épiscopal: Tarn.

[2] Orsières, Tarn, com. de Puylaurens. Convient à certains égards; mais il ne faut pas oublier que Puylaurens était alors du diocèse de Toulouse et que le texte porte *in diocesi Albiensi;* c'était probablement une dépendance lointaine de la seigneurie de Castres, une enclave.

captannium impositum fuisse asserunt tempore guerrarum, dictis hominibus renitentibus et coactis. Unde vobis mandamus quatinus super impositione dicti captannii, solutione ejusdem et a quanto tempore levatum fuerit, et aliis que sunt in talibus attendenda, addiscatis diligentius veritatem, quam in scriptis nobis significare curetis, quam cito commode ad id vobis obtulerit se facultas. Datum in vigilia sancti Thome apostoli.

Littera missa fuit senescallo pro hominibus abbatis Sancti Benedicti de Castris usque ad quatervinginti tres focos pro focagio.

### 357

(Fol. 57.) 20 dec. 1267. — SENESCALLO THOLOSE PRO HOSPITALARIIS JERUSALEM DE PRIORATU SANCTI EGIDII SUPER FOCAGIO.

Alfonsus, etc., senescallo Tholose et Albiensis, etc. Mandamus vobis quatinus focagium hominum domus Hospitalariorum Jerusalem de prioratu Sancti Egidii, existencium in vestra senescallia, in nostram ponatis sufferenciam et respectum, quousque aliud a nobis receperitis in mandatis, addiscentes diligenter [1] utrum predicti homines bone memorie R., quondam comiti Tholose, predecessori nostro, unquam solverunt focagium, et unquam subventionem vel auxilium fecerunt eidem in denariis, talliis vel alio quoquo modo, et si nobis solvere focagium vel auxilium seu subventionem facere teneantur de jure vel de consuetudine seu promisso aut alia justa causa, tractantes cum eisdem si quid nobis et quantum nomine focagii vel subventionis seu alterius gracie pro succursu Terre sancte voluntarie dare vellent. Et quid super premissis inveneritis et feceritis necnon oblacionem quam vobis fecerint pro certa quantitate focorum nobis per vestrum clericum, cum commode poteritis, rescribatis. Datum die martis ante natale Domini, anno ejusdem M° CC° LX VII°.

Similis littera senescallo Ruthenensi pro eisdem super focagio.

[1] Ms. : *interim* biffé.

## 358

20 dec. 1267. — SENESCALLO THOLOSE SUPER QUADAM APPELLACIONE FACTA
PER VII HOMINES DE PODIO LAURENCII.

Alfonsus, *etc.*, senescallo Tholose et Albiensis, *etc.* Causam appellationis ad nos, ut dicitur, interposite per Girardum Sartorem, Petrum ejus filium, Bigotum, Petrum Paperii, B., Petrum et Adam Reaxii, fratres, de Podio Laurencii, a sentencia lata per magistrum Guillelmum de Furno, judicem vestrum, indebite contra ipsos, sicut dicunt, pro quadam rescussa facta per ipsos bajulo Podii Laurencii, vobis committimus audiendam et fine debito terminandam. Datum anno Domini M° CC° LX° VII°, die martis ante natale Domini.

## 359

20 dec. 1267. — VICARIO THOLOSE SUPER AMOCIONE BANNI POSITI IN POSSESSIONIBUS
GUIDONIS DE TURRIBUS, MILITIS.

Alfonsus, *etc.*, vicario Tholose, *etc.* Mandamus vobis quatinus bannum, quod posuisse dicimini in possessionibus Guidonis de Turribus, militis, quas dedisse dicitur domui Hospitalis, relaxetis et in sufferencia nostra ponatis usque ad instantem festivitatem Penthecostes. Datum in vigilia sancti Thome apostoli, anno Domini M° CC° LX° VII°.

## 360

30 nov. 1267. — VICARIO THOLOSE PRO ARNALDO ET GUILLELMO DE FALGUARIO,
MILITIBUS.

Alfonsus, *etc.*, vicario Tholose, *etc.* Ex parte Arnaldi et Guillelmi de Falguario, militum, nobis extitit intimatum quod, cum ipsi a quibusdam gravaminibus que eis inferebantur, ut asserunt, a consulibus Tholosanis, ad vestram audienciam appellassent suamque appellacionem prosequerentur coram vestro judice, sicut dicunt, antequam esset in causa appellacionis conclusum, judex voluntate propria destitit a cognicione dicte cause. Hinc est quod vobis mandamus quatinus, si ad nos legitime extiterit a dictis militibus appellatum, in causa appellacionis procedatis vel per ipsum judicem vestrum procedi, prout justum fuerit, faciatis. Datum apud Moyssi, in festo beati Andree apostoli, anno Domini M°CC°LX° septimo.

Édité dans *Hist. de Languedoc* (nouv. édit.), VIII, cc. 1611-1612.

## 361

21 déc. 1267. — SENESCALLO PRO VASSALLIS ECCLESIE THOLOSANE VEL EPISCOPI THOLOSANI.

Alfonsus, *etc.*, senescallo Tholose et Albiensis, *etc.* Mandamus vobis quatinus vassallos ecclesie Tholosane seu venerabilis patris episcopi Tholosani non compellatis nec compelli faciatis ad solucionem focagii, donec aliud a nobis receperitis in mandatis, addiscentes interim utrum dicti vassalli nobis focagium promiserunt, et utrum unquam bone memorie Raymundo, quondam comiti Tholose, predecessori nostro, solverunt focagium, vel eidem subvencionem aliquam in taliis seu denariis vel alio quoquo modo fecerunt seu nobis facere teneantur de jure seu consuetudine, usagio aut alia justa causa, tractantes interim bono modo cum dictis vassallis utrum nomine focagii, gracie vel subvencionis pro sucursu Terre sancte aliquid et quantum dare vellent. Et quid super premissis inveneritis et feceritis et oblacionem quam vobis fecerint pro certa quantitate focorum nobis, cum commode poteritis, rescribatis. Datum apud Moissiacum, die mercurii in festo beati Thome apostoli.

## 362

21 déc. 1267. — PONCIO ASTOAUDI, MILITI, ET MAGISTRO ODONI DE MONTONERIA PRO EPISCOPO THOLOSANO SUPER [FURCIS CASTRIMAURONIS].

Alfonsus, *etc.*, Poncio Astoaudi, militi, et magistro Odoni de Montoneria, *etc.* Ex parte venerabilis patris episcopi Tholosani nuper est et alias extitit conquerendo monstratum quod vicarius noster Tholose furcas, justicias et castellum sive pilori de Caustromauronis[1], in quo idem episcopus omnimodam jurisdicionem spiritualem et temporalem, altam et bassam, habere se dicit a tempore quo non exstat memoria, post ordinacionem circa mediam quadragesimam proximo preteritam per consilium nostrum factam, cum armis diruit seu dirui fecit, in ipsius episcopi et jurisdicionis sue prejudicium atque dampnum. Unde, sicut alias vobis mandasse recolimus, iterato mandamus quatinus secundum quod ordinatum tunc exstitit per consilium nostrum et vobis injunctum [circa] negocium hujusmodi procedatis, si que postea per dictum vicarium indebite fuerint attemptata ad statum debitum reduci facientes. Et super ordinacione hujusmodi cum Sycardo Alemanni, milite, et judice vicarii Tholose, qui predicte ordinacioni interfuerunt, coloquium habeatis, et ad premissa vicarium evocetis. Et quid super premissis feceritis nobis, cum ad nos veneritis, una cum aliis inquestis vestris referatis in scriptis. Datum die mercurii in festo beati Thome apostoli, anno Domini m° cc° lx° septimo.

Édité dans *Hist. de Languedoc* (nouv. édit.), VIII, cc. 1609-1610.

## 363

22 déc. 1267. — CONSULIBUS ET COMMUNITATI URBIS ET SUBURBII THOLOSE PRO COMITE PICTAVIE ET THOLOSE.

Alfonsus, *etc.*, dilectis et fidelibus suis consulibus et communitati urbis et suburbii Tholose, salutem et dilectionem sinceram. Cum nobis per vestras litteras duxeritis supplicandum ut, super solutione sex milium librarum turonensium, in quibus nobis tenemini de promissione nobis a vobis facta seu nomine vestro, terminum velimus usque ad instantem purificationem beate Marie virginis prorogare, vobis de gratia predictam solucionem usque ad predictum terminum prorogamus, vobis mandantes quatinus predicta sex milia librarum in puris turonensibus totaliter senescallo nostro Tholose nomine nostro per-

---

[1] Castelmaurou, Haute-Garonne, cant. Toulouse.

solvatis, ita quod idem senescallus dictam summam peccunie per clericum suum infra quartam diem post quindenam Purificationis predicte mittere possit Parisius apud Templum; scituri quod nostre intentionis seu nostri propositi non extitit nec existit aliquid revocare seu detrahere de gratia quam vobis fecisse meminimus, quantum ad remissi[onem] quarte partis boeriarum, tam infra *le dex* Tholose quam extra existentium, spectantium pure et specialiter ad cives urbis et suburbii Tholose. Cujusmodi remissionem intelligimus cedere in dictorum civium commune commodum et levamen. Datum die jovis ante natale Domini, anno ejusdem M° CC° LX° VII°.

Édité dans *Hist. de Languedoc* (nouv. édit.), VIII, c. 1565.

### 364

(Fol. 58.) 22 dec. 1267. — SENESCALLO THOLOSE ET ALBIENSIS PRO CONSULIBUS ET COMMUNITATE URBIS ET SUBURBII THOLOSE.

Alfonsus, *etc.*, senescallo Tholose et Albiensis, *etc.* Litteras vestras ac fidelium nostrorum consulum et communitatis urbis et suburbii Tholose novissime receptas inspeximus diligenter, scire vos volentes quod nos consulibus et communitati predictis terminum solucionis de sex millibus librarum turonensium, nobis debitis racione promissi ipsorum nomine nobis facti, ad eorum supplicationem prorogamus usque ad instans festum Candelose, ita tamen quod de dicta quantitate in puris turonensibus sine ulteriori dilatione tunc nomine nostro plenam vobis solutionem faciant, taliter quod dictam peccunie summam apud Templum Parisius per clericum vestrum circa instantem quindenam Candelose integre transmittatis. Ad hoc sciatis quod de quarta parte boeriarum intra *le dex* Tholose et extra, quam dictis consulibus et communitati remisimus ex gratia, nichil intendimus retrahere seu etiam revocare, sane nostre intentionis existit quod hujusmodi gratia cedat in commune commodum et levamen civium urbis et suburbii predictorum. Dictos nichilominus cives instanter requiratis quod in predicto termino instantis Candelose summam sex milium librarum turonensium predictam plenarie exsolvant, prout superius est premissum. Datum die jovis in crastino beati Thome apostoli, anno LX° VII°.

## 365

30 déc. 1267. — SENESCALLO SUPER FOCAGIO HOMINUM PETRI DE ARPILLON.

Alfonsus, [etc.], senescallo Tholose, etc. Mandamus vobis quatinus focagium hominum dilecti et fidelis servientis nostri Petri de Arpillon, videlicet hominum de Maurencio[1] et de Sancto Germerio[2], usque ad instantem quindenam Penthecostes in nostra ponatis sufferencia et respectu, et si aliquid ab ipsis hominibus pro dicto focagio cepistis vel capta detinetis, illud dictis hominibus usque ad dictum terminum recredatis, tractantes nichilominus cum eisdem hominibus quantum nobis nomine focagii seu gratie vel subvencionis pro succursu Terre sancte liberaliter dare vellent. Quid autem super premissis inveneritis et feceritis et oblacionem quam vobis fecerint pro certa quantitate focorum, nobis circa tres septimanas post instantem Candelosam per vestrum clericum in scriptis remittatis. Datum apud Chaufour[3], die veneris post nativitatem Domini, anno Domini M° CC° LX° septimo.

## 366

[Novembre ou décembre 1267.] — ORDRE AU SÉNÉCHAL DE TOULOUSE POUR LA LEVÉE DU FOUAGE ET L'ENVOI DES RECETTES À PARIS[4].

Aufonz, fiuz de roi de France, coens de Poitiers et de Tholose, à son amé et son fael, au seneschal de Tholose et d'Aubijois, saluz et amour. Nos vos mandons que vos levez et faciez lever le foage de vostre seneschauciée bien et ententivement et loiaument et au plus tost que vos porroiz, en tele maniere que touz les deniers qui en seront levez,

[1] Maurens, Haute-Garonne, cant. Revel.
[2] Saint-Germer, Haute-Garonne, cant. Villefranche-de-Lauragais.
[3] Probablement Chauffour, Seine-et-Oise, cant. Étampes.
[4] Cette pièce sans date est sur un feuillet ajouté au registre. (Voir n° 238.)

ensamble o les deniers que vos nos devez, et o les deniers de noz ballies envoiez au Temple à Paris, le jeudi après la quinzeinne de la procheinne Penthecoste venant, la plus grant quantité que vos porroiz en tornois[1], et ce que vos ne porrois envoier en tornois, envoiez en estellins se vos les trovez à bon marchié, ou en plate d'argent affiné ou ne mie affiné, ou en or. Et que vos envoiez au dit jeudi d'après la quinzeinne de ceste procheinne Penthecoste vostre clerc pour conter des ballies et dou foage devant dit, et raport en escrit queles monoies il aportera, et combien de chascune, et s'il aporte plates, qu'il sache à dire en escrit quant mars il aura en chascune, et laquele sera affinée et laquele ne sera pas affinée. Et en totes ces choses et ou governement de nostre terre soiez diligent, curieus et ententis.

## 367

29 nov. 1267. — SENESCALLO THOLOSE SUPER FACTO DOMINI G., COMITIS ARMENIACI, ET HOMINUM DE CONDOMIO.

Alfonsus, *etc.*, senescallo Tholose et Albiensis, *etc.* Super controversia, que mota fuisse dicitur inter nobilem et fidelem nostrum G., comitem Armeniacensem[2], et suos ex una parte, ac homines nostros de Condomio[3] ex altera, necnon super mutuis interpresuris parcium, de voluntate et beneplacito excellentissimi et karissimi domini ac fratris nostri Ludovici, Dei gratia regis Francorum, apud quem nobilis vir dominus Gasto, vicecomes Bearnensis[4], super hoc dicitur institisse, taliter extitit ordinatum : videlicet quod dilecti et fideles nostri B., prepositus ecclesie Tholosane[5], et Sycardus Alemanni, miles, vobiscum sciant et inquirant de dictis interpresuris plenius veritatem, et ea que fuerint emendanda per dictos B. et S. et per vos emendentur, et de stando ordinacioni vestre et ipsorum B. et S. super predictis inter-

---

[1] Première leçon : *tous en tornois;* deuxième : *en tornois plus se ne poez*, etc.

[2] Gérard V.

[3] Condom, Gers.

[4] Gaston VII.

[5] Bernard de l'Ile-Jourdain, qui devint évêque de Toulouse en 1270.

presuris partes sufficienter caveant quod vestre et ipsorum ordinacioni stabunt. De rebus vero et hominibus captis hinc inde fiat recredentia statim ad arbitrium vestrum et duorum predictorum. Si qua tamen de rebus hinc inde captis sint, que non possint inveniri, prestetur securitas sufficiens a partibus, quod arbitrium vestrum et dictorum prepositi et Sycardi super hoc observabitur a partibus antedictis, et postquam dicte partes sufficienter caverint de stando arbitrio vestro et ipsorum B. et S., securitates date pro recredentia rerum captarum, que invente fuerint, et hominum captorum nulle erunt. In quantum vero ea que facta sunt hinc inde nos tangunt, fiet nobis emenda ad arbitrium nostrum. Unde vobis mandamus quatinus secundum suprascriptam ordinacionem una cum predictis B. et S. in dicto negocio procedatis, et procuretis ut ipsi vobiscum procedant in negocio antedicto, prout superius est premissum. Hoc autem intelligimus, quantum spectat ad dictos homines de Condomio, si de eorum processerit voluntate, alioquin jus suum, prout debuerint, prosequantur. Datum apud Moyssiacum episcopi, die martis in vigilia beati Andree apostoli, anno Domini M° CC° LX° VII°.

Similis littera missa fuit B., preposito ecclesie Tholosane, super eodem facto.

Item similis littera missa fuit Sycardo Alemanni, militi, super eodem facto.

Édité dans *Hist. de Languedoc* (nouv. édit.), VIII, cc. 1608-1609.

### 368

11 jan. 1268. — [SENESCALLO THOLOSE PRO JORDANO DE SAXIACO, MILITE, SUPER CASTRO PODII LAURENCII.]

Alfonsus, *etc.*, dilectis et fidelibus suis Poncio Astoaudi, militi, et magistro Odoni de Montoneria, *etc.* Ex parte fidelis nostri Jordani de Saxiaco, militis, nobis datum est intelligi quod nos, diu est, ad ejus instantiam vobis dedimus in mandatis, ut de jure quod in medietate totius castri Podii Laurencii[1] cum omnibus juribus et pertinenciis

---

[1] Puylaurens, Tarn.

suis asserit se habere, necnon de leudis, salvo cartaragiis (*sic*)[1] que ad manum nostram tenemus, in quibus se dicit jus habere, inquireretis diligenter veritatem, et quod super hoc pluries requisiti procedere et cognoscere denegastis. Unde vobis mandamus quatinus super hiis, que racione premissorum proponenda duxerit coram vobis, ipsum diligenter audiatis et addiscatis super hiis plenarie veritatem secundum traditam vobis formam. Et quid super hiis inveneritis una cum aliis inquestis vestris, cum ad nos veneritis, refferatis in scriptis. Datum die mercurii post epiphaniam Domini, anno Domini M° CC° LX° VII°.

### 369

11 jan. 1268. — SENESCALLO PRO EODEM JORDANO.

Alfonsus, *etc.*, senescallo Tholose et Albiensis, *etc.* Mandamus vobis quatinus Jordanum de Saxiaco, militem et fidelem nostrum, super hiis que proponenda duxerit coram vobis contra homines ville Sancti Martini de Landis, super quibusdam censibus et redditibus in quibus injuriantur eidem, ut asserit, diligenter audiatis, et vocatis qui fuerint evocandi, de personis et rebus ad jurisdicionem nostram spectantibus faciatis eidem celeris justicie complementum. Datum die mercurii post epiphaniam Domini, anno ut supra.

### 370

11 jan. 1268. — EIDEM PRO EODEM.

Alfonsus, *etc.*, senescallo Tholose et Albiensis, *etc.* Mandamus vobis quatinus fidelem nostrum Jordanum de Saxiaco, militem, super villulis seu boariis militum Podii Laurencii, dependentibus et subjacentibus castro Podii Laurencii [2] et sub jurisdicione et de feodo eorumdem, diligenter audiatis, super quibus injuriantur eidem milites

---

[1] Le sens de ce passage paraît douteux; il faut sans doute voir dans *salvo* la traduction directe du mot français *sauf*.

[2] Ici les mots suivants biffés : *sicut dicit super hiis et de quibus jurisdicio ad nos spectat.*

Podii Laurentii, sicut dicit, super hiis et de quibus jurisdicio ad nos spectat facientes eidem celeris justicie complementum. Datum ut in precedentibus.

### 371

13 jan. 1268. — VICARIO THOLOSE PRO PONCIO FULQUERII.

Alfonsus, *etc.*, vicario Tholose, *etc.* Mandamus vobis quatinus ex parte nostra requiratis judicem vestrum, ut Laurentiam, filiam Guillelme, que manet ante ecclesiam Beati Bartholomei Tholose, uxorem Pontii Fulquerii, dimittat et eam a suo consorcio omnino removeat, cum vir suus eam repetat et de detencione dicti vicarii conqueratur, et bona dicti Poncii, que dicitur rapuisse, restituat dicto Poncio indilate. Quod si requisitus facere noluerit, officium judiciarie[1] interdicatis eidem. Datum die veneris in octabis Epiphanie, anno Domini M° CC° LXVII°.

Similis littera senescallo Tholose et Albiensis pro eodem.

Édité dans *Hist. de Languedoc* (nouv. édit.), VIII, c. 1612.

### 372

(Fol. 59.) Janv. 1268. — AU SENESCHAU DE THOLOUSE ET DE AUBIGEIS POR LE CONTE DE POITIERS ET DE THOLOUSE.

Aufonz, fiuz de roi de France, coens de Poitiers et de Tholouse, à son amé et son feal, au seneschal de Tholouse et d'Aubijois, *etc.* Nos vos mandons que ce qui est à lever dou foage ou de l'aide à nos promise en vostre seneschaucie de Tholouse, faciez querre et lever bien curieusement et loiament et au plus tost que vos porrez en bone maniere, si que les deniers qui en seront levez nous envoiez au Temple à Paris par Thomas le clerc, entor les trois semenes après la Chandeleur qui vient prochenement, ensemble o les deniers de noz ballies et o les deniers que vos nos devez de viez et de novel et que

---

[1] Faut-il corriger *judicature?* Le manuscrit portait d'abord *vicarie.*

l'en nos doit en vostre seneschaucie. Derechief, comme nous aions propos de secorre personaument à la Sainte terre, qui a si grant mestier de aide et ou il nous convendra fere si grant despens et si granz mises, nos vos mandons que, regardées toutes les voies que pieça nos vos envoiasmes en escrit et celes nomement que nos feismes ballier en escrit au devant dit Thomas le clerc, quand il se parti darrenierement de nos, et lesqueles voies vos envoions encore ci dessouz escrites, et toutes les autres que vos verroiz et sauroiz profitables à noz, metez paine, cure et diligence en porchacier deniers por nos en bone maniere et loial au plus que vos porroiz et au plus tost, car la besoigne est hastive, por ce que li termes dou passage s'aproche. Et à ce fere et porchacier hastivement vos doit semondre et esmovoir la grant neccessité de la Terre sainte, et l'aprochement dou terme dou passage, et l'engoisse des demandanz à quex il coviant avant la muete porveer et apparellier leur neccessaires que il ne puent fere sanz deniers. Derechief nos vos mandons que se les conses de Tholouse ne vos ont poié por nos vi$^m$ livres de tornois de l'aide que no sont promis, que vos les requerez de par nos que il les dites vi$^m$ livres tur. vos poient tantost, si que vos les nos poissiez envoier au Temple à Paris par le devanz dit Thomas au terme desus nomez, et ce ne lesiez mie, car la chose a trop delaié. Et en toutes ces choses desus dites et en bones et ou loial gouvernement de nostre terre soiez curieus, diligenz et ententis, si que nos vos en sachions gré et que nos vos en puissons loier de vostre diligence. Et ces lestres montrez à Thomas le clerc, et li dites de par nos que en totes ces choses soit curieus, diligenz et ententis, si que nos li empuissons savoir gré.

Les voies de quoi la letre desus fet mencion sont es communes.

Similis littera senescallo Agennensi et Caturcensi, sine focagio et sine vi$^m$ libr. turonensium de promissione consulum et universitatis urbis et suburbii Tholose.

## 373

13 jan. 1268. — EGIDIO CAMELINI CLERICO PRO COMITE PICTAVIE ET THOLOSE.

Alfonsus, *etc.*, dilecto et fideli clerico suo Egidio Camelini, salutem et dilectionem. Cum in firmo geramus proposito in subsidium Terre sancte personaliter proficisci, pro quo negocio quasi innumerabiles expensas subire nos oportet, vobis mandamus quatinus, inspectis diligenter viis quas vobis, jam diu est, in scriptis misimus, et illis quas vobis nunc mittimus infrascriptas, necnon et aliis quibuscumque poteritis, bono et legali modo celeriter peccuniam pro nobis perquiratis. Et ad hoc celeriter faciendum excitare vos debent neccessitas Terre sancte, importunitas petencium, quibus incumbit neccessario neccessaria preparare, quod non possunt sine peccunia adimplere, et quia de prope instat terminus ad passagium assignatus. Et super premissis consilium Jacobi de Bosco, clerici nostri, et aliorum quos expedire videritis requiratis. Quid vero super premissis feceritis et tractatus qui super hoc habiti fuerint, separatim et distincte, circa tres septimanas post instantem Candelosam, cum ad nos veneritis, in scriptis referatis. Datum die veneris in octabis epiphanie Domini, anno Domini M° CC° LX° VII°.

Vie similiter misse fuerunt eidem, que sunt in communibus.

Édité dans *Hist. de Languedoc* (nouv. édit.), VIII, c. 1571.

## 374

13 jan. 1268. — PONCIO ASTOAUDI, MILITI, ET MAGISTRO ODONI PRO ABBATE ET CONVENTU BOLBONENSIBUS.

Alfonsus, *etc.*, Poncio Astoaldi, militi, et magistro Odoni de Montoneria, *etc.* Mandamus vobis quatinus religiosos viros abbatem et conventum Bolbonenses[1], Cisterciensis ordinis, Tholosane dyocesis, super hiis que proponenda duxerint coram vobis, quantum spectat ad

[1] Boulbonne, ordre de Saint-Benoît, diocèse de Toulouse, puis de Mirepoix; Haute-Garonne, comm. Cintegabelle.

negocia vobis commissa, diligenter audiatis, et specialiter super articulis contentis in cedula presentibus interclusa, et addiscatis super hiis veritatem secundum traditam vobis formam, et servato jure nostro, tractetis cum eisdem super compositione aliqua super hiis, que a vobis pecierint, facienda. Et quid super premissis inveneritis et feceritis, nobis ad instans pallamentum Penthecostes, cum ad nos veneritis, in scriptis refferatis una cum aliis inquestis vestris, taliter super hiis vos habentes quod ipsos non oporteat super hoc ulterius laborare, maxime cum alias vobis scripserimus, ut dicitur, pro eisdem nec in negocio eorum adhuc in aliquo est processum. Datum apud Gornaium super Marnam, die veneris in octabis epiphanie Domini, anno Domini M° CC° LX° VII°.

### 375

13 jan. 1268. — ITEM EISDEM PRO PICTAVINA, RELICTA
PONCII DE SANCTO GENESIO, ET EORUM FILIIS.

Alfonsus, [etc.]. Significarunt nobis Pictavina, uxor quondam Poncii de Sancto Genesio, domicelli, et eorum filii quod fidelis noster senescallus Tholose bona Bernardi Rogerii de Causaco, avunculi eorum, que sibi ex successione ejusdem debebant devenire, ut dicunt, saisivit et bannivit minus juste. Quare vobis mandamus quatinus, vocato dicto senescallo, dictos Pictavinam et ejus filios diligenter super hiis audiatis, auditisque hinc inde rationibus faciatis eisdem quod de jure super hoc fuerit faciendum. Datum die veneris in octabis epiphanie Domini, anno Domini M° CC° LX° VII°.

### 376

13 jan. 1268. — ITEM EISDEM PRO COMITE PICTAVIE ET THOLOSE
[SUPER PROXIMO ADVENTU SENESCALLI CARCASSONE].

Alfonsus, etc. Cum excellentissimus et karissimus dominus et frater noster rex Francorum, sicut nobis per suas litteras intimavit, senescallo suo Carcassone mandaverit quod ad partes Agennenses accedat pro emendatione quorumdam excessuum et dampnorum que dilectus et fidelis noster senescallu Agennensis et Caturcensis fecisse et dedisse cum armis dicitur in feodum regis Anglie, quod tenet ab eodem rege Francorum, mandamus vobis quatinus, non obstante quod vobis mandaverimus quod ad nos circa tres septimanas post instantem Candelosam veniretis, adventum vestrum ad nos usque ad proximum parlamentum Penthecostes retardetis, nisi interim aliud a nobis receperitis in mandatis, versus partes Agennenses vos trahentes, eidem senescallo nostro Agenneusi in emendatione predictorum, si que justicia mediante fuerint emendanda, necnon in tractatu compositionis micabilis, si quis super premissis habitus fuerit, et in jure nostro in premissis servando et defendendo vestrum consilium et auxilium impensuri. Datum die veneris in octabis epiphanie Domini. — In inquestis nostris et negociis vobis commissis usque ad dictum terminum procedatis, et illis pro quibus inquestas fecistis significetis quod ad nos usque ad dictum parlamentum Penthecostes non veniant, quia nullum super hiis sibi responsum daretur.

Édité dans *Hist. de Languedoc* (nouv. édit.), VIII, cc. 1571-1572.

## 377

13 jan. 1268. — SENESCALLO THOLOSE PRO G. DE BROM [BANNITO].

Alfonsus, *etc.* Mandamus vobis quatinus addiscatis diligentius veriatem, utrum G. de Bromo bannitus fuerit de terra nostra, et rationem quare sit bannitus idem G., et quantum et qualem peccuniam vellet facere pro revocatione sua habenda sive bonis suis, si qua tamen apta sunt et retenta, utrum pacificaverit cum eis pro quibus bannitus fuit. Et quid super premissis inveneritis et feceritis nobis, cum commode poteritis, rescribatis. Datum apud Gornaium super Marnam, die veneris in octabis epiphanie Domini.

Édité dans *Hist. de Languedoc* (nouv. édit.), VIII, c. 1633.

## 378

(Fol. 60.) 13 jan. 1268. — SENESCALLO THOLOSE ET ALBIENSIS
PRO ABBATE BOLBONENSI.

Alfonsus, *etc.* Mandamus vobis quatinus super hiis, que vir religiosus abbas ecclesie de Borbona coram vobis proposuerit, ipsum audiatis, et auditis racionibus ipsius, vocatis qui fuerint evocandi, eidem abbati de personis et rebus ad jurisdicionem nostram spectantibus faciatis bonum jus et maturum, taliter quod [propter] defectum juris vel vestrum ipsum abbatem non oporteat ad nos propter hoc ulterius habere recursum. Datum apud Gorneium super Marnam, die veneris in octabis epiphanie Domini.

## 379

16 jan. 1268. — SENESCALLO THOLOSE ET ALBIENSIS PRO HOMINIBUS
ISARNI JORDANI DE INSULA, MILITIS, [SUPER FOCAGIO].

Alfonsus, *etc.*, senescallo Tholose et Albiensis, *etc.* Mandamus vobis quatinus focagium hominum nobilis et fidelis nostri Isarni Jordani de Insula, militis, in nostram ponatis sufferenciam et respectum usque ad ascensionem Domini proximo venturam, addiscentes interim utrum dicti homines nobis focagium promiserunt, et utrum unquam bone memorie Raymundo, quondam comiti Tholose, predecessori nostro, solverunt focagium, vel eidem subvencionem aliquam in talliis vel denariis aut alio quoquo modo fecerunt, seu nobis facere teneantur de jure seu consuetudine, usagio aut alia justa causa, tractantes interim cum dictis hominibus utrum nobis nomine focagii seu gracie vel subvencionis pro succursu Terre sancte aliquid et quantum dare vellent. Et quid super premissis inveneritis et feceritis, et oblacionem quam vobis fecerint pro certa quantitate focorum, nobis, cum commode poteritis, rescribatis. Datum die lune ante festum beati Vincencii, anno Domini M° CC° LX° septimo.

## 380

17 jan. 1268. — SENESCALLO THOLOSE ET ALBIENSIS PRO EPISCOPO ALBIENSI
[DE BERAUDO DE ANDUSIA ET EJUS HOMINIBUS CONQUERENTE].

Alfonsus, *etc.*, senescallo Tholose, *etc.* Mandamus vobis quatinus Beraudum de Andusia, clericum, ex parte nostra requiri faciatis et homines terre, quam quondam dicto Beraudo dederamus ad voluntatem nostram et modo ad manum nostram tenemus, moneri, ne venerabili patri episcopo Albiensi, capellanis et clericis suis injurias, gravamina vel violencias inferre presumant de cetero quoquo modo. Et si idem episcopus, capellani et clerici sui de dictis hominibus laicis coram vobis conquesti fuerint super aliquibus injuriis, gravaminibus seu violenciis, ab eisdem hominibus vel aliquibus eorum dictis episcopo, cappellanis et clericis seu cuiquam illorum illatis, ipsos conquerentes super hoc diligenter audiatis, et vocatis dictis hominibus et qui fuerint evocandi, auditis eorum rationibus, de personis et rebus ad jurisdicionem nostram spectantibus faciatis eisdem bonum jus et maturum. Si vero in inferendo predicta gravamina, injurias vel violencias dicti homines laici arma portaverint, jus nostrum et emendas super hoc integraliter conservetis. Datum die martis ante festum beati Vincencii, anno Domini M° CC° LX° VII°.

Édité dans *Hist. de Languedoc* (nouv. édit.), VIII, cc. 1572-1573.

## 381

24 jan. 1268. — SENESCALLO PRO MAGISTRO MICHAELE DE THOLOSA.
[VICECANCELLARIO ECCLESIE ROMANE].

Alfonsus, *etc.*, senescallo, *etc.* Mandamus vobis quatinus fratres venerabilis viri et dilecti nostri magistri Michaelis de Tholosa, vicecancellarii sancte Romane ecclesie, et eorum bona in jure suo recommendata habentes, non permittatis ipsos in personis et rebus a nostris subditis indebite molestari. Datum die martis ante conversionem sancti Pauli, anno Domini M° CC° LX° VII°.

## 382

24 jan. 1268. — EIDEM PRO EODEM LITTERA PATENS
[SUPER EXEMPTIONE PEDAGIORUM].

Alfonsus, *etc.*, senescallo Tholose et Albiensis, *etc.* Scire vos volumus quod nos dilecto nostro magistro Michaeli de Tholosa, vicecancellario sancte Romane ecclesie, archidiacono Narbone, ex gracia concessimus, quamdiu nostre placuerit voluntati, quod ipse possit per pedagia nostra propria adduci facere sal suum proprium reddituum suorum de Narbona in Tholosam, absque exactione pedagii seu costume, salvo jure alieno. Unde vobis mandamus quatinus non permittatis gentes ipsius magistri super hoc, ut dictum est, impediri, nisi aliud a nobis super hoc re[ce]peritis in mandatis. Datum die martis ante conversionem sancti Pauli, anno Domini M° CC° LX° VII°.

## 383

16 jan. 1268. — PONCIO ASTOUAUDI, MILITI, ET MAGISTRO ODONI
DE MONTONNERIA PRO BERNARDA, RELICTA
G. DE DAUSACO, ET BERTRANDE FILIE (*sic*) EORUMDEM.

Alfonsus, *etc.* Ex parte Bernarde, relicte defuncti Guillelmi de Dausaco, et Bertrande, filie eorumdem, nobis extitit intimatum quod per Salomonem de Monteacuto et Petrum Raimundi de Mota et eorum complices dicta Bertranda de domo matris sue violenter educta fuit, eisdem matre et filia renitentibus et invitis, super quo facto adeo processum fuisse dicitur per senescallum nostrum Tholose vel judicem suum quod non restat, ut dicitur, nisi diffinitivam sententiam promulgare. Unde vobis mandamus quatinus diligenter addiscatis utrum in dicto negocio processum extiterit prout superius est premissum, et acta processus seu transcripta ejusdem, per manus tabellionis sub sigillo auctentico conscripta, cum ad nos veneritis circa instantem quindenam Penthecostes, vobiscum fideliter apportetis, ut postmodum super hoc juxta vestrum consilium ulterius procedatur. Processum tamen senescalli vel judicis sui super hiis, si eis justum videbitur, super ea que coram ipsis vel eorum altero acta sunt, non intendimus retardari. Datum die lune ante festum beati Vincencii martiris, anno Domini M° CC° LX° VII°.

Édité dans *Hist. de Languedoc* (nouv. édit.), VIII, c. 1635.

## 384

13 febr. 1268. — PONCIO AUSTOAUDI, MILITI, ET MAGISTRO ODONI PRO PETRO FORT ET PARERIIS SUIS.

Alfonsus, *etc.* Veniens ad nos Petrus Fortis de Romainx, domicellus, pro se et pareriis suis nobis conquerendo monstravit se et predictos parerios suos dominio seu jurisdicione ville de Romeinx [1] per Bonetum, servientem dicte ville, fuisse spoliatos indebite, sicut dicit. Unde vobis mandamus quatinus dictos parerios super hoc diligenter audientes, faciatis eisdem quod faciendum fuerit secundum traditam vobis formam. Datum apud Moissi, die lune post octabas Candelos., anno LX° VII°.

## 385

13 febr. 1268. — PONCIO ASTOAUDI ET MAGISTRO ODONI DE MONTONERIA PRO BERTRANDO DE PALACIO.

Alfonsus, *etc.* Cum, sicut datum est nobis intelligi, prior Beate Marie Deaurate Tholose fidelem nostrum Bertrandum de Palacio, civem Tholose, trahat in causam coram judice ecclesiastico super quadam pecunie quantitate, per vos, ut dicitur, eidem priori adjudicate occasione empcionis hereditatis defuncti Richardi Talliatoris, ab eodem Bertrando facte, vobis mandamus quatinus, prout per vos judicatum extitit, sentenciam ipsam faciatis execucioni debite demandari. Datum apud Moissi, die lune post octabas Candelose, anno LX° VII°.

[1] Roumens, Haute-Garonne, cant. Revel.

## 386

(Fol. 61.) 13 febr. 1268. — SENESCALLO THOLOSE ET ALBIENSIS PRO RAYMUNDO JOHANNE MAJORE, CIVE THOLOSE.

Alfonsus, *etc.*, senescallo, *etc.* Ex parte Raymundi Johannis Majoris, civis Tholose, nobis est conquerendo monstratum quod nobilis et fidelis noster Sycardus Alemanni, miles, super quodam loco seu territorio quod Campus rotundus[1] vulgaliter appellatur, dicto Raymundo Johannis quamplurimum injuriatur. Unde vobis mandamus quatinus dictum Raymundum super hiis, que racione injuriarum hujusmodi, contra eundem Sycardum proposuerit coram vobis, diligenter [audiatis], et vocato coram vobis eodem Sycardo et qui fuerint evocandi, super hiis de quibus jurisdicio ad nos spectat exhibeatis eidem celeris justicie complementum. Datum die lune post octabas Candelose, anno $Lx^o$ $vii^o$.

## 387

13 febr. 1268. — SYCARDO ALEMANNI, MILITI, PRO EODEM.

Alfonsus, *etc.*, nobili et fideli suo Sycardo Alemanni, militi, salutem et dilectionem sinceram. Ex parte Raymundi Johannis Majoris, civis Tholose, nobis est conquerendo monstratum quod vos ipsum in possessione territorii, quod vocatur Campus rotundus, indebite turbatis. Unde vobis mandamus quatinus super hiis erga ipsum taliter vos habere curetis, quod de injusticia non possitis merito reprehendi, scituri quod, justicia exigente[2], senescallo nostro Tholose et Albiensis mandavimus ut, vocata parte adversa et qui fuerint evocandi, auditis ipsius racionibus et vestris, super hiis de quibus jurisdicio ad nos spectat, exhibeat eidem celeris justicie complementum. Datum ut in precedenti.

[1] Peut-être Campredon, Tarn, comm. Livers. Il n'existe pas de lieu du nom de Campredon dans le département de la Haute-Garonne. — [2] Première leçon : *mediante*.

## 388

13 febr. 1268. — SENESCALLO THOLOSE ET ALBIENSIS PRO EODEM.

Alfonsus, *etc*. Ex parte Raymundi Johannis Majoris, civis Tholosani, nobis insinuatum extitit quod Petrus Raymundus Major, pater quondam dicti Raymundi Johannis, ex causa fidejussionis dudum solvit Tholomeo de Portali et Aldrico Caradorbe, civibus Tholosanis, pro Poncio Guillelmi de Turre, cujus bona ad manum nostram ratione pravitatis heretice, ut dicitur, devenerunt et que nomine nostro tenet Jacobus de Bosco, clericus noster, ut dicitur, quingentos $\text{lx}^a$ solidos tholosanos per dampna et expensas, que sustinuerant iidem cives ratione predicte peccunie ad terminum non solute, quam quidem peccunie summam cum dampnis et expensis dicto Raymundo Johanni, heredi dicti Petri Raymundi, patris sui, reddere denegat Jacobus antedictus. Unde vobis mandamus quatinus ipsum super hiis, que ratione premissorum proposuerit coram vobis, diligenter audiatis, et vocato dicto Jacobo pro jure nostro deffendendo, de consilio fratrum inquisitorum heretice pravitatis, de personis et rebus ad jurisdicionem nostram spectantibus, jure nostro et alieno illeso servato, faciatis eidem quod justum fuerit et consonum rationi. Datum ut precedens.

Édité dans *Hist. de Languedoc* (nouv. édit.), VIII, cc 1612-1613.

## 389

13 febr. 1268. — PONCIO ET MAGISTRO ODONI PRO RAYMUNDO MAJORIS, BURGENSI THOLOSE.

Alfonsus, *etc*. Ex parte Raymundi Majoris, civis Tholose, nobis est datum intelligi quod bone memorie Raymundus, quondam comes Tholose, predecessor noster, quoddam nemus, quod vocatur Perer Bertrandi, in quo quidem nemore idem Raymundus Johannis se jus asserit habere, propria voluntate et sine causa racionabili occupavit. Unde vobis mandamus quatinus ipsum Raymundum Johannis diligenter super hiis audiatis, et addiscatis super premissis plenarie veritatem, secundum traditam vobis formam. Datum ut precedens.

## 390

18 febr. 1268. — SENESCALLO THOLOSE ET ALBIENSIS PRO AICELINA, VIDUA, RELICTA DEFUNCTI GUILLELMI DE CORNELIANO, DOMICELLI.

Alfonsus, *etc.*, senescallo Tholose et Albiensis, *etc.* Ex parte Aiceline, vidue, relicte defuncti Guillelmi de Corneliano, domicelli, nobis est conquerendo monstratum quod Jacobus de Bosco, clericus noster, terciam partem terre sibi a patre suo in dottem assignate et fructus dicte tercie partis nomine nostro occupat indebite et injuste et in ipsius Aiceline prejudicium et gravamen. Unde vobis mandamus quatinus ipsam Aicelinam super hoc diligenter audiatis, et vocato dicto Jacobo pro deffendendo jure nostro, de personis et rebus ad jurisdicionem nostram spectantibus exibeatis celeris justicie complementum. Datum apud Longumpontem, die sabbati ante cathedram sancti Petri.

## 391

18 febr. 1268. — PONCIO ASTOAUDI, MILITI, ET MAGISTRO ODONI DE MONTONERIA PRO EPISCOPO RUTHENENSI.

Alfonsus, *etc.* Ex parte venerabilis patris... episcopi Ruthenensis nobis extitit conquerendo monstratum quod defunctus Johannes de Arsicio, miles, tempore quo ipse erat senescallus noster in Ruthinnensi[1], ipsum episcopum de tribus milibus solidis annui redditus, quos percipere solebat, ut asserit, in pazagio Ruthinnensi ultra summam quam modo percipit in dicto pazagio, indebite spoliavit, et alii senescalli nostri, qui postea fuerunt, tenuerunt et tenent ipsum super hoc spoliatum. Unde vobis mandamus quatinus super dicta spoliacione, quam fecisse dicitur dictus defunctus Johannes, a dilectis et fidelibus nostris senescallo nostro Ruthinensi et Petro de Landrevilla, milite, senescallo nostro Tholosano, et Sycardo Allemanni, milite, et aliis probis addiscatis plenius veritatem et de jure, si quod habere debebamus in illis tribus

---

[1] Sénéchal de Rouergue de 1250 à 1253; à cette date, il devint sénéchal du Venaissin, qu'il administra jusqu'en 1267, année de sa mort.

milibus solidis antedictis. Quod autem super premissis inveneritis, nobis, cum ad nos veneritis in crastinum instantis quindene Penthecostes, cum aliis inquestis vestris refferatis in scriptis. Datum apud Longumpontem, sabbato ante cathedram sancti Petri, anno Domini M° CC° LX° septimo.

Édité dans *Hist. de Languedoc* (nouv. édit.), VIII, cc. 1634-1635.

## 392

18 febr. 1268. — SENESCALLO THOLOSE ET ALBIENSIS PRO EPISCOPO RUTHINENSI.

Alfonsus, *etc.* Ex parte venerabilis patris... episcopi Ruthenensis nobis est datum intelligi, quod vos, tempore quo fuistis senescallus Ruthenensis [1], in illo anno in quo Raymundus de Podio pazagium tenuit, centum quinquaginta libras caturcensium de porcione, quam idem episcopus in pazagio percipere consuevit, retinuistis, nec postea dictam pecuniam eidem reddidistis. Unde vobis mandamus quatinus, si ita est nec justam causam habeatis predictam summam pecunie retinendi, memorato episcopo eandem pecuniam reddere minime differatis. Et quid super hoc feceritis et causam, si quam justam habueritis, quare hoc facere minime debeatis, nobis quam cito commode poteritis rescribatis, taliter super hiis vos habentes quod idem episcopus de cetero non habeat de vobis justam materiam conquerendi. Datum apud Longumpontem, die sabbati ante cathedram sancti Petri.

Édité dans *Hist. de Languedoc* (nouv. édit.), VIII, cc. 1633-1634.

## 393

19 febr. 1268. — SALOMONI UT EAT AD PARTES RUTHENENSES PRO LEVANDO FOCAGIO.

Alfonsus, *etc.*, dilecto et fideli clerico suo Salomoni [2], salutem et dilectionem. Cum intellexerimus quod vos ad partes Ruthenenses pro levando focagio seu subsidio nondum accessistis, quod non immerito

---

[1] Pierre de Landreville fut sénéchal de Rouergue et d'Albigeois, de 1253 à octobre 1262.
[2] Ici les mots suivants barrés : *et Guillelmo de Pleseio*.

vestre necgligencie imputamus, vobis mandamus quatinus[1] cum libris et aliis necessariis ad exigendum dictum focagium seu subsidium, una cum senescallo nostro Ruthenensi, cui super hoc scribimus, ad dictas partes Ruthenenses quamcicius accedatis et dictum focagium seu subsidium absque dilacione exigatis et levetis. Datum apud Longumpontem, dominica ante cathedram sancti Petri, anno Domini millesimo ducentesimo $\text{lx}^{\text{mo}}$ septimo.

Similis littera missa fuit Guillelmo de Plescio.

### 394

(Fol. 62.) 19 febr. 1268. — [SENESCALLO RUTHENENSI, PRO LEVANDO FOCAGIO [2].]

Alfonsus, *etc.*, senescallo Ruthenensi, *etc.* Significamus vobis quod nos scripsimus dilectis et fidelibus clericis nostris Salomoni et Guillelmo de Plesseio ut, quamcito poterunt, cum libris et aliis necessariis ad exigendum focagium bono modo seu subsidium ad partes Ruthinenses accedant. Unde vobis mandamus quatinus, cum prefati clerici ad dictas partes accesserint, ad exigendum dictum focagium seu subsidium, ut condecet, viriliter intendatis secundum quod alias habuistis in mandatis, et pecuniam que de dicto focagio seu subsidio levata fuerit ad Templum Parisius quamcicius mittere studeatis. Datum apud Longumpontem, dominica ante cathedram sancti Petri, anno Domini M° CC° LX° VII°[3].

### 395

20 febr. 1268. — PONCIO ASTOAUDI, MILITI, ET MAGISTRO ODONI DE MONTONERIA PRO RELICTA COMITIS SABAUDIE.

Alfonsus, *etc.* Sicut alias vobis mandavimus, iterato vobis mandamus quatinus super dote a bone memorie Raymundo, quondam comite Tholose, nobili domine C., relicte bone memorie A., quondam comitis Sabaudie[4], ut dicitur, promissa, diligenter addiscatis utrum dicte do-

---

[1] Ici les mots suivants biffés : *ambo vel vestrum alter*. — [2] Ce mandement est cancellé. — [3] Le texte porte : M° CC° LX° SEX° VII°. — [4] Voir plus haut, n° 321.

mine de dote illa aliquid solutum fuerit et quantum, quantum eciam de eadem dote remanet ad solvendum, et utrum alius quam nos ad solucionem dotis hujusmodi teneatur, utrum eciam aliquos plegios dicte domine dederit predictus comes Raymundus super solucione dotis hujus eidem facienda. Et quid super hiis inveneritis nobis ad crastinum instantis quindene Penthecostes, ad quam diem ad nos veniatis, una cum aliis negociis nostris refferatis in scriptis, ita quod tunc ipsi domine vel mandato suo taliter respondere possimus quod de vobis justam causam non habeat conquerendi. Datum apud Longumpontem, die lune ante cathedram sancti Petri, anno Domini M° CC° LX° septimo.

### 396

20 febr. 1268. — PONCIO ASTOAUDI, MILITI, ET MAGISTRO ODONI DE MONTONERIA PRO ABBATE SANCTI MARCELLI.

Alfonsus, *etc.* Mandamus vobis quatinus instrumenta et munimenta abbatis et conventus Sancti Marcelli [1], Cisterciensis ordinis, Caturcensis dyocesis, [factum] tengencia, prout alias vobis mandavimus, quam primum ad nos veneritis apportetis vobiscum, ut nos super dicto facto plene instruere possitis et ut securius et facilius procedere valeamus in eodem, nec ipsos abbatem et conventum per ballivum Altimontis [2] permittatis indebite molestari in aliquo vel gravari, et de gravaminibus vel injuriis eisdem factis ab ipso ballivo exibeatis eisdem celeris justicie complementum, ita quod ob defectum juris ipsos de cetero ad nos non oporteat laborare. Datum apud Longumpontem, die lune ante cathedram sancti Petri, anno Domini M° CC° LX° VII°.

---

[1] Saint-Marcel, Tarn-et-Garonne, comm. Réalville.

[2] Almont, ancien château, comm. Réalville; cette dernière localité est une bastide fondée en 1311. (Voir Moulenq, *Documents historiques sur le Tarn-et-Garonne*, II, 232.) Les habitants de la nouvelle ville détruisirent le château d'Almont en 1313. (*Ibid.*, I, 386.)

### 397

22 febr. 1268. — PONCIO ASTOAUDI ET MAGISTRO ODONI DE MONTONERIA
PRO ARNALDO DE CASTAGNACO.

Alfonsus, *etc*. Ex parte Arnaldi de Chastegniaco nobis est intimatum quod bone memorie Raymundus, quondam comes Tholose, predecessor noster, ipsum Arnaldum sexta parte montis de Lauserta[1] et sexta parte nemoris de Lolmec[2], item sexta parte culture de Jonqueneil[3] et medietate molendini de Laganole[4] indebite spoliavit[5]. Unde vobis mandamus quatinus super premissis addiscatis diligencius veritatem secundum traditam vobis formam, et quid super his inveneritis nobis ad crastinum quindene Penthecostes, cum ad nos veneritis, una cum aliis inquestis vestris refferatis in scriptis. Datum apud Longumpontem, die mercurii in festo cathedre sancti Petri, anno Domini M° CC° LX° septimo.

### 398

22 febr. 1268. — PONCIO ET MAGISTRO ODONI PRO PETRO RAYMUNDI DE TORNACO.

Alfonsus, *etc*. Ex parte Petri Raymundi de Tornaco nobis est intimatum, pro se et Petro Hugone de Vindraco, avunculo suo, et pro Bernardo de Campis, burgensi de Cordua[6], quorum est procurator, quod dominus Raymundus, quondam comes Tholose, ipsos vel eorum antecessores, in quorumlibet jus ipsi successerunt, possessione foreste de Badenx[7], site in territorio castri de Cordua, spoliavit. Unde vobis mandamus quatinus de jure dictorum P., P. et B. quod habere dicuntur in foresta memorata, et de jure nostro similiter quod ibidem habemus, inquiratis diligencius veritatem secundum traditam vobis formam. Quid autem super premissis inveneritis nobis ad crastinum

---

[1] Lauzerte, Tarn-et-Garonne.

[2] Probablement Lolmie, Lot, comm. Saint-Laurent-près-Moncuq.

[3] La lecture de ce nom de lieu est peu certaine; c'est soit *Joannueil*, soit plutôt *Jonqueneil*.

[4] Non retrouvé.

[5] Première leçon : *molestavit*.

[6] Cordes, Tarn.

[7] Cette forêt paraît avoir disparu, à moins d'y voir le nom d'un canton de la forêt de Grésigne.

instantis quindene Penthecostes, cum ad nos veneritis, in scriptis refferatis. Datum apud Longumpontem, die mercurii in festo cathedre sancti Petri, anno Domini m° cc° lx° vii°.

### 399

3 mart. 1268. — BERTRANDO DE BRUNEQUELLO, MILITI, SUPER FACTO DE ROCHAMAURA.

Alfonsus, etc., nobili et fideli suo Bertrando de Brunequello, militi, salutem et dilectionem sinceram. Cum, inspectis tam litteris ex parte vestra quam inquesta ex parte senescalli nostri Tholose et Albiensis super facto de Rochamaura[1] nobis missis, nobis constare non potuit quod incurrimenta occasione heresis in castro de Rochamaura vobis seu predecessori vestro a bone memorie Raymundo, quondam comite Tholose, predecessore nostro, concessa fuerint, mandamus vobis quatinus, si vobis expedire videritis, coram senescallo nostro Tholose et Albiensis per testes vel instrumenta de concessione hujusmodi doceatis, scituri quod nos senescallo nostro predicto scribimus ut vos diligenter audiat in hac parte et nobis rescribere debeat raciones quas pro vobis super hoc duxeritis proponendas. Datum apud Hospitale prope Corbolium, sabbato post Brandones, anno lx° vii°.

### 400

3 mart. 1268. — SENESCALLO PRO BER. DE BRUNIQUELLO, MILITE.

Alfonsus, etc., senescallo Tholose et Albiensis, etc. Cum in inquesta a vobis super facto de Rocamaura pro B. de Brunequello, milite, de incurrimentis occasione heresis nec per instrumenta vel testes de incursu hujusmodi nobis constare potuerit, vobis mandamus quatinus, si dictus B. coram vobis per testes vel instrumenta probare voluerit concessionem de hujusmodi incurrimentis factam a predecessore nostro, sicut dicit, ipsum super hoc audiatis, rescribentes nobis quid factum

---

[1] Roquemaure, Tarn, cant. Rabastens.

fuerit in hac parte. Datum apud Hospitale justa Corbolium, sabbato post Brandones, anno Domini M° CC° LX° septimo.

### 401

4 mart. 1268. — SENESCALLO PRO UXORE ET LIBERIS DEFUNCTI HUGONIS DE ARSICIO.

Alfonsus, *etc.*, senescallo Tholose et Albiensis, *etc.* Cum relicta et liberi defuncti Hugonis de Arsicio, quondam senescalli nostri Tholose, teneantur nobis in certa peccunie quantitate, mandamus vobis quatinus, receptis ab eisdem ydoneis fidejussoribus apud Phanum Jovis [1] ab hominibus nostris ejusdem ville de vestra senescalcia pro solucione ducentarum quinquaginta librarum turonensium nobis facienda terminis infrascriptis: videlicet infra octabas instantis festi Omnium sanctorum L libras turonensium, et infra octabas subsequentis festi Candelose alias L libras ejusdem monete, et infra octabas sequentis ascensionis Domini alias L libras dicte monete, et sic deinceps singulis terminis supradictis, quousque de dicta peccunie quantitate nobis fuerit plenarie satisfactum, nec compellatis vel compelli faciatis dictam relictam vel ejus liberos interim ad solucionem peccunie supradicte, vobis tamen in receptione dictorum fidejussorum taliter precaventes quod ex aliqua causa seu occasione non possit solucio dicte peccunie prefixis terminis impediri vel differri in toto vel in parte. Et peccuniam quam ex hoc debito receperitis singulis terminis afferatis apud Templum Parisius vel mittatis. Datum apud Hospitale prope Corbolium, anno Domini M° CC° LX° VII°, dominica qua cantatur Reminiscere.

### 402

(Fol. 63.) 21 mart. 1268. — SENESCALLO PRO HOMINIBUS POPULARIBUS DE VERDUNO.

Alfonsus, *etc.*, senescallo Tholose et Albiensis, *etc.* Cum alias de bonorum consilio in quibusdam villis dyocesis Tholosane, equitate sua-

---

[1] Fanjeaux, Aude.

dente, mandaverimus collectam fieri per solidum et per libram, ac inter homines de Verduno [1] majores et populares orta sit dissensio in hac parte, popularibus asserentibus collectam fieri debere prout superius est premissum, aliis vero se oponentibus ex adverso, vobis mandamus quatinus colectam in villa predicta, cum opus fuerit, faciatis fieri per solidum et per libram, nisi ab adversa parte causa racionabilis et legitima objecta fuerit, propter quam minime fieri debeat in hunc modum. Causam ipsam, si quam pretenderint, necnon raciones parcium, si quas coram vobis proposuerint, nobis circa tres septimanas post instans festum Penthecostes per Thomam clericum, cum ad nos venerit, in scriptis remittatis. Datum apud Hospitale prope Corbolium, die mercurii post mediam quadragesimam, anno Domini M° CC° LX° VII°.

Édité dans *Hist. de Languedoc* (nouv. édit.), VIII, cc. 1625-1626.

### 403

21 mart. 1268. — SENESCALLO PRO HOMINIBUS JORDANI DE INSULA, MILITIS, [SUPER FOCAGIO [2]].

Alfonsus, *etc.*, senescallo Tholose et Albiensis, *etc.* Cum alias vobis mandaverimus ut homines fidelis nostri Jordani, domini de Insula, usque ad pallamentum Candelose ultimo preteritum focagium solvere minime compelleretis, et interim addisceretis utrum dicti homines tenerentur solvere focagium de jure vel consuetudine, usagio seu promisso vel alia justa causa, et tractaretis eciam cum dictis hominibus de prestanda nobis aliqua quantitate nomine focagii per compositionem spontanea voluntate, et cum super hoc nichil nobis rescriptum fuerit in hac parte, vobis mandamus quatinus dictos homines dicti militis ad solvendum dictum focagium usque ad instans pallamentum Penthecostes minime compellatis, addiscentes interim plenius de predictis et tractantes cum dictis hominibus, prout superius est premissum. Et quid super hiis inveneritis et feceritis, nobis circa tres septimanas

[1] Verdun-sur-Garonne. Tarn-et-Garonne. — [2] Ce mandement est cancellé.

post instans festum Penthecostes per Thomam clericum, cum ad nos venerit pro vestris compotis faciendis, in scriptis remittatis[1]. Datum apud Hospitale prope Corbolium, die mercurii post mediam quadragesimam, anno Domini M° CC° LX° VII°.

## 404

21 mart. 1268. — SENESCALLO PRO HOMINIBUS DE VERDUNO SUPER NUNDINIS.

Alfonsus, *etc.*, senescallo Tholose et Albiensis, *etc.* Ex parte hominum nostrorum de Verduno nobis extitit suplicatum ut nundinas in dicta villa institui faceremus, utilitatem nostram et dicte ville ac totius patrie in hoc consistere asserentes. Unde vobis mandamus quatinus si, diligenti addiscione prius facta, inveneritis nos posse nundinas facere institui in dicta villa sine cujusquam injuria et prejudicio et utilitatem nostram et dicte ville in hoc esse, nundinas ibidem certis tempore et loco institui faciatis, consilium fidelium nostrorum Sycardi Alemanni et Poncii Astoaldi, militum, et magistri Odonis de Montoneria et aliorum bonorum super hoc requirentes. Et quid super hoc inveneritis et feceritis, nobis per Thomam clericum circa tres septimanas post instans festum Penthecostes in scriptis remittatis. Datum apud Hospitale prope Corbolium, die mercurii post mediam quadragesimam, anno Domini M° CC° LX° VII°.

## 405

21 mart. 1268. — VICARIO THOLOSE SUPER CONFRATRIIS [THOLOSE].

Alfonsus, *etc.*, vicario Tholose, *etc.* Cum intellexerimus quod sub specie boni quedam confratrie de novo in civitate Tholose fuerint institute, quarum occasione in plerisque casibus posset status civitatis dampnum pati et nobis prejudicium generari, presertim cum numerosa multitudine sint alter alteri juramentis astricti, vobis mandamus

---

[1] Première leçon : *refferatis*.

quatinus diligenter addiscatis de modo et forma hujusmodi confratriarum, et an sub tali velamine ecclesiarum nostra vel civitatis [jura] hactenus usurpaverint vel presumantur in posterum usurpare. Et quid super hiis inveneritis nobis in scriptis sub sigillo vestro per Poncium Astoaldi, militem, et magistrum Odonem de Montoneria, cum ad nos venerint ad crastinum instantis quindene Penthecostes, transmittatis et cum eisdem super hoc consilium habeatis. Datum apud Hospitale prope Corbolium, die mercurii post mediam quadragesimam, anno Domini M° CC° LX° VII°.

Édité dans *Hist. de Languedoc* (nouv. édit.), VIII, c. 1613.

### 406

21 mart. 1268. — SENESCALLO PRO COMITE PICTAVENSI SUPER DEFRAUDATIONE PEDAGIORUM.

Alfonsus, *etc.*, senescallo Tholose, *etc.* Cum, sicut nobis relatum extitit, aliqui mercatores, ducentes pisces salsos ad Tholosam, nonnunquam secum ferunt[1] litteras vicarii Tholose testimoniales quod pisces hujusmodi cedere debeant in usum civium Tholose, ac per hoc nunnunquam contingat nos debitis nostris pedagiis defraudari, vobis mandamus quatinus diligenti cura et solicitudine insistere studeatis, qualiter in hac parte jus nostrum servetur illesum ususque legitimi dictorum civium per hoc minime infringantur. Non enim videtur quod alienis personis pisces hujusmodi defferentes vendere valeant absque exsolutione pedagii supradicti. Et super hoc de consilio dilecti et fidelis nostri Sycardi Alemanni, militis, qui super hoc habere notitiam dicitur, procedatis. Quid super hoc factum fuerit vel qualiter processum fuerit nobis per clericum vestrum, cum ad nos venerit circa tres septimanas post Penthecosten, in scriptis remittere procuretis. Datum die mercurii post mediam XL$^{mam}$, anno Domini M° CC° LX° VII°.

Édité dans *Hist. de Languedoc* (nouv. édit.), VIII, cc. 1613-1614.

[1] Le manuscrit porte : *ferentes*.

## 407

21 mart. 1268. — VICARIO THOLOSANO SUPER EODEM.

Alfonsus, *etc.*, vicario Tholose, *etc.* Cum, sicut nobis relatum extitit, aliqui mercatores ducentes pisces salsos ad Tholosam, nunnunquam secum ferunt litteras vestras testimoniales quod pisces hujusmodi cedere debeant in usum civium Tholose, ac per hoc nunnunquam contingat nos nostris debitis pedagiis defraudari, vobis mandamus quatinus diligenti cura et solicitudine insistere studeatis qualiter in hac parte jus nostrum servetur illesum ususque legitimi dictorum civium per hoc minime infringantur. Non enim videtur quod pisces hujusmodi defferendos (*sic*) alienis personis vendere valeant absque exsolutione pedagii supradicti. Ceterum cum Bertolomeus de Baregiis, bajulus de Verduno, nobis conquerendo monstrarit quod ob hanc causam consules Tholose runcinum suum minus juste captum detineant, vobis mandamus ut eundem sibi restitui faciatis, nisi justam causam habeant detinendi, recepta satisfacione ab eodem bajulo de stando juri coram vobis vel senescallo nostro Tholose, si dicti consules vel alii sibi super hoc moverint questionem. Ceterum in concessione litterarum vestrarum testimonialium, quod pisces hujusmodi de quibus habita est mentio cedant in usum civium Tholose, non prebeatis vos amodo ita facilem, quia posset nunnunquam ob fraudem vel maliciam aliquorum concessio hujusmodi in nostrum prejudicium redundare. Quid super hoc factum vel processum fuerit, nobis in scriptis singnificare curetis circa tres septimanas post instans festum Penthecostes. Datum die mercurii post mediam quadragesimam, anno Domini M° CC° LX° VII°.

## 408

25 mart. 1268. — SENESCALLO THOLOSANO ET ALBIENSIS PRO HOMINIBUS DE CONDOMIO CONTRA GERAUDUM DE ARMENIACO.

Alfonsus, *etc.*, senescallo Tholose et Albiensis, *etc.* Cum frequenti insinuacione hominum nostrorum de Condomio lacrimabiliter conque-

rencium, ad aures nostras pervenerit quod fidelis noster G., comes
Armeniaci, cum suis fautoribus homines ipsos male tractaverit, quosdam adhuc detinendo, quosdam attrociter vulnerando, bona eorum
diripiendo et alia gravamina multipliciter inferendo, ac super hiis requisitus pluries, ut dicitur, nec homines predictos reddere seu recredere voluerit, quod in nostri dominii contemptum dinoscitur redundare, iterum post capcionem dictorum hominum nostrorum terram et
feuda nostra cum armis hostiliter intraverit idem G. et dampna non
modica predictis hominibus intulerit et ibidem multa alia mala, ut
dicitur, perpetrarit, vobis mandamus quatinus, ad superandam ipsius
G. maliciam, per sollempnes nuncios, coram testibus ydoneis ad hoc
specialiter convocatis, ex parte nostra requiri et moneri publice faciatis, ut homines predictos liberari, bona eorum sibi restitui, dampna
et injurias emendari faciat, sicut decet, tam nobis quam hominibus
supradictis. Quod si taliter requisitus facere contempserit et causam
rationabilem non pretenderit, quare restitucionem et emendas hujusmodi facere minime teneatur, vos terram et feuda, que a nobis immediate tenere dinoscitur, in manu nostra saisiatis cum effectu. Verumptamen si postmodum recredenciam inde sibi fieri postposcerit (*sic*),
vos, recepta prius ab eo caucione ydonea, fidejussoribus videlicet de
nostra jurisdicione existentibus seu pignoribus, de stando juri coram
nobis et emendandis dictis gravaminibus secundum quod fuerint cognita
vel probata, recredatis eidem ea que duxeritis ordinanda. Datum apud
Corbolium, dominica in festo Annunciacionis dominice, anno Domini
M° CC° LX° VII°.

Édité dans *Hist. de Languedoc* (nouv. édit.), VIII, cc. 1635-1636.

### 409

(Fol. 64.) 25 mart. 1268. — VICARIO THOLOSANO PRO COMITE.

Alfonsus, *etc.*, vicario, *etc.* Mandamus vobis quatinus die jovis post
quindenam Penthecostes proximo venturam ad nos veniatis pro vestris
compotis faciendis, omnes denarios quos nobis debetis tam de novo
quam de veteri apud Templum Parisius vobiscum afferentes vel afferri

facientes, et in nostris negociis vos habeatis curiose, fideliter et intente. Et illud quod feceritis super viis quas vobis, diu est, misimus et aliis quas expedire videritis, nobis in scriptis refferatis. Datum [1] dominica in festo Annunciacionis dominice, anno Domini m° cc° lx° vii°.

## 410
### 25 mart. 1268. — SENESCALLO PRO COMITE.

Alfonsus, *etc.*, senescallo Tholose, *etc.* Mandamus vobis quatinus omnia illa, que super viis vobis a nobis pluries missis feceritis et super aliis eciam quas expedire videritis, nobis per Thomam clericum, cum ad nos venerit circa tres septimanas post instans festum Penthecostes, in scriptis remittere procuretis, vel per Egidium clericum, in hiis et aliis nostris negociis diligenter, curiose et fideliter vos habentes, denarios eciam quos nobis debetis, tam de novo quam de veteri, de senescallia Tholosana et Albiensis et denarios eciam de focagio seu subvencione nobis facta pro subsidio Terre sancte, quantum plus poteritis, per dictum Thomam apud Templum Parisius circa dictas tres septimanas post festum Penthecostes transmittentes. Ad predicta enim facienda vos inducant instans terminus passagii et neccessitas Terre sancte. Datum apud Corbolium, dominica in festo Annunciationis dominice, anno Domini m° cc° lx° vii.

Édité dans *Hist. de Languedoc* (nouv. édit.), VIII, c. 1573.

## 411
### 25 mart. 1268. — PONCIO ASTOAUDI ET MAGISTRO ODONI DE MONTONERIA PRO COMITE.

Alfonsus, *etc.*, Poncio Astoaudi et magistro Odoni, *etc.* Mandamus vobis quatinus in crastino instantis quindene Penthecostes ad nos veniatis, omnia illa que super viis vobis a nobis pluries missis in scriptis, et alia vobis a nobis commissa, inquestas eciam quas fecistis et interim

[1] Ici le mot *ut*, début de la formule *ut precedens;* la date a été ajoutée par le même copiste.

facietis ad dictam diem vobiscum afferentes, et tunc de hiis et aliis, de quibus habetis loqui nobiscum et que expedire videritis, loqui poteritis viva voce. Vos eciam rogamus ut in nostris negociis vos curiose et diligenter habeatis, et super viis eciam predictis bono modo et secundum quod expedire videritis et aliis nostris negociis et inquestis faciendis curiose et fideliter laboretis, ita quod per effectum operis cognoscamus affectum quem circa eadem negocia promovenda confidimus vos habere. Datum quando et precedens.

## 412

25 mart. 1268. — FRATRI GUILLELMO DE MONTEREVELLI, INQUISITORI HERETICE PRAVITATIS.

Alfonsus, *etc.*, fratri Guillelmo de Monterevelli, inquisitori heretice pravitatis in partibus Tholosanis, salutem et dilectionem. Super eo quod nobis per vestras litteras intimastis, quod vos retinuistis unum clericum notarium vobiscum pro sex denariis tholosanis per diem et unum servientem pro quatuor denariis tholosanis per diem, pro salario et expensa, vobis significamus quod nobis placet, scituri quod nos Jacobo de Bosco per nostras dedimus litteras in mandatis, ut dicto notario sex denarios tholosanos per diem et dicto servienti quatuor denarios per diem persolvat pro salario et expensa, quamdiu nostre placuerit voluntati. Datum dominica in festo annunciacionis beate Virginis, anno ut supra.

Édité dans *Hist. de Languedoc* (nouv. édit.), VIII, cc. 1573-1574.

## 413

25 mart. 1268. — JACOBO DE BOSCO [PRO FRATRE GUILLELMO DE MONTEREVELLI.]

Alfonsus, *etc.*, Jacobo de Bosco, *etc.* Mandamus vobis quatinus cuidam clerico notario, quem retinuit frater Guillelmus de Monterevelli, inquisitor heretice pravitatis, pro sex denariis tholosanis per diem, et cuidam servienti quem similiter retinuit pro quatuor denariis tholosanis per diem, dictos sex denarios dicto clerico et dictos quatuor denarios dicto servienti persolvatis pro salario et expensa, quamdiu nostre placuerit voluntati vel donec alii fratres inquisitores pravitatis heretice ad partes Tholosanas fuerint destinati. Data ut precedens.

## 414

25 mart. 1268. — DOMINO SICARDO ALEMANNI PRO DOMINO COMITE PICTAVENSI.

Alfonsus, *etc.*, domino Sicardo Alemanni, *etc.* Mandamus vobis, rogantes quatinus omnia illa, que super viis vobis a nobis alias missis feceritis, si que fecistis, et super aliis que expedire videritis, nobis per Egidium Camelini, clericum nostrum, vel Thomam, clericum senescalli Tholosani, seu per Jacobum de Bosco vel alium quem expedire videritis, in scriptis remittere procuretis, in hiis et aliis nostris negociis curiose et diligenter vos habentes et predictis clericis in hujusmodi negociis procurandis, cum neccesse fuerit et vos inde requirendum duxerint, consilium vestrum pariter et auxilium inpendentes. Datum die dominica in festo annunciacionis beate Virginis, anno Domini M° CC° LX° VII°.

Édité dans *Hist. de Languedoc* (nouv. édit.), VIII, c. 1574.

## 415

25 mart. 1268. — JACOBO DE BOSCO PRO DOMINO COMITE.

Alfonsus, *etc.*, Jacobo de Bosco, *etc.* Mandamus vobis quatinus una cum Egidio Camelini, clerico nostro, die jovis post quindenam instantis Penthecostes proximo venture ad nos veniatis, omnia illa que super viis vobis a nobis pluries missis et super illis quas nobis misistis in scriptis et super aliis quas expedire videritis, feceritis vobiscum in scriptis afferentes, et denarios quos nobis debetis, tam de novo quam de veteri, de bonis hereticorum apud Templum Parisius afferentes, et in hiis et aliis vos habentes curiose et fideliter et intente, ita quod de negligencia redargui non possitis et quod hec bene et curiose liquido appareat vos fecisse. Datum ut precedens.

Édité dans *Hist. de Languedoc* (nouv. édit.), VIII, c. 1574.

## 416

26 mart. 1268. — SENESCALLO THOLOSANO PRO DOMINO COMITE DE REACAPTIS.

Alfonsus, *etc.*, senescallo Tholosano, *etc.* Cum, sicut intelligi nobis datur, in vestra senescallia de reacaptis pecunia nobis non modica debeatur, vobis mandamus quatinus pecuniam propter hoc debitam faciatis exigi et levari, et tam de cartis notariorum de novo concedendis quam de veteribus vel amissis innovandis, de consilio dilecti et fidelis clerici nostri Egidii Camelini procedatis, secundum quod super premissis ex parte nostra vos duxerit requirendum. Datum die lune in crastino annunciationis beate Virginis, anno Domini M° CC° LX° VII°[1].

---

[1] Les feuillets 65 et 66 du manuscrit sont restés blancs.

## LITTERE TERRE AGENENSIS ET CATURCENSIS,

INCEPTE IN PASCHA, ANNO DOMINI M° CC° LX° VII°.

### 417

(Fol. 67.) 18 april. 1267. — LITTERA PATENS PRO VICECOMITISSA LEOMAGNIE.

Alfonsus, etc., senescallo Agenensi et Caturcensi, etc. Mandamus vobis quatinus emptores proventuum et reddituum vicecomitatus Leumagnie, quos executores testamenti nobilis viri et dilecti nostri Arnaudi Othonis, quondam vicecomitis Leumagnie, vendere proponunt ad certum tempus ut satisfaciant vicecomitisse, uxori quondam dicti vicecomitis[1], de dote sua et quibusdam aliis creditoribus vicecomitis supradicti, ab indebitis molestiis et violenciis conservetis, super illis bonis et de hiis personis de quibus jurisdicio ad nos spectat, salvo jure nostro et quolibet alieno. Datum anno Domini M° CC° LX° VII°. in crastino Resurrectionis dominice.

### 418

18 april. 1267. — LITTERA PATENS PRO FOREFACTIS BAJULORUM, JUDICUM ET SERVIENTUM CORRIGENDIS.

Alfonsus, etc., senescallo Agenensi et Caturcensi, etc. Significamus vobis quod nos dilectis et fidelibus nostris Poncio Astoaudi, militi, et magistro Odoni de Montonneria commisimus et injunximus ut ipsi audiant, addiscant et inquirant diligenter de forefactis judicum, bajulorum servientum et scriptorum, qui in nostris existunt seu extiterunt serviciis in senescallia Agenensi et Caturcensi, et eadem forefacta, prout justum fuerit, emendari faciant. Quare vobis mandamus quatinus eis-

[1] Marie d'Anduze, cousine de Jeanne de Toulouse, femme d'Alfonse; elle épousa plus tard Archambaud, comte de Périgord. (*Hist. de Languedoc*, nouv. édit., VI, 830 et 918.)

dem vestrum consilium et auxilium ad eadem forefacta facere emendari impendatis, quandocunque ab ipsis fueritis requisiti. Durent littere iste usque ad instans festum purificacionis beate Marie virginis. Datum in crastino Resurectionis dominice, anno Domini M° CC° LX° VII° [1].

### 419

8 mai. 1267. — SENESCALLO AGENENSI PRO PRECEPTORE DOMUS MILICIE TEMPLI DE CAPPELLA SUPER QUATUOR MANSIS ACQUISITIS.

Alfonsus, *etc.*, senescallo Agenensi et Caturcensi, *etc.* Cum ex parte fratris Petri Boneti, de ordine fratrum milicie Templi, nomine preceptoris domus milicie Templi de la Capella [2] et nomine dicte domus, nobis fuerit conquerendo monstratum quod bajulus noster de Caslucio [3] nomine nostro detinet minus juste quatuor mansos, qui pertinent ad domum suam de la Capella jure dominii vel quasi, adquisitos, ut dicitur, ab abbate de Conchis [4] cum eclesia de Lozeis [5], vobis mandamus quatinus dictum preceptorem super his diligenter audiatis, vocato dicto bajulo nostro de Caslucio pro jure nostro servando, et habito domini Poncii Astouaudi et magistri Odonis de Montonneria et aliorum bonorum consilio, faciatis eidem bonum jus et maturum super his et de quibus jurisdicio ad nos spectat. Datum die dominica post festum beati Johannis ante portam Latinam, anno Domini M° CC° LX° septimo.

### 420

8 mai. 1267. — EIDEM PRO EODEM SUPER DECIMIS [INJUSTE AB ALIQUIBUS DETENTIS].

Alfonsus, *etc.*, senescallo Agenensi et Caturcensi, *etc.* Ex parte preceptoris domus milicie Templi de la Capella nobis extitit expositum quod Grimoaudus et Stephanus de Palheroles, fratres, et Raymundus

---

[1] Comparez le n° 230.
[2] La Capelle-Livron, Tarn-et-Garonne, cant. de Caylus.
[3] Caylus, Tarn-et-Garonne.
[4] Conques, abbaye bénédictine du diocèse de Rodez; auj. Aveyron.
[5] Loze, Tarn-et-Garonne, canton de Caylus.

et Poncius, fratres, et Petrus de Marceu et fratres sui quasdam decimas, ecclesiis domus milicie Templi pertinentes, ut dicit, detinent indebite occupatas. Unde vobis mandamus quatinus dictum preceptorem super hiis diligenter audientes, de rebus et personis ad nostram jurisdicionem spectantibus exibeatis eidem bonum jus et maturum. Datum apud Rampillionem, dominica post invencionem sancte Crucis.

## 421

9 mai. 1267. — SENESCALLO AGENNENSI ET CATURCENSI PRO BALLIVIIS AFFIRMANDIS [ET SUPER VIIS].

Aufonz, fiuz de roi de France, coens de Poitiers et de Tholose, à son amé et son feel au seneschal d'Agenois et de Caorsin, saluz et amour. Cum, si comme autrefois vous avons mandé, nous aions propos de secourre personaument à la seinte Terre d'outremer, qui a si grant mestier de grand aide et ou il nous convendra fere si grant despans et si grant mises, nous vous mandons que, regardées les voies que nous vous envoiames en escrit et toutes les autres que vous verroiz profiter, metez peinne et diligence et cure en pourchacier deniers pour nous en bone maniere et loial. Et ce que vos en auroiz fet et traitié, nos fetes asavoir en escrit l'endemein de la quinzaine de Penthecoste qui vient prochiennement, car en si grant besoingne covient grant porveance et hastive. Derechief nos vos mandons que quant vos affermeroiz nos baillies de vostre seneschaucie, iceles affermez à tornois chascune par soi et le port de Mirmande[1], si bien et si sagement et si clerement, en la meilleur maniere et la plus laial que vos porroiz, selonc les condicions que vous avez pieça, que l'en vaie bien qu'il n'i ait point de chanlandise, ne ne les affermez mie à genz souspeçonneuses de heresie, d'usure ne d'autre crime, ne à juis, ne à voz parenz, n'à voz cousins, n'à voz afins, ne à autre de vostre mesniée, n'à autres qui soient à noz gages ne aus voz, ne ne souffrez qu'il en saient parçonnier.

[1] Marmande, Lot-et-Garonne.

Et nos renvoiez en escrit par vostre clerc, le juedi d'après la quinzaine de Penthecoste qui vient prochiennement, coment eles seront affermées, ne à qui, et combien chascune par soi. Et touz les deniers que vos nos devez de viez et de novel, et les deniers des baillies de ce terme, et que l'en nos doit en vostre seneschauciée, envaiez au Temple à Paris, tout ou la graigneur quantité que vos porroiz en tornois ou parisis. Et ce que vos ne porroiz envoier en tornois ou en parisis, envoié en estellins, se vos les trovez à boen marchié, ou en plate d'argent affiné ou ne mie affiné, ou en or au meilleur change que vos porroiz trover. Et envoiez à nos vostre clerc au devant dist jor de juedi d'après la quinzaine de ceste prochienne Penthecoste qui vient, pour voz contes fere, et envoiez en escrit queles monoies vos envoieroiz et combien de chascunne, et se vos envoiez plates, que vos mandez en escrit quanz mars il aura en chascune, et laquele sera affinée et laquele ne sera pas affinée. Et en toutes ces choses desus distes et ou boen et ou laial gouvernement de nostre terre soiez curieus, diligenz et ententis. Ce fu fest à Rampellon, le lundi après l'invencion sainte Croiz, en moi, en l'an de l'incarnacion Jesu Crist M CC LXVII.

Similis littera missa fuit senescallo Ruthenensi.

Similis senescallo Pictavensi.

Similis senescallo Xanctonensi.

Similis conestabulo Arvernie.

Similis littera missa fuit senescallo Venessini, usque ibi : *Envoiez en tornois ou en parisis tout ou la graigneur quantité que vos porrez.*

422

14 mai. 1267. — SENESCALLO AGENENSI ET CATURCENSI PRO R. ET P., DOMINIS CASTRI DE SAVINIACO.

Alfonsus, *etc.*, senescallo Agenensi et Caturcensi, *etc.* Mandamus vobis quatinus Raymundum Bertrandum et P. de Paderno, dominos castri de Saviniaco[1], super his que proponenda duxerint coram vobis

[1] Savignac, Lot-et-Garonne, cant. de Monflanquin.

contra homines bastide Villenove[1] prope Poiolium[2], super eo quod predicti homines nemora dictorum dominorum, que tenent a nobis in feodum, contra voluntatem ipsorum dominorum et in prejudicium eorundem, scindunt indebite et devastant, diligenter audiatis, et vocatis predictis hominibus et qui fuerint evocandi, de personis et rebus ad nostram jurisdicionem spectantibus faciatis eisdem bonum jus et maturum. Datum apud Fontem Bleaudi, die sabbati post dominicam qua cantatur Jubilate, anno Domini M° CC° LX° septimo.

### 423

14 mai. 1267. — SENESCALLO AGENENSI PRO EPISCOPO AGENENSI SUPER QUIBUSDAM MALEFICIIS PERPETRATIS IN DYOCESI AGENENSI.

Alfonsus, etc., senescallo Agenensi et Caturcensi, etc. Mandamus vobis quatinus super quibusdam maleficiis et forefactis in dyocesi Agenensi perpetratis, de quibus venerabilis in Christo pater... episcopus Agenensis[3] vos requiret, faciatis quod de bonorum consilio fuerit faciendum, jure nostro et alieno servato. Datum apud Fontem Bleaudi, die sabbati post dominicam qua cantatur Jubilate.

### 424

(Fol. 68.) 14 mai. 1267. — SENESCALLO PRO EODEM SUPER QUIBUSDAM DECIMIS.

Alfonsus, etc., senescallo Agenensi et Caturcensi, etc. Mandamus vobis quatinus decimas abjuratas, possessas et incursas in dyocesi Agenensi, venerabili episcopo Agenensi de jure spectantes, reddi faciatis secundum quod vobis constiterit super hoc fuisse alias ordinatum a nobis et quantum ad nostram spectat jurisdicionem, jura ipsius et sue ecclesie recommendata habentes. Datum apud Fontem Bleaudi, die sabbati post dominicam qua cantatur Jubilate, anno Domini M° CC° LX° septimo.

---

[1] Auj. Villeneuve-sur-Lot, Lot-et-Garonne. — [2] Poujol, ancien nom du territoire sur lequel fut bâti Villeneuve-sur-Lot. — [3] Pierre Jerland.

## 425

14 mai. 1267. — EIDEM PRO EODEM.

Alfonsus, *etc.*, senescallo Agenensi et Caturcensi, *etc.* Veniens ad nos venerabilis in Christo pater... episcopus Agenensis a nobis peciit curiam seu jurisdicionem Raymundi Bernardi de Duroforti et parcionariorum suorum pedagii de Petra Cammelli[1], quod dicit a se teneri in feodum, sibi dimitti. Unde vobis mandamus quatinus, tam dicti episcopi quam nostris et mercatorum per dictum pedagium transeuntium et aliorum quorum interest auditis racionibus, faciatis super hoc quod de jure et usu et consuetudine[2] fuerit faciendum. Datum apud Fontem Bleaudi, die sabbati post dominicam qua cantatur Jubilate. anno Domini M° CC° LX° VII.

## 426

19 mai. 1267. — SENESCALLO AGENENSI ET CATURCENSI PRO POPULARIBUS VILLE CONDOMII.

Alfonsus, *etc.* Ex parte universitatis popularium Condomii nobis datum est intelligi quod ipsi per dictum seu arbitrium episcopi Agenensis et Philippi de Villafaverosa, militis, quondam senescalli nostri Agenensis et Caturcensis[3], et Johannis Dominici, in quos compromiserant dicti populares super facto seu maleficio ab ipsis popularibus in quodam campo ad duellum ordinato prope Condomium perpetrato, condampnati fuerint in centum libris morlanensium nobis pro emenda, abbati Sancti Maurini[4] in septuaginta libris, priori de Neraco[5] in triginta libris, sacriste Condomii in xx libris, Johanni de Espieriis in xx libris, scriptori Johannis Dominici, tunc judicis nostri, in x libris, abbati Condomii in ducentis quinquaginta libris, Johanni Dominici in LX libris, et dicto Philippo de Villafaverosa in LX libris reddendis,

---

[1] Ce nom rappelle celui de la seigneurie de Pécalvel ou Pécaubel, en Agenais, citée par Tholin, *Inventaire des archives départementales de Lot-et-Garonne*, table.

[2] Ici le mot *patrie* effacé.

[3] Sénéchal entre 1256 et 1267; mais on n'a rien de précis sur les dates initiale et finale de son administration.

[4] Gausbert Girval; Saint-Maurin, abbaye bénédictine du diocèse d'Agen; Lot-et-Garonne, cant. Beauville.

[5] Nérac, Lot-et-Garonne.

super quibus condampnationibus graciam sibi a nobis petebant et misericordiam impertiri. Unde vobis mandamus quatinus super forefacto seu maleficio hujusmodi, qualiter et quando et ubi extitit perpetratum, et de compromisso qualiter et in quos vallatum extitit, et de dicto seu prolacione arbitrii per quos extitit prolatum, et de condampnacionibus qualiter et quibus et in quos facte fuerunt, et de toto processu veritate diligencius inquisita, vocatis qui fuerint evocandi et auditis eorum racionibus, jure nostro et alieno servato, de personis et rebus ad nostram jurisdicionem spectantibus faciatis super premissis, de consilio Poncii Astoaudi et magistri Odonis de Montoneria ac aliorum bonorum, quod justum fuerit et consonum racioni. Datum die jovis post mensem Pasche, anno Domini M° CC° LX° VII°.

### 427

19 mai. 1267. — SENESCALLO AGENENSI ET CATURCENSI PRO ARNALDO BERTRANDI DE BELLAGARDA.

Alfonsus, etc. Ex parte Arnaldi Bertrandi de Bellagarda nobis est conquerendo monstratum quod religiosus vir abbas Condomii[1] ipsum Arnaldum super quodam feodo, quod a nobis tenet et quod dictus abbas asserit a se teneri debere in feodum, coram judicibus ecclesiasticis molestat multipliciter et infestat, citando ipsum coram diversis judicibus et vexando super bonis ejusdem, eidem nichilominus multiplices injurias inferendo. Unde vobis mandamus quatinus, si dictum Arnaldum predictum feodum tenere debere inveneritis a nobis, vos predictum abbatem requiri faciatis ex parte nostra ut a predictis vexacione et molestacione ac injuriis desistere non postponat. Quod si requisitus idem abbas facere noluerit, vos super hoc consilium apponatis quod de jure et consuetudine patrie cum bonorum consilio fuerit apponendum. Datum die jovis post mensem Pasche, anno Domini M° CC° LX° septimo.

[1] Auger d'Andiran.

## 428

22 mai 1267. — SENESCALLO AGENENSI ET CATURCENSI PRO RAYMUNDO DE SOLEINS, DE POIOLIIS.

Alfonsus, *etc.*, senescallo Agenensi et Caturcensi, *etc.* Veniens ad nos Raymundus de Souleins, de Poioliis, nobis conquerendo monstravit quod pater suus fuit condampnatus de heresi et nos tenemus, ut dicit, bona patris sui, petens a nobis dotem matris sue sibi reddi. Unde vobis mandamus quatinus, vocato [1] Jacobo de Bosco, ipsum super hiis diligenter audiatis, facientes eidem bonum jus et maturum, secundum quod de consilio fratrum inquisitorum de heresi fuerit faciendum. Datum dominica ante ascensionem Domini, anno Domini M° CC° LX° VII°.

## 429

6 jun. 1267. — PONCIO ET ODONI PRO PETRO DE FRANCIA ET BERTRANDO DE SANCTO GERMANO.

Alfonsus, *etc.*, Poncio Astoaudi, militi, et magistro Odoni de Montoneria, *etc.* Venientes ad nos Petrus de Frencia et Bertrandus de Sancto Germano nobis dederunt intelligi quod vos quandam inquestam super terra de Banas [2], spectante ad ipsos, ut dicunt, de jure, fecistis. Quare vobis mandamus quatinus, si dicta inquesta perfecta est, vos eandem cum aliis inquestis, cum ad nos veneritis, afferatis, si vero perfecta non fuerit, eam perficiatis secundum traditam vobis formam. Datum Parisius, in crastino Penthecostes, anno Domini M° CC° LX° septimo.

## 430

7 jun. 1267. — PONCIO ASTOAUDI, MILITI, ET MAGISTRO ODONI DE MONTONERIA PRO G. DE LA VANDERIA ET RAYMUNDO BERNARDI, FRATRE SUO [3].

Alfonsus *etc.* Ex parte Galhardi de la Garda, militis, G. de la Van-

---

[1] Première leçon : *vocatis coram vobis inquisitoribus de heresi et.* — [2] Non trouvé. — [3] Première leçon : *pro Galhardo de la Garda milite.*

deria et Raymundi Bernardi, fratris sui, nobis est conquerendo moustratum quod senescallus noster Agenensis et Caturcensis quasdam terras et possessiones ad ipsos pertinentes, quas tam ipsi quam predecessores eorum per tantum temporis quod non extat memoria hominum possederunt, ut dicitur, indebite et in eorum prejudicium occupavit et detinet nomine nostro occupatas. Unde vobis mandamus quatinus, vocato dicto senescallo nostro, auditis ipsius racionibus, servato jure nostro et alieno, faciatis eisdem super predictis quod justum fuerit et consonum racioni, secundum traditam vobis formam. Datum die martis post Penthecosten, anno Domini M° CC° LX° VII°.

Similis littera missa fuit eisdem pro Galhardo de la Garda, milite.

### 431

8 jun. 1267. — PRO RAYMUNDO DE BIZA, MILITE [VEL POTIUS BARESCO DE TERMINIS].

Alfonsus, *etc.*, senescallo Agenensi et Caturcensi, *etc.* Mandamus vobis quatinus Barescum de Terminis, armigerum, super hiis que proponenda duxerit coram vobis contra Raimondum de Biza, militem, super eo quod jurisdicionem ipsius impedit minus juste, ut dicitur, diligenter audiatis, et sibi super hiis faciatis bonum jus et maturum de personis et rebus de quibus jurisdicio ad nos spectat. Datum die mercurii post Penthecosten, anno Domini M° CC° LX° VII°.

### 432

8 jun. 1267. — PRO GUILLELMO DE BARAS, CANONICO CATURCENSI, [SUPER DECIMIS INJUSTE OCCUPATIS].

Alfonsus, *etc.*, senescallo Agenensi et Caturcensi, *etc.* Mandamus vobis quatinus Guillelmum Baras, canonicum Caturcensem, super hiis que proponenda duxerit coram vobis, super eo quod aliqui milites, de jurisdicione nostra, ut dicitur, existentes, in parochia sua de Varazac [1]

---

[1] Vazerac, Tarn-et-Garonne, cant. Molières.

decimas percipiunt indebite et in ipsius prejudicium et gravamen, diligenter audiatis, et vocatis qui fuerint evocandi, auditis ipsorum racionibus, jure nostro et alieno servato, de personis et rebus ad nostram jurisdicionem spectantibus faciatis eidem de bonorum consilio bonum jus et maturum. Datum die mercurii, anno Domini M° CC° LX° VII°, post Penthecosten.

### 433

(Fol. 69.) 9 jun. 1267. — PRO GUILLELMO DE DOMA, MILITE, [A RATERIO DE CASTRONOVO INDEBITE VEXATO].

Alfonsus, *etc.*, senescallo Agenensi et Caturcensi, *etc.* Veniens ad nos Guillelmus de Doma, miles, nobis conquerendo exposuit quod Raterius de Castronovo, domicellus, quasdam villas suas, videlicet la Verquenciere [1] et Sanctum Germanum [2] et Sanctum Clarum [3] et Roquetam [4] cum pertinenciis earumdem per violenciam detinet occupatas, in ipsius militis prejudicium et gravamen. Quare vobis mandamus quatinus, vocatis partibus auditisque earum racionibus, super predictis, quantum ad nostram spectat jurisdicionem, dicto militi exhibeatis celeris justicie complementum, ita quod propter defectum juris vel vestrum ipsum ad nos non oporteat propter hoc ulterius laborare. Datum apud Moissiacum episcopi, die jovis post Penthecosten, anno Domini M° CC° LX° VII°.

### 434

13 jun. 1267. — SENESCALLO AGENENSI ET CATURCENSI PRO GUILLELMO ESCLAMAL.

Alfonsus, *etc.*, senescallo Agennensi et Caturcensi, *etc.* Veniens ad nos Guillelmus Esclamal, domicellus, nobis conquerendo monstravit quod homines de Moyssiaco [5] feuda sua, ipso invito, emunt in sui prejudicium et gravamen, et quod ipsum et parerios suos impediunt quominus pedagia sua in locis debitis possint recipere; — item quod

---

[1] Lavercautière, Lot, cant. Salviac.
[2] Saint-Germain, Lot.
[3] Saint-Clair, Lot, cant. Gourdon.
[4] Probablement la Rouquette, Lot, com. Frayssinet-le-Gélas.
[5] Moissac, Tarn-et-Garonne.

arradatores nostri in terra sua et pareriorum suorum causas audiunt, clamores recipiunt et tenent assisias in eorum prejudicium; — item quod Hugo de Poioliis noluit tenere quoddam compromissum initum inter ipsum et dominum Esquivum de Fumello, patrem dicti Guillelmi, super jurisdicione castri Palacii de Poioliis[1]; — item quod, cum Raymundus de Poioliis dederit sibi in dotem cum filia sua omnia bona sua, quidam aliquam partem bonorum illorum in ejus absencia occuparunt, ut dicit[2]. Quare vobis mandamus quatinus, ipsum domicellum super hiis diligenter audientes, vocatis qui fuerint evocandi, super rebus et de personis ad nostram jurisdicionem spectantibus eidem exhibeatis bonum jus et maturum. Datum die lune post octabas Penthecostes, anno Domini M° CC° LX° VII°.

### 435

11 jun. 1267. — PRO RAYMUNDO GUILLELMI ALERON.

Alfonsus, *etc.*, senescallo Agenensi et Caturcensi, *etc.* Mandamus vobis quatinus Raymundum Guillelmi Aleron, latorem presencium, super hiis que contra Guillelmum Aleron coram vobis proponenda duxerit, diligenter audiatis, et sibi super hiis et de personis de quibus jurisdicio ad nos spectat exhibeatis celeris justicie complementum, ita quod propter defectum juris vel vestrum ipsum ad nos non oporteat super hiis ulterius laborare, precipientes magistro Johanni Dominici et magistro Bono Thoseti, prout de jure poteritis, ut super compromisso quod in se receperunt, ut asserit idem Raymundus, dictum suum proferant, ut tenentur. Datum sabbato post Penthecosten, anno LX° VII°.

---

[1] Probablement Pujols, Lot-et-Garonne, cant. Villeneuve-sur-Lot.

[2] Ici la phrase suivante, effacée : *Item quod castellanus castri de Penna Agennensi absque jure et indebite coegit homines castrorum de Fumello et de Montesecuro ad opus et bastimentum castri de Penna.* (Fumel, Lot-et-Garonne; Monségur, ibid., canton de Fumel; Penne, ibid., ch.-l de canton.)

## 436

20 jun. 1267. — SENESCALLO PRO BERTRANDO DE VAZEGIA.

Alfonsus, *etc.*, senescallo Agenensi et Caturcensi, *etc.* Ex parte Bertrandi de Vazegia nobis datum est intelligi quod quidam burgensis de Moissiaco, Petrus Giraudi nomine, cum quibusdam ejus complicibus per terram nostram arma defferens, cum armis insidiatus fuit eidem. Unde vobis mandamus quatinus de delacione armorum plenius inquirentes et jus nostrum super hoc servantes illesum, dicto Bertrando, si super hoc coram vobis conquestus fuerit, faciatis de personis et rebus ad jurisdicionem nostram spectantibus quod justum fuerit et consonum racioni. Datum die lune ante nativitatem beati Johannis Baptiste, anno Domini M° CC° LX° septimo.

## 437

26 jun. 1267. — SENESCALLO AGENENSI PRO MARTINA DE NERAM.

Alfonsus, *etc.*, senescallo Agenensi et Caturcensi, *etc.* Mandamus vobis quatinus Martinam de Neram, super hiis que proponenda duxerit coram vobis contra Remundum de Auriole, super eo videlicet quod lucratus est contra ipsam per quoddam arbitrium quod sibi daretur ad censum seu redevencias quibus alie persone dantur, diligenter audiatis, et sibi super his et de quibus jurisdicio ad nos spectat faciatis eidem bonum jus et maturum. Et gagia ipsius que habet penes Judeos et Caorsinos, ut dicit, prout justum fuerit, pro sorte deliberari et reddi faciatis eidem. Datum apud Longumpontem, die dominica post festum beati Johannis Baptiste, anno LX° septimo.

## 438

2 jul. 1267. — SENESCALLO AGENENSI PRO VICECOMITISSA ALTIVILLARIS.

Alfonsus, *etc.*, senescallo Agenensi et Caturcensi, *etc.* Ex parte nobilis, dilecte et fidelis nostre vicecomitisse Altivillaris[1] nobis extitit

[1] Marie d'Anduze.

supplicatum quod nos dotem suam et omnia alia jura sua, que injuste et in ipsius prejudicium detinent, ut dicitur, Galterus de Fossato, miles, et Beraudus de Andusia, clericus, sibi reddi et restitui faceremus, vel ipsam poni et positam deffendi in possessionem omnium bonorum defuncti A.[1], quondam vicecomitis Altivillaris, quondam mariti sui, et specialiter castri Altivillaris[2] cum pertinenciis et aliis super quibus dos eidem vicecomitisse extitit assignata, prout in instrumentis olim super hoc, ut dicitur, confectis inter bone memorie Raymundum, quondam comitem Tholose, predecessorem nostrum, et vicecomitem antedictum dicitur contineri. Unde vobis mandamus quatinus cum dicta vicecomitissa ad predictos Galterum et Beraudum accedentes, ipsos in ejus presencia requiratis ut predictam dotem et omnia alia jura sua eidem vicecomitisse reddant et restituant, prout justum fuerit et equitas suadebit. Quod si requisiti facere noluerint, vos super hoc quod ipsa petit in possessionem bonorum predictorum dicti vicecomitis poni et positam deffendi, vocatis Galtero et Beraudo predictis et aliis qui fuerint evocandi, auditis racionibus parcium, de personis et rebus ad jurisdicionem nostram spectantibus et [de] vestra senescallia existentibus faciatis eidem bonum jus et maturum, jus suum quantum plus bono modo poteritis accelerantes eidem. Datum apud Longumpontem, sabbato post festum apostolorum Petri et Pauli, anno Domini M° CC° LX° VII°.

### 439

2 jul. 1267. — SENESCALLO PRO HOMINIBUS SANCTI ANTHONINI.

Alfonsus, *etc.*, senescallo, *etc.* Cum ex parte hominum Sancti Anthonini[3] nobis fuerit conquerendo monstratum quod vos ipsos super possessione et usagio quorundam nemorum versus Sanctum Anthoninum sitorum minus juste spoliastis, vobis mandamus quatinus ipsos super hoc diligenter audiatis, vocatis qui fuerunt evocandi, et sibi super

---

[1] Arnaud-Othon. — [2] Auvillars, Tarn-et-Garonne. — [3] Saint-Antonin, Tarn-et-Garonne.

hiis rebus et personis de quibus jurisdicio ad nos spectat faciatis eisdem bonum [jus] et maturum. Datum die sabbati post festum apostolorum Petri et Pauli, anno LX° VII°.

### 440

4 jul. 1267. — SENESCALLO AGENENSI PRO ABBATE ET CONVENTU MONASTERII CLARIACENSIS SUPER POSSESSIONIBUS ARNALDI DE TREMOLET.

Alfonsus, *etc.*, senescallo Agenensi et Caturcensi, *etc.* Ex parte religiosorum virorum abbatis et conventus monasterii Clariacensis[1] nobis est datum intelligi quod Arnaldus de Tremolet, burgensis de Tonnenxs[2], tenebat in feodum a dicto monasterio sub annuo censu vineam et pratum qui vocantur Pratfontan prope castrum de Rauc[3] et nemus de Quairerecauc, pro quibus solvebat eidem monasterio quolibet anno somatam vini, sex solidos Arnaldensium, dimidiam libram piperis et duas conquas frumenti ad mensuram Clariaci, in festo Pasche; — item culturam vocatam Dunet pro qua solvebat quatuor solidos eodem festo; — item vocatam de Bugassac pro qua solvebat tres solidos in dicto festo. Que omnia ad manum nostram, racione condampnacionis dicti Arnaldi a sex annis citra, ut dicitur, devenerunt, et bajuli nostri qui predicta nomine nostro tenuerunt, pensionem dicto monasterio racione predictorum debitam eisdem religiosis reddere noluerunt. Quare nobis ex parte ipsorum extitit suplicatum, ut dictam pensionem a dictis sex annis citra sibi restitui faceremus et de cetero eam solvi, prout eis a dicto Arnaldo, dum predicta tenebat, solvebatur. Unde vobis mandamus quatinus super predictis, ubi sunt et in quibus consistunt, et qualiter ad manum nostram devenerunt, et quantum valent annui redditus, et qualis et quanta pensio a dicto Arnaldo eisdem religiosis solvebatur pro predictis, diligenter addiscentes, si predictam pensionem dictis religiosis deberi racione predictorum inveneritis,

---

[1] Clairac, abbaye de l'ordre de Saint-Benoît, diocèse d'Agen; Lot-et-Garonne, canton de Tonneins.

[2] Tonneins, Lot-et-Garonne.

[3] Probablement le Roc, écart sur le Lot, en aval de Clairac (carte de l'État-Major).

eam sibi reddi et restitui prout justum fuerit faciatis. Si vero ipsi vel aliquis alius predictas possessiones velit emere, super hoc tractetis et eas vendatis ad incherimentum, prout melius poteritis ad utilitatem nostram, retenta nostra super hoc voluntate. Et quid super premissis feceritis nobis, cum comode poteritis, in scriptis significare curetis. Datum apud Longumpontem, die lune post festum apostolorum Petri et Pauli.

### 441

(Fol. 70.) 4 jul. 1267. — PONCIO ASTOAUDI ET MAGISTRO ODONI PRO EISDEM.

Alfonsus, *etc.* Ex parte abbatis et conventus monasterii Clariacensis nobis extitit suplicatum ut quandam composicionem per vos et Gausbertum de Rampone, militem, ut dicitur, factam et ordinatam inter ipsos ex una parte et bastidam Castri seigneurii[1] ex altera, confirmare vellemus. Unde vobis mandamus quatinus cujusmodi composicio inter ipsos facta fuerit, et si eam confirmare sine alterius prejudicio possimus, et quod commodum vel incommodum exinde consequeretur, diligenter addiscatis, tractantes cum eisdem quantum nobis pro habenda confirmacione hujusmodi dare vellent. Quid super premissis inveneritis et feceritis et cujusmodi formam littere nos laudaretis concessuros eisdem, nobis, cum comode poteritis, rescribatis. Datum apud Longumpontem, die lune post festum apostolorum Petri et Pauli, anno Domini M° CC° LX° VII°.

### 442

4 jul. 1267. — SENESCALLO PRO EISDEM [SUPER PISCARIIS IN FLUMINE OLTI].

Alfonsus, *etc.*, senescallo Agenensi et Caturcensi, *etc.* Mandamus vobis quatinus religiosos viros abbatem et conventum monasterii Clariacensis super hiis, que proponenda duxerint coram vobis contra bajulum et homines castri nostri de Penna in Agenensi[2], super destructione seu dirutione passeriarum seu piscariarum, quas habent et habuerunt, ut

---

[1] Probablement aujourd'hui La Parade, Lot-et-Garonne, cant. Castelmoron, à peu de distance de Clairac (Curie-Seimbres, *Essai sur les bastides*, p. 232). — [2] Penne, Lot-et-Garonne.

dicitur, a tempore quo non extat memoria dicti abbas et conventus in flumine Olti[1], diligenter audiatis, et vocatis predictis bajulo et hominibus coram vobis, auditis eorum racionibus, jure nostro et alieno servato, de personis laicis et rebus ad jurisdicionem nostram spectantibus exhibeatis eis celeris justicie complementum. Datum ut in precedentibus.

### 443

4 jul. 1267. — PONCIO ET ODONI PRO EISDEM [SUPER BONIS AMORTIZANDIS].

Alfonsus, *etc.* Ex parte religiosorum virorum abbatis et conventus monasterii Clariacensis nobis extitit suplicatum ut possessiones suas, quas juste et pacifice possident, vellemus eisdem per nostras patentes litteras confirmare. Unde vobis mandamus quatinus tractetis cum ipsis quantum nobis dare vellent pro confirmacione hujusmodi obtinenda, et quod commodum vel incommodum exinde consequeremur, et quid super hoc feceritis et formam littere [quam] super hoc laudaveritis nos concessuros eisdem nobis loco et tempore rescribatis. Datum ut in precedenti.

### 444

4 jul. 1267. — SENESCALLO PRO EISDEM [CONTRA SYCARDUM ALEMANNI].

Alfonsus, *etc.*, senescallo Agenensi, *etc.* Mandamus vobis quatinus religiosos viros abbatem et conventum monasterii Clariacensis super hiis que proposuerint coram vobis contra fidelem nostrum Sycardum Alemanni, super possessionibus que fuerunt Helie de Grefuel[2] et que eidem Sycardo devenerunt, ut dicitur, racione incursus heretice pravitatis, pro quibus possessionibus solvebat eis dictus Helias, dum eas tenebat, quinque solidos Arnaldensium annuatim, quos petunt ab

---

[1] Le Lot, affluent de la Garonne.

[2] Le texte semble porter *de Gresuel*, mais nous connaissons la véritable forme par deux mandements de Jeanne, comtesse, et d'Alfonse, comte de Toulouse, de 1257, mandements où ce personnage est appelé *Elias de Agrifolio, civis Agennensis.* (Cabié et Mazens, *Un cartulaire... des Alamans*, p. 6-7.)

eodem Sycardo annuatim similiter sibi reddi, diligenter audiatis, et vocato dicto Sycardo, auditis ejus racionibus, super hiis et de quibus jurisdicio ad nos spectat faciatis eisdem bonum jus et maturum. Datum ut supra.

### 445

4 jul. 1267. — SENESCALLO PRO ABBATE ET CONVENTU CLARIACENSI.

Alfonsus, *etc.*, senescallo Agenensi et Caturcensi, *etc.* Mandamus vobis quatinus religiosos viros abbatem et conventum monasterii Clariacensis, super hiis que proponenda duxerint coram vobis contra[1] bajulos, consules et homines Castri Segneurii[2], super injuriis et gravaminibus eisdem religiosis, Martine, pauperi feodatarie eorum, aliisque ipsorum feodatariis ab eisdem bajulis, consulibus et hominibus illatis, ut dicitur, diligenter audiatis, et vocatis coram vobis predictis bajulis, consulibus et hominibus auditisque ipsorum racionibus, jure nostro et alieno servato, de personis laicis et rebus ad jurisdicionem nostram spectantibus faciatis eisdem bonum jus et maturum. Datum apud Longumpontem, die lune post festum apostolorum Petri et Pauli.

### 446

5 jul. 1267. — SENESCALLO AGENNENSI PRO FRATRIBUS PREDICATORIBUS DE SANCTO EMELIANO.

Alfonsus, *etc.*, senescallo, *etc.* Mandamus vobis quatinus fratribus Predicatoribus de Sancto Emeliano[3] centum solidos turonensium de denariis nostris, quos eisdem de elemosina nostra dedimus, tradatis et solvatis. Datum apud Longumpontem, die martis post festum apostolorum Petri et Pauli, anno Domini m° cc° lx° septimo.

[1] Le texte porte par erreur : *coram*. — [2] Voir plus haut, n° 441. — [3] Saint-Émilion, Gironde, cant. Libourne.

## 447

7 jul. 1267. — SENESCALLO PRO JORDANO DE COMBABONETI.

Alfonsus, etc., senescallo Agenensi et Caturcensi, etc. Ex parte Jordani de Combbonet, militis, nobis extitit suplicatum, quod cum ipse diu litigaverit coram judice Agenensi super terra de la Grefolet prope Grande Castrum[1], et jam diu est, ut asserit, in dicta causa sit conclusum, nos dictam causam terminari faceremus. Unde vobis mandamus quatinus, vocatis qui fuerint evocandi, quantum ad res et personas que in nostra consistunt jurisdicione super dicta causa faciatis quod super hoc fuerit faciendum, jus suum accelerantes eidem, prout poteritis sine juris lesione. Datum apud Longumpontem, die jovis post octabas apostolorum Petri et Pauli.

## 448

7 jul. 1267. — SENESCALLO PRO ABBATE DE CONDOMIO.

Alfonsus, etc., senescallo Agenensi et Caturcensi, etc. Ex parte religiosorum virorum abbatis et conventus monasterii de Condomio nobis extitit significatum quod res et bona eorum per nuncios et bajulos vestros pignorantur et occupantur indebite et injuste. Unde vobis mandamus quatinus non permittatis res et bona ipsorum per bajulos et nuncios vestros indebite occupari seu pignorari, et de bajulis illis, de quibus vobis conquesti fuerint nominatim, illis bajulis vocatis coram vobis, faciatis bonum jus et maturum. Datum ut supra.

## 449

7 jul. 1267. — SENESCALLO PRO ABBATE SANCTI MAURINI.

Alfonsus, etc., senescallo Agenensi et Caturcensi, etc. Mandamus vobis quatinus abbati et conventui Sancti Maurini[2] super quodam

---

[1] Ancien nom de la bastide de Puymirol, Lot-et-Garonne. — [2] Voir plus haut, p. 263.

suspenso quem Bonus Tosetus, tunc judex Agenensis, fecit alias asportari, prout asserunt, in prejudicium ipsorum et ipsis irrequisitis, vocatis Bono Toseto et aliis qui fuerint evocandi et jure nostro servato, bonum jus et maturum faciatis. Datum ut supra.

### 450

12 jul. 1267. — SENESCALLO PRO GAUSBERTO DE RAMPONIO.

Alfonsus, *etc.*, senescallo Agenensi et Caturcensi, *etc.* Ex parte Gauberti de Rampon, militis, nobis est conquerendo monstratum quod vos ipsius G. bona saisita et ipsum in prisione captum detinetis indebite, occasione quarundam litterarum vobis ex parte Petri Hyspani et pro ipso presentatarum, que a quibusdam de consilio nostro non creduntur in tali forma de nostra curia emanasse, sed ne idem P. in litteris nostris sub sigillo falsitatem aliquam fecerit pocius dubitatur. Unde vobis mandamus quatinus, si ipsum et predicta bona sua occasione litterarum hujusmodi teneatis, ipsum et bona sua sibi sub bonis plegiis recredatis, recepta ab ipso ydonea caucione de stando juri coram vobis cuilibet conquerenti. Litteras autem ipsas, quas vobis tradidit idem Petrus, cicius quam commode poteritis nobis transmittere nullatenus obmittatis, ut per earum inspectionem plenius perpendere valeamus si de nostra curia emanarunt. Datum apud Longumpontem, die martis post translacionem sancti Benedicti.

Sub eadem forma missa fuit littera quedam senescallo Agenensi et Caturcensi pro Berruerio, castellano Caslucii[1].

### 451

(Fol. 71.) 11 jul. 1267. — EPISCOPO AGENENSI PRO GUILLELMO DE PORTU, JACOBO DE NEDE, GUILLELMO JOHANNIS ET EJUS COMPLICIBUS.

Venerabili in Christo patri et dilecto suo P., Dei gracia Agenensi

---

[1] Caylus, Tarn-et-Garonne.

episcopo[1], Alfonsus, *etc.*, salutem et sincere dilectionis affectum. Paternitatem vestram rogamus ex affectu, quatinus dilecto et fideli nostro Guillelmo de Portu, civi Caturcensi, Jacobo de Nede, Guillelmo Johannis et ejus complicibus, in negocio quod inter ipsos ex una parte contra Raymundum Erchambaudi et ejus complices ex altera vertitur, super quo in vos ab utraque parte dicitur compromissum, in jure suo amore nostri vos exhibeatis favorabiles et benignos, tantum super hiis facientes quod vobis propter hoc debeamus merito scire gratum. Datum apud Longumpontem, die lune in festo sancti Benedicti estivalis.

452

12 jul. 1267. — SENESCALLO PRO GUILLELMO DE PORTU [INJUSTE SPOLIATO A CASTELLANO ET BAJULO CASLUCII].

Alfonsus, *etc.*, senescallo Agenensi et Caturcensi, *etc.* Ex parte fidelis nostri Guillelmi de Portu, civis Caturcensis, nobis est conquerendo monstratum quod Berruerius, castellanus, et Raymundus, bajulus de Caslucio[2], jurisdicionem seu justiciam quam in camasio de Roseto[3] idem G. asserit se habere et jurisdicionem eandem ad se pertinere, indebite et in ejus prejudicium saisiverunt, ipsum in dicta jurisdicione sua perturbando, et jura ad se racione jurisdicionis ipsius spectancia capiendo et levando. Unde vobis mandamus quatinus, vocatis coram vobis dictis castellano et bajulo, auditis eorum racionibus, jure nostro et alieno servato, de jure dicti G. plenius addiscentes, si de jure suo ipsum injuste inveneritis dissaisitum, ipsum, prout justum fuerit, de proborum virorum consilio restitui faciatis. Datum apud Longumpontem, die martis post translacionem sancti Benedicti, anno M° CC° LX° VII°.

[1] Pierre Jerland. — [2] Caylus, Tarn-et-Garonne. — [3] Peut-être Cammas, écart au sud de Caylus (Cassini).

### 453

11 jul. 1267. — SENESCALLO PRO PRECEPTORE MILICIE TEMPLI [SUPER ACCENSATIONE TERRITORII DE MARROLA IN CATURCINIO].

Alfonsus, *etc.*, senescallo Agenensi et Caturcensi, *etc.* Ex parte preceptoris milicie Templi nobis extitit intimatum quod, cum ipse arrendaverit quoddam territorium seu locum de Marrola [1] in Caturcinio ab abbatissa del Bois [2] sub certa pensione, vos in eisdem ascensacione et possessione dicti loci dictum preceptorem inquietatis indebite et turbatis. Unde vobis mandamus quatinus dictum preceptorem super hiis audiatis diligenter, et vocatis dicta abbatissa et qui fuerint evocandi, faciatis eidem quod de jure fuerit faciendum, in dicta ascensacione et possessione dicti loci impedimentum aliquod non ponentes, nisi causam racionabilem pro nobis habeatis quare hoc facere debeatis, quam si habueritis, vos eam nobis in scriptis significare curetis. Et si aliquid contra jus dicti preceptoris indebite attemptastis, in statum debitum, cum consilio dilectorum et fidelium nostrorum Poncii Astoaudi, militis, et magistri Odonis de Montoneria, revocetis. Dictis enim Poncio et Odoni mandavimus quod, si aliquid super premissis indebite attemptaveritis, illud faciant, prout justum fuerit, emendari. Datum apud Longumpontem, die lune post festum beati Martini estivalis.

### 454

11 jul. 1267. — PONCIO ASTOAUDI ET MAGISTRO ODONI DE MONTONERIA PRO PRECEPTORE DOMUS MILICIE TEMPLI.

Alfonsus, [*etc.*], Poncio et Odoni, *etc.* Ex parte preceptoris milicie Templi nobis extitit intimatum quod, cum ipse arrendaverit seu as-

---

[1] Marroule, Aveyron, comm. de Martiel. Il s'agit vraisemblablement ici du précepteur de la Capelle-Livron. Dans le mandement suivant, ce lieu est placé dans le ressort de la sénéchaussée de Rouergue.

[2] Le nom de cette abbaye est certainement estropié; faut-il corriger *Elnona*, Nonenque, au diocèse de Rodez, plus tard de Vabres?

censaverit quoddam territorium seu locum de Marrola in Caturcinio ab abbatissa del Bois sub certa pensione, senescallus noster Ruthenensis in eadem ascensacione seu possessione dicti loci ipsum preceptorem inquietat indebite et perturbat. Unde vobis mandamus quatinus dictum preceptorem super hiis diligenter audiatis, et vocatis dicto senescallo et aliis qui fuerint evocandi, auditis racionibus parcium, faciatis eidem super hiis quod de jure fuerit faciendum, et si contra ipsum preceptorem aliquid inveneritis indebite attemptatum, vos illud faciatis in statum debitum revocari. Et quid super hoc feceritis et racionem seu causam, quam dictus senescallus pro nobis dixerit se habere, nobis in scriptis significare curetis. Datum apud Longumpontem, die lune post festum sancti Martini estivalis.

455

15 jul. 1267. — SENESCALLO AGENNENSI ET CATURCENSI PRO COMITE PICTAVIE ET THOLOSE [SUPER POSSESSIONIBUS HELIE DE CLEDES ET GOCELMI, DE HERESI CONDEMPNATORUM].

Alfonsus, *etc.* Cum nobis datum sit intelligi quod quedam terre, vinee, molendina et alie possessiones, que fuerunt Helie de Cledes et Gocelmi, fratris sui, condampnatorum de heresi, nobis incurse, ut dicitur, racione dicte heresis, quas et que Guirardus de Vairs[1] tenent, ad nos racione dicti incursus, ut dicitur, debeant pertinere, vobis mandamus quatinus quid est, et ubi et in quibus consistunt dicte possessiones, et quomodo dicti homines eas tenuerunt, et de incursu predicto et de aliis circonstanciis que in talibus sunt attendende addiscatis plenius veritatem. Quid autem super premissis inveneritis, nobis per vestrum clericum, cum ad nos venerit ad instans pallamentum Omnium sanctorum pro vestris compotis faciendis, in scriptis significare curetis. Datum apud Longumpontem, die veneris ante festum beati Arnulfi.

[1] La lecture de ce nom est douteuse; c'est probablement Varès, Lot-et-Garonne, canton de Tonneins. Les deux hérétiques en question étaient d'Agen même.

## 456

[Jul. 1267. — MEMORIALE DE TRADITIONE AD FIRMAM PEDAGII MARMANDE.]

Memoria quod pedagium Mermande anno presenti, videlicet M° CC° LX° VII°, fuit primo venditum III$^m$ libr. turonensium, quod incherivit Geraudus de Lentar de III$^c$ libris turonensium, secundo Johannes Valeti de III$^c$ libris turonensium, quod ei fuit concessum, retenta voluntate domini comitis. Tercio venit alius et vult dare c libras turonensium ultra ad incherimentum dictum, quod incherimentum c librarum non recipimus, et ita remanent III$^m$ VI$^c$ libre turonensium. Postea modo venit dictus Johannes Valeti, et incherivit de III$^c$ libris turonensium, et ita sunt in universo III$^m$ IX$^c$ libre turonensium, et ita concedatur ei, ita quod non possit incherizari minus quam de III$^c$ libris, et assecuretur bene senescallus de fidejussoribus bonis de terra et jurisdicione domini comitis existentibus.

## 457

17 jul. 1267. — SENESCALLO SUPER PEDAGIO MERMANDE.

Alfonsus, *etc.*, senescallo Agenensi et Caturcensi et magistro Stephano de Biterri, *etc*. Mandamus vobis quatinus diligenter addiscatis qualiter pedagium nostrum Marmande anno Domini M° CC° sexagesimo quinto venditum fuit seu affirmatum, et cui et quantum, et si incherizatum fuit sicut deberet, per quem fuit incherizatum, et quo tempore et quantum, et si non fuit incherizatum sicut deberet, per quem stetit quominus incherizaretur, et de fraude et de dolo que in vendicione seu incheriment ipsius pedagii intervenisse dicuntur, et de singulis circonstanciis quas in talibus videritis addiscendas. Et quid super hiis inveneritis nobis in scriptis, cum commode poteritis, rescribatis. Datum apud Longumpontem, dominica ante festum beate Marie Magdalene, anno Domini M° CC° LX° septimo.

## 458

Jul. 1267. — SENESCALLO PRO CASTELLANO PENNE.

Alfonsus, *etc.*, senescallo Agenensi et Caturcensi, *etc.* Mandamus vobis quatinus a dilecto et fideli nostro castellano Penne Agenensis [1] de triginta libris turonensium, in quibus nobis tenetur, exigatis et levetis quindecim libras in instanti festo Omnium sanctorum, et alias quindecim libras in festo Candelose proximo subsequenti. Datum apud Longumpontem, anno Domini millesimo CC° LX° VII° [2].

## 459

Jul. 1267. — LITTERA PATENS PRO SORORIBUS ORDINIS SANCTE CLARE DE MONTE ALBANO.

Alfonsus, *etc.*, senescallo Agenensi et Caturcensi, *etc.* Mandamus vobis quatinus sororibus ordinis Sancte Clare de Monte Albano super bajulia nostra de Monte Albano [3] triginta libras turonensium tradatis et reddatis, quamdiu nobis placuerit, in festo Omnium sanctorum. Datum apud Longumpontem, anno Domini M° CC° LX° septimo [4].

## 460

(Fol. 72.) 24 jul. 1267. — SENESCALLO AGENENSI ET CATURCENSI CLAUSA PRO SORORIBUS ORDINIS SANCTE CLARE DE CONDOMIO.

Alfonsus, *etc.* Mandamus vobis quatinus sororibus ordinis Sancte Clare de Condomio in pedagio nostro de Marmanda [5] viginti libras turonensium tradatis et reddatis, quandiu nobis placuerit, in octabis Omnium sanctorum annuatim. Datum apud Meledunum, dominica post festum beate Marie Magdalene, anno Domini M° CC° LX° septimo.

---

[1] Penne-d'Agenais, Lot-et-Garonne. — [2] La date de jour manque. — [3] Montauban, Tarn-et-Garonne. — [4] La date de jour manque. — [5] Marmande, Lot-et-Garonne.

## 461

4 aug. 1267. — SENESCALLO AGENENSI ET CATURCENSI PRO GALHARDO ET RAYMUNDO DE BOVILLE.

Alfonsus, *etc.* Mandamus vobis quatinus, vocatis coram vobis Galhardo de Boville et Raymundo de Boville, si ad nos spectat jurisdicio eorumdem, super parcione castri de Durat[1] ipsos diligenter audiatis et exhibeatis eis bonum jus et maturum, tantum super hoc facientes quod ad nos de cetero non oporteat, propter defectum justicie, querimoniam reportare de hiis que ad nostram jurisdicionem dinoscuntur pertinere, si super predicta parcione ipsi vel alter ipsorum conqueratur. Datum die jovis ante festum beati Laurencii, anno LX° septimo.

## 462

15 aug. 1267. — SENESCALLO PRO HELIA DE CASTELLIONE, MILITE.

Alfonsus, *etc.* Ex parte Elie de Castellione, militis, nobis est conquerendo monstratum quod Viana, uxor sua, bona sua, invito dicto Helia marito suo, vendere seu alienare proponit, et ipsum aliquibus castris suis per violenciam dissaisivit. Unde vobis mandamus quatinus ipsum militem super hiis, que proponenda duxerit coram vobis contra dictam Vianam, diligenter audiatis, et de personis et rebus ad jurisdicionem nostram spectantibus, salvo jure nostro et alieno, faciatis quod de jure et consuetudine patrie fuerit faciendum. Datum apud Hospitale prope Corbolium, die lune in festo assumpcionis beate Virginis.

## 463

14 aug. 1267. — PRO EPISCOPO AGENENSI [DE QUODAM CLERICO CONQUERENTE].

Alfonsus, *etc.*, senescallo Agenensi et Caturcensi, *etc.* Ex parte venerabilis patris... episcopi Agenensis nobis est datum intelligi quod

---

[1] Probablement Duras, Lot-et-Garonne.

Arnaldus Pelitus, de Penna in Agenensi, clericus, cum quibusdam suis complicibus prioratum d'Alamans[1], situm prope Pennam, spectantem ad monasterium Sancte Crucis Burdigalensis[2], violenter occupavit, eumdem adhuc detinens occupatum, et Galhardum de Mota, monacum dicti monasterii et priorem dicti prioratus ex collacione abbatis et conventus dicti monasterii, ipso prioratu spoliavit minus juste. Unde vobis mandamus quatinus, si in dictis occupacione et spoliacione fuerint aliqui laici de jurisdicione nostra et vestra senescallia existentes, vos super hoc, quantum ad nostram pertinet jurisdicionem, faciatis quod de jure fuerit faciendum, jure nostro et alieno servato. Datum apud Hospitale juxta Corbolium, dominica ante assumpcionem beate Virginis.

464

20 aug. 1267. — DOMINO REGI FRANCIE PRO PETRO DE ROCHA ET SOCIIS SUIS [QUOS QUIDAM MALEFACTORES GALIOTI MERCIBUS SUIS SPOLIARUNT].

Excellentissimo et karissimo domino ac fratri suo Ludovico, Dei gratia Francorum regi illustrissimo, Alfonsus, filius regis Francie, comes Pictavie et Tholose, salutem et cum fraterna dilectione paratam ad beneplacita voluntatem. Cum ex parte Petri de Rocha, Petri de Sancto Nicholao, Guillelmi de la Causée et Petri d'Auriforcaut, burgensium nostrorum de Mermanda, nobis sit datum intelligi quod cum ipsi in duabus navibus octo viginti et septem dolia et pipas duas vini honerassent, quidam malefauctores galioti[3] in mari prope rippam Normanie eisdem dicta dolia et pipas et quatuor ciphos argenti minus juste et per violenciam abstulerunt, et sic ablata reddere noluerunt. Unde excellenciam vestram rogandam duximus ex affectu quatinus super hoc, si placet, consilium apponatis quod vestra dominacio viderit apponendum[4]. Datum die sabbati post assumpcionem beate Marie virginis, anno Domini M° CC° LX° septimo.

[1] Les Allemans, Lot-et-Garonne, com. Penne.
[2] Abbaye de l'ordre de Saint-Benoît.
[3] Mariniers, matelots et, par extension, pirates.
[4] Première leçon : expedire.

## 465

30 aug. 1267. — SENESCALLO AGENENSI ET CATURCENSI PRO ABBATE ET CONVENTU SANCTE MARIE GORDONII.

Alfonsus, *etc.* Ex parte religiosorum virorum abbatis et conventus Sancte Marie Gordonii[1] nobis est supplicatum ut ad augmentacionem ipsorum et abbatie sue eisdem conferre vellemus pascua, que fuerunt Guallardi et Hugonis de la Rocha, ad opus animalium suorum, que pascua sita sunt, ut dicitur, prope Sanctum Antoninum[2] et Sanctum Ciricum[3], et in recompensacionem eorumdem nobis dare centum solidos turonensium annui redditus ex parte eorum est oblatum. Unde vobis mandamus quatinus diligenter addiscatis quantum possunt valere per annum predicta pascua, et qualiter ad manum nostram devenerunt, et utrum eadem sine cujusquam prejudicio conferre possimus et utrum esset utilitas nostra. Et de recompensacione, nobis a predictis abbate et conventu propter hoc facienda, ad utilitatem nostram magis quam poteritis tractetis cum eisdem. Quid super hiis inveneritis et feceritis nobis per vestrum clericum, cum ad nos venerit ad instantes compotos Omnium sanctorum, in scriptis significare curetis. Datum apud Josaphas prope Carnotum, die martis post festum decollacionis beati Johannis Baptiste, anno Domini M° CC° LX° septimo.

## 466

30 aug. 1267. — EIDEM PRO EISDEM.

Alfonsus, *etc.*, senescallo Agenensi et Caturcensi, *etc.* Ex parte religiosorum virorum abbatis et conventus Sancte Marie Gordonii nobis est supplicatum ut ea, que in nostris feodis et retrofeodis acquisierunt usque in hodiernum diem, eisdem confirmare vellemus, videlicet locum in quo ipsa abbatia est fundata, boriam et possessiones de la Mota et

---

[1] Sainte-Marie-de-Gourdon, au diocèse de Cahors, abbaye fondée en 1241; auj. Gourdon, Lot.

[2] Saint-Antonin, Tarn-et-Garonne.

[3] Saint-Cirq, Tarn-et-Garonne, cant. Caussade.

possessiones de Marous[1]. Unde vobis mandamus quatinus de valore predictorum per annum, et que in nostris feodis et que in retrofeodis consistunt diligenter addiscentes, tractetis cum eis quantum nobis dare vellent pro confirmacione hujusmodi obtinenda. Et quid super hoc inveneritis et feceritis nobis per vestrum clericum, cum ad nos venerit ad instantes compotos Omnium sanctorum, in scriptis significare curetis. Datum ut precedens.

### 467

24 sept. 1267. — PONCIO ASTOAUDI, MILITI, ET MAGISTRO ODONI DE MONTONERIA PRO ABBATE DE SANCTO MARCELLO.

Alfonsus, etc. Mandamus vobis quatinus abbatem et conventum de Sancto Marcello[2], Cisterciensis ordinis, Caturcensis dyocesis, super hiis que proponenda duxerint coram vobis, quantum ad granchiam de Gardemont[3], terram de Lasincaressas[4], et terram de Septem Fontibus[5], de quibus dicunt se per bone memorie comitem Remondum, predecessorem nostrum, spoliatos fuisse et quas dicunt ad dictum monasterium Sancti Marcelli de jure pertinere, diligenter audiatis, inquirentes diligencius veritatem de premissis secundum traditam vobis formam. Et quid super hiis inveneritis et inquestam super hoc factam una cum aliis inquestis vestris, cum ad nos veneritis, in scriptis refferatis. Datum sabbato post festum beati Mathei apostoli, anno Domini M° CC° LX° VII°.

### 468

(Fol. 73.) 24 sept. 1267. — SENESCALLO PRO EISDEM, [PRO NEMORE QUODAM CONCEDENDO].

Alfonsus, etc., senescallo Agenensi et Caturcensi, etc. Cum ex parte

---

[1] Mauroux, Lot, cant. Puy-l'Évêque, et peut-être Lamothe-Cassel, Lot, cant. Saint-Germain.

[2] Saint-Marcel, Tarn-et-Garonne, com. Réalville.

[3] Je ne trouve pas cette grange de Gardemont.

[4] Même remarque. Peut-être faut-il corriger Las Vacaressas. (Cf. Moulenq. Documents historiques sur le Tarn-et-Garonne, I, 341.)

[5] Septfonts, Tarn-et-Garonne, cant. Caussade.

religiosorum virorum abbatis et conventus de Sancto Marcello, Cisterciensis ordinis, Caturcensis dyocesis, nobis sit datum intelligi quod nos, diu est, eisdem dedimus quatuor arpenta nemoris pro monasterio et suis edificiis faciendis, que non eisdem fuerunt assignata, vobis mandamus quatinus, si dicta quatuor arpenta nundum fuerunt assignata, ea sibi assignari et liberari in foresta nostra de Brolio [1] faciatis, ita quod dictum abbatem ad nos non oporteat propter hoc ulterius laborare. Datum sabbato post festum beati Mathei apostoli, anno Domini M° CC° LX° VII°.

### 469

24 sept. 1267. — EIDEM PRO EODEM.

Alfonsus, *etc.* Mandamus vobis quatinus religiosos viros abbatem et conventum de Sancto Marcello, Cisterciensis ordinis, Caturcensis dyocesis, super hiis que proponenda duxerint coram vobis contra bajulum Altimontis [2], super eo quod indebite bannum ponit in molendinis, decimis et terris dictorum religiosorum, ut dicitur, ipsos aliquibus decimis et terris minus juste spoliando, diligenter audiatis, et vocato bajulo, auditis ipsius racionibus, jure nostro et alieno servato, de personis et rebus ad nostram jurisdicionem spectantibus faciatis eisdem bonum jus et maturum. Datum die sabbati post festum beati Mathei apostoli.

### 470

4 oct. 1267. — SENESCALLO AGENENSI PRO PETRO JOHANNIS DE BORLIN [CONTRA COMITEM ARMENIACI].

Alfonsus, *etc.* Veniens ad nos Petrus Johannis, lator presencium, nobis conquerendo exposuit quod fidelis noster Giraudus, comes Armeniaci, vel gentes sue res et bona quorumdam hominum nostrorum

---

[1] Faut-il corriger *de Biolio*, et traduire Bioule, Tarn-et-Garonne, cant. Nègrepelisse?

[2] Ancien château d'Almont, près duquel fut construite un peu plus tard la bastide de Réalville, Tarn-et-Garonne, cant. Caussade. (Voir plus haut, n° 396.)

de Condomio⁽¹⁾, et precipue dicti Petri, per violenciam asportavit et ipsos indebite pignoravit. Unde vobis mandamus quatinus dictum Giraudum requiratis seu requiri faciatis ex parte nostra, ut predicta sic asportata et pignora predictis hominibus restituat vel restitui faciat, sicut decet. Nichilominus senescallum nostrum Tholose requiratis vel requiri faciatis ut dictum Giraudum moneat et requirat ut predicta predictis hominibus restituat, aut ipsum ad restitucionem predictorum compellat, prout consonum fuerit racioni. Datum apud Rampellon, die martis post festum beati Michaelis archangeli, anno Domini M° CC° LX° VII°.

### 471

4 oct. 1267. — SENESCALLO PRO RAYMUNDO DE MARSANO.

Alfonsus, *etc.* Mandamus vobis quatinus sentenciam latam dudum per magistrum Johannem Dominici, ut dicitur, pro Raymundo de Marsano contra Petrum de Hyspania, super XL solidis mollanorum dicto Remondo a dicto Petro [debitis], execucioni demandetis vel demandari faciatis, quantum ad nostram spectat jurisdicionem, nisi ab eadem sentencia appellatum fuerit vel aliud racionabile obsistat quare predicta sentencia execucioni minime debeat demandari. Datum apud Rampillon, die martis ut in precedenti.

*Ista littera non fuit missa, quia Petrus Johannis Borlin* (sic) *predictus, qui eam impetravit, non peciit*⁽²⁾.

### 472

4 oct. 1267. — SENESCALLO PRO PETRO JOHANNIS DE BORLIN.

Alfonsus, *etc.* Mandamus vobis quatinus Petrum Johannis de Borlin, super hiis que proponenda duxerit coram vobis super extirpacione cujusdam vinee sue facta in construccione bastide de Condomio, ut dicitur, diligenter audiatis, addiscentes super hiis plenius veritatem, si de jure vel consuetudine patrie inquesta sedeat⁽³⁾ in hac parte, et super

⁽¹⁾ Condom, Gers. — ⁽²⁾ Ce mandement a été cancellé; la note finale dit pourquoi. — ⁽³⁾ *Sic* dans le manuscrit; faut-il corriger *deceat*, ou donner à *sedeat* le sens de *avoir sa place, convenir?*

hiis de rebus et personis ad jurisdicionem nostram spectantibus exibeatis eidem celeris justicie complementum. Datum ut in precedenti.

### 473

15 oct. 1267. — SENESCALLO AGENENSI ET CATURCENSI PRO STEPHANO DE MAG[R]EMONT.

Alfonsus, *etc.* Ex parte Stephani de Maugremont nobis est conquerendo monstratum quod bajuli Agenni, eundem Stephanum de homicidio quodam suspectum habentes, bona ejusdem que apud Agennum habebat saisiverunt et saisita adhuc detinent minus juste, cum ab hujusmodi homicidio per sentenciam competentis judicis fuerit absolutus. Quare vobis mandamus quatinus, si est ita, nisi aliud racionabile obsistat, bona predicta eidem sine aliqua difficultate restitui faciatis. Datum die sabbati post festum beati Dyonisii, anno Domini M° CC° LX° septimo.

### 474

15 oct. 1267. — SENESCALLO AGENENSI ET CATURCENSI PRO RAYMUNDO BERNARDI DE DUROFORTI SUPER PEDAGIO AD PETRAS CAMINALS.

Alfonsus, *etc.* Significantibus nobis Raymundo Bernardi de Duroforti et Bertrando de Sancto Genesio, accepimus quod litteras nostras formam continentes, quam vobis mittimus presentibus interclusam [1], dudum vobis transmisimus et quod sine causa racionabili negocium hujus juxta formam eandem detinentes plus debito in suspenso, in ipso procedere et illi finem imponere distulistis. Quare vobis districte precipiendo mandamus, ut parcatis parcium laboribus et expensis, quatinus, si est ita, super contentis in eisdem litteris et secundum tenorem ipsarum predictum negocium fine debito terminetis, scientes quod nobis displiceret si ad nos propter defectum justicie de cetero recursus haberetur [2]. Datum die sabbati ante festum beati Luce evangeliste, anno Domini M° CC° LX° septimo.

[1] Première leçon : *mittimus infrascriptam.* — [2] Ici la phrase suivante barrée : *In prejudicium vero alterius partis, lite pendente, nichil juris injuria innovetis.*

## 475

31 mart. 1267. — FORMA SUBSCRIPTA IN PRECEDENTIBUS LITTERIS.

Alfonsus, *etc.*, senescallo Agenensi et Caturcensi, *etc.* Ex parte quorundam mercatorum de comitatu Tholosano, per quendam locum qui vocatur Petra Caminals[1] transeuncium, nobis est conquerendo monstratum quod Raymundus Bernardi de Duroforti et ejus parcionarii, in loco predicto quoddam pedagium habentes, ipsum pedagium ultra quam debent et plus quam consuetum fuerat temporibus retroactis augmentant et extorquent a predictis mercatoribus indebite et in eorum prejudicium ac totius terre nostre. Verum ex parte dictorum Raymundi Bernardi et ejus parcionariorum ex adverso conquerendo monstratum est quod magister Bonus Toseti quandam inhibicionem ipsis fecit indebite et injuste in predicto suo pedagio in ipsorum prejudicium et gravamen, quam petunt amoveri. Unde vobis mandamus quatinus, vocatis dictis magistro Bono Toseti et mercatoribus qui vocandi fuerint, primo super inhibicione hujusmodi utrum amoveri debeat aut non cognoscentes, super hiis que ipsi mercatores super jure vel quasi possessione dicti pedagii, super indebita percepcione et restitucione indebite perceptorum coram vobis proposuerint, ipsos diligenter audiatis, et auditis racionibus parcium, jure nostro et alieno servato, super hiis de quibus jurisdicio ad nos spectat faciatis eisdem bonum jus et maturum. Datum Parisius, die jovis post mediam quadragesimam, anno Domini M° CC° LX° septimo [2].

## 476

15 oct. 1267. — SENESCALLO AGENENSI ET CATURCENSI PRO RAYMUNDO BERNARDI DE DUROFORTI CONTRA HOMINES DE DUNIS.

Alfonsus, *etc.*, senescallo Agenensi et Caturcensi, *etc.* Significante

---

[1] Je ne connais pas ce bureau de péage qui devait se trouver soit sur la vieille route romaine de Toulouse à Agen, soit sur la Garonne même. (Voir aussi n° 425.)

[2] Le mandement étant antérieur au précédent, il faut admettre une faute du scribe et lire M° CC° LX° *sexto*, 1266, ancien style.

nobis Raymundo Bernardi de Duroforti, accepimus quod homines bastide nostre de Dunes[1], ad quendam locum qui vocatur Doble[2], in quo omnem jurisdicionem et justiciam ad se pertinere proponit, accedentes, quasdam furcas et quendam pendentem in illis deposuerunt, nec hiis contenti quandam domum juxta eundem locum existentem incendio manciparunt, contra justiciam et in ipsius prejudicium et gravamen. Quare vobis mandamus quatinus, vocatis qui fuerint evocandi, eidem Raymundo super premissis faciatis sine more dispendio de predictis hominibus justicie complementum. Datum die sabbati ante festum beati Luce evangeliste, anno Domini M° CC° LX° VII°.

### 477

(Fol. 74.) 15 oct. 1267. — SENESCALLO AGENENSI ET CATURCENSI PRO DOMINA MARSIBILIA DE TURSANO.

Alfonsus, *etc.*, senescallo Agenensi et Caturcensi, *etc.* Ex parte domine Marsibilie de Tursano nobis extitit intimatum quod, cum super quinque milibus solidorum traxisset in causam Galterum de Fossato, seniorem, coram judice Agenensi, idem judex, in causa ipsa procedens, eundem Galterum in predicta summa pecunie predicte Marsibilie condempnavit, a qua sentencia licet idem Galterus appellasse dicatur, tamen appellacionem hujusmodi infra tempus legitimum, cum potuerit, non fuit, ut dicitur, prosequtus. Quare vobis mandamus quatinus, vocatis qui fuerint evocandi, predictam sentenciam execucioni demandetis, nisi aliud racionabile quod execucionem impediat vel impedire debeat opponatur. Datum die sabbati post festum beati Dyonisii, anno Domini M° CC° LX° septimo.

### 478

15 oct. 1267. — SENESCALLO AGENENSI PRO DOMINA GUILLELMA DE DUROFORTI.

Alfonsus, *etc.*, senescallo Agenensi et Caturcensi, *etc.* Mandamus

---

[1] Dunes, Tarn-et-Garonne, cant. Auvillars. — [2] Le Double, sur la rive droite de la Garonne, un peu au-dessous de Saint-Nicolas-de-la-Balerme (Lot-et-Garonne).

vobis quatinus dominam Guillelmam de Duroforti super hiis que proponenda duxerit coram vobis contra Raterium de Castronovo, super septem milibus et trescentis solidis, in quibus eidem Guillelme tenebatur, ut dicitur, Aymericus de Gordonio, pater dicti Raterii, ratione dotis quam eidem Guillelme dare promiserat, diligenter audiatis, et vocato dicto Raterio et qui fuerint evocandi, auditis rationibus parcium, de personis et rebus ad nostram jurisdicionem spectantibus faciatis eidem bonum jus et maturum. Datum die sabbati post festum beati Dyonisii, anno Domini M° CC° LX° septimo.

## 479

15 oct. 1267. — SENESCALLO AGENENSI PRO PETRO DE PAHES ET SOCIO SUO [MOLENDINARIIS MONTIS ALBANI].

Alfonsus, *etc.*, senescallo Agenensi, *etc.* Veniens ad nos Petrus [de] Pahes[1], pro se et Petro de Bessa, socio suo, molendinariis quondam molendinorum Montisalbani, nobis dedit intelligi quod propter falsam ponderacionem, quam exercuisse dicitur quidam, qui in dictis molendinis ad ponderandum bladum ex parte nostra fuerat, ut dicitur, constitutus, fuerunt in bonis suis mobilibus et immobilibus per magistrum Johannem Dominici, tunc judicem nostrum Agenensem, indebite condempnati. Quare vobis mandamus quatinus predictum super hiis diligenter addiscentes, eisdem super hiis quod justum fuerit faciatis. Datum die sabbati post festum sancti Dyonisii, anno Domini M° CC° LX° septimo.

## 480

24 oct. 1267. — SENESCALLO AGENENSI ET CATURCENSI (SIC) PRO UNIVERSITATE MOYSIACI SUPER NUNDINIS.

Alfonsus, *etc.*, Poncio Astoaudi, militi, et magistro Odoni de Montonneria, *etc.* Ex parte universitatis Moysiaci nobis est conquerendo

---

[1] On peut lire indifféremment *Pahes* ou *Pahos*.

monstratum quod, cum ipsa universitas a Philippo de Villafaverosa, milite, quondam senescallo nostro Agenensi et Caturcensi[1], quasdam nundinas in festo sancti Martini hyemalis acquississent, racione permutacionis quarumdam aliarum nundinarum quas habebant in festo sancti Petri ad vincula, et in possessione vel quasi dictarum nundinarum essent, ut dicitur, Johannes de Angervillari, miles, nunc senescallus noster Agenensis et Caturcensis, eidem universitati in dictis nundinis seu in possessione earumdem indebite se opponit et eidem molestiam infert, inhibendo ne dictis nundinis utantur. Unde vobis mandamus quatinus, vocato dicto senescallo nostro, per se vel per procuratorem sufficientem, et aliis qui fuerint evocandi, auditis racionibus parcium, faciatis super hiis de personis et rebus ad jurisdicionem nostram spectantibus quod justum fuerit et consonum racioni, jure nostro et alieno in omnibus illeso servato. Datum apud Hospitale prope Corbolium, die lune ante festum apostolorum Symonis et Jude, anno Domini m° cc° lx° septimo.

### 481

25 oct. 1267. — SENESCALLO PRO CONSULIBUS ET UNIVERSITATIS (*sic*) VILLE MOYSIACI [SUPER NUNDINIS].

Alfonsus, *etc.*, senescallo Agenensi et Caturcensi, *etc.* Ex parte consulum et universitatis ville Moysiaci nobis extitit conquerendo monstratum quod vos eosdem de nundinis in festo beati Martini hyemalis existentibus annuatim, quas aquisierant a predecessore vestro racione permutacionis aliarum nundinarum, ut dicebant, spoliastis in prejudicium eorumdem et gravamen. Unde vobis mandamus quatinus coram dilectis nostris Poncio Astoaudi, milite, et magistro Odone de Montoneria, quibus super hoc scribimus, personaliter accedatis vel sufficienter mittatis, allegaturi seu dicturi raciones quare vos opponitis

---

[1] Qui fut sénéchal d'Agenais et de Quercy à une date incertaine, entre janvier 1256 et mai 1267. (Boutaric, p. 167.) Cette modification dans la date des foires de Moissac fut effectuée en 1265, et définitivement confirmée par Alfonse en déc. 1268. (Lagrèze-Fossat, *Études historiques sur Moissac*, I, 322.)

super predictis. Datum anno Domini M°CC°LX° septimo, die martis ante festum beatorum apostolorum Symonis et Jude.

### 482

25 oct. 1267. — SENESCALLO PRO EISDEM [SUPER CONFIRMATIONE NUNDINARUM].

Alfonsus, *etc.*, senescallo Agenensi et Caturcensi, *etc.* Ex parte universitatis Moisiaci nobis est significatum quod ipsi quasdam nundinas in festo sancti Martini hyemalis a Philipo de Villafaverosa, milite, quondam senescallo nostro Agenensi et Caturcensi, aquisierunt, per permutacionem aliarum nundinarum quas habebant, ut dicitur, in festo beati Petri ad vincula annuatim, quas petebant a nobis confirmari, dicentes nos hoc posse facere sine alterius prejudicio vel pecato. Unde vobis mandamus quatinus diligenter addiscatis quid est et utrum predictas nundinas possimus confirmare sine prejudicio cujusquam vel pecato, et utrum esset utilitas nostra et patrie, tractantes cum eisdem quantum nobis darent pro confirmacione hujusmodi habenda, quid super premissis inveneritis nobis, cum comode poteritis, rescribentes. Datum die martis ante festum beati Symonis et Jude, anno Domini M°CC°LX° septimo.

### 483

29 febr. 1268. — SENESCALLO AGENENSI ET CATURCENSI PRO RAYMUNDO AC BERTRANDO, FRATRIBUS, DE BREVILLA, [AB HOMINIBUS SANCTE FIDIS GRAVATIS].

Alfonsus, *etc.* Ex parte Raymundi ac Bertrandi de Brevilla, fratrum, [nobis significatum extitit] quod homines Sancte Fidis[1] injurias et gravamina eisdem inferunt indebite et injuste, animalia sua in quibusdam suis cabanis per violenciam imponendo et jus suum, quod habere

---

[1] Il doit s'agir ici d'une bastide du nom de Sainte-Foy ; je n'en connais qu'une construite par Alfonse de Poitiers : c'est Sainte-Foy-de-Belvès, Dordogne, cant. Belvès. (Voir à ce sujet Curie-Seimbres, *Essai sur les bastides*, p. 195 ; mais cet auteur a eu le tort de confondre cette localité de Saint-Foy avec Sainte-Foy-la-Grande (Gironde, ch.-l. de cant.) ; cette dernière bastide était en plein pays anglais.)

dicuntur in dictis cabanis, indebite occupando, in ipsorum, ut asserunt, prejudicium et gravamen. Unde vobis mandamus quatinus ipsos super hiis diligenter audiatis, et vocatis qui fuerint evocandi, de rebus et personis ad jurisdicionem nostram spectantibus exhibeatis eisdem celeris justicie complementum. Datum die mercurii post Brandones, anno Domini M° CC° LX° VII°.

### 484

(Fol. 75.) 1 nov. 1267. — SENESCALLO AGENENSI ET CATURCENSI PRO HOMINIBUS CASTRI DE LAUZERTA.

Alfonsus, etc. Mandamus vobis quatinus bajulum nostrum de Lauserta[1] compellatis ad recipiendum bladum et vinum et alios redditus nostros, secundum quod nobis debentur et statutis terminis ad solvendum, nec illos qui bladum vel vinum et alios redditus nobis debent ad aliud solvendum per dictum bajulum compelli minime permittatis. Datum apud Fontem Bleaudi, in festo Omnium sanctorum, anno Domini M° CC° LX° septimo.

### 485

1 nov. 1267. — SENESCALLO AGENENSI ET CATURCENSI PRO HOMINIBUS DE LAUSERTA CONTRA HOMINES CASTRI DE MIRAMONTE.

Alfonsus, etc. Ex parte dilectorum nostrorum consulum et proborum hominum castri nostri de Lauserta nobis extitit intimatum quod homines castri de Miramonte[2] consueverunt venire ad refectionem poncium et viarum ad mandatum bajuli nostri et consulum nostrorum de Lauserta. Unde vobis mandamus quatinus, vocatis hominibus castri de Miramonte et aliis qui fuerint evocandi, auditis racionibus utriusque partis, de proborum virorum consilio faciatis eisdem bonum jus et maturum, jure nostro illeso in omnibus conservato. Datum apud Fontem Bleaudi, in festo Omnium sanctorum, anno Domini M° CC° LX° septimo.

[1] Lauzerte, Tarn-et-Garonne. — [2] Miramont, Tarn-et-Garonne, cant. de Bourg-de-Visa.

## 486

1 nov. 1267. — SENESCALLO AGENENSI ET CATURCENSI PRO CONSULIBUS ET UNIVERSITATE DE LAUSERTA SUPER *LE DEX*.

Alfonsus, *etc.* Ex parte consulum et universitatis castri de Lauserta nobis est conquerendo monstratum quod, cum ipsi ad construcionem (*sic*) dicti castri fuerint in possessione percipiendi et habendi medietatem cujusdam justicie que dicitur *le dex*, bajulus noster de Lauserta ipsos de medietate dicte justicie a quatuor annis citra indebite spoliavit. Unde vobis mandamus quatinus ipsos super hiis, que racione dicte justicie contra dictum bajulum proposuerint, diligenter audiatis, et vocato dicto bajulo et aliis qui fuerint evocandi, de personis et rebus ad nostram jurisdicionem spectantibus faciatis eisdem, cum bonorum consilio, quod justum fuerit et consonum racioni. Datum apud Fontem Bleaudi, die martis in festo Omnium sanctorum, anno Domini M° CC° LX° septimo.

## 487

1 nov. 1267. — EIDEM PRO EISDEM.

Alfonsus, *etc.* Cum ex parte capituli et universitatis hominum castri de Lauserta nobis fuerit conquerendo monstratum quod bajulus dicti castri ipsos inquietat et molestat in levando pedagium ab eisdem, contra consuetam et usitatam consuetudinem dicti loci, ut dicitur, de vendicionibus equorum, equarum, roncinorum, mulorum et mularum et hujusmodi animalium, vobis mandamus quatinus, vocatis qui fuerint evocandi, auditis racionibus parcium, super hiis et de quibus jurisdicio ad nos spectat faciatis eisdem bonum jus et maturum, jure nostro tamen servato super hoc in omnibus [1]. Datum ut precedens.

---

[1] Ici les mots suivants barrés : *nobis quod super hoc.*

## 488

1 nov. 1267. — EIDEM PRO EISDEM [SUPER SIGILLI COMMUNIS DETENTIONE].

Alfonsus, senescallo, *etc*. Ex parte dilectorum nostrorum consulum et proborum hominum castri nostri de Lauserta nobis extitit supplicatum quod nullus militum castri de Lauserta teneat sigillum in dicto castro seu partem sigilli communis. Unde vobis mandamus quatinus de predicto sigillo taliter ordinetis, de bonorum virorum consilio, quod dicti consules et probi homines dicti castri eodem uti possint, prout justum fuerit et consonum racioni. Et si forte super ordinacione ejusdem per vos facta aliqui conquerantur, vocatis qui fuerint evocandi, faciatis eisdem bonum jus et maturum. Datum ut precedens.

## 489

1 nov. 1267. — SENESCALLO AGENENSI ET CATURCENSI PRO EISDEM [A QUIBUSDAM MILITIBUS INDEBITE GRAVATIS].

Alfonsus, *etc*. Mandamus vobis quatinus consules et universitatem castri de Lauserta, super hiis que proponenda duxerint coram vobis contra Gasberti (*sic*), Bertrandum Barata[1], Arnaldum de Montagut, milites, et Refalhenc, super eo quod ipsi milites usurpant *les dex* et aliam jurisdicionem nostram; — item super eo quod aliquam peccuniam, congregatam a populo propter communia negocia procuranda, in propriis usibus expenderunt dicti milites; — item quod dicti milites aliqua captennia ab hominibus nostris receperunt; — item quod ipsi fregerunt quandam archam tempore quo Guillelmus de Balneolis, miles, erat senescallus noster Agenensis et Caturcensis[2], et de dicta archa sigillum dicte universitatis per violenciam extraxerunt, quod postea reddere noluerunt; — item super eo quod ipsi milites emerunt aliquas hereditates a quibusdam, qui racione dictarum hereditatum ad communes tallias dicti castri contribuebant, et dicti milites modo solvere

---

[1] Peut-être faut-il lire *Baracii*. — [2] Sénéchal en 1256.

nolunt quod ipsi venditores solvere consueverant, diligenter audiatis, et vocatis dictis militibus et aliis qui fuerint evocandi, auditis racionibus parcium, jure nostro et alieno servato, de personis et rebus ad jurisdicionem nostram spectantibus exhibeatis eisdem celeris justicie complementum. Datum ut precedens.

### 490

2 nov. 1267. — SENESCALLO AGENENSI PRO EPISCOPO AGENENSI.

Alfonsus, etc. Mandamus vobis quatinus super quibusdam maleficiis et forefactis in dyocesi Agenensi per laicos perpetratis, de quibus venerabilis pater episcopus Agenensis vos requiret, de bonorum consilio, quantum ad nostram spectat jurisdicionem, faciatis quod fuerit faciendum, jure nostro et alieno observato, ita super hiis vos habentes quod de defectu vel negligencia redargui non possitis. Et cum fidelibus nostris Poncio Astoaudi, milite, et magistro Odone de Montoneria et aliis probis viris consilium habeatis super premissis. Datum in crastino Omnium sanctorum, anno Domini M° CC° LX° VII°.

### 491

2 nov. 1267. — PRO EODEM [SUPER DECIMIS IPSI RESTITUENDIS].

Alfonsus, etc., senescallo, etc. Mandamus vobis quatinus decimas abjuratas, possessas et incursas in dyocesi Agenensi, venerabili patri episcopo Agenensi de jure spectantes, reddi faciatis, secundum quod per fideles nostros Poncium Astoaudi et magistrum Odonem de Montoneria vel alios probos vobis constiterit super alias fuisse ordinatum a nobis, et quantum spectat ad jurisdicionem nostram. Et cum predictis consilium habeatis super premissis, ita vos super hiis habentes quod de defectu vel negligencia reprehendi minime valeatis. Datum in crastino Omnium sanctorum, anno LX° VII°.

## 492

18 nov. 1267. — PONCIO ASTOAUDI, MILITI, ET MAGISTRO ODONI DE MONTONERIA
PRO DOMINO YSARNO DE ASPEROMONTE, MILITE.

Alfonsus, *etc.* Causam appellacionis ad nos, ut dicitur, interposite ex parte Ysarni de Asperomonte, militis, super gravaminibus sibi a fideli nostro senescallo Agenensi et Caturcensi, ut dicitur, illatis, bona ipsius Ysarni indebite occupando, vobis duximus committendam, mandantes quatinus, eam diligenter audientes, vocatis dicto senescallo et aliis quorum interest, exibeatis partibus justicie complementum. Datum die veneris in octabis beati Martini hyemalis, anno Domini M° CC° LX° septimo.

## 493

(Fol. 76.) 18 nov. 1267. — PONCIO ASTOAUDI, MILITI, ET MAGISTRO ODONI DE MONTONERIA
PRO SANCTIO, CANONICO SANCTI CAPRASII AGENENSIS.

Alfonsus, *etc.* Veniens ad nos Sancius, canonicus ecclesie Sancti Caprasii Agenensis, nobis dedit intelligi nomine dicte ecclesie, quod quidam bajuli nostri quoddam tenementum vocatum de la Baudosia[1], occasione Guillelmi Baudes, de heresi condempnati, detinent occupatum, racione cujus tenementi percipere consuevit dicta ecclesia oblias, homagia, blada et alios redditus anuatim, que modo non percipit, sicut asserit canonicus memoratus. Unde vobis mandamus quatinus capitulum dicte ecclesie super hoc diligenter audientes, de consilio inquisitorum heretice pravitatis in partibus Tholosanis, vocato Jacobo de Bosco, faciatis quod de jure faciendum fuerit in hac parte. Datum apud Longumpontem, die veneris in octabis beati Martini hyemalis, anno Domini M° CC° LX° VII°.

## 494

18 nov. 1267. — SENESCALLO AGENENSI ET CATURCENSI PRO BEGONE DE MARESTA.

Alfonsus, *etc.* Veniens ad nos Bego de Maresta, lator presencium,

[1] Non trouvé; devait être aux environs d'Agen.

nobis conquerendo exposuit quod bajulus noster de Caslucio[1] et familia sua habuerunt ab ipso B. novem libras ructenensium et duas equas pro transitu animalium que ducebat dictus B.[2] per terram de Casluz; item quod castellanus de Casluz et familia sua habuerunt ab eodem B. septem mutones pro transsitu animalium ipsius B., in sui prejudicium et gravamen. Unde vobis mandamus quatinus, vocatis dictis bajulo et castellano coram vobis et aliis quorum interest et auditis hinc inde racionibus, faciatis eidem B. quod de jure fuerit faciendum. Datum apud Longumpontem, die veneris in octabis beati Martini hyemalis, anno Domini M° CC° LX° septimo.

## 495

18 nov. 1267. — PONCIO ASTOAUDI, MILITI, ET MAGISTRO ODONI DE MONTONERIA PRO AUGERIO DE PODIO BAZAC.

Alfonsus, etc. Veniens ad nos Augerius de Podio Bazac, domicellus, Agenensis dyocesis, nobis conquerendo monstravit quod senescallus noster Agenensis eidem, racione cujusdam duelli judicati fieri, ut dicit, inter ipsum ex una parte et Gaubertum de Thesac ex altera, gravamina non modica intulit, et dampna plurima sustinuit per eundem, dictum duellum per quatuor dies recipere differendo et equos [suos] et familie sue, ut asserit, vulnerando. Quare vobis mandamus quatinus, vocato dicto senescallo nostro seu mandato suo et aliis quorum interest, et auditis hinc inde racionibus, quod inveneritis nobis, cum ad nos veneritis circa quartam diem post instantem quindenam Candelose, refferatis in scriptis. Verumptamen antea partes predictas, si bono modo potueritis, ad concordiam inducatis. Datum apud Longumpontem, die veneris in octabis beati Martini hyemalis, anno Domini M° CC° LX° septimo.

[1] Caylus, Tarn-et-Garonne. — [2] Ici les mots suivants barrés : *septem mutones pro transitu animalium ipsius B.*

## 496

[Nov.] 1267. — SENESCALLO AGENENSI ET CATURCENSI PRO AUGERIO DE PODIO BAZAC.

Alfonsus, *etc*. Veniens ad nos Augerius de Podio Bazac, domicellus, coram nobis proposuit quod vos impeditis et prohibetis eidem, ne juridiscione sua seu justicia, quam habet in castro suo de Fespueg [1] et ejus territorio et aliis terris suis, utatur, quamquam avus, pater et ipse Augerius ea tenuerint et possederint, sicut dicit. Unde vobis mandamus quatinus, cum dictus Augerius observacione juris nostri predicta asserat vos fecisse, predictum impedimentum seu inhibicionem amoveatis, nisi justam et racionabilem causam habueritis quare hoc facere minime debeatis. Quam si habueritis, ipsam coram dilectis et fidelibus nostris Poncio Astoaudi, milite, et magistro Odone de Montoneriâ proponere et pretendere curetis per vos vel per alium, secundum quod ad deffensionem nostri juris expedire noveritis in hac parte, scituri quod super hoc predictis Poncio Astoaudi, militi, et magistro Odoni de Montoneria scribimus, ut super predictis, vocatis vobis et aliis qui fuerint evocandi, auditis hinc inde racionibus, exibeant eidem Augerio celeris justicie complementum. Quid super premissis factum fuerit, nobis in scriptis significare curetis. Datum apud Longumpontem, anno Domini M° CC° LX° VII° [2].

## 497

19 nov. 1267. — PONCIO ET ODONI PRO AUGERIO DE PODIO BAZAC.

Alfonsus, *etc*. Veniens ad nos Augerius de Podio Bazac, Agenensis dyocesis, domicellus, coram nobis proposuit quod fidelis noster senescallus Agenensis et Caturcensis impedit et prohibet eidem ne jurisdicione sua seu justicia, quam habet in castro de Fespueg et ejusdem territorio et aliis terris suis, utatur, quamquam avus, pater et ipse Augerius ea tenuerint et possederint, sicut dicit. Unde vobis mandamus

---

[1] Fespech, Lot-et-Garonne, cant. de Penne. — [2] La date de jour manque dans le manuscrit.

quatinus, vocato dicto senescallo nostro et aliis quorum interest et qui fuerint evocandi, auditis hinc inde racionibus, exibeatis eidem domicello justicie complementum, jus nostrum in hoc et aliis observantes illesum et etiam alienum. Quid super hoc feceritis nobis, cum ad nos veneritis circa quartam diem post instantem quindenam Candelose, referatis in scriptis, scituri quod super hoc scripsimus dicto senescallo nostro, ut raciones suas, si quas habuerit super predictis, coram vobis ad deffensionem juris nostri proponere non omittat. Datum die sabbati post octabas beati Martini hyemalis, anno Domini m° cc° lx° vii°.

## 498

1 dec. 1267. — SENESCALLO PRO ABBATE GORDONENSI.

Alfonsus, *etc.* Ex parte religiosorum virorum abbatis et conventus Beate Marie Gordonensis, Cisterciensis ordinis, nobis est intimatum quod vos aliqua, que iidem religiosi usque ad 1.ª m libras caturcensium annui redditus in feudis et retrofeodis nostris sine [nostra] acquisierunt licencia, saysivistis et saysita tenetis. Unde vobis mandamus quatinus ea, que de bonis eorundem saysita tenetis, usque ad quindenam instantis Penthecostes eisdem recredatis, addiscentes interim diligenter que et quanta acquisierunt dicti religiosi, et que in feudis et que in retrofeudis nostris, et quantum valent per annum, tractantes nichilominus cum eisdem quantum nobis dare vellent pro confirmacione habenda a nobis super dictis acquisitis in manu mortua tenendis. Et quid super premissis inveneritis et feceritis, nobis circa quartam diem post quindenam instantis Candelose per vestrum clericum, cum ad nos venerit, remittatis in scriptis. Datum die jovis post festum beati Andree apostoli, anno Domini m° cc° lx° septimo.

Similis littera missa fuit senescallo Ruthenensi pro eisdem usque ad sexaginta solidos caturcensium annui redditus de conquestibus.

## 499

15 dec. 1267. — PONCIO ET MAGISTRO ODONI PRO DEODATO BARAS.

Alfonsus, *etc.* Ex parte nobilis et fidelis nostri Deodati de Baras, militis, nobis extitit [intimatum] quod Philippus de Villa Faverosa, miles, quondam senescallus noster Agenensis et Caturcensis, vel judex ipsius gentes ejusdem Deodati, occasione portacionis armorum in pertinenciis castri de Calvigniaco [1], in viginti libris turonensium pro emenda condampnavit, licet in feodis vel domaniis nostris dicta arma non portassent, nec in pugnando, ut dicitur, sed etiam deffendendo; quas vero viginti libras Johannes de Angervillari, miles, senescallus noster Agenensis et Caturcensis, ab eodem Deodato modo petere intendit et levare. — Item quod Philippus de Boissiaco, miles, senescallus noster Ruthenensis [2], petit ab eodem Deodato alias viginti libras turonensium racione emende, eo videlicet quod homines ipsius Deodati ad extallandam quandam vineam, in territorio quod vocatur Escobet [3], arma, videlicet lanceas solum, detulerunt, super quo ad nos fuisse dicitur appellatum. — Item quia senescallus noster Ruthenensis vel senescallus Agenensis et Caturcensis ab eodem Deodato aliam peccunie quantitatem pro emenda exigere intendunt et levare, et hoc est quia gentes sue ad deffendendum quendam clericum dicti Deodati in possessione cujusdam ecclesie sue, quam a longo tempore possederat, que ecclesia vocatur Elvas [4], in feodo seu dominio comitis Ruthenensis, arma detulerunt, super quo ad nos extitit, ut dicitur, appellatum. Unde vobis mandamus quatinus ex parte nostra dicatis dictis senescallis nostris ut dictas emendas usque ad instans festum ascensionis Domini in nostra ponant sufferencia et respectu, addiscentes interim super premissis plenius veritatem et raciones seu occasiones dictarum emendarum. Quid autem super premissis inveneritis nobis, cum ad nos vene-

[1] Calvignac, Lot, cant. de Limogne.
[2] Sénéchal de 1262 à 1271.
[3] Probablement Lescubée; Dardé (*Dictionnaire des lieux habités de l'Aveyron*) indique quatre écarts de ce nom, Aveyron, comm. de Montbazens et de Lugan.
[4] Elbès, Aveyron, commune de Martiel.

ritis circa tres septimanas post instans festum Candelose, una cum consilio vestro in scriptis refferatis. Datum apud Rampillonem in Bria, die jovis post festum beate Lucie virginis, anno Domini M° CC° LX° VII°.

## 500

(Fol. 77.) 15 dec. 1267. — SENESCALLO PRO EODEM DEODATO.

Alfonsus, *etc.* Cum ex parte Deodati Barras, militis, nobis monstratum fuerit conquerendo, quod Raterius de Castronovo edificaverit villam in quodam loco qui vocatur Nadillac[1] contra voluntatem et in prejudicium ipsius Deodati, cujus dictus locus est, ut dicitur; — item quod Bertrandus de Cardillaco, miles, et sui cum armis fregerint, ut dicitur, molendinum suum de Cabreret[2], et quod dictus Bertrandus contradicit facere homagium dicto Deodato de quodam territorio quod vocatur Durestal[3], vobis mandamus quatinus, partibus coram vobis convocatis et qui fuerint evocandi, ipsos audiatis, et super hiis que jurisdicioni nostre spectant faciatis eisdem justicie complementum. Super emendis vero quas petitis a dicto Deodato, faciatis de consilio Poncii Astoaudi, militis, et magistri Odonis de Montoneria, quibus super hoc nostras misimus litteras, et dictum Deodatum ponatis in respectu usque ad instans festum ascensionis Domini, nisi aliud a nobis interim receperitis in mandatis. Datum apud Rampillonem, die jovis ante festum beati Thome apostoli.

## 501

20 dec. 1267. — PRO HOMINIBUS SANCTI ANTONINI.

Alfonsus, *etc.*, Poncio Astoaudi et magistro Odoni, *etc.* Ex parte hominum Sancti Antonini[4] nobis est conquerendo monstratum quod

---

[1] Nadillac, Lot, com. Cras, cant. Lauzès.
[2] Cabrerets, Lot, cant. Lauzès.
[3] Je ne trouve que Durestat, Tarn, com. Castelnau-de-Lévis; mais ce lieu ne convient guère, car il était hors de la sénéchaussée d'Agenais et dans celle de Toulouse et d'Albigeois.
[4] Saint-Antonin, Tarn-et-Garonne.

senescallus noster Agenensis et Caturcensis ipsos homines usagio nemoris de Beraudeinque[1] et aliorum nemorum in territorio de Calcata[2] existencium indebite spoliavit. Unde vobis mandamus quatinus ipsos homines super hiis que contra dictum senescallum nostrum proponenda duxerint coram vobis, racione spoliacionis predicte, diligenter audiatis, et vocato dicto senescallo nostro et aliis qui fuerint evocandi, jure nostro et alieno servato, de personis et rebus ad jurisdicionem nostram spectantibus faciatis bonum jus et maturum. Datum die martis ante natale Domini, anno Domini M° CC° LX° septimo.

## 502

[DE MILITIBUS SENESCALLIE CATURCENSIS, QUI SIGNUM CRUCIS ASSUMPSERUNT TEMPORE RAIMUNDI COMITIS.]

Memoria quod Johannes, clericus senescalli Agenensis et Caturcensis, debet asportare ad instans parlamentum Candelose, qui sunt illi de senescalia Agenensi et Caturcensi qui pro transfretando a bone memorie R., comite Tholose, denarios habuerunt, et quantum habuerunt, et se quoto transfretare debuerunt et per quantum temporis servire ibidem.

## 503

29 febr. 1268. — SENESCALLO AGENENSI ET CATURCENSI PRO RAYMUNDO ET BERTRANDO DE BREVILLA [CONTRA ARNAUDUM DE MERMANDA ET EJUS FILIUM].

Alfonsus. etc. Ex parte Raymundi et Bertrandi de Brevilla, fratrum, nobis est conquerendo monstratum quod Arnaudus de Mermanda et ejus filius Raymundus de Blingon et eorum complices ipsis fratribus multas injurias et gravamina intulerunt, veniendo cum armis ante castrum eorum, quod vocatur Castrum Gallardi[3], apponendo ignem ante portam ipsius castri et alia maleficia plurima ibidem perpetrando.

---

[1] Non trouvé; ce bois paraît avoir disparu. — [2] Caussade, Tarn-et-Garonne. — [3] Castelgaillard, Lot-et-Garonne, comm. Allez-et-Cazeneuve.

Unde vobis mandamus quatinus ipsos super hiis diligenter audiatis, et vocatis predictis Arnaudo et Raymundo et qui fuerint evocandi, auditis eorum racionibus, de personis et rebus ad jurisdicionem nostram spectantibus faciatis eisdem bonum jus et maturum. Datum die mercurii post Brandones, anno Domini M° CC° LX° VII°.

## 504

24 dec. 1267. — SENESCALLO AGENENSI ET CATURCENSI PRO RAYMUNDO DE CALCIATA [ET EJUS DUABUS FILIIS].

Alfonsus, etc. Cum Philippo de Villafaverosa, militi, qui vos precessit in senescalia, dudum scripserimus quod ducentas libras turonensium de denariis nostris, nomine elemosine, pro maritagio duarum filiarum juniorum Raymundi de Calciata, militis, poneret in manibus inquisitorum heretice pravitatis in partibus Tholosanis, eisdem filiabus a dictis inquisitoribus, cum ipsas filias maritari contingeret, tradendas et deliberandas, nobisque datum est intelligi quod altera filiarum earumdem viam est universe carnis ingressa, vobis mandamus quatinus diligenter addiscatis an idem Philipus predictam summam pecunie in manibus inquisitorum ipsorum posuerit in toto vel in parte, et si eam inveneritis positam in manibus inquisitorum predictorum in toto vel in parte, eam vel quod de ea receperint predicti inquisitores repetatis ab ipsis, et alii filie superstiti de summa quam vobis iidem inquisitores restituerint, vel si nichil inde per senescallum predictum habuerint, de denariis nostris centum libras turonensium tradatis et deliberetis quando eam contingerit (sic) maritari. Datum apud Hospitale prope Corbolium, anno Domini M° CC° LX° septimo, in vigilia natalis Domini.

## 505

30 dec. 1267. — SENESCALLO AGENENSI ET CATURCENSI PRO ABBATE ET CONVENTU BEATE MARIE DE CORONA [SUPER BASTIDA CONSTRUENDA].

Alfonsus, etc. Ex parte religiosorum virorum... abbatis et conventus Beate Marie de Corona[1] requisiti fuimus, ut in quodam loco suo qui dicitur Brolium Balengarii[2] quandam bastidam fieri faceremus, cum dictum locum nobis omnino offerunt concedere et donare. Unde vobis mandamus quatinus diligenter addiscatis an idem locus dictorum religiosorum sit proprius, et an illum nobis sine alterius prejudicio dare possint, et an ibidem facere bastidam possemus sine cujusquam injuria et peccato, et an utilitas nostra et patrie foret si bastidam edificari faceremus in loco sepedicto, et de omnibus aliis circonstanciis, que sunt in talibus attendende, addiscatis plenius veritatem. Et quid super premissis omnibus et singulis inveneritis, nobis circa tres septimanas post instantem Candelosam per vestrum clericum, cum ad nos venerit, remittatis in scriptis. Datum apud Chaufor, die veneris post nativitatem Domini, anno Domini M° CC° LX° VII°.

## 506

31 déc. 1267. — SYCARDO ALEMANNI ET SENESCALLO AGENENSI ET CATURCENSI PRO GASTONE BEARNENSI [SUPER FEODO DE BRULHERS].

Alfonsus, *etc.*, dilectis et fidelibus suis Sycardo Alemani, militi, et senescallo Agenensi et Caturcensi, salutem et dilectionem. Mandamus vobis quatinus super feodo de Bruliers[3], quod nobilis et dilectus noster Gasto, dominus de Biarno, ad feodum suum asserit pertinere, addiscatis diligencius veritatem de jure nostro et suo, vocato eodem Gastone vel gentibus suis pro eodem pro jure suo ostendendo et defendendo, et jus quod ipsum Gastonem inveneritis habere in predicto feodo eidem dimittatis, jus nostrum penes nos retinentes, et consilium dilectorum et fidelium nostrorum Poncii Astoaudi, militis, et magistri Odonis de Montoneria, magistri Stephani de Biterri et aliorum pro-

[1] La Couronne, abbaye cistercienne, au diocèse d'Angoulême; auj. Charente, cant. Angoulême.

[2] J'ignore l'emplacement exact de cette localité; elle devait être en Agenais, le mandement étant adressé au sénéchal de Quercy et Agenais. Il ne semble pas au surplus qu'on ait donné aucune suite à ce projet de bastide.

[3] Il s'agit probablement ici de la vicomté de Bruillois, qui appartenait alors à la famille de Béarn.

borum pro nobis super hoc requiratis, ipsum Gastonem, terram suam et homines recommendatos in jure suo habentes. Datum apud Chaufor, die sabbati post nativitatem Domini, anno Domini M° CC° LX° VII°.

### 507

31 dec. 1267. — SENESCALLO AGENENSI ET CATURCENSI PRO HARMANNO DE MONTE ACUTO.

Alfonsus, *etc.* Mandamus vobis quatinus Harmannum de Monte Acuto super hiis, que proponenda duxerit coram vobis contra Robertum dictum Porcel, quondam bajulum Moysiaci, super quibusdam armaturis suis quas idem Robertus injuste dicitur detinere, diligenter audiatis, et vocato dicto Roberto, de personis et rebus ad jurisdicionem nostram spectantibus faciatis eidem bonum jus et maturum. Datum die sabbati post nativitatem Domini, anno Domini M° CC° LX° VII°.

### 508

(Fol. 78.) 13 jan. 1268. — SENESCALLO AGENENSI ET CATURCENSI PRO PRIORE SANCTI HOSTERII.

Alfonsus, *etc.* Mandamus vobis quatinus priorem Sancti Hosterii [1] super hiis que proponenda duxerit coram vobis contra Aymericum de Labarda, valetum, super quibusdam bonis eidem priori nomine ecclesie sue pertinentibus, detentis per eundem valetum indebite et injuste, ut dicitur, diligenter audiatis, et vocatis qui fuerint evocandi auditisque racionibus parcium tam super processu habito quam super inquesta facta super eodem, ut dicitur, si de jure sedeat inquesta vel facta fuerit cum justicia in hac parte, de personis et rebus ad nostram jurisdicionem spectantibus faciatis eidem priori bonum jus et maturum. Datum die veneris in octabis epiphanie Domini, anno Domini M° CC° LX° VII°.

---

[1] Probablement Saint-Astier, Lot-et-Garonne, cant. Marmande.

## 509

13 jan. 1268. — SENESCALLO AGENENSI ET CATURCENSI PRO COMITE PICTAVIE ET THOLOSE.

Alfonsus, *etc.* Cum excellentissimus et karissimus dominus et frater noster rex Francorum, sicut nobis per suas litteras intimavit, senescallo suo Carcassonensi mandaverit quod ad partes Agenenses accedat pro emendatione quorundam excessuum et dampnorum que fecisse et dedisse cum armis dicimini in feodis regis Anglie, que tenet ab eodem domino rege Francie, vobis mandamus quatinus adventum vestrum in Franciam, quem vobis per magistrum Johannem Cofferii, clericum, ad instantes compotos Candelose concederamus, usque ad proximum parlamentum Penthecostes retardetis, nisi aliud interim a nobis receperitis in mandatis, et vos et vestros ab hujusmodi et similibus excessibus retrahatis. Datum die veneris in octabis epiphanie Domini.

## 510

19 jan. 1268. — SENESCALLO AGENENSI ET CATURCENSI PRO COMITE SUPER INTERPRESURIS IN FEUDIS REGIS ANGLIE.

Alfonsus, *etc.* Significamus vobis quod karissimus dominus et frater noster Ludovicus, Dei gracia rex Francorum illustrissimus, super dampnis et injuriis mutuo illatis a vobis et vestris gentibus in feudis regis Anglie, et a gentibus ejusdem regis Anglie in feudis nostris, ut dicitur, senescallo suo Carcassonensi litteras suas dirigit in hec verba :

Ludovicus, Dei gracia rex Francorum, dilecto suo senescallo Carcassone salutem et dilectionem. Intelleximus gravem discordiam esse motam inter senescallum karissimi fratris et fidelis nostri A., comitis Pictavie et Tholose, in terra Agenensi et alias gentes suas, et senescallum karissimi consanguinei nostri H., illustris regis Anglie, in Wasconia et alias similiter gentes suas, et dampna plurima hinc et inde fuisse irrogata, quod nobis displicet. Unde vobis mandamus quatinus ad dictas partes una cum aliquo de judicibus vestris personaliter accedentes, vocato vobiscum episcopo Agenensi vel Bertrando, preposito ecclesie Tholosane, altero videlicet de duobus qui magis partibus complacebit, si potestis, dictam discordiam amicabiliter sopiatis. Super interpresuris vero hinc inde factis, que per vos sopiri non poterunt bono modo, vocato vobiscum predicto episcopo Agenensi vel preposito ecclesie Tholosane, ut dictum est, veritatem diligenter inquiratis, vocatis qui fuerint evocandi, et inquestam super hoc factam sub sigillo vestro et sigillo episcopi Agenensis vel prepositi Tholosani, videlicet illius sigillo qui vobiscum super predictis inquisierit, clausam nobis afferatis vel mittatis ad crastinum octabarum instantis Penthecostes. adjornantes predictas partes coram nobis ad predictam diem, dictam inquestam audituris et in ea processuris prout fuerit faciendum, predictis senescallis ex parte nostra districtius inhibentes ne unus alteri per se vel per gentes suas interim aliquid quod sit in prejudicium alterius attemptare presumat.

Unde vobis mandamus quatinus, vocatis vobiscum dilectis et fidelibus nostris Sycardo Alemanni, Poncio Astoaudi, militibus, magistris Odone de Montoneria et Stephano de Biterri, ac castellano nostro de Penna in Agenesio, vel eorum aliquibus, si omnes nequiverint ad hoc esse, seu etiam aliis quos ad hoc noveritis oportunos, si predicti vel eorum aliqui interesse non possint, communicato eorum consilio, jura nostra et nostrorum caute, diligenter et sollicite deffendere studeatis, precaventes ne quid interim in feudis dicti regis Anglie attemptetis. veritatem facti et seriem processus qui in hac parte habitus fuerit nobis, quam cicius poteritis, rescribentes. Datum die jovis ante festum beati Vincencii, anno Domini M° CC° LX° septimo.

La lettre de Louis IX est dans Boutaric. p. 420

## 511

19 febr. 1268. — SENESCALLO AGENENSI ET CATURCENSI PRO HELIA, RECTORE ECCLESIE DE BELLOPODIO.

Alfonsus, *etc.* Veniens ad nos Helias, sacerdos ecclesie de Bellopodio⁽¹⁾, nobis lacrimabili querimonia denunciando exposuit quod quidam malefactores, ad ipsius accedentes ecclesiam, bona ipsius eidem violenter abstulerunt et eidem multas injurias et gravamina intulerunt indebite, sicut dicit; — item quod magister Bartholomeus de Pasata, judex noster Agenensis, et complices sui eidem sacerdoti multas violencias et injurias intulerunt minus juste, ipsum crudeliter verberando et nequiter pertractando. Unde vobis mandamus quatinus, vocatis qui fuerint evocandi, super predictis violenciis et injuriis inquiratis seu inquiri faciatis diligenter veritatem, qua reperta eidem sacerdoti dampna et gravamina et nobis injurias faciatis, ut condecet, emendari, ita quod ad honorem Dei et ecclesie cedat et utilitatem sacerdotis superius memorati, facientes ipsum assecurari a laicis de jurisdicione nostra existentibus de quibus vos duxerit requirendum. Datum die dominica ante cathedram sancti Petri, anno Domini M° CC° LX° VII°.

### 512

22 febr. 1268. — PONCIO ASTOAUDI ET MAGISTRO ODONI DE MONTONERIA PRO ABBATE SANCTI MAURINI.

Alfonsus, *etc.* Ex parte abbatis Sancti Maurini⁽²⁾ nobis est conquerendo monstratum quod senescallus noster Agenensis et Caturcensis indebite exigit ab eodem abbate quinquaginta libras, quas sibi promiserat pro reformanda pace inter Gausbertum de Tazeto et Augerium de Podio et duello cessando, quod non extitit, ut dicitur, adimpletum, et quod idem senescallus ipsum abbatem propter hoc gagiavit. Unde vobis mandamus quatinus diligenter addiscatis qua de causa idem senescallus dictam pecuniam vult habere, et utrum justa de causa eam⁽³⁾ petat. Et quid super hoc inveneritis, nobis ad crastinum instantis quindene Penthecostes, cum ad nos veneritis, una cum aliis

⁽¹⁾ Peut-être Beaupuy, Lot-et-Garonne, cant. Marmande. Cette localité était certainement en Agenais.

⁽²⁾ Saint-Maurin, abb. ordre de Saint-Benoît, diocèse d'Agen; Lot-et-Garonne, cant. Beauville.

⁽³⁾ Ms. : *eas*.

inquestis vestris refferatis in scriptis, recredenciam pignorum suorum, si qua propter hoc capta detineantur, prout justum fuerit, fieri facientes. Datum apud Longumpontem, die mercurii in festo cathedre sancti Petri, anno M° CC° LX° VII°.

### 513
#### 22 febr. 1268. — EIDEM PRO EODEM.

Alfonsus, senescallo, *etc*. Mandamus vobis quatinus religiosum virum abbatem monasterii Sancti Maurini super quibusdam furchis et quodam latrone, qui, ut dicitur, quamdam domum in terra dicti abbatis existentem igni supposuerat, et quem latronem suspendi fecerat idem abbas, justicia mediante, super quibus furchis et latrone predictis per magistrum Bonum Thoseti, tunc judicem nostrum Agenensem, se asserit fuisse spoliatum, in ipsius monasterii prejudicium et gravamen, diligenter audiatis, et vocato dicto Bono Toseti et aliis qui vocandi fuerint, faciatis eisdem super premissis bonum jus et maturum, jus nostrum super hiis servantes illesum. Datum ut in precedenti, anno VII°.

### 514
#### 22 febr. 1268. — EIDEM PRO EODEM.

Alfonsus, senescallo, *etc*. Ex parte religiosorum virorum abbatis et conventus monasterii Sancti Maurini nobis extitit conquerendo monstratum quod dominus Arnaldus de Duroforti, miles, ipsos religiosos in possessione vel quasi vicesime quarte partis, quam consueverunt percipere in pedagio quod colligitur in loco qui dicitur Petra Caminaus[1] perturbat, in ipsius monasterii et dictorum religiosorum prejudicium et gravamen. Unde vobis mandamus quatinus ipsos religiosos super hiis diligenter audiatis, et vocatis qui fuerint evocandi, de rebus et personis ad nostram jurisdicionem spectantibus exibeatis eisdem cele-

---

[1] Voir plus haut, n°ˢ 425 et 475.

ris justicie complementum. Datum apud Longumpontem, ut supra, anno vii°.

### 515
#### 22 febr. 1268. — EIDEM PRO EODEM.

Alfonsus, senescallo, *etc.* Mandamus vobis quatinus religiosum virum abbatem Sancti Maurini super quibusdam injuriis et gravaminibus, sibi a quibusdam de seneschallia vestra existentibus illatis, nemora sua [s]cindendo et animalia sua in eisdem violenter ponendo, diligenter audiatis, et vocatis qui fuerint evocandi, de personis et rebus ad jurisdicionem nostram. spectantibus faciatis eidem bonum jus et maturum. Datum ut supra, anno vii°.

### 516
#### 22 febr. 1268. — EIDEM PRO EODEM.

Alfonsus, *etc.*, dilectis et fidelibus suis Poncio Astoaudi, militi, et magistro Odoni de Montoneria, salutem et dilectionem. Ex parte religiosi viri abbatis Sancti Maurini nobis est insinuatum quod Guillelmus de Balneolis, miles, quondam senescallus noster Agenensis et Caturcensis[1], fecit inquiri super decem solidis quos percipimus in molendino de Trufal[2], cum medietate cujusdam homagii quod ibidem percipimus, ut dicitur, que ad ipsum pertinebat et dicitur pertinere, et super quibus injuriabamur eidem, de quibus per dictam inquestam idem senescallus adjudicavit possessionem sibi tradi, sicut dicit, quod minime fuit factum. Unde vobis mandamus quatinus de jure dicti abbatis veritatem diligencius inquiratis, quantum ad nos pertinet, secundum traditam vobis formam, et quid super premissis inveneritis nobis, cum ad nos veneritis ad crastinum instantis quindene Penthecostes, in scriptis refferatis. Datum ut supra.

[1] Sénéchal en 1256. (Boutaric, p. 167.) — [2] On peut aussi lire *Turfal*, *Curfal* ou *Crufal*.

# LITTERE SENESCALLIE RUTHENENSIS.

(1267-1268)[1].

## 517

(Fol. 79.) 26 nov. 1267. — SENESCHALLO [RUTHENENSI] PRO COMITE PICTAVIE ET THOLOSE SUPER SUBVENCIONE AB HOMINIBUS DE AMILHAVO PRESTANDA.

Alfonsus, *etc.*, senescallo Ruthenensi, *etc.* Mandamus vobis quatinus cum hominibus de Amilliavo[2] diligenter tractetis de subvencione nobis danda, tali modo quod exinde debeamus nos merito tenere pro pacatis, et si mille et quadrigentas libras turonensium vel circa pro subvencione hujusmodi nobis dare voluerint ex gracia, nomine nostro poteritis acceptare, cum jam mille libras obtulerint, si ultra summam predictam mille quadrigentarum librarum turonensium nobis prestandam ipsos inducere nequiveritis bono modo. Datum apud Longumpontem, sabbato post festum sancti Clementis.

## 518

28 nov. 1267. — PRO GUILLELMO DE ROCHAFOLII, MILITE, SUPER PEDAGIO ET SUPER FOCAGIO.

Alfonsus, *etc.*, senescallo Ruthenensi, *etc.* Mandamus vobis quatinus focagium de Verzelio[3], quod Guillelmus de Rochafolii, miles, tenet, necnon focagium hominum suorum usque ad instantem quindenam

---

[1] Le relieur a mal à propos placé à la suite des actes de la sénéchaussée d'Agenais ceux du Rouergue depuis le 26 nov. 1267. (Voir p. 118 et corriger la note finale.)

[2] Millau, Aveyron.

[3] Probablement Versols-et-la-Peyre. Aveyron, cant. Camarès.

Penthecostes in nostra sufferencia ponatis. Datum apud Longumpontem, die lune post festum beati Clementis, anno Domini m° cc° lx° vii°.

### 519
#### 28 nov. 1267. — PRO GERARDO DE MALAVILLA.

Alfonsus, *etc.* Mandamus vobis quatinus Geraldo de Malavilla, homini abbatis Salvaniensis [1], super medietate cujusdam masi siti apud Beleville [2], quam medietatem ad se dicit pertinere, de hominibus nostre jurisdicionis et servientibus nostris, vocato Jacobo de Bosco, faciatis bonum jus et maturum, et vocatis qui fuerint evocandi. Datum die lune post festum beati Clementis, anno lx° vii°.

### 520
#### 29 nov. 1267. — [PRO FOCAGIO DIVERSORUM IN RUTHENENSI.]

Similis littera pro priore de Pannuzia [3] usque ad quadraginta quinque focos, pro prioratu de Rivopetroso [4] usque ad centum quinquaginta focos, pro priore de Asperiis [5] usque ad ducentos focos, sicuti et pro hominibus hospitalis de Altobraco [6], hoc addito pro priore de Pannuzia : Super eo quod prior predictus de Pannuzia petit a nobis ut eidem concederemus aliquem servientem in terra dicti prioratus de Pannuzia, qui homines dicti prioratus defenderet a molestiis et injuriis, vobis mandamus quatinus in loco quem de garda nostra seu custodia, dominio vel districtu nostro fore noveritis, tradatis dicto priori ad sumptus suos proprios servientem, quamdiu expedire videritis, proviso tamen quod sine cujusquam injuria id fieri valeat, et quod idem ser-

---

[1] Silvanès, ordre de Cîteaux, diocèse de Rodez, puis de Vabres; auj. Silvanès, Aveyron, cant. Camarès.

[2] Bellevieille, Aveyron, comm. Mostuéjouls.

[3] Lapanouse, Aveyron, cant. Séverac-le-Château.

[4] Rieupeyroux, Aveyron, ch.-l. de canton.

[5] Asprières, Aveyron.

[6] Première leçon : *et pro aliis religiosis.* Aubrac, Aveyron, comm. Saint-Chély-d'Aubrac.

viens servando ab injuriis non excedat. Datum apud Longumpontem, anno Domini M° CC° LX° VII°, die martis in vigilia beati Andree apostoli.

### 521

28 nov. 1267. — PRO ARNALDO DE GRILLON.

Alfonsus, *etc.*, senescallo Ruptinensi, *etc.* Causam appellationis ad nos interposite a sentencia, pro Arnaldo de Grillom contra Ademarum de Nausac et ejus uxorem lata a Petro Raymundi, vobis committimus audiendam et fine debito terminandam. Datum apud Longumpontem, die lune ante festum beati Andree apostoli, anno Domini M° CC° LX° septimo.

### 522

8 dec. 1267. — PRO DOMINO RAYMUNDO DE ROCHAFOLII, MILITE, ET FRATRE SUO [SUPER PAZAGIO ET HOMAGIO].

Alfonsus, *etc.*, senescallo Ruthenensi, *etc.* Cum nobiles viri Raymundus et Guillelmus de Rochafolii, milites, fratres, terram suam in qua levatur pazagium in dyocesi Ruthenensi et de qua petitur ex gracia immunitas ab eisdem, a nobis se tenere minime recognoscant, mandamus vobis quatinus diligenter inquiratis utrum ipsam terram a nobis mediate vel immediate teneant seu tenere debeant milites supradicti, quid super hoc inquisiveritis et inveneritis nobis, quam cicius commode poteritis, in scriptis fideliter remittentes. Et levacionem dicti pazagii in nostram ponatis sufferenciam, verbo solummodo sine aliis plegiis, usque ad crastinum instantis quindene Penthecostes. Datum die jovis post festum sancti Nicholai hyemalis, anno Domini M° CC° LX° VII°.

### 523

8 dec. 1267. — PRO EODEM RAYMUNDO DE ROCHAFOLII [SUPER FOCAGIO].

Alfonsus, *etc.*, senescallo Ruthenensi, *etc.* Mandamus vobis quatinus focagium hominum nobilis viri Raymundi de Rochafolii, militis, in nostram ponatis sufferenciam et respectum usque ad crastinum instantis quindene Penthecostes, addiscentes interim utrum dicti homines nobis focagium promiserunt, et utrum unquam comiti Raymundo, predecessori nostro, solverunt focagium, vel eidem subvencionem aliquam in talliis vel denariis vel alias quoquo modo fecerunt seu nobis facere teneantur de jure vel consuetudine, usagio vel alia justa causa, tractantes interim cum dictis hominibus utrum nobis, nomine focagii seu gracie vel subvencionis, pro succursu Terre sancte aliquid et quantum dare vellent. Et quid super premissis inveneritis et feceritis et oblacionem quam vobis fecerint pro certa quantitate focorum nobis, cum commode poteritis, rescribatis. Datum die jovis post festum sancti Nicholai hyemalis, anno Domini M° CC° LX° VII°.

Pro domino Guillelmo de Sancto Mauricio, milite, super focagio.

Similis littera missa fuit senescallo Ruthenensi pro hominibus terre sue quam tenet ab ecclesia, excepto quod ubi dicitur : *in nostram ponatis sufferenciam usque ad crastinum instantis quindene Penthecostes*, ponitur : *in nostram ponatis sufferenciam usque ad voluntatem nostram*.

Pro hominibus Petri Guiffredi et Raymundi Bernardi.

Similis littera missa fuit senescallo Ruthenensi pro hominibus Petri Guiffredi et Raymundi Bernardi, domicellorum, fratrum, excepto quod datus fuit respectus usque ad instantem Candelosam.

Similis littera missa fuit die lune post festum beati Nicholai hyemalis [12 dec.], anno predicto, pro hominibus Anglici, domini de Moustoiol[1], militis, et fuit respectum usque ad instantem festum Candelose, ut in precedenti.

### 524

(Fol. 80.) 8 déc. 1267. — SENESCALLO RUTHENENSI PRO GUILLELMO DE SANCTO MAURICIO.

Alfonsus, *etc.* Veniens ad nos Guillelmus de Sancto Mauricio, miles, nobis conquerendo monstravit quod Astulfus de Rocosello[2], armi-

---

[1] Mostuéjouls, Aveyron, cant. Peyreleau. — [2] Ceilhes-et-Rocozels, Hérault, cant. Lunas.

ger, et quidam homines de dicto castro et de Siliis[1] et de Minerio[2] terram suam, quam tenet a nobis in dyocesi Ruthenensi, cum armis hostiliter intraverunt et eidem militi multa dampna et gravamina indebite intulerunt. Quare vobis mandamus quatinus, si vobis constiterit de delicto hujusmodi, prout debet (*sic*), bona predictorum tam mobilia quam inmobilia, si qua sint in vestra senescallia sub districtu et jurisdicione nostra, saisiatis ad manum nostram, ut postmodum possit facilius dicto militi de predictis excessibus et delictis exhiberi justicie complementum. Quibus bonis saysitis, si a vobis recredenciam pecierint de eisdem, vos eisdem dicta bona recredatis, dummodo coram vobis super hiis que ad nostram spectant jurisdicionem voluerint stare juri. Datum die jovis post festum sancti Nicholai hyemalis, anno Domini m° cc° lx° septimo.

### 525

8 dec. 1267. — SENESCALLO CARCASSONE PRO EODEM.

Alfonsus, *etc.* Cum Astulfus de Rocosello, armiger, et quidam homines de dicto castro, de Siliis et de Minerio et de vestra senescallia, ut dicitur, existentes, terram Guillelmi de Sancto Mauricio, militis, existentem sub districtu nostro in senescallia Ruthenensi, cum armis hostiliter intraverint et eidem militi dampna et gravamina non modica intulerint, ut dicitur, minus juste, et vobis alias dicatur mandatum fuisse a karissimo domino et fratre nostro rege Francorum ut eosdem malefactores ad examen curie nostre, prout de jure et consuetudine patrie fieri debet, remitteretis, et ipsi vel aliqui eorum necdum remissi fuerint, vos rogamus et requirimus quatinus dictos malefactores ad locum delicti, prout est de jure et consuetudine patrie faciendum, remittatis prout condecet puniendos, nobis rescribentes quicquid super hoc duxeritis faciendum. Datum die jovis post festum sancti Nicholai hyemalis, anno Domini m° cc° lx° vii°.

---

[1] Ceilhes. (Voir la note précédente.)
[2] Je ne trouve pas ce château, qui devait être situé dans le nord du diocèse de Lodève; peut-être est-ce l'ancien nom d'Avène, Hérault, cant. de Lunas, dont les mines étaient exploitées dès le xiii° siècle.

## 526

10 déc. 1267. — AU SENESCHAL DE ROHERGUE POUR LE CONTE DE POITIERS ET DE THOLOSE.

Aufons, filz de roi de France, coens de Poitiers et de Tholose, à son amé et son faël le seneschal de Rohergue, saluz et amour. Comme nos aions entendu que ou minier d'Orzals ait enquore moult grant quantité de mine à trere et à ramener à argent, nos vos mandons que vos ensemble o les moulins que vous avez, veues ces lestres, sanz atendre Phelipe vostre clerc, en achatez enquores un ou deus pour nos de noz deniers, au meilleur marchié que vos pourroiz, et fetes trere et ramener à argent la mine au plus hastivement et au plus efforciement que vos porroiz, si que dedenz les III semeines après la Chandeleur qui vient prochiennement ou environ nos puissiez envoier au Temple à Paris, ensemble o noz deniers de noz baillies et nos deniers que vos nos devez et que l'en nos doit en vostre seneschauciée de viez et de nouvel, de l'argent du dit minier de nostre partie deus tanz ou trois tanz que vos n'en avez envoié, ou au plus que vos porroiz. Et seur ce metez et festes mestre si grant cure et si grant entente que nos vos en sachons gré et que vos n'en puissiez estre repris de deffaut, meesmement com en la demorance et la delaiance de ceste chose nos porrions avoir grant domage, quar la chose a trop delaié. Et seur les voies de porchacier deniers pour nos en boenne maniere et loiaus, meesmement com plus soit pres li terme du passage, et plus tost se doit l'en pourvooir, et ou boen et ou laial governement de nostre terre vos aiez curieusement et laiaument. Ce fu fet le samedi après la feste saint Nicholas d'yver, en l'an nostre Seigneur mil CC LXVII. Et nos festes assavoir dedenz les trois semoinnes de la Chandeleur ou environ, ce que vos aurez fet de totes cez choses, et ce que vos nos envoierez au Temple à Paris, et combien de chascune chose.

## 527

12 dec. 1267. — SENESCALLO PRO GUILLELMO DE CLAROMONTE, ARCHIDIACONO LODOVENSI [SUPER PEDAGIO APUD HOSPITALE GILEBERTI].

Alfonsus, *etc.*, senescallo Ruthenensi, *etc.* Ex parte Guillelmi de Claromonte, archidiaconi Lodovensis, nobis extitit intimatum quod vos apud Hospitale Gileberti [1] de animalibus suis pazagium exigitis et levare intenditis minus juste, quod non est consuetum hactenus, sicut dicit. Unde vobis mandamus quatinus eidem archidiacono in exactione seu levacione hujusmodi pazagii nullam novitatem contra justiciam inferatis seu inferri permittatis, nisi causa racionabilis subsit quare hoc facere debeatis. Quam si habueritis racionabilem, nobis per vestrum clericum, cum ad nos venerit, in scriptis significare curetis. Datum die lune post festum beati Nicholai hyemalis, anno Domini M° CC° LX° septimo.

## 528

20 dec. 1267. — SENESCALLO RUTHENENSI PRO HOMINIBUS SANCTI ANTHONINI SUPER PAZAGIO.

Alfonsus, *etc.* Mandamus vobis quatinus homines Sancti Anthonini super hiis, que coram vobis proponenda duxerint, super eo quod ab ipsis nomine nostro petitur, ut dicunt, pazagium, quod ab ipsis in villa Sancti Anthonini levatur et percipitur et retroactis temporibus levari et percipi consuevit, diligenter audiatis, et vocatis qui fuerint evocandi, jure nostro et alieno servato, de personis et rebus ad jurisdicionem nostram spectantibus faciatis eisdem bonum jus et maturum, nec pazagium ab ipsis indebite levari vel recipi permittatis. Datum die martis ante natale Domini, anno ejusdem M° CC° LX° VII°.

[1] L'Hospitalet, Aveyron, cant. Nant, sur l'ancienne route de Lodève à Millau.

## 529

24 dec. 1267. — SENESCALLO RUTHENENSI PRO HOMINIBUS DE LEXACO [SUPER FOCAGIO].

Alfonsus, *etc.* Cum ex parte hominum de Lexaco[1], per procuratorem ipsorum ad nos specialiter destinatum, nobis extiterit [monstratum] quod in dicto castro non sint nisi triginta sex foci, ac dicti homines variis serviciis et redevenciis annuis se asserant honeratos, vobis mandamus quatinus nomine subvencionis gratuite exigatis ab eisdem et levetis ex gracia triginta libras turonensium pro dicto focorum numero, non compellentes eosdem pro dicto numero ad majorem summam exsolvendam, nisi gratis amplius dare vellent vel aliud a nobis super hoc receperitis in mandatis, eisque poteritis dicere vel dici facere quod subvencionem hujusmodi ex gracia recipimus nec intelligimus ex hoc sibi servitutem vel prejudicium generare. Si autem plures foci fuerint quam xxx$^a$ vi, inspecta ulteriori quantitate, exigatis et levetis nomine subvencionis quod superfuerit exigendum. Datum apud Hospitale prope Corbolium, in vigilia natalis Domini, anno Domini M° CC° LX° VII°.

## 530

18 febr. 1268. — PRO EPISCOPO RUTHENENSI [SUPER PROPRIETATE VILLE DE CRESSAC].

Alfonsus, *etc.*, senescallo Ruthenensi, *etc.* Mandamus vobis quatinus venerabilem patrem episcopum Ruthenensem super hiis, que proponenda duxerit coram vobis quantum ad jus quod asserit se habere in villa de Cressac[2], diligenter audiatis, et de hiis que ad nostram spectant jurisdicionem exibeatis eidem celeris justicie complementum. Datum apud Longumpontem, die sabbati ante cathedram sancti Petri, anno Domini M° CC° LX° VII°.

[1] Probablement Laissac, Aveyron. En 1341, Laissac comprenait 101 feux. — [2] Creyssac, Aveyron, comm. Saint-Georges-de-Luzençon.

## 531

(Fol. 81.) 19 febr. 1268. — SENESCALLO PRO COMITE PICTAVIE.

Alfonsus, *etc.*, senescallo Ruthenensi, *etc.* Significamus vobis quod nos scripsimus dilectis et fidelibus nostris Salomoni et Guillelmo de Pleseio ut, quancito poterint, cum libris et aliis necessariis ad exigendum focagium bono modo seu subsidium ad partes Ruthinenses accedant. Unde vobis mandamus quatinus, cum prefati clerici vel alter ipsorum ad dictas partes accesserint, ad exigendum dictum focagium seu subsidium, ut condecet, viriliter intendatis secundum quod alias habuistis in mandatis, et pecuniam que de dicto focagio seu subsidio levata fuerit apud Templum Parisius quam cicius mittere studeatis. Summam autem et quantitatem dicti focagii seu subsidii, quam pro nobis apud Templum Parisius miseritis, per ductorem dicte pecunie mandetis nobis in scriptis. Datum apud Longumpontem, dominica ante cathedram sancti Petri, anno Domini M° CC° LX° VII°.

## 532

24 febr. 1268. — SENESCALLO PRO BERNARDI (*SIC*) DE VALLE, CLERICI (*SIC*), [SUPER RESTITUTIONE BONORUM INJUSTE DETENTORUM].

Alfonsus, *etc.*, senescallo Ruthenensi, *etc.* Ex parte Bernardi de Valle, clerici, nobis est conquerendo monstratum quod vos domum suam et quedam bona[1] sua indebite arrestastis et arrestata detinetis minus juste, in ejus prejudicium et gravamen. Unde vobis mandamus quatinus ipsum super hoc diligenter audiatis et[2] faciatis eidem bonum jus et maturum. Datum apud Longumpontem, die veneris ante Brandones, anno Domini M° CC° LX° VII°. Dictam domum suam et alia bona sua que arrestata, ut dicitur, detinetis, receptis ydoneis fidejussoribus ab eodem, recredentes eidem, si recredencia fieri debeat in hoc casu. Datum ut supra.

[1] Ms. *voba*. — [2] Ici les mots suivants effacés : *de personis et rebus ad jurisdicionem nostram spectantibus.*

## 533

3 mart. 1268. — SENESCALLO RUTHENENSI PRO GUIDONE DE SEVERACO [SUPER LEVATIONE FOCAGII].

Alfonsus, *etc.* Veniens ad nos fidelis noster Guido de Severaco, miles, nobis conquerendo monstravit quod tam vos quam alii, qui pro nobis in Ruthenensi intendunt levare focagium, homines terre sue compellunt solvere predictum focagium, eorum pignora propter hoc capiendo, cum ad hoc, prout dicit, minime teneantur nec ab ipsis hominibus levatum fuerit seu petitum temporibus retroactis. Hinc est quod vobis mandamus quatinus diligenter addiscatis an dicti homines de jure vel de consuetudine seu usagio, aut etiam ex promisso ab ipsis spontanee nobis facto, teneantur solvere focagium seu aliquid nomine focagii supradicti, et si eosdem inveneritis non teneri, non compellatis eosdem ad prestacionem hujusmodi faciendam, recredentes ipsorum pignora, si qua capta propter hoc detinetis, vel recredi faciatis. Si quid vero gratis et libera voluntate nobis dare voluerint, illud recipere poteritis ab eisdem. Et super hiis que tenet idem Guido ab ecclesia Ruthenensi, circa centum quinquaginta focos, ut dicit, in nostra ponatis sufferencia et respectu. Datum apud Hospitale prope Corbolium, sabbato post Brandones, anno Domini M° CC° LX° VII°.

## 534

3 mart. 1268. — EIDEM PRO EODEM [SUPER LITIBUS COMPESCENDIS].

Alfonsus, [*etc.*], senescallo Ruthenensi, *etc.* Cum dilectus et fidelis noster Guido de Severaco, miles, crucis caractere insignitus, affectet in Terre sancte subsidium, prout asserit, proficisci, ex qua re sibi non modicum expediat a strepitu litium et materia questionum fore penitus expeditum, vobis mandamus quatinus super rebus et personis ad nostram jurisdicionem in vestra senescallia spectantibus, vocatis qui fuerint evocandi, quam cicius poteritis sine juris injuria exhibeatis eidem celeris justicie complementum, nec ipsum dessaisiatis aliquibus possessionibus seu feudis, de quibus vobis constiterit seu constare vobis in brevi potuerit quod ad ipsum pertineant, propter advocaciones frivolas aliquorum qui nunnumquam, ut asserit, nituntur ipsum hujusmodi possessionibus suis vel quasi indebite spoliare, non tam in nostrum favorem et commodum quam in ipsius G., ut dicit, prejudicium et gravamen, taliter super hiis vos habentes quod propter deffectum vestrum vel juris ipsum non oporteat ad nos ulterius laborare. Datum apud Hospitale prope Corbolium, die sabbati post Brandones, anno Domini M° CC° LX° VII°.

### 535

3 mart. 1268. — SENESCALLO RUTHENENSI PRO P. DE MONTE FERRARII, MILITE, [SUPER LEVATIONE FOCAGII].

Alfonsus, *etc.* Ex parte P. de Monte Ferrarii, militis, crucesignati, nobis est intimatum quod vos et illi qui pro nobis focagium levare debent in Ruthenensi, ab hominibus suis, videlicet circa viginti octo focos quos habet sub dominio fidelis nostri Guidonis de Severaco, militis, focagium exigitis et levare intenditis, sicut dicit. Unde vobis mandamus quatinus predictorum hominum suorum focagium, maxime cum ipse sit crucesignatus, in nostram ponatis sufferenciam et respectum usque ad voluntatem nostram. Datum apud Hospitale prope Corbolium, sabbato post Brandones, anno M° CC° LX° VII°.

### 536

3 mart. 1268. — SENESCALLO PRO BER. AYMERICI [SUPER EXACTIONE FOCAGII].

Alfonsus, *etc.*, senescallo Ruthenensi, *etc.* Veniens ad nos Ber. Aymerici, miles, dedit nobis intelligi quod bone memorie R., quondam comes Tholose, predecessor noster, sibi et hominibus de Competra[1] libertatem concessit, per quam dicunt se eximi tam a prestacione focagii quam alterius redevancie cujuscunque. Hinc est quod vobis

[1] Compeyre, Aveyron, cant. Millau.

mandamus quatinus juxta seriem carte sue, servato jure nostro illeso, exhibeatis eidem celeris justicie complementum. Datum apud Hospitale prope Corbolium, die sabbati post Brandones, anno Domini M° CC° LX° VII°.

### 537

4 mart. 1268. — SENESCALLO RUTHENENSI PRO GUIDONE DE SEVERACO, MILITE, [SUPER EXACTIONE FOCAGII].

Alfonsus, *etc.* Cum, sicut referente nobis nobili et fideli nostro Guidone, domino de Severaco, milite, intelleximus quod ipse quamdam terram possidet, in qua nos et homines in ea commorantes medietatem habemus pro indiviso, vobis mandamus quatinus ab hominibus dicte terre focagium seu subvencionem pro succursu Terre sancte exigatis et levetis, dimisso predicto Guidoni jure suo. Ceterum cum, sicut asserit, quidam in terra predicta in ejus prejudicium et nostrum edificant mansa de quibus nolunt, sicut ceteri, solvere servicia consueta, vobis mandamus quatinus jus nostrum et suum servetis illesum super hoc, sine prejudicio alterius. Datum apud Hospitale prope Corbolium, dominica qua cantatur Reminiscere.

### 538

4 mart. 1268. — SENESCALLO PRO ROBERTO DE CASTRO MAURINI [SUPER DEBITIS NON EXIGENDIS].

Alfonsus, *etc.*, senescallo Ruthenensi, *etc.* Cum Robertus de Castro Maurini, domicellus, fidelis noster, sit crucis karactere insignitus, mandamus vobis quatinus, secundum statu[tu]m karissimi domini et fratris nostri illustris regis Francorum crucesignatis indultum, super debitis suis non compellatis eundem R. suis satisfacere debitoribus citra terminum constitutum nec suos fidejussores propter hoc pignorari. Datum dominica qua cantatur Reminiscere, apud Corbolium, anno Domini M° CC° LX° VII°.

## 539

22 mart. 1268. — SENESCALLO PRO G. ROUTIER [COMITIS RUTHENENSIS CREDITORE].

Alfonsus, *etc.*, senescallo Rupthinensi, *etc.* Mandamus vobis quatinus debita, in quibus tenetur nobilis et fidelis noster H., comes Rupthinensis[1], G. dicto Routier, militi, eidem reddi faciatis et haberi, prout erunt cognita vel probata et prout de jure fuerit faciendum. Datum die jovis post mediam quadragesimam, anno Domini M° CC° LX° septimo.

## 540

(Fol. 82.) 25 mart. 1268. — SENESCALLO PRO CONSULIBUS AMILLIAVI.

Alfonsus, *etc.*, senescallo Rupthinensi, *etc.* Ex parte consulum Amiliavi nobis datum est intelligi quod Berengarius de Landora, clericus, cum hominibus armatis, clericis et laicis, ecclesiam Sancti Petri de Caneto[2] obsedit et quosdam etiam vulneravit, quemdam etiam domicellum, fratrem Arnaldi de Belvezer, clerici, jus ejusdem clerici coram officiali Rupthinensi prosequentem, in civitate Rupthinensi secaces predicti Berengarii attrociter vulnerarunt. Unde vobis mandamus quatinus conquerentes super hujusmodi facto, si qui fuerint, diligenter audiatis, et eisdem de laicis de jurisdicione nostra existentibus bonum jus et maturum exibentes, et super portacione armorum jus nostrum observantes, si qui in hoc facto laici culpabiles sint inventi. Datum die dominica in festo annunciationis beate Virginis, anno Domini M° CC° LX° septimo.

## 541

25 mart. 1268. — SENESCALLO PRO G. ET R. DE ROCHAFOLII, MILITUM, FRATRUM (*SIC*) [SUPER EXACTIONE PAZAGII].

Alfonsus, *etc.*, senescallo Ruthenensi, *etc.* Cum vobis alias per nostras dederimus litteras in mandatis ut levacionem pedagii[3] terre nobi-

---

[1] Hugues III, mort en 1274. — [2] Canet, Aveyron, cant. Pont-de-Salars. — [3] Première leçon : *focagii*. *Pedagium* est ici pour *pazagium*, pezade. (Voir plus loin.)

lium virorum G. Raymundi et Guillelmi de Rochafolii, militum, fratrum, in nostram poneretis sufferenciam verbo solummodo, sine aliis plegiis, usque ad crastinum instantis quindene Penthecostes, et nobis per suas dederit litteras intelligi idem Raymundus quod vos, non obstante hujusmodi mandato nostro, ipsum et homines suos ad dictum pazagium persolvendum compellatis, iterato vobis mandamus quatinus levacionem dicti pazagii terre dictorum fratrum in nostram ponatis sufferenciam, ut dictum est, verbo solummodo, sine aliis plegiis, usque ad predictum crastinum instantis quindene Penthecostes, non obstante eo quod in nostris compotis obligatus esse dicimini de duobus terminis preteritis pro rata pazagii terre sue non levati, quia suo tempore super hoc vobiscum concordabitur competenter. Inquiratis eciam diligenter utrum dicti Raymundus et Guillelmus fratres terram ipsam, in qua levatur pazagium, a nobis mediate vel immediate teneant seu tenere debeant, prout vobis alias meminimus mandavisse, quid super hiis inveneritis nobis, quamcicius comode poteritis, in scriptis fideliter remittentes. Datum die dominica in festo annunciacionis beate Marie virginis, anno Domini M° CC° LX° VII°.

## 542

26 mart. 1268. — SENESCALLO RUTHENENSI PRO DOMINO COMITE [SUPER SUBVENTIONE AB HOMINIBUS H., COMITIS RUTHENENSIS, PETENDA].

Alfonsus, *etc.* Mandamus vobis quatinus nobilem et fidelem nostrum H., comitem Ruthenensem, ex parte nostra rogetis et requiratis ut subvencionem seu graciam pro subsidio Terre sancte ab hominibus suis nobis dari seu prestari permittat et ipsos ad hoc benigne et curialiter inducat, dicentes eidem ex parte nostra quod ipsis hominibus non intelligimus aliquam servitutem imponere vel prejudicium in posterum generari. Et si subvencionem nobis prestari consenserit, ipsam levari faciatis, ita quod peccuniam inde receptam, una cum aliis denariis nostris, circa quindenam instantis Penthecostes nobis mittere valeatis. Quid super premissis factum fuerit et responsionem quam fecerit idem comes, nobis in scriptis, cum commode poteritis, remittatis. Datum apud Hospitale prope Corbolium, die lune post annunciacionem Domini, anno Incarnacionis ejusdem M° CC° LX° septimo.

### 543

26 mart. 1268. — SENESCALLO RUTHENENSI PRO YMBERTO DE MONTEJOVIS ET ALIIS PARCIONARIIS.

Alfonsus, *etc.* Ex parte Ymberti de Montejovis et aliorum parcionariorum suorum nobis extitit intimatum quod vos eosdem quibusdam molendinis et rotis, que tenet idem Imbertus a nobili et fideli nostro comite Ruthenensi, ut dicitur, indebite spoliastis. Unde vobis mandamus quatinus, si constiterit vobis ita esse, dicto Ymberto et aliis parcionariis suis restituatis vel restitui faciatis molendina et rotas predicta, emi facientes predicta ad opus nostri ab aliquo burgensi nostro Amilliavi, si eadem vendere voluerint, qui quidem burgensis dicto comiti Ruthenensi faciat deverium predictorum, si quod eidem comiti competat in eisdem. Quid super hiis feceritis, nobis in scriptis remittere procuretis per vestrum clericum, cum ad nos venerit pro vestris compotis faciendis. Datum in crastino annunciacionis beate Virginis, anno Domini M° CC° LX° VII°.

### 544

26 mart. 1268. — [SENESCALLO RUTHENENSI, PRO CAPELLANO, IN CASTRO DE PETRUCIA CELEBRANTE.]

Alfonsus, *etc.*, senescallo Ruthenensi, *etc.* Mandamus vobis quatinus alicui pauperi capellano, in capella nostra de Petrucia[1] celebranti, qualibet die qua ibidem celebrabit octo denarios turonensium persolvatis, quamdiu nostre placuerit voluntati. Datum apud Hospitale juxta Corbolium, die lune post annunciacionem beate Virginis, anno Domini M° CC° LX° VII°.

---

[1] Peyrusse, Aveyron, cant. Montbazens.

545

26 mart. 1268. — SENESCALLO RUTHENENSI PRO DOMINO COMITE SUPER VILLA AMILIAVI, PETRUCIE, VILLENOVE ET DE NAIACO [PRO FOCAGIO], ET SUPER MOLENDINIS FACIENDIS.

Alfonsus, *etc.* Mandamus vobis quatinus de molendinis ad ventum, ad aquam si possit fieri, ad manus vel ad equos, quam cicius commode poteritis, providere curetis, ita quod de mina tam extracta quam extrahenda argentum apud Templum Parisius nobis mittere valeatis [1]. De focagio autem, super quo per vestras litteras nobis rescripsistis, scire vos volumus quod nos composicionem de villa Amilliavi [2], de qua nobis scripsistis, videlicet de mille ducentis libris turonensium pro subvencione nobis facienda, gratam habemus et acceptam, ita tamen quod de residuis ducentis libris, de quibus vobis scripsisse memininus, in sufferencia ad nostram remaneant voluntatem. De hominibus vero de Naiaco [3] octingentas libras turonensium ad minus exigatis et levetis, residuum in nostra sufferencia ponentes, ad hoc de Petrucia [4] sexcentas libras turonensium, de Villanova [5] quadringentas exigentes pariter et levantes, si ad majorem summam eos nequiveritis inducere bono modo, providentes tamen ne, habita ratione focorum, contingat vos decipi in hac parte. Et si quod residuum fuerit ultra summas predictas, in sufferencia ponatis ad nostram voluntatem. Ceterum vobis mandamus ut de perquirenda pecunia bono modo, juxta vias vobis missas et alias quas adinvenire poteritis, sitis sollicitus et intentus, cum instans neccessitas appropinquantis passagii ad id vos debeat inducere vehementer. Pecuniam vero, tam de redditibus quam de focagio seu aliunde nobis debitam, exigatis pariter et levetis ac eandem pecuniam cum argento minerii, in majori quantitate quam poteritis, per Philipum, clericum vestrum, nobis mittatis circa tres septimanas

---

[1] Il s'agit ici de moulins pour traiter le minerai argentifère extrait des mines d'Orzals.

[2] Millau, Aveyron.

[3] Najac, Aveyron.

[4] Peyrusse, Aveyron, cant. Montbazens.

[5] Villeneuve, Aveyron.

post festum Penthecostes proxime venturum, taliter super hiis vos habentes quod vestram diligenciam debeamus in hac parte merito commendare. Datum apud Hospitale juxta Corbolium, die lune ante Ramos palmarum, anno Domini M° CC° LX° VII°.

## 546

17 dec. 1268. — SENESCALLO RUTHENENSI PRO HOMINIBUS DOMINORUM DE CAPDAMPNACO SUPER FOCAGIO [1].

Alfonsus, etc. Mandamus vobis quatinus diligenter addiscatis utrum focagium vel subvencio seu auxilium, quocunque nomine censeantur, retroactis temporibus habitum fuerit ab hominibus dominorum de Capdempnaco [2] per predecessores nostros comites Tholose, et an auxilium aliquod levaverint comites Tholose a predictis racione crucis transmarine, aut occasione guerrarum vel exercitus, aut propter miliciam filii vel propter connubium filiarum, utrumve ipsi homines seu dicti domini vel eorum mandatum pro ipsis quicquam promiserint nobis vel mandato nostro pro subsidio Terre sancte vel alia de causa; — item utrum dicti domini in casibus predictis vel aliquo predictorum seu aliis quibuscunque exigant vel levent auxilium, et cujusmodi auxilium ab hominibus vassallorum suorum, si quos habent; — item utrum ipsi homines aliquid velint nobis dare gratis. Et super hiis omnibus et singulis aliis articulis et circunstanciis factum hujusmodi tangentibus, a dilectis et fidelibus nostris Sichardo Allemanni, milite, Egidio Camelini, clerico, Raymundo de Podio vel eorum aliquibus vel aliquo, et aliis probis viris inquiratis et addiscatis diligenter prout videritis expedire. Et quid super premissis inveneritis et feceritis, nobis remittatis in scriptis circa tres septimanas post instantem Candelosam per clericum vestrum, cum ad nos venerit pro vestris compotis faciendis, dictum focagium seu subventionem vel auxilium levare differentes usque ad instans Pascha. Datum

[1] Ce mandement a été cancellé. — [2] Capdenac, Lot.

Parisius, die lune ante festum beati Thome apostoli, anno Domini m° cc° lx° octavo.

### 547

(Fol. 83.) 17 dec. 1268. — SENESCALLO RUTHENENSI SUPER FOCAGIO [A BARONIBUS SENESCALLIE EXIGENDO][1].

Alfonsus, *etc.* Mandamus vobis quatinus diligenter addiscatis utrum focagium seu subvencio vel auxilium, quocunque nomine censeantur, retroactis temporibus habitum fuerit per predecessores nostros comites Tholose, ab hominibus fidelium nostrorum, videlicet comitis Ruthenensis, Begonis de Calvomonte, Guillelmi d'Estaing, Remondi Berengarii, matris Austougii de Aureliaco et aliorum militum et baronum de senescallia vestra, qui se ad hoc opposuerint seu contradixerint ne ab hominibus suis focagium, subvencio seu auxilium hujusmodi exigantur, et an auxilium aliquod levaverint comites Tholose a predictis racione crucis transmarine aut occasione guerrarum vel exercitus aut propter miliciam filii vel propter connubium filiarum, utrumve ipsi homines aut dicti comes Ruthinensis, Bego, Guillelmus, Remondus, mater Austougii, et alii milites et barones predicti seu mandatum eorundem pro ipsis quicquam promiserint nobis vel mandato nostro pro subsidio Terre sancte vel alia de causa; — item utrum comes Ruthinensis, Bego, Guillelmus, Remondus, mater Austougii et alii milites et barones predicti in casibus predictis vel aliquo predictorum seu aliis quibuscunque exigant vel levent auxilium et cujusmodi auxilium ab hominibus vassallorum suorum; — item utrum ipsi homines velint nobis aliquid dare gratis. Et super hiis omnibus et singulis aliis articulis et circunstanciis factum hujusmodi tangentibus, vos a dilecto et fideli nostro Sicardo Alemanni, milite, et Remondo de Podio et aliis probis viris inquiratis et addiscatis diligenter, prout videritis expedire. Et quid super premissis inveneritis et consilium vestrum nobis sine dilacione qualibet remittatis in scriptis, circa mensem post instantem

---

[1] Cet acte a été cancellé, mais à tort, comme le prouve la note qui le suit.

Candelosam, per vestrum clericum, cum ad nos venerit pro vestris compotis faciendis. Et si per errorem in aliquibus litteris scriptum inveneritis quod magister Egidius Camelini pro hiis inquirendis et exequendis ad vos accedere debeat, vos tamen, non obstante ejusdem Egidii absencia, super predictis efficaciter procedatis. Datum Parisius, die lune ante festum beati Thome apostoli, anno Domini m° cc° lx° octavo.

*Legatur non obstante cancellatura.*

## LITTERE TERRE VENAISSINI,

### INCEPTE IN PASCHA, ANNO DOMINI M° CC° LX° VII°.

### 548

(Fol. 84.) 18 apr. 1267. — LITTERE PATENTES TH. DE ARSICIO PRO VASIS ARGENTEIS DEFUNCTI PATRIS SUI, DOMINO COMITI MITTENDIS.

Universis presentes [litteras] inspecturis Theobaldus de Arsicio, domicellus, salutem. Noverint universi quod ego nobili viro, domino et amico karissimo, domino Girardo de Pruneto, senescallo Venaissini, do et dedi et concessi plenam et liberam facultatem vendendi bladum quod fuit genitoris mei defuncti Johannis de Arsicio, militis, quondam senescalli Venaissini [1], volens ut peccunia inde habita cedat in solucionem, pro ea quantitate qua venditum fuerit, de debito quo confiteor me teneri illustri et karissimo domino Alfonso, comiti Pictavie et Tholose. Ceterum volo ac dicto senescallo plenam potestatem, quantum ad me pertinet, concedo et dono ut omnia vasa argentea, quocumque nomine censeantur, que fuerunt dicti patris mei, mittat et tradat domino comiti predicto, ut postmodum, secundum quod de precio vel eorum valore convenerit, de summa dicti debiti detrahatur. In cujus rei testimonium, sigillum meum duxi presentibus litteris apponendum. Datum in crastino Resurrectionis dominice, anno Domini M° CC° LX° septimo.

### 549

18 apr. 1267. — LITTERE DIRECTE SENESCALLO VENAISSINI PRO DOMINO COMITE PICTAVIE ET THOLOSE SUPER EODEM.

Alfonsus, *etc.* Mandamus vobis quatinus scutellas, cifos et alia vasa

[1] Sénéchal de Rouergue, puis du Venaissin de 1253 à 1267.

argentea seu mazerina [1], quecumque sint vel quocumque nomine censeantur, que quidem fuerunt defuncti Johannis de Arsicio, militis, quondam senescalli nostri in Venaissino, que habet, ut dicitur, in deposito nomine nostro venerabilis pater episcopus Carpentaratensis [2]. requisito ipso episcopo quod eas vobis reddat, vocatis vobiscum vicario Avinionensi et Raymundo Malisanguinis, nobis, quam cicius comode poteritis, per fidelem et securum nuncium transmittatis sub certo numero et pondere omnium vasorum predictorum, de singulis sigillatim. Ceterum bladum quod fuit dicti senescalli vendatis, summam dicti bladi et precium inde habitum nobis fideliter rescribentes. Datum die lune in crastino Pasche.

### 550

19 apr. 1267. — SENESCALLO VENAISSINI PRO PONCIO ASTOAUDI, MILITE.

Alfonsus, *etc.* Mandamus vobis quatinus ex parte nostra requiratis Rostagnum de Agoto ut jus, quod dilectus et fidelis noster Pontius Astoaudi, miles, asserit pro filia sua et neptibus suis in castro Calvimontis [3] se habere, absque subterfugio et in brevi restituat et gaudere permittat pacifice et quiete. Quod si requisicioni vestre in hac parte acquiescere noluerit, vos ipsum castrum ad manum nostram recipiatis, si de jure vel consuetudine patrie possit fieri, quousque de jure partium plenius sit discussum. Datum apud Moyssiacum episcopi, die martis post festum Pasche.

### 551

19 apr. 1267. — LITTERA PATENS SENESCALLO PRO PRIORISSA SANCTI ANDREE DE REMERIA, ITEM PRO ABBATISSA DE BOSQUETO ET PRO FRATRIBUS PREDICATORIBUS CASTRI TARASCONIS.

Alfonsus, *etc.*, senescallo Venaissini, *etc.* Cum per dilectum et fidelem nostrum Poncium Astoaudi, militem, cum priorissa monasterii Sancti Andree de Remeria [4], Catursiensis ordinis, Vasionensis dyoce-

---

[1] C'est-à-dire *de madre*, de bois ouvré, monté en argent.
[2] Raimond II de Barjols.
[3] Caumont, Vaucluse, cant. Cavaillon.
[4] Saint-André-des-Ramières, Vaucluse, comm. Gigondas.

sis, super centum marchis argenti quas petebat a nobis racione testamenti bone memorie defuncti Raymundi, quondam comitis Tholose, predecessoris nostri; item cum abbatissa Beate Marie de Bosqueto[1], Tricastine dyocesis, super centum marchis quas ex eadem causa petebat; item cum fratribus Predicatoribus castri Tarasconis[2] super ducentis quinquaginta libris turonensium, quas petebant racione ejusdem debiti a dicto predecessore nostro contracti, dum vivebat, compositum fuit in hunc modum : videlicet quod dicte priorisse Sancti Andree de Remeria pro dictis centum marchis ducentas quinquaginta libras turonensium, dicte abbatisse de Bosqueto similiter pro centum marchis ducentas quinquaginta libras turonensium, et predictis fratribus Predicatoribus dictas ducentas quinquaginta libras turonensium in pedagio nostro Paludis[3] persolvi faciamus, hiis terminis : videlicet in festo beati Martini hyemalis proximo preterito cuilibet predictorum centum libras, et deinde in dicto festo quinquaginta libras annuatim, quousque dicta peccunia integre fuerit persoluta, vobis mandamus quatinus cuilibet predictorum centum libras turonensium de termino festi beati Martini hyemalis proximo preteriti persolvi et alias soluciones, prout superius sunt expresse, in dicto pedagio Paludis fieri faciatis, videlicet singulis predictorum singulis terminis quinquaginta libras turonensium, quousque dicta pecunia ipsis fuerit integre persoluta. Datum die martis post Pascha, anno Domini M° CC° LX° VII°.

### 552

14 mai. 1267. — SENESCALLO VENESSINI PRO DOMINO COMITE PICTAVIE ET THOLOSE
[DE LAUDIMIIS PERCIPIENDIS ET DE PECUNIA ASSIGNATA QUIBUSDAM
PERSONIS AB INQUISITORIBUS].

Alfonsus, *etc.* Cum nobis per vestras significaveritis litteras quod usitatum est in partibus Venessini, a tanto tempore quod non extat memoria, quod si vendatur res sive aliqua possessio que tenebatur in amphiteosim, ille, pro quo tenebatur in amphiteosim, consuevit

[1] Bouchet, Drôme, cant. Saint-Paul-Trois-Châteaux; abbaye de l'ordre de Cîteaux. — [2] Tarascon, Bouches-du-Rhône. — [3] Lapalud, Vaucluse, cant. Bollène.

percipere laudum, vendas vel trezenum, et vos de novo vultis habere laudum vel trezenum si possessio distrahatur, de quo conqueruntur indifferenter [1] illi pro quibus res in amphiteosim tenebantur, vobis mandamus quatinus dictum laudum vel trezenum levetis et recipiatis secundum quod consuetum est de jure et antiquitus observatum. Et si aliqui super hoc vobis querimoniam detulerint, eisdem faciatis bonum jus et maturum. — Item super eo quod per dictas vestras litteras significastis quod inquisitores nostri Venessini volunt et precipiunt quod vos de peccunia nostra satisfaciatis quibus cognoverint per suas sentencias satisfaciendum, et vos non vultis alicui satisfacere, nisi prius mandatum nostrum habeatis super hoc speciale, vobis mandamus quod nobis debuissetis scripsisse quibus et quot personis et in quanta summa cuilibet et qua de causa volunt vos inquisitores predicti satisfieri facere de nostra peccunia antedicta, presertim cum penes nos retinuissemus nomina eorum quibus satisfactum esset et summam, ut alias non possent petere aliquid de eisdem. Unde vobis mandamus quatinus predicta in scriptis nobis significare curetis, visis litteris. Datum apud Fontem Bleaudi, die sabbati post octabas beati Johannis ante portam Latinam, anno Domini M° CC° LX° VII°.

### 553

25 jun. 1267. — SENESCALLO VENAISSINI PRO PRIORE SANCTI SATURNINI DE PORTU [SUPER EXEMPTIONE PEDAGII APUD ABOLENAM].

Alfonsus, etc., dilecto et fideli suo G. de Pruneto, militi, senescallo Venaissini, etc. Intelleximus, priore Sancti Saturnini de Portu [2] referente, quod pedagiarius noster de Abolena [3] exigit ab ipso pedagium pro victualibus monachorum monasterii Sancti Saturnini, quando dictus prior facit apud Sanctum Saturninum per villam Abolene res ad

---

[1] La phrase est peu claire; faut-il supposer qu'il manque une proposition, ou faut-il traduire *indifferenter* comme s'il y avait *omnes illi*?

[2] Saint-Sernin-du-Port, ancien nom du Pont-Saint-Esprit, Gard, ch.-l. cant.; prieuré de l'ordre de Cluny.

[3] Bollène, Vaucluse.

usum dictorum monachorum neccessarias apportari. Quocirca mandamus vobis quatinus, si ita est, dictum priorem vel ejus nuncios non permittatis de cetero pro dictis victualibus monachorum ab aliquo in dicta villa super dicto pedagio molestari. Datum apud Longumpontem, die sabbati in crastino beati Johannis Baptiste, anno M° CC° LX° VII°.

## 554

11 jul. 1267. — SENESCALLO VENAISSINI SUPER REPARACIONE CASTRI DE SEGURETO.

Alfonsus, *etc.*, senescallo Venaissini, *etc.* Mandamus vobis quatinus in reparacione castri nostri de Segureto[1] ponatis de denariis nostris usque ad viginti libras turonensium, si opus fuerit. Et hoc non dimittatis. Datum apud Longumpontem, die lune in translatione sancti Benedicti.

## 555

22 jul. 1267. — SENESCALLO VENAISSINI PRO PONTE SANCTI SATURNINI.

Cum, sicut intelleximus, quidam pons super Rodanum prope Portum Sancti Saturnini[2] de elemosinis fidelium erogatis et erogandis eciam construatur, vobis mandamus quatinus, quantum ad nos pertinet, super constructione ejusdem pontis impedimentum seu obstaculum non ponatis, salvo tamen quantum ad jurisdicionem et dominium in omnibus jure nostro. Datum apud Longumpontem, die veneris in festo beate Marie Magdelene, anno Domini M° CC° LX° VII°.

## 556

(Fol. 85.) 22 jul. 1267. — [DE MONETA MILLIARENSI PROHIBENDA[3].]

Alfonsus, *etc.*, senescallo Venaissini, *etc.* Mandamus vobis quatinus

---

[1] Séguret, Vaucluse, cant. Vaison.
[2] Le célèbre Pont-Saint-Esprit.
[3] Voir à ce sujet une lettre de saint Louis à Alfonse, du 19 juillet 1267, dans Boutaric, p. 217; le mandement du comte fut expédié à la suite de cette lettre. Cette monnaie était, semble-t-il, émise par l'évêque de Maguelonne pour servir au commerce

ab aliquibus de nostra jurisdicione et districtu existentibus monetam Milliarrensem, in qua superscriptum fore dicitur nomen perfidi Machometi, in nostro dominio fieri seu cudi nullatenus permittatis. Datum in festo beate Marie Magdalene, anno Domini m° cc° lx° septimo.

557

31 jul. 1267. — SENESCALLO VENAISSINI PRO HOMINIBUS DOMINI BARRALLI, DOMINI BAUCII.

Alfonsus, *etc.* Mandamus vobis quatinus homines nobilis et fidelis nostri Barralli, domini Baucii, et Bertrandi, ejus filii, militum, occasione emendarum nobis debitarum racione calvacate seu insultus quondam habiti inter homines de Montiliis[1] et de Auriolo[2] ex una parte et homines de Sarriano[3] ex altera, non molestetis usque ad quindenam instantis Candelose, quia dictas emendas in statu in quo sunt usque ad dictum terminum posuimus in respectu et eas usque ad eundem terminum prorogamus. Datum apud Gornaium super Maternam, die dominica ante festum beati Petri ad vincula.

558

31 jul. 1267. — SENESCALLO PRO EPISCOPO VASIONENSI [SUPER COMPOSITIONE OLIM FACTA INVIOLABILITER OBSERVANDA].

Alfonsus, *etc.*, senescallo Venaissini, *etc.* Mandamus vobis quatinus composicionem per venerabilem virum dominum Guidonem Fulcodii tunc, modo papam[4], inter nos et venerabilem in Christo patrem episcopum Vasionensem factam, teneri faciatis et observari, prout consonum fuerit racioni. Datum die dominica ante festum beati Petri ad vincula, anno Domini m° cc° lx° septimo.

---

avec l'Orient. (Voir un mémoire de Germain dans les *Mémoires de la Société archéologique de Montpellier*, III, 683.)

[1] Monteux, Vaucluse, cant. Carpentras.
[2] Loriol, Vaucluse, cant. Carpentras.
[3] Sarrians, Vaucluse, cant. Carpentras.
[4] Clément IV (1265-1268). [Voir, au sujet de cette transaction, *Layettes du trésor des Chartes*, III, 142, n. 3962 (acte de 1251)].

## 559

1 aug. 1267. — PRO RAYMUNDO DE BAUCIO [DE SENESCALLO VENAISSINI CONQUERENTE].

Alfonsus, *etc.*, senescallo Venaissini, *etc.* Mittimus vobis petitiones nobis ex parte nobilis viri et fidelis nostri Raymundi, domini de Baucio, factas, presentibus interclusas, mandantes vobis quatinus, vocatis quorum interest coram vobis, super dictis peticionibus exhibeatis partibus celeris justicie complementum, scituri quod nisi·eisdem justiciam exhibueritis, per nostras mandavimus litteras inquisitoribus forefactorum nostrorum in Venaissino ut ipsi predictum nobilem super predictis peticionibus diligenter audiant et sibi exhibeant super hiis celeris justicie complementum. Data die lune in festo beati Petri ad vincula, anno Domini M° CC° LX° VII°.

Iste sunt injurie facte domino Raymundo de Baucio, principi Aurasice[1], per dominum senescallum Venaissini et judicem suum et officiales suos :

1. In primis, cum habeat pedagia dictus dominus Raymundus in castro de Curtedone[2] et ejus territorio, et in castro de Trevellano[3] et ejus territorio, et in castro de Serinnano[4] et ejus territorio, et ejus antecessores habuerint tanto tempore quo non est memoria in contrarium, et habeat camina antiqua per castra predicta, capiunt homines transeuntes et capi faciunt animalia honerata de rebus de quibus pedagium prestari consuevit, ita quod pedagia dictorum castrorum totaliter ei auferunt, et homines quos capiunt in caminis predictis cum bestiis honeratis redimi faciunt, et ipsum audire super predictis recusant, cum obtulerit eis quod sit paratus probare quod camina sint antiqua et recta.

2. Item injuriantur eidem quia in castro suo Gigondiaci[5], quod habet sub Imperio[6], miserunt cursores suos et homines fecerunt capi

[1] Orange, Vaucluse.
[2] Courthézon, Vaucluse, cant. Bédarrides.
[3] Travaillan, Vaucluse, cant. Orange.
[4] Sérignan, Vaucluse, cant. Orange.
[5] Gigondas, Vaucluse, cant. Baumes.
[6] C'est-à-dire, qu'il tient à titre de fief de l'Empire.

infra castrum predictum et pannos et alia mobilia extrahi, et ejus bajulo penas imposuit judex, et multa alia gravamina intulerunt sibi in castro predicto, et dominas et domicellos verberando et homines et bona eorum redimi faciendo.

3. Item fecerunt capi in castro Sancti Ferreoli[1], quod tenet ipse dominus Raymundus de Baucio pro domino episcopo Diensi, quendam hominem et eum captum duxerunt infra terram domini comitis sine aliqua justa causa.

4. Item infra territorium castri de Condorsesio[2], quod castrum ipse dominus Raymundus de Baucio habet in feudum pro domino episcopo Vivariensi, fecerunt fieri nundinas contra prohibicionem ipsius domini Raymundi de Baucio, et homines casant et villam novam ibi faciunt, et cum prohiberetur eisdem per quemdam militem, bajulum ipsius domini Raymundi de Baucio, fugaverunt eum et insecuti fuerunt eum cum armis, et multas injurias sibi et illis qui secum erant intulerunt infra territorium castri predicti.

5. Item cum habeat duas domos religiosas monialium ordinis Carturiensis infra terram et jurisdicionem suam, tenementa dictarum domorum religiosarum invadunt, et animalia ipsarum capi faciunt et ea redimi, et multa dampna eis inferunt et inferri faciunt et earum nunciis et familiaribus.

6. Item viii mulos quorundam hominum suorum castri sui de Castillione[3], quod castrum est in episcopatu Diensi, et habet ipsum pro ecclesia Dyensi, ceperunt dictos mulos in camino ipsius Raymundi de Baucio et infra terram ejus, et eos captos detinuerunt tamdiu quousque ipsos fecerunt redimi vi libris viennensium.

7. Item faciunt jurare homines transeuntes per caminos ut non transeant per terram ipsius domini Raymundi de Baucio.

8. Item faciunt homines transeuntes per caminos ire per camina nova et dimittere antiqua.

Unde supplicat illustrissimo domino comiti Pictavie et Tholose ut

---

[1] Probablement Saint-Féréol, Drôme, cant. Nyons. — [2] Condorcet, Drôme, cant. Nyons. — [3] Châtillon-en-Diois, Drôme.

mandet senescallo suo Venaissini, per suas litteras, ut abstineat in futurum et caveri faciat ne ipsi Raymundo de Baucio fiant injurie et invasiones ab officialibus supradictis, et quod super injuriis factis et invasionibus et dampnis datis et super omnibus et singulis supradictis det sibi judicem in Venessino suspicione carentem, qui de predictis cognoscat, prelatum vel alium hominem legalem.

## 560

1 aug. 1267. — INQUISITORIBUS FOREFACTORUM DOMINI COMITIS IN VENESSINO [PRO EODEM RAIMUNDO DE BAUCIO].

Alfonsus, *etc.*, inquisitoribus forefactorum suorum in Venessino, salutem. Cum nos dilecto et fideli nostro senescallo Venessini per nostras mandaverimus litteras ut ipse nobilem virum et fidelem nostrum, dominum Raymundum de Baucio, super petitionibus quas eidem senescallo misimus audiat, et sibi super hiis celeris justicie complementum exhibeat, mandamus vobis quatinus, si dictus senescallus eidem super predictis petitionibus justiciam facere denegaverit, et vobis ab eodem nobili super hiis querimonia defferatur, ipsum diligenter audiatis et eidem exibeatis super hiis celeris justicie complementum. Datum die lune in festo beati Petri ad vincula, anno Domini M° CC° LX° VII°.

## 561

31 jul. 1267. — SENESCALLO PRO BERTRANDO DE BAUCIO [SUPER LIBERTATIBUS QUIBUSDAM CASTRIS CONCESSIS].

Alfonsus, *etc.*, senescallo Venessini, *etc.* Cum nobis datum sit intelligi quod nobilis et fidelis noster Barrallus, dominus Baucii, hominibus castrorum de Montilliis[1], de Auriolo[2] et de Bedoin[3], que tenet a nobis idem Barrallus in feodum, ex donacione[4] super hoc facta a

---

[1] Monteux, Vaucluse, cant. Carpentras.

[2] Loriol, cant. Carpentras.

[3] Bedouin, cant. Mormoiron.

[4] Cette donation, datée du 21 août 1240, fut confirmée par une bulle d'Innocent IV en 1246. (Barthélemy, *Inventaire des chartes de la maison de Baux*, p. 534-535.)

bone memorie Remondo, quondam comite Tholose, predecessore nostro, ut dicitur, et que ad nobilem et fidelem nostrum Bertrandum de Baucio, ejus filium, militem, debent jure hereditario devenire, et ea debet a nobis tenere in feudum, quasdam libertates seu franchesias per instrumentum publicum dedit et concessit, in nostrum et ipsius Bertrandi prejudicium et gravamen et contra cartam a dicto Remondo comite factam super donacione castrorum predictorum, vobis mandamus quatinus, inspecta diligenter serie instrumenti quod super dictis libertatibus seu franchesiis dedisse dicitur idem Barrallus, nec non carta a dicto comite Remondo super dictorum castrorum donacione concessa, si quid contra memoratam donacionem ab eodem comite Remondo factam indebite inveneritis attentatum, id in statum pristinum, jure nostro et alieno servato, vocatis qui fuerint evocandi, auditis eorum racionibus, revocari, prout justum fuerit et racioni consonum, faciatis. Et quid super hoc factum fuerit nobis, cum commode poteritis, in scriptis significare curetis. Datum apud Gornaium super Maternam, dominica ante festum beati Petri ad vincula, anno Domini M° CC° LX° VII°.

562

(Fol. 86.) [1 vel 2 aug. 1267.] — PRO G. DE SABRANNO, MILITE.

Alfonsus, *etc.*, senescallo Venessini, *etc.* Ex parte G. de Sabranno, militis, nobis est conquerendo monstratum quod Stephanus de Sancta Ecclesia et Andreas, frater ejus, curaterii Avinionenses, et Petrus de Begia[1] et multi alii usque ad xxv et plus, turba coadunata, in strata publica iruerunt in eum, et somarium ipsius vi ceperunt et diu captum tenuerunt, et alias quamplures injurias eidem et sociis suis intulerunt in ipsius prejudicium et gravamen. Unde vobis mandamus quatinus ipsum super hoc diligenter audiatis, et senescallum Provincie[2] requiri faciatis ut super predictis injuriis inquirat, prout jus-

[1] On peut aussi lire *de Bogia*. — [2] Le sénéchal de Provence pour le roi de Sicile, Charles d'Anjou.

tum fuerit, veritatem, et eas per curiam Avinionensem emandari justicia mediante [faciat]⁽¹⁾.

### 563

3 aug. 1267. — SENESCALLO PRO COMITE PICTAVIE [SUPER AFFIRMATIONE BALLIVIARUM ET ALIIS NEGOCIIS].

Aufonz, fiuz de roi de France, coens de Poitiers et de Tholose, à son amé et son feau, le seneschau de Venissi, saluz et amour. Nos vos mandons que quant vos affermerez noz ballies de vostre seneschaucie, iceles affermez o encherement à la monoie tornois de nostre segneur le roi de France, cum il en soit assez, quar li diz rois de France les fet fere en plusieurs leus, et les affermez chascune par soi, si bien et si sagement et si clerement en la mellour maniere et la plus loial que vos porroiz, selonc les condicions que vos avez pieça, que l'en voie bien que il n'i ait point de chalandise ne ne les affermez mie à genz sopeçonneuses de heresie, d'usure ne d'autre crime, ne à juis, ne à vos parenz, ne à voz cousins, ne à voz affins, ne à autre de vostre mesniée, n'à autres qui soient à noz gages ne aus voz, ne ne soffrez qu'il en soient parçonnier. Et de l'affermement des dites ballies et de noz autres besongnes vos conselliez à Raymon Malsanc, porteeur de cez lestres, qui set assez de l'estat dou pais et de noz besongnes, si com l'en nos a donné [à] entendre, et à autres prodes homesaus sint vos en conselliez, et nos renvoiez en escrit par vostre clerc et par le dit Raymon, au lendemain après⁽²⁾ la quinzeinne de la Toz seinz prochenement venant, comment eles seront affermées et à qui, et combien chascune par soi. Et toz les deniers que l'en nos doit en vostre seneschaucie, de viez et de novel, nos envoiez au devant dit jor au Temple à Paris tot enterinement ou au plus que vos porroiz en tornois par les devant diz vostre clerc et Raymon Malsanc. Et en totes les choses dessus dites et ou boen et ou leal governement de nostre terre soiez

⁽¹⁾ La fin de ce mandement manque dans le manuscrit; mais il a pu être expédié.

⁽²⁾ Première leçon : *au tierz jour d'emprès*.

curieus, diligenz et ententis. Ce fu fest à Tornan[1] en Brie, le mecredi après la seint Pere engolaoust.

Derechief furent envoiées ces lestres meesmes en la forme dessus escrite, et données à Loncpont, le mardi après la septembresche [13 sept.][2], l'an nostre Segneur M CC LX VII.

### 564

3 aug. 1267. — SENESCALLO PRO TH. DE ARSICIO SUPER REBUS SUIS ARRESTATIS.

Alfonsus, *etc.*, senescallo Venessini, *etc.* Mandamus vobis quatinus vestes, coopertoria et alia hujusmodi defuncti Johannis de Arsicio, militis, senescalli nostri, predecessoris vestri, que pro debito, in quo nobis tenebatur, saisita et arrestata tenentur, ut dicitur, dicti defuncti[3], Theobaldo ejus heredi, militi, vel ejusdem procuratori deliberetis, ut dicti defuncti voluntas ultima compleatur, retentis tamen pro nobis centum duodecim somatas et sex minas (*sic*) bladi in quibus nobis tenebatur idem defunctus, quod quidem bladum vendi faciatis et denarios inde habitos et receptos cum aliis denariis de balliviis nostris apud Templum Parisius, ad terciam diem post quindenam Omnium sanctorum, per vestrum clericum et Raymundum Malsanc transmittatis. Datum die mercurii post festum beati Petri ad vincula, anno Domini M° CC° LX° septimo.

### 565

3 aug. 1267. — PRO RAYMUNDO MALSANC [SUPER GAGIIS].

Alfonsus, *etc.*, senescallo Venessini, *etc.* Significamus vobis quod nos Raymundo Malsanc, clerico, latori presencium, qui nobis servivit, damus et concedimus decem octo denarios tur. gagiorum per diem, usque ad tres septimanas post festum Omnium sanctorum proximo venturum. Unde vobis mandamus quatinus eidem Raymundo dicta gagia persolvatis usque ad terminum antedictum. Super affirmacione

---

[1] Tournan, Seine-et-Marne. — [2] C'est-à-dire, après la fête de la Nativité de la Vierge (8 sept.). — [3] Ici le mot *et*, qu'il faut évidemment supprimer.

eciam balliviarum nostrarum et super expedicione negociorum nostrorum aliorum habeatis consilium cum eodem. Datum die mercurii post festum beati Petri ad vincula, anno Domini m° cc° lx° vii°.

## 566

15 aug. 1267. — SENESCALLO PRO COMITE [SUPER BALLIVIIS, MONETA, DELICTIS IN STRATIS COMMISSIS ALIISQUE NEGOCIIS].

Alfonsus, [etc.], senescallo Venessini, etc. Mandamus vobis quatinus ballivias nostras ad monetam turonensem domini regis Francie, sicut vobis per nostras litteras mandavimus, affirmetis, cum idem dominus rex in plerisque locis faciat fieri monetam. Super eo quod nobis scripsistis quod non sustineretis sine nostra licencia quod senescallus Provincie in civitate Avinionensi preconizari faceret novam monetam, quam karissimus frater noster rex Sicilie facit in Provincia fabricari ad valorem et pondus turonensium, cum ipsa civitas ipsi regi et nobis pro medietate cuilibet sit communis, videtur, quod si moneta nostra in dicta civitate habeat cursum suum, quod non possumus nec debemus contradicere quin moneta ejusdem regis Sicilie cursum suum habeat in eadem. Super delictis commissis in stratis publicis existentibus in terris subditorum nostrorum puniendis, casus expressos qui super hoc evenerunt vel evenient nobis per vestrum clericum et Raymundum Malsanc in scriptis exprimi faciatis, cum ad nos venerint in crastino instantis quindene Omnium sanctorum pro vestris compotis faciendis, ut super hoc plenius et clarius consilium habeamus. Super eo quod subditi nostri indebite aliquotiens vexantur per judices delegatos, ad fidelem nostrum... abbatem Moysiacensem [1], cui super hoc est commissum negocium, recurratis, consilium dilectorum nostrorum Poncii Astoaudi, militis, et magistri Odonis de Montoneria super hoc requirentes. Datum apud Hospitale prope Corbolium, die lune in festo assumpcionis beate Virginis, anno Domini m° cc° lx° vii°.

[1] Bertrand de Montaigu (1260-1295).

## 567

13 sept. 1267. — SENESCALLO VENESSINI PRO COMITE SUPER MONETA [FACIENDA] [1].

Alfonsus, *etc.* Super hiis que nobis scripsistis super moneta nova, quam karissimus frater noster rex Sycilie fecit fabricari, et super eo quod senescallus Provincie fecit preconizari apud Avinionem sine consensu nostro, quod Provinciales, Cenomanenses et moneta nostra ibidem non currerent, vobis mandamus quatinus super hiis per vestrum clericum et Raymundum Malsanc ad crastinum instantis quindene Omnium sanctorum, cum ad nos venerint pro vestris compotis faciendis, plenius et clarius certificare nos curetis. Nec videtur quod ad nos pertineat monetam veterem dicti regis Sycilie, Provinciales scilicet et Cenomanenses seu cursum earundem facere preconizari vel facere disclamari, dum tamen moneta nostra cum sua nova ibidem habeat cursum suum. Habeatis nichilominus consilium cum aliquibus monetariis infra dictam quindenam instantis festi Omnium sanctorum, si quos inveneritis, qui monetam novam pro nobis faciant parem predicte monete dicti fratris nostri regis Sycilie in lege et pondere, in alio tamen cuneo ab illa moneta et omnibus aliis dissimili (*sic*), et tractetis cum ipsis monetariis quantum nobis darent pro quolibet miliari, per quantum temporis eam acciperent fabricandam, et quantum facerent de eadem, et sub quibus condicionibus et convencionibus fabricarent eandem, et formam alicujus cunei vel duorum cuneorum fieri faciatis. Et quid super hiis omnibus feceritis et formam dictorum cuneorum novorum, necnon cujus ponderis et legis existat nova moneta dicti regis Sycilie fratris nostri, nobis per predictos sub sigillo vestro in scriptis ad dictum crastinum transmittatis. Datum apud Longumpontem, die martis post nativitatem beate Marie virginis, anno Domini M° CC° LX° VII°.

Édité par Boutaric, p. 206.

[1] Sur cette affaire, voir Boutaric, p. 206-207.

## 568

15 sept. 1267. — SENESCALLO PRO DOMINO DRAGONETO, DOMINO DE MONTE ALBANO.
[SUPER BASTIDIS].

Alfonsus, *etc.*, senescallo Venessini, *etc.* Ex parte nobilis et fidelis nostri Dragoneti, domini de Monte Albano [1], nobis est datum intelligi quod, cum aliqui homines sui ad terram nostram seu ad bastidas nostras se transferunt, vos [eum] super terris quas ab ipso tenebant et que sibi de antiqua consuetudine debent, ut asserit, libere remanere, multipliciter molestatis, dictas terras a predictis hominibus excoli, et bonis in ipsis crescentibus vel, si eas velint vendere, in ipsius Dragoneti prejudicium ipsos homines earumdem precio gaudere faciendo. Unde vobis mandamus quatinus ipsum Dragonetum vel gentes suas super hiis que racione premissorum proposuerint coram vobis, diligenter audiatis, et vocatis qui fuerint evocandi, auditis racionibus parcium, de personis et rebus ad nostram spectantibus jurisdicionem faciatis eisdem quod de jure et consuetudine patrie fuerit faciendum. Et quid super hoc feceritis et de veritate rei nos per vestrum clericum in crastino instantis quindene Omnium sanctorum, cum ad nos venerit, in scriptis certificare curetis. Datum apud Hospitale prope Corbolium, die jovis post exaltacionem sancte Crucis, anno LX° VII°.

## 569

(Fol. 87.) Nov. 1267. — LITTERA G. DE PRUNETO, SENESCALLI VENAYSSINI, SUPER MONETA
[IN SENESCALLIA FACIENDA].

Universis presentes litteras inspecturis, G. de Pruneto [2], miles, senescallus Venayssini, salutem in Domino. Noverint universi quod nos monetam karissimi domini nostri A., illustris comitis Pictavie et Tholose, de Venessino, nomine ejusdem domini nostri, Raymundo Amelii, civi Avinionensi, tradidimus cudendam et faciendam [3], ab instanti

---

[1] Montauban, Drôme, cant. Séderon. — [2] Girard de Prunai. — [3] Première leçon : *custodiendam*.

festo nativitatis Domini in duos annos post festum predictum, ita videlicet quod idem civis de dicta moneta dicti domini comitis de Venaissino faciet viginti milliaria grossa de lege et pondere monete turonensis illustrissimi regis Francorum. Et de grossa moneta, de qua quilibet denarius valebit duodecim denarios dicte parve monete, faciet usque ad valorem decem milliarium grossorum dicte parve monete, infra terminum antedictum, et debet esse dicta grossa moneta argentea de lege et pondere grossorum turonensium argenteorum, quos predictus rex Francorum facit cudi, et debet esse quodlibet miliare grossum parve monete de mille centum viginti quinque libris et decem libris pro fractis. Et est sciendum quod dicta parva moneta recurretur ita quod non erunt nisi tres fortes et tres debiles in fertone, qui erunt de tresdecim denariis et obolo ante et tresdecim denariis et obolo post. In qualibet vero libra dicte parve monete debet facere dictus civis duos solidos obolorum, quorum duo valebunt unum denarium ejusdem monete. Debet autem dictus civis dicto domino comiti vel mandato suo reddere pro monetagio de quolibet grosso milliari quod fecerit de dicta moneta parva et grossa quindecim libras parve monete, et si infra dictum terminum de dicta moneta parva et grossa plus fecerit, de quolibet grosso milliari quod plus fecerit tenetur dicto domino comiti vel mandato suo reddere quindecim libras, prout superius est expressum. Et si minus faceret, nichilominus de triginta milliaribus grossis monetagium eidem domino comiti vel mandato suo solvere teneretur. Debet autem dictus civis monetagium domini comitis eidem vel mandato suo solvere bis in anno, scilicet in resurrectione Domini et in assumpcione beate Marie virginis, ita tamen quod infra dictum terminum totum fiat et totum persolvatur. Et de quibuslibet centum libris parve monete et de grossa moneta, ad valorem centum librarum ejusdem parve deliberatis, debent poni sex denarii in quadam pisside, in qua pisside erunt due claves, quarum unam habebit custos noster et aliam dictus civis, et per denarios dicte pissidis debet idem civis respondere de lege et recursu. Et debet probari dicta moneta quater in anno, videlicet de tribus mensibus in tribus mensibus et deliberari, ita videlicet quod si in prima probacione seu deliberacione dicte monete defficeret unus granus vel aliquid de recursu, in sequenti probacione seu deliberacione emendaretur. Si autem idem civis infra dictum terminum dictam summam dictorum triginta milliarium, tam in parva quam grossa moneta, ut dictum est, perfecerit, ipse tenetur usque ad dictum terminum ultra dictam summam facere de dicta moneta in parva et grossa quantum plus poterit, quamdiu in qualibet marcha billonis duos denarios dicte parve monete possit lucrari. Dictus vero civis tenetur, corporali prestito juramento coram nobis, dictam monetam domini comitis antedicti bonam facere et legalem, et ipsam hannorizare pro posse suo ad utilitatem dicti domini comitis et terre, ac omnia et singula predicta fideliter complere. Juravit insuper idem civis ad sancta Dei evangelia quod ipse non associabit sibi in dicta moneta nec in aliqua parte ipsius aliquem, sine ejusdem domini comitis licencia vel mandato, et quod non dabit alicui vel aliquibus donum per se vel per alios quoquo modo, nec fraudem faciet ad disturbandum seu impediendum aliquem vel aliquos, per quod super se vel super alios moneta dicti domini comitis predicta ab aliquo vel aliquibus carius non capiatur cudenda seu facienda. Et est sciendum quod dicta moneta poterit incherizari de quinquaginta solidis de quolibet milliari de dicta parva moneta, et debet durare incherimentum usque ad nativitatem beati Johannis Baptiste proximo venturam. Juravit insuper idem civis quod ipse per se vel alios, post probacionem seu deliberacionem dicte monete, non fondet nec trabuschabit nec recurret monetam dicti domini comitis supradictam, sed tenebit et adimplebit bene et fideliter omnes convenciones et singulas antedictas. Et ad omnia et singula supradicta tenenda et adimplenda se, heredes et successores suos ac omnia bona sua heredum et successorum suorum, mobilia et immobilia, presencia et futura, ubicumque et in quibuscumque rebus et sub cujuscumque dominio existant, obligavit idem Raymundus specialiter et expresse. Volumus autem, nomine dicti domini comitis et pro ipso, quod idem civis in operarios suos justiciam et costumas habeat, prout est a monetariis domini regis Francorum et aliis monetariis in regno ejusdem consuetum. Actum anno Domini m° cc° lx° vii°, mense novembri.

### 570

28 nov. 1267. — SENESCALLO VENESSINI PRO RAYMUNDO MALSANC, CLERICO, [SUPER GAGIIS].

Alfonsus, *etc.* Mandamus vobis quatinus Raymundo Malsanc, clerico, latori presencium, tradatis xvii denarios turonenses regales[1] per diem de denariis nostris, usque ad instans festum Omnium sanctorum, nisi interim aliud a nobis receperitis in mandatis, ipsumque super expedicione negociorum sepius advocetis. Datum apud Longumpontem, die lune ante festum beati Andree apostoli, anno lx° vii°.

### 571

(Fol. 88.) 8 dec. 1267. — SENESCALLO VENESSINI PRO DOMINO DRACONETO DE MONTE ALBANO [SUPER PLURIBUS INJURIIS].

Alfonsus, *etc.* Cum ex parte nobilis et fidelis nostri Draconeti, domini de Monte Albano, nobis datum sit intelligi quod vos nitimini defendere et tueri homines, qui recedunt de districtu et territorio ejusdem, et se transferunt sub dominio nostro aliqui, sed plerique remanent sub districtu ejusdem, quos nichilominus racione avoacionis vultis defendere, contra consuetudinem diucius obtentam in hominibus suis, sicut dicit; item quod homines de territorio et districtu nostro in locis et pascuis suis vel hominum suorum, eis invitis, pecora sua mittant, quanquam super hoc nullam redevenciam faciant nec pro suis pecoribus allegent jus pascendi vel pecora imittendi, et si per homines vel gentes ipsius Draconeti alii homines de territorio nostro immitentes pecora in dictis pascuis pignorentur, vos vel mandatum eorum sine cause cognicione repignoratis homines suos, non servata aliqua equitate. Item cum petierit ut delinquentes in territorio suo racione delicti

[1] Nous interprétons ainsi l'abréviation *reg.* qui suit le mot *turonenses*. Cf. Boutaric, p. 206.

remittantur ibidem puniendi, licet sint mansionarii nostri, sicut remittuntur homines sui si in territorio nostro deliquerint, vobis mandamus quatinus dictum Draconetum super premissis diligenter audiatis, et vocatis qui fuerint evocandi, auditis racionibus parcium, de personis et rebus ad nostram jurisdicionem spectantibus faciatis eidem quod de jure et consuetudine patrie fuerit faciendum, jus nostrum et hominum nostrorum et alienum in omnibus observantes illesum. Datum die jovis post festum sancti Nicholai, anno Domini M° CC° LX° VII°.

### 572

9 dec. 1267. — ITEM EIDEM PRO RAYMUNDO DE MEDITULIONE [AB HOMINIBUS VILLE MALAUCENE INJUSTE GRAVATO].

Alfonsus, *etc.*, senescallo Venessini, *etc.* Ex parte Raymundi de Meditulione [1] nobis extitit intimatum quod homines nostri de Malaucena [2] in locis et pascuis suis vel hominum suorum, eis invitis, pecora sua mittunt, quanquam nullam super hoc redevenciam faciant, nec pro suis pecoribus allegent jus pascendi vel pecora immittendi, et si per homines vel gentes ipsius Raymundi dicti homines de Malaucena immittentes pecora pignorentur, vos vel mandatum vestrum sine cause cognicione repignoratis homines suos, non servata aliqua equitate. Unde vobis mandamus quatinus dictum Raymundum super hiis diligenter audiatis, et vocatis qui fuerint evocandi, auditis racionibus parcium, de personis et rebus ad nostram jurisdicionem spectantibus faciatis eidem quod de jure et consuetudine patrie fuerit faciendum, jus nostrum et hominum nostrorum et alienum in omnibus observantes illesum. Datum die veneris post festum beati Nicholai, anno Domini M° CC° LX° VII°.

[1] Mévouillon, Drôme, cant. Séderon. — [2] Malaucène, Vaucluse.

## 573

12 dec. 1267. — SENESCALLO PRO ABBATE ET CONVENTU SANCTI EGIDII [SUPER QUERIMONIIS].

Alfonsus, *etc.*, senescallo Venaissini, *etc.* Mandamus vobis quatinus ex parte nostra dicatis inquisitoribus nostris Venaissini, cum ad partes vestras venerint, quod religiosos viros abbatem et conventum Sancti Egidii[1] super hiis que proponenda duxerint coram ipsis racione forefactorum bone memorie Raymundi, quondam comitis Tholosani, diligenter audiant et super hiis inquirant diligenter veritatem, secundum traditam sibi formam, et quid super hoc invenerint nobis, cum ad nos venerint, refferant in scriptis. Datum die lune post festum beati Nicholai hyemalis, anno Domini M° CC° LX° VII°.

## 574

20 dec. 1267. — SENESCALLO VENAISSINI PRO MONETA [FACIENDA].

Alfonsus, *etc.*, Girardo de Pruneto, militi, senescallo Veneissini, *etc.* Cum ordinatum esset a nobis quod vos xx miliaria grossa, de lege et pondere monete turonensis illustris et karissimi domini et fratris nostri regis Francorum, cudi et fieri faceretis, ac etiam ordinatum esset ut de grossa moneta, de qua quilibet denarius vallere debebat xii denarios dicte parve monete, usque ad valorem decem milliarium grossorum predicte parve monete ab instanti festo nativitatis Domini in duos annos post festum predictum cudi et fieri procurare debebatis, vobis mandamus quatinus a cussione et factione predicte grosse monete argentee omnino desistatis, decem miliaria grossa supradicte parve monete loco grosse monete argentee cudi et fieri facientes, ita ut fiat per totum summa xxx<sup>a</sup> miliarium grossorum parve monete supradicte infra terminum supradictum, cum incherimento et sub condicionibus aliis quas de cussione et factione sepedicte monete parve, de lege et

---

[1] Saint-Gilles, abbaye de l'ordre de Saint-Augustin, dioc. de Nîmes; auj. Gard.

pondere monete turonensis karissimi domini et fratris nostri regis Francorum illustris, detulistis vobiscum, quando a curia recessistis. Datum die martis ante festum beati Thome apostoli, anno Domini M° CC° LX° septimo.

Édité par Boutaric, p. 207.

### 575

29 nov. 1267. — RAYMUNDO MALSANC PRO EODEM.

Alfonsus, *etc.*, Raymundo Malsanc, clerico, *etc.* Cum ordinatum esset a nobis quod senescallus noster Veneissini xx miliaria grossa, de lege et pondere monete turonensis illustris et karissimi domini et fratris nostri regis Francorum, cudi et fieri faceret, ac eciam ordinatum esset ut de grossa moneta, de qua quilibet denarius vallere debebat xii denarios dicte parve monete, usque ad valorem decem milliarium grossorum predicte parve monete ab instanti festo nativitatis Domini in duos annos post festum predictum cudi et fieri procurare debebat, vobis mandamus quatinus a cussione et factione predicte monete grosse argentee desisti faciatis, decem miliaria grossa supradicte parve monete loco grosse monete argentee cudi et fieri facientes, ita ut fiat per totum summa xxx$^{ta}$ miliarium grossorum parve monete supradicte infra terminum supradictum, cum incherimento et sub condicionibus aliis, quas de cussione et factione sepedicte monete parve, de lege et pondere monete turonensis karissimi domini et fratris nostri regis Francorum illustris, secum detulit, quando a curia recessit, predictus senescallus. Datum die martis ante festum beati Andree apostoli, anno Domini M° CC° LX° septimo.

### 576

29 nov. 1267. — PRO FRATRIBUS BEATE MARIE DE MONTE CARMELI [APUD INSULAM].

Alfonsus, *etc.*, senescallo Veneissini, *etc.* Mandamus vobis quatinus addiscatis de domo que fuit Petri Bremondi, de heresi condempnati, sita apud Insulam [1], quomodo sedet et quantum vallet, et si aliquis [2]

---

[1] Isle-sur-Sorgue, Vaucluse. — [2] Première leçon : *quis*.

jus petat in eadem, et cujusmodi dampnum haberemus si eam donaremus fratribus Beate Marie de Carmelo, qui dictam domum petunt a nobis pro edificio et ecclesia construendis ibidem. Et quid super hoc inveneritis, nobis per vestrum clericum significare curetis, cum ad nos venerit pro vestris compotis faciendis. Datum die martis in vigilia beati Andree apostoli, anno Domini m° cc° lx° septimo.

## 577

(Fol. 89.) 11 febr. 1268. — SENESCALLO VENAISSINI PRO DOMINO BARRALLO DE BAUCIO, ET BERTRANDO, EJUS FILIO [ET EORUM HOMINIBUS].

Alfonsus, *etc.* Cum vobis dudum per nostras dederimus litteras in mandatis, ut homines nobilis et fidelis nostri Barralli, domini de Baucio, et Bertrandi, ejus filii, militum, occasione emendarum nobis debitarum racione calvacate seu insultus quondam habiti inter homines de Montiliis et de Auriolo[1] ex una parte et homines de Sarriano ex altera, usque ad quindenam Candelose nuper preterite minime molestaretis, vobis mandamus quatinus dictos homines dictorum Barralli et Bertrandi, occasione dictarum emendarum, usque ad tres septimanas post instans festum Penthecostes minime molestetis. Ipsas enim emendas usque ad dictas tres septimanas post Penthecosten, in statu in quo sunt, posuimus in respectu et eas usque ad dictum terminum prorogamus. Datum die sabbati post octabas Candelose, anno Domini m° cc° lx° septimo.

## 578

13 febr. 1268. — SENESCALLO VENESSINI PRO DOMINO LAMBERTO DE MONTILIO, MILITE.

Alfonsus, *etc.* Veniens ad nos vir nobilis dominus Lambertus de Montilio, miles, significavit nobis quod, cum nobilis et fidelis noster Draconetus de Monte Albano, miles, ipsum L. constituerit fidejussorem pro eo in certa peccunie quantitate, ex qua re dampnum non immo-

---

[1] Voir plus haut, n° 557.

dicum assequtus est, sicut dicit, mandamus vobis quatinus, sicut vobis constiterit de premissis, eidem, quantum ad nostram spectat jurisdicionem, exhibeatis celeris justicie complementum, cohercentes nichilominus nobilem et fidelem nostrum R. de Baucio, principem Aurasice, et alios qui de nostra jurisdicione fuerint retrofidejussores, ut dictum Lambertum super premissis servent indempnem, prout justum fuerit et vobis de jure constiterit faciendum. Datum die lune post octabas Candelose, anno LX° VII°.

## 579

[Febr. 1268.] — SENESCALLO VENAISSINI PRO DOMINO DRAGONETO.

Alfonsus, *etc.* Ex parte fidelis nostri Dragoneti, domini de Monte Albano, nobis datum est intelligi quod vos inhibetis eidem ne homines nostros in terra et jurisdicione sua delinquentes puniat nec eosdem eidem vultis remittere, sicut dicit, ut est de jure et consuetudine patrie faciendum. Unde vobis mandamus quatinus in casibus et de personis, qui de jure et consuetudine eidem Dragoneto debent remitti, prius nobis specificatis casibus, remittatis eidem predictos delinquentes in terra sua, prout justum fuerit puniendos.

## 580

[Febr. 1268.] — SENESCALLO VENAISSINI PRO DOMINO DRAGONETO.

Alfonsus, *etc.* Ex parte fidelis nostri Dragoneti, domini de Monte Albano, nobis extitit intimatum quod vos inpeditis ne bonis et possessionibus hominum suorum de terra et jurisdicione sua, quam a nobis se asserit non tenere, sub dominio nostro se transferencium gaudeat, que sibi secundum consuetudinem dicte terre sue debent, sicut dicit, libere remanere. Quare vobis mandamus quatinus, vocatis qui fuerint evocandi, si vobis legitime constiterit consuetudinem talem esse, ut dictum est, eundem Dragonetum predictis bonis et possessionibus gaudere permittatis, nisi fuerit aliud racionabile quod obsistat.

## 581

19 febr. 1268. — SENESCALLO VENAISSINI PRO PRIORE SANCTI EGIDII IN PROVINCIA [ORDINIS S. JOHANNIS JEROSOLIMITANI].

Alfonsus, *etc.* Ex parte religiosi viri fratris Farrandi de Barac[1], prioris Sancti Johannis Jerosolimitani in prioratu Sancti Egidii in Provincia, et nobilis ac fidelis nostri Draconeti, domini de Monte Albano, nobis est conquerendo monstratum quod vos occasione cujusdam compromissi, absque voluntate et mandato dicti Draconeti facti super castro de Sarrana[2], quod idem Draconetus et prior de feodo dicti prioris teneri asserunt, non de nostro, in prejudicium eorum[dem] prioris et Draconeti aliqua indebite, ut dicitur, attemptatis. Unde vobis mandamus quatinus, si vobis constiterit dictum castrum de feodo nostro non esse, et aliam justam causam quare super dicto compromisso seu occasione ejusdem procedere debeatis pretendere non possitis, quod in prejudicium dictorum prioris et Draconeti indebite per vos attemptatum extitit ad statum debitum reducatis. Et quid super hiis feceritis et causam, si quam justam habeatis quare hoc facere minime debeatis, nobis, quam cito commode poteritis, rescribatis. Datum apud Longumpontem, dominica ante cathedram sancti Petri.

## 582

20 febr. 1268. — PRO BARRALLO[3] DE BAUCIO [SUPER EMENDIS AB HOMINIBUS EJUS A SENESCALLO PETITIS].

Alfonsus, *etc.*, senescallo Venaissini, *etc.* Ex parte nobilis et fidelis nostri Bertrandi de Baucio, militis, nobis est suplicatum quod a levacione emendarum in quibus condampnati fuerunt homines de Montiliis[4] et de Auriolo[5] propter rixam, inter ipsos ex una parte habitam

---

[1] *Sic;* on peut aussi lire *de Barat.* Ce personnage est appelé François *de Barcanto* dans un acte de 1247. (Barthélemy, *Inventaire... de Baux,* p. 94.)

[2] Sarrians, Vaucluse, cant. Carpentras.

[3] Ms. *Barlallo.*

[4] Monteux, Vaucluse, cant. Carpentras.

[5] Loriol, Vaucluse, cant. Carpentras.

et homines de Sarriano ex altera, desisteremus et vos desistere faceremus, cum pocius ad fidelem nostrum Barrallum de Baucio, patrem suum, deberent predicte emende, ut asserit, pertinere. Unde vobis mandamus quatinus de modo et enormitate excessus et de inhibicione que ipsis[1] hominibus de mandato nostro fecisse (*sic*) dicitur ne arma defferrent, si fuit generalis vel specialis, et de processu et sentencia contra ipsos lata nos in scriptis, cum commode poteritis, certificare curetis, precaventes tamen ne donacionem dicto Barallo[2] a bone memorie Raymundo, quondam comite Tholose, factam de terra quam in Venessino tenet, secundum tenorem litterarum eidem a dicto domino comite Raymundo concessarum observetis, sed secundum tenorem donacionis postea a nobis eidem facte, seu compositionis inter nos et ipsum habite, eandem observari faciatis et teneri[3]. Datum apud Longumpontem, die lune ante cathedram sancti Petri, anno Domini M° CC° LX° VII°.

## 583

20 febr. 1268. — PRO BARRALLO, DOMINO BAUCII, [SUPER DONATIONE, OLIM IPSI A DOMINO COMITE FACTA, FIDELITER OBSERVANDA].

Alfonsus, *etc.*, senescallo Venaissini, *etc.* Mandamus vobis quatinus donacionem a nobis factam nobili et fideli nostro Barallo[1] de Baucio, militi, de terra quam in Veneissino tenet, seu composicionem inter nos et ipsum habitam, prout in litteris nostris patentibus super hoc confectis contineri videritis, teneri et observari faciatis, nichil contra tenorem litterarum earumdem indebite attemptantes vel attemptari permittentes. Datum apud Longumpontem, die lune ante cathedram sancti Petri, anno Domini M° CC° LX° VII°.

[1] Première leçon : *ipsius*.
[2] Ms. *Barlallo*.
[3] La lettre de restitution d'Alfonse, de janvier 1252-1253, est dans les *Layettes du trésor des Chartes*, III, 173. La charte de Raimond VII, du 21 août 1240, est indiquée par Barthélemy, *Inventaire... de Baux*, p. 534-535, d'après une confirmation d'Innocent IV du 20 décembre 1246.
[1] Ms. *Barlallo*.

## 584

(Fol. 90.) 20 febr. 1268. — PRO BARRALLO, DOMINO BAUCII, [SUPER DIVISIONE POSSESSIONUM FACIENDA].

Alfonsus, *etc.*, senescallo Venaissini, *etc.* Ad requisicionem et supplicacionem nobilis et fidelis nostri Barralli, domini Baucii, vobis mandamus quatinus, quantum ad nos pertinet, tenementa de Mermurione [1], de Bedoyno [2], de Maulauscena [3], de Canbo [4] et de Bedoino [5] per bonos et legales cognitores utrarunque parcium dividi faciatis et eciam terminari, ita quod cuilibet parti jus suum tribuatur, salvo jure nostro et quolibet alieno. Datum apud Longumpontem, die lune ante festum cathedre sancti Petri, anno Domini M° CC° LX° VII°.

## 585

20 febr. 1268. — PRO BERTRANDO DE BAUCIO [SUPER LIBERTATIBUS CASTRORUM SUORUM REVOCANDIS].

Alfonsus, *etc.*, senescallo Venaissini, *etc.* Ex parte Bertrandi de Baucio, filii domini Barralli de Baucio, nobis extitit suplicatum, ut vobis per nostras litteras mandaremus, ut super facto libertatum hominum de Montiliis et aliorum castrorum revocandarum procederetis secundum formam litterarum quas super hoc alias vobis misimus. Mandamus vobis quatinus super hoc in dicto negocio procedatis, prout de jure et consuetudine patrie fuerit procedendum. Datum apud Longumpontem, die lune ante festum cathedre [6] sancti Petri, anno Domini M° CC° LX° VII°. Allegaciones seu raciones partis adverse, que de jure et consuetudine patrie non fuerint admittende, nullatenus admittentes. Datum ut supra.

[1] Mormoiron, Vaucluse.
[2] Bedouin, Vaucluse, cant. Mormoiron.
[3] Malaucène, Vaucluse.
[4] La lecture de ce nom est douteuse; je propose de traduire Caromb, cant. Carpentras.
[5] Bedouin, cité plus haut.
[6] Ms. *Cheedre*.

## 586

20 febr. 1268. — SENESCALLO PRO EODEM B. [A JUDICE VENAISSINI GRAVATO].

Alfonsus, [etc.], senescallo Venaissini, etc. Ex parte Bertrandi de Baucio, militis nobilis et fidelis nostri, pro Barrallo, domino Baucii, patre suo, nobis datum est intelligi quod judex noster Venaissini ballivum dicti Barralli de Bedoino, occasione capcionis et detencionis cujusdam hominis dicti Barralli propter suspicionem cujusdam furti, satisdare compulit de parendo mandatis suis, ipsum ballivum, ut dicitur, propter hoc punire proponens. Unde vobis mandamus quatinus, si ita est nec aliam justam causam habeat idem judex quare ipsum ballivum punire debeat, caucionem ab ipso ballivo prestitam relaxari et dictum judicem a puniendo ipsum ballivum propter hoc desistere, prout justum fuerit, faciatis. Datum ut supra.

## 587

20 febr. 1268. — SENESCALLO PRO EODEM [SUPER DELATIONE ARMORUM IN IPSIUS FEODIS A DOMINIS BRANCULI ET PLASIANI FACTA].

Alfonsus, [etc.], senescallo, etc. Ex parte dilecti et fidelis nostri Bertrandi de Baucio, pro se et dilecto et fideli nostro Barrallo, domino Baucii, patre suo, nobis extitit insinuatum quod, cum nuper fuisset suborta discordia inter dominos Branculi[1] et dominos Plasiani[2], ipsi autem domini Branculi et domini Plasiani insultus ad invicem facientes infra territorium castri de Branculo arma detulerunt, quod castrum de Branculo tenetur a dicto Barrallo, sicut dicit, super qua delacione armorum inquisicionem fecistis, ultra quam facere debebatis, sicut dicit, cum ad dictum Barrallum in dicto loco punicio pertineat predictorum. Unde vobis mandamus quatinus[3], si eisdem dominis, Branculi videlicet et Plasiani, inhibitum fuerit ex parte nostra

---

[1] Brantes, Vaucluse, cant. Malaucène.
[2] Plaisians, Drôme, cant. Buis.
[3] Première leçon : *quatinus rationes quare dictam delacionem in dicto loco per dictos dominos Branculi et dominos Plasiani, ut dictum est, factam vindicare intenditis, et...*

generali inhibicione vel etiam speciali, et utrum ipsi domini predicti sint homines nostri [1], et si sit usus et consuetudo patrie quod nos seu senescallus noster nomine nostro super deportacione armorum in terris baronum cognoscere debeamus, et si dicti domini, Branculi videlicet et Plasiani, in terra seu feodis nostris arma detulerunt, et alias circonstancias que in talibus sunt attendende, diligenter inquiratis [2], et facta inquisicione diligenti, si jus nostrum inveneritis, emendam ab ipsis propter hoc, secundum quod justum fuerit, exigatis et levetis, ab ipsius tamen emende exactione et levacione cessantes, quousque a vobis super premissis fuerit inquisitum. Datum apud Longumpontem, die lune ante festum cathedre sancti Petri, anno M° CC° LX° VII°.

## 588

20 febr. 1268. — EIDEM PRO EODEM [SUPER CENTUM LIBRIS IPSI A PETRO BERMONDI HERETICO OLIM MUTUATIS].

Alfonsus, [etc.], senescallo, etc. Ex parte nobilis et fidelis nostri Bertrandi de Baucio, militis, pro Barrallo de Baucio, patre suo, nobis est datum intelligi quod vos a gentibus dicti Barralli centum libras nomine nostro exigitis, residuas de debito in quo tenebatur idem B. Petro Bermondi de heresi condampnato, cujus bona racione condampnacionis premisse ad manum nostram in commissum venerunt, quas quidem centum libras usuras esse asserit idem Bertrandus, hoc asserens se legitime probaturum. Unde vobis mandamus quatinus, si idem Barrallus vel alius pro ipso infra quindenam instantis festi Omnium sanctorum dictas centum libras usuras esse legitime et sufficienter probaverit, ab exactione et levacione dictarum centum librarum desistatis. Et quid super premissis feceritis nobis, cum commode poteritis, rescribatis. Datum apud Longumpontem, die lune ante cathedram sancti Petri, anno M° CC° LX° VII°.

[1] Ici un passage biffé: *et rationes quare in dicta inquesta super deportacione armorum predicta processistis.* — [2] Première leçon: *attendende, quam cicius commode poteritis rescribatis.*

## 589

20 febr. 1268. — PRO RAYMUNDO D'AGOT, MILITE, [SUPER QUINGENTIS SOLIDIS AB IPSO OLIM ANNUATIM PERCEPTIS].

Alfonsus, *etc.*, senescallo Venaissini, *etc.* Ex parte Raymundi d'Agot, militis, nobis extitit intimatum quod, cum ipse diu est annuatim perceperit et percipere debebat (*sic*) quingentos solidos in pedagio nostro Plaudii [1], vos dictos quingentos solidos eidem indebite reddere contradicitis, in ejus prejudicium atque dampnum. Unde vobis mandamus quatinus, si vobis constiterit ipsum Raymundum in dicto pedagio dictam pecuniam habuisse et habere debere, nec aliam justam causam habeatis quare eandem minime reddere debeatis, dictos quingentos solidos eidem persolvatis et persolvi annuatim de cetero faciatis. Datum apud Longumpontem, die lune ante cathedram sancti Petri, anno Domini M° CC° LX° septimo.

## 590

20 febr. 1268. — NOBILI DOMINE C., COMITISSE, RELICTE A., QUONDAM COMITIS SABAUDIE.

Nobili domine et sibi karissime C., comitisse [2], relicte A., quondam comitis Sabaudie [3], Alfonsus, *etc.*, salutem et dilectionem sinceram. Super eo quod per vestras requisivistis litteras ut illud quod de dote vestra vobis per bone memorie Raymundum, quondam comitem Tholose, predecessorem nostrum, promissa [4] remanet ad solvendum, solvi vestris procuratoribus faceremus, nobilitati vestre iterato significamus quod dilectis et fidelibus nostris Poncio Astoaudi, militi, et magistro Odoni de Montoneria, quibus alias super hoc scripsimus [5], prout vobis per nostras litteras significasse meminimus, quia propter

---

[1] C'est certainement Lapalud, Vaucluse, cant. Bollène.

[2] Cécile de Baux.

[3] Amédée III ou Amédée IV, mort en 1253.

[4] La dot promise était de 6,000 livres de viennois. — Voir un accord du 22 novembre 1244 (Teulet, *Layettes du trésor des Chartes*, t. II, p. 541-542).

[5] Voir plus haut, n°⁵ 321 et 322.

quedam nostra negocia ardua ad presens parlamentum nostrum Candelose venire nequiverunt, iterato mandamus ut super dote illa addiscant diligencius veritatem, et quid super hoc invenerint nobis ad crastinum instantis quindene Penthecostes, [ad] quam diem ipsos ad nos venire mandamus, refferre in scriptis non postponant, scientes quod non ob dilacionem solucionis dicte dotis, sed ut plenius et cercius vobis super hoc respondere possimus, dictis Poncio et Odoni mandatum fecimus antedictum. Datum apud Longumpontem, die lune ante cathedram sancti Petri, anno Domini M° CC° LX° VII°.

## 591

3 mart. 1268. — SENESCALLO VENAISSINI PRO DOMINO COMITE, SUPER MONETA [AVINIONE CURRENTE].

Alfonsus, *etc.* Cum, sicut nobis extitit intimatum, ex parte karissimi fratris nostri... illustris regis Sicilie, in civitate Avinionensi, que sibi et nobis communis esse dinoscitur, preconizatum fuerit ne moneta aliqua, nisi sua duntaxat et nostra, recipiatur ibidem, et nos ad presens in Venaissino nullam monetam habeamus, vobis mandamus quatinus cum hiis qui monetam dicti fratris nostri cudunt vel fabricant diligentem tractatum habeatis, seu aliis personis ydoneis, sub illis condicionibus sub quibus monetarii dicti fratris nostri monetam suam fabricant, vel aliis melioribus quibus poteritis, monetam nostram in Venaissino cudendam tradatis. Qua recepta ad cudendum et cussa in congrua quantitate, in civitate Avinionensi proclamari faciatis ne quis monetam ullam recipiat nisi nostram tantummodo et dicti fratris nostri, et hec sine mora effectui mancipetis, quia periculum est in mora. Et quid inde feceritis nobis quam citius poteritis commode rescribatis. Datum apud Hospitale prope Corbolium, sabbato post Brandones, anno Domini M° CC° LX° VII°. — Et fiat moneta nostra de lege et pondere monete predicti fratris nostri regis Sycilie, excepta moneta argentea quam fabricare nolumus quoad presens. Datum ut prius. Super premissis cum Raymundo Malsanc consilium habeatis.

Édité par Boutaric, p. 207-208.

## 592

(Fol. 91.) 4 mart. 1268. — RAYMUNDO MALSANC PRO DOMINO COMITE
[DE MONETA NOVA AVINIONE CUDENDA].

Alfonsus, *etc.*, dilecto suo Raymundo Malsauc, clerico, salutem et dilectionem. Cum nos senescallo nostro Venaissini per litteras nostras mandaverimus quod ipse monetam nostram Venaissini tradat cudendam monetariis qui cudunt monetam karissimi fratris nostri regis Sycilie vel aliis personis ydoneis, sub eisdem condicionibus sub quibus tradita est dictis monetariis vel melioribus si potest, de eisdem lege et pondere, sub alia tamen forma, excepta tamen moneta argentea de qua nolumus quod cudatur ad presens, vobis mandamus quatinus in facto hujusmodi promovendo dicto senescallo assistatis, cui scripsimus quod vestrum consilium communicet in hac parte. Et quid super hoc factum fuerit, nobis quam cicius poteritis rescribatis. Datum apud Hospitale prope Corbolium, dominica qua cantatur Reminiscere, anno Domini M° CC° LX° VII°.

## 593

28 jun. 1268. — PRO FULCONE CARNIFICE [SUPER BONIS SUB CERTIS
CONDITIONIBUS REDDENDIS].

Alfonsus, *etc.*, senescallo Venaissini, *etc.* Mandamus vobis quatinus diligenter addiscatis de valore possessionum que dudum fuerunt Fulconis Carnificis, presentium portitoris, quas quidem possessiones ad manum nostram tenere dicimur. Addiscatis eciam ex qua causa ad manum nostram devenerunt et quantum valeant in redditibus annuis, seu valerent in summa si contingeret totaliter eas vendi. Et super hiis per clericum vestrum, cum ad nos venerit pro vestris compotis faciendis, in scriptis curetis nos reddere cerciores. Et interim ad vitam suam solvatis eidem Fulconi annuatim nomine nostro quinquaginta solidos viennensium de denariis nostris, nisi aliud a nobis receperitis in mandatis. Datum Parisius, in vigilia apostolorum Petri et Pauli, anno Domini M° CC° LX° octavo.

# LITTERE SENESCALLIE PICTAVENSIS,

INCEPTE IN PASCHA, ANNO DOMINI M° CC° LX° VIII°.

## 594

(Fol. 92.) 8 apr. 1268. — SENESCALLO PICTAVENSI PRO GUILLELMO DICTO MILITE, CLERICO, [PRO ARRESTO PARLAMENTI EXECUTIONI TRADENDO].

Alfonsus, *etc*. Arrestum factum super negocio G. dicti Militis, clerici, pro matre sua, in parlamento Omnium sanctorum nuper preterito, quod quidem arrestum traditum fuit Symoni de Cubitis, quondam senescallo nostro Pictavensi[1], predecessori vestro, vobis mittimus in hec verba :

De petitione Guillelmi dicti Militis, clerici, pro matre sua contra officialem de Niorto, super quibusdam composicionibus initis inter ipsum et dictum officialem, quas quidem compositiones petit observari, ita ordinatum est : Quod senescallus Pictavensis requirat seu requiri faciat dictum officialem ut compositiones hujusmodi observet, et si noluerit observare, vocet ipsum officialem et alios quorum interest et faciat eidem G. et matri sue bonum jus, quantum spectat ad jurisdictionem domini comitis.

Unde cum vos eidem G. et matri sue non feceritis nec eciam predecessor vester prout in arresto predicto continetur, sicut dicit, vobis mandamus quatinus juxta contenta in eodem arresto dicto clerico et sue matri faciatis et procedatis. In omnibus eciam aliis, in parlamentis nostris preteritis arrestatis et traditis in scriptis dicto Symoni de Cubitis, procedatis secundum quod in eisdem videritis contineri, que quidem arresta a dicto Symone et Ernulpho, clerico suo, petatis vobis

---

[1] Eustache de Beaumarchais venait de le remplacer.

reddi et tradi, ita quod illi, de quibus in ipsis arrestis fit mencio, ad nos super his non habeant ulterius recursum. Datum in festo Pasche, anno Domini M° CC° LX° octavo.

### 595

8 apr. 1268. — SENESCALLO PICTAVENSI PRO GUILLELMO DE SANCTA MAURA, MILITE, [DE MAURICIO, DOMINO DE BELLAVILLA, CONQUERENTE].

Alfonsus, *etc*. Mandamus vobis quatinus dilectum et fidelem nostrum Mauricium, dominum de Bellavilla, militem, adjornetis[1] coram nobis ad diem martis post instantem quindenam Penthecostes, Guillermo de Sancta Maura, militi, responsurum super articulis contentis in carta composicionis facte inter ipsos M. et G., necnon super aliis que prefatus G. contra dictum Mauricium proponenda duxerit responsurum et juri pariturum. Datum apud Longumpontem, die Pasche, anno Domini millesimo ducentesimo sexagesimo octavo.

### 596

10 apr. 1268. — SENESCALLO PICTAVENSI PRO GAUFRIDO DE LEZIGNIACO, MILITE, [SUPER EMENDA QUADAM AB IPSO SOLVENDA].

Alfonsus, *etc*., Eustachio de Bellomarchesio, militi, senescallo Pictavensi, *etc*. Cum nobilis et fidelis noster Gaufridus de Lezigniaco, occasione cujusdam delicti dudum apud Lucionium[2] perpetrati, teneatur nobis racione emende in ducentis quinquaginta libris ad instantem ascensionem Domini persolvendis, nosque eidem in ducentis libris teneamur racione redditus, quem sibi donavimus percipiendum annuatim, ut dicitur, in dicto festo Ascensionis, vobis mandamus quatinus de dictis ducentis libris solvatis eidem centum libras in dicto termino, si tamen tunc sibi debeantur, alias centum pro emenda predicta ad opus nostri retinentes, ac de aliis residuis centum quinquaginta libris, nobis ab ipso pro dicta emenda debitis, respectum sibi detis usque ad

---

[1] Première leçon : *citetis*. — [2] Luçon, Vendée.

instans festum Omnium sanctorum, sub caucione ydonea jam prestita vel prestanda de dictis centum quinquaginta libris integraliter tunc solvendis. Datum apud Hospitale prope Corbolium, die martis post Pascha, anno Domini m° cc° lx° octavo.

## 597

19 apr. 1268. — ARCHIPRESBYTERO REMORENTINI PRO COMITE PICTAVIE [SUPER INQUESTIS FACIENDIS].

Alfonsus, *etc.*, dilecto et fideli clerico suo R., archipresbytero Remorentini, *etc.* Super hoc quod nobis per vestras mandavistis litteras quod nos vobis litteras nostras commissorias mittamus super inquestis nostris et negociis faciendis, apponi facientes in eisdem clausulam illam, quod si non omnes vacare poterint, alii duo nichilominus dicta negocia exequantur, et quod dilectis et fidelibus nostris senescallis Pictavensi et Xanctonensi in nostris demus litteris in mandatis, quod vobis tradant peccuniam pro expensis vestris et fratrum faciendis et restitucionibus, si que fuerint faciende, vobis significamus et mandamus quod non oportet nec convenit nos tales litteras concedere nec tradere, cum vos alias habueritis nostras litteras super inquestis nostris et negociis faciendis, maxime cum vos debeatis nominare summam restitucionum faciendarum et super hoc requirere senescallos, qui si non facerent a vobis super hoc requisiti, nobis significaretis per nuncium quantitatem denariorum in scriptis; tunc poneremus consilium quod esset super hoc apponendum, maxime cum gentes nostre vos cognoscant, et alias in dictis partibus nostris inquestis fueritis et negociis faciendis, et si forte dicti senescalli vestris mandatis seu voluntati non acquiescerent in hac parte, ad nos significaretis per nuncium in scriptis ad pallamentum nostrum Penthecostes, ad diem mercurii vel circa post quindenam instantis Penthecostes, scituri quod vobis mittimus tres equos pro dictis fratribus per latorem presencium et quindecim libras turonensium pro expensis. De restitucionibus vero in partibus Pictavie et Xanctonie faciendis, prout per consilium nostrum Parisius deliberatur, retento penes vos transcripto, tradatis transcriptum cuilibet senescallo, nam nos penes nos transcriptum, quod nobis misistis, retinuimus earumdem, ut ex tunc statim iter arripiatis una cum predictis fratribus Jacobo de Gyemo et Drocone de Appugniaco, de ordine Predicatorum in conventu Altissiodorensi, apud Pictaviam et Xanctoniam, pro inquestis nostris et negociis, ut supradictum est, faciendis. Et hoc dicatis oretenus fratribus supradictis. Datum die jovis[1] post octabas Pasche, anno Domini M° CC° LX° octavo.

### 598

23 apr. 1268. — SENESCALLO PICTAVENSI PRO SIBILLA, DOMINA DE CLIFORT, [SUPER IPSIUS ADVOCATIS IN CURIA DICTI SENESCALLI RECIPIENDIS].

Alfonsus, etc. Cum Sibilla, domina de Clifort, dederit nobis intelligi quod ad fovendam causam suam, quam movet contra Guidonem Senescalli, militem, et Odonetum de Confluentio, domicellum, sufficiens consilium non possit habere de partibus Pictavie, mandamus vobis quatinus eidem de consilio sufficienti providere curetis. Quod si de partibus Pictavie ipsi nequeat provideri commode, consilium quod in causa predicta adducere voluerit, undecunque sit, recipiatis vel recipi permittatis, quantum ad dictam causam de gracia ad presens, donec ad finem debitum causa pervenerit antedicta vel quamdiu nobis placuerit, non obstante eo quod advocati qui nolunt subjacere statutis dudum editis super facto advocatorum[2] dicuntur fuisse prohibiti advocare vel prestare patrocinium coram senescallis nostris Pictavensi et Xanctonensi seu mandato eorundem. Datum die lune post quindenam Pasche, anno Domini M° CC° LX° octavo.

---

[1] Première leçon : *mercurii*.

[2] Cette ordonnance paraît perdue; du moins elle est restée ignorée de M. Delachenal, auteur de l'*Histoire des avocats au parlement de Paris*, qui ne connaît point d'acte législatif sur la matière antérieur à 1274.

## 599

23 apr. 1268. — LITTERA PATENS GAUFRIDO DE DOETO, MILITI, ET MAGISTRO EGIDIO DE AULA PRO DOMINA DE CLIFORT.

Alfonsus, *etc.*, Gaufrido de Doeto, militi, et magistro Egidio de Aula, *etc.* Cum causam appellacionis que ad nos, ut dicitur, interposita fuerat ex parte Guidonis Senescalli, militis, et Odoneti de Confluento, valeti, a gravaminibus eisdem, ut dicebant, illatis per dilectum et fidelem nostrum [1] Symonem de Cubitis, tunc senescallum nostrum in Pictavia, in causa que inter ipsos dictos G. et O. racione uxorum suarum ex una parte vertitur et Sibillam, dominam de Clifort, ex altera, commisissemus dilecto et fideli clerico nostro magistro Johanni de Castellariis, priori secularis ecclesie Beate Radegundis Pictavensis, et ipse arduis suis negociis prepeditus, cognicioni dicte cause vaccare non possit, sicut nobis per suas litteras intimavit, nos causam appellacionis predictam vobis committimus audiendam et fine debito terminandam, ita tamen quod si ambo interesse nequiveritis, alter vestrum nichilominus de dicta causa cognoscat et eam diffiniat, alio minime expectato, processu, si quis usque nunc coram dicto priore in dicta causa habitus fuerit, quantum de jure fuerit, in suo robore duraturo. Datum die lune ante festum beati Marci evangeliste, anno Domini M° CC° LX° octavo.

## 600

(Fol. 93.) 1 mai. 1268. — SENESCALLO PICTAVENSI PRO COMITE PICTAVIE ET THOLOSE SUPER FACTO MONETE.

Alfonsus, *etc.*, Eustachio de Bellomarchesio, senescallo Pictavensi, *etc.* Litterarum vestrarum seriem, quas nuper recepimus, super facto monete nostre pictavensium novorum dudum cusse apud Mosterolium Bonini per Johannem de Pontelevio et consortes suos pleno collegimus intellectu, scire vos volentes quod nos super hiis que, quantum

---

[1] Ici le mot *per* répété.

ad examinacionem dicte monete factam in eisdem litteris continentur, proponimus habere vel haberi facere consilium, cum commode haberi poterit facultas personarum que in talibus negociis sint experte, vos vero nichilominus secreto et sigillatim super facto hujusmodi habeatis consilium cum personis quibus fides valeat adhiberi et que partem dictorum Johannis et consortum suorum non foveant minus juste, circa hoc et alia que in talibus sunt attendenda curam et diligenciam taliter apponentes quod, cum ad nos veneritis in crastino quindene instantis Penthecostes, procedere valeamus et disponere quid secundum retroacta ulterius sit agendum. Datum apud Rampillonem, die martis in festo apostolorum Philipi et Jacobi, anno Domini M° CC° LX° octavo.

Similis littera missa fuit Symoni de Cubitis, castellano de Ruppe super Oyon. — Item similis littera missa fuit Johanni Auberti, civi Turonensi, super facto monete.

### 601

1 mai. 1268. — SYMONI DE CUBITIS, MILITI, PRO COMITE.

Alfonsus, *etc.*, Symoni de Cubitis, militi, castellano de Ruppe super Oyon, *etc.* Quod circa instructionem dilecti et fidelis nostri Eustachii de Bellomarchesio, militis, senescalli Pictavensis, in nostris negociis sibi plenius intimandis vos habuistis ac circa bonum regimen terre nostre fideliter et benigne[1], prout idem senescallus per suas litteras nobis scripsit, non immerito commendamus, vobis mandantes quatinus in hiis et aliis quibuscunque bono modo poteritis, circa promocionem negociorum nostrorum et adinvencionem viarum quibus possit haberi peccunia bono modo, necnon repeticionem efficacem eorum que nobis debentur in senescallia Pictavensi, et in faciendo ea afferri Parisius apud Templum in crastinum instantis quindene Penthecostes, dicto senescallo vestrum impendatis consilium, auxilium pariter et favorem, ita quod per effectum operis cognoscamus cordi vobis eadem negocia,

---

[1] Ici un mot raturé : *promovendis*.

sicut confidimus, extitisse. Et super hiis que facta fuerint vel supererunt facienda, solutave aut solvenda, tam scripto quam voce in crastinum instantis quindene Penthecostes nos possitis reddere cerciores. Datum apud Rampillonem, die martis in festo apostolorum Philippi et Jacobi, anno Domini M° CC° LX° octavo.

## 602

1 mai. 1268. — SENESCALLO PICTAVENSI PRO COMITE PICTAVIE.

Alfonsus, *etc.*, Eustachio de Bellomarchesio, *etc.* Super eo quod nobis per vestras litteras intimastis quod fidelis noster Symon de Cubitis, miles, nunc castellanus de Ruppe sur Oyon, circa nostra negocia promovenda ac debita exigenda benigne et fideliter vos instruxit, quodque pauci aut nulli de eodem hactenus sunt conquesti, gratum gerimus et acceptum, vobis mandantes quatinus cum ea qua poteritis cura et sollicitudine diligenti circa negocia nostra fideliter et utiliter procuranda et peccuniam, bono tamen modo et licito, perquirendam efficaciter laboretis, ac ea que nobis debentur ab eodem Symone de Cubitis, milite, vobis et aliis tam de novo quam de veteri, tam occasione finacionum quam aliis de causis, emendis scilicet seu aliis quibuscunque, exigatis et levetis, presertim cum eadem debita ascendant usque ad non modicam quantitatem, sicut prefatus Symon nobis per suas litteras intimavit, quarum transcriptum vobis mittimus infrascriptum, ac peccuniam in majori quantitate qua poteritis habitam afferatis apud Templum Parisius vel adduci faciatis, cum ad nos veneritis in crastinum quindene instantis Penthecostes, facto scambio de moneta nostra pictavensium novorum cum turonensibus bonis et legalibus, vel empto inde auro in paleola seu alia moneta aurea, sicut vobis traditum fuit in scriptis, vel meliori modo si possitis, si vobis constiterit quod circa hujusmodi scambium faciendum nostra versetur utilitas pocius quam afferri in Francia moneta pictavensium predictorum, in premissis autem et aliis negociis nostris ac bono et fideli regimine terre nostre taliter vos habentes, quod vestram diligenciam debeamus merito commendare. Symoni de Cubitis, militi predicto, Arnulpho clerico et Guillelmo Potet ex parte nostra dicatis quod in crastino quindene instantis Penthecostes ad nos intersint. Datum ut precedens.

### 603

[Avril 1268.] — LITTERA [SYMONIS DE CUBITIS] SUBSCRIPTA IN PRECEDENTI.

A son tres excellent et tres redoutable segneur Aufonz, fiuz le roi de France, conte de Poitiers et de Tholose, Symons de Coutes, chevaliers, sis chateleins de la Roche seur Oyon, saluz o toute reverence o servise leal. Sire, je vos rent graces et merciz, tant come je puis, de ce que vos m'avez relaschié de vostre seneschauciée de Poitou, et de ce que vos m'avez retenu par vostre grace en vostre servise ou chatel de la Roche[1]. Et sachiez que je ai ensengné et monstré diligenment et loiaument, à mon pooir et à vostre profist, à vostre seneschal l'estat de voz besongnes et de vostre terre et de totes voz choses et de voz rentes, si com voz porroiz miauz savoir par lui que par moi. Et ai conté à li de totes les choses certeinnes qui vos sont deues en Poitou sanz voz rentes, fors de cest terme de la Penthecoste qui vient, et monte la some xiii$^m$ vi$^c$ lvi livres vi sols, dont l'en devra à ce terme de la Penthecoste vi$^m$ iiii$^c$ xlviii livres xv sols, que por vos que por le roi de Sezile[2]. Et sachiez que vostre terre est, Dieu merci, en bon estat, ne je ne croi pas que voz rentes ne voz droiz soient en riens deperdu par ma deffaute. Il seroit bien trové par les contes de la court que je ai rendu, chascun an que je ai tenu vostre terre, ii$^m$ livres plus que il n'avoit esté fet lonc tans avant. Mandez moi vostre plesir et commandez com à vostre leal.

Édité par Boutaric, p. 165.

### 604

[Mai 1268.] — AU SENESCHAL DE POITO SEUR LES VOIES.

Aufonz, filz de roi de France, coens de Poitiers et de Tholose, à

[1] La Roche-sur-Yon, Vendée. — [2] Charles d'Anjou, frère d'Alfonse.

son amé et son feal le seneschal de Poitou, saluz et amor. La grant neccessitez de la Terre sainte et le prochiein terme du passage assené et juré, de jor en jor aprouchant, nos semonnent et esmuevent que sovent vos escrisions que o la graigneur curieuseté et diligence que vos pourroiz, selonc les voies qui vos furent bailliées en escrit quant vos partistes de nos et autres que vos porroiz trouver, metez peine et estuide en porchacier et assembler deniers por nos en la graigneur quantité que vos porroiz, en boenne manere et laial, et es esploiz de vostre seneschauciée, dont petit profit nos vient, pourchacier aussint et lever. Et touz les deniers que l'en nos doit en vostre seneschauciée de viez et de novel, et que nostre amé et feail chevalier Symon de Coutes, vostre predecesseur, nos doit de viez par reson de noz bailliées, et qui nos sunt deuz d'autres, par reson des finances feites par reson des voies desus dites, pourchaciez et assemblez en tele manere que les diz deniers tout enterinement nos faciez aporter au Temple à Paris l'endemein de la quinzaine de Penthecoste qui vient prochiennement. Et la monoie des poitevins nues changiez à tornois, touz ou la graigneur quantité que voz porroiz en bonne manere, et ce que vos ne porroiz changier à tornois, changiez à monnoies d'or ou d'argent ou em paillole d'or, selonc l'ordenance qui vos fu bailliée en escrit quant vos partites de nos, ou à meilleur marchié, se voz povez, en boenne manere. Derechief nos vos mandons que les despens outrageus et qui ne sunt mie profitables, abatez et ostez du tout en tout. Derechief o les chevaliers et o les nobles de vostre seneschauciée, que voz sauroiz plus profitables et plus volenterins, pallez et traitiez sagement à chascun par soi de passer outremer en l'aide de la Sainte terre, ou servise Deu et ou nostre, et à ce les esmovez par les plus beles paroles que voz porroiz, et les amenez à la mencur summe que voz pourroiz de deniers que nos leur donions pour toutes choses, tant pour passage que pour viandes et pour pertes de chevaus et pour toutes autres choses. Derechief nos vos mandons que quant voz affermeroiz noz baillies de vostre seneschauciée, iceles affermez o encherissement chascune par soi, segon les condicions qui vos ont esté bailliées, et nos raportez en escrit comment elles seront affermées, et à qui, et combien chascune par soi, et les convenances, s'aucune en avez fetes, retenue nostre volonté, o les chevaliers et les nobles desus diz, et comment et o quanz chevaliers il passeroient de chascun par soi, tant de baneroiz comme d'un escu, au dit jor de l'endemein de la quinzaine de Penthecoste qui vient prochiennement. Et en toutes les choses desus dites et ou boen et ou laial governement de nostre terre et en autres choses, qui vos apartiennent de vostre office et de vostre porvoiance vos aviennent, en tele manere vos aiez que nos cognoissions bien par l'effet de l'uevre que les besoignes vos aient esté et soient à cuer et que vostre diligence puissions pour ce loer à droit, sachanz que ceus qui à l'aide et au secors de la Sainte terre pormovoir et avancier donent aide et conseil, nos avons fiance qu'il ne soient mie sanz partie de l'indulgenge ostroiée de nostre pere l'apostoile. Et seur toutes les choses desus dites et especiaument en porchacier les deniers qui nos sunt deuz de finances fetes par reson des voies, pallez et aiez conseil à nostre feal Symon de Coutes, chevalier, vostre predecesseur, et à Arnol son clerc, et à Guillaume Potet, et leur priez de par nos que il en ces choses soient curieus et ententis, si que nos leur en sachions gré, et leur dites de par nos que il soient à nos à l'endemein de la quinzaine de ceste prochienne Penthecoste, et à celi jor soiez à nous por voz contes fere et pour le pallement, et nos raportez en escrit quanque vos auroiz fet de toutes ces choses desus dites. Ce fut fet[1]...

Auteles lestres furent envoiées au seneschal de Xanctonge, ajousté de $\text{11}^\text{m}$ livres que doivent li borjois de la Rochele à ce terme de Penthecoste.

Auteles lestres furent envoiées au conestable d'Auvergne sanz le change.

Auteles lestres furent envoiées au seneschal de Tholose et d'Aubijois cum au seneschal de Poitou, ajostée la clause des chevaus et dou harnois.

---

[1] La date manque.

Auteles lestres furent envoiées au seneschal d'Agenois et de Caorsin cum au seneschal de Tholose, ajosté dou port de Mirmande et dou salin d'Agiens et osté le change.

Auteles lestres furent envoiées au seneschal de Roerge, ajosté dou minier et des molins.

Édité par Ledain, p. 155-157.

## 605

(Fol. 94.) 10 mai. 1268. — SENESCALLO PICTAVENSI PRO DOMINA DE MAURITANIA [ET HUGONE ARCHIEPISCOPI, DOMINO PERTINIACI].

Alfonsus, *etc.* Cum nobilis vir, fidelis noster Hugo Archiepiscopi, dominus Pertiniaci, et nobilis mulier Johanna, nunc relicta defuncti Benedicti de Mauritania, quilibet in solidum, saysinam et possessionem tocius hereditatis que fuit defuncti Gaufredi de Ranconio junioris, quam in manu nostra tenemus, a nobis, diu est, pecierint et super hoc coram nobis vel mandato nostro ad hoc specialiter deputato peticiones suas formaverint, ut dicitur, et, sicut ex parte dicte relicte nobis extitit intimatum, divisim tam vos quam senescallus Xanctonie ad instanciam dicti Hugonis coram vobis dictam dominam super premissis trahatis in causam, vobis mandamus quatinus ab evocacione divisa et processu diviso pariter, nisi aliud racionabile impediat, desistatis, partes predictas, si ambe vel altera earum vos requisierint, vos una cum senescallo Xanctonie, ambo simul et in certo loco et commodo, super premissis quantum de jure vel consuetudine patrie fuerit faciendum, vocatis qui vocandi fuerint, audientes et eisdem maturam justiciam exhibentes, nobis sentencia reservata, et si in aliquo per vos vel per dictum senescallum Xanctonie divisim processum est, processum hujusmodi, nisi aliud obsistat racionabile, ad statum debitum revocetis, refferentes nobis in scriptis, in crastino quindene instantis Penthecostes, cum ad nos veneritis, negocium hujusmodi, prout instructum tunc fuerit, ac partibus, si de earum voluntate processerit, prefigentes terminum ad diem predictam coram nobis, ad procedendum extunc prout de jure fuerit procedendum, et ipsas ad hoc meliori modo quo poteritis inducatis. Datum die jovis post festum sancti Johannis ante Portam latinam, anno Domini M° CC° LX° octavo.

Similis littera missa fuit senescallo Xanctonensi.

Édité par Ledain, p. 155.

## 606

24 mai. 1268. — SENESCALLO PICTAVENSI PRO EPISCOPO PICTAVENSI.

Alfonsus, *etc*. Litteras venerabilis patris... episcopi Pictavensis recepimus, continentes quod vos libertates et immunitates ecclesie sue Pictavensis nitimini infringere, et quedam edicta seu statuta, dudum ut asserit de mandato nostro reprobata, vultis, quantum in vobis est, denuo suscitare. Sane quia edicta et statuta hujusmodi specialiter in suis litteris non expressit, vobis mandamus et precipimus quatinus contra libertates et jura dicte ecclesie seu alterius etiam nichil contra justiciam attemptetis, nec indebitas novitates faciatis in prejudicium ecclesie memorate. Ceterum cum super quibusdam articulis, quos vobis mittimus presentibus interclusos, ex parte dicti episcopi ad nos dudum conquerendo delatis, inquiri seu sciri veritatem condam preceperimus diversis, ut asseritur, senescallis, nec hactenus processum fuerit in eisdem, prout ejusdem episcopi littere continebant, vobis mandamus ut per vos vel magistrum Egidium de Aula, Pictavensem, clericum nostrum, aut per magistrum Aymericum Delie, qui ad hoc dicuntur alias nominati, vel per alium quencunque ydoneum noveritis in hac parte, de predictis articulis faciatis inquiri, addisci seu sciri plenius veritatem, associato nichilominus ex parte dicti episcopi aliquo quem eligendum duxerit ei qui ex parte vestra ad hoc fuerit deputatus, si forsan non esset contentus de inquisicione illa quam de mandato vestro duntaxat fieri feceritis, ac ea que restituenda seu alias corrigenda inveneritis, faciatis, communicato bonorum consilio, ad statum reduci debitum, prout justum fuerit et consentaneum racioni, in hiis et aliis taliter vos habentes quod dictus episcopus non habeat justam de vobis materiam conquerendi. Datum die jovis ante Penthecosten, anno Domini M° CC° LX° VIII.

Édité par Ledain, p. 176-177, avec la date fausse de 1269.

## 607

24 mai. 1268. — VENERABILI EPISCOPO PICTAVENSI.

Venerabili in Christo patri H., Dei gracia episcopo Pictavensi[1], Alfonsus, etc. Inspecta vestrarum serie litterarum quas nuper recepimus, deliberacione prehabita, per litteras nostras mandamus senescallo nostro Pictavensi ut contra libertates et jura ecclesie vestre Pictavensis vel vestra nichil contra justiciam attemptare presumat nec aliquas faciat indebitas novitates. Ceterum super articulis ex parte vestra nobis dudum expositis, mandavimus eidem ut inde addiscat per se vel per aliam personam ydoneam plenius veritatem[2], adjuncta nichilominus, si vobis placuerit, aliqua persona ydonea ex parte vestra ei quem senescallus noster super premissis duxerit deputandum, ac ea que restituenda[3] aut alias corrigenda reperta fuerint taliter studeat ad statum reducere debitum, quod non habeatis justam de ipso materiam conquerendi. Ipsos etiam articulos, prout alias nobis fuerunt expositi seu in scriptis traditi[4], fecimus in litteris nostris, quas super hiis dicto senescallo mittimus, intercludi. Sane paternitatem vestram rogandam duximus quatinus officialem seu alios, qui presunt jurisdicioni ecclesiastice in vestra dyocesi, ad excommunicacionis aut suspensionis in personas senescalli seu aliorum allocatorum nostrorum aut interdicti in terram nostram sentencias non permittatis de facili prosilire; parati enim sumus et voluntarii, quociescunque ad nostram pervenerit noticiam, ipsorum qui nostris insistunt obsequiis delicta punire et excessus corrigere, sicut decet. Datum die jovis ante Penthecosten.

Édité par Ledain, p. 177-178, avec la date de 1269.

[1] Hugues I⁰⁰. — [2] Ici les mots suivants biffés : *ac ea que restituenda.* — [3] Un mot barré : *duxerit.* — [4] Première leçon : *positi.*

## 608

(Fol. 95.) 13 jun. 1268. — LITTERA COMMISSIONIS PATENS DIRECTA MAGISTRIS JOHANNI DE CASTELLARIIS, PRIORI SANCTE RADEGONDIS, ET EGIDIO DE AULA PRO DOMINA DE CLIFORT.

Alfonsus, *etc.*, dilectis et fidelibus clericis suis magistris Johanni de Castellariis, priori secularis ecclesie Beate Radegondis Pictavensis, et Egidio de Aula, canonico de Loduno, salutem et dilectionem sinceram. Cum nos causam appellacionis ad nos interposite ex parte Guidonis Senescalli, militis, et Odoneti de Confluentio, racione uxorum suarum, a quibusdam gravaminibus eisdem, ut asserebant, illatis per Symonem de Cubitis, militem, tunc senescallum nostrum in Pictavia, in causa que inter ipsos Guidonem et Odonetum ex una parte et Sebiliam, dominam de Clifort, ex altera vertitur, commisissemus novissime Gaufrido de Doeto, militi, et vobis domino Egidio, nunc ex causa commissionem factam eidem Gaufrido in hac parte revocamus, et vobis dicto... priori cum dicto Egidio committimus fine debito terminandam. Datum apud Longumpontem, die mercurii post festum beati Barnabe apostoli, anno Domini m° cc° lx° octavo.

Édité par Ledain, p. 157.

## 609

[DE FORESTIS DOMINI COMITIS.]

Dominus Gaufridus de Lezignaco habuit duos cervos in foresta de Moleria[1] per litteras datas dicta die, missas Naverio, forestario de Moleria; item duos cervos in foresta de Mosterolio[2] per litteras datas dicta die, missas Giloni de Auxiaco, forestario de Mosterolio.

Dominus comes Vindocinensis[3] habuit quatuor cervos in foresta de Moleria per litteras datas dicta die, missas Naverio.

[1] Forêt de Moulière, Vienne, cant. Châtelleraut. — [2] Montreuil-Bonnin, Vienne, cant. Vouillé. — [3] Bouchard V.

## 610

[Jun. 1268.] — EPISCOPO PICTAVENSI PRO COMITE,
[SUPER ARTICULIS CONTRA SENESCALLUM PICTAVENSEM AB IPSO MISSIS].

Venerabili in Christo patri H., Dei gratia episcopo Pictavensi, Alfonsus, *etc.*, salutem et sinceram dilectionem. Litteras vestras nobis nuperrime presentatas legi fecimus, intellectisque contentis in eisdem articulis, voluimus quod Eustachius de Bellomarchesio, miles, senescallus noster in Pictavia, in presencia [virorum] bonorum et juris peritorum ad singulos articulos responderet; ad quorum primum dicitur respondisse quod, cum abbas Sancti Benedicti de Quinciaco prope Pictavim, in non modicam nostri juris et dominii lesionem, in stratta publica in qua jurisdicionem omnimodam ac pedagium seu prosecucionem pedagii fide digni asserunt nos habere, quosdam, qui ut fertur non soluto pedagio recedebant de navibus, tunc prepositus noster Pictavensis[1] eosdem insecutus fuerat, violenter eripuit seu fecit eripi in nostrum magnum prejudicium et gravamen, qua injuria minime emendata a dicto abbate licet pluries requisito, set nec contentus ramos cujusdam ulmi seu brancas ejusdem in dicta via publica existentis, ubi quidam justiciatus fuerat culpis suis exigentibus, precidi fecit et in nostrum prejudicium asportari, sicque nos nostra saisina pacifica spoliatus (*sic*), super quo cum fuisset requisitus ut deberet emendam inde facere quam decebat, nichil omnino voluit emendare, sed ulmum totaliter precidi facere minabatur, propter quas manifestas injurias senescallus ipsum asseritur gagiasse. Fecisset tamen libenter recredenciam gagiorum, si abbas predictus idem versa vice facere voluisset, et hoc dictus senescallus hiis qui a vobis ad ipsum missi fuerant obtulit se facturum. — Ad alium vero articulum, videlicet de quodam scutifero quem captum detinet, sic respondit quod racione delicti, in villa nostra Pictavis et in persona prepositi nostri Pictavensis quem extracto gladio invaserat perpetrati, captus fuit et ob hoc detinetur, cum, cessante omni pri-

---

[1] Ici le manuscrit porte le mot *qui*, que nous supprimons.

vilegio, ibi delictum puniri debet ubi fuerit perpetratum. — Ad tercium vero articulum tale dedit responsum, quod nunquam inhibuit nec fecit inhiberi quominus in foro ecclesiastico agi possit et responderi de personis et rebus que noscuntur ad forum ecclesiasticum pertinere. — Sane quia premissis articulis videtur sufficienter fuisse responsum, non debet dictus senescallus, ut estimant viri boni et juris periti, in hac parte culpabilis reputari. Vestram itaque paternitatem requirimus et rogamus quatinus, si que[1] in dictum senescallum vel aliquem alium de alocatis nostris excommunicacionis sentencie auctoritate vestra fuerint promulgate, easdem faciatis revocari nec ad promulgandas ulterius procedatis. Parati enim sumus super premissis inquiri facere diligencius veritatem et excessus qui reperti fuerint facere emendare, si ea que ab a[d]versa parte attemptata sunt corrigi feceritis, sicut decet.

## 611

20 jun. 1268. — FRATRIBUS JACOBO DE GYEMO ET DROCONI DE APONIACO, ORDINIS FRATRUM PREDICATORUM.

Alfonsus, *etc.*, fratribus Jacobo de Giemo et Droconi de Aponiaco, ordinis fratrum Predicatorum, et dilecto fideli clerico suo Roberto, archipresbytero Remorantini, inquisitoribus in Pictavia et Xanctonia, salutem et dilectionem. Cum vos, predicti fratres, nobis per vestras litteras scripseritis quod nullas inquestas facitis nec fecistis, eo quod absque mandato nostro speciali eas facere nolebatis, significamus vobis quod nobis placet quod inquestas, que vobis occurerrint faciende, una cum dicto archipresbytero usque ad instans festum beati Remigii, secundum traditam vobis formam [faciatis], et eas quas tunc feceritis nobis circa octabas ejusdem festi sancti Remigii in scriptis refferatis. Datum Parisius, die mercurii ante nativitatem beati Johannis Baptiste, anno Domini M° CC° LX° octavo.

[1] Ms. *quas*.

## 612

21 jun. 1268. — SENESCALLO PICTAVENSI PRO HUGONE FRUCTERII, BURGENSI DE COMPENDIO, [CONTRA COMITEM MARCHIE].

Alfonsus, *etc.* Ex parte Hugonis Fructerii, burgensis de Compendio[1], nobis datum est intelligi quod nobilis et fidelis noster comes Marchie[2] eidem burgensi in mille libris parisiensium tenetur, prout in litteris ipsius comitis, quas habet penes se idem burgensis, asserit plenius contineri. Ad peticionem ipsius burgensis vobis mandamus quatinus predictum comitem ex parte nostra requiri faciatis, ut predicto burgensi de debito eodem satisfaciat, vel si gaudere voluerit privilegio crucesignatis indulto super respectu debitorum suorum usque ad triennium, ipsum burgensem compectenter assignet de dicto debito eidem burgensi elapso termino persolvendo, et ad hoc ipsum comitem, prout justum fuerit, compellatis. Datum apud Longumpontem, die jovis ante nativitatem beati Johannis Baptiste, anno Domini M° CC° LX° octavo.

Édité par Ledain, p. 158.

## 613

21 jun. 1268. — FRATRIBUS J. DE GIEMO ET DROCONI DE APUGNIACO, ORDINIS FRATRUM PREDICATORUM, ET R., ARCHIPRESBYTERO REMORENTINI, PRO ABBATE SANCTI MAXENCII.

Alfonsus, *etc.*, religiosis viris et dilectis suis fratribus, *etc.*, et dilecto et fideli suo clerico R., archipresbitero Remorentini, inquisitoribus in Pictavia et Xanctonia, *etc.* Ex parte religiosorum virorum abbatis et conventus monasterii Sancti Maxencii[3] nobis insinuatum extitit quod castrum nostrum de Sancto Maxencio in terra dicti monasterii situm est, ut dicitur, et constructum; — item quod Guido de Ruppeforti, miles, defunctus, erat homo ejusdem monasterii de rebus quas habebat in dicta villa Sancti Maxencii et castellania ejusdem, quas quidem res tenemus ad manum nostram incursas propter guerram; — ceterum

---

[1] Probablement Compiègne, Oise. — [2] Hugues de Lusignan. — [3] Saint-Maixent, Deux-Sèvres.

quod justiciam quatuor viarum publicarum castri et castellanie ejusdem ville Sancti Maxencii ad se et monasterium suum supradictum asserunt pertinere. Super quibus omnibus et singulis petunt idem abbas et conventus, nomine monasterii sui, inquiri seu sciri veritatem et emendam fieri, prout justum fuerit, de predictis. — Unde vobis mandamus quatinus super predictis omnibus et singulis veritatem diligencius inquiratis, et illud quod super premissis inveneritis nobis cum aliis inquestis vestris, cum ad nos veneritis, in scriptis refferatis. Datum apud Longumpontem, die jovis ante nativitatem beati Johannis Baptiste, anno Domini M° CC° LX° octavo.

## 614

22 jun. 1268. — LITTERA PATENS SENESCALLO PICTAVENSI PRO GUILLERMO NAVERII.

Alfonsus, *etc.* Cum nos Guillelmo Naverii, latori presencium, dedissemus quindecim denarios pictavenses gagiorum per diem in foresta nostra de Moleria [1], pro eadem custodienda, vobis significamus quod nos eidem Guillermo quindecim denarios augmentavimus usque ad viginti denarios pictavenses gagiorum per diem pro dicta foresta custodienda, percipiendos quamdiu nostre placuerit voluntati, mandantes vobis quatinus eidem Guillermo dictos viginti denarios, ut dictum est, persolvatis. Datum apud Longumpontem, die veneris ante nativitatem beati Johannis Baptiste, anno Domini millesimo ducentesimo sexagesimo octavo.

Édité par Ledain, p. 158.

## 615

(Fol. 96.) 24 jun. 1268. — SENESCALLO PICTAVENSI PRO PRIORE DE LODUNO [A GENTIBUS EPISCOPI PICTAVENSIS VEXATO].

Alfonsus, *etc.* Ex parte prioris et conventus de Loduno [2], ordinis Sancti Benedicti, nobis est conquerendo monstratum quod in villa nostra Pictavi per quosdam laicos, existentes, ut dicitur, de familia

---

[1] Voir plus haut, n° 67. — [2] Loudun, Vienne.

episcopi Pictavensis, cuidam monacho dicti prioratus ablati fuerunt equi sui per violenciam, sicut dicit, nulla causa racionabili precedente. Hinc est quod mandamus quatinus dictum episcopum vel eum qui vices suas gerit necnon servientes ipsos, de quibus vobis constiterit dictam violenciam perpetrasse, requiratis seu requiri faciatis competenter ut locum de nostra jurisdicione existentem taliter, ut dicitur, dessaisitum restituant vel restitui faciant, sicut decet, et responsum quod vobis fecerint in hac parte ac veritatem negocii nobis curetis rescribere, cum vobis obtulerit se facultas. Datum apud Longumpontem, dominica in nativitate beati Johannis Baptiste.

Édité par Ledain, p. 158-159.

## 616

28 jun. 1268. — SENESCALLO PICTAVENSI PRO JACOBO BOUCEL, CIVE PARISIENSI.

Alfonsus, *etc*. Mandamus vobis quatinus obligacionem a nobili et dilecto nostro Stephano de Sacrocesare, milite, factam Jacobo dicto Boucel, civi Parisiensi, super quinquaginta libris quas in prepositura nostra Mosterolii[1] percipere consuevit idem miles, de duobus terminis futuris, videlicet de termino Candelose proximo venture et Candelose que erit anno Domini M° CC° LX° nono, teneri et observari faciatis, salvo jure alieno, prout in litteris ejusdem nobilis super obligacione confectis videbitis plenius contineri, litteras vestras patentes ad requisicionem predicti militis eidem civi super hoc concedentes. Datum Parisius, die jovis in vigilia apostolorum Petri et Pauli, anno Domini M° CC° LX° VIII°.

Édité par Ledain, p. 159.

## 617

29 jun. 1268. — SENESCALLO PICTAVENSI PRO HENRICO, DOMINO SOLLIACI, [CONTRA VICECOMITEM RUPPISCAVARDI].

Alfonsus, *etc*. Mandamus vobis quatinus nobilem et dilectum nos-

[1] Montreuil-Bonnin, Vienne.

trum Henricum, dominum Solliaci, militem, vel certum mandatum suum super hiis que proponenda duxerit coram vobis contra nobilem et fidelem nostrum Aymericum, vicecomitem de Ruppecavardi, diligenter audiatis, et vocato dicto Aymerico et aliis qui fuerint evocandi, auditis racionibus parcium, de personis et rebus ad jurisdicionem nostram spectantibus exhibeatis eidem celeris justicie complementum. Datum Parisius, die veneris in festo apostolorum Petri et Pauli, anno Domini M° CC° LX° VIII°.

### 618

6 jul. 1268. — PRIORI DE ALEMVILLA PRO GALDRADO DE GURGITIBUS, MILITE.

Alfonsus, *etc.*, viro religioso et dilecto sibi in Christo priori de Allemvilla[1], salutem et dilectionem sinceram. A nostra non recessit memoria qualiter quedam summa pecunie vobis adjudicata extitit pro dampnis, que in quadam vestra grangia pertullistis, nec illud quoque oblivioni tradidimus quod quorundam qui ob hoc condempnati fuisse dicuntur possessiones et bona in manu vestra ex nostra tolerancia teneatis, de quibus bonis et possessionibus pro dictis dampnis estimant nonnulli vobis in parte non modica satisfactum. Et quia, pensatis nonnullis circonstanciis, rigori juris interdum est equitas preferenda, vestram prudenciam requirimus et rogamus quatinus de residuo pecunie vobis debite sufficientem velitis recipere caucionem; inhumanum est enim spoliatum fortunis suis in solidum condempnari et mora modici temporis dicitur non nocere; scituri nos, communicato bonorum virorum et juris peritorum consilio, sufficientem et congruam obligacionis formam scripsisse senescallo nostro Pictavensi, per quam vobis teneri debeat a G. de Gurgitibus, milite, et a suis de exsolvendo residuo debite quantitatis. Que cum prestita fuerit, prout fide digni asserunt, non tenemur dictum militem compellere ad prestandam aliam caucionem. Datum die veneris in octabis apostolorum Petri et Pauli, anno Domini millesimo ducentesimo sexagesimo octavo.

[1] Probablement Lanville, Charente, comm. Marcillac-Lanville.

## 619

6 jul. 1268. — SENESCALLO PICTAVENSI PRO PRIORE DE ALLENVILLA.

Alfonsus, *etc.* Mandamus vobis quatinus viro religioso priori de Allenvilla a Gadrardo de Gurgitibus, milite, per fidejussores ydoneos caveri faciatis de residuo pecunie sibi debite, certis terminis exsolvende. Videtur autem caucio sufficiens, si fidejussores ydonei per litteras suas patentes se obligent ad solucionem debite pecunie certis terminis faciendam, expressis in ipsorum fidejussorum litteris renunciacionibus presertim quantum ad privilegium crusignatorum et crucesignandorum et alia per que posset solucio hujusmodi impediri, adjecto eciam quod, quantum ad hoc, jurisdicioni vestre se totaliter subiciant et ad hoc bona sua mobilia et immobilia, ubicunque existant, obligent unusquisque in solidum specialiter et expresse. Necnon et ad principalis debitoris et fidejussorum instanciam litteras vestras patentes testimoniales dare poteritis priori supradicto, ita quod non restet nisi tantum execucio facienda, si non fieret statutis terminis debita solucio de quota parte que convenerit debite pecunie exsolvende. Videtur autem viris prudentibus quod termini solucionis prefixi in natali Domini usque ad festum Candelose subsequens et termini Resurrectionis dominice usque ad festum Penthecostes satis debent prorogari, cum mora modici temporis non nocceat, et alias dicto priori satisfactum[1] fuerit competenter. Datum die veneris in octabis apostolorum Petri et Pauli, anno Domini millesimo ducentesimo sexagesimo octavo.

Édité par Ledain, p. 159.

## 620

6 jul. 1268. — SENESCALLO PICTAVENSI PRO PAPELARDA PICTAVENSI.

Alfonsus, *etc.* Cum, sicut per inquisicionem dudum factam et per acta vobis liquere poterit, Johanna dicta la Papelarde, civis Pictavensis, ex hereditaria successione asseratur jus habere in quadam prepositura

---

[1] Le manuscrit porte *quantum*, qui n'a aucun sens.

seu servientela [1], de qua incertum est per quas metas prepositura hujusmodi protendatur, vobis mandamus quatinus per vos vel per personam ydoneam ad hoc specialiter deputatam inquiratis seu inquiri faciatis apud Pictavim qualiter in longum et latum dicta prepositura seu servienteria se extendat, compertisque certis metis seu finibus ejusdem prepositure, si aliqui quorum interest se opponere voluerint contra dictam Johannam, audiatis raciones et deffensiones eorumdem, quas in scriptis redactas una cum inquesta que facta fuerit nobis refferatis, cum ad nos veneritis in proximo palamento. Datum die veneris in octabis apostolorum Petri et Pauli, anno Domini M° CC° LX° octavo.

### 621

(Fol. 97.) 7 jul. 1268. — SENESCALLO PICTAVENSI PRO GAUFRIDO DE LEZEIGNEN ET FRATRIBUS HOSPITALIS JERUSALEM [DE ALNEIA].

Alfonsus, *etc.* Mandamus vobis quatinus inquestam jamdiu est factam, ut dicitur, super contencione que inter nobilem et fidelem nostrum Gaufridum de Lezeignen, militem, ex una parte, et viros religiosos fratres Hospitalis Jerusalem de Alneia [2], ex altera, vertitur, aperiri et vocato dicto Gaufrido et qui fuerint evocandi, faciatis cum bonorum consilio, prout justum fuerit, terminari. Et quid super hoc feceritis nobis quam cicius poteritis rescribatis. Datum die sabbati post festum beati Martini estivalis, anno Domini M° CC° LX° octavo. — Super defectibus vero quos dictus Gaufridus fecisse dicitur, faciatis eisdem quod de jure et consuetudine patrie fuerit faciendum. Datum ut supra.

### 622

11 jul. 1268. — SENESCALLO PICTAVENSI PRO THESAURARIO, DECANO ET CAPITULO SANCTI HILARII PICTAVENSIS.

Alfonsus, *etc.* Ex parte virorum venerabilium thesaurarii, decani et

[1] Sergenterie inféodée et héréditaire.
[2] Commanderie de Saint-Jean-de-Launay, auj. Vendée, cant. Les Essarts, comm. Sainte-Cécile. (Renseignement fourni par notre confrère, M. A. Richard, archiviste de la Vienne.)

capituli ecclesie Sancti Hilarii Pictavensis conquerendo nobis extitit intimatum quod quidam laici cum aliquibus clericis quendam capellanum dicte ecclesie, que domino pape immediate subesse asseritur, in strata publica civitatis Pictavensis ceperunt et captum detinuerunt in carcere episcopi per aliquod spacium temporis, sicut fertur, licet idem capellanus nichil prorsus, ut dicitur, deliquisset. Unde vobis mandamus quatinus, secundum quod vobis constiterit de premissis, de rebus et personis laicis ad nostram jurisdicionem spectantibus, quas quidem personas laicas culpabiles inveneritis hujus facti, faciatis celeris justicie complementum, in hac parte taliter vos habentes ne ab alterutra parcium possitis de injusticia aut de defectu justicie merito reprehendi. Datum die mercurii post festum sancti Martini estivalis, anno Domini millesimo ducentesimo sexagesimo octavo.

Édité par Ledain, p. 160.

## 623

11 jul. 1268. — EPISCOPO PICTAVENSI PRO COMITE PICTAVIE.

Venerabili in Christo patri H., Dei gratia episcopo Pictavensi, Alfonsus, *etc.*, salutem et sincere dilectionis affectum. Cum nos ecclesiam Beati Hilarii Pictavensis tum ob reverenciam beatissimi confessoris, tum eciam quod eadem ecclesia, que sedi apostolice immediate subesse dinoscitur, nobis in temporalibus vicinius est astricta, quadam specialis amoris prerogativa diligamus et diligere teneamur, vestram paternitatem requirendam duximus et rogandam, quatinus quasdam injurias in personam cujusdam capellani dicte ecclesie de novo, ut dicitur, per aliquos de vestris attemptatas faciatis, ut condecet, emendari, scituri quod secundum ea que nobis relata sunt, capcio dicti capellani non solum in dicte ecclesie et servitorum ipsius redundat injuriam, sed racione loci in quo capcio facta fuisse asseritur et persone capientis qualitatis[1], que laica persona et nobis subjecta fore perhibetur, in nostrum vergit prejudicium et gravamen, quod,

---

[1] Ms. *qualitatem*.

postquam ad nostram pervenerit noticiam, de personis que nostre subsunt cohercioni non possumus nec debemus impunitum sub connivencia pertransire. Datum die mercurii post festum beati Martini estivalis, anno Domini millesimo ducentesimo sexagesimo octavo.

Édité par Ledain, p. 160-161.

## 624

20 jul. 1268. — SENESCALLO PICTAVENSI PRO PETRO BERAUDI.

Alfonsus, *etc*. Mandamus vobis quatinus ex parte nostra requiratis canonicos Sancte Radegondis Pictavensis seu requiri faciatis ut composicionem, inter ipsos ex una parte et Petrum Beraudi ex altera, per defunctum magistrum Guillelmum Rolandi factam, ut dicitur, teneant et observent, et responsionem quam vobis super hoc fecerint, ad proximum parlamentum in crastino quindene Omnium sanctorum, cum ad nos veneritis, in scriptis significetis. Datum die veneris ante festum beate Marie Magdalene, anno Domini M° CC° LX° octavo.

## 625

10 aug. 1268. — SENESCALLO PICTAVENSI PRO THESAURARIO ECCLESIE BEATI HILARII PICTAVENSIS.

Alfonsus, *etc*. Refferente nobis dilecto clerico nostro et fideli Stephano, ecclesie Beati Hilarii Pictavensis thesaurario, intelleximus quod clerici et servientes decani et capituli predicte ecclesie quendam famulum, senescallum[1] ipsius thesaurarii, in burgo Sancti Hilarii atrociter verberarunt, manum ipsi famulo, ut dicitur, ascindentes. Unde vobis mandamus quatinus predictos decanum et capitulum taliter faciatis emendari, quod nos non oporteat manum super hoc apponere graviorem, intimantes eisdem quod hoc sub connivencia non possemus equanimiter sustinere. Responsum autem eorum et quid super hoc factum fuerit et veritatem facti nobis in crastino instantis quindene

---

[1] Ici le mot suivant : *sen.*, avec un signe d'abréviation. Je traduis *senescallum*, sans garantir l'exactitude de cette lecture.

POITOU [1268].

Omnium sanctorum, cum ad nos veneritis, in scriptis refferatis. Datum die veneris in festo beati Laurentii, anno Domini millesimo ducentesimo sexagesimo octavo.

Édité par Ledain, p. 161.

### 626

10 aug. 1268. — DECANO ET CAPITULO ECCLESIE BEATI HILARII PICTAVENSIS PRO THESAURARIO EJUSDEM ECCLESIE.

Alfonsus, *etc.*, viris venerabilibus et discretis decano et capitulo ecclesie Beati Hilarii Pictavensis, salutem et dilectionem sinceram. Refferente nobis dilecto clerico nostro et fideli Stephano, predicte thesaurario, intelleximus quod clerici et servientes vestri quendam famulum, senescallum ipsius thesaurarii, in burgo Sancti Hilarii atrociter verberarunt, manum ipsi famulo, ut [dicitur], abscindentes. Cum igitur excessus tam horribilis remanere non debeat impunitus, discrecioni vestre mandamus et vos requirimus quatinus maleficium hujusmodi faciatis taliter emendari, quod justicia offendi non possit et quod non oporteat super hoc nos manum apponere graviorem, scituri quod hoc sub connivencia non possemus equanimiter sustinere. Datum die veneris in festo beati Laurencii, anno Domini millesimo ducentesimo sexagesimo octavo.

Édité par Ledain, p. 161-162.

### 627

18 aug. 1268. — SENESCALLO RUTHENENSI SUPER DECIMA ARGENTI FODINE[1].

Alfonsus, *etc.* Ex parte venerabilis patris episcopi Ruthenensis nobis extitit supplicatum ut decimam argenti fodine d'Orzeals et aliarum argenti fodinarum dyocesis Ruthenensis, in quibus partem habemus, quam asserit dictus episcopus sibi deberi, et sibi reddi et restitui faceremus pro rata que nos contingit. Unde vobis mandamus quatinus de consuetudine argenti fodinarum dicte dyocesis et aliarum circum-

---

[1] Cette pièce a été cancellée, le scribe s'étant sans doute aperçu après coup qu'elle se rapportait à la sénéchaussée de Rouergue.

vicinarum, quantum ad solucionem decime, addiscatis diligencius veritatem, an videlicet de dictis argenti fodinis solvatur decima vel aliquid loco decime et quantum, si quid solvi contigerit in hac parte. Et veritatem quam super hoc reppereritis in scriptis redactam per clericum vestrum, cum ad nos venerit circa quartam diem post instantem quindenam Omnium sanctorum pro vestris compotis faciendis, remittatis in scriptis. Datum Parisius, sabbato post assumpcionem beate Marie virginis, anno Domini m° cc° lx° octavo.

## 628

(Fol. 98.) 18 aug. 1268. — SENESCALLO RUTHENENSI SUPER PAZAGIO [1].

Alfonsus, *etc.* Inspectis attestacionibus testium, pro comite Ruthenensi et aliis nobilibus dyocesis Ruthenensis productorum, per aliquos de consilio nostro nobis datum est intelligi quod nobilis vir et fidelis noster comes Ruthenensis predictus et alii nobiles dicte dyocesis per inquestas easdem non sunt liberi vel immunes a prestacione pazagii, quod solvi actenus consuevit. Unde vobis mandamus quatinus tam a dicto comite quam ab aliis nobilibus exigatis dictum pazagium, non tamen precise compellentes eosdem ad solucionem ejusdem pazagii, quousque responsum eorum nobis rescripseritis in hac parte. Datum Parisius, die sabbati post assumpcionem beate Marie virginis, anno Domini m° cc° lx° octavo.

## 629

18 aug. 1268. — BERNARDO DE GUISERGUES SUPER MONETA.

Alfonsus, *etc.*, dilecto [2] suo Bernardo de Guisergues, magistro monete de Monsteriolo, salutem et dilectionem. Ex parte dilectorum et fidelium nostrorum senescalli nostri Pictavensis, Symonis de Cubitis, militis, castellani de Ruppe super Oyon, et Johannis Alberti, panetarii nostri, intelleximus quod vos in moneta nostra pictavensium, quam

---

[1] Même remarque que pour l'acte précédent. — [2] Ici les mots *et fideli* biffés.

vos cudi facitis apud Monsterolium Bonini, juxta convenciones inter nos et vos initas non processistis quantum ad talliam, ut deceret. Unde, habito super hoc consilio, vobis mandamus quatinus tantam summam dicte monete nostre, adjecto uno grano quantum ad legem, faciatis in quanta vos quantum ad talliam constiterit defecisse, exsolvendo pro quolibet miliari pro monetagio quantum solvere tenemini de summa inter nos et vos conventa pro quolibet milliari, cudentes nichilominus utramque summam infra terminum pretaxatum. Et super hiis taliter vos habere curetis, quod propter deffectum[1] vestrum non oporteat nos super hoc manum apponere graviorem. Datum sabbato post assumpcionem beate Virginis, anno Domini M° CC° LX° VIII°.

Édité par Boutaric, p. 205.

### 630

18 aug. 1268. — SENESCALLO PICTAVENSI PRO EADEM.

Alfonsus, *etc.* Ex serie litterarum vestrarum et fidelium nostrorum Symonis de Cubitis, militis, castellani de Ruppe super Oyon, et Johannis Alberti intelleximus defectum in moneta nostra novorum pictavensium quantum ad talliam. Super quo deffectu, habito consilio, vobis mandamus quatinus Bernardo de Guisergues, magistro dicte monete, ex parte nostra dicatis et districte precipiatis, ut de tot milliariis in quot ipsum constiterit defecisse quantum ad dictam talliam, summam cudi faciat, addito uno grano quantum ad legem, cujusmodi jam conventa perficiat infra terminum conventum, exsolvendo nobis tantumdem pro monetagio pro quolibet milliario quantum in summa inter nos et ipsum conventa nobis solvere tenebatur. Tenorem literarum presencium transcriptum predictis Symoni de Cubitis, militi, et Johanni Alberti transmittatis et eorum consilio utamini in hoc casu. Datum ut precedens.

[1] Ici le mot *juris* biffé.

## 631

18 aug. 1268. — SENESCALLO PRO DOMINO GUILLELMO DE CALVIGNIACO, MILITE.

Alfonsus, [etc.], senescallo Pictavensi, etc. Cum, sicut ex parte nobilis et fidelis nostri Guillelmi, domini de Calvigniaco, nobis extitit intimatum, vos seu allocati vestri quandam saisinam feceritis super quibusdam juribus seu possessionibus alienatis, ut dicitur, a Johanne de Bellomonte, milite, et venditis abbati de Fontegombaudi [1], cujusmodi saisinam dictus Guillelmus ad se asserit pertinere, vobis mandamus quatinus super eadem saisina et aliis circonstanciis factum hujusmodi tangentibus prefatum Guillelmum, quantum sine juris injuria poteritis, acceleretis exhiberi celeris justicie complementum de rebus et personis quas ad nostram jurisdicionem noveritis pertinere. Datum Parisius, sabbato post assumpcionem beate Marie virginis, anno ut supra.

Édité par Ledain, p. 162.

## 632

18 aug. 1268. — JOHANNI DE NANTHOLIO, MILITI, PRO DOMINO COMITE, PRO QUERENDO AUXILIO A NOBILIBUS ET ROTURARIIS.

Alfonsus, etc. Johanni de Nantholio [2], militi, domino de Trouz, salutem et dilectionem sinceram. Litteras vestras, per fidelem clericum nostrum Egidium de Aula nobis Parisius novissime presentatas, inspeximus diligenter, gratum habentes et acceptum quod pro perquirendo nobis subsidio pro succursu Terre sancte, quo, Domino concedente, proponimus personaliter proficisci, negocium inchoastis, assignatis certis diebus in locis congruis ad audiendam responsionem eorum qui requisiti fuerint vel fuerunt, prout in eisdem vestris litteris intelleximus contineri. Sane literas nostras de requirendo ex parte nostra auxilio oportuno vobis et senescallis nostris Pictavensi et Xanctonensi mittimus, in quibus plenius continetur quod ad hoc vos et dictos senescallos nostros deputavimus loco nostri, secundum quod vobis liquere pote-

---

[1] Fontgombaut, abbaye du diocèse de Bourges, ordre de Saint-Benoît, auj. Indre, cant. Tournon-Saint-Martin. — [2] Première leçon : *senescallo Pictavensi salutem et dilectionem.*

rit, inspecta serie earumdem. Ceterum homines nostros roturarios seu censuales [1], habita primo responsione nobilium, si videritis expedire, requirere poteritis, una cum prefatis senescallis nostris, ut in tanta neccessitate graciam nobis faciant liberalem, exolvendo saltim duplicatum censum unius anni, cum ad id in tali casu teneri ex debito juxta consuetudinem patrie asserantur a pluribus fide dignis, scituri nos scripsisse sub forma consimili senescallis nostris Pictavensi et Xanctonensi, cuilibet separatim. Datum Parisius, die sabbati post assumpcionem beate Virginis, anno Domini M° CC° LX° octavo.

Item similis senescallo Xanctonensi. — Item similis littera senescallo Pictavensi.

Édité par Ledain, p. 163.

### 633

18 aug. 1268. — JOHANNI DE NANTHOLIO, MILITI, SENESCALLIS XANCTONENSI ET PICTAVENSI, PRO QUERENDO AUXILIO A BARONIBUS, MILITIBUS ET ALIIS NOBILIBUS LITTERA PATENS.

Alfonsus, *etc.*, dilectis et fidelibus suis Johanni de Nantholio, militi, domino de Trouz, Johanni de Villeta, militi, senescallo Xanctonensi, et Eustachio de Bellomarchesio, militi, senescallo Pictavensi, salutem et dilectionem sinceram. Urgentis negocii qualitas et temporis brevitas nos inducunt ut, quanta possumus instancia, ea que nobis neccessaria sunt pro subsidio Terre sancte celeriter perquiramus. Hinc est quod vobis mandamus et precipimus quatinus dilectos et fideles nostros barones, milites et alios nobiles comitatus nostri Pictavensis, in senescalliis vestris existentes, ex parte nostra requiratis, ut in tanto neccessitatis articulo gratam subvencionem et oportunum auxilium secundum facultates suas singuli coram vobis velint liberaliter impertiri, eorumque responsiones, quas gratas speramus debere fieri, nobis per vestras litteras rescribatis. Nos vero ad requisicionem predictam faciendam et responsionem audiendam loco nostri vos duximus deputandos aut

---

[1] Le manuscrit porte *cansuales*; on peut traduire *censuales*, hommes soumis au cens, ou *casuales*, hommes de casaux, de manses; on pourrait, dans ce dernier cas, rapprocher de ce terme les expressions *mansionarii*, *casati*, etc.

duos vestrum, si omnes simul nequiveritis interesse. Et hoc omnibus quibus significandum est tenore presencium intimamus. Datum Parisius, die sabbati post assumpcionem beate Virginis, anno Domini M°CC°LX° octavo.

Édité par Ledain, p. 162-163, et par Boutaric, p. 282-283.

## 634

18 vel 19 aug. 1268. — SENESCALLO PICTAVENSI PRO PETRONILLA, SORORE G., CLERICI.

Alfonsus, *etc.* Cum Petronilla, soror dilecti clerici nostri Godefridi de Monsteriolo, juvenis litterata, desideret Christo sub regulari habitu famulari, vobis mandamus quatinus ex parte nostra apud abbatissam monasterii Sancte Crucis Pictavensis, vel alibi in Pictavia ubi pocius expedire videritis, diligenter instare curetis quod, intuitu pietatis et nostrorum interventu precaminum, recipiatur in monacam et sororem, concesso sibi, prout moris est, [h]abitu moniali, in loco ubi ei dictum habitum concedi contigerit, cum illuc accesserit, sine difficultate qualibet admitatur. Et quid inde feceritis nobis refferatis ad parlamentum nostrum, quod erit in crastino instantis quindene Omnium sanctorum, cum ad nos veneritis pro vestris compotis faciendis. Datum Parisius[1], post festum assumpcionis beate Marie virginis.

## 635

(Fol. 99.) 20 aug. 1268. — SENESCALLO PICTAVENSI PRO GUILLELMO, DOMINO DE CALVENIACO.

Alfonsus, [*etc.*]. Ex parte dilecti et fidelis nostri Guillelmi, domini de Calvigniaco, nobis est intimatum quod, cum idem se constituisset fidejussorem pro fideli nostro Aymerico, vicecomite Ruppiscavardi, erga quosdam burgenses, qui[2] dictum Guillelmum impetunt pro fide-

---

[1] Le jour de la semaine et le mois ne sont pas indiqués; l'acte est, d'après la place qu'il occupe dans le registre, du 18 ou du 19 août.

[2] La phrase est mal construite: il faudrait, au lieu de *qui, dicti burgenses*.

jussione eadem. Unde vobis mandamus quatinus, vocatis hiis quorum interest, prout justum fuerit et secundum tenorem littere dicti vicecomitis confecte de indempnitate prestanda, dicto Guillelmo exhibeatis celeris justicie complementum. Datum Parisius, die lune post assumpcionem beate Marie virginis, anno ut supra.

### 636
25 aug. 1268. — MAGISTRO PETRO SORINI, CANONICO XANCTONENSI, PRO DOMINO COMITE.

Cum inter venerabilem patrem... episcopum Pictavensem [1] ex una parte et nos seu gentes nostras ex altera quidam articuli vertantur in questionem, super quibus videtur nostro consilio quod dictus episcopus nobis injuriosus existat ac infferat prejudicium et gravamen, prefato... episcopo ex adverso asserente quod senescallus noster Pictavie eidem episcopo aut suis aliqua intulit gravamina, propter que sentenciam excommunicacionis in eundem senescallum dicitur promulgasse, discrecioni vestre mandamus quatinus ad diem et locum, quando et ubi dilectus et fidelis clericus noster Egidius de Aula, Pictavensis, vobis significaverit, personaliter accedatis, tractaturi cum eodem episcopo super mutuis articulis de quibus questio seu querela mota est hinc et inde, necnon curam et diligenciam adhibeatis circa dictos articulos sopiendos, secundum quod honori nostro et utilitati cedere videritis et prout consentaneum fuerit racioni. Datum Parisius, sabbato post festum beati Bartholomei apostoli, anno LX° octavo.

### 637
27 aug. 1268. — SENESCALLO PICTAVENSI PRO RECTORE ECCLESIE DE SENANZ.

Alfonsus, *etc.* Veniens ad nos rector ecclesie de Senanz [2], Pictavensis dyocesis, nobis conquerendo monstravit quod priorissa de Podia [3],

---

[1] Hugues I*er* (1259-1271). — [2] Cenan. Vienne, comm. Lappuie. — [3] Lappuie, Vienne, cant. Pleumartin.

ejusdem dyocesis, ordinis Fontis Ebraudi, occasione concessionis eidem priorisse ad vitam suam a nobis facte, eundem rectorem super decimis novalium multipliciter inquietat. Sane cum non sit intencionis nostre quicquam dicte priorisse in prejudicium parrochialis ecclesie concessisse, vobis mandamus quatinus eandem priorissam, quantum ad vos pertinet, inducatis ne dictum rectorem occasione concessionis predicte vexet aliquatenus seu molestet. Datum Parisius, die lune post festum beati Bartholomei apostoli, anno Domini M° CC° LX° VIII°.

Édité par Ledain, p. 163-164.

## 638

27 aug. 1268. — EGIDIO CAMELIN PRO ABBATE BELLEPERTICE.

Alfonsus, *etc.*, dilecto et fideli clerico suo Egidio Camelini, salutem et dilectionem. Exibita nobis ex parte religiosi viri abbatis Bellepertice[1] peticio continebat, quod vos aliqua bannivistis que in nostris feodis seu retrofeodis nomine sui monasterii sunt ab eo seu ab ipsius predecessoribus acquisita. Sane, licet obtentu privilegiorum[2] que asserit se habere dicat sibi licere infra fines nostri comitatus acquirere et acquisita licite tenere, nichilominus, sicut dicit, paratus est nostre acquiescere voluntati. Unde vobis mandamus quatinus una cum senescallo nostro Tholose, cui super hoc scribimus, tractetis cum dicto abbate, inducentes eundem ad majorem pecunie quantitatem nobis prestandam quam poteritis bono modo, pro confirmacione a nobis obtinenda super hujusmodi acquisitis. Et quid super hoc et aliis viis et articulis vobis traditis feceritis, refferatis in scriptis, cum ad nos veneritis circa quartam diem post instantem quindenam Omnium sanctorum. Datum Parisius, die lune post festum beati Bertholomei apostoli, anno Domini M° CC° LX° octavo.

[1] Belleperche, abbaye de l'ordre de Cîteaux, au diocèse de Toulouse, puis de Montauban, Tarn-et-Garonne, comm. Cordes-Tolosanes.

C'est à tort que cet acte a été transcrit par le copiste dans le cahier du Poitou.

[2] Il s'agit sans doute d'un acte d'amortissement de Raimond V, comte de Toulouse, daté (de 1182 et cité par Moulenq) *Documents sur le Tarn-et-Garonne*, I, 112).

## 639

28 aug. 1268. — MAGISTRO PETRO VIGERII, CANONICO CARNOTENSI, PRO DOMINO COMITE.

Alfonsus, *etc.* Cum super quibusdam articulis, qui vertuntur in questionem inter venerabilem patrem... episcopum Pictavensem ex una parte et nos vel senescallum nostrum pro nobis ex altera, super quibus sopiendis [1] tractari debet cum eodem... episcopo, si possit fieri competenter [2], vobis mandamus quatinus ad diem et locum, quando et ubi dilectus et fidelis clericus noster magister Egidius de Aula vobis duxerit intimandum, personaliter accedatis, curam et diligenciam quam poteritis adhibentes quod dicti articuli, servato jure et honore nostro, quantum racio permiserit, utiliter sopiantur. Datum Parisius, die martis post festum beati Bartholomei apostoli, anno ut supra.

## 640

5 sept. 1268. — SENESCALLO PICTAVENSI ET SYMONI DE CUBITIS, MILITI, PRO COMITE, [SUPER QUADAM ACCENSATIONE OLIM FACTA].

Alfonsus, [*etc*]. Non videtur cuiquam facere injuriam qui utitur jure suo, subditorum autem nostrorum jura sic illesa servari volumus, ut nostra tamen minime negligere videamur. Sane nobis relatum extitit quod per Theobaldum de Noviaco [3], dum esset senescallus in Pictavia, quidam locus traditus fuit Dyonisio Burgensi ad censum annuum octo solidorum currentis monete pictavensis, in qua quidem tradicione fraudati fuisse dicimur jure nostro ultra medietatem justi precii. Quocirca vobis mandamus quatinus, secundum quod vobis vel vestrum alteri constare poterit de premissis, locum ipsum ad manum nostram revocetis quousque assensum nostrum, qui nondum in hac parte extitit requisitus, ut dicitur, meruerit impetrare. Ceterum de domo

---

[1] Première leçon : *expediendis*.

[2] *Sic* dans le manuscrit; la phrase est mal construite : le mot *Cum* au début du mandement est de trop.

[3] Thibaut de Neuvy, sénéchal de Poitou à dater de 1255 : le registre porte *Noviacum*.

Radulfi Garet, quam idem R. in nostrum prejudicium ab abbate de Fontenellis[1] dicitur advoasse, addiscatis plenius veritatem, culpam dicti Radulfi, si reperta fuerit in hac parte, prout justum fuerit punientes. Addiscatis insuper veritatem super eo quod prefatus Dyonisius Burgensis quendam carceri mancipatum propria temeritate permisit abire, cujus incarcerati absolucio seu abeundi permissio sine auctoritate superioris ad ipsum Dyonisium minime pertinebat, quod si ita fuerit, racione previa, excessum hujusmodi puniatis. Preterea caute et diligenter addiscatis veritatem super factis et circonstanciis que occurrerunt in vendicione nemorum nostrorum que per Radulfum de Soteville mensurantur, quia, sicut nobis extitit intimatum, dictus R. in hujusmodi commisso sibi officio non gerit se adeo fideliter et utiliter ut debetur. Super premissis itaque articulis taliter vos habere curetis quod, cum ad nos veneritis in crastinum instantis quindene Omnium sanctorum, de eisdem ad plenum instruere nos possitis. Datum Parisius, die mercurii ante nativitatem beate Marie virginis, anno Domini M° CC° LX° VIII°.

### 641

(Fol. 100.) 11 sept. 1268. — MAGISTRO EGIDIO DE AULA, CLERICO, PRO EPISCOPO PICTAVENSI.

Alfonsus, *etc.* Scire vos volumus quod per consiliarios nostros cum cantore Pictavensis ecclesie et magistro Alnaldo, canonico Beate Radegundis, ad nos missis ex parte venerabilis patris... episcopi Pictavensis, extitit ordinatum quod super articulis qui vertuntur inter nos et dictum episcopum inquiratur per unum ex parte nostra et alium ex parte ejusdem episcopi deputatos. Primo tamen senescallo nostro Pictavensi, humiliter petenti, curialiter et benigne impendi debet absolucionis beneficium et relaxari sentencia interdicti, prout dicti nuncii asseruerunt se facturos et curaturos. Cum igitur dilectis et fidelibus nostris magistris P. Sorini et P. Vigerii, canonicis Xanctonen-

---

[1] Fontenelles, abbaye de l'ordre de Saint-Augustin, au diocèse de Luçon; auj. les Fontenelles, Vendée, comm. Saint-André-d'Ornay.

sibus, scripserimus, ut ad diem et locum quando et ubi eisdem significandum duxeritis, personaliter accedant vel saltim alter eorum, si ambo nequiverunt interesse, vobis mandamus quatinus, captatis certis die et loco cum prefato episcopo, dictis magistris P. et P. litteratorie significetis diem et locum qui fuerint assignati, ut tunc ibidem veniant in inquisicionis prefate negocio processuri et adhibituri opem et operam efficacem circa dictos articulos sopiendos, vobis eisdem assistentibus et ipsos plenius instruentibus de facto et facti circonstanciis, que in talibus requiruntur, rescribentes nobis, cum se facultas obtulerit, quid super premissis factum expeditumve fuerit aut quid supererit faciendum. Datum die martis post nativitatem beate Marie virginis, anno Domini millesimo ducentesimo sexagesimo octavo.

Édité par Ledain, p. 164-165.

## 642

11 sept. 1268. — MAGISTRO PETRO SORINI PRO EPISCOPO PICTAVENSI [SUPER INQUESTA FACIENDA].

Alfonsus, *etc.*, dilecto et fideli clerico suo magistro Petro Sorini, canonico Xanctonensi, salutem et dilectionem sinceram. Ex parte venerabilis patris episcopi Pictavensis missi ad nos cantor ecclesie Pictavensis et magister Arnaldus, canonicus ecclesie Beate Radegundis, oblatis nobis literis dicti episcopi de credencia, exposuerunt nobis quosdam articulos, super quibus conqueritur idem... episcopus sibi injuriam non modicam illatam fuisse per senescallum nostrum Pictavensem et per Picaudum Rafini, tunc prepositum Pictavensem, cujusmodi articulos necnon alios, in quibus dictus... episcopus nobis et nostris infert, ut dicitur, prejudicium et gravamen, vobis mittimus presentibus interclusos. Sane quid utrique articuli circa factum versantur, de quo minime nobis constat, vobis mandamus rogantes quatinus, una cum dilecto et fideli clerico nostro magistro Petro Vigerii, vestro concanonico Xanctonensi, cui super hoc scribimus, aut saltim alter vestrum, si ambo nequiveritis interesse personaliter, accedatis ad diem et locum, quando et ubi dilectus et fidelis clericus noster magister Egidius de Aula, Pictavensis, vobis duxerit intimandum, super mutuis articulis, qui inter nos et dictum episcopum vertuntur, diligenter inquisituri cum illo quem idem episcopus pro se in hac parte duxerit deputandum, primo tamen relaxatis ab eodem episcopo latis sentenciis excommunicacionis in dictum senescallum et interdicti in locis ad que eundem senescallum declinare contingit, quandiu ibidem moram trahit. Condictum enim extitit inter consiliarios nostros et dictos nuncios dicti... episcopi quod prefato senescallo petenti impenderetur absolucionis beneficium curialiter et benigne et relaxaretur sentencia interdicti, si consentiremus in inquisicione hujusmodi facienda, circa quam, ut condecet, faciendam ac mutuos articulos sopiendos adeo prudenter curetis procedere, quod vestram diligenciam et fidelitatem debeamus merito commandare. Datum die martis post nativitatem beate Marie virginis, anno Domini millesimo ducentesimo sexagesimo octavo.

Similis littera missa fuit magistro P. Vigerii sub eadem forma.

Édité par Ledain, p. 165.

## 643

13 sept. 1268. — AU SENESCHAL DE POITOU POR LE CONTE DE POITIERS ET DE THOLOSE [SUR LE CHANGE DE LA MONNAIE DE POITEVINS].

Aufonz, fiuz dou roi de France, conte de Poitiers et de Tholose, à son amé et son feau, au seneschau de Poitou, saluz et amor. Nous vous mandons que à Bernart de Gusergues, mestre de nostre menoie de Monstereul, balliez les deniers qui nos sont deu ou seront en vostre seneschaucie de ce prochien terme de la Touz sainz, et quanque vos en porrez avoir en pecune en bone meniere que le change que il fera por nous de nostre menoie de poitevins nuef, selonc la forme que nos avons fet assavoir à celi Bernart par noz letres, c'est assavoir por 1 denier alfonsin d'or ou croisat ou marbotin d'or[1], qui est une meisme menoie, desquex li LXIII et I tierz font le marc au marc de Troies, por chacun denier VIII sols et III deniers de poitevins, et n'i doint

---

[1] Monnaie d'or de Castille, à la croix.

plus, et pour chascun denier florin d'or vııı sols vııı deniers pictav., et pour chascun denier augustaire d'or[1] x sols vııı deniers pict., et pour chascun denier double de mir.[2] x sols vııı deniers pict., et pour chascun denier de Rouset d'or[3] x sols ıı deniers pict. Et enjoigniez à iceli Bernart que es devant dites monoies ne doint pas plus pour nos que il est dit; mes se li diz Bernarz ladite monoie ne puet trouver pour le pris devant dit, il nos plest que touz les deniers, qu'il nos doit ou devra tant de nostre monoie que de la paie de la seneschaucie de Poitou à nos fere en poitevins en ce prochien terme de la Touz sainz, changiez aus devant dites monoies d'or por le pris devant dit qui est mis en chascune monoie, et le remanant qu'il ne porra changier aus devant dites monoies d'or pour le pris devant dit pourra changier à monoies d'estellins, et doint pour le marc d'estellins, boens et loiaus de pois et de conte, ʟᴠ sols pict., car il est avis que le change devant dit doie avoir pour tel pris, receue toutevoies de celi Bernart boenne seurté que de la pecune que vos li baudroiz face plaine et enterine paie au Temple à Paris l'endemein de la quinzaine prochienne de Touz sainz. Et se vos trovez le dit change des dites monoies, c'est assavoir de la monoie d'or et des estellins, au pris devant dit envers aucuns changeeurs ou orfevres ou aucuns autres, si le fetes en tele maniere qu'il puisse estre paiez au Temple à Paris environ la quinzaine de la Touz sainz. Et les deniers des finances et d'autres deites qui nos sunt deues à tornois en la seneschaucie de Poito des religions ou d'autres, ne bailliez pas à Bernart, mes les changiez à gros tornois d'argent, c'est assavoir xıı deniers tur. petiz por ı gros denier tornois d'argent de la monoie le Roi, ou les changiez à la monoie d'or, c'est assavoir que vos doigniez pour ı denier alfonsin d'or ou croisat ou marbotin d'or, qui sunt tout un, dont li ʟxııı et ı tierz font le marc au marc de Troies, vııı sols et ı denier tur. pour chascun denier et non plus, por chascun denier d'or florin vııı sols vı deniers tur., et pour chascun

---

[1] Monnaie impériale.
[2] *Sic* dans le manuscrit; peut-être faut-il penser à la *moneta miliarensis*, imitation de la monnaie arabe, frappée autrefois à Montpellier. (Voir Ducange, art. *Miliarensis*.)
[3] Je ne trouve rien sur cette monnaie.

denier d'or augustaire x sols vi deniers tur., et pour chascun denier double d'or de milr. x sols vi deniers tur., et pour chascun denier d'or de Rousset x sols tur., et en nulles de ces monoies ne donez pas plus en tornois. Et le remanant des finances et d'autres deites, que l'en nos doit en tornois et que vos ne porroiz changier à ces monoies devant dites, aportez le nos en purs tornois au Temple à Paris, environ la quinzaine de la Touz sainz. Ce fu doné à Mesons sur Saine[1], le juedi après la nativité nostre Dame, anno Domini millesimo cc° lx° octavo. — Et retenez et gardez par devers vous cestre leitre en tele maniere que quant vos vendroiz à nous, vos nos puissiez respondre par bouche [et] en escrit de ces choses qui desus sont contenues.

### 644

(Fol. 101.) 13 sept. 1268. — A BERNART DE GUISERGES, DE PAR LE CONTE DE POITIERS, [TOUCHANT LA MONNAIE DE MONTREUIL-BONNIN].

Alfonz, fiuz de roi de France, coens de Poitiers et de Tholose, à Bernart de Guiserges, mestre de la monaie de Monsterel, saluz et amour. Nous receumes vostre lestre novellement et entendimes par la teneur de cele lestre que vous la faute de la monaie qui est fete proposez à emender en icele monaie qui est affere, laquele chose nous ne autre qui en ce se cognoissent ne pouns pas voier en quele meniere vous puissiez emender icelui defaut de la taille par le remanant de la monaie qui est à fere. Quar en ce qui à fere est, vous estes tenuz à garder les covenances que vous avez jurées quant au pois et à la loi et à la taille de la monaie, et einsint ce ne seroit nulle emende de fere ce à quoi vous estes tenuz. Et se vous fesiez plus fort taille que cele à quoi vous estes tenuz, ce ne seroit de riens nostre profit ne du quemun du pais, quar l'en recourroit la fort monaie et fondroit, et einsint revendroit à la meniere de la foible monaie. Dons nous vous mandons que vous en fere l'amende de la faute de la taille de la

---

[1] Probablement Maisons-Alfort, Seine.

monaie de poitevins que vous avez ja feste vous aiez en tele meniere, si cum nous vous avons ja autrefoiz escrit que ingne coviegne pas que nous i metains la main plus aprement. De ce que vous nous avez mandé du change des poitevins doner LV sols de poitevins nuef au marc d'estellins, nous vous fesons à savoir que il nous pleroit mieuz que vous aportesoit monaies d'or de celes qui ci desouz sont escrites et au feur qui est mis à chacune : c'est à savoir pour I dener d'or alfonsin, croisat ou marbotin d'or, qui est tout un, dom li LXIII et tierz font le marc au marc de Troies, VIII sols III deniers poitevins pour chacun denier et non plus, et pour chacun denier florin d'or VIII sols VIII deniers poitevins, et pour chacun denier augustaire d'or X sols VIII deniers poitevins, et pour chacun denier d'or double de mil. X sols VIII deniers poitevins, et pour chacun d'or de Rochet X sols II deniers poitevins, et en nulle de ces monaies ne donnez pas plus pour nous, mes se vous le poez trover à ce feur qui est desus dit, il nous plest biem que vous les deniers que vous nous devez et devroiz, tant du monage que des deniers du poiemant de la senechaucie de Poito qui nous sont deu à ce pruchien terme de la Tousainz, changiez an monaies d'or desus dites, au feur qui est mis et escrit en chacune, et n'i donnez pas plus. Et ce que vous ne pouroiz pas changier an monaies desus dites et au fuer[1] desus dit, pourroiz changier le remenant de nos deniers de poitevins à estellins et donner pour le marc d'estellins, bons et loiaus de pois et de conte, LV sols de poitevins, quar i semble que vous le doiez biem avoir pour tant. Et en ces choses desus dites fere biem et loiaument vous aiez en tele meniere que vous en doiez estre loez, et ce que vous avez changié ou qui ne pourra estre changié pour faute de trover change, aportiez en tele meniere que vous randiez et poiez tout ce que vous devrez au Temple à Paris l'andemain la quinzaine de la feste de Touz sainz proichienemant à venir. Ce fu donné la voille de la sainte Croiz, en l'en nostre Segneur mil deus cens sexante et ouit. Et retenez et gardez par devers vous ceste lettre en tele meniere que

---

[1] Le manuscrit porte *stier*; la correction s'impose.

quant vos vendroiz à nous, vos nos puissuiez respondre par bouche et par escrit de ces choses qui desus sont contenues.

Publié en partie par Boutaric, p. 205.

## 645

[Sept. 1268.] — MAGISTRO EGIDIO DE AULA, CANONICO DE LODUNO, PRO COMITE AUGI.

Alfonsus, *etc.*, dilecto et fideli clerico suo magistro Egidio de Aula, Pictavensi, *etc.* Cum, sicut ex parte dilecti consanguinei et fidelis nostri nobilis viri Alfonsi, filii regis Jerusalem, comitis Augi et camerarii Francie[1], nobis extitit intimatum quod religiosa abbatissa monasterii Sancte Trinitatis Pictavensis ipsum trahit in causam et vexat indebite coram judice ecclesiastico, auditore videlicet causarum in curia capituli Pictavensis, de rebus et possessionibus quas idem comes a nobis in feudum tenet, ut dicitur, et advoat se tenere, vobis mandamus quatinus exequtores illos, quibus venerabilis pater episcopus Carnotensis[2], conservator privilegiorum nobis a sede apostolica concessorum, vices suas dicitur commisisse, ex parte nostra requiratis ut juxta tenorem privilegiorum ipsorum que vobiscum detulistis, cum a nobis nuperrime recessistis, prefato comiti Augi, procuratori et gentibus suis exibeant et impendant consilium et auxilium quod pretextu privilegiorum predictorum impendere poterunt in hac parte, ita quod jus dicti comitis necnon nostrum feudum ob deffectum vel negligenciam non contingat aliquatenus deperire. Datum, *etc.*

## 646

8 oct. 1268. — SENESCALLO PICTAVENSI PRO COMITE PICTAVIE SUPER FACTO JUDEORUM.

Alfonsus, *etc.* Scire vos volumus quod intencionis nostre non fuit nec est ut occasione mandati, quod vobis nuper per nostras litteras fecimus de Judeis et bonis eorum mobilibus capiendis et arrestandis,

---

[1] Alfonse de Brienne, comte d'Eu, mort en 1270. — [2] Pierre II de Minci.

personas ipsorum Judeorum captas deberetis tenere, postquam omnia bona ipsorum mobilia penes vos haberetis. Unde vobis mandamus quatinus, scientes quantum de bonis cujuslibet Judei ceperitis et in quibus rebus, et quorum sunt pignora que inventa fuerunt penes eos, et pro quanto eciam pignorata fuerint, Christianis quorum sunt dicta pignora reddi et restitui faciatis eadem, prius tamen sorte soluta sine usuris et retentis penes vos rebus et bonis omnibus mobilibus ipsorum Judeorum. Pauperes vero Judeos et maxime debiles et infirmos, mulieres et eciam pueros eorum etatis quatuordecim annorum et citra, quorum omnia bona mobilia credideritis vos cepisse et habuisse, a prisione deliberetis; divites autem Judeos et eorum uxores, de quibus presumendum erit quod absconderunt vel subterfugerunt bona sua aut pignora que habebant, captos teneatis quousque vobis reddiderint bona et pignora antedicta, et cum hoc plenius feceritis, eos volumus similiter a prisione liberari; predicta omnia bona Judeorum ponatis ad partem. Ceterum vobis mandamus ut in vestra senescallia preconizari faciatis vel saltim publice dici in vestris assisiis, ut quicumque habuerit penes se vel sciverit alium habere de bonis Judeorum, vobis significet et restituat sub interminacione pene, quam incurrerit juxta qualitatem delicti quicunque postea convinceretur aliquid habuisse vel habere de bonis vel rebus dictorum Judeorum, nisi illud vobis duxerit intimandum. Quid super hoc feceritis et quantum ascendet summa quam ab omnibus Judeis et singulis acceperitis, nobis plenius tam scripto quam verbo insinuare curetis, cum ad nos veneritis in crastinum instantis quindene Omnium sanctorum pro vestris compotis faciendis. Et ad inveniendum et habendum bona predicta omnem diligenciam adhibeatis quam poteritis adhibere. Datum die lune in vigilia beati Dyonisii, anno Domini millesimo ducentesimo sexagesimo octavo.

Similis littera missa fuit senescallo Xanctonensi.
Similis littera missa fuit conestabulo Alvernie.
Similis littera missa fuit senescallo Ruthinensi.
Similis littera missa fuit senescallo Venessini.

Similis littera missa fuit senescallo Agenensi et Caturcensi.
Similis littera missa fuit senescallo Tholose et Albiensis.
Similis littera missa fuit vicario Tholose.

Édité par Ledain, p. 167.

## 647

(Fol. 102.) 8 oct. 1268. — SENESCALLO PICTAVENSI PRO COMITE AUGI, COMITE MARCHIE ET ALIIS BARONIBUS SUPER JUDEIS[1].

**Alfonsus**, *etc.* Intelleximus quod vos Judeos nobilium et fidelium nostrorum comitum Augi et Marchie et quorundam aliorum baronum nostrorum de vestra senescallia et bona eorundem Judeorum, occasione mandati nostri nuper vobis per litteras nostras facti, cepistis et capta detinetis, in ipsorum baronum prejudicium et gravamen. Unde vobis mandamus quatinus bona Judeorum ipsorum, quos predictus comes Marchie et alii barones suos proprios esse probaverint, vocatis ad hoc probis viris, sigillo vestro et sigillis dominorum quorum dicti Judei fuerint, sigillatim de quolibet, consignetis, et eadem bona predictis dominis usque ad tres septimanas post instantem Candelosam recredatis. Ceterum si nobilis consanguineus et fidelis noster comes Augi bona Judeorum terre sue, que cepisse dicimini et capta detinere, coram pluribus bonis ad hoc specialiter vocatis consignare et ea nostro nomine custodire voluerit, mandamus vobis quatinus bona predictorum Judeorum terre sue deliberetis eidem custodienda nomine nostro usque ad tres septimanas post instantem Candelosam. Quid vero super premissis feceritis, et que et quanta bona taliter consignata fuerint, et quibus ea recredenda duxeritis, necnon voluntatem et responsionem predicti comitis Augi nobis in crastino instantis quindene Omnium sanctorum, cum ad nos veneritis, tam scripto quam verbo plenius refferatis. Datum die lune in vigilia beati Dyonisii, anno Domini millesimo ducentesimo sexagesimo octavo.

[1] Cette pièce est cancellée dans le registre.

## 648

10 oct. 1268. — NOBILI COMITI AUGI [SUPER JUDEIS].

Nobili et karissimo consanguineo ac fideli suo Alfonso, filio regis Jerusalem, comiti Augi, Alfonsus, *etc.*, salutem et sincere dilectionis affectum. Intelleximus quod senescallus noster Pictavensis Judeos terre vestre et eorum bona cepit et adhuc capta detinet dicta bona. Vobis itaque significamus quod, si bona predictorum Judeorum, quos de terra vestra esse dicitis [1], coram pluribus bonis specialiter ad hoc vocatis consignare et ea nostro [2] velitis nomine custodire, placet nobis et senescallo nostro Pictavensi nostris damus litteris in mandatis quod ipse bona predictorum Judeorum terre vestre modo predicto vobis deliberet custodienda nomine nostro usque ad tres septimanas post instantem Candelosam [3]. Quam custodiam si, ut predictum est, acceptare nolueritis, predicto senescallo nostro mandavimus litteratorie ut bona predictorum Judeorum, quos de terra vestra esse dicitis, vobis vel mandato vestro usque ad predictum terminum recredat, sigillo vestro et suo coram pluribus bonis advocatis consignata. Datum die mercurii post festum beati Dyonisii.

Édité par Ledain, p. 171.

## 649

10 oct. 1268. — SENESCALLO PICTAVENSI PRO COMITE AUGI SUPER FACTO JUDEORUM.

Alfonsus, *etc*. Intelleximus quod vos Judeos de terra nobilis et karissimi consanguinei ac fidelis nostri comitis Augi et eorundem Judeorum bona, occasione mandati nostri vobis nuper per litteras nostras facti, cepistis et capta detinetis, in dicti comitis, ut asserit, prejudicium et gravamen. Unde vobis mandamus quatinus, si dictus comes predictorum Judeorum, quos de terra sua esse asserit, bona consignare coram pluribus bonis ad hoc vocatis voluerit et ea nostro nomine custodire, ea

---

[1] Première leçon : *Judeorum terre vestre.*
[2] Le manuscrit porte *non.*
[3] Ici la date suivante biffée : *Datum die lune in vigilia beati Dyonisii, anno millesimo ducentesimo sexagesimo octavo.* [8 octobre 1268.]

sibi vel mandato suo modo predicto custodienda nomine nostro tradatis et deliberetis usque ad tres septimanas post instantem Candelosam. Quam custodiam si taliter acceptare noluerit, vos predicta bona usque ad dictum terminum eidem vel certo mandato suo recredatis, sigillo vestro et suo coram pluribus bonis consignata, secundum quod de aliis baronibus nostris per alias vobis damus litteras in mandatis. Quid autem super premissis feceritis et qualitatem bonorum seu estimacionem valoris bonorum, que taliter consignata [fuerint], nobis in crastino instantis quindene Omnium sanctorum, cum ad nos veneritis, tam verbo quam scripto plenius refferatis. Datum die mercurii post festum beati Dyonisii, anno Domini M° CC° LX° octavo.

Édité par Ledain, p. 169.

## 650

8 oct. 1268. — SENESCALLO PICTAVENSI PRO COMITE MARCHIE ET BARONIBUS SUPER FACTO JUDEORUM.

Alfonsus, *etc.* Intelleximus quod vos Judeos nobilis et fidelis nostri comitis Marchie et quorundam aliorum baronum nostrorum de vestra senescalcia et bona eorundem Judeorum, occasione mandati nostri nuper vobis per litteras nostras facti, cepistis et capta detinetis, in ipsorum, ut dicunt, baronum prejudicium et gravamen. Unde vobis mandamus quatinus bona Judeorum ipsorum, quos predictus comes Marchie et alii barones suos proprios esse probaverint, vocatis ad hoc probis viris, sigillo vestro et sigillis dominorum quorum dicti Judei fuerint, sigillatim de quolibet, consignetis, et eadem bona predictis dominis usque ad tres septimanas post instantem Candelosam recredatis. Quid vero super premissis feceritis, et que et quanta bona taliter consignata fuerint, et quibus ea recredenda duxeritis, nobis in crastino instantis quindene Omnium sanctorum, cum ad nos veneritis, tam scripto quam verbo plenius refferatis. Datum die lune in vigilia beati Dyonisii, anno Domini M° CC° LX° octavo.

Édité par Ledain, p. 168.

## 651

10 oct. 1268. — SENESCALLO PICTAVENSI PRO COMITE PICTAVIE ET THOLOSE
SUPER PETENDO AUXILIO PRO SUCCURSU TERRE SANCTE.

Alfonsus, *etc.* Mandamus vobis quatinus majorem, juratos et communiam Pictavenses, majorem, juratos et communiam de Niorto, ac alios probos homines aliarum villarum nostrarum vestre senescallie, qui nobis pro succursu Terre sancte nullum auxilium prestiterint, ex parte nostra cum instancia requiratis vel requiri faciatis ut nobis, crucis caractere insignitis et in subsidium Terre sancte personaliter proficisci proponentibus, in tante necessitatis articulo talem et tantam graciam nobis studeant impertiri, quod de eisdem propter hoc debeamus nos merito tenere pro pagatis, maxime cum ad hoc de generali et notoria consuetudine Francie teneri dicantur. Ceterum diligenter et secreto addiscatis et addisci faciatis de trecentis vel quadrigentis majoribus communie civitatis Pictavensis, item de ducentis vel trecentis majoribus communie de Niorto, et de majoribus aliarum villarum nostrarum vestre senescallie in numero competenti, secundum quantitatem cujusque ville, quantum possunt habere per estimacionem et famam vicinorum tam in mobilibus quam inmobilibus, de quolibet sigillatim. Quid vero super premissis feceritis et nomina eorum de quibus addisceritis et addisci feceritis, et quantum eos habere inventum fuerit, necnon oblacionem quam vobis nostro nomine fecerint nobis in crastino quindene Omnium sanctorum proximo venture, cum ad nos veneritis, tam verbo quam scripto plenius refferatis, ut, si ad requisicionem vestram nostro nomine eis factam congruum et gratum responsum non fecerint, plenius et cercius ac celerius consilium habere possimus, quale et quantum auxilium in tanto et tam pio negocio ac celeri ab ipsis accipere debeamus. Datum die mercurii in crastino sancti Dyonisii, anno Domini M° CC° LX° octavo.

Similis littera missa fuit senescallo Xanctonensi pro hominibus civitatis Xanctonensis et aliarum villarum senescallie Xanctonensis, que non fecerunt auxilium domino comiti.
Édité par Ledain, p. 168-169.

## 652

(Fol. 103.) 16 oct. 1268. — SENESCALLO PICTAVENSI PRO COMITE PICTAVIE ET THOLOSE SUPER FACTO JUDEORUM.

Alfonsus, *etc.* Mandamus vobis quatinus ad nos mittatis, cum ad nos veneritis pro vestris compotis faciendis ad crastinum instantis quindene Omnium sanctorum; pro omnibus Judeis vestre senescallie duos Judeos captos de ditioribus Judeis ipsius senescallie, finem facturos nobiscum pro omnibus Judeis de vestra senescallia super prisia sua et de bonis eorum mobilibus que habere volumus et intendimus. Mandamus eciam vobis quatinus omnes libros Judeorum ipsorum mittatis ad dictam diem Parisius, in fardellis distincte vestro sigillo sigillatis, concergio domorum nostrarum Parisius tradendos, et ad hoc faciendum expensas capiatis et faciatis de bonis Judeorum ipsorum. Volumus insuper quod de bonis ipsorum capiendis, querendis in domibus eorum, investigandis et bonis eorum nobis conservandis sitis sollicitus et intentus, ita quod de hiis, quantum poteritis, utilitatem nostram faciatis. Ad deliberacionem eciam Judeorum caute procedatis secundum formam alias vobis datam, excucientes ab ipsis quidquid penes eos vel alios de bonis ipsorum poteritis invenire, mulieres vero et pueros[1] a prisione deliberetis. Datum die martis in octabis sancti Dyonisii, anno Domini millesimo ducentesimo sexagesimo octavo.

Similis littera missa fuit senescallo Xanctonensi.
Similis littera missa fuit conestabulo Alvernie.

Édité par Ledain, p. 170.

## 653

16 oct. 1268. — SENESCALLO PICTAVENSI PRO COMITE PICTAVENSI SUPER FACTO JUDEORUM.

Alfonsus, *etc.* Litterarum vestrarum seriem, quas novissime recepimus, pleno collegimus intellectu, gratum gerentes et acceptum quod

---

[1] *Ipsorum* biffé.

fodiendo domos Judeorum quorundam fecistis prout eadem littera continebat, nosque vobis nuper misimus quasdam litteras in quibus continetur quod bona Judeorum vestre senescalcie tam in domibus quam alias ubicunque sagaciter investigare curaretis[1], et hoc iterato vobis districte precipimus quatinus modis omnibus quibuscunque poteritis bona dictorum Judeorum perquiri et investigari faciatis, ita quod propter aliquam negligenciam vel eorum malitiam nichil in hac parte nobis valeat deperire[2], ac ea que ad vestram manum venerint de bonis eorundem sub fida custodia taliter teneatis, quod de eisdem nobis possitis, ut condecet, respondere. Datum die veneris post festum beati Luce euvangeliste, anno Domini millesimo ducentesimo sexagesimo octavo. — Item vobis mandamus quatinus ex parte nostra significetis dilectis et fidelibus nostris magistro Egidio de Aula et Guillelmo Potet, ut ipsi veniant in crastino instantis quindene Omnium sanctorum, cum ad nos veneritis. Datum ut supra.

Édité par Ledain, p. 170-171.

654

18 nov. 1268. — EUSTACHIO DE MONTE GERMONDI[3] PRO BURGENSIBUS DE RUPPELLA[4].

Alfonsus, [etc.], Eustachio de Monte Germondi, militi, etc. Cum ad preces nobilis et karissimi nepotis nostri R., comitis Attrebatensis[5], dilectis burgensibus nostris de Ruppella per nostras mandaverimus litteras ut mitterent aliquem de suis sufficienter instructum pro tractando de pace inter ipsos ex una parte et burgenses dicti karissimi nepotis nostri, videlicet de Sancto Audomaro[6], ex altera, et dicti burgenses nostri de Ruppella procuratores suos ad hoc specialiter miserint Parisius, necdum dictos burgenses de Sancto Audomaro vel aliquem pro ipsis die jovis proximo preterita potuerint invenire, eos-

---

[1] Première leçon : *curetis*.
[2] Le manuscrit porte *reperire*.
[3] On peut lire aussi : *Grimondi*, *Girmondi* ou *Gremond*; nous adoptons la lecture *Germondi*.

[4] Cette pièce est cancellée dans le registre.
[5] Robert II, petit-fils de Louis VIII, fils posthume de Robert Ier, tué à la Massoure.
[6] Saint-Omer, Pas-de-Calais.

dem procuratores ad vos mittimus, mandantes vobis quatinus dictum comitem Attrebatensem necnon dictos burgenses super hoc adeatis et ad pacem reformandam inter eos, si possit fieri, curam et diligenciam sollicitam apponatis. Datum apud Longumpontem, die dominica in octabis beati Martini hyemalis.

## 655

23 nov. 1268. — LITTERA PATENS DE COLLACIONE CELARERIE BEATI PETRI PUELLARUM[1] PICTAVENSIS.

Alfonsus, *etc.*, universis presentes litteras inspecturis salutem in Domino. Notum facimus quod nos celareriam ecclesie Beati Petri Puellarum Pictavensis, per resignationem venerabilis viri Guillelmi de Azayo, scolastici ecclesie Beati Hylarii Pictavensis, liberam et vaccantem, cujus collacio ad nos dicitur pertinere, intuitu pietatis contulimus Johanni de Senonis, rectori ecclesie de Dempieyo[2], Pictavensis dyocesis, ipsumque presentem investivimus de eadem. Datum apud Longumpontem, die veneris in festo beati Clementis, anno Domini M° CC° LX° VIII°, mense novembris.

Édité par Ledain, p. 171.

## 656

23 nov. 1268. — DOMINO PERTINIACI PRO GUIBERTO CANTORIS.

Alfonsus, *etc.*, nobili viro et fideli suo Hugoni, militi, domino Pertiniaci et Volventi[3], salutem et dilectionem sinceram. Mandamus vobis quatinus Lappe de Pressa, quem de mandato nostro captum detinetis, sub ydonea caucione liberetis, ut coram dilecto et fideli clerico nostro magistro Petro Vigerii, canonico ecclesie Xanctonensis, et Johanne Saynet, electis arbitris a partibus seu procuratore partis

---

[1] Saint-Pierre-le-Puellier, abbaye de femmes à Poitiers, fondée au XI° siècle par la comtesse de Poitiers, transformée plus tard en collégiale d'hommes.

[2] Probablement Dienné, Vienne, cant. La Villedieu.

[3] Vouvant, Vendée, cant. La Châtaigneraie.

alterius, compareat in judicio, et secundum quod iidem arbitri decreverint, partem pro rata contingente Guibertum Cantoris eidem restitui faciatis. Datum ut precedens.

### 657

26 nov. 1268. — SYMONI DE CUBITIS, MILITI, CASTELLANO DE ROCHA SUPER OYON, PRO PRIORE EJUSDEM LOCI.

Alfonsus, etc., dilecto et fideli suo Symoni de Cubitis, militi, castellano de Rocha super Oyon, salutem et dilectionem. Priore Beati Leonii de Rocha super Oyon [1] intelleximus refferente, quod dominus Mauricius de Bellavilla, miles, dominus de Garneschia [2], quondam dominus de Rocha racione uxoris sue, imposuit eidem quod, quando abbas Majoris Monasterii Turonensis veniebat primo post creacionem suam apud dictam villam de Rocha, dominus dicti castri de Rocha debebat habere suum palefridum, quare a quodam abbate [3] cepit unum palefridum, sicut dicit, indebite et injuste, quem quidem palefridum redidit abbati supradicto. Unde cum abbates, qui pro tempore fuerunt creati in dicta abbatia, dictum prioratum intrare pro eodem visitando et corrigendo propter hujusmodi indebitam exactionem noluerint, et propter hoc correctio dicti prioratus depereat, ac dictus prior nobis humiliter supplicaverit ut super hoc remedium vellemus aponere oportunum, vobis mandamus quatinus de jure nostro quod habere dicimur in hoc casu diligenter addiscatis, tractantes nichilominus cum eisdem de consilio senescalli Pictavensis quantum nobis dare vellent pro absolucione a nobis super hoc obtinenda. Quid autem super premissis inveneritis et oblacionem quam vobis fecerint, nobis ad proximum pallamentum instantis Candelose in scriptis refferatis vel mittatis. Datum apud Longumpontem, die lune post festum beate Katarine, anno Domini M° CC° LX° octavo.

[1] Prieuré de Saint-Lienne, à la Roche-sur-Yon, donné en 1092 à Marmoutier par les chanoines de Saint-Hilaire de Poitiers.

[2] La Garnache, Vendée, canton Challans.

[3] Première leçon : *monaco*.

## 658

(Fol. 104.) Déc. 1268. — CE FU FEST A PARIS OU MOIS DE DECEMBRE, EN L'AN NOSTRE SEGNEUR M CC LX VIII.

Il est ordené de la finance des Juis de Poitou, que il ont finé en tele maniere que il doivent doner $viii^m$ livres de tornois à monsegneur le conte de Poitiers et de Tholose soens quites, et cil de la seneschausie de Saintonge ont finé par $vi^m$ livres de tornois quites à monseigneur le conte devant dit. Et est à savoir que se par le Roi ou par autre aucuns d'ices Juis o tout son avoir estoit soutrais à monseigneur le conte devant dit, nequedent li devant dit Juif sont tenus à paier les devant dites somes enterinement, c'est à savoir li devant dit Juif de Poitou $viii^m$ livres de tornois et li Juif de Xaintonge $vi^m$ livres de tornois. Emprès il est à savoir que li denier monnoié et l'or et l'argent qui ne sunt mie gagié, serunt retenu en la main monseigneur le conte en poiement de chaucune some, selonc ce que il en n'a en la main des seneschaus en chauscune seneschacie, et ausint li denier qui sont eu de la reençon des gages demouront desja en poiement par devers les seneschaus por monseigneur le conte. Et ençois que les persones des diz Juis ne de lor gages qui ne sont pas encore reeus soient delivré, fete lor assise de la taillie seur chaucun Juif, chaucun Juif por soi donra pleige soufisant de Crestien, estant en la juridicion monseigneur le conte, de la somme qui seur soi sera assise, en tele maniere que pleige souffisant Crestien, si com dit est, soient donné jusqu'à toute la some qui demoura après ce que li seneschal ont par devers eus, qui sera pris en poiement. Et li gage qui leur seront delivré doivent estre rendu au Crestiens par le chatel poiant, et sera crié que il soient reeus dedenz avenant terme. Derechief des heritages aus Juis qui seront vendu à Crestiens, li seneschal, chaucun en sa seneschacie, porront donner leur leitre de l'otroi en la forme que il verront qu'il sera à fere. Après est assavoir que se des deniers ou de l'avoir, qui demeurent en poiement par devers monseigneur le conte, aucune quantité grant ou petite estoit soustrete par Roi ou par autre, li Juif, de quelque seneschacie que ce fust, il seroient tenu de souffisanment asseurer pour icelle somme qui soustraite seroit. Et est assavoir que leur livre rendable leur seront rendu par ceste finance. Des somes qui demouront, dont li pleige Crestien seront donné pour l'asseurtance de la poie, est li termes devisez en ceiste maniere : c'est assavoir que la moitié de toute la some deue sera paiée à la Chandeleur qui sera en l'an nostre Seigneur $M^o$ $II^c$ $LX^o$ $IX$, et l'autre moitiez, c'est assavoir le remanant de toute la some, sera poiée à l'autre Chandeleur qui sera en l'an nostre Seigneur $M^o$ $II^c$ $LXX^o$. Et est assavoir que li Juif poieront touz les despens, en quelque maniere que il aient esté fet en porsuiant ceste besoigne, et nus autres n'i est tenuz.

Autel escrit a esté fet et baillié au conestable pour la finance des Juis d'Auvergne. Some de la finance : $II^m$ livres tur. Fet ou leu, ou mois et en l'an que dessus.

Autel escrit est de la finance des Juis de la cité de Tholose de $III^m$ $V^c$ livres tur., ce ajousté que en la talliée des Juis de Tholose seront mis et contenu ceus de hors qui ont heritages en la cité, pour l'avenant des diz heritages. Fet ou leu, ou mois et en l'an que dessus.

Édité par Boutaric, p. 324-326.

## 659

12 dec. 1268. — COMMISSIO PATENS DECANO SANCTI HYLARII PICTAVENSIS PRO DOMINA DE CLIFORT.

Alfonsus, *etc.*, viro venerabili et dilecto suo magistro P. Metuli, decano Sancti Hylarii Pictavensis, salutem et dilectionem. Cum causam appellacionis ad nos interposite ex parte Guidonis Senescalli, militis, et Odoneti de Confluentio, racione uxorum suarum, a quibusdam gravaminibus eisdem, ut asserebant, illatis per Symonem de Cubitis, militem, tunc senescallum nostrum Pictavensem, in causa que inter ipsos Guidonem et Odonetum ex una parte et Sebiliam, dominam de Clifort, ex altera vertitur, commisissemus novissime dilectis et fidelibus clericis nostris magistris Johanni de Castellariis, priori secularis ecclesie Beate Radegundis Pictavensis, et Egidio de Aula, canonico de Loduno, ipsique, tam propter absenciam dicti prioris quam propter occupationem dicti Egidii super aliis negotiis sibi commissis a nobis, cognicioni et determinacioni dicte cause vaccare non possint, nunc vobis decano causam predictam committimus audiendam et fine debito terminandam, commissionem predictis priori et Egidio a nobis factam revocantes, processu tamen et actis coram ipsis et in tota causa habitis inter partes in suo robore, prout justum fuerit, duraturis. Datum Parisius, die mercurii post festum beati Nycholai hyemalis, anno Domini M° CC° LX° octavo.

## 660

12 dec. 1268. — SENESCALLO PICTAVENSI PRO PREPOSITO ET CAPITULO ECCLESIE AHENTENSIS.

Alfonsus, *etc.* Ex parte prepositi et capituli ecclesie Ahentensis[1] nobis relatum extitit conquerendo quod vos sexaginta solidos annui redditus super quadam villa sua, necnon et quasdam decimas ejusdem ecclesie saisivistis propter advoacionem Radulphi de Larron, militis, qui eadem[2] dudum advoavit a nobis se tenere, licet ad ipsam ecclesiam dicantur de jure plenius pertinere et licet dictus miles, inspecto jure dicte ecclesie super predictis, ipsam ecclesiam, ut dicitur, desisterit (*sic*) molestare. Unde vobis mandamus quatinus ea que super dicta villa ejusdem ecclesie occasione hujusmodi saisivistis, usque ad tres septimanas post instans festum Penthecostes eidem recredatis, recepta prius super premissis ydonea caucione, addiscentes interim de jure nostro, quod in predictis habere dicimur, plenius veritatem. Quod si in hac parte invenire poteritis, tractetis cum eisdem si voluerint, secundum quod ad utilitatem nostram videritis faciendum. Quid autem super premissis inveneritis et feceritis nobis quam cicius poteritis in scriptis remittatis. Datum ut precedens.

[1] Eymoutiers, Haute-Vienne. — [2] Ici le mot *a* inutile.

## 661

30 sept. 1262. — LITTERE VICECOMITIS RUPISCAVARDI PRO GIRALDO DE MALOMONTE.

Universis presentes litteras inspecturis Aymericus, de Rupecavardi, vicecomes, salutem in Domino. Noveritis quod nos confirmamus, concedimus, donamus et laudamus magistro Geraldo de Malomonte, canonico Aniciensi, dilecto nostro, et suis in perpetuum pro nobis et nostris in perpetuum, domum illam quam Audebertus de Sancto Laurencio, domisellus, prefato magistro, recipienti pro se et suis, concesserat donacione pura et simplici, pro se et suis in perpetuum, prout in nostra presencia spontaneus recognovit, quam domum idem Audebertus habuerat et recuperaverat per nostre curie judicium jure torni a Jauberto et Petro de Craman, militibus, fratribus, qui eam emerant a G. de Sancto Laurencio, milite, fratre suo, que domus est sita in castro de Rupecavardi[1], ante domum Seschau, vico publico intermedio a parte anteriori, et a posteriori jungitur muro castri, cum suis juribus et pertinenciis universis. De qua domo, juribus et pertinenciis idem Audebertus, pro se et suis se devestiens in manu nostra, per nos investiri fecerat magistrum predictum et induci fecerat in veram[2] et corporalem possessionem per nos de omnibus supradictis, et prefato magistro promiserat coram nobis pro se et suis se gariturum et deffensurum in judicio et extra et de evictione omnimoda, et nunquam per se vel per alium contraiturum vel prebiturum assensum contraire volenti. Que omnia promiserat idem Audebertus, prestito ad sancta Dei euvangelia corporaliter juramento, se integre servaturum, et ad observacionem eorum pecierat se compelli ad instanciam seu requestam ipsius magistri et suorum vel alterius ab ipsis causam habentis. Rursum laudamus, confirmamus et consedimus eidem magistro et suis in perpetuum, pro nobis et nostris, domos Helye de las Olieras, eisdem domibus proximas, et plateam que erat ante dictas domos, et domum dicti Benassis et domos que fuerunt Petri de Bretenor et Juliene uxoris

[1] Rochechouart, Haute-Vienne. — [2] Le manuscrit porte, par erreur, *vacuam*.

sue, et quoddam solare vacuum quod est [1] ultra domum dicti Benassis, muro dicti castri coherens, quod aquisiverat a Petro de Roserio, quibuscumque titulis a prefato magistro predicta sint [2] acquisita; item quod dominus Petrus de Compniaco in solari suo vacuo retro domum suam et protenditur ultra murum ville inter domos dicti magistri et domum dicte Manbota, prefato magistro donavit, concedentes nichilominus eidem magistro et suis pro nobis et nostris, ut in dicto muro ville intus et extra, quantum predicta omnia protenduntur, edificare sibi liceat quodcumque edificium sibi placuerit et sibi videbitur expedire, et eciam ab anteriori parte supradictorum omnium supra vicum sine transitus inpedimento communis absque fausatis, tonellis, turribus et castro, et si murum perforari contigerit, debet ibi facere fieri virgas ferreas, per quarum intermedia homo non possit intrare. Rursum concedimus pro nobis et nostris prefato magistro et suis in perpetuum, si quis jure torni vel tallie seu queste vel cujuscumque alterius annue prestacionis sive exactionis cujuslibet ex persona nostra vel alterius in predictis petere poteramus sive possemus, quod omnia dictus magister tenebit in garimento, ad disponendum de eis prout sibi placuerit, in vita pariter et in morte, a dilecto et fideli nostro domino Ademaro de Malomonte, milite, fratre primogenito ejusdem magistri, qui nobis fecit homagium litgium pro predictis et aliis que idem magister habebat et tenebat et tenet et habet in castellania de Rupecavardi, exceptis hiis que ab aliis dominis tenet. Que laudacio, confirmacio et concessio, facta a nobis prefato magistro, occasione commisse ab ipso magistro seu committende ingratitudinis non poterit retractari. Et de omnibus predictis investivimus prefatum magistrum ad tenendum in garimentum a dicto fratre suo, homine nostro litgio pro predictis, prout superius est distinctum, et hec omnia et singula confirmamus, concedimus, donamus et laudamus dicto magistro tenenda in garimentis a dicto fratre suo, homine nostro litgio pro predictis, prout superius est expressum, salvo in omnibus et singulis jure nostro feodali, secundum usum et consuetudinem feodorum militarium castellanie predicte. Et

[1] Ms. *et*. — [2] Ms. *fiant*.

in robur et testimonium predictorum, presentes litteras pro nobis et nostris dictis fratribus concessimus, sigilli nostri munimine sigillatas, presente predicto Audeberto de Sancto Laurencio et predictis omnibus consenciente. Actum[1] et datum in refretorio fratrum Minorum de Sancto Juniano[2], die sabbati in crastinum beati Michaelis, anno Domini M° CC° LX° secundo, presentibus et ad hec vocatis testibus venerabili viro magistro Symone de Rupecavardi, patruo nostro, domino Guidone, archidiacono Combralie[3], domino Guillelmo Rupiscavardi, fratribus nostris, magistro Durando, archipresbytero Sancti Juniani, G. Valencie, canonico Sancti Juniani, dominis Jordano de Montecuculi et B. Willelmi, militibus, et pluribus aliis.

## 662

(Fol. 105.) 16 dec. 1268. — LITTERA PATENS SENESCALLO PICTAVENSI PRO HUETO ROSSELLI [SUPER GAGIIS].

Alfonsus, *etc.* Significamus vobis quod nos Hueto Rosselli, latori presencium, in bosco et garenna nostris de Gastina[4] prope Sanctum Maxencium[5] octo denarios pictavenses gagiorum per diem [dedimus], quandiu nostre placuerit voluntati, mandantes vobis quatinus predicta gagia persolvatis eidem. Datum Parisius, die dominica post festum sancte Lucie virginis, anno Domini millesimo ducentesimo sexagesimo octavo.

## 663

21 dec. 1268. — SENESCALLO PRO MAGISTRO GUILLELMO DE CASTRO AYRAUDI, CANONICO REMENSI.

Alfonsus, *etc.* Mandamus vobis quatinus in foresta nostra Molerie[6]

---

[1] Ms. *Auttum.*
[2] Saint-Junien. Haute-Vienne.
[3] La Combraille, partie du diocèse de Clermont.
[4] Bois au nord de Saint-Maixent, Deux-Sèvres, dont le souvenir s'est conservé dans plusieurs noms de lieux.
[5] Saint-Maixent, Deux-Sèvres.
[6] Forêt de Moulière, Vienne, arr. de Châtellerault.

permittatis capi tria arpenta nemoris, que venerabili viro et dilecto nostro magistro Guillelmo de Castro Ayraudi, canonico Remensi, concessimus hac vice habenda de gracia speciali, et a certo mandato suo nemus predictum in dicta foresta sequari et educi sine difficultate qualibet permittatis. Datum Parisius, die veneris in festo beati Thome apostoli, anno Domini m° ducentesimo sexagesimo octavo.

### 664

21 dec. 1268. — SENESCALLO PICTAVENSI PRO OLIVERIO, ROLLANDO ET FRATRIBUS SUIS.

Alfonsus, *etc.* Mandamus vobis quatinus nobilem et fidelem nostrum Mauricium, dominum de Bellavilla, militem, ex parte nostra requiratis seu requiri faciatis ut Oliverium, Rolandum, Guillelmum Marbotin, fratres, ac Johannam, eorum sororem, super hiis que contra Johannem Marbotin, nepotem eorundem fratrum [1], racione cujusdam hereditatis ipsorum fratrum, de feudo ipsius Mauricii moventis, ut dicitur, quam idem Johannes in ipsorum fratrum prejudicium detinet, sicut dicunt, audiat diligenter et ipsis exhibeat celeris justicie complementum secundum juris ordinem vel per inquestam, si secundum consuetudinem patrie locum habeat in hoc casu. Si vero idem Mauricius super hiis negligens fuerit vel remissus, vos in hac parte quantum ad jurisdicionem nostram spectat procedatis, prout de jure et consuetudine patrie fuerit faciendum. Datum Parisius, die veneris ante nativitatem Domini, anno Domini m° cc° lx° octavo.

### 665

21 dec. 1268. — SENESCALLO PRO PETRO CORBEL [CONTRA PHILIPPUM DE MOTA, MILITEM].

Alfonsus, *etc.* Ex parte Petri dicti Corbel nobis relatum extitit conquerendo quod Philipus de Mota, miles, ipsum P. cepit et captum in carcerem fecit retrudi, ut asserit, minus juste, ceterum quod idem

---

[1] Ici les mots *super hiis que* répétés.

miles quoddam feudum ab eodem detinet indebite, sicut dicit. Unde vobis mandamus quatinus ipsum Petrum super hiis diligenter audiatis, et vocato dicto milite, si de nostra existat jurisdicione, ac auditis racionibus parcium, exibeatis eidem P. celeris justicie complementum. Si vero dictus miles ex alterius jurisdicione existat, requiratis seu requiri faciatis dominum, sub cujus jurisdicione consistit, ut eidem P. de dicto milite bonum jus faciat et maturum. Quod si facere noluerit vel in exibendo eidem bonum jus et maturum negligens fuerit vel remissus, vos eidem super premissis [faciatis] quod justum fuerit et consonum racioni. Datum Parisius, die veneris ante nativitatem Domini, anno Domini M° CC° LX° VIII°.

666

(Fol. 106.) 23 janv. 1269. — AU SENECHAL DE POITO POUR LES MONOIES.

Alfonz, fiuz de roi de France, coens de Poitiers et de Thoulouse, à sum amé et à som feal, au senechal de Poitou, saluz et amour. Nous vous mandons que vous soiez à nous l'endemein de la quinzaine de ceste prochienne feste, la ou nous serons, de la Chandeleur. Et fetes assavoir de par nous à noz amez et noz feaus, à mestre Gile de la Salle, de Poitiers, et à Guillaume Potet, que il soient à nous l'endemain de la quinzaine de la Chandeleur. Et touz les deniers que vous nous devez de viez et de nouvel et que l'en nous doit, tant de finances cum d'autres choses, en vostre senechaucie, envoiez au Temple à Paris entour l'endemein de la quinzainne de la Chandeleur, changiez à monaies d'or et d'argent en la fourme et au feur que nous vous avons autrefoiz mandé, et le remenant que vous ne pourroiz changier envoiez au Temple à Paris en tournois entour l'endemain de la quinzaine de la Chandeleur. Et en toutes ces choses et es voies et es articles, qui vos sont pieça baillées en escrit, pour fere subvenciom à nous pour l'aide de la Sainte terre, et es cens doubles lever, et es aides de noz villes qui ne nous ont fet point d'aide, et en toutes noz autres besoignes avencier, et ou boem et ou loial gouvernement de nostre terre, soiez curieus et ententis, en tele maniere que nous vous em puissons loer. Et ce que de ces choses dessus dites auroiz fet et tretié, nous raportoiz en escrit l'endemein de la quinzaine de la Chandeleur, quant vous vendroiz à nous pour voz contes fere. Ce fu donné le mercredi après la feste saint Vincent, en [l'an] nostre Seigneur mil II° LX VIII.

## 667

1 jun. 1232. — LITTERE COMITIS MARCHIE SUPER JUDEIS, QUOS RECEPIT IN CUSTODIA SUA QUAMDIU VOLUERINT IPSI JUDEI.

Hugo de Lezigniaco, comes Marchie et Engolismensis [1], omnibus presentes litteras visuris salutem in Domino. Noveritis quod nos Boninum, generum Ysaac de Paris., et Mousse, fratrem suum et familias eorum, commorantes in civitate Pictavi [2], judeos domini Regis, recepimus in bona custodia nostra ad manendum et ad habitandum apud Lezigniacum vel alibi in terra nostra quocunque voluerint et quamdiu voluerint, reddendo nobis vel nostris decem libras turonensium de firma annuatim ad nativitatem Domini, et plus ab eis non possumus extorquere. Et tenemur eis facere haberi debita que legitime probare poterunt. Et si in aliquo tempore de terra nostra recedere voluerint, reddendo nobis firmam illius annee, tenemur ipsos conducere salvo conductu usque in terram domini Regis, cujus sunt Judei. In cujus rei testimonium, dedimus eisdem Judeis presentes litteras sigillo nostro sigillatas. Datum die martis post festum Penthecostes, anno Domini M° CC° XXX° secundo.

Édité par Ledain, p. 105, et par Boutaric, p. 321.

## 668

3 nov. 1244. — DE EISDEM JUDEIS.

Ego Hugo Bruni, miles, filius nobilis viri Hugonis de Lezigniaco [3],

[1] Hugues X, mort en 1248.
[2] Le texte porte *Pict*.
[3] Hugues XI, comte d'Angoulême et de la Marche (1248); il fut tué en Égypte, au cours de la première croisade de saint Louis.

comitis Marchie et Engolismensis, notum facio omnibus presentes litteras inspecturis quod ego, propter bona servicia et utilia que Boninus judeus et Mousse, frater suus, mihi et meis multociens fecerunt, et quia talis est voluntas patris mei et preceptum, ut eis integre et fideliter serventur omnes convenciones quas eis convenit, sicut continetur in litteris quas de ipso habent in hac forma : Hugo de Lezigniaco, comes Marchie et Engolismensis, omnibus presentes litteras inspecturis salutem, *etc.*, *prout continetur in proximo precedenti littera usque in finem;* ego eciam volo et concedo et precipio ut omnes convenciones eis teneantur, et ego concessi tenere predictas convenciones, sicut et pater meus, ut prehabitum est. Et ne convenciones quas habeo erga dictos Judeos tradantur oblivioni, dedi eisdem Judeis presentes litteras sigillo meo sigillatas. Datum die jovis post festum Omnium sanctorum, anno Domini M° CC° XL° quarto.

<small>Édité par Ledain, p. 105, et en partie par Boutaric, p. 321.</small>

### 669

5 aug. 1248. — PRO PREDICTIS JUDEIS.

Hugo de Lezigniaco [1], comes Marchie, omnibus presentes litteras inspecturis salutem. Noveritis quod propter bona servicia et fructuosa a Bonino judeo et a Mousse, fratre suo, nobis et nostris sepius impensa, nos quittavimus eos exnunc usque ad tres annos completos de firma quam nobis debebant, videlicet decem librarum turonensium singulis annis ad nativitatem Domini. Et volumus et precipimus quod heredes nostri et ballivi nostri eis teneant et tenere faciant predictas convenciones. Elapsis vero tribus annis predictis, volumus et precipimus quod dictus Boninus et Mousse, frater suus, manentes apud Lezigniacum, redeant ad firmam predictam et solvant illam annuatim ad nativitatem Domini, sicut inter nos et ipsos conventum est. Et volumus et precipimus quod heredes nostri nec ballivi ad magis non possint

[1] Hugues X, qui vivait encore en novembre 1248.

eos cogere. In cujus rei testimonium, dedimus eisdem Judeis presentes litteras sigillo nostro sigillatas. Datum die mercurii post festum sancti Petri ad vincula, annó Domini м° cc° xl° viii°.

## 670

Jul. 1248. — PRO PREDICTIS JUDÉIS.

Gaufridus de Lezigniaco[1], filius comitis Marchie, dilecto amico suo domino Symoni Charet, militi, et elemosinariis domini patris mei, salutem et amorem. Mandamus vobis et precipimus quod vos Boninum judeum et Mousse, fratrem suum, de Lezigniaco, in nullis rebus constringatis, neque eos ex aliqua causa mutui nec de aliquo dono requiratis nec requirere faciatis, infra terminum quem dominus pater meus eis dedit, scilicet ex instanti festo sancti Nicholai usque ad annum completum nec ultra, quousque litteras domini patris mei vel meas videritis, quoniam de istis convencionibus legitime observandis tenemur erga dictos Judeos. Et si forte aliquis eis vim vel injuriam fecerit et vos inde eos adjuvare non poteritis, quod vos requiratis dominam reginam Francie, in cujus manu nos dimisimus terram domini patris mei, ad custum nostrum, non ad custum Judeorum predictorum, ut eis sit in adjutorium. Et in testimonium hujus rei, dedimus predictis Judeis has patentes litteras sigillo nostro confirmatas. Actum anno Domini м° cc° xl° viii°, mense julio.

Édité par Ledain, p. 106-107.

## 671

20 febr. 1269. — [LITTERAE OBLIGATIONIS HUGONIS, COMITIS MARCHIE, ET GAUFRIDI DE CASTRO BRIENNI, ERGA COMITEM PRO GUIDONE DE LIZEIGNEN, DOMINO COMPNIACI.]

Universis presentes litteras inspecturis, Hugo, comes Marchie, et dominus Gaufridus, dominus de Castrobrienni[2], salutem in Domino.

[1] Geoffroi de Lusignan, seigneur de Sainte-Hermine et de Jarnac, fils cadet de Hugues X, comte de la Marche. (Voir une note de M. Delisle, *Bibl. de l'École des Chartes*, xvii, 541.)

[2] Hugues XII, fils de Hugues XI (1249-

Cum nobilis vir dominus Guido de Lizeignen, dominus Compniaci[1], fecisset fieri quandam calvacatam cum armis in terra domini Pontii de Miranbello, militis, sita in ballivia Xanctonensi, propter quod dictus Guido gagiavit emendam illustrissimo viro domino comiti Pictavie et Tholose ad voluntatem suam, noveritis nos obligasse erga dictum dominum comitem fidejussorie pro dicta emenda eidem reddenda ad ipsius voluntatem, nisi dictus dominus Guido satisfaceret eidem domino comiti de emenda supradicta. Pro qua emenda reddenda, ut dictum est, obligamus dicto domino comiti nos et omnia bona nostra mobilia et immobilia, presencia et futura, ubicunque sint et fuerint et quocunque nomine censeantur sive censebuntur. In cujus rei testimonium, dedimus dicto domino comiti presentes litteras, sigillorum nostrorum munimine roboratas. Datum die mercurii post dominicam qua cantatur Reminiscere, anno Domini M° CC° LX° octavo.

Édité par Ledain, p. 172.

## 672

21 febr. 1269. — FRATRIBUS JACOBO DE GIEMO ET DROCONI DE APOIGNIACO, ORDINIS PREDICATORUM, ET R., ARCHIPRESBITERO REMORENTINI, INQUISITORIBUS IN PICTAVIA. [PRO VICECOMITE CASTRI EVRARDI].

Alfonsus, *etc.*, dilectis suis fratribus Jacobo de Gyemo et Droconi de Apoigniaco, ordinis Predicatorum, et dilecto et fideli clerico suo magistro R., archipresbitero de Remorentino, inquisitoribus in Xanctonia et Pictavia, salutem et dilectionem. Cum ex parte nobilis viri et dilecti nostri vicecomitis Castri Evrardi[2] nobis fuerit supplicatum ut nos bersam[3] ad duos canes et tot archerios quot voluerit, in presencia sua, quandocunque voluerit, in foresta de Moleria[4] habere libere permitteremus eidem, sicut, ut dicit, habere hactenus consuevit, vobis man-

1270). — Geoffroi de Châteaubriant avait épousé Marguerite de Lusignan, fille de Hugues X et tante de Hugues XII.

[1] Gui de Lusignan, seigneur de Cognac, fils de Hugues X, comte de la Marche et d'Angoulême.

[2] Jean I*er*, fils de Geoffroi de Lusignan et d'Agathe de Ponthieu.

[3] Parc à gibier, réserve enclose.

[4] Moulière, forêt du département de la Vienne. (Voir plus haut, p. 417.)

damus quatinus de jure dicti vicecomitis in predictis et ad quot canes et quantis archeriis bersam habere debeat in dicta foresta, et de omnibus hiis que videritis expedire in premissis inquiratis diligenter veritatem, vocato dicto vicecomite et aliquo legitimo defensore pro jure nostro illeso servando. Et quid super premissis inveneritis nobis una cum aliis vestris [inquestis], cum ad nos veneritis, in scriptis refferatis. Datum apud Longumpontem, die jovis ante festum cathedre sancti Petri, anno LX° octavo.

### 673

(Fol. 107.) 21 febr. 1269. — ABBATI KARROFIENSI PRO BURGENSIBUS DE NIORTO.

Alfonsus, *etc.*, religioso viro et dilecto suo... abbati Karrofiensi [1], ordinis Sancti Benedicti, salutem et dilectionem sinceram. Cum, [sicut] ex parte dilectorum et fidelium nostrorum majoris et burgensium de Niorto nobis extitit intimatum, prior vester de Niorto eosdem multipliciter inquietat, facientes eisdem quasdam novitates indebitas et exactiones aliquas imponendo in possessionibus eorumdem, quas fortassis ab eo ad censum annuum tenent iidem burgenses, vobis mandamus quatinus eundem priorem ab imposicione exactionum et novitatum hujusmodi desistere faciatis, ita quod ad nos super hoc ulterius querimonia minime reportetur nec nos aliud consilium apponere oporteat in hac parte. Datum apud Longumpontem, die jovis post quindenam Candelose.

Édité par Ledain, p. 172.

### 674

4 mart. 1269. — SENESCALLO PICTAVENSI PRO JOHANNE DE CHERISIACO LITTERA PATENS PRO GAGIIS [2].

Alfonsus, *etc.* Cum nos dedissemus Johanni de Cherisiaco decem et octo denarios pictavenses gagiorum per diem in castro nostro Xancto-

---

[1] Charroux, ordre de Saint-Benoît, diocèse de Poitiers; auj. Vienne.

[2] A la suite, autre copie du même mandement, sans variantes.

nensi, vobis significamus quod nos dicto Johanni, exhibitori presencium, dictos decem et octo denarios pictavenses gagiorum contulimus, in castro nostro Niorti percipiendos per diem, quandiu nostre placuerit voluntati, mandantes quatinus eidem Johanni dicta gagia persolvatis. Datum Parisius, anno Domini m° cc° lx° viii°, die lune post mediam quadragesimam.

Édité par Ledain, p. 173.

## 675

7 mart. 1269. — [BALLIVO TURONENSI PRO THEOBALDO DE NOVIACO, QUONDAM SENESCALLO PICTAVENSI.]

Alfonsus, etc., dilecto suo ballivo Turonensi salutem et dilectionem. Dilecto et fideli serviente nostro Theobaldo de Noviaco, quondam senescallo Pictavensi[1], intelleximus refferente, quod vos L<sup>a</sup> libras turonensium in quibus relicta defuncti Guillelmi Carembaudi, militis, eidem Theobaldo tenetur, saisivistis et saisitas tenetis. Unde vobis mandamus quatinus dictam saisinam, que ad nos pocius, si fieri debeat, dicitur pertinere, cum sit de nostris feodis, revocetis et removeatis, et precipue cum de dicto serviente nostro parati simus cuilibet conquerenti exibere justicie complementum. Datum Parisius, die jovis post mediam quadragesimam.

## 676

7 mart. 1269. — AYMERICO DE RUPPECAVARDI PRO VICECOMITISSA LEMOVICENSI.

Alfonsus, etc., nobili et fideli suo vicecomiti de Ruppecavardi[2] salutem et dilectionem sinceram. Veniens ad nos nobilis, dilecta et fidelis nostra vicecomitissa Lemovicensis[3] proposuit coram nobis quod super mutuis dampnis et injuriis, a vobis et vestris complicibus sibi et suis fautoribus et ab eadem et suis vobis et vestris versa vice illatis, ut dicitur, post composicionem factam, ut dicitur, dudum per

---

[1] Thibaut de Neuvy, nommé sénéchal de Poitou à la fin de 1255.

[2] Aimeri IX (1245-1283).

[3] Probablement Agnès de Bourgogne, vicomtesse douairière de Limoges, tutrice de sa fille Marie.

bone memorie J., quondam comitem Nivernensem [1], inquisicioni et ordinacioni nostre libenti animo se supponeret, si placeret vobis hoc ipsum quantum ad vos et vestros pertinet acceptare. Sane quia, sicut aliquibus probis viris videtur, in parte ista vos debeatis satis facilem exibere, vobis mandamus vos rogantes quatinus, utendo consilio saniori [2], rescribatis nobis quid super hiis vestre placuerit voluntati, ut, habito responso vestro, ordinemus seu disponamus quid ulterius sit agendum. Adjecit eciam sue supplicacioni dicta vicecomitissa quod, licet in hac parte assensus vester non interveniret, nichilominus placeret sibi quod ex officio nostro super premissis injuriis ad inquisicionem procedere deberemus. Datum Parisius, die jovis post dominicam qua cantatur Letare Jerusalem, anno Domini m° cc° lx° octavo.

### 677

8 mart. 1269. — SENESCALLO PRO PAPELARDA.

Alfonsus, *etc.* Mandamus vobis quatinus Jehennam Papelardam in possessione quorundam, de quibus de novo se asserit spoliatam, in quorum possessione pacifica per longum [3] tempus fuerat, ut dicit, de laicis personis et rebus ad nostram jurisdicionem spectantibus, si vobis ita esse constiterit, reduci faciatis, jus suum, prout bono modo poteritis sine partis alterius injuria vel prejudicio, accelerantes eidem. Et si aliqua instrumenta, que nos vel dominium nostrum tangant, apud aliquos de jurisdicione nostra existentes esse vobis constiterit, vos eadem faciatis produci in medium, prout de jure et consuetudine patrie fieri poterit in hac parte. Datum Parisius, die veneris post mediam quadragesimam, anno Domini m° cc° lx° octavo.

---

[1] Il doit y avoir une faute dans le manuscrit, car le comte de Nevers, Jean Tristan de France, époux de Yolande de Bourgogne, comtesse de Nevers, mourut durant l'expédition de Tunis en 1270. Faut-il corriger O., et attribuer cet arbitrage à Eudes de Bourgogne, comte de Nevers jusqu'en 1266, du chef de sa femme?

[2] Première leçon: *meliori*.

[3] Le manuscrit porte *luenguum*.

## 678

9 mart. 1269. — SENESCALLO PRO ABBATE SANCTI SEVERINI, PICTAVENSIS DYOCESIS, [SUPER INJURIIS A QUIBUSDAM IPSI ILLATIS].

Alfonsus, *etc.*, senescallo Pictavensi, *etc.* Ex parte religiosorum virorum abbatis et conventus Sancti Severini [1], Pictavensis dyocesis, nobis cum lacrimabili querimonia denunciatum extitit quod quidam filii iniquitatis, sue salutis immemores, laici Pictavensis dyocesis, manu armata et cum magna multitudine gencium monasterium ipsorum religiosorum, claustrum et dormitorium, cameram abbatis et alias abbacie officinas per violenciam intraverunt, priorem claustralem, celerarium et sex fratres, canonicos ejusdem monasterii, verberaverunt et turpiter tractaverunt; — item quandam archam in dormitorio fratrum et quoddam armarium in camera dicti abbatis cassaverunt; — item Gaufridum de Garrande, hominem mensionarium [2] dictorum religiosorum, quem ipsi religiosi in sua prisione, exigente justicia, tenebant, de dicta abbacia una cum quodam equo et quadrigam ipsius abbacie cum quadrigariis et quedam alia animalia per violenciam extraxerunt et per sex septimanas detinuerunt; — item fossata ad clausuram bladorum et vinearum ejusdem monasterii, facta ab eis et in terra sua, de nocte et cum armis diruerunt; — prioratum insuper de Auget [3] de nocte et cum armis intrantes per violenciam bis fregerunt, et palefredum dicti prioris ibidem occiderunt et quemdam alium equum dicti prioris vulneraverunt, et dictum priorem invaserunt, et gerbas de dicto prioratu de nocte deportaverunt. — Cum itaque tam graves excessus et enormes injurias tantaque dampna et gravamina predictis religiosis a nostris subditis, ut dicitur, indebite et in religionis et nostre jurisdicionis non modicum detrimentum illata, sub dissimulacione

---

[1] Saint-Séverin, abbaye du diocèse de Poitiers, ordre de Saint-Augustin; auj. Charente-Inférieure, cant. Loulay.

[2] Ici les mots suivants raturés : *dicti abbatis cum cadrariis.*

[3] Probablement Augé, Deux-Sèvres, cant. Saint-Maixent, prieuré de Saint-Hilaire, cité par Beauchet-Filleau, *Pouillé de Poitiers*, p. 201.

impugnita relinquere non velimus nec eciam debeamus, mandamus vobis quatinus super predictis maleficiis, dampnis et gravaminibus veritatem diligenter addiscatis, et laicos de nostra jurisdicione et vestra senescallia existentes, quos super predictis culpabiles inveneritis, arrestari et capi faciatis, et predictis religiosis dampna et gravamina ab ipsis irrogata emendari et restitui, prout justum fuerit, faciatis, emendas occasione delationis armorum nobis debitas judicari faciatis et levari, taliter quod de cetero attemptare talia non presumant et quod alii metu istorum a talibus arceantur. Datum Parisius, sabbato post Letare Jerusalem, anno Domini M° CC° LX° octavo. — Ipsis eciam religiosis ab illis de quibus assecurari petierint, dum tamen de vestra jurisdicione fuerint, secundum jus et consuetudinem patrie assecurationem prestari faciatis, et quid super premissis feceritis, ad instans parlamentum Penthecostes refferatis in scriptis.

Similis littera missa fuit senescallo Xanctonensi.

Édité par Ledain, p. 175.

## 679

(Fol. 108.) 9 mart. 1269. — SENESCALLO PICTAVENSI PRO NEGOTIO JUDEORUM.

Alfonsus, etc. Mandamus vobis quatinus pro dilectis nostris magistro (sic) Johanne Atonis, archipresbitero Exoduni[1], et Haymerico Incardi, quibus negotium Judeorum nostrorum committimus quantum ad faciendum testes produci coram eis et ad alia dictum negotium tangencia, faciatis secundum quod vos inde duxerint requirendum. Datum Parisius, sabbato post Letare Jerusalem, anno Domini M° CC° LX° octavo.

Similis littera missa fuit senescallo Xanctonensi.

## 680

9 mart. 1269. — SENESCALLO PICTAVENSI PRO ABBATE ET CONVENTU SANCTI BENEDICTI DE QUINCIACO PROPE PICTAVIM.

Alfonsus, etc. Ex parte religiosorum virorum abbatis et conventus

[1] Exoudun, Deux-Sèvres, cant. La Mothe-Saint-Héraye.

Sancti Benedicti de Quinciaco prope Pictavim nobis est conquerendo monstratum quod prepositi, servientes et allocati vestri eisdem religiosis quamplures injurias et oppressiones indebitas et non modica gravamina indebite intulerunt et inferunt incessanter, in ipsorum religiosorum dampnum non modicum et gravamen. Unde vobis mandamus quatinus a predictis prepositis, servientibus et allocatis vestris ac aliis laicis de jurisdicione nostra existentibus, quos super predictis culpabiles inveneritis, predictas injurias et oppressiones indebitas emendari et dampna ipsis injuste illata restitui, ut condecet, faciatis, ipsos super premissis taliter castigantes quod talia vel consimilia attemptare de cetero non presumant. Datum ut precedens.

Édité par Ledain, p. 174.

## 681

9 mart. 1269. — MAGISTRO JOHANNI ATZONIS, VENERABILI ARCHIPRESBITERO EXODUNI, PICTAVENSIS DYOCESIS, SUPER FACTO JUDEORUM.

Alfonsus, *etc.* Articulos seu formam secundum quos vel juxta quam potissime debetis procedere super negocio inquisitionis, quod vobis et magistro Aymerico Incardi per nostras patentes litteras commisimus, hic inseri fecimus, quorum primus est quod testes laici, de jurisdicione nostra existentes, compellantur per senescallum, si opus fuerit, perhibere testimonium veritati ad requisicionem vestram. — Secundus articulus est quod quicquid de bonis Judeorum, ubicunque subtractum fuerit, habitum vel receptum, a quibuscunque ballivis, prepositis seu aliis quibuscunque personis, de quo nundum rationabilem compotum reddiderint vel plenam satisfactionem fecerint, vos ab hujusmodi subtractoribus et detentoribus requiratis et recuperetis ac in manum fide dignorum servari faciatis et teneri, sciente senescallo nostro in cujus senescallia predicta bona fuerint custodie commendata. — Item tercius articulus est quod Judei vocentur et jurent juxta ritum legis sue, quod fideliter reddant vobis in scriptis valorem bonorum suorum, que habebant tempore capcionis sue, et in quibus rebus consistebant. — Quartus, quod quantum ad modum probandi seu interrogationem faciendam considerentur persona capientis et condicio qualitasque rei sustracte, seu valor et quantitas, necnon fama vicinie de divitiis Judei conquerentis, et tam capientes quam Judei vel alie persone que super hoc fuerint requirende astringantur, prestito juramento, perhibere testimonium veritati. Requirantur etiam persone, quecumque fuerint super hoc requirende, consideratis circunstanciis que fuerint in talibus attendende, et ea que per vos inquisita fuerint, nobis sub sigilli vestri et dicti Haymerici caractere interclusa circa quartam diem post quindenam instantis Penthecostes fideliter remittatis. Et circa premissa adeo caute et sollicite procedere studeatis quod fidelitatem et diligenciam vestram debeamus super hoc merito commendare. Datum Parisius, sabbato post Lettare Jerusalem, anno Domini M° CC° LX° octavo.

Similis littera missa fuit magistro Haymerico Inquardi.

### 682

8 mart. 1269. — LITTERA PATENS DIRECTA MAGISTRO JOHANNI ET MAGISTRO HAYMERICO INCARDI SUPER FACTO JUDEORUM.

Alfonsus, *etc.*, dilectis suis magistris Johanni Atzonis, venerabili archipresbitero Exoduni, Pictavensis dyocesis, et Aymerico Incardi, salutem et dilectionem sinceram. Delata ad nos querimonia a Judeis nostris Pictavensibus et Xanctonensibus, intelleximus quod capcione eorundem per ballivos et servientes nostros ac alios ad capcionem hujusmodi deputatos nonnulla dictorum Judeorum bona ablata, distracta et retenta fuerunt illicite, in nostrum et ipsorum Judeorum dampnum non modicum et gravamen. Unde vobis mandamus quatinus, auditis Judeis qui super hoc querimoniam detulerunt, et vocatis aliis qui fuerint evocandi, auditis probacionibus hinc et inde et attentis diligenter presumpcionibus et circunstantiis aliis que sunt in talibus attendende, caute [et] diligenter super premissis necnon super aliis negocium ipsorum Judeorum tangentibus procedatis, presertim juxta formam quam vobis in aliis nostris litteris mittimus interclusam. Quicquid vero super predictis inveneritis nobis sub sigilli vestri caractere fideliter remittatis; nos enim super premissis vobis committimus vices nostras. Datum Parisius, die veneris post dominicam qua cantatur Lettare Jerusalem, anno Domini m° cc° lx° octavo.

Édité par Ledain, p. 173.

### 683

8 mart. 1269. — MAGISTRO P. SORINI PRO COMITE PICTAVENSI.

Alfonsus, etc., dilecto et fideli suo magistro P. Sorini, canonico Xanctonensi, salutem et dilectionem sinceram. Discretionem vestram rogamus quatinus super articulis, venerabilem patrem episcopum Pictavensem ex una parte et nos ex altera contingentibus, super quibus dilectus et fidelis noster magister Egidius de Aula vos instruet, necnon super ceteris articulis qui tangunt testamenta vel gratias nobis a sede apostolica concessas cum diligencia et maturitate debita procedatis, prout confidimus vos facturos, ita quod vestram sollicitudinem debeamus propter hoc merito commendare. Datum ut precedens.

### 684

9 mart. 1269. — SENESCALLO PICTAVENSI PRO DOMINO GUILLELMO DE CALVIGNIACO, MILITE.

Alfonsus, etc. Mandamus vobis quatinus nobilem, dilectum et fidelem nostrum Guillelmum de Calvigniaco, militem, dominum Castri Radulphi[1], non impediatis quominus idem G. juribus et jurisdicionibus, que sibi dedimus in castellania de Oblinquo[2], quantum ad domanium Petri Boce, defuncti, et feudum aus Sendebauz[3], retento nobis in eisdem resorto, gaudere possit et uti, prout ipsis tempore donacionis sibi a nobis facte gaudebamus et utebamur, seu uti poteramus et debebamus, ita tamen quod si abbas Fontis Gombaudi[4]

---

[1] Châteauroux, Indre.
[2] Le Blanc, Indre.
[3] Les Sénebaudières, écart au nord de Fontgombaud, Indre.
[4] Fontgombaud, abbaye de l'ordre de Saint-Benoît, dioc. de Bourges, Indre, cant. Tournon-Saint-Martin.

vel aliquis alius de ipso coram vobis conquestus fuerit, vos, auditis racionibus parcium, eisdem exhibeatis celeris justicie complementum. Datum Parisius, die sabbati post Letare Jerusalem, anno Domini M° CC° LX° octavo.

Édité par Ledain, p. 174.

### 685

(Fol. 109.) 10 mart. 1269. — LITTERA PATENS SENESCALLO PICTAVENSI PRO DOMINO ROBERTO DE ESPINCI, MILITE, [SUPER CUSTODIA CASTRI THOARCII].

Alfonsus, *etc.* Significamus vobis quod nos dilecto et fideli nostro Roberto de Espinci, militi, exhibitori presentium, castrum Thoarcii[1] tradidimus custodiendum ad centum libras gagiorum per annum, quamdiu in manu nostra fuerit dictum castrum et nostre placuerit voluntati. Unde vobis mandamus quatinus dictum castrum cum garnisione ejusdem, si qua fuerit, dicto militi deliberari faciatis et eidem dicta gagia consuetis terminis persolvatis. Datum dominica proxima ante festum beati Grigorii, anno Domini millesimo ducentesimo sexagesimo octavo.

Édité par Ledain, p. 164.

### 686

16 mart. 1269. — JOHANNI PREPOSITI, CASTELLANO, ET CAPPELLANO MONASTERII BONNIN SUPER MONETA PICTAVENSIUM.

Alfonsus, *etc.*, dilectis et fidelibus suis Johanni Prepositi, castellano, et Johanni, cappellano Monasterii Bonnini, salutem et dilectionem. Quanto ampliorem de vobis reportavimus fiduciam, quando nobis placuit custodiam monete nostre vobis committere, tanto majorem de vobis gereremus difidenciam, si circa monetam eandem fraudem fieri conniventibus oculis permitteretis sub silencio pertransire. Non tamen facile credendum est quod vobis insciis talia ibidem debeant perpetrari. Cum igitur relatum extiterit quod circa dictam monetam fraus non

---

[1] Thouars, Deux-Sèvres.

modica exercetur, super qua fraude non nobis nulli articuli redditi sint in scriptis, vobis mandamus et districte precipimus quatinus caute et diligenter addiscatis, vel si jam didiceritis vel verisimiliter presumi potest de fraude que commissa fuerit, veritatem quam cicius rescribatis, precaventes summopere ne quid circa eam imposterum attemptari valeat, quod nobis aut utilitati nostre possit cedere in aliquod detrimentum, scituri quod super hiis que facta sunt tam de factoribus quam consencientibus proponimus inquiri facere veritatem, cum viderimus oportunum, quosque culpabiles invenerimus in hac parte, juxta qualitatem delicti penam non tardabimus infligere quam decebit[1]. Datum die sabbati ante Ramos palmarum, anno Domini millesimo ducentesimo sexagesimo octavo.

## 687

16 mart. 1269. — JOHANNI AUBERTI, CIVI TURONENSI, PRO DOMINO COMITE PICTAVIE.

Alfonsus, *etc.*, dilecto et fideli suo panetario Johanni Auberti, civi Turonensi, salutem et dilectionem. Quia, sicut suggestum est, circa cussionem monete nostre novorum pictavensium fraus non modica adhibetur, super eo maxime quod seorsum cudi dicitur moneta eadem longe debilior ea que custodibus liberatur, que postmodum forciori inmiscetur, ut sic fraus hujusmodi occultetur, quod, si verum est, nosse potest quilibet diligenter considerans quantum in hac parte nobis et toti patrie incommodum valeat provenire, quocirca vobis mandamus quatinus apud Mosteriolum personaliter accedentes, caute et cum ea que decet maturitate addiscatis super hoc veritatem, necnon super aliis que excogitata malicia possent circa dicte monete fabricam fraudulenter exerceri, et ea que in hac parte repereritis, cum aliis circunstanciis que sunt in talibus attendende, in scriptis redacta[2] refferatis sub sigilli vestri karactere die veneris post quindenam instantis Penthecoustes[3], ad quam diem ad nos sitis, providentes quantum

[1] Ms. *decredit*. — [2] Ms. *dedacta*. — [3] Première leçon: *Pasche*.

poteritis ne deinceps locus fraudibus relinquatur. Quia vero circa dictum tempus debet defficere terminus monetarii qui nunc dictam monetam cudit, si aliqui post elapsum terminum suum vellent eam accipere ad cudendum, vos cum eis super hoc tractetis prout utilitati nostre et patrie videbitis expedire. Et quid super hoc feceritis, nobis dicta die veneris, cum ad nos veneritis, refferatis in scriptis. Datum die sabbati ante Ramos palmarum, anno Domini millesimo ducentesimo LX° octavo.

## 688

16 mart. 1269. — BERNARDO DE GUISERGUES, MONETARIO, PRO COMITE PICTAVIE ET THOLOSE.

Alfonsus, *etc.*, dilecto suo Bernardo de Guisergues, monetario, salutem et dilectionem. Licet non sit credendum omnium spiritui, facta tamen nobis relacione per quendam qui in fabricanda moneta expertus dicitur, turbati nimirum fuimus super eo quod circa cussionem monete nostre pictavensium novorum fraudem non modicam adhibere dicimini, si vera sunt que dicuntur, scituri nos habere penes nos nonnullos articulos, in quibus circa monetam predictam fraus dicitur fuisse commissa, super quibus proponimus inquiri facere veritatem, cum nobis videbitur expedire. Sane quia facta presencia nos precavere edocent in futurum, vobis mandamus districte precipientes quatinus, si qua circa dicte monete cussionem fraus intervenerit, competenti satisfactione curetis que male acta sunt reformare, taliter deinceps super hoc vos habentes quod sinister rumor in hac parte ad nos non debeat pervenire, quia tantum scelus, si hiis que nobis relata sunt veritas suffragetur, non possemus nec deberemus impunitum aliquatenus pertransire. Datum sabbato ante Ramos palmarum, anno Domini millesimo ducentesimo sexagesimo octavo.

## LITTERE SENESCALLIE XANCTONENSIS,

INCEPTE IN PASCHA, ANNO DOMINI M° CC° LX° VIII°.

### 689

(Fol. 110.) 11 apr. 1268. — SENESCALLO XANCTONENSI PRO DOMINO COMITE SUPER OBLACIONE FACTA PER BURGENSES DE NIORTO (sic).

Aufons, fiuz de roi de France, coens de Poitiers et de Tholose, à son amé et son feal, au seneschal de Santonge, saluz et amour. Seur ce que vos nos avez fet assavoir par voz letres d'endroit l'offre de m livres tur., que vous ont fete por nous li borjois de Saint Jehan d'Angelis, nos nos merveillons mout comment il ont fete si petite offre, com il ait passé xvi anz ou plus qu'i ne nos firent ne aide, ne secours, ne taille, si comme preudome qui sont tenu et doivent amer et servir leur seigneur, meemement en tel cas et en tele besoigne com est la besoigne de la Sainte terre, et nous ne voulons mie qu'il nos pessent einsi de paroles. Dont nos vos mandons que nos n'avons pas cel offre agraable, comme nos i porrions avoir grant domage en ce que nos autres bones villes i penroient essample, et il leur deussent donne[r] essample de bien fere et largement donner à leur seigneur, en si grant besoigne et si grant emprise com est la besoigne de la Sainte terre, et ou nos beons meemement à abandonner et cors et avoir, et com meemement il i soient tenu, et il ne senble pas que il nos mostrent en ce grant amour. Et por ce il ne covient pas que il se travaillent à venir à nous au parlement de la Penthecoste qui vient, car nos ne les orrions de riens seur ce, meemement com il puissent bien savoir que nostre chier seigneur et nostre frere li rois de France, puis qu'il vint d'outre mer, et li rois de Navarre [1],

---

[1] Thibaut II, roi de Navarre, comte de Champagne.

li rois de Secile [1], li coens de Bretaigne [2] et la contesse de Flandres [3] ont puis eu maint don en deniers, mainte taille et maintes aides de leur villes pluseurs foiz, et ce semble bien signe d'amor et qu'il aiment lor seigneur et son preu et s'onneur, quant aident cortoisement au besoing, n'en plus grant besoigne ne plus porfitable ne nos poent il jamès aidier. Et toutes ces choses leur montrez bien et diligenmant, et se il ne vuelent fere tel offre dont nos nos doiens tenir à paiez en l'aide qu'i nos doivent faire por la voie d'outremer, gardez nostre droit vers ceus de Saint Jehan, et en ce et en autres choses que il ont forfet vers nous et vers autres. Et en toutes ces choses et es voies que vos avez pieça en escrit et en autres que vos verrez qui seront porfitables à porchacier deniers en bone maniere et loial, soiez curieus, diligent et ententis, meesmement comme li termes du passage qui est mis et jurez s'aproche. Et seur toutes ces choses, de ce que vos en aurez fet nos rendez certain par escrit à l'endemain de la quinzaine de la Penthecoste, quant vos vendrez à nous. Car en tel cas com est la voie d'outremer nos covient grant porveance de gent et d'avoir avant la passage. Et nos fetes aporter touz les deniers que vos nos devez de viez et de novel de noz baillies et de autres voies que vos avez trovées et des finances, au Temple à Paris, l'endemain de la quinzaine que vos vendrez à nous. Et en toutes ces choses et en nos autres besoignes et ou bon et ou loial governement de nostre terre vos aiez curieusement, diligenment et loiaument. Ce fu fet le mercredi après Pasques, en l'an nostre Seigneur mil CCLXVIII.

Édité par Ledain, p. 153-154, et par Boutaric, p. 286-287.

690

17 apr. 1268. — SENESCALLO XANCTONENSI PRO GUILLELMO DE ROCHA, DOMINO DE MACHEGOUZ.

Alfonsus, etc. Cum Guillelmus de Rocha, dominus de Machegouz,

[1] Charles d'Anjou. — [2] Jean Ier le Roux. — [3] Marguerite.

in octoviginti et quindecim libris pictavensium racione racheti et doni nobis teneri dicatur, vobis mandamus quatinus peccunie predicte solucionem usque ad quindenam instantis assumpcionis beate Marie virginis in respectu nostro ponatis, recepta ydonea caucione de eisdem ad dictum terminum totaliter persolvendis, easdem integraliter tunc levantes ita quod eas ad crastinum instantis quindene Omnium sanctorum, ad turonenses, parisienses, stellingos vel aurum seu aliam bonam monetam cambiatas, secundum quod vobis pluries mandavimus, una cum aliis denariis nostris apud Templum Parisius mittere valeatis. Die martis post octabas Pasche, anno Domini M° CC° LX° octavo.

## 691

23 apr. 1268. — SENESCALLO XANCTONENSI PRO FRATRIBUS ORDINIS BEATE MARIE, MATRIS CHRISTI, DE RUPPELLA.

Alfonsus, *etc.* Ex parte religiosorum virorum fratrum ordinis beate Marie, matris Christi[1], nobis datum est intelligi quod ipsi ad habitacionem prioris et conventus ejusdem ordinis prope Ruppellam, extra muros tamen dicte ville, ut dicitur, quendam locum emerunt, supplicantes nobis ut nobis placeret quod ipsi in dicto loco habitent et morentur et ecclesiam ac alias officinas suas ibidem edificare valeant, prout eisdem fuerit oportunum. Unde vobis significamus quod, quantum ad nos pertinet sine prejudicio alterius, placet nobis quod ibidem habitent usque ad voluntatem nostram, et hoc fidelibus nostris majori et communitati Ruppelle ex parte nostra intimetis. Addiscatis tamen diligenter de loco illo utrum nobis et ville prejudicaret et quantum, si in eodem habitent dicti fratres. Et quid super hoc inveneritis nobis ad crastinum instantis quindene Penthecostes, cum ad nos veneritis, referatis in scriptis. Datum die lune post quindenam Pasche, anno Domini M° CC° LX° VIII°.

[1] Ce sont sans doute les Sachets.

## 692

1 mai. 1268. — SENESCALLO XANCTONENSI PRO PRIORE DE PONTIBUS, XANCTONENSIS DYOCESIS.

Alfonsus, *etc.* Cum, sicut ex parte prioris de Pontibus[1], Xanctonensis dyocesis, ordinis fratrum Predicatorum, nobis extitit intimatum, quidam frater ab ipsorum ordine, de conventu Pictavensi, apostataverit, qui quidem in ordine ipso per multos annos steterat, ut dicitur, jam professus, et postmodum in senescalia Xanctonensi se transtulerit, rejecto habitu regulari et vitam ducens, sicut asseritur, penitus dissolutam, vobis mandamus quatinus, si aliqui de amicis ejusdem ordinis clerici vel laici dictum apostatam, cujus nomen dictus prior vel alter pro ipso vobis poterit intimare, ceperint vel capi fecerint, vos, quantum ad nos pertinet, minime opponatis quin capi possit et captus coerceri, secundum privilegia dictis fratribus a sede apostolica concessa et secundum sui ordinis instituta. Datum apud Ranpillonem, die martis in festo beatorum apostolorum Philippi et Jacobi, anno Domini M° CC° LX° VIII°.

## 693

13 mai. 1268. — MAJORI ET JURATIS DE RUPPELLA.

Alfonsus, *etc.*, dilectis et fidelibus suis majori et juratis de Ruppella, salutem et dilectionem. Rogamus vos et requirimus quatinus apud Sanctum Audomarium[2] cum vinis et aliis mercaturis vestris, sicut jam diu est consuevistis, accedatis et ad hoc alios burgenses nostros de Ruppella efficaciter inducatis. Nobilis enim et karissimus nepos noster et comes Attrebatensis[3] per suas litteras nobis scripsit quod omnes bonas consuetudines, quas unquam vos et dicti burgenses de Ruppella habuistis vel exnunc habere volueritis, salvo jure ville Sancti Audomarii et cartarum ipsius comitis, faciet vobis haberi. Quid autem super premissis facere proponatis nobis per senescallum nostrum

---

[1] Pons, Charente-Inférieure. — [2] Saint-Omer, Pas-de-Calais. — [3] Robert II, comte d'Artois.

Xanctonensem, in crastino instantis quindene Penthecostes, significare curetis in scriptis. Datum dominica ante ascensionem Domini.

### 694

24 mai. 1268. — SENESCALLO PRO PRIORE ET FRATRIBUS PREDICATORIBUS DE RUPPELLA.

Alfonsus, *etc.*, senescallo Xanctonensi, *etc.* Veniens ad nos prior fratrum Predicatorum de Ruppella sua nobis conquestione monstravit quod, cum fratribus dicte domus de Ruppella dudum unum arpentum nemoris dedissemus, iidem fratres, inspecta postmodum utilitate sua, de vendendo dicto arpento nemoris cum Radulfo, venditore nostrorum nemorum, tractatum, ut dicitur, habuerunt, qui Radulphus arpentum ipsum pro certa peccunie quantitate dicitur vendidisse. Verum elapso jamdudum, ut dictus prioras serit, solucionis termino, nondum est dictis fratribus, nisi forsan pro parte modica, satisfactum de conventa peccunia. Unde vobis mandamus quatinus tam emptorem quam dictum R. venditorem nomine dictorum fratrum ad satisfactionem congruam de peccunia non soluta de plano et sine strepitu litis compellatis, prout ad faciendam solucionem hujusmodi eos de jure teneri noveritis vel eorum alterum, et vobis constiterit de premissis. Ad hec eos qui in vestra senescallia vobis subsunt, qui quidem ex parte dictorum fratrum vobis fuerint nominati, inducatis et induci faciatis ydoneis persuasionibus, nulla tamen coactione adhibita, nisi quantum ad officium vestrum de jure spectare noveritis, ut memoratis fratribus solvant et reddant ea in quibus tenentur eisdem fratribus racione testamenti vel aliis justis modis. Ceterum cum dicti fratres quasdam domos juste et licite acquisierint ad ampliationem sui edificii, sicut dicunt, super quibus domibus due galline et tercia pars unius duntaxat nobis deberi dicuntur, quas petunt sibi in perpetuam elemosinam erogari, vobis mandamus ut super hiis addiscatis diligencius veritatem, quid juris videlicet, servitii aut redevencie, jurisdicionis seu dominii in eisdem domibus habeamus vel habere debeamus, et an in nostram gravem vel modicam cederet lesionem, si dictis fratribus concederemus quod sibi concedi in hac parte misericorditer petierunt. Et ea que super premissis inveneritis nobis, cum commode poteritis, in scriptis remittatis. Datum die jovis ante Penthecosten, anno Domini M° CC° LX° VIII°.

## 695

(Fol. 111.) 24 jun. 1268. — SENESCALLO XANCTONENSI PRO MONETARIO DE MONSTEROLIO BONINI.

Alfonsus, *etc.* Ex parte monetarii nostri de Mosteriolo Bonini nobis exstitit intimatum quod monetarii insule de Lairon [1], qui cudunt et fabricant falsam monetam Sarracenorum in dicta insula, levant, emunt et colligunt billonem in villa de Rupella contra inhibitionem factam in dicta villa. Unde vobis mandamus quatinus de dicta inhibicione, utrum fuit facta in dicta villa de Ruppella et qualiter facta fuit et si aliqui de jurisdicione nostra aliquid contra dictam prohibitionem attemptaverint [inquiratis], et si inveneritis dictam prohibitionem factam fuisse, ipsam faciatis, prout justum fuerit, observari, et ab illis qui contravenerint faciatis emendas judicari et levari. Datum apud Longumpontem, die dominica in festo nativitatis beati Johannis Baptiste, anno LX octavo.

## 696

12 aug. 1268. — SENESCALLO XANCTONENSI PRO PONCIO, DOMINO DE MIRABELLO, MILITE, [A GIRALDO DE BLAVIA INJUSTE LESO].

Alfonsus, *etc.* Ex parte nobilis et fidelis nostri Poncii, domini de Mirabello, militis, nobis est datum intelligi quod Giraldus, dominus de Blavia [2], miles, eidem Poncio quamplures injurias et dampna intulit, terram suam et rippariam de Cosnac [3], quas a nobis in feodum asserit se tenere, devastando et destruendo indebite et injuste, in ipsius Poncii

---

[1] Île d'Oléron, Charente-Inférieure.
[2] Blaye, Gironde.
[3] Le souvenir de cette appellation géographique paraît s'être conservé dans les noms de Saint-Thomas et Saint-Sorlin-de-Conac, Charente-Inférieure, cant. Mirambeau.

prejudicium non modicum et gravamen. Unde vobis mandamus quatinus super predictis dampnis et injuriis et super jure predicti Poncii veritatem diligenter addiscere studeatis, qua reperta, dictum G., dominum de Blavia, requiratis vel requiri faciatis quod dictas injurias et dampna in nostris feodis illata faciat taliter emendari, quod idem Poncius et nos debeamus nos tenere super hoc merito pro paccatis. Quod si dictus G. facere noluerit, vos super hoc senescallum Wasconie[1] vel locum ejus tenentem requiratis vel requiri faciatis, et responsionem tam dicti domini de Blavia quam dicti senescalli Wasconie super hoc et veritatem facti nobis, cum commode poteritis, rescribatis. Datum Parisius, dominica ante assumpcionem beate Marie virginis, anno Domini M° CC° LX° VIII°.

## 697

21 aug. 1268. — SENESCALLO XANTONENSI
PRO DOMINO PONCIO DE MIRABELLO, MILITE.

Alfonsus, *etc.* Cum, sicut ex parte nobilis et fidelis nostri Poncii de Mirabello, militis, extitit nobis intimatum, idem Poncius super querelis et controversiis, que inter ipsum ex una parte et dominum de Blavia ex altera vertebantur super quibusdam dampnis et injuriis, que et quas dicebat idem P. a dicto domino de Blavia sibi illata fuisse super quibusdam terris et feodis, quas et que a nobis asserit se tenere, diem ad pacificandum super predictis cum predicto domino de Blavia acceptaverit, vobis mandamus quatinus ad dictum diem cum predicto domino Poncio de Mirabello, milite, aliquem specialem ex parte nostra destinetis pro requirendo jure nostro et illud observando[2] in hac parte, ac eciam pro audienda oblacione vel responsione que dicta die facta fuerit Poncio de Mirabello, militi supradicto. Et quid super hoc factum fuerit et responsionem eidem P. ab eodem domino de Blavia factam nobis, quam cicius commode poteritis vel saltim ad crastinum instantis quindene Omnium sanctorum, cum ad nos veneritis, in scriptis remit-

---

[1] Pour le roi d'Angleterre. — [2] Le sens demanderait plutôt *illæso servando*, mais la lecture n'est pas douteuse.

tatis. Datum Parisius, die martis post assumpcionem beate Marie virginis, anno Domini m° cc° lx° viii°.

## 698

26 aug. 1268. — SENESCALLO XANCTONENSI PRO EPISCOPO PETRAGORICENSI.

Alfonsus, *etc.* Mandamus vobis quatinus venerabilem patrem Heliam, Dei gracia Petragoricensem episcopum [1], in jure suo recommendatum habentes, in persona sua vel rebus suis non permittatis eidem ab aliquibus, de jurisdicione nostra et vestra senescallia existentibus, inferri indebite molestiam aut gravamen, hoc idem bajulis vestris in dyocesi Petragoricensi per vestras litteras injungentes. Si vero de aliquibus injuriis, sibi a laicis jurisdicionis nostre illatis, conquestus fuerit, eas sibi faciatis, prout condecet et justum fuerit, emendari. Datum Parisius, dominica post festum beati Bartholomei apostoli, anno Domini m° cc° lx° octavo.

## 699

5 sept. 1268. — SENESCALLO XANCTONENSI PRO COMITE PICTAVIE.

Alfonsus, *etc.* Quia publice [rei] utile est ne maleficia remaneant impunita, aliqua que correctione indigent et emenda, de quibus nuper nobis relacio facta extitit, presentibus litteris duximus inserenda, mandantes vobis quatinus super articulis inferius agnotatis secreto et sigillatim addiscatis plenius veritatem. — 1. Primo de pignorandis plegiis seu fidejussoribus datis, ut dicitur, pro Hugone Giraudi super quibusdam excessibus et delictis, ab eodem Hugone, ut dicitur, perpetratis, supponendo videlicet incendium domui Petri de Chinon, necnon pro vulnere inflicto ab eodem H. Radulpho Bauduc, pro quibus excessibus, satisfacto lesis, pro emenda usque ad summam quingentarum librarum currentis monete pictavensium fidejussores dedisse asseritur dictus Hugo Martinum Choisi, Aymericum Giraudi, Benedictum

[1] Évêque de 1267 à 1280.

Boutefene, Johannem Cornuaul, Johannem Giraudi. — 2. Secundo requiratis instanter majorem et juratos communie Sancti Johannis Angeliacensis ut, secundum quod tenentur, satisfaciant hiis qui passi sunt dampna in factione portus dicte ville Sancti Johannis. Requiratis insuper ipsos de reddendo legitimo compoto super recepta pedagii sex denariorum in dicto portu, quos non debent colligere nec recipere, nisi duntaxat quousque sit sufficienter eis satisfactum de expensis quas eos fecisse constiterit in construccione dicti portus. — 3. Tercio addiscatis veritatem super eo quod Guillelmus de Stabulis dicitur emisse quatuor libras annui redditus super quadam domo magistri Johannis de Syvraio et nepotis uxoris sue, de qua vendicione vende nobis debite sunt celate. Quod si ita est, juxta qualitatem delicti judicetur emenda competens et levetur. — 4. Quarto, cum Fulco Richardi, occasione guerre de qua contra nos fuisse dicitur, possessiones et bona que habebat in comitatu Pictavensi nobis merito sunt incursa[1], ac Guillelmus, prepositus de Yers[2], teneretur, prout dicitur, eidem Fulconi in centum modiis salis annui redditus, qui quidem redditus, sicut et cetera bona dicti Fulconis, nobis commissus est, redditum ipsum cum arreragiis non solutis a dicto preposito efficaciter reppetatis. — 5. Quinto, cum Guillelmus Raymundi, miles, circiter xu$^{cim}$ libras annui redditus in detrimentum seu diminucionem nostri feudi transtulerit, sicut fertur, in manum Guillelmi Beraudi sub roturagio vel censiva, ipsum redditum, si ita est, saisiatis et in manu nostra nostro nomine ponatis[3], quousque sit nobis in hac parte, prout condecet, satisfactum. — 6. Sexto, super injuriis de quibus vobis constiterit illatas fuisse per Johannem de Montandre, prepositum de Naucras[4] et per Guillelmum Juliani, servientem suum, Guillelmo de la Barde, Bernardo Fabri et Guillelmo Rubei, judicentur et leventur emende. — Super premissis itaque uni-

[1] La phrase est mal construite, le mot *cum* est de trop; nous le maintenons comme justifiant la leçon *teneretur*.

[2] Hiers-Brouage, Charente-Inférieure, cant. Marennes.

[3] Le manuscrit répète ici le mot *saisiatis*; la correction s'impose.

[4] Naucras, Charente-Inférieure, cant. Saujon.

versis et singulis articulis comperta plenius veritate, ab eis qui culpabiles fuerint de nostra jurisdicione existentes exigatis et levetis emendas que de jure vel consuetudine patrie fuerint exigende. Quid autem super premissis feceritis necnon super aliis vobis commissis articulis, cum ad nos veneritis in crastinum instantis quindene Omnium sanctorum, tam scripto quam verbo nos curetis reddere cerciores. Datum Parisius, die mercurii ante nativitatem beate Virginis, anno Domini M° CC° LX° VIII°.

## 700

(Fol. 112.) 7 sept. 1268. — MAJORI ET JURATIS COMMUNIE DE RUPPELLA, PRO COMITE ATTREBATENSI.

Alfonsus, *etc.*, dilectis et fidelibus suis... majori et juratis communie de Ruppella, salutem et dilectionem. Qui in alterius locum succedit justam habet causam ignorancie, et pena suos debet tenere actores. Cum itaque nobilis et karissimus nepos noster R., comes Attrebatensis [1], prout ex parte ipsius nobis relatum extitit, affectet facere emendari seu corrigi excessus et gravamina, quos vel que asseritis vobis illatos vel illata fuisse ab hominibus ville sue de Sancto Audomaro, necnon ad cognicionem Eustachii de Monte Germondi, militis nostri, et alterius cujuscunque militis de familia nostra, quem cum eo duxerimus deputandum, excessus ipsos et gravamina reduci facere ad statum debitum ac cavere ne in posterum similia attemptantur, non solum in hiis que de facto contra vos processisse dicuntur, verum eciam super quartis [2] ipsorum hominum, in quantum in lesionem seu prejudicium vestrum posse intelligi dinoscuntur, vobis mandamus rogantes quatinus aliquem seu aliquos de vestris sufficienter instructos die jovis post instantes octabas beati Martini hyemalis mittatis Parisius, qui coram dicto Eustachio et alio qui eidem associatus fuerit, casus et articulos in quibus vobis fit injuria vel gravamen diligenter exponant habeantque vestro nomine potestatem componendi super eisdem casi-

---

[1] Voir plus haut, n°° 654 et 693. — [2] Sans doute un droit sur le vin perçu à Saint-Omer.

bus, et acceptandi pro vobis id quod per dictum E. et collegam suum fuerit ordinatum. Nobis enim placeret plurimum quod indempnitati nepotis nostri, qui culpam non meruit in hac parte, et vestre pariter securitati ac commodo provisum esset et cautum, ut condecet, in futurum. Datum Parisius, die veneris vigilia nativitatis beate Marie, anno Domini M° CC° LX° VIII°.

## 701

9 sept. 1268. — SENESCALLO [PICTAVENSI] VEL EI QUI LOCO EJUS EST PRO JOHANNE BONI.

Alfonsus, *etc.*, senescallo Pictavensi vel ei qui loco ejus est, *etc.* Cum, sicut nobis extitit intimatum, quoddam homicidium in villa de Sancta Gemma[1] juxta Lucionium nuper dicatur fuisse publice perpetratum, ac Johannes Boni, tanquam ejusdem loci vigerius, maleficium hujusmodi denunciaverit et ob hoc per vos, ut dicitur, fuerit arrestatus, et postmodum de consilio dilectorum et fidelium nostrorum Johannis de Nantolio, militis, domini de Tor, et magistri Petri Sorini, canonici Xanctonensis, fuerit liberatus, ac demum in absentia vestra ad subgestionem aliquorum emulorum sit iterum arrestatus post appellacionem ad nos interpositam ab eodem, sicut dicitur, mandamus vobis quatinus dictum Johannem sub fidejussoribus de stando juri ab ipso prestitis eundem recredatis, ita quod appellacionem suam prosequi valeat, sicut decet. Datum dominica post nativitatem beate Virginis, anno ut supra.

## 702

13 sept. 1268. — AU SENECHAL DE XANCTONGE POUR MONSEGNEUR LE CONTE DE POITIERS [SUR LE CHANGE DES MONNOIES].

Alfonz, fiuz de roi de France, coens de Poitiers et de Thoulouse, à son amé et à som feel au senechal de Xanctonge, saluz et vraie amour. Nous vous mandons que touz les deniers que l'en nous doit ou seront deu en vostre senechaucie, du terme de la Touz sainz proichienne à

---

[1] Sainte-Gemme-la-Plaine, Vendée, canton Luçon.

venir, de poitevins, changiez ou faciez changier à monnaies d'or, qui ci desouz sont escrites et au feur qui est mis : c'est assavoir pour un denier alfonsin d'or ou croisat ou marbotin d'or qui est tout un, des queux li LXIII et un tierz font le marc au marc de Troies, por chacun denier VIII sols et III deniers poitevins, et n'i donez pas plus; et por chacun denier florin d'or VIII sols VIII deniers poitevins, et pour chacun denier d'or augustaire X sols VIII deniers poitevins, et pour chacun denier d'or double de mil. X sols VIII deniers poitevins, et pour chacun denier d'or de Rousset X sols II deniers poitevins. Et ce que vous ne pourroiz changier an monaies d'or desus dites et au feur devant dit à poitevins, changiez à estellins, et donnez pour le marc d'estellins, bons et loiaus de pois et de conte, LV sols de poitevins et non plus. Après vous mandons que ce que nous est deu en purs tournois de finances ou d'autres choses, de religions et d'autres persones, que vous changiez an monaies d'or desus dites, au feur qui est ci desouz escrit : c'est à savoir pour un denier d'or alfonsin ou croisat ou marbotin d'or, qui est tout un, des quiex li LXIII et un tierz font le marc au marc de Troies, pour chacun denier VIII sols I denier tournois, et n'i donez pas plus; et pour chacun denier d'or florin VIII sols VI deniers tornois, et pour chacun denier d'or augustaire X sols VI deniers tournois, et pour chacun denier d'or double de mil. X sols VI deniers tournois, et pour chacun denier d'or de Rousset X sols tournois, et pour un denier gros d'argent des gros tournois le roy de France doigniez XII petiz tournois. Et ce que vous ne pourroiz changier des tournois qui nous sont deu an monaies desus dites et au feur desus mis, aportiez et metez au Temple à Paris pour nous en purs tournois, l'andemain de la quinzaine de la proichiene feste de Touz sainz. Ce fu donné le jeudi après la nativeté Nostre Dame, mil II cenz sexante ouit. — Et retenez et gardez par devers vos cestre leitre en tele maniere que quant vous vendroiz à nous, vous nos puissiez respondre par bouche et par escrit de ces choses qui sont desus contenues.

Édité par Boutaric, p. 219-220.

## 703

13 sept. 1268. — SENESCALLO XANCTONENSI PRO ADAM TABOE.

Alfonsus, *etc.* Mandamus vobis quatinus Ade Taboe, servienti nostro in castro Ruppelle, gagia sua, que in dicto castro percipere consuevit, usque ad instantes compotos Omnium sanctorum persolvatis, addiscentes interim an dictus Adam talia commiserit per que dicta gagia amittere debeat, ita quod de predictis, cum ad nos veneritis ad crastinum instantis quindene Omnium sanctorum, nos possitis reddere cerciores. Datum die jovis post nativitatem beate Virginis, anno Domini M° CC° LX° VIII°.

## 704

2 oct. 1268. — SENESCALLO XANCTONENSI PRO GUIBERTO ET FAUCOLINO FRATRIBUS, CIVIBUS DE FLORENCIA, SUPER DEBITO SUO.

Alfonsus, *etc.* Cum ex parte karissimi fratris nostri illustris regis Sycilie per suas litteras nobis fuerit intimatum quod quidam mercatores de Florencia, qui cum suis fautoribus sancte Romane ecclesie et dicto fratri nostro adversantur, sub districtu et dominio nobilis et fidelis nostri Hugonis, domini Pertiniaci, moram trahant, ac ipsi racione societatis dudum inhite cum Guiberto et Faucolino, fratribus, teneantur eisdem fratribus in tribus milibus septingentis et novem libris Januensis monete, prout in actis inde confectis plenius dicitur contineri, vobis mandamus quatinus, si qui de dictis mercatoribus, quorum nomina sunt Doctus, Ducius, Lapus et Souellus, fratres, aliqua de bonis suis in vestra senescallia habuerint immediate sub nostro domino vel in personis suis moram traxerint, eadem saisiatis et saisita teneatis quousque de dicta quantitate pecunie dictis Gauberto et Faucolino debita, secundum quod de ea constare poterit, plene fuerit satisfactum. Sane si dicti Doctus [1] et fratres sui sub alieno territorio in vestra senescallia moram traxerint vel bona aliqua habuerint, requiratis dominos sub

---

[1] Ici les mots suivants raturés : *Ducius, Lapus et Souellus.*

quibus immediate predicti fuerint, ut prefatis Guiberto et Faucolino, devotis Romane ecclesie et fratris nostri [1] predicti, exsolvi faciant dictam pecunie quantitatem, ita quod propter defectum juris ipsos non oporteat ad nos ulterius querimoniam reportare. Datum die martis post festum sancti Michaelis, anno Domini m° cc° lx° viii°.

### 705

2 oct. 1268. — DOMINO HUGONI, DOMINO PERTINIACI, PRO EISDEM.

Alfonsus, *etc.*, nobili et fideli suo Hugoni, domino Pertiniaci, salutem et dilectionem sinceram. Ex serie litterarum karissimi fratris nostri K. [2], Dei gracia illustris regis Sycilie, intelleximus quod Doctus, Ducius, Lapus et Souellus, fratres, rupto societatis vinculo quod dudum iniisse noscuntur cum Guiberto et Faucolino, fratribus de Florencia mercatoribus, ecclesie Romane dictoque regi fidelibus et devotis, qui quidem Doctus et ejus fratres sub vestro dicuntur districtu moram trahere, tria milia septingentas novem libras Januensis monete detinent de sorte et parte dictorum Guiberti [et] Faucolini. Verum cum iidem Doctus et fratres sui dicantur esse de parte factionis Guibeline et una cum suis fauctoribus, qui Romane ecclesie et dicto fratri nostro adversantur, sint a summo pontifice excommunicacionis vinculo innodati et aliis penis subjecti, prout hec [et] alia que premissa sunt in actis super hoc confectis plenius continentur, vobis mandamus quatinus de personis et rebus predictorum Docti et fratrum suorum, qui in vestris feodis vel retrofeodis moram trahunt, capiendis et captis detinendis taliter vos habere curetis, quod predictis Guiberto et Faucolino in integrum possit satisfieri, secundum quod per acta constare poterit de dicta pecunie quantitate, tantum super hoc facientes quod propter defectum justicie vel vestrum non oporteat manum super hoc apponere graviorem. Datum die martis post festum sancti Michaelis, anno Domini m° cc° lx° viii°.

[1] Ms. *vestri*. — [2] Charles d'Anjou.

## 706

3 oct. 1268. — SENESCALLO XANTONENSI PRO ABBATE ET CONVENTU DE PLANA SILVA [CONTRA PONCIUM ET ARTAUDUM DE MIRABELLO, FRATRES].

Alfonsus, *etc.* Ex parte religiosorum virorum abbatis et conventus de Plana Silva[1], Xantonensis dyocesis, nobis extitit conquerendo monstratum quod Poncius de Mirabello, junior, et Artaudus, frater ejusdem Poncii, vacas et vitulos, quos habebant in nostro dominio, ceperunt et secum duxerunt indebite et injuste, ac homines eorum captos detinent iidem fratres, et gentes dicti Poncii quendam fratrem abbatie apud Sanctum Bonetum[2] commorantem, dyocesis Xantonensis, attrociter verberaverunt, ut dicitur, bona ipsius totaliter rapiendo. Unde vobis mandamus quatinus super hoc inquiratis diligencius veritatem et vocatis dictis Poncio et Artaudo, fratre ejus, coram vobis et qui fuerint evocandi, auditisque racionibus eorundem, faciatis dictis religiosis super hiis bonum jus et maturum. Et quid super hiis feceritis et de veritate facti nos in crastinum instantis quindene Omnium sanctorum, cum ad nos veneritis, in scriptis certificare curetis. Datum die mercurii post festum sancti Michaelis archangeli, anno Domini M° CC° LX° VIII°.

## 707

3 oct. 1268. — A JEHAN DE NANTUEL ET AU SENESCHAL DE POITOU ET XANTONGE PRO COMITE, [TOUCHANT L'AIDE DE CROISADE DEMANDÉE AUX BARONS DU PAYS].

Aufonz, fiuz de roi de France, coens de Poitiers et de Thoulouse, à ses amez et à ses feauls Jeham de Nanteul, chevalier, sire de Tourz, Jeham de Villete, chevalier, senechal de Xaintes, et Euistaces de Biaumarchès, chevalier, senechal de Poito, saluz et amour. Nous entendismes par la teneur de la lestre que vous nous envoiates darreement coumant vous futes à Poitiers le dimanche après la feste seint Mati

---

[1] Pleneselve, ordre de Prémontré, au diocèse de Bordeaux, Gironde, cant. Saint-Ciers-la-Lande. — [2] Saint-Bonnet, Charente-Inférieure, cant. Mirambeau.

l'apostre darrierement passée [1], et coumant vous requeistis les barons de Poito, que illeuc estoient ajournez, seur l'aide de nostre croiz et entandimens la raponse que il vous firent, c'est assaveir que il vendroient par devant nous et nous donrroient ce que il cuideraint biem fere, laquele response ne nous samble pas soufisant, et nequetant nous ne veons pas à ore en bone meniere d'aler avant en ce fet, duquetant que nous aiens pallé à vous, mesmement cum vous aiez mandé en vostre lestre que l'en ne pourroit ja trover par nulle coustume par quoi il nous soient tenuz arriens donner, mes l'en troveroit bien que aucuns, qui sont alez outremer avant que nous, qui ont levé et eu aide, et de ce nous semble que il seroit boen que vous apraissoiz qui cil sont ou furent qui cele aide ont eu, ne de qui et quele aide, et savoirmon se il l'orent par la volenté de leurs homes et de leur gré, ou par acune meniere de coustume ou d'usage, ou par meniere de couactiom. Quant au roturiers, nous vous fesons assavoir qu'il ne fu onques de nostre entenciom que vous lessessiez à aler avant quant à lever le cens double selonc la coutume du pais, quar ja soit ce que en la letre que nous vous envoiamens darrierement fut contenu que vous nous faissiez assavoir à ce pruichien pallement la raponse de ces roturiers, pour ce n'estoit mie à entendre que vous cessissiez de rem que vous avoiez enconmencé quant à eus, quar vous ne nous aviez pas mandé en l'autre lestre que vous nous envoiastes avant ceste nulle riens des roturiers, dont nous ne pons pas deviner savoirmon si vous aviez conmencié à ouvrer vers eus ou non. Dont nous vous mandons que vous en cestui cas ailliez avant, segon ce que vous verroiz que il pourra estre fet en bone maniere à nostre proufit, sanz tort fere et sanz escandre du pais. Et ce que sera fet de cez choses nous raportez par boiche et par escrit quant vous vendroiz à nous, l'andemain de la quinzaine de ceste proichiene feste de Touz sainz. Ce fut donné le mecredi après la feste saint Michiel, en l'an nostre Segneur M CC LX et VIII.

Édité par Ledain, p. 116, et par Boutaric, p. 283-284.

[1] 23 septembre 1268.

## 708

6 oct. 1268. — SENESCALLO XANCTONENSI PRO GUILLELMO FABRI DE BAVESIO, FRATRE ELEMOSINARII NOSTRI, ET EJUS PARENTIBUS.

Alfonsus, *etc.* Mandamus vobis quatinus dilectos nostros Guillelmum Fabbri de Bavesio [1], fratrem Ranulphi bone memorie, quondam elomosinarii nostri, et parentes ipsius et bona sua in nostra jurisdicione et vestra senescalcia existencia recommendatos habeatis, nec permittatis ipsos vel bona ipsorum in nostra jurisdicione et vestra senescalcia existencia ab aliquibus de jurisdicione et senescalcia vestra indebite molestari. Datum die sabbati ante festum beati Dionisii, anno Domini millesimo ducentesimo LX$^{mo}$ octavo.

Similis littera missa fuit senescallo Xanctonensi [2].

## 709

(Fol. 114.) 20 oct. 1268. — SENESCALLO XANCTONENSI PRO COMITE PICTAVIE ET THOLOSE SUPER FACTO JUDEORUM.

Alfonsus, *etc.* Significavit nobis dilectus et fidelis noster Eustachius de Bellomarchesio, miles, senescallus Pictavensis, quod quendam Judeum separatum ab aliis sub fida tenebat custodia, qui in odium aliorum Judeorum et propter commodum suum quod sperabat [3] exinde consequi, revelavit eidem modum et formam qualiter inveniret et habere posset thesaurum omnium Judeorum, et quia dubitabat [utrum] verum diceret, temptavit secreto et temptari fecit per quosdam fide dignos, qui per documentum dicti Judei fecerunt fodi in duabus domibus Judeorum et ibi invenerunt in potis absconditis in terra usque ad valorem quatercentarum librarum, tam in stellingis quam cifis argenteis et aliis jocalibus et denariis. Unde vobis mandamus quatinus tam fodiendo domos dictorum Judeorum quam alias, ubicunque ac modis omnibus quibuscunque poteritis, bona Judeorum vestre senes-

---

[1] On peut aussi lire *Banesio*. — [2] Il faut sans doute corriger *Pictavensi*. — [3] Ms. *superabat*.

callie perquiri et investigari faciatis, ita quod propter aliquam negligenciam vel eorum maliciam nichil in hac parte nobis[1] valeat deperire, ac ea que ad manum vestram venerint de bonis eorundem, sub fida custodia taliter teneatis quod de eisdem nobis possitis, ut condecet, respondere. Datum die sabbati post festum beati Luce euvangeliste, anno Domini millesimo ducentesimo sexagesimo octavo.

Similis littera missa fuit conestabulo Alvernie.

Similis littera missa fuit senescallo Agenensi et Caturcensi.

Similis littera missa fuit senescallo Ruthinensi.

Similis littera missa fuit vicario Tholose.

Similis littera missa fuit senescallo Venaissini.

Similis littera missa fuit senescallo Tholose et Albiensis.

### 710

17 nov. 1268. — MAGISTRO P. SORINI, CANONICO XANCTONENSI, PRO PETRO FOUCHERII.

Alfonsus, *etc*. Mandamus vobis quatinus in causa que vertitur inter Petrum Foucherii, burgensem de Ruppella, ex parte una, et Petrum de Camera, ejusdem ville burgensem, ex altera, super cujus cognicione vobis et castellano nostro de Ruppella olim facta fuit commissio, prout justum fuerit et alias vobis datum extitit in mandatis, celeriter procedatis et eandem fine debito terminetis, [quia], sicut nobis datum est intelligi, periculum est in mora. Datum apud Longumpontem, die sabbati post festum beati Martini hiemalis, anno Domini millesimo ducentesimo sexagesimo octavo.

Similis littera missa fuit Guillelmo de Monasteriis, militi, castellano de Ruppella.

### 711

30 nov. 1268. — DOMINO S., CARDINALI, PRO HOMINIBUS DE LOZAIO ET ALIARUM VILLARUM.

Reverendo in Christo patri et sibi karissimo domino S., Dei gracia

---

[1] Le manuscrit porte *vobis*; la correction s'impose.

tituli Sancte Cecilie presbytero cardinali, apostolice sedis legato [1], Alfonsus, filius regis Francie, comes Pictavie et Tholose, salutem et cum sincera dilectione paratam ad beneplacita voluntatem. Cum, sicut nobis relatum est per senescallum nostrum Xanctonensem, occasione cujusdam mandati auctoritate vestra eidem senescallo facti, prior de Ebrolio [2], ordinis Sancti Benedicti, Xanctonensis dyocesis, spectans ad abbaciam de Ebrolio [3], Claromontensis dyocesis, quosdam homines nostros de Lozai [4] et quarundam aliarum villarum nostrarum dyocesis Xanctonensis predicte excommunicacionis vinculo fecerit innodari, et non solum per se, sed eciam per priorem de Compnaco [5] ipsos homines vexat multipliciter trahendo coram diversis judicibus ecclesiasticis, pro eo videlicet quod ipsum priorem, procuracionem vestram solvere contumaciter renitentem, occasione mandati eisdem hominibus facti, ut dicitur, pignorarunt, paternitatem vestram rogandam duximus quatinus, si placet, indempnitati dictorum hominum providentes, circa beneficium absolucionis sue obtinendum adhibere velitis remedium quod fore noveritis oportunum, presertim cum iidem homines, si fortassis excesserint, dampnum, si quod passus fuerit dictus prior, plus debito per eosdem ad arbitrium boni viri reffundere sint parati. Datum Parisius, die veneris in festo sancti Andree apostoli, anno LX° VIII°.

## 712

3o nov. 1268. — MAGISTRO ALANO DE MEULENTO [6]
[SUPER JURAMENTO FIDELITATIS PRO CASTRO MORNACII PRESTANDO].

Alfonsus, etc. Cum venerabilis in Christo pater Arelatensis archi-

---

[1] Simon de Brion, cardinal-prêtre du titre de Sainte-Cécile, plus tard pape sous le nom de Martin IV.

[2] Probablement Breuil-la-Réorte, Charente-Inférieure, cant. Surgères. Ebreuil, ordre de Saint-Benoît, Allier.

[3] Probablement Lozay, Charente-Inférieure, cant. Loulay.

[5] Cognac, Charente.

[6] Cet acte est cancellé dans le registre; il aurait dû être transcrit parmi les actes du Venaissin.

episcopus[1], missis ad nos litteris et nuncio, super juramento fidelitatis de castro Mornacii[2] sibi prestando nos duxerit requirendos, vobisque intimatum extiterit ut super hoc inquirere deberetis, vobis mandamus quatinus inquestam, si quam in hac parte feceritis, et certitudinem quantamcunque super hoc habere poteritis nobis per vestras litteras rescribatis vel inquestam ipsam per latorem presencium remittatis. Datum Parisius, die veneris in festo beati Andree apostoli.

## 713

3 dec. 1268. — MAJORI ET JURATIS COMUNIE DE RUPPELLA, PRO COMITE ATTREBATENSI.

Alfonsus, etc., dilectis et fidelibus suis majori et juratis comunie de Ruppella, salutem et dilectionem sinceram. Ad preces et instanciam nobilis et karissimi nepotis nostri R., comitis Attrebatensis[3], vobis mandamus rogantes quatinus ad tres septimanas instantis Chandelose aliquem seu aliquos pro vobis, sufficienter instructos, pro tractando super facto hominum Sancti Audomari cum dicto nepote nostro et ipsis hominibus Sancti Audomari, Parisius destinetis. Datum Parisius, die lune post festum beati Andree apostoli, anno Domini M° CC° LX° octavo.

## 714

(Fol. 115.) 6 dec. 1268. — SENESCALLO XANCTONENSI PRO HERBERTO GAILLART.

Alfonsus, etc. Significamus vobis quod nos Herberto dicto Gaillart, latori presencium, dedimus in foresta nostra de Banone[4] duodecim denarios pictavenses gagiorum per diem, quandiu nostre placuerit voluntati, mandantes vobis quatinus eidem dicta gagia persolvatis. Datum Parisius, die jovis in festo beati Nicholai hyemalis, anno Domini millesimo ducentesimo sexagesimo octavo.

---

[1] Bertrand II de Saint-Martin (1266-1273).
[2] Mornas, Vaucluse, cant. Bollène.
[3] Robert II.
[4] Benon, Charente-Inférieure, cant. Courçon.

# SAINTONGE [1268].

## 715

[Dec. 1268. — DE INQUESTA FACIENDA SUPER GRATIIS
DOMINO COMITI CONCESSIS.]

Hec sunt nomina eorum qui debent vocari ad instruendum senescallum et executores graciarum domini comitis Pictavie, super hiis que ad ipsum dominum comitem pertinent ex ipsis graciarum (*sic*), scilicet Johannes de Nivernis, clericus, magister Laurencius de Mastacio, Johannes de Castromillani.

Item addiscere debent dicti senescallus et executores quid factum est de bonis legatis indistincte Petri Rousselli de Ruppella, defuncti, cujus fuerunt executores defuncti Johannes Gigantus, Johannes de Martellis et Guillelmus Gomberti, et hoc idem fiet de aliis legatis et pariter in aliis articulis graciarum, sicut decet.

Item addiscent an aliqui levaverunt vel habuerunt aliquid de bonis ad ipsum dominum comitem Pictavie pertinentibus racione dictarum graciarum. Et si quos tales invenerint, requirent eos quod eas restituant domino comiti supradicto, et si hoc facere noluerint, procedant dicti executores contra eos, quantum de jure fuerit procedendum, servato moderamine juxta condicionem personarum et dignitatum. Et quid super hoc fecerint et invenerint, ad proximum parlamentum instantis quindene Candelose debent significare domino comiti in scriptis.

## 716

16 dec. 1268. — SENESCALLO XANCTONENSI PRO PRIORE VEL CORRECTORE DE BROLIO
[A PLURIBUS PERSONIS INJUSTE VEXATO].

Alfonsus, *etc*. Veniens ad nos prior de Brolio[1], ordinis Grandismontis, nobis conquerendo exposuit quod Helfinus et Petrus Gaufridi, milites, fratres, et Gombaudus Alnandi, nepos eorundem, aliqua bona dicte domus sue de Brolio detinent minus juste, in ipsius domus

---

[1] Embreuil ou Le Breuil, Charente-Inférieure, comm. Grézac, autrefois du diocèse de Saintes. (Guibert, *Destruction de l'ordre de Grandmont*, p. 849.)

et fratrum dampnum non modicum et gravamen; ceterum quod prior Sancti Eutropii Xanctonensis[1] aliqua de bonis ejusdem domus injuste detinet, ut asseritur, occupata, non sine ejusdem prioris et domus predicte prejudicio atque dampno. Unde vobis mandamus quatinus, vocatis dictis militibus et eorum nepote necnon priore Sancti Eutropii predicto et aliis qui fuerint evocandi, de rebus tamen et personis que ad nostram jurisdicionem pertinent, exibeatis eidem super premissis omnibus celeris justicie complementum. — Item ex ipsius prioris de Brolio lacrimabili querimonia nobis extitit reseratum, quod Gaufridus Vigerii de Faia, Gafridus Vigerii de Marempnis, Petrus Rauba, miles, Rigaudus Garaut, Guillelmus Guichardi et Johannes de la Touscha et quidam alii malefactores dictum priorem seu correctorem juxta monstram[2] dicte domus mandaverunt, ut cum eisdem super quibusdam negociis haberet tractatum, qui prior, assumpto secum quodam socio, ivit protinus ad eosdem; at illi malefactores, inspectis dictis fratribus, cum armis in eosdem hostiliter irruerunt, ac quasi sue salutis immemores in eosdem manus sacrilegas injecerunt, ipsos atrociter verberando et usque ad destructionem membrorum crudelissime vulnerando. Unde cum dicti fratres ob reverenciam religionis a malefactoribus laicis protegi debeant et deffendi, vobis mandamus quatinus de tam [h]orribili et nefario facto ac tantis injuriis, dictis fratribus ab hujusmodi malefactoribus cum armis, ut dicitur, illatis, inquiratis diligencius veritatem, facientes dictas injurias et molestias eisdem fratribus, prout justum fuerit, emendari ab hiis de jurisdicione nostra existentibus, jus nostrum super delacione armorum in omnibus observantes facientesque emendas a dictis malefactoribus, prout vobis de dicto facto constiterit, taxari plenius et levari. Datum Parisius, dominica tercia in adventu Domini, anno Domini M° CC° LX° octavo. — Ad hec vobis mandamus quatinus aliquem servientem dictis priori et fratribus, qui eosdem et domum suam predictam in jure suo protegat, ad expensas

---

[1] Église régulière de Saintes. — [2] La lecture de ce mot est certaine; Ducange en cite un autre exemple qu'il juge douteux (*sub verbo*); c'était peut-être le parloir ouvert aux étrangers.

SAINTONGE [1269].

suas concedatis, cum vos super hoc duxerint requirendum, ita tamen quod dictus serviens jura alterius non usurpet. Datum ut supra.

## 717

12 jan. 1269. — MAGISTRO P. VIGERII, CANONICO CARNUTENSI (sic), [PRO CANONICIS ECCLESIE XANCTONENSIS].

Alfonsus, *etc.*, dilecto et fideli clerico suo, magistro P. Vigerii, canonico Carnotensi (sic), salutem et dilectionem sinceram. Factum denuo in Xanctonensi ecclesia temere perpetratum, prout perpendimus ex vestrarum serie litterarum, impunitum pertransire nolumus nec debemus. Quocirca senescallo nostro Xanctonensi scripsimus in hunc modum :

Alfonsus, *etc.*, senescallo Xanctonensi, *etc.* Ex serie litterarum dilecti et fidelis clerici nostri, magistri P. Vigerii, canonici Xanctonensis, que nobis fuerunt nuperrime presentate, intelleximus quod quidam scutiferi, timore Dei postposito, in quendam canonicum Xanctonensem in eadem ecclesia, ausu sacrilego, dum ibidem divina celebrarentur officia, manus impias injecerunt, quod si ita est, impunitum non debet tantum facinus sub dissimulacione vel conivencia pertransiri. Unde vobis mandamus quatinus, comperta super hoc veritate, eos de quibus vobis constiterit talia perpetrasse, citra mortis periculum vel membri mutilationem, si tamen de nostra jurisdicione extiterint vel districtu, prout justum fuerit, taliter corrigatis quod aliis presumptoribus transeat in exemplum, providentes ne iidem malefactores seu alii nobis subditi audeant ulterius similia attemptare, et in correctione hujusmodi sic vos habere studeatis quod justicia non ledatur personeque ecclesiastice, presertim in prefata ecclesia, circa divina officia et ea que alias sibi incumbunt, in securitate et pace, sicut decet, valeant conversari et ad electionem sui decani procedere, ut intendunt. Datum apud Gornaium, sabbato post epiphaniam Domini, anno Domini м° cc° lx° octavo.

Discrecionem vestram scire volentes quod, nisi in hac parte, quod non credimus, per senescallum predictum consilium adhibitum fuerit oportunum, si querimonia exinde ad nos delata fuerit, de bonorum consilio, cognita facti serie, quantum ad nos pertinet proponimus efficaciter prosequi et ulcisci. Datum apud Gornaium, sabbato post epiphaniam Domini, anno Domini m° cc° lx° octavo.

## 718

(Fol. 115 *bis*.) [Jan. 1269. — SENESCALLO XANCTONENSI PRO VIVIANO DE BARBISELLIS [1].]

A., [*etc.*], senescallo Xanctonensi, *etc.* Ex parte Viviani de Barbisellis nobis extitit supplicatum quod nos quandam inquestam, que dudum facta fuerat, iterato fieri faceremus, cum idem Vivianus omnes testes suos non potuisset habere in confectione dicte inqueste, propter hoc quod non erant in patria, sicut dicit. Unde vobis mandamus quatinus, vocatis castellano de Paracollo [2] pro jure nostro servando et aliis quos ad hoc expedire videritis, auditis racionibus suis et deffensionibus nostris, faciatis eidem quod de jure et consuetudine patrie videritis faciendum.

## 719

(Fol. 116.) 22 jan. 1269. — SENESCALLO XANCTONENSI PRO GENTIBUS RENAUDI DE PONTIBUS.

Alfonsus, *etc.* Accedens ad nos nobilis et fidelis noster Renaudus, miles, dominus de Pontibus [3], nobis exposuit conquerendo quod servientes balliviarum Guillelmi Ruffi et Guillelmi Ansellmi gentes ipsius Renaudi inquietant multipliciter et molestant, predictas gentes adjornando coram dictis ballivis sine causa racionabili, ut dicitur, et injuste.

---

[1] Peut-être Barbezieux, Charente. Le manuscrit porte *Barb.* avec une abréviation. — Cette pièce, que nous datons hypothétiquement de janvier 1269, occupe une petite bande de parchemin ajoutée au folio 115.

[2] Parcoul, Dordogne, arr. Ribérac, cant. Sainte-Aulaye. Au xvii° siècle, cette localité était encore dans l'élection de Saintes.

[3] Pons, Charente-Inférieure.

Unde vobis mandamus quatinus, vocatis dictis servientibus coram vobis auditisque hinc inde racionibus, faciatis partibus bonum jus et maturum, nec permittatis gentes predicti Renaudi adjornationibus fatigari que non contineant equitatem. Datum die martis in festo sancti Vincencii, anno Domini M° CC° LX° VIII°.

## 720

20 febr. 1269. — MAGISTRO P. SORINI, CANONICO XANCTONENSI, SUPER NEGOCIO PETRI FOUCHERII ET PETRI DE CAMERA.

Alfonsus, *etc.*, dilecto et fideli clerico suo magistro P. Sorini, canonico Xanctonensi, salutem et dilectionem[1]. Mandamus vobis quatinus in causa que vertitur inter Petrum Foucherii, burgensem de Ruppella, ex parte una, et Petrum de Camera, ejusdem ville burgensem, ex altera, super cujus cognicione vobis et castellano nostro de Ruppella olim facta fuit commissio, una cum dicto castellano nostro de Ruppella, vocata parte appellata, in dicta causa, prout justum fuerit, procedatis, ac ipsam causam infra quindenam instantis festi Penthecostes fine debito terminetis. Datum apud Longumpontem, die mercurii ante festum cathedre sancti Petri, anno ut supra.

## 721

LITTERA DOMINI GUIDONIS DE LEZIGNIACO.

Littera domini Guidonis de Lezeigniaco super mutuo facto eidem a domino comite de CC L libris turonensium. Est in sequenti quaterno, inter litteras Alvernie, videlicet in VII° folio[2].

## 722

24 febr. 1269. — [PETRO VIGERII ET SENESCALLO XANCTONENSI COMMISSIO.]

Alfonsus, *etc.*, dilectis et fidelibus suis magistro Petro Vigerii, ve-

[1] Ici le mot *sinceram* raturé. — [2] Voir plus loin, n° 757, p. 490.

nerabili archidiacono Alnisiensi[1] in ecclesia Xanctonensi, et Johanni de Villeta, militi, senescallo Xanctonensi, salutem et dilectionem. Causam que vertitur vel verti speratur inter Guibertum Cantoris et Faucolinum, fratres de Florencia, ex parte una, ac Doccium, Ducium, Lapum et Souellum, fratres, filios quondam Ranolphi dicti Lapresse defuncti, ex altera, vobis committimus audiendam, mandantes quatinus, vocatis qui fuerint evocandi ac auditis rationibus partium, causam eandem pace vel judicio decidatis, ita tamen quod si ambo interesse nequiveritis, alter vestrum nichilominus in dicto procedat negocio de alterius voluntate. Datum Parisius, dominica in festo beati Mathie apostoli, anno Domini millesimo ducentesimo sexagesimo octavo.

### 723

8 mart. 1269. — SENESCALLO XANCTONENSI PRO MAGISTRO BERNARDO DE GISORCIO ET MAGISTRO ROBERTO DE POMERIA.

Alfonsus, *etc*. Mandamus vobis quatinus magistro Bernardo de Gisorcio et magistro Roberto de Pomeria, super hiis que habent facere coram vobis occasione cujusdam servientis sui et aliquorum bonorum suorum detentorum, ut asserunt, apud Sanctum Johannem Angeliacensem, exibeatis vos favorabilem et benignum, jus suum, prout bono modo poteritis, quantum ad nos pertinet accelerantes eisdem, ac injungentes dilectis et fidelibus nostris majori et juratis communie Sancti Johannis Angeliacensis quod, quantum ad eosdem pertinet, jus suum accelerent eisdem sub forma qua poterunt meliori. Quid autem super premissis feceritis nobis ad crastinum instantis quindene Penthecostes, cum ad nos veneritis, in scriptis referatis. Datum Parisius, die veneris post mediam quadragesimam, anno Domini M° CC° LX° octavo.

[1] L'Aunis.

## 724

8 mart. 1269. — SENESCALLO XANCTONENSI PRO BERTRANDO DE GAGARCIO
[A PREPOSITO RUPPELLE GRAVATO].

Alfonsus, *etc*. Veniens ad nos Bertrandus de Gargatio, exhibitor presentium, conquerendo nobis insinuavit quod prepositus noster Ruppelle pecuniam, coria et alia bona quedam mobilia Petri Guillelmi Bellugarii saisiverit et in manu sua detinet occupata, pro eo quod ipsum asserebat nullum habere heredem. Cum itaque prefatus Bertrandus ejusdem defuncti nepotem se asserat et heredem, vobis mandamus quatinus, prout vobis de hoc legitime constare poterit, servato ut condecet jure nostro, exhibeatis eidem B. celeris justicie complementum, ita quod propter defectum juris non oporteat ipsum ad nos ulterius remeare. Datum Parisius, die veneris post mediam quadragesimam, anno Domini M° CC° LX° octavo.

## LITTERE CONESTABULIE ALVERNIE,

INCEPTE IN PASCHA, ANNO DOMINI M° CC° LX° VIII°.

### 725

(Fol. 117.) 2 mai. 1268. — CONESTABULO ALVERNIE PRO SUBSIDIO TERRE SANCTE [A BURGENSIBUS VILLARUM PATRIE PETENDO].

Alfonsus, *etc.* Cum, sicut nobis relatum extitit, super requisicionibus quas dilecti et fideles clerici nostri magistri Guillelmus de Ruppe et Eustachius de Mesiaco ex parte nostra fecisse dicuntur, super inpendendo nobis auxilio pro subsidio Terre sancte ab hominibus villarum nostrarum que in Alvernia sub nostro consistunt dominio, iidem homines, licet pluries requisiti, ut decuit, nullam aut modicam subvencionem nobis spoponderint se facturos, super quo nimirum plurimum admiramur, cum quasi versum sit in usum et consuetudinem approbatam quod subditi dominis suis temporalibus, qui crucis transmarine sint caractere insigniti, grata impendant subsidia, non solum in peccunia, sed nunnunquam etiam in personis, vobis mandamus quatinus homines dictarum villarum nostrarum, de villis singulis sigillatim, iterum requiratis, ut talem nobis studeant subvencionis graciam impertiri, quod de ipsis nos debeamus tenere merito pro pacatis. Eorum enim jam facta responsio minime nobis grata est vel accepta, presertim quantum ad homines nostros de Riomo[1], qui cum longo tempore quiete et pacifice vixerint sub nostro regimine, nec per nos extorta fuerit peccunia ab eisdem, amplis ditati facultatibus, non attendunt quantum a fidelibus subditis non exactori principi debeatur. Illud etiam eisdem ex parte nostra ostendere vos obmisuros nolumus, videlicet qualiter dudum de

[1] Riom, Puy-de-Dôme.

quatuor milibus libris turonensium nobis dandis promissionem fecerunt vel aliis nostro nomine pro subsidio Terre sancte, ad quod si ex causa transfretare distulimus, cum nunc instet transfretandi terminus prefixus et juratus a nobis et ab aliis crucesignatis baronibus ut plerisque, solucio dicte peccunie nundum facta fuerit, tamen propter dilacionem hujusmodi dicta promissio minime expiravit. Ceterum cum, sicut nobis subjectum est, in villa Riomi habitantes utuntur quibusdam privatis legibus, consuetudinibus et statutis, a nobis vel a nostris predecessoribus minime confirmatis nec etiam approbatis, quorum quedam in nostrum et nostri dominii prejudicium non mediocriter redundarent, si, postquam ad nostram noticiam pervenerit, de eisdem talibus consuetudinibus, sed verius corrutelis uti in posterum sub quadam connivencia contingeret tolerari, requiratis attentius eosdem homines dicte ville Riomi sub eisdem, quibus nobis tenentur, juramento et fidelitate, ne ulterius consuetudinibus seu usibus predictis minus legitimis uti attemptent, nisi demum de nostra speciali processerit voluntate. Super his et aliis consimilibus gravaminibus et injuriis, pro quibus vel eorum aliquibus emenda nobis dignoscitur facienda, tam erga predictos homines quam circa alios, qui pari modo sunt nobis obnoxii, taliter vos habentes quod jus nostrum in nullo valeat deperire, ut quos preces non emolliunt, saltim flectat rigor judiciarie potestatis, quia non est de facili ingratis gratia confferenda. Datum apud Rampillun, die mercurii post festum beatorum apostolorum Philippi et Jacobi, anno Domini M° CC° LX° VIII°.

Édité par Boutaric, p. 290-291.

## 726

1 mai, 1268. — CONESTABULO ALVERNIE PRO COMITE PICTAVIE
[SUPER EMENDIS OLIM TAXATIS LEVANDIS ET EXIGENDIS].

Alfonsus, *etc.* Ut circa ea, que in aliis nostris litteris vobis missis plenius continentur, liberius procedere valeatis, quosdam articulos vobis mittimus his presentibus inclusos, ut tam de illis quam de aliis qui alias vobis innotuerint, prout tamen justo et licito modo fieri poterit, utilitatem nostram efficaciter procuretis, emendas, si que jam gagiate fuerint, exigentes et levantes, prout in asisiis judicate fuerint vel taxate, sane quia prout preter homines aliquorum mansorum seu villarum pauperum, considerata eorum insufficiencia, sufficienter promiserint, habita consideracione que debet attendi in talibus, non exasperetis eos ad majorem promissionem faciendam, nisi gratis et spontanei ampliorem voluerint tribuere quantitatem. Datum apud Ranpillonem, die martis in festo beatorum apostolorum Philippi et Jacobi, anno Domini M° CC° LX° VIII°.

## 727

[1267. — EMENDE AB INQUISITORIBUS DOMINI COMITIS IN ALVERNIA TAXATE.]

Hec sunt emande nobis inquisitoribus in Alvernia, scilicet fratribus Johanni de Meriaco, Odoni de Parisius, ordinis fratrum Minorum, et magistro Eustachio de Mesiaco, clerico, gagiate, anno Domini M° CC° LX° sexto.

1. Die martis post Occuli mei [22 mart.], apud Ausonium [1], gagiavit nobis emendam domini comitis Pictavie Bomparius de Ausonio, domicellus, propter hoc quod ipse non fuit nec sufficienter misit ad fundendum et destruendum exclusam factam de novo in aqua domini comitis d'Alyer [2], et tamen fuit requisitus per mandatum bajuli de Ausonio. Et dedit fidejussores Guidonem de Bosco, domicellum, Hugonem Chalnon, militem, Bernardum de Ruppe, militem, Bertrandum d'Urbiat, militem, Guillelmum de Passagiis, domicellum, et Petrum Eldelonis, domicellum.

2. Item eadem die gagiaverunt nobis emendam domini comitis Guido, Johannes de Blens, Guillelmus Tirevache [3], Andreas Teste, Johannes Alnerii et Hugo Brunelli, instituti pro communitate ville Ausonii, pro ipsa communitate et propter hoc quod non fuerunt ad destruendum predictam exclusam. Et dederunt plegios de dicta emenda

---

[1] Auzon, Haute-Loire. — [2] L'Allier. — [3] Le texte semble porter *Tirenache*.

Hugonem Cha[l]non, militem, Bertrandum d'Urbiat, militem, et unusquisque eorundem tenetur pro alio.

3. Item die sabbati sequenti [26 mart.], apud Erlancun[1], gagiavit nobis emendam domini comitis Hugo d'Alegre, domicellus, propter hoc quod defliaverat Johannem de Forès, bajulum domini comitis apud Ausonium, Franconetus, domicellus, serviens dicti Hugonis. Et dedit plegios de dicta emenda, scilicet Hugonem Erlancii, militem, et Petrum de Monterevelli, militem.

4. Item die martis post Letare Jerusalem [29 mart.], apud Langiacum[2], assecuravit coram nobis prepositus de Puteo[3] pro se et nepote suo, domino et herede castri Ruppis Sancte Savine[4], de deadvoatione castri Sancti Boneti le Frait[5], quod cepit de novo ab episcopo Claromontensi, ut dicitur, quod solebat advoari a castro Ruppis Sancte Savine, et de aliis forefactis racione sui et dicti nepotis, de stando juri coram domino comite Pictavie ad proximum parlamentum Penthecostes. Et dedit fidejussores Hugonem d'Alegre, domicellum, Bomparium dal (sic) Ausonio, domicellum, Guillelmum de Langiaco, Chevenon, militem, Petrum de Monterevelli, militem, et Hugonem de Vellon, domicellum, et Petrum Drac, domicellum, et Ebrardum de Chalençon, militem.

5. Item eodem die martis post Letare Jerusalem, gagiavit nobis emendam domini comitis, apud Langiacum, Dalmacius de Vinçat, domicellus, propter hoc quod ipse in sua presencia et in presencia bajuli domini comitis Brivatensis[6], sedente (sic) pro tribunali et in plena asisia, inhibuit hominibus suis ne venirent ad citationem dicti bajuli, et quod non responderent coram ipso bajulo, prout recognitum fuit

---

[1] Arlanc, Puy-de-Dôme.

[2] Langeac, Haute-Loire.

[3] Le prévôt de l'église cathédrale du Puy. Ce personnage est un certain Maurice de Rochesavine, qui testa en 1270 et sur lequel on peut voir le *Gallia*, II, 749. Les Bénédictins estiment que c'était un prévôt laïque. Vers 1260, il rendit hommage à Alfonse, au nom de son neveu, le seigneur de Rochesavine. (Chassaing, *Spicilegium Brivatense*, p. 46.)

[4] Rochesavine, Puy-de-Dôme, comm. Monestier, cant. Saint-Amant.

[5] Saint-Bonnet-le-Froid, Haute-Loire, cant. Montfaucon.

[6] Brioude, Haute-Loire.

coram nobis. Et dedit fidejussores pro dicta emenda Petrum Jordanum, Hugonem de Vellon, domicellos.

6. Item die martis ante Ramos palmarum [5 apr.], apud Nonetam[1], gagiaverunt nobis emendam domini comitis homines d'Osac[2], LX solidos viennensium, persolvendos infra octabbas sancti Michaelis, pro loirra[3] quam ceperunt in aqua d'Alier conestabulie Alvernie et pellem diete loirre vendiderunt XI solidos, quos debent reddere infra ascensionem Domini. Et de istis fuerunt plegii Robertus Ferrin, d'Osac, Ruche, Stephanus Stip.

7. Item die jovis ante Ramos palmarum [7 apr.], apud Vaire[4], assecuravit Robertus d'Oignon, miles, coram nobis de stando juri coram domino comite vel ejus mandato ad parlamentum Penthecostes, super devoacione ejusdem feodi, quod est de pertinenciis castellanie Montonii[5], quem cepit ab episcopo Claromontensi. Et dedit plegium Petrum de Corde.

8. Item die jovis ante Ramos palmarum [7 apr.], apud Vaire, assecuraverunt coram nobis Hebertus et Poncius, fratres, filii Roberti de Solcises, militis, de deadvoatione cujusdam decime in pertinenciis de Montonio, quam advoaverant ab episcopo Claromontensi de novo, de stando juri pro ipsis et patre suo coram domino comite Pictavie. Et dederunt plegios Hugonem del Bois, domicellum, et Guillelmum de Anesiaco, clericum.

9. Item die martis post Ramos palmarum [12 apr.], apud Thiart[6], gagiavit nobis emendam domini comitis Petrus Berton, propter hoc quod ipse cepit quemdam roncinum in domo monachorum Thiarcensium auctoritate sua, qui erat cujusdam monachi, et contra voluntatem dictorum monachorum. Et de hoc dedit plegios.

10. Item die martis post Quasimodo [26 apr.], apud Podium Guil-

[1] Nonette, Puy-de-Dôme, cant. Saint-Germain-Lembron.
[2] Auzat-sur-Allier, Puy-de-Dôme, cant. Jumeaux.
[3] Sans doute une loutre.
[4] Veyre, Puy-de-Dôme.
[5] Monton, Puy-de-Dôme, comm. Veyre.
[6] Thiers, Puy-de-Dôme; abbaye bénédictine, au diocèse de Clermont.

lelmi⁽¹⁾, probatum fuit coram nobis per duos testes, videlicet Petrum de Montebardon et Johannem Nicholaum, quod quidam monachus manus violentas injecerat in Stephanum Blanchier, servientem juratum, in quadam vinea que movebat a domino de Sancto Giranno ⁽²⁾, ad quam iverat dictus serviens ad removendam vim que inferebatur dicto Petro a dictis monachis. Et requisivimus priorem dicti loci ⁽³⁾ ut emendaret, et noluit.

11. Item die mercurii in vigilia ascensionis Domini [25 mai.], dedit plegios pro emenda domini comitis Guillelmus de Sabazat, miles, videlicet Guillelmum de Monte Espedonis, Bernardum Saliart et fratrem suum Radulphum de Novavilla et Johannem de Novavilla, propter hoc quod verberaverat Stephanum Ferrier, bajulum domini comitis, de Castro Guidonis ⁽⁴⁾.

12. Item gagiavit nobis emendam domini comitis XL solidos Remondus Portefoi, domicellus de Monte Gasconii ⁽⁵⁾, pro salicibus Guillelmi Leporis, quas scidit ultra voluntatem dicti Guillelmi, quod probatum fuit et recognitum. Et dedit plegium Dalmatium de Quoile, militem.

13. Item Remondus Radulphi est in emenda domini comitis Pictavie, propter hoc quod ipse investivit se et sesivit maso de Ripparia ⁽⁶⁾, quem dominus comes habuerat et lucratus fuerat contra ipsum per judicium.

14. Item de hoc quod ipse gagiavit homines domini comitis de Ripparia, in nemore domini comitis de Ripparia, de bobus, quod dicitur Bochut Souvelacent ⁽⁷⁾, postquam dominus comes lucratus fuit per judicium contra ipsum.

⁽¹⁾ Puyguillaume, Puy-de-Dôme, cant. Châteldon.

⁽²⁾ Probablement Saint-Gérand-de-Vaux, Allier, cant. Varennes-sur-Allier.

⁽³⁾ Probablement le prieur de Puyguillaume.

⁽⁴⁾ Châtelguion, Puy-de-Dôme, cant. Riom.

⁽⁵⁾ Montgacon, Puy-de-Dôme, comm. Luzillat.

⁽⁶⁾ Probablement La Ribière, comm. Saint-Maurice, Puy-de-Dôme, cant. Vic-le-Comte.

⁽⁷⁾ Ce bois de *Bouchut* doit être Bogut, près de Bélirat, commune de Pionsat, Puy-de-Dôme.

15. Item super eo quod ipse deadvoavit a domino comite nemus quod tenebat ab ipso et avoavit ab abbate Menatensi [1] et postea reavoavit a domino comite.

16. Item est in emenda domini comitis Giraudus de Terminis, de hoc quod ipse, dum erat bajulus Ruppis d'Agolt [2], investivit et sesivit dictum Remondum Radulphi de dicto maso de Ripparia, postquam dominus comes habuit et lucratus fuit per judicium contra dictum Remondum. Et de hoc sunt plegii Bardinons, Durandus Cuenz et Johannes Cuenz, Sancti Gervasii.

17. Item de hoc quod ipse Giraudus rapuit quamdam mulierem de nocte, et contraxit et habuit rem cum ea per vim et contra voluntatem dicte mulieris, de quo conquesta fuit nobis inquisitoribus dicta mulier. Et habuit emendam a dicto Giraudo usque ad decem libras, et dominus comes suam non habuit.

Fragments et analyse dans Boutaric, p. 411 et 412; le texte entier dans Chassaing, *Spicilegium Brivatense*, p. 121-124.

## 728

(Fol. 118.) 8 mai. 1268. — CONESTABULO ALVERNIE PRO GUILLELMO BUILLEIART.

Alfonsus, *etc.* Mandamus vobis quatinus Guillelmum de Buillerat super his omnibus que proponenda duxerit coram vobis contra Johannem de la Garda, militem, bajulum de Villafranchia Punciaci [3], super usagio dicte ville, et contra Bertrandum de Nate, domicellum, super bonis suis mobilibus detentis per ipsum B. minus juste, ut dicitur, super quo dictus bajulus non vult sibi facere justiciam nec super aliis injuriis sibi, ut dicitur, factis et uxori sue, diligenter audiatis, et vocatis dicto bajulo et dicto Bertrando et qui fuerint evocandi, de personis et rebus de quibus jurisdicio ad nos spectat faciatis eidem bonum jus et maturum. Datum die martis post invencionem sancte Crucis, anno Domini M° CC° LX° VIII°.

[1] Menat, Puy-de-Dôme; ordre de Saint-Benoît, dioc. de Clermont. — [2] Roche d'Agoux, Puy-de-Dôme, cant. Pionsat. — [3] Pionsat, Puy-de-Dôme.

Similis littera missa fuit eidem conestabulo pro Rogerio de Lavada et suis nepotibus, mutatis actionibus et personis.

Similis senescallo Pictavensi pro Stephano dicto Ad Coing et liberis suis, mutatis similiter actionibus et personis.

### 729

24 jun. 1268. — LITTERA PATENS CONESTABULO ALVERNIE PRO DOMINO BERNARDO DE TURRE [SUPER MUTUO].

Alfonsus, *etc.*, dilecto et fideli suo Evrardo de Mediis Campis, conestabulo Arvernie [1], *etc.* Mandamus vobis quatinus dilecto et fideli nostro Bernardo de Turre, militi, tradatis mutuo quadrigentas libras turonensium, quam pecunie summam duximus sibi tradendam mutuo, super illa quantitate pecunie quam eidem promisimus nos daturos pro servicio quod nobis facturus est in partibus transmarinis, recipientes patentes litteras dicti B., in quibus expresse confiteatur se dictas quadrigentas libras turonensium recepisse et inde se tenere plenarie pro pagato. Datum apud Longumpontem, anno Domini M° CC° LX° VIII°, mense junio, dominica in festo nativitatis beati Johannis Baptiste.

### 730

18 jun. 1268. — CONESTABULO ALVERNIE PRO HUGONE DE PLACIDE (*sic*).

Alfonsus, *etc.* Ex parte Hugonis de Plantade nobis est intimatum quod Guillemus Choiche super quibusdam terris, quas tenet a nobis ad duo sextaria et dimidium frumenti solummodo, sicut dicit, que terre site sunt in maresio Castri Pontis [2], ultra illos duo sextaria et dimidium alia duo sextaria imposuit indebite, sicut dicit; item quod gentes nostre ipsum dessaisierunt minus juste quibusdam maresiis a delphino Alvernie [3] sibi datis, sicut dicit. Unde vobis mandamus quatinus dicto Hugoni super hoc faciatis quod de jure fuerit faciendum.

---

[1] Evrard de Milleschamps, connétable de 1267 à 1271. — [2] Pont-du-Château, Puy-de-Dôme. — [3] Robert III, dauphin d'Auvergne.

vocatis qui fuerint evocandi, jure nostro et alieno in omnibus observato. Datum apud Longumpontem, die lune ante festum nativitatis beati Johannis Baptiste.

### 731

5 jul. 1268. — CONESTABULO ALVERNIE PRO DOMIBUS MILICIE TEMPLI.

Alfonsus, *etc.* Mandamus vobis quatinus domos milicie Templi, in vestra senescallia existentes, et preceptorem earum recommendatos habentes, ipsum preceptorem et domos easdem manuteneatis et deffendatis ab hiis qui de nostra jurisdicione existunt, justicia mediante, nec eisdem a nostris subditis permittatis inferri indebite molestiam vel gravamen. Datum die jovis post festum apostolorum Petri et Pauli, anno Domini millesimo ducentesimo sexagesimo octavo.

### 732

15 jul. 1268. — CONESTABULO ALVERNIE PRO JOHANNE PASTOURS ET PETRO BASTON ET PARRERIIS SUIS.

Alfonsus, *etc.* Cum alias vobis dederimus in mandatis ut super IIII$^{or}$ sextariis bladi, que solvunt seu solvere se dicunt Johannes Pastors et Petrus Baston nobis vel alii loco nostri, racione decime de tenemento Podii de Voluel [1], super quo petit ab eisdem decimam capellanus dicti loci, et ipsos super hoc infestat, ut dicitur, et molestat, inquireretis [2] plenius veritatem et illam ad sequens parlamentum refferretis, nichilominus requireretis officialem ut ipsos absolveret et supersederet procedere ad presens contra ipsos, quousque cognosceretur an dicta quatuor sextaria solvantur nobis racione decime supradicte vel non, vobis mandamus quatinus si dictam apprisionem fecistis, nobis sub sigillo vestro eandem remittatis, quam nisi feceritis, eandem faciatis seu fieri faciatis, et ad instans parlamentum, quod erit in crastino quindene Omnium sanctorum, cum ad nos veneritis, in scriptis refe-

---

[1] Je n'ai point retrouvé ce nom de lieu. — [2] Le manuscrit porte *inquirentes*.

ratis. Requiratis eciam dictum officialem ut ipsos absolvat et supersedeat ad presens procedere contra ipsos, quousque cognoscatur an dicta iiii[or] sextaria nobis racione decime vel non persolvantur. — Item requiratis ex parte [nostra] dictum officialem quod injurias et gravamina illata Petro Morel a capellano de Vilasorcenga[1], tam nobis quam dicto homini competenter emendari faciat[2]. Responsiones quas vobis officialis predictus fecerit nobis, cum commode poteritis, rescribatis. Datum die dominica ante festum beate Marie Magdalene, anno Domini M° CC° LX° VIII°.

### 733

19 jul. 1268. — CONESTABULO ALVERNIE SUPER FACTO DE RUBIACO [PRO MONACHIS MONASTERII MAUSIACENSIS].

Alfonsus, *etc*. Ad audientiam nostram pervenit quod quidam iniquitatis filii quosdam monachos monasterii Mausiaci[3], in prioratu de Rubiaco[4], ad dictum monasterium pertinente, commorantes, cum armis hostiliter invaserunt, et eos in personis eorum et familiis et rebus eorundem multipliciter offenderunt. Cum autem excessum hujusmodi, quantum in nobis est, nolimus relinquere inpunitum, vobis mandamus quatinus, super hiis inquirentes diligencius veritatem, quoad personas et res nostre jurisdictioni subjectas super hoc faciatis justicie complementum, et res et bona illorum de jurisdictione nostra existencium, quos super hujusmodi facto suspectos seu culpabiles inveneritis, ad manum nostram saisiatis et capiatis et saisita et capta teneatis sine prejudicio alterius, donec a nobis aliud receperitis in mandatis. Datum anno octavo, die jovis[5] ante Magdalenam.

---

[1] Villossanges, Puy-de-Dôme, cant. Pontaumur.

[2] Le manuscrit porte, par erreur, *faciatis*.

[3] Mozac, abbaye bénédictine, au dioc. de Clermont, Puy-de-Dôme, cant. Riom.

[4] Royat, Puy-de-Dôme, cant. Clermont-Ferrand.

[5] La lecture de ce mot est douteuse; on peut aussi lire *mr.*, avec une abréviation, *martis* ou *mercurii*. L'acte serait alors du 17 ou du 18 juillet.

## 734

22 jul. 1268. — CONNESTABULO ALVERNIE PRO EUSTACHIO DE MONTE BUXERIO.

Alfonsus, *etc.* Mandamus vobis quatinus domum de Montolio[1] cum pertinenciis et feodum Guillelmi de Volvere[2], militis, quod tenebat a nobis, dilecto et fideli nostro Eustachio de Monte Buxerio, secundum quod in litteris nostris patentibus videbitis contineri, deliberetis et deliberari faciatis, salvo in aliis jure nostro et salvo quolibet alieno. Datum apud Moissiacum episcopi, in festo beate Marie Magdalene.

## 735

30 jul. 1268. — ITEM EIDEM PRO EODEM.

Alfonsus, *etc.* Mandamus vobis quatinus precipiatis illi qui sigillum nostrum tenet apud Ryomum, ut dilectum et fidelem nostrum valetum, Eustachium de Monte Buxerio, seu fidejussores suos creditoribus, quibus est vel extitit obligatus, usuras quas usuras esse probare poterit solvere non compellat, et quicquid suis creditoribus ab ipso vel ejus nomine solutum fuisse constiterit[3], in sortem faciat, prout condecet, computari. Datum die lune ante festum beati Petri ad vincula, anno Domini M° CC° LX° VIII°.

## 736

8 aug. 1268. — MAGISTRO GUILLELMO DE RUPPE.

Alfonsus, *etc.*, dilecto et fideli clerico suo, magistro Guillelmo de Ruppe, salutem et dilectionem sinceram. Mandamus vobis quatinus in quindena instantis assumpcionis beate Marie virginis apud Riomum intersitis, ita quod die lune post nativitatem ejusdem Virginis[4] apud

---

[1] Beaucoup de lieux du Puy-de-Dôme s'appellent Montel; rien, dans l'acte, n'indique duquel il peut s'agir; je propose toutefois le château de Montel, Puy-de-Dôme, comm. Busséol.

[2] On peut aussi lire *Volvire*. C'est peut-être Volvic.

[3] Ici les mots suivants biffés : *pro usura vel ratione usure.*

[4] Le lundi 10 septembre 1268.

## AUVERGNE [1268].

Aureliacum[1] interesse possitis pro negociis que inter nos et illustrem regem Arragonie[2] et Henricum, filium comitis Ruthenensis, vertuntur, cum litteris patentibus quas vobis per Reginaldum, clericum nostrum, misimus, videlicet duobus paribus sub sigillo nostro et uno pari sub sigillo (sic) subdecani Carnotensis[3], Deodati de Can[i]lliaco, militis, et dicti Henrici, et aliis ad dicta negocia vobis neccessariis, qua quidem die lune cancellarius Carnotensis[4] et Guillelmus de Centenoigvile, miles, ex parte domini regis Francie pro dictis negociis esse debent, conestabulo nostro Alvernie et magistro Guillelmo Ruffi ex parte nostra mandantes, quod ad vos venient apud Riomum in dicta quindena Assumpcionis, super dictis negociis et aliis nostris de Alvernia tractaturi et consilium habituri, et ad dictam diem lune post nativitatem beate Virginis ipsi conestabulus et magister Guillelmus necnon et senescallus Ruthinensis, si neccesse fuerit, intersint apud Aureliacum pro negociis antedictis coram cancellario et Guillelmo de Centenoigville, milite, supradictis. Datum apud Rampillionem, die mercurii post festum beati Petri ad vincula.

### 737

(Fol. 119.) 9 aug. 1268. — PRO ARCHIPRESBYTERO DE ERMENTO.

Alfonsus, [etc.], conestabulo Alvernie, etc. Cum, sicut intelligi nobis datur, Johannes Gerberti, archipresbyter de Ermento[5], una cum magistro Stephano, fratre suo, et Johanne, nepote suo, laico, in feudis et retrofeudis nostris acquisierint a triginta annis citra usque ad sexaginta libras annui redditus vel amplius, ut dicitur, vobis mandamus quatinus de valore annuo dictorum acquisitorum addiscatis diligencius veritatem, tractantes cum dicto archipresbytero et inducentes ad majorem summam quam poteritis bono modo, nobis dandam ab eodem pro confirmacione a nobis super hoc obtinenda. Et veritatem quam super hiis

---

[1] Aurillac, Cantal.
[2] Jacme Ier, dit le Conquérant.
[3] Guillaume de Vaugrigneuse. (Voir plus loin, n° 740.)
[4] Maître Pierre de Châtres. (Voir plus loin, n° 741.)
[5] Herment, Puy-de-Dôme.

addisceritis, retenta voluntate nostra, cum ad nos veneritis in crastino instantis quindene Omnium sanctorum, in scriptis refferatis, circa hec et alia nostra negocia curam et diligenciam sollicitam adhibentes. Datum die jovis in vigilia beati Laurencii martiris, anno Domini M° CC° LX° octavo.

### 738

9 aug. 1268. — CONESTABULO ALVERNIE PRO PRIORE DE CAPELLA,
[ABBATI SANCTI DIONYSII SUBMISSO].

Alfonsus, *etc.* Mandamus vobis quatinus causam que vertitur coram vobis, ut dicitur, inter nobilem et fidelem nostram dominam Borbonie[1], ex una parte, et priorem de Cappella[2], monachum abbatie Beati Dyonisii, ex altera, in eo statu in quo est ad nostram presenciam revocetis, assignantes partibus coram nobis quartam diem post instantem quindenam Omnium sanctorum, ut tunc in dicta causa, prout de jure fuerit, procedatur, significantes nichilominus dicte nobili quod ipsa coram nobis dicta die per procuratorium poterit comparere, quia abbas Sancti Dyonisii in hoc consentit, prout nobis per suas litteras intimavit. Datum die jovis in vigilia beati Laurencii, anno ut supra.

### 739

12 aug. 1268. — CONESTABULO ALVERNIE PRO COMITE PICTAVIE ET THOLOSE,
[SUPER SUBSIDIO A VILLIS ALVERNIE OBTINENDO].

Alfonsus, *etc.* Attendentes quod, tam propter brevitatem temporis quam ob urgentem qualitatem negocii, neccessarium sit nobis providere peccuniam quantamcunque poterimus bono modo, vobis mandamus et precipimus quatinus, convocatis vobiscum hiis de nostro consilio quos in partibus Alvernie ad hoc prodesse noveritis, ab hominibus nostris de Ryomo et de aliis villis nostris in Alvernia, a singulis sigillatim, exigatis auxilium competens ab eisdem nobis faciendum pro

---

[1] Agnès, dame de Bourbon, femme de Jean de Bourgogne. — [2] La Chapelaude Allier, cant. Huriel.

subsidio Terre sancte, inducentes eos, presertim homines nostros de Ryomo qui alias pro dicte terre subsidio nobis quantitatem peccunie non minimam promiserunt, ut talem et tantam graciam in tante neccessitatis articulo nobis studeant impertiri, quod de ipsis debeamus nos tenere merito pro paccatis. Confidimus enim non expertes premii tam eos qui gratiam ipsam fecerint quam alios qui eam fieri procurarint. Et quid super hoc feceritis et responsum eorum, videlicet de Ryomo et de qualibet alia villa per se, nobis quam cicius poteritis rescribatis. Datum Parisius, dominica ante assumpcionem beate Virginis, anno Domini M° CC° LX° octavo.

### 740

13 aug. 1268. — MAGISTRO GUILLELMO RUFFI PRO COMITE PICTAVIE ET THOLOSE, [LITTERA PROCURATORIA].

Alfonsus, *etc.*, dilecto et fideli clerico suo magistro Guillelmo Ruffi, salutem et dilectionem. Noveritis quod nos in discordiis motis et movendis inter illustrem regem Arragonum et Henricum de Rodais, filium nobilis et fidelis nostri H., comitis Ruthenensis, et gentes suas ex una parte, et nos et gentes nostras ex altera, coram karissimo domino ac fratre nostro Ludovico, Dei gracia Francorum rege illustrissimo, et inquisitoribus ab ipso super dictis causis seu negociis deputatis, vos et dilectum ac fidelem clericum nostrum magistrum Guillelmum de Ruppe vel alterum vestrum, nostros constituimus procuratores vel procuratorem. Procuratorium vero super hoc confectum sigillo nostro sigillatum necnon et litteras nostras patentes de rata et grata habenda ordinacione super querelis, quas nos et dicti rex Arragonum et Henricus, filius comitis Ruthenensis, habemus ad invicem, facta per venerabilem virum Guillelmum de Vallegrignosa, subdecanum Carnotensem, dilectum et fidelem clericum nostrum, et Deodatum de Canilhaco, militem, dicti regis Arragonum procuratorem, ac dictum Henricum, ut in patentibus litteris sigillis eorundem subdecani, Deodati et Henrici sigillatis plenius continetur, et easdem litteras super dicta ordinacione confectas dicto magistro G. de Ruppe tradi fecimus, mandantes vobis quatinus, omnibus aliis negociis pretermissis, die lune post instantem nativitatem beate Virginis [1] vel alia die, si eam interim mutari contigerit, coram venerabili viro magistro Petro de Castra, cancellario Carnotensi, clerico domini Regis, et Guillelmo de Centenogvile, dicti domini Regis milite, inquisitoribus a dicto domino rege Francorum super dictis causis seu negociis deputatis, vel aliis, si interim alios a dicto domino Rege propter hoc contigerit destinari, intersitis una cum dicto magistro Guillelmo de Ruppe vel sine ipso, si ipse non fuerit, pro nobis in dictis causis seu negociis, prout honori et utilitati nostre expedire videritis, processuri. Ceterum vobis mandamus ut in quindena instantis assumpcionis beate Virginis apud Ryomum intersitis obviam dicto magistro G. de Ruppe, qui ibidem dicta die cum predictis debet personaliter interesse. Datum apud Gornaium super Marnam, die lune ante assumpcionem beate Virginis, anno Domini M° CC° LX° octavo. — In predictis et aliis negociis nostris sitis sollicitus et intentus.

### 741

13 aug. 1268. — CONESTABULO ALVERNIE PRO COMITE PICTAVIE ET THOLOSE,
[SUPER EODEM NEGOTIO].

Alfonsus, *etc.* Mandamus vobis quatinus in quindena instantis assumpcionis beate Marie virginis apud Ryomum, omnibus aliis obmissis negociis, intersitis obviam dilecto et fideli clerico nostro magistro G. de Ruppe, qui ibidem dicta die pro negociis nostris vobiscum tractaturus accedit, et exinde, peractis negociis que bono modo poterunt expediri juxta oportunitatem temporis, apud Aureliacum die lune post nativitatem beate Marie virginis, una cum eodem magistro G. de Ruppe et magistro G. Ruffi, cui super hoc scripsimus, vel altero eorumdem accedatis, bajulum de Montanis [2] et alios quos expedire videritis vobiscum adducentes, qui magistri G. de Ruppe et G. Ruffi dictis die et loco debent esse coram venerabili viro magistro Petro de Castra, can-

---

[1] 10 septembre 1268. — [2] Le bailli des Montagnes d'Auvergne.

cellario Carnotensi, clerico domini Regis, et Guillelmo de Centergnovilla, ejusdem domini Regis milite, pro negociis que vertuntur inter illustrem regem Arragonum et Henricum, filium nobilis et fidelis nostri H., comitis Ruthenensis, et gentes ipsorum ex una parte et nos et gentes nostras ex altera, circa que negocia utiliter expedienda cum prefatis clericis nostris vel altero eorum curam et diligenciam sollicitam apponatis. Datum apud Gorneium super Marnam, die lune ante assumpcionem beate Marie virginis, anno Domini M° CC° LX° VIII°.

## 742

18 aug. 1268. — CONNESTABULO ALVERNIE PRO COMITE PICTAVIE ET THOLOSE, [SUPER JURISDICTIONE VILLE DE CONLUAT].

Alfonsus, *etc.* Inspecta inquesta, per aliquos de consilio nostro facta super jurisdicione quam Rogerius de Bellanava asserit ad se pertinere in villa de Consnat[1] necnon super exempcione a commendis, quibus homines dicte ville nobis teneri dicuntur, non videtur nostro consilio quod per eandem inquestam super hoc confectam probata sit exempcio supradicta, de jurisdicione vero usque ad suspendium et membri mutilacionem satis probatum videtur. Unde super jurisdicione hujusmodi in dicta villa dictum militem uti permittere poteritis, nisi alias de jure nostro liqueat in hac parte et salvo in aliis jure nostro. Datum Parisius, die sabbati proximo post assumpcionem beate Marie virginis, anno Domini M° CC° LX° octavo.

## 743

(Fol. 120.) 18 aug. 1268. — CONESTABULO ALVERNIE PRO COMITE PICTAVIE ET THOLOSE, SUPER AUXILIO PETENDO PRO SUBSIDIO TERRE SANCTE.

Alfonsus, *etc.* Cum, sicut per tenorem litterarum vestrarum intelleximus, consules et homines Ryomi ad requisicionem eis ex parte nostra per vos factam de solvendis nobis quatuor milibus librarum

---

[1] On peut lire *Consuat* ou *Consnat*; c'est probablement Cunlhat, Puy-de-Dôme.

turonensium, nobis, jam diu est, a consulibus ejusdem ville promissis pro subsidio Terre sancte, responderint quod consules, qui tunc temporis erant, seu homines ville Ryomi dicta quatuor milia libr. turonensium nunquam nobis promiserunt vel alii loco nostri, vobis mandamus quatenus a Petro Gregorii, Johanne de Hala et aliis quos ad hoc velle prodesse et non obesse noveritis, diligenter et secreto addiscatis, a singulis sigillatim, an unquam dicta promissio facta fuit, et, si ipsam per apprisionem hujusmodi factam fuisse inveneritis, vos ipsos iterato diligenter super hoc requiratis. Et quid per apprisionem inventum et per ipsos vobis responsum fuerit et consilium vestrum nobis rescribere non tardetis, quia si diligenter super hoc fuerit inquisitum, bene poterit reperiri ipsos dicta quatuor milia libr. turonensium vel aliam quantitatem pecunie non minimam promisisse. Si vero, inquisita diligenter, ut dictum est, veritate, promissionem hujusmodi non inveneritis alias esse factam, vos ab consulibus et hominibus nostris ejusdem ville Ryomi et aliarum villarum nostrarum in Alvernia, a singulis sigillatim, secundum quod alias vobis mandavimus, exigatis auxilium competens ab eisdem nobis faciendum pro subsidio Terre sancte, ipsos meliori modo quo poteritis inducentes ut talem et tantam graciam in tante neccessitatis articulo nobis studeant impertiri, quod de ipsis debeamus nos tenere merito pro pagatis, addiscentes nichilominus ad quale et quantum auxilium nobis teneantur pro succursu Terre sancte, quo, Domino concedente, proponimus personaliter proficisci maxime per Apuliam transeundo, propter quod majora nos oportebit sustinere onera, expensas, necnon et super auxilio quod nobis fecerunt quando alias profecti fuimus in subsidium Terre sancte, propter quod non modicum nobis auxilium, sicut recolimus, prestiterunt, et reperta super hoc veritate, ipsos super hoc quod nobis facere tenebuntur cum instancia, tam ob urgentem qualitatem negocii quam ob brevitatem temporis, diligentissime requiratis. Et quid super hoc inveneritis et feceritis necnon et responsum eorum, videlicet hominum nostrorum ville Ryomi et aliarum villarum nostrarum in Alvernia, a qualibet sigillatim, et oblacionem cujuslibet per se nobis celeriter rescribatis.

Fidelem autem clericum nostrum magistrum Guillelmum de Ruppe, latorem presencium, una vobiscum ad tractanda et expedienda eadem negocia duximus deputandum. In premissis vero curam et diligenciam ampliorem, quam huc usque feceritis, apponatis. Videtur enim negocium ob negligenciam vestram aliquatenus retardatum, maxime cum super hoc pluries tam ore tenus quam per litteras nostras mandatum nostrum receperitis, nec responsionem vel oblacionem eorum nobis remiseritis in hac parte, quod nobis noveritis non modicum displicere, ac ipsi homines in tali causa asserantur teneri nobis facere graciam de consuetudine patrie et alias fecerint in casu consimili et prout ex debito tenebantur. Datum Parisius, die sabbati post assumpcionem beate Marie virginis, anno Domini millesimo ducentesimo sexagesimo octavo.

## 744

20 aug. 1268. — CONESTABULO ARVERNIE PRO DOMINO ERARDO DE ALNETO.

Alfonsus, *etc.* Veniens ad nos dilectus et fidelis miles noster Erardus de Alneto obtulit nobis prompto et libenti animo medietatem jurisdicionis seu justicie, quam asserit se habere in villa sua de Varennis[1] in Arvernia, que quidem villa de feudo nostro movet. Unde vobis mandamus quatinus tam de jurisdicione seu justicia, quam dictus miles in prefata villa habet, et utrum eandem jurisdicionem explectaverit pacifice et quiete, quidque comodi vel incomodi nobis proveniret si vellemus hujusmodi oblacionem acceptare, et si possit fieri sine cujusquam injuria, addiscatis plenius veritatem. Et quid super hoc inveneritis ac vestrum consilium super hoc in scriptis redacta nobis significetis, cum se vobis obtulerit copia nunciorum vel saltim cum ad nos veneritis in crastino quindene instantis Omnium sanctorum pro vestris compotis faciendis. Datum Parisius, die lune post assumpcionem beate Virginis, anno Domini M° CC° LX° VIII°.

[1] Peut-être Varennes-sur-Morges, Puy-de-Dôme, canton Ennezat.

## 745

22 aug. 1268. — CONESTABULO ALVERNIE PRO HUGONE DICTO MARGUET ET FRATRIBUS SUIS.

Alfonsus, *etc.* Mandamus vobis quatinus Hugoninum Marguet et fratres suos, super hiis que proponenda duxerint coram vobis contra Johannem de Chasteluz, militem, super quadam composicione inhita, ut dicitur, inter ipsos super morte patris eorundem Hugonini et fratrum suorum, racione cujus composicionis viginti libras turonensium sibi deberi a dicto milite asserunt dicti fratres, diligenter audiatis, et vocatis qui fuerint evocandi, predictam composicionem, secundum quod vobis legitime constiterit de eadem, teneri et observari, prout justum fuerit, faciatis a personis et super rebus de quibus jurisdicio ad nos spectat. Datum Parisius, die mercurii in octabis assumpcionis beate Marie virginis, anno Domini millesimo ducentesimo sexagesimo octavo.

## 746

13 sept. 1268. — CONESTABULO ALVERNIE PRO DOMINO COMITE PICTAVIE ET THOLOSE, SUPER PETENDO AUXILIO PRO SUCURSU TERRE SANCTE.

Alfonsus, *etc.* Licet ex serie litterarum vestrarum plura possimus colligere, circa que processistis quantum ad peticionem faciendi nobis auxilii pro subsidio Terre sancte et ineptas eorum responsiones a quibus auxilium hujusmodi est petitum, verumtamen, si bene recolitis ea que vobis alias scripsimus, in duobus vel tribus articulis est obmissum qui ad hoc egent indagine ampliori. Idcirco vobis mandamus [quatinus] diligenter et sollicite inquiratis quantum et cujus modi auxilium homines de Ryomo et alii homines villarum nostrarum in Alvernia, quique pro villis singulis nobis fecerint ea vice qua transfretavimus in subsidium Terre sancte. Ceterum inquiratis cum cautela et cura pervigili ad quod seu quantum prestandum nobis auxilium pro dicte terre subsidio iidem homines de jure vel consuetudine patrie facere teneantur, cum generalis et notoria consuetudo Francie habeat

## AUVERGNE [1268].

quod subditi tenentur suis dominis auxilium impendere pro cruce, pro redempcione sua, si captus fuerit, pro maritanda filia vel filio accingendo cingulo militari, et in plerisque locis si dominus feudum emerit infra districtum sue baronie [1] vel sui comitatus, a qua consuetudine homines de Alvernia exemptos non credimus, nisi privilegium quo hactenus usi fuerint pacifice ostenderint in hac parte. Super hiis itaque inquisita plenius veritate et requisitis eisdem hominibus cum instancia, secundum quod per inquestam ipsam ad prestandum nobis auxilium teneri eos repereritis, processum qui habitus fuerit cum eisdem sigillatim requisitis in scriptis redigentes, cum eorum responsionibus et vestro consilio qualiter sit procedendum ulterius, quam cicius commode poteritis, nobis litteratorie significare nullatenus obmittatis. Datum die jovis post nativitatem beate Marie virginis, apud Domos super Seccanam [2], anno Domini M° CC° LX° VIII°.

Similis littera missa fuit magistro G. de Ruppe super eodem.

Analysé et publié en partie par Boutaric, p. 289.

### 747

(Fol. 121.) [Sept. 1268.] — HEC EST LITTERA QUE MISSA FUIT COMITI PICTAVIE EX PARTE THEOBALDI DE NOVIACO.

A sun tres excellent seigneur et redoutable Aufonz, fiuz de roi de France, conte de Poitiers et de Thoulouse, Tiebaut de Neuviz, ses humbles sergenz et deveuz, saluz et appareillé affere sa volenté assom plesir. Sire, cun vous m'avez mandé que l'aide que les villes d'Auverne vous firent quant vous alates en la Sainte terre d'outremer, que je vous en faisse certain de chacune ville par soi, et se je en n'avoie nul escrit que je le vous envoiasse, sire, sachiez que je n'en retins nul escrit, ainçois les rendi à vostre commandement, quant je vins à vous à Saint Germain en Laie, et me semble que ce fu au tresorier Phelipe. Mes il me soviant biem que la ville de Paluiau [3] vous donna LX livres

[1] On avait d'abord écrit : *baillivie*. — [2] Maisons-Alfort, Seine, cant. Charenton-le-Pont. — [3] Palluet, Allier, comm. Saint-Pourçain.

de tournois, et la ville de Riom iiii<sup>m</sup> livres de tournois, et Chetiau Guiom [1] lxx livres de tournois, et Montboissier [2], don vous tenoiz l'er en vostre bail, lx livres de tournois, et la Nonete [3] lx livres ou iiii<sup>xx</sup>. Dou Pont dou Chatel [4] je ne suis pas biem certain combiem il vous donnerent ne des autres villes, quar il a mout lont temps que ce fu, mes la some de l'aide que la terre d'Auvergne vous fit monta vii<sup>m</sup> livres et v<sup>c</sup> an plus. Mandez moi vostre volenté. Nostre Sire vous gart et vous doint bone vie et longue.

Édité en partie par Boutaric, p. 279.

## 748

15 sept. 1268. — CONESTABULO ALVERNIE PRO DOMINO COMITE.

Alfonsus, *etc*. Cum alias vobis scripserimus ut diligenter inquirere deberetis quantum et cujusmodi auxilium singule ville nostre de Alvernia nobis fecerunt quando transfretavimus in subsidium Terre sancte, nos, ut in hac parte plenius instrui valeatis, vobis mittimus transcriptum quarundam litterarum, quas Theobaldus de Noviaco, panetarius noster, nobis misit, quem super hoc requiri fecimus, quia ipse cum quibusdam aliis ex parte nostra ad petendum dictum auxilium in Alverniam missus fuit, et habet de hoc certitudinem pleniorem. *Tenor dicte littere talis est ut superius scribitur, que sic incipit :*

A son tres excellent, etc.[5]

Mandamus itaque vobis quatinus, serie dictarum litterarum diligenter inspecta, ad petendum dictum auxilium ab omnibus et singulis villis nostris de Alvernia, saltim prout alias nobis factum extitit, sagaciter et utiliter procedatis, ita quod vestram diligenciam debeamus merito commendare et per effectum operis cognoscamus cordi vobis negocium extitisse. Et de dictis quatuor milibus librarum turonensium, de quibus fit mencio in littera Theobaldi de Noviaco, sciatis eas nos

---

[1] Châtelguyon, Puy-de-Dôme, cant. Riom.

[2] Montboissier, Puy-de-Dôme, cant. Cunlhat, comm. Brousse.

[3] Nonette, Puy-de-Dôme, cant. Saint-Germain-Lembron.

[4] Pont-du-Château, Puy-de-Dôme.

[5] Voir l'acte précédent.

habuisse quando transfretavimus in subsidium Terre sancte, alia quidem III<sup>or</sup> milia libr. turonensium, quas nobis promiserunt quando debuimus transfretare, nondum habuimus, et de illis vobis mandamus ut a predictis hominibus de Ryomo exigatis dictam summam III<sup>or</sup> millium librarum turonensium, si plus habere nequiveritis bono modo. Datum sabbato in crastino exaltacionis sancte Crucis, anno Domini M° CC° LX° octavo.

## 749

10 oct. 1268. — CONESTABULO ALVERNIE PRO COMITE PICTAVIE ET THOLOSE,
[SUPER SUBSIDIO A VILLIS ALVERNIE DEBITO PRO TERRE SANCTE SUCCURSU].

Alfonsus, *etc.* Noveritis nos litteras nostras consulibus et probis hominibus ac toti universitati Riomi direxisse sub hac forma :

Alfonsus, *etc.*, dilectis et fidelibus suis consulibus et probis hominibus ac toti universitati Ryomi salutem et dilectionem sinceram. Cum nos crucis simus caractere insigniti et in subsidium Terre sancte per terram eundo proponamus personaliter proficisci, et a prima ebdomada instantis mensis maii in annum ad portum de Brandiz[1] pro transfretando interesse debeamus, propter que quasi innumerabiles expensas facere nos oportebit, cumque generalis et notoria consuetudo Francie habeat[2] quod subditi tenentur suis dominis crucesignatis auxilium impendere pro subsidio Terre sancte, et alias, quando profecti fuimus in ejusdem terre succursum, nobis auxilium fecistis usque ad summam quatuor milium librarum turonensium, et post reditum nostrum de ultramarinis partibus, a nobis resumpto crucis signaculo, de quatuor milibus librarum turonensium promissionem pro succursu dicte Terre sancte nobis fecistis vel aliis nomine nostro, et si ex causa transfretare distulimus, cum nunc instet terminus transfretandi prefixus, ut predictum est, et juratus a nobis et ab aliis crucesignatis baronibus ut plerisque, tamen propter dilacionem hujusmodi dicta promissio minime expiravit, prudenciam vestram attente duximus requi-

---

[1] Brindisi, port d'Italie. — [2] Ms. *habeant.*

rendam quatinus predicta quatuor milia librarum turonensium, de quibus post reditum nostrum nondum nobis vel alii pro nobis solucio facta fuit, dilecto et fideli nostro conestabulo Alvernie, cui super hoc scribimus, integraliter nostro nomine persolvatis, et ultra summam illam talem et tantam subvencionem in tante neccessitatis articulo celeriter impendere studeatis, quod nos de vobis debeamus tenere merito pro pagatis, presertim cum longo tempore sub nostro regimine vixeritis pacifice et quiete, nec per nos a vobis extorta fuerit pecunia in talliis vel exactionibus vel alio quoquo modo. Taliter super hiis vos habentes, quod predictus conestabulus noster responsionem vestram, talem videlicet que nobis esse grata debeat, nobis refferre valeat in crastino instantis quindene Omnium sanctorum, cum ad nos venerit pro suis compotis faciendis, et vobis debeamus propter hoc merito scire gratum, scituri quod si auxilium competens, sicut tenemini, in tanto et tam pio negocio nobis non prestiteritis, nos in servando super hoc jure nostro oportunum [1] et celere consilium adhibere proponimus, maxime cum alias vos super premissis pluries requiri fecerimus nec responsionem a vobis recep[er]imus quam deberemus aliquatenus acceptare. Datum die mercurii in crastino beati Dyonisii, anno Domini millesimo ducentesimo sexagesimo octavo.

Unde vobis mandamus quatinus in presentacione dictarum litterarum dictis consulibus facienda personaliter intersitis, et eosdem ex parte nostra diligentissime et cum instancia super contentis in eisdem litteris requiratis. Ceterum diligenter et secreto addiscatis et addisci faciatis de trescentis vel quadrigentis majoribus de Ryomo, quantum possunt habere per estimacionem et famam [2] vicinorum, tam in mobilibus quam in inmobilibus, de quolibet sigillatim. Quid vero super premissis feceritis et nomina eorum de quibus addidisceritis et addisci feceritis, et quantum eos habere inventum fuerit, necnon oblacionem quam vobis nostro nomine fecerint, nobis in crastino instantis quindene Omnium sanctorum, cum ad nos veneritis, tam verbo quam scripto plenius

---

[1] Première leçon : *maturum*. — [2] Ms. *famem*.

refferatis, ut, si ad requisicionem nostram et vestram nostro nomine eis factam congruum et gratum responsum non fecerint, quale et quantum auxilium in tanto casu ab ipsis accipere debeamus, plenius et cercius ac celerius consilium habere valeamus, nam negocium hujusmodi jam nimium extitit protelatum. Homines eciam aliarum villarum nostrarum de Alvernia pro nobis requiratis et requiri faciatis, ut tale et tantum auxilium pro subsidio Terre sancte celeriter nobis impendere non omittant, quod ipsis propter hoc debeamus merito scire gratum, et responsionem eorum, de singulis sigillatim, nobis ad crastinum instantis quindene Omnium sanctorum in scriptis refferre minime differatis. Datum die mercurii in crastino beati Dyonisii, anno Domini millesimo ducentesimo sexagesimo octavo.

## 750

(Fol. 122.) 23 oct. 1268. — CONESTABULO ALVERNIE PRO ABBATE AURELIACENSI.

Alfonsus, *etc.* Ex parte religiosi viri..., abbatis Aureliacensis [1], nobis est significatum quod Gaufridus, noster serviens in Montanis [2], homines dicti abbatis pignorat, et etiam ipsum abbatem, in feudis que tenere dicitur a karissimo domino et fratre nostro rege Francorum, et in terra dicti abbatis, que est sub custodia dicti regis, recusatque accipere jus idem G. de dictis hominibus coram abbate predicto, et cum reddit pignora sic capta, extorquet ab eisdem hominibus dicti abbatis expensas quas pro captis asserit se fecisse, que omnia dicitur injuste et in dicti abbatis prejudicium attemptare. Unde vobis mandamus quatinus, vocato dicto Gaufrido, super hiis que spectant ad jurisdicionem nostram predicto abbati faciatis bonum jus et maturum, et quedam pignora hominum, que sic capta dicitur detinere, prout justum fuerit, restitui faciatis, inhibentes eidem Gaufrido ne homines dicti abbatis injuste, precipue in terra quam tenet a dicto domino rege vel que est sub custodia dicti regis, presumat de cetero taliter

---

[1] Aurillac, Cantal. — [2] Bailliage des Montagnes d'Auvergne.

pignorare. Datum die martis post festum sancti Luce euvangeliste, anno Domini M° CC° LX° VIII°.

## 751

*3 nov. 1268.* — JOHANNI DE CASTELLIONE, DOMINO DE SANCTO BONITO, PRO COMITE PICTAVIE.

Alfonsus, *etc.*, dilecto et fideli suo Johanni de Castellione, militi, domino de Sancto Bonito, salutem et dilectionem. Litteras dilecti et fidelis nostri Evrardi de Mediiscampis, militis, conestabuli nostri in Alvernia, recepimus, continentes quod bajulus vester de Sancto Bonito [1], coadunata turba hominum armatorum, in Petrum Ruffi de Castro Pontis, bajulum nostrum de Ausonio [2], cum clamore valido irruerunt, ipsum cum quibusdam nostris fidelibus adeo turpiter pertractantes, quod quasi eos exanimes dimiserunt. Verum quia publice interest ne maleficia remaneant [impunita], vobis mandamus et sub fidelitate qua nobis tenemini requirimus, quatinus factum hujusmodi, quod transire sub dissimulatione non possumus nec debemus, faciatis taliter emendari, ne super hoc oporteat ad nos querimoniam reportari nec propter hoc majus dampnum incurrere merito vos contingat. Datum apud Gornaium, die sabbati post festum Omnium sanctorum, anno Domini M° CC° LX° octavo.

## 752

*3 nov. 1268.* — CONESTABULO ALVERNIE SUPER EODEM.

Alfonsus, *etc.* Receptis nuper litteris vestris, quoddam factum, nuper apud Sanctum Bonitum non sine nostre jurisdicionis prejudicio perpetratum, ex earum serie pleno collegimus intellectu, saneque per plura paria litterarum vobis mandavimus ad proximum pallamentum nostrum, in crastino instantis quindene Omnium sanctorum, vos venturum et super eisdem negociis responsurum pro magnis et arduis negociis nos tangentibus, sicut scitis. Vobis mandamus quatinus, omni

[1] Saint-Bonnet-le-Chastel, Puy-de-Dôme, cant. Saint-Germain-l'Herm. — [2] Auzon, Haute-Loire.

occasione seu dilacione ⁽¹⁾ postposita, dicta die ad nos personaliter inter sitis, dominum de Sancto Bonito monentes ex parte nostra et citantes competenter et per legitima intervalla, ut factum hujusmodi taliter emendare procuret, ne oporteat nos super hoc manum apponere graviorem, adhibitis et vocatis personis ydoneis qui de dictis monicionibus et citacionibus ac responsionibus ipsius valeant testimonium perhibere. Et quid super hoc factum [fuerit] tam voce quam scripto in dictum crastinum instantis quindene Omnium sanctorum, cum ad nos veneritis, nobis plenius refferatis. Nos vero dicto domino de Sancto Bonito super hoc litteras nostras dirigimus, quas eidem faciatis sub bonorum et fide dignorum testimonio presentari. Datum apud Gornaium, sabbato post festum Omnium sanctorum, anno Domini M° CC° LX° VIII°.

## 753

15 dec. 1268. — BAILLIVO DE MONTANIS PRO ARCHAMBAUDO DE ROCA, MILITE.

Alfonsus, *etc.*, dilecto suo ballivo de Montanis in Alvernia, salutem et dilectionem. Mandamus vobis quatinus terram Archambaudi de Roca, militis, de nostris feudis existentem, quam in manu nostra saisitam tenetis per vos, ut dicitur, pro eo quod idem miles quasdam possessiones advocaverat ab Henrico, filio comitis Ruthinensis, dicto militi restituatis et in statum pristinum reducatis, et si aliquos fructus de dicta terra percepistis occasione predicta, restituatis militi supradicto, salvo in aliis jure nostro et salvo jure quolibet alieno. Datum Parisius, die sabbati post festum beate Lucie, anno Domini millesimo ducentesimo sexagesimo octavo.

## 754

16 dec. 1268. — CONESTABULO ALVERNIE PRO HUGONE DE LOBUEIL.

Alfonsus, *etc.* Mandamus vobis quatinus Guidoni de Lobueil, valeto, exibitori presencium, decem libras viennensium de nostris denariis tra-

⁽¹⁾ Ms. *delacione*.

datis et liberetis pro nobis, et eas nostris gentibus computetis. Datum Parisius, dominica tercia in adventu Domini, anno Domini m° cc° lx° octavo.

### 755

(Fol. 123.) 17 dec. 1268. — CONESTABULO ALVERNIE PRO DURANDO MOONN., [ERGA COMITEM DEBITORE].

Alfonsus, *etc.* Mandamus vobis quatinus, recepta ydonea caucione a Durando Moon. de septingentis quinquaginta libris turonensium nobis exolvendis ab eodem, infra octabas instantis festi Omnium sanctorum medietatem et aliam medietatem infra octabas festi Candelose, quod erit anno Domini m° cc° lx° et nono, ea que in vestra ballivia sibi debentur a nostris subditis eidem restitui faciatis, secundum quod fuerint cognita vel probata, justicia mediante, et eidem D. ab aliquibus de nostra jurisdicione existentibus non permittatis inferri molestiam vel gravamen, et si coram vobis querimoniam detulerit in hac parte, exibeatis sibi celeris justicie complementum. Datum Parisius, die lune ante festum beati Thome apostoli, anno Domini m° cc° lx° octavo.

Similis littera data fuit Johanni de Ruppeforti, burgensi Montisferrandi, eidem conestabulo data etiam die sabbati post nativitatem Domini [29 dec.], anno ut supra.

### 756

19 jan. 1269. — CONESTABULO ALVERNIE SUPER IIII<sup>or</sup> MILLE LIBRIS TURONENSIUM PROMISSIS A BURGENSIBUS RYOMI.

Alfonsus, *etc.* Litteras vestras nobis novissime presentatas recepimus, continentes quod consules et alii burgenses nostri de Ryomo, ad requisicionem vestram, nobis ex mera liberalitate et gracia speciali quatuor milia librarum turonensium promiserunt se daturos nobis pro subsidio Terre sancte, et terminos solucionis dicte peccunie posuerunt in nostre beneplacito voluntatis, prout nobis per vestras litteras intimastis. Quam promissionem, vobis nostro nomine ab ipsis factam, ratam habemus atque gratam, ipsamque liberaliter acceptamus. Quocirca vos eisdem ex parte nostra grates referre volumus copiosas. Cum itaque ex dictarum serie litterarum appareret quod hiidem burgenses vos requisierint ut eisdem terminos per quatuor annos futuros velletis concedere pro dicta summa peccunie persolvenda, scire vos volumus quod tales ac tantos terminos eisdem nollemus concedere, tum propter instantis passagii prefixum et juratum terminum, qui de die in diem, prout vos scire credimus, appropinquat, tum etiam propter immensa ac innumerabilia genera expensarum, que nos tam in militibus retinendis et gentibus armorum quam navibus, victualibus, equis et aliis neccessariis, que ad tale negocium pertinent, querendis et emendis infra tam brevem terminum facere oportebit. Quare vobis mandamus quatinus eisdem consulibus et burgensibus injungatis ut dicta $\text{iiii}^{or}$ milia librarum turonensium, nobis ab eisdem oblata ac promissa, persolvant terminis infrascriptis, videlicet infra instans festum Penthecostes duo milia librarum turonensium ac alia duo milia librarum turonensium in festo Omnium sanctorum proximo subsequenti. Mandamus itaque vobis ut consules et homines Montisferrandi [1] ac aliarum villarum nostrarum de Alvernia cum magna instancia requiratis, ut pro dicte Terre sancte subsidio, in quo nos intendimus, Domino annuente, personaliter proficisci, ac tanta oportebit sustinere honera expensarum, nobis velint auxilium competens impertiri, circa vero premissa, vias et articulos vobis injunctos pro subvencione nobis facienda pro subsidio Terre sancte ac alia nostra negocia promovenda taliter vos habentes, quod curiositatem et diligenciam vestram debeamus merito commendare. Et quid super hiis inveneritis et feceritis necnon oblaciones quas vobis fecerint singule ville nostre Alvernie, cum ad nos veneritis pro vestris compotis faciendis, ad crastinum instantis quindene Candelose, nobis in scriptis referatis. Datum apud Gorneium super Maternam, die sabbati ante festum beati Vincencii, anno Domini $\text{m}^o$ $\text{cc}^o$ $\text{lx}^o$ octavo. — Denarios vero, quos nobis de novo et veteri debetis, apud Tem-

---

[1] Montferrand, Puy-de-Dôme, comm. Clermont-Ferrand.

plum Parisius in crastino instantis quindene Candelose afferri faciatis. Datum ut supra.

### 757

20 febr. 1269. — LITTERA PATENS DOMINI GUIDONIS DE LEZIGNIACO SUPER II<sup>c</sup> L<sup>a</sup> LIBRIS SIBI MUTUATIS.

Universis presentes litteras inspecturis, Guido de Lezigniaco, dominus Compniaci [1] et Merpini [2], salutem in Domino. Noverint universi me habuisse et in pecunia numerata recepisse, ex causa mutui, ab illustri et karissimo domino meo Alfonso, filio regis Francie, comite Pictavie et Tholose, ducentas quinquaginta libras turonensium, quam pecunie summam promitto et teneor reddere dicto domino meo comiti infra instans festum beati Remigii integre, et ad hoc faciendum et complendum ego obligo expresse me, heredes et successores meos et omnia bona mea, mobilia et immobilia, presencia et futura, ubicunque et in quibuscunque rebus et locis consistant, et specialiter terram meam quam ab eodem domino meo comite teneo in feudum; renuncians [3] specialiter et expresse excepcioni non numerate pecunie, non tradite et omni juris auxilio canonico et civili, et omni privilegio crucesignatorum et crucesignandorum indulto et eciam indulgendo, et omnibus aliis per que posset predicta obligacio infringi in toto vel in parte et eciam predicta solucio predicte pecunie infra dictum terminum impediri vel eciam retardari. Et si que dampna, sumptus vel missiones contingeret ipsum dominum comitem incurrere vel facere occasione solucionis dicte pecunie non facte infra prefixum terminum, ego promitto sub predicta obligacione predictum dominum meum comitem servare indempnem et credere simplici assercioni sue seu certi mandati sui super dampnis hujusmodi et sumptibus que ipsum contingeret incurrisse. In cujus rei testimonium, prefato domino meo comiti dedi presentes litteras, sigillo meo sigillatas. Datum die mercurii ante festum cathedre sancti Petri, anno Domini m° cc° lx° octavo.

[1] Cognac, Charente. (Voir plus haut, n° 721.) — [2] Merpins, Charente, cant. Cognac. — [3] Ici les mots suivants biffés : *in hac parte*.

## 758

6 mart. 1269. — SENESCALLO XANCTONENSI SUPER FACTO MONETE.

Alfonsus, *etc.*, senescallo Xanctonensi, *etc.* Fide dignorum assertione didicimus quod moneta marchesiorum et nonnulle alie, licet dudum prohibite, quasi indifferenter cursum habeant (*sic*) et recipiuntur per terram nostram cotidie, precipue apud Rupellam in senescallia Xantonensi, quod in nostrum vergit incommodum et monete nostre novorum pictavensium non modicum detrimentum. Quare vobis mandamus quatinus publice preconizari faciatis ne quis in senescallia vestra recipiat monetam aliam quam monetas karissimi domini et fratris nostri Ludovici, Dei gracia regis Francorum, parisiensium videlicet et turonensium, et monetam nostram novorum pictavensium. Et si quis deinceps contra fecerit vel fecisse post prohibicionem editam tempore retroacto constiterit, exigatis et levetis emendas juxta quantitatem delicti ab eis quos vobis in hac parte constiterit deliquisse, super hiis taliter vos habentes quod non possitis super hoc de remissione vel negligencia reprehendi. Datum Parisius, die mercurii post Lettare Jerusalem, anno LX° octavo.

## 759

8 mart. 1269. — CONESTABULO ALVERNIE PRO JOHENNE DE RUPPEFORTI.

Alfonsus, *etc.* Si Johennes de Ruppeforti coram vobis asserat se ad instanciam fidelis clerici nostri, magistri Guillelmi Ruffi, vel alterius indebite captum detineri, sicut ex parte ipsius nobis est intimatum, vobis mandamus quatinus ipsum super hoc diligenter audiatis, et vocatis qui fuerint evocandi, auditis hinc inde racionibus, faciatis ei bonum jus et maturum. Quantum vero ad emendam in qua nobis tenetur idem Johennes, faciatis secundum quod ordinatum extitit observari. Datum Parisius, die veneris post Letare Jerusalem, anno Domini M° CC° LX° octavo. — Arbitrium autem a dicto magistro Guillelmo prolatum seu proferendum, ad crastinum instantis quindene Penthecostes, cum ad nos veneritis, in scriptis afferatis, ut si aliquid ex officio nostro predicto arbitrio fuerit immutandum, faciamus⁽¹⁾ super hoc cum bonorum consilio quod videbimus expedire. Dicatis insuper dicto magistro G. ex parte nostra, ut ad crastinum instantis quindene Penthecostes ad nos ubi erimus intersit, et quod interim negocia nostra sibi a nobis commissa diligenter et solicite exequatur. Datum ut supra.

## 760

(Fol. 124.) 9 mart. 1269. — CONNESTABULO ALVERNIE PRO DOMO MILITIE TEMPLI.

Alfonsus, *etc.* Mandamus vobis quatinus, si aliqua de bonis milicie Templi in Alvernia capta seu saisita sunt occasione acquisitorum, factorum a fratribus predicte domus in nostris feudis seu retrofeudis apud Paluellum⁽²⁾ vel alibi, usque ad redditum vestrum in partibus Alvernie post instans parlamentum quindene Penthecostes recredatis vel recredi faciatis. Si autem aliqua de predictis bonis nundum capta sint vel saisita, eadem interim minime saisiatis. Datum Parisius, die sabbati post mediam quadragesiman, anno Domini m° cc° lx° octavo. — Addiscatis eciam interim diligenter de acquisitis hujusmodi, que et quantum et in quibus locis acquisierunt dicti fratres, et de valore annuo eorumdem⁽³⁾.

## 761

9 mart. 1269. — CONNESTABULO ALVERNIE PRO DOMINA DE BORBONIO.

Alfonsus, *etc.* Cum ex parte nobilis et fidelis nostre, domine de Borbonio⁽⁴⁾, nobis sit relatum quod vos quosdam Judeos suos in terra sua captos detinetis pro nobis, vobis mandamus quatinus, vocatis dicta domina vel gentibus suis, summarie cognoscatis qui Judei sint sui et in terra sua capti et qui nostri, et illos Judeos quos suos esse et in terra sua captos repereritis, eidem sine dilacione reddatis et delibere-

---

⁽¹⁾ Le texte porte, par erreur, *credimus.*
⁽²⁾ Palluet, commune Saint-Pourçain, Allier.
⁽³⁾ Ces derniers mots, depuis *addiscatis,* ont été mal à propos écrits à la suite de l'acte suivant.
⁽⁴⁾ Agoès, dame de Bourbon, femme de Jean de Bourgogne.

tis. Pendente tamen hujusmodi cognitione summaria, ipsos Judeos in manu nostra teneatis, et breviter expediatis negocium supradictum. Datum ut precedens.

## 762

9 mart. 1269. — CONESTABULO ARVERNIE PRO GUIONETO DE VERNAI, ARMIGERO.

Alfonsus, *etc*. Ex parte Guioneti de Vernai, armigeri, nobis datum est intelligi quod Petrus Amblardi d'Aiguepasse [1], burgensis, facit ipsum compelli ad solvendum sibi usuras, cum jam de sorte eidem Petro a dicto Guioneto sit, ut asserit, plenarie satisfactum. Quare vobis mandamus quatinus ipsum Guionetum ad solvendum usuras dicto burgensi minime compellatis seu compelli permittatis, quantum ad nos pertinet, presertim cum jam de sorte satisfecerit dictus Guionetus burgensi memorato superius, requirentes prefatum Amblardum ex parte nostra quod si de dicta sorte aliquod residuum fuerit, de assignacione terre, quam eidem burgensi memoratus G. facere (*sic*) se asserit, sit contentus, dum tamen ipsa assignacio competens et ydonea debeat reputari. Datum Parisius, die sabbati post mediam quadragesimam, anno Domini M° CC° LX° VIII°.

## 763

10 mart. 1269. — CONESTABULO ALVERNIE PRO GUILLELMO DE FIGIACO.

Alfonsus, *etc*. Mandamus vobis quatinus composicionem factam inter dilectum valletum nostrum, Guillelmum de Figiaco, ex una parte et quendam ejus fratrem ex altera, prout in litteris sigillo nostro Ryomi sigillatis dicitur contineri, faciatis per custodem dicti sigilli observari et vosmet, si necesse fuerit, observari inter partes inviolabiliter faciatis, ac ipsius Guillelmi debita, prout coram vobis vel bajulis vestris probata fuerint vel cognita, reddi sine difficultate qualibet faciatis de personis ad nostram jurisdicionem spectantibus, presertim cum ipsum Guillelmum in brevi pro aliquibus nostris negociis intendamus desti-

---

[1] Aigueperse, Puy-de-Dôme.

nare. Datum Parisius, die dominica ante Ramos palmarum, anno Domini M° CC° LX° octavo.

### 764

11 mart. 1269. — CONNESTABULO ALVERNIE PRO BERNARDO ET STEPHANO ARMANDI, [A JOHANNE DE BELLOMONTE INJUSTE DETENTIS].

Alfonsus, *etc.* Ex parte Bernardi et Stephani Armandi nobis extitit conquerendo monstratum quod Johannes de Bellomonte ipsos cepit vel capi fecit ac ipsos per quindecim septimanas captos detinuit in villissima prisione, nec contentus eo, immo ipsos postmodum in foro ecclesiastico, vexat et opprimit ac excommunicari facit, indebite ut asserunt et injuste. Quare vobis mandamus quatinus ballivum de Disis (1) ex parte nostra requiri per vestras litteras faciatis, ut dictum militem ab hujusmodi vexacionibus ac indebitis gravaminibus desistere faciat, ac dampna et deperdita que injuste per eundem militem passi sunt, reddi et restitui faciat ab eodem, necnon injurias et gravamina per dictum militem eisdem illata, ut dicitur, faciat, prout justum fuerit, emendari. Datum apud Gornaium, die lune ante Ramos palmarum, anno Domini M° CC° LX° VIII°.

### 765

11 mart. 1269. — CONESTABULO ALVERNIE PRO HOMINIBUS PODII ROGERII SUPER USAGIO.

Alfonsus, *etc.* Ex parte hominum nostrorum de Podio Rogerii (2) ad nos delata extitit querimonia, quod domina Juliana, relicta quondam Girardi de Podio Rogerii, militis, defuncti, quasdam redevencias vel redditus, quas vel quos racione usagii quod habebant in foresta Oxerre (3) solvere consueverant, ab ipsis exigit, pignorando ipsos indebite, sicut dicunt, cum in dicta foresta propter vendicionem et scissio-

---

(1) C'est sans doute Desges, Haute-Loire, cant. Pinols, jadis du diocèse de Saint-Flour, en latin *Desge* ou *Disge*.

(2) Puyroger, fief de la paroisse de Bessay, Allier, cant. Neuilly-le-Réal. (D. Béthencourt, *Noms féodaux*.)

(3) Je ne trouve ce nom nulle part, à moins de supposer une faute du scribe : *Oxerie* pour *Moxerie*, forêt de Mouzières, située au sud-est de Bessay et dont une partie s'appelle encore aujourd'hui : *Le grand bois de Roger*.

nem dicte foreste usagium suum reperire minime valeant, ut deceret, nec ipsa domina eisdem hominibus dictum usagium garentizare velit, ut tenetur. Quare vobis mandamus quatinus ipsos homines super hiis diligenter audiatis, et vocatis dicta domina et qui fuerint evocandi, auditisque hinc inde racionibus, faciatis eisdem bonum jus et maturum de personis et rebus quas ad nostram jurisdicionem noveritis pertinere. Mandamus insuper vobis ut Johannem Michael et Petrum de Podio, super hiis que proponenda duxerint coram vobis contra dominum de Beçai[1], super eo quod in incremento cujusdam stagni sui quedam prata dictorum hominum indebite usurpavit, in ipsorum Johannis et Petri prejudicium non modicum et dampnum, sicut dicunt, diligenter audiatis, et vocatis dicto domino et qui fuerint evocandi, de personis et rebus de nostra jurisdicione et de vestra ballivia existentibus exibeatis celeris justicie complementum, taliter super hiis vos habentes quod propter defectum juris vel vestrum ipsos ad nos non oporteat ulterius laborare. Datum apud Gornaium, die lune ante Ramos palmarum, anno Domini M° CC° LX° VIII°.

[1] Bessay, Allier, cant. Neuilly-le-Réal.

## LITTERE SENESCALLIE THOLOSE ET ALBIENSIS,

INCEPTE IN PASCHA, ANNO DOMINI M° CC° LX° VIII°.

### 766

(Fol. 125.) 9 apr. 1268. — SENESCALLO THOLOSANO ET ALBIENSIS PRO HOMINIBUS ABBATIS MOISSIACI D'ESQUATELENIS SUPER FOCAGIO.

Alfonsus, *etc.* Dudum, ut dicitur, per litteras nostras vobis mandavimus ut homines ville d'Esquateleins[1], Tholosane dyocesis, pertinentes ad abbatem Moysiaci, sicut dicit, quantum ad exactionem seu levacionem focagii poneretis in nostra sufferencia, usque ad certum terminum expressum in litteris vobis missis. Hinc est quod ad instanciam memorati abbatis vobis mandamus quatinus ab exactione seu levacione focagii a predictis hominibus desistatis, quousque aliud a nobis receperitis in mandatis. Datum die lune in crastino Resurrectionis dominice, anno Domini M° CC° LX° VIII°.

### 767

10 apr. 1268. — SENESCALLO THOLOSE PRO HOMINIBUS JORDANI, DOMINI DE INSULA, SUPER FOCAGIO.

Alfonsus, *etc.* Cum alias vobis mandaverimus ut homines fidelis nostri Jordani, domini de Insula, usque ad pallamentum Candelose ultimo preteritum focagium solvere minime compelleretis, et interim addisceretis utrum dicti homines tenerentur solvere focagium de jure vel consuetudine, usagio seu promisso vel alia justa causa, et tractaretis eciam cum dictis hominibus de prestanda nobis aliqua quantitate

---

[1] Escatalens, Tarn-et-Garonne, cant. Montech.

nomine focagii per composicionem spontanea voluntate, et cum super hoc nichil nobis rescriptum fuerit in hac parte, vobis mandamus quatinus dictos homines dicti militis ad solvendum dictum focagium usque ad pallamentum instantis festi Omnium sanctorum proximo venientis minime compellatis, addiscentes interim de predictis plenius veritatem et tractantes cum dictis hominibus, prout superius est premissum. Et quid super hiis inveneritis et feceritis nobis circa tres septimanas post instans festum Omnium sanctorum predictum, per Thomam clericum, cum ad nos venerit pro vestris compotis faciendis, in scriptis remittatis. Datum apud Hospitale prope Corbolium, die martis post resurrectionem Domini, anno ejusdem M° CC° LX° octavo.

## 768

10 apr. 1268. — SENESCALLO THOLOSE ET ALBIENSIS PRO BERALDO DE ANDUSIA, [SUPER TERRA DE SAISSES RESTITUENDA].

Alfonsus, etc. Mandamus vobis quatinus terram Beraldi de Andusia de Saisses[1], in dyocesi Tholosana, quam saysitam tenetis nomine nostro, prout ex parte ipsius intelligi nobis datur, restituatis eidem, salvo in aliis jure nostro et salvo jure quolibet alieno, nisi subsit alia causa racionabilis quam nondum sciverimus, quare eandem terram eidem restituere minime debeatis, quam, si fuerit, nobis in scriptis, cum commode poteritis, remittatis. Datum apud Hospitale prope Corbolium, die martis post Pascha, anno Domini M° CC° LX° octavo.

## 769

26 apr. 1268. — PONCIO ASTOAUDI, MILITI, ET MAGISTRO ODONI DE MONTONERIA PRO HOMINIBUS CASTRINOVI DE ARRIO SUPER MERCATO.

Alfonsus, etc., dilectis et fidelibus suis Poncio Astoaudi, militi, et magistro Odoni de Montoneria, salutem et dilectionem. Cum in

---

[1] Seysses, Haute-Garonne, cant. Muret.

quibusdam litteris nostris clausis, quas una cum istis vobis mittimus per presencium portitorem, vobis scripserimus ut homines de Manso Sanctarum Puellarum [1], qui dicuntur se opponere concessioni quam petunt sibi fieri homines Castrinovi de Arrio [2] de mercato, diebus lune ibidem imposterum exercendo, vocaretis coram vobis, prout in dictis litteris continetur, vobis mandamus quatinus dictos homines certis die et loco coram vobis convocetis, ut proponant et ostendant causas seu raciones sufficientes et legitimas, si quas habuerint, propter quod concessio dicti mercati merito debeat impediri. Quod si raciones seu causas, ut predictum est, sufficientes et legitimas non ostenderint, vos ex tunc auctoritate nostra dictum mercatum die lune exercendum dictis hominibus de Castronovo concedatis, tractato tamen prius cum ipsis de ampliori summa nobis danda, si potest fieri bono modo, receptaque ab eisdem idonea caucione de quantitate peccunie que convenerit, videlicet saltim de quingentis libris turon. jam nobis promissis ab ipsis [et] de augmento dicte peccunie, si quid intervenerit, senescallo nostro Tholosano et Albiensis nostro nomine persolvendis integraliter per quindecim dies ante instans festum Omnium sanctorum, necnon de supplendo defectu, si quis esset, usque ad summam quinquaginta librarum turon., usque ad decennium, pro expletis et proventibus mercati supradicti. Circa hec vero taliter procedere curetis, quod antequam arripiatis iter veniendi ad nos die martis post quindenam instantis Penthecostes, predicta omnia rite et modo debito compleantur. Concessio autem dicti mercati, si eam fieri contigerit, fiat salvo in aliis jure nostro et salvo jure quolibet alieno. Datum die jovis post festum sancti Marchi euvangeliste, anno Domini M° CC° LX° VIII°.

Édité dans *Hist. de Languedoc* (nouv. édit.), VIII, cc. 1636-1637.

[1] Le Mas-Saintes-Puelles, Aude, cant. Castelnaudary. — [2] Castelnaudary.

## 770

26 apr. 1268. — SENESCALLO THOLOSE ET ALBIENSIS PRO HOMINIBUS DE AVINIONETO, THOLOSANE DYOCESIS, SUPER MERCATO ET VINEA.

Alfonsus, *etc.* Ex parte hominum de Avinioneto[1], Tholosane dyocesis, nobis extitit supplicatum ut mercatum ibidem diebus sabbati exercendum concedere deberemus, ceterum vineam quandam, quam in territorio dicti loci habere dicimur, que quidem asseritur nullius aut modici esse valoris, eisdem sub forma census annui traderemus. Unde vobis mandamus quatinus de mercato, an possit ibidem fieri sine cujuscumque injuria, quidque nobis commodi et patrie exinde proveniret, quantumque pro affirmanda dicta vinea nobis darent cum incharimento usque ad certum terminum, sicut in ceteris tradicionibus fieri consuevit, diligenter addiscatis et tractetis cum eisdem, inducendo eos, juste tamen et licito modo, super utroque ad majorem quam poteritis peccunie quantitatem nobis certo et competenti termino exsolvendam, communicato bonorum consilio in hàc parte, retenta nostra super hiis voluntate. Et quid super premissis inveneritis et feceritis nobis per vestrum clericum, cum ad nos venerit pro vestris compotis faciendis circa tres septimanas post instantem Penthecosten, remittatis in scriptis. Datum die jovis post festum sancti Marci euvangeliste, anno Domini M° CC° LX° octavo.

Édité dans *Hist. de Languedoc* (nouv. édit.), VIII, cc. 1637-1638.

## 771

[DE FOCAGIO AB HOMINIBUS VILLE QUE DICITUR FITA BEGORDANA PETITO.]

Littera de respectu focagii usque ad quindecim dies ante instans festum Omnium sanctorum missa fuit senescallo Tholose pro hominibus Raymundi de Benca, militis, existencium in villa que dicitur Fita Begordana[2], in forma aliarum de focagio.

[1] Avignonet, Haute-Garonne, cant. Villefranche-de-Lauragais. — [2] Lafitte-Vigordanne, Haute-Garonne, cant. Le Fousseret.

## 772

28 apr. 1268. — ALIA LITTERA PRO COMITE CONVENNARUM PONCIO ASTOAUDI ET MAGISTRO ODONI [SUPER FACTO BASTIDE DE FAIAS].

Alfonsus, etc. Ex parte nobilis et fidelis nostri B., comitis Convennarum [1], nobis est intimatum quod quedam bastida nostra, que dicitur Faias [2], in ipsius comitis prejudicium est constructa, et quod alias vobis et senescallo nostro Tholosano mandavimus quod super hoc addisceretis veritatem, quod nondum factum extitit, prout dicit. Unde vobis mandamus quatinus diligenter addiscatis an in prejudicium ipsius comitis bastida hujusmodi sit constructa, et in quo et quantum propter hoc prejudicatur eidem. Et quid super hoc inveneritis [3] die martis post quindenam instantis Penthecostes, cum ad nos veneritis, una cum aliis inquestis vestris et negociis in scriptis nobis refferatis. Datum die sabbati ante festum apostolorum Philipi et Jacobi, anno Domini M° CC° LX° VIII°.

## 773

(Fol. 126.) 28 apr. 1268. — SENESCALLO THOLOSE PRO EODEM COMITE CONVENARUM.

Alfonsus, etc. Ex parte nobilis et fidelis nostri B., comitis Convennarum, nobis extitit conquerendo monstratum quod aliqui bajuli nostri homines suos pignorant et alias molestias eisdem inferunt minus juste, necnon quod quidam homines de nostra jurisdicione nemora, herbas, pascua et alias res hominum suorum scindunt, pascunt et invadunt, in ipsius comitis ac hominum suorum prejudicium et gravamen. Unde vobis mandamus quatinus non permittatis ipsum comitem vel homines suos ab aliquibus ballivis nostris vel ab aliquibus de jurisdicione nostra, in vestra senescallia existentibus, indebite molestari, et si dictus comes vel aliqui de hominibus suis super hiis conquesti fuerint coram vobis, de rebus vero et personis que ad nostram spectant jurisdicionem exhibeatis eisdem celeris justicie complementum. Datum sab-

---

[1] Bernard VII. — [2] Peut-être Lahage, Haute-Garonne, cant. Rieumes. Je ne trouve nulle part ailleurs trace de cette bastide. — [3] Ici deux mots raturés : et feceritis.

bato post festum sancti Marchi euvangeliste, anno Domini M° CC° LX° octavo.

Similis littera missa fuit Poncio Astoaudi et magistro Odoni de Montoneria, pro eodem comite Convennarum.

Édité dans *Hist. de Languedoc* (nouv. édit.), VIII, c. 1638.

### 774

13 jun. 1268. — JUDICI VICCARII THOLOSE COMMISSIO PATENS PRO HOMINIBUS DE VENERCA.

Alfonsus, *etc.*, dilecto suo judici viccarii Tholose salutem et dilectionem. Mandamus vobis quatinus Petrum Raymundi Ripparia et consortes suos, de Venerca[1], super hiis que proponenda duxerint coram vobis contra testes et dicta testium, ex parte Guillelmi de Falgario, militis, contra eosdem homines coram magistro Berengario Pentrici, tunc judice Tholose, in causa que inter ipsum militem ex una parte et dictos homines ex altera coram eodem judice vertebatur et que sibi a nobis commissa fuerat, productorum, et super aliis ad dictam causam pertinentibus, si qua coram vobis proposuerint, diligenter audiatis, et vocatis dictis partibus auditisque hinc inde racionibus, causam predictam fine debito terminetis. Datum apud Longumpontem, die mercurii post festum sancti Barnabe apostoli, anno Domini M° CC° LX° VIII°.

### 775

13 jun. 1268. — SENESCALLO THOLOSE PRO JORDANO, DOMINO INSULE, [AB ISARNO JORDANI DE INSULA HOSTILITER IMPETITO].

Alfonsus, *etc.* Cum, sicut intelligi nobis datur, inter fidelem nostrum Ysarnum Jordani, militem, et fautores suos ex una parte et gentes dilecti et fidelis nostri Jordani de Insula, militis, ex altera, orta sit dissensionis materia, cujus occasione nonnulla gravamina a partibus mutuo jam, ut dicitur, sunt illata, mandamus vobis quatinus

[1] Venerque, Haute-Garonne, cant. Auterive.

per litteras vestras et per nuncium ydoneum utrique parti specialiter inhibere curetis, ne pars altera contra aliam cum armis vel aliter forisfaciendo quicquam audeat attemptare, mutuas interpresuras facientes conquerentibus, prout condecet, emendari. Datum ut precedens.

## 776

1 mai. 1268. — SENESCALLO THOLOSE PRO FRATRIBUS MINORIBUS DE THOLOSA.

Alfonsus, *etc*. Cum, sicut ex parte fratrum Minorum de Tholosa nobis extitit intimatum, Petrus de Botonneto, defunctus, ex donacione bone memorie R., condam comitis Tholose, predecessoris nostri, villam de Romaigs [1] ad vitam suam, villam vero de Nogareto [2] cum suis pertinenciis ad perpetuitatem sibi datam teneret, idemque Petrus in testamento suo predictis fratribus legaverit in elemosinam dictam villam de Nogareto cum suis pertinenciis, secundum quod in testamento ejusdem Petri plenius dicitur contineri, ac ipsi fratres hereditatem eandem, quantum sua interest, velint facere distrahi, ut juxta voluntatem defuncti in pios usus precium inde habitum convertatur, vobis mandamus quatinus distractionem seu vendicionem dicte ville de Nogareto, secundum quod vobis constiterit de premissis, fieri permittatis, salvo tamen jure nostro et quolibet alieno, communicetisque in hac parte consilium dilectorum et fidelium nostrorum Poncii Astoaudi, militis, magistri Odonis de Montoneria et Egidii Camelini. Datum apud Rampillonem, die martis in festo apostolorum Philippi et Jacobi, anno Domini m° cc° lx° octavo.

## 777

1 mai. 1268. — SENESCALLO THOLOSE ET ALBIENSIS PRO PETRO DE MALAMORTE, [CRUCESIGNATO].

Alfonsus, *etc.*, senescallo Tholose et Albiensis, *etc*. Cum, sicut nobis datur intelligi, Petrus de Malamorte, domicellus, desideret in Terre

[1] Roumens, Haute-Garonne, cant. Revel. — [2] Nogaret, Haute-Garonne, cant. Revel.

sancte subsidium proficisci et nobis obsequi, sicut dicit, vobis mandamus quatinus de statu et moribus ipsius addiscatis, et si vobis constiterit ipsum nobis fore ydoneum, si videritis expedire, tractare poteritis cum eodem qualiter nobis serviret per unum annum integrum existendo in partibus transmarinis, et se quoto milite, et quantam peccunie summam pro omnibus, tam passagio quam reddicione equorum, quam victualibus, peteret sibi dari. Quod si summam petierit que sibi concedi debeat, singnificetis nobis cum aliis circonstanciis que sunt in talibus attendende, quando vobis obtulerit se facultas, vocato ad hoc dilecto et fideli nostro Sycardo Alemanni, milite, seu alio vel aliis quos videritis expedire. Datum apud Rampillonem, die martis in festo beatorum apostolorum Philippi et Jacobi, anno Domini M° CC° LX° VIII°.

### 778

1 mai. 1268. — SENESCALLO THOLOSE PRO FRATRE REMUNDO, MINISTRO FRATRUM MINORUM IN AQUITANIA, [ET GUILLELMO SAURINI, CIVE THOLOSE, CONSULATUM HUJUS VILLE RENUENTE].

Alfonsus, *etc.*, dilecto et fideli suo vicario Tholose salutem et dilectionem. Cum ex parte religiosi viri fratris Raimundi, ministri fratrum Minorum in Aquitania, nobis extiterit intimatum quod Guillelmus Saurini, civis Tholose, jam provecte etatis existat ac circa curam operis ecclesie dictorum fratrum apud Tholosam se utiliter adcomodaverit, sicut fertur, vobis mandamus quatinus eos, ad quos spectat consulatus seu capitulatus Tholose electio, ydoneis persuasionibus inducere curetis, ut dictum Guillelmum, jam ut dicitur veteranum et dictis fratribus proficuum, absolvant nec eum suscipere compellant, nisi libens voluerit, officium consulatus. Nullam tamen propter hoc dictis consulibus molestiam, violenciam seu coactionem aliquam inferatis. Datum apud Rampillonem, die martis in festo beatorum apostolorum Philippi et Jacobi, anno Domini M° CC° LX° octavo.

Édité dans *Hist. de Languedoc* (nouv. édit.), VIII, c. 1614.

## 779

(Fol. 127.) 3 mai. 1268. — SENESCALLO THOLOSE PRO P. DE PINU.

Alfonsus, *etc.* Mandamus vobis quatinus Petrum de Pinu, civem Tholose, et fratres suos super hiis que proposuerint coram vobis super bonis mobilibus et inmobilibus Petri Garsie de Burguetonovo, condampnati de heresi, ab ipso inter vivos quondam datis, ut dicitur, Arnaldo de Pinu, quondam patri dicti Petri de Pinu, diligenter audiatis, que quidem bona ad nos devenerunt racione heretice pravitatis, et vocato Jacobo de Bosco pro servando jure nostro, de consilio fratrum inquisitorum heretice pravitatis et aliorum proborum, de personis et rebus ad nostram [jurisdicionem] spectantibus faciatis eisdem bonum jus et maturum. Datum die jovis in festo invencionis sancte Crucis, anno Domini M° CC° LX° octavo.

## 780

3 mai. 1268. — SENESCALLO THOLOSE PRO PRECEPTORE DOMUS MILICIE TEMPLI DE CAPELLA, CATURCENSIS DYOCESIS.

Alfonsus, *etc.* Ex parte religiosi viri preceptoris domus milicie Templi de Capella[1], Caturcensis dyocesis, nobis extitit conquerendo monstratum quod homines Sancti Antonini[2], Ruthenensis dyocesis, cuidam fratri in vestra senescalcia multas injurias et violencias intulerunt. Unde vobis mandamus quatinus, super hiis addiscentes veritatem, ex parte nostra senescallum Carcassone requiratis seu requiri faciatis ut predictos injuriatores vobis remittat ut stent juri coram vobis, prout de jure vel consuetudine patrie fuerit faciendum. Datum apud Rampillon, die jovis in festo invencionis sancte Crucis, anno Domini M° CC° LX° VIII°.

---

[1] Capelle-Livron (La), Tarn-et-Garonne, cant. Caylus.

[2] Saint-Antonin, Tarn-et-Garonne. Cette ville, cédée au roi de France en 1226, dépendait par exception de la sénéchaussée de Carcassonne.

## TOULOUSE [1268].

### 781

5 mai. 1268. — SENESCALLO THOLOSE PRO ILLUSTRI REGE ARRAGONUM.

Alfonsus, *etc.* Mandamus vobis quatinus hominibus nostris de vestra senescallia ex parte nostra districte inhibeatis, ne terram seu feoda excellentis et karissimi amici nostri, Jacobi, illustris regis Arragonum, cum armis intrent nec malum faciant in eisdem. Datum apud Ferrolias[1], die sabbati post invencionem sancte Crucis.

Similis littera missa fuit senescallo Agenensi et Caturcensi pro eodem.
Similis littera missa fuit senescallo Ruthinensi pro eodem.

### 782

6 mai. 1268. — PONCIO ASTOAUDI ET MAGISTRO ODONI DE MONTONERIA PRO DEODATO ET STEPHANO DE ROASSIO, [A VICARIO THOLOSE QUODAM CENSU ANNUO SPOLIATIS].

Alfonsus, *etc.*, dilectis et fidelibus suis Poncio Astoaudi et magistro Odoni de Montoneria, salutem et dilectionem. Cum dilectus et fidelis noster vicarius Tholose, Doatum et Stephanum de Rohassio, cives Tholose, de duodecim denariis tholosanis quos habebant, ut dicitur, super quibusdam domibus sitis apud Tholosam, ipsis non monitis nec vocatis, contra justiciam dissaisierit, sicut intelligi nobis datur, vobis mandamus quatinus, vocatis dictis vicario, Doato et Stephano et qui fuerint evocandi coram vobis, ipsos diligenter audientes, eisdem faciatis bonum jus et maturum, jure nostro servato illeso. Datum dominica post invencionem sancte Crucis.

### 783

7 mai. 1268. — SYCARDO ALLEMANNI, MILITI, PRO MAGISTRO ASSAUT, [MACHINATORE].

Alfonsus, *etc.*, dilecto et fideli suo Sycardo Alemanni, militi, salutem et sinceram dilectionem. Cum ex parte magistri Assaut, machinatoris, litteratorie nobis fuerit intimatum quod affectu sincero desideret

---

[1] Probablement Ferroles-Attilly, Seine-et-Marne, cant. Brie-Comte-Robert.

nos videre et de suis artificiis, in quibus plurimum expertus esse dicitur, nonnulla nobis ostendere que possent nobis fore in posterum [1] profectura, vobis mandamus quatinus, sub ea qua poteritis cautela scribendi, significetis eidem necnon consulatis [2], secundum quod videritis expedire, an nobiscum vellet transf[r]etare in subsidium Terre sancte et servire in partibus transmarinis per annum integrum, si eidem quinque solidorum turonensium per diem stipendia donaremus, quamdiu in nostro servicio laboraret, inducentes eum per vestras litteras ut ad hoc faciendum se prestet favorabilem et rescribat vobis sine more dispendio quid super hoc sit facturus, quia si, prout dictum est, nobis servire voluerit, dicta stipendia eidem libenter dabimus et illustrem regem Castelle [3], karissimum consanguineum nostrum, per litteras nostras rogabimus, vestro consilio mediante, ut eidem magistro Assaut veniendi ad nos licenciam indulgeat liberaliter et benigne. Datum die lune post invencionem sancte Crucis.

Édité dans *Hist. de Languedoc* (nouv. édit.), VIII, c. 1615.

## 784

15 mai. 1268. — PONCIO ASTOAUDI, MILITI, ET MAGISTRO ODONI DE MONTONERIA PRO ABBATISSA DE GOIONO.

Alfonsus, *etc.*, dilectis et fidelibus suis Poncio Astoaudi, militi, et magistro Odoni de Montoneria, salutem et dilectionem. Veniens ad nos religiosa mulier... abbatissa monasterii de Goionno [4], pro se et conventu suo, nobis dedit intelligi quod bone memorie Raymundus, quondam comes Tholose, predecessor noster, monasterio suo predicto de Goion centum marchas argenti legavit in suo ultimo testamento. Quare vobis mandamus quatinus super dictis centum marchis argenti ipsam

---

[1] Première leçon : *in prosperum*.
[2] Ici le mot *eidem* raturé.
[3] Alfonse-le-Sage, petit-fils de Bérengère, sœur de Blanche de Castille et tante d'Alfonse de Poitiers; les deux princes étaient donc cousins au deuxième degré.
[4] Goujon, abbaye cistercienne, dioc. de Toulouse; Gers, comm. Lias, cant. L'Isle-en-Jourdain.

abbatissam nomine monasterii sui predicti diligenter audiatis et, auditis ipsius racionibus, addiscatis utrum eidem monasterio in dictis centum marchis racione dicti testamenti de jure teneamur, et an dicto monasterio de dictis centum marchis argenti satisfactum fuerit in toto vel in parte, et de aliis circonstanciis que in talibus sunt attendende addiscatis plenius veritatem secundum traditam vobis formam. Et quid super hiis inveneritis nobis, cum ad nos veneritis, cum aliis inquestis vestris refferatis in scriptis. Datum die martis ante ascencionem Domini, anno Domini M° CC° LX° octavo.

### 785

4 jun. 1268. — PONCIO ASTOAUDI ET MAGISTRO ODONI DE MONTONERIA PRO BERNARDO GOT [DE VICARIO THOLOSE CONQUERENTE].

Alfonsus, *etc.* Mandamus vobis quatinus Bernardum Got super hiis que proposuerit coram vobis contra vicarium nostrum Tholose racione vendicionis quarundam rerum diligenter audiatis, et vocato dicto vicario et qui vocandi fuerint, auditis hinc inde racionibus, de personis et rebus ad jurisdicionem nostram spectantibus, servato jure nostro et alieno, faciatis eidem bonum jus et maturum. Et si ambo vaccare non potueritis, alter vestrum illud nichilominus exequatur. Datum die lune post octabas Penthecostes, anno Domini M° CC° LX° octavo.

### 786

13 jun. 1268. — LITTERA COMMISSIONIS PATENS JUDICI THOLOSE PRO HOMINIBUS DE VENERCA [1].

Alfonsus, *etc.*, dilecto suo judici Tholose, salutem et dilectionem. Veniens ad nos Petrus Raymundi Ripparia, pro se et consortibus suis de Venerca [2], nobis conquerendo monstravit quod ex commissione per nos facta magistro Berangario Peutrici, tunc judici Tholose, dic-

[1] Cette pièce est cancellée dans le manuscrit. — [2] Venerque, Haute-Garonne, cant. Auterive.

tus judex causam inter dictos homines et Guillelmum de Falgario, militem, audivit, et notarius curie dicti judicis, sine voluntate dictorum hominum et dicto judice absente et alio sibi subrogato, testes dicti Guillelmi contra dictos homines recepit apud Venercam, et quidam de dictis testibus in suis atestacionibus asseruerunt dictum Guillelmum fuisse in possessione questandi dictos homines pro voluntate sua, ut homines suos de corpore et caselagio, tanto tempore quod[1] ipsorum testium etatem excedit et eciam etatem quorundam contra quos testificati fuerunt. Dicit etiam quod major pars dictorum testium, quibus certificata lecta fuerunt, asserit quod nunquam certificati fuerunt predicta vel aliqua de predictis, quamvis scripta fuerint per notarium supradictum. Unde vobis mandamus quatinus dictam causam audiatis et ea que super predictis corrigenda fuerint, prout justum fuerit, corrigatis, et partibus convocatis, dictam causam fine debito terminetis, facientes eisdem super hiis et aliis ad dictam causam pertinentibus celeris justicie complementum. Datum apud Longumpontem, die mercurii post festum beati Barnabe apostoli, anno Domini M° CC° LX° octavo.

787

(Fol. 128.) [Jun.] 1268. — JUDICI VICARII THOLOSE PRO RAYMUNDO ATHONIS LITTERA PATENS.

Alfonsus, *etc.*, dilecto suo judici Tholose, salutem et dilectionem. Veniens ad nos Raymundus Athonis nobis conquerendo exposuit quod Sycardus de Montealto, miles, super quibusdam possessionibus quas habere dicitur idem Raymundus circa castrum de Montebruni[2] et de la Gardela[3] et apud Clarummontem[4] et Espanesc[5] injuriatur eidem, sicut dicit. Unde vobis mandamus quatinus, vocato dicto Sy-

---

[1] Première leçon à la suite de ce mot: *quod ipso testium quibus testificata lecta fuerunt, asserat quod numquam testificati fuerunt. Dicit etiam quod major pars dictorum testium quibus testificata lecta fuerunt...*

[2] Montbrun, Haute-Garonne, cant. Montgiscard.
[3] La Gardelle, cant. Muret.
[4] Clermont, cant. Castanet.
[5] Espanès, cant. Montgiscard.

cardo et qui fuerint evocandi, auditis hinc inde racionibus, de personis et rebus ad nostram jurisdicionem spectantibus exhibeatis eidem celeris justicie complementum. Datum apud Longumpontem, anno Domini M° CC° LX° octavo.

### 788

15 jun. 1268. — EIDEM JUDICI PRO PETRO RAYMUNDI RIPARIA ET CONSORTIBUS SUIS DE VENERCA [1].

Alfonsus, *etc.*, judici vicarii Tholose, *etc.* Mandamus vobis quatinus Petrum Raymundi Ripparia et consortes suos super hiis que proponenda duxerint coram vobis contra testes vel dicta testium ex parte Guillelmi de Falgario, militis, contra dictos homines coram magistro Berengario Peutrici, tunc judice Tholosano, in causa que inter dictum militem ex una parte et predictos homines ex altera coram eodem judice vertebatur, et que causa eidem judici a nobis commissa fuerat, productorum, diligenter audiatis, et vocato dicto milite et qui vocandi fuerint, causam ipsam fine debito terminetis. Datum apud Longumpontem, die veneris post festum beati Barnabe apostoli, anno Domini M° CC° LX° Y II°.

### 789

15 jun. 1268. — SENESCALLO THOLOSE PRO HOMINIBUS SANCTI PORQUERII CONTRA HOSPITALARIOS.

Alfonsus, *etc.* Ex parte hominum Sancti Porquerii [2] nobis est conquerendo monstratum quod templarii de Villadei [3] ipsos homines in possessione vel quasi pascendi animalia sua in locis seu pascuis, in quibus eadem animalia sua pascere consueverunt, molestant et perturbant, dicta animalia capiendo et alias injurias eisdem inferendo, in non modicum dictorum hominum prejudicium et gravamen. Unde

---

[1] Voir plus haut, n° 786.

[2] Saint-Porquier, Tarn-et-Garonne, cant. Montech.

[3] Villedieu-du-Temple, *ibid.* (Voir sur cette préceptorerie Du Bourg, *Grand-Prieuré de Toulouse*, p. 293 et suiv.) C'était une maison de l'ordre du Temple; il faut donc corriger dans le titre *hospitalarii* en *templarii*.

vobis mandamus quatinus eosdem homines super hiis diligenter audiatis, et vocatis qui vocandi fuerint, super hiis et de quibus jurisdicio ad nos spectat exhibeatis celeris justicie complementum. Datum ut precedens.

### 790

15 jun. 1268. — EIDEM SENESCALLO PRO EISDEM HOMINIBUS CONTRA ABBATEM MOYSIACI.

Alfonsus, *etc.* Ex parte hominum de Sancto Porquerio nobis est conquerendo monstratum quod vir religiosus abbas Moisiaci usagium, quod in foresta Sancti Petri [1], quam nuper dicto abbati reddi fecimus, habere consueverunt a tempore quo memoria non extat, eisdem hominibus indebite et injuste impedit et perturbat, in ipsorum dampnum, prejudicium et gravamen. Verum idem abbas nobis exposuit quod, cum ipse esset in pacifica possessione predicte foreste, dicti homines noviter in ipsius prejudicium, ipso absente, predicto usagio uti indebite inceperunt, ipsum abbatem per hoc sua possessione pacifica spoliando, et sibi quamplures injurias et dampna non modica intulerunt. Unde vobis mandamus quatinus, vocatis partibus coram vobis et aliis qui fuerint evocandi, cognito prius de dampnis hinc inde datis et de pacifica possessione utriusque partis a tempore restitucionis dicte foreste et postmodum de possessione antiqua, predictam causam diligenter audiatis et, auditis rationibus parcium, de personis et rebus ad nostram jurisdicionem pertinentibus faciatis eisdem bonum jus et maturum, causam fine debito terminantes. Datum ut supra.

Édité dans *Hist. de Languedoc* (nouv. édit.), VIII, c. 1675.

### 791

15 jun. 1268. — SENESCALLO THOLOSE ET ALBIENSIS PRO HOMINIBUS DE BEEROLLES.

Alfonsus, *etc.* Ex querella Arnaldi de Bereles pro se, fratribus, nepo-

[1] C'est la *Forêt abbatiale*, indiquée par Cassini, à l'est de Saint-Porquier, près de la Court-Saint-Pierre, Tarn-et-Garonne, cant. Montech.

tibus et cognatis suis de Berelles[1], intelleximus quod bajulus de Avinioneto[2] ipsos compellit quatuor libras solvere pro alberga minus juste, cum decem solidos tantum, ut dicunt, solvere teneantur. Unde vobis mandamus quatinus, inquisita diligencius veritate, si ipsos homines inveneritis in possessione solvendi decem solidos tantum, secundum sentenciam latam per magistrum Raymundum de Monte Olivero[3], ipsam sentenciam observari faciatis. Ceterum super eo quod dicunt quandam bastidam novam in terra ipsorum indebite et in eorum prejudicium factam[4], addiscatis plenius veritatem. Et quid super hoc inveneritis, nobis ad parlamentum instantis quindene Omnium sanctorum remittatis in scriptis. Datum apud Longumpontem, die veneris post festum sancti Barnabe apostoli.

### 792

15 jun. 1268. — SENESCALLO THOLOSANO PRO HOMINIBUS DE PAILHERIIS [SUPER FOCAGIO].

Alfonsus, etc. Mandamus vobis quatinus diligenter addiscatis utrum homines de Pailheriis[5] unquam bone memorie comiti Raymundo, predecessori nostro, focagium vel aliquid racione focagii solverunt, vel subvencionem aliquam in denariis, talliis vel alio quoquo modo fecerunt, vel nobis facere teneantur de jure vel consuetudine, usagio seu promisso, tractantes nichilominus cum eisdem hominibus de prestanda nobis aliqua peccunie quantitate, racione vel nomine focagii vel subvencionis pro succursu Terre sancte, ex gratia et spontanea voluntate. Quid autem super premissis inveneritis et feceritis et oblacionem quam vobis fecerint pro certa quantitate focorum, nobis quamcicius commode poteritis significare curetis. Datum ut precedens.

---

[1] Lasbarelles, succursale marquée par Cassiniau N.-E. de Villefranche-de-Lauragais.

[2] Avignonet, Haute-Garonne, cant. Villefranche-de-Lauragais.

[3] Première leçon raturée : *secundum ordinacionem factam a defuncto magistro Stephano de Balneolis*.

[4] Il s'agit ici de la bastide de Villefranche-de-Lauragais, construite par Alfonse de Poitiers. (Voir *Histoire de Languedoc*, nouvelle édition, VIII, c. 1732 et Curie-Seimbres, *Essai sur les bastides*, p. 376.)

[5] Pailhès, Ariège, cant. Le Fossat.

## 793

15 jun. 1268. — SENESCALLO THOLOSE PRO EPISCOPO CONVENNARUM.

Alfonsus, *etc.* Mandamus vobis quatinus districte inhibeatis nobilibus vassallis et aliis subditis nostris, in vestra senescallia existentibus, ne terram vel feoda venerabilis patris episcopi Convennarum [1] intrent pro maleficiis perpetrandis. Datum ut precedens.

## 794

17 jun. 1268. — SENESCALLO THOLOSE PRO GUILLELMO DE FALGARIO [SUPER PEDAGIO DE VENERCA].

Alfonsus, *etc.* Ex parte Guillelmi [2] de Falgario, militis, nobis est supplicatum quod, cum injunctum fuisset magistro Guillelmo Ruffi ut inquireret super pedagio de Venerca inter ipsum militem et homines de Tholosa, que inquesta facta non fuit, et ipse petat ut dicta inquesta committatur domino Sycardo Alemanni, militi, vel alii probo homini, salvo processu habito coram dicto magistro, vobis mandamus quatinus ipsum diligenter audiatis, facientes eidem bonum jus et maturum, secundum processus habitos coram dicto magistro Guillelmo Ruffi, de personis et rebus de quibus jurisdicio ad nos spectat. Data Parisius, dominica ante festum sanctorum Gervasii et Prothasii, anno Domini M° CC° LX° VIII°.

Eadem fuit data hominibus de Tholosa, die lune post nativitatem beati Johannis Baptiste. [25 jun. 1268.]

Édité dans *Hist. de Languedoc* (nouv. édit.), VIII, cc. 1614-1615.

## 795

17 jun. 1268. — SENESCALLO THOLOSE PRO HOMINIBUS DE BLEIGNACO.

Alfonsus, *etc.* Ex parte hominum de Blaignaco [3] nobis extitit con-

[1] Bertrand de Miremont (1263-1286). — [2] Ici deux mots raturés : *et Arnaldi*. — [3] Blagnac, Haute-Garonne, cant. Toulouse.

querendo monstratum quod abbas de Capella [1], homines de Silva [2] et dominus Jordanus de Insula in possessione usagii quod habere dicuntur in nemoribus de Ultra Garonne [3] ipsos homines perturbant et molestant, in ipsorum hominum prejudicium non modicum atque dampnum. Unde vobis mandamus quatinus ipsos homines super hiis diligenter audiatis, et vocatis qui fuerint evocandi, de rebus et personis ad nostram jurisdicionem spectantibus et in vestra senescalcia existentibus exibeatis eisdem celeris justicie complementum. Datum Parisius, dominica ante festum sancti Gervasii et Prothasii, anno Domini M° CC° LX° octavo.

### 796

(Fol. 129.) 17 jun. 1268. — PRO HOMINIBUS DE BLEIGNACO [CONTRA PRIOREM EJUSDEM LOCI].

Alfonsus, *etc.* Ex parte hominum de Bleignac nobis est querimonia sua demonstratum quod prior [4] ecclesie de Bleignac decimam cujusdam prati, de quo nunquam habere decimam consuevit, contra antiquum usum, ut dicitur, nititur extorquere. Ceterum decimam partem herbarum, que de quibusdam aliis pratis coliguntur, cum vicessimam partem dumtaxat dictarum herbarum percipere consueverit, ut dicitur, contra usum antiquum similiter vult habere, et super hiis dictos homines coram judicibus delegatis inquietat, in ipsorum hominum prejudicium et gravamen. Unde vobis mandamus quatinus dictum priorem super hiis ex parte nostra requiri faciatis [5], ut ad (*sic*) vexacione et inquietacione dictorum hominum super peticionibus dictarum decimarum, que nunquam solute fuerint, sicut dicunt, desistat. Quod si a vobis requisitus facere noluerit, vos ex parte nostra religiosum virum

---

[1] La Capelle, abbaye, ordre de Prémontré, dioc. de Toulouse, comm. Merville.

[2] C'est très probablement Seilh, Haute-Garonne, cant. Grenade; mais il faut admettre que le nom latin a été refait sur la forme vulgaire.

[3] Il est probable que cette expression ne désigne pas une forêt déterminée, mais l'ensemble des bois situés sur la rive gauche de la Garonne, aux environs de Blagnac.

[4] Première leçon : *rector*.

[5] Première leçon : *requiratis*.

abbatem Sancti Saturnini [1] requiratis seu requiri faciatis ut dictum priorem ab inquietacionibus et vexacionibus hujusmodi desistere plenius faciat in hac parte. Datum Parisius [2], ante festum sancti Gervasii et Prothasii, anno Domini M° CC° LX° octavo.

## 797

17 juin. 1268. — SENESCALLO THOLOSE PRO ABBATE MOYSSIACENSI.

Alfonsus, *etc.* Ex parte religiosi viri abbatis Moyssiacensis nobis est conquerendo monstratum quod Christianus, serviens noster de Sancto Porcherio [3], quemdam monacum abbacie Moyssiacensis cepit et male tractavit ac vinculis ferreis turpiter mancipavit, in vituperium et contemptum religionis et abbatie supradicte. Unde vobis mandamus quatinus ipsum Christianum a servicio nostro amoveatis, ipsum in servicio suo minime reponere presumentes, quousque de maleficio hujusmodi ad voluntatem ipsius abbatis satisfecerit competenter et de excommunicatione, quam ob maleficium hujusmodi incurrisse manifestum est, legitime fuerit absolutus, inhibentes eidem expresse ex parte nostra ne ob recuperacionem predicti servicii vel alia de causa ad nos venire audeat, quousque de satisfacione et absolucione predictis nobis constare valeat evidenter. Datum Parisius, dominica ante nativitatem beati Johannis Baptiste, anno Domini M° CC° LX° octavo.

Édité dans *Hist. de Languedoc* (nouv. édit.), VIII, c. 1640.

## 798

17 juin. 1268. — SENESCALLO THOLOSE PRO GUIDONE, MARESCALLO DE MIRAPISCE, MILITE.

Alfonsus, *etc.* Ex parte nobilis et dilecti nostri Guidonis, marescalli Mirapiscis [4], militis, nobis est conquerendo monstratum quod homines

---

[1] Duquel dépendait l'église de Blagnac.

[2] Il faut probablement suppléer *dominica*. (Voir l'acte précédent en faveur des mêmes.)

[3] Saint-Porquier, Tarn-et-Garonne, cant. Montech.

[4] Gui III de Mirepoix (1261-1286).

nostri de Plaignano [1] et de Gaiano [2] hominibus ipsius in terra sua multas injurias et gravamina quamplurima indebite intulerunt, in ipsius dampnum, prejudicium et gravamen. Unde vobis mandamus quatinus, vocatis coram vobis dicto Guidone vel gentibus suis et hominibus nostris de villis predictis et aliis qui fuerint evocandi, partes diligenter audiatis et super maleficiis hinc inde et dampnis datis, cum bonorum et fide dignorum consilio emendam fieri, prout justum fuerit, faciatis. Datum Parisius, dominica ante nativitatem beati Johannis Baptiste, anno Domini M° CC° LX° octavo.

Édité dans *Hist. de Languedoc* (nouv. édit.), VIII, c. 1639.

## 799

19 jun. 1268. — SENESCALLO THOLOSE ET ALBIENSIS PRO BERTRANDO DE LAUTRICO SUPER BASTIDA.

Alfonsus, *etc.* Ex parte Bertrandi de Lautrico, militis, nobis extitit conquerendo monstratum quod Gaubertus Girardi erga vos procurare intendit, quod vos in quodam loco qui ab eodem Bertrando tenetur, ut dicitur, quandam bastidam fieri faciatis, quod est in ipsius Bertrandi prejudicium et gravamen, sicut dicit. Unde vobis mandamus quatinus, si vobis constiterit dictum locum in dominio et jurisdicione dicti Bertrandi esse et ab ipso teneri, ipso invito in dicto loco bastidam fieri minime permittatis, in ipsius prejudicium vel alterius cujuscunque. Datum Parisius, die martis ante nativitatem beati Johannis Baptiste, anno Domini M° CC° LX° VIII°.

## 800

20 jun. 1268. — SENESCALLO THOLOSE ET ALBIENSIS PRO PETRO GRIMOART [SUPER HALIS CASTRI SARRACENI].

Alfonsus, *etc.* Veniens ad nos Petrus Grimoart, de Castro Sarraceni [3], pro se et consortibus suis burgensibus ejusdem ville, nobis dedit intel-

---

[1] Plaignes, Aude, cant. Belpech. — [2] Gaja-la-Selve, Aude, cant. Fanjeaux. — [3] Castelsarrasin, Tarn-et-Garonne.

ligi quod vos vel alius loco vestri stallos seu halas ad vendendum carnes in eadem villa alio loco quam esse consueverunt, construere intenditis in ipsorum prejudicium, ut asserunt, et gravamen. Unde vobis mandamus quatinus ipsos homines de Castro Sarraceni super hiis diligenter audiatis, et vocatis qui fuerint evocandi, exhibeatis eisdem celeris justicie complementum, jure nostro et alieno super hoc in omnibus observato. Datum Parisius, die mercurii ante nativitatem beati Johannis Baptiste, anno Domini m° cc° lx° octavo.

### 801

20 jun. 1268. — EIDEM PRO JORDANO DE CASTRONOVO.

Alfonsus, *etc.* Ex parte Jordani de Castronovo nobis est datum intelligi quod pro nemore de castro Spinacii [1] et de Fonteregali [2] dividendo nos vel mandatum nostrum nomine nostro duodecimam partem dictorum nemorum habuimus, propter quod dictam divisionem a nobis petebat approbari vel sibi restitui dictam duodecimam partem, quam, ut dictum est, habueramus. Unde vobis mandamus quatinus diligenter addiscatis utrum aliquid juris in dictis nemoribus habeamus, et quid super hoc inveneritis nobis ad instans parlamentum quindene Omnium sanctorum in scriptis remittatis. Datum ut precedens.

Édité dans *Hist. de Languedoc* (nouv. édit.), VIII, c. 1640.

### 802

20 jun. 1268. — EIDEM PRO ARNALDO DE VILLADEI [CONTRA HUGONEM DE ALFARIO].

Alfonsus, *etc.* Ex parte Arnaldi de Villadei nobis extitit conquerendo monstratum quod Hugo de Alfario, domicellus, extra assidiam debitam trahit ipsum indebite et injuste. Quare vobis mandamus quatinus ipsum Arnaldum extra locum debitum trahi minime permittatis,

---

[1] Peut-être L'Espinasse, Haute-Garonne, cant. Fronton. — [2] Je ne retrouve pas cette forêt.

cognoscentes de causa que inter predictos vertitur per vos vel per alium in loco debito, nisi fuerit aliud racionabile quod obsistat. Datum ut precedens.

## 803

20 jun. 1268. — EIDEM PRO CASTIAUNUEF [CONTRA VICARIUM THOLOSE].

Alfonsus, *etc.* Ex parte Chastiaunuef [1] nobis datum est intelligi quod racione cujusdam inqueste facte per ipsum, racione cujusdam aratri fracti apud Auzamvillam [2], cujusmodi inqueste factionem ad se dicebat pertinere, viccarius noster Tholose bona sua saisivit, dicens infra fines sue vigerie ab ipso Chastiaunuef inquestam minime debere fieri supradictam. Quare vobis mandamus quatinus, vocato dicto viccario nostro Tholose pro jure nostro deffendendo et observando, eidem Chastiaunuef exhibeatis justicie celeris complementum, prout de jure et consuetudine patrie fuerit faciendum. Datum ut precedens.

## 804

(Fol. 130.) 20 jun. 1268. — EIDEM PRO BERTRANDO DE LAUTRICO, MILITE, [CONTRA PHILIPPUM DE MONTEFORTI].

Alfonsus, *etc.* Veniens ad nos Bertrandus de Lautrico, miles, nobis dedit intelligi quod nobilis vir Philippus de Monteforti [3], miles, ipsum in possessione castri de Bergueria [4], quod advocat et dicit se tenere a nobis idem Bertrandus, perturbat indebite et molestat. Quare vobis mandamus quatinus dictum Philipum ex parte nostra requiratis seu requiri faciatis ut ab hujusmodi perturbacione et molestacione desistat, cum idem Bertrandus dictum castrum a nobis teneat et advocet se tenere et sit in possessione et saisina, ut asserit, dicti castri. Et si dictus Philippus de dicto Bertrando super hoc coram vobis conqueri

---

[1] Il s'agit sans doute ici du seigneur de Castelnau-d'Estrétefons, dont le scribe aura écrit le nom à la française; cette baronnie confinait à la vigucrie de Toulouse.

[2] Aucamville, Haute-Garonne, cant. Toulouse.

[3] Seigneur de Castres.

[4] Labruguière, Tarn.

voluerit, vos eidem, vocatis qui fuerint evocandi, exhibeatis celeris justicie complementum. Datum ut precedens.

## 805

20 jun. 1268. — EIDEM PRO GIRALDO DE PODIO GERMERII ET EJUS FRATRIBUS.

Alfonsus, *etc.* Ex parte Giraldi de Podio Germerii et ejus fratrum nobis extitit intimatum quod dilectus clericus noster Gilo Camelini bona ipsorum, que quidem patris sui, quondam condampnati de heresi tempore bone memorie comitis Raimundi, predecessoris nostri, extiterunt, ad manum nostram saisivit, cum predicta bona eisdem per manum dicti comitis Raimundi asserant fuisse restituta. Unde vobis mandamus quatinus eundem Giraldum et ejus fratres, si predictam restitutionem eisdem factam fuisse per dictum comitem probare voluerint, ipsos diligenter audiatis, et vocatis dicto Egidio et Jacobo de Bosco, clericis nostris, vel eorum altero, faciatis eisdem quod justum fuerit et consonum racioni. Si vero super premissis aliquid probare noluerint[1] et per pacem convenire voluerint, vocatis predictis Jacobo et Egidio, clericis, cum predictis fratribus, prout melius poteritis, tractetis de predictis. Datum ut precedens.

Édité dans *Hist. de Languedoc* (nouv. édit.), VIII, c. 1641.

## 806

20 jun. 1268. — SENESCALLO THOLOSE PRO BERNARDO DE BRECENS.

Alfonsus, *etc.* Ex parte Bernardi de Brecens nobis extitit intimatum quod dilectus clericus noster Gilo Camelini bona ipsius, que quidem bona patris sui, quondam condampnati de heresi tempore bone memorie comitis Raymundi, predecessoris nostri, extiterunt, ad manum nostram saisivit, cum predicta bona eidem per manum dicti comitis Raymundi asser[er]uit fuisse restituta. Unde vobis mandamus qua-

---

[1] On peut lire *noluerint* ou *voluerint*; nous adoptons la première leçon comme plus logique.

tinus eundem Bernardum, si predictam restitucionem eidem factam fuisse per dictum comitem probare voluerit, ipsum diligenter audiatis, et vocatis dicto Egidio et Jacobo de Bosquo, clericis nostris, vel eorum altero, faciatis eidem quod justum fuerit et consonum racioni. Si vero super premissis aliquid probare noluerit[1] et per pacem convenire voluerit, vocatis predictis Jacobo et Egidio, clericis, cum predicto Bernardo, prout melius poteritis, tractetis de predictis. Datum ut precedens.

### 807

20 jun. 1268. — SENESCALLO THOLOSE ET ALBIENSIS PRO HOMINIBUS DE CALVOMONTE.

Alfonsus, *etc.* Mandamus vobis quatinus diligenter addiscatis utrum homines de Calvomonte[2] focagium vel aliquid nomine focagii unquam solverunt bone memorie comiti Raymundo, predecessori nostro, vel subvencionem aliquam in denariis, taliis vel alio quoquo modo fecerunt, vel nobis facere teneantur de jure vel consuetudine, usagio seu promisso, tractantes nichilominus cum eisdem hominibus de prestanda nobis aliqua pecunie quantitate, racione vel nomine focagii vel subvencionis pro succursu Terre sancte, ex gracia et spontanea voluntate. Quid autem super premissis feceritis et inveneritis et oblacionem quam vobis fecerint pro certa quantitate focorum nobis, quam cicius commode poteritis, significare curetis. Datum Parisius, die mercurii ante nativitatem beati Johannis Baptiste, anno Domini M° CC° LX° octavo.

### 808

20 jun. 1268. — PONCIO ASTOAUDI, MILITI, ET MAGISTRO ODONI DE MONTONERIA PRO ATTONE DE MONTIBUS ET ADEMARO.

Alfonsus, *etc.* Mandamus vobis quatinus bannum, quod posuit vigerius Tholose in bonis Attonis de Montibus et Ademari, avunculi sui,

---

[1] Le texte porte *voluerit*; la correction s'impose. (Voir l'acte précédent.) — [2] C'est probablement Calmont, Haute-Garonne, cant. Nailloux.

que fuerunt, ut dicitur, Petri Florant et ejus fratris, hominum de corpore domini comitis, per ipsum saisitis, amoveatis et amoveri faciatis. Super proprietate vero rerum predictarum, vocatis dictis Attone et Ademaro ac dicto vigerio, faciatis quod de jure fuerit faciendum, ita tamen quod si ambo ad premissa vacare non poteritis, alter vestrum ea nichilominus exequatur. Datum Parisius, die mercurii ante nativitatem beati Johannis Baptiste, anno Domini M° CC° LX° octavo.

### 809

23 jun. 1268. — JUDICI VICARII THOLOSE PRO DO BARRAU ET EJUS FRATRIBUS.

Alfonsus, *etc*. Ex parte Do Barrau et fratrum suorum nobis extitit intimatum quod pater eorum mutuo tradidit Petro de Vicinis, militi defuncto, tunc senescallo nostro Tholosano [1], sepcies centum libras turonensium, prout in quodam instrumento super hoc confecto plenius continetur, in quo etiam instrumento dicitur contineri ipsum Petrum, militem defunctum, in civitate Tholosa fuisse obligatum. Unde cum illi qui apud Tholosam se in aliquo sunt obligati teneantur, ut asserunt, in dicta villa super hiis respondere, vobis mandamus quatinus dictos fratres super hiis contra heredes dicti militis defuncti diligenter audiatis, et vocatis qui fuerint evocandi, auditis hinc inde racionibus, de personis et rebus que ad nostram spectant jurisdictionem, si ita inveneritis, exhibeatis eisdem fratribus celeris justicie complementum. Datum apud Longumpontem, sabbato ante nativitatem beati Johannis Baptiste, anno Domini M° CC° LX° VIII°.

### 810

23 jun. 1268. — SENESCALLO THOLOSE PRO PETRO FERAUDI DE CASTRO SARRACENO.

Alfonsus, *etc*. Mandamus vobis quatinus dilecto burgensi nostro Petro Feraudi, de Castro Sarraceno, bona et legalia debita que sibi in

---

[1] Sénéchal de Toulouse jusqu'en février 1254.

vestra senescalcia et jurisdicione nostra a nostris subditis debentur, cessantibus tamen usuris, eidem reddi faciatis, debitores qui sibi tenentur ad hoc compellentes, nisi causam legitimam pretenderint quare ad hoc minime teneantur, privilegio crucis caractere insignitis indulto super hoc observantes (sic). Datum apud Longumpontem, sabbato in vigilia beati Johannis Baptiste [1], anno Domini м° cc° lx° octavo.

## 811

24 juin 1268. — AU SENESCHAL DE THOLOSE ET D'AUBIJOIS POR LE CONTE SEUR LES CHEVALIERS.

Aufonz, fiuz de roi de France, coens de Poitiers et de Tholose, à son amé et son fael, au seneschal de Tholose et d'Aubijois, saluz et amour. Nos vos mandons que aus chevaliers que nobles et nostre faaus Sycart de Montaut, chevaliers, vos nomera dequ'au nombre de xx chevaliers, traitiez diligenment de venir avec nos en la terre d'Outremer ou servise Dieu et ou nostre, souz cez condicions : c'est à savoir que pour le servise de 1 an enterin es parties d'Outremer fere à nos ou à nostre certein conmandement, vos leur promestez pour totes choses dequ'à la some de viii<sup>xx</sup> livres de tornois au plus, se n'estoit à aucunes persones que vos veissiez qu'il fust bien emploié, à qui vos creussiez de x livres ou de xx au plus, si que pour le tout 1 chevaliers n'ait que ix<sup>xx</sup> livres pour totes choses, tánt pour passage cum pour viandes et pour pertes de chevaus et pour totes autres choses, par quelque non qu'eles porroient estre nomées. Et que il soient tenu de movoir quant nos movrons, de tenir la voie que nos tendrons, monter au port ou nous monterons, et arriver à celui ou nos arriverons ou nos ou nostre certein conmandement. Et ce servise soient tenu à fere en leur propres persones ou par autre soffisant en leu d'aus, se par aus deffalloit. Et a poie de leur covenance sera fete à v termes, c'est à savoir la premiere poie par deus mois ou entour einz la muete, la segonde seur le port

[1] Le manuscrit porte papt., avec un signe d'abréviation.

au monter, la tierce quant l'en sera arrivé par dela la mer dedenz le mois après l'arrivement, la quarte poie environ le demi an dou servise, et la quinte et la darreniere poie dedenz la fin de l'an dou servise. Et est à savoir que li anz dou servise conmencera puis qu'en sera arrivé par dela la mer. Et de cez covenances dessus dites et autres profitables pour nos, que vos i porroiz ajouster, garder et aemplir enterinement, recevez le serement et seurté soffisant de ceus à qui vos feroiz covenant por nos, et nos remandez en escrit ce que vos en auroiz fet, et conment et à qui, et la forme des covenances tant de la some cum des autres choses. Ce fu donné à Loncpont, le diemenche en la feste seint Jehan Baptiste, en l'an nostre Segneur M CC LX VIII.

Édité par Boutaric, p. 115-116.

## 812

(Fol. 131.) 25 jun. 1268. — SENESCALLO THOLOSE ET ALBIENSIS
PRO BERNARDO DE VIEUS.

Alfonsus, *etc*. Ex parte Bernardi de Vieus nobis est intimatum quod Petrus de Montotiz, de Verduno [1], et uxor ejus quatuor alnas panni, quas eis ad custodiendum tradidit, ut dicit, eidem reddere contradicunt; — item et quod pedagiarius dicti loci eidem dampna quamplurima intulit, imponendo eidem quod pedagium suum transtulerat, ut dicit, et pannos ceperat et ei abstulerat; — item quod Johannes de Castronovo, cursor Castrisarraceni, quandam peciam panni ipsius B., eidem pro sex solidis obligatam, cuidam judeo pignori obligavit, qui judeus dictam petiam panni vendidit, sicut dicit, nec eam potest dictus B. recuperare. Unde vobis mandamus quatinus judici ordinario de Verduno precipiatis ex parte nostra quod, vocatis qui fuerint evocandi, super hiis et aliis que coram eo dictus B. expedire habuerit, de personis et rebus ad jurisdicionem nostram spectantibus faciat bonum jus et maturum. Datum apud Longumpontem, die lune post nativitatem beati Johannis Baptiste, anno Domini M° CC° LX° VIII°.

[1] Verdun, Tarn-et-Garonne.

## 813

25 jun. 1268. — COMMISSIO PATENS SYCARDO ALEMANNI PRO SYCARDO
DE MONTEALTO, MILITE, [CONTRA CIVES THOLOSE].

Alfonsus, *etc.*, dilecto et fideli suo Sycardo Alemanni, militi, salutem et dilectionem sinceram. Ex parte dilecti et fidelis nostri Sycardi de Montealto, militis, nobis extitit intimatum quod cives Tholose quandam piscariam et quoddam molendinum, que apud Altamrippam [1], super fluvium Alegie [2] habere dicebatur et dicitur quondam tempore bone memorie Raimundi, quondam comitis Tholosani, predecessoris nostri, destruxerunt, sicut dicit, et eam dictus Sycardus postmodum propriis expensis refecit, sicut dicit. Unde vobis mandamus quatinus ipsum super hiis diligenter audiatis, et vocatis qui fuerint evocandi et dictis civibus, exibeatis eidem celeris justicie complementum, causam eandem fine debito terminantes. Datum apud Longumpontem, die lune proxima post festum nativitatis beati Johannis Baptiste, anno Domini M° CC° LX^{mo} octavo.

Édité dans *Hist. de Languedoc* (nouv. édit.), VIII, c. 1615.

## 814

FORME LITTERARUM QUAS HABUIT SICARDUS DE MONTEALTO, MILES,
PRO HOMINIBUS SUIS DE ALTARIPPA [3].

Alfonsus, *etc.*, universis presentes litteras inspecturis salutem in Domino. Cum dilecti et fideles nostri consules et communitas talis loci, talis dyocesis, ex mera liberalitate et dono gratuito subvencionem graciosam nobis fecerint usque ad summam talem, de qua tenemus nos pro pacatis, nos subvencionem hujusmodi profitemur ab eisdem gratis et liberaliter nobis factam, nec intendimus nec volumus nomine focagii vel cujuscunque alterius servitutis, nunc vel in posterum, occasione dicte subvencionis spontanee ab eis facte, ipsis vel suis successoribus prejudicium generari. Datum, etc.

[1] Auterive, Haute-Garonne. — [2] L'Ariège. — [3] Cet acte n'est qu'une formule.

## 815

DE EODEM [1].

Universis presentes litteras inspecturis, consules et communitas talis loci, talis dyocesis, salutem in Domino. Optantes illustrem virum, karissimum dominum nostrum, Alfonsum, filium regis Francie, comitem Pictavie, quibus commode possumus magnificencia et honore nobis favorabilem reddere et benignum, non coacti, sed spontanea voluntate, gratis et liberaliter eidem subvencionem fecimus peccuniariam et donum gratuitum usque ad summam talem. Et si, occasione dicte subvencionis seu focagii a nobis pro dicto domino comite petiti, dampna aliqua passi sumus vel expensas fecimus, nos ipsum dominum comitem et successores suos super dampnis predictis et expensis quiptamus penitus et expresse. Datum, etc.

## 816

25 jun. 1268. — SENESCALLO THOLOSANO PRO HOMINIBUS DE ALTARIPPA [SUPER FOCAGIO].

Alfonsus, *etc.* Mandamus vobis quatinus de quadraginta libris turonensium, in quibus nobis teneri dicuntur homines de Altarippa de residuo focagii seu subvencionis, nobis ab eis facte pro subsidio Terre sancte, viginti libras turonensium eisdem hominibus ex dono nostro et gracia remittatis, alias viginti libras turonensium in respectu nostro ponentes usque ad instans festum Omnium sanctorum. Datum apud Longumpontem, die lune post nativitatem beati Johannis Baptiste, anno Domini millesimo CC° LX° VIII°.

## 817

25 jun. 1268. — VICARIO THOLOSE PRO COMMUNITATE THOLOSE.

Alfonsus, *etc.* Mandamus vobis quatinus districte inhibeatis ex parte nostra vestris judicibus et consulibus Tholose, ne ipsi compellant ali-

---

[1] Même formule que pour l'acte précédent.

quos Christianos ad solvendum debita nova vel vetera Judeis, in villa Tholose habitantibus vel etiam extra villam. Datum apud Longumpontem, die lune post festum nativitatis beati Johannis Baptiste, anno ut supra.

Édité dans *Hist. de Languedoc* (nouv. édit.), VIII, cc. 1615-1616.

## 818

25 jun. 1268. — SENESCALLO PRO FILIO ET NURU ARNALDI DE FALGARIO.

Alfonsus, *etc*. Mandamus vobis quatinus Arnaldum de Falgario, militem, compellatis ut provideat Thome, filio suo, et Esclarmonde, nurui sue, in victualibus pro modo facultatum dicti Arnaldi et secundum condicionem nobilitatis Thome et Esclarmonde predictorum. Datum apud Longumpontem, die lune post nativitatem beati Johannis Baptiste, anno, etc.

## 819

25 jun. 1268. — SENESCALLO THOLOSANO PRO ALIBERTO DE DIAPENTALA.

Alfonsus, *etc*. Ex parte Aliberti de Dyopentala nobis extitit intimatum quod cum ipse esset in possessione vel quasi cujusdam nemoris quod vocatur Ramerium de Dyopentala [1], dilectus et fidelis clericus noster, magister Odo de Montoneria, sine cause cognicione ipsum indebite fecit spoliari [2]. Unde vobis mandamus quatinus eundem Alibertum in eandem possessionem, in qua erat tempore spoliacionis [3] predicte per dictum magistrum facte seu fieri jusse, inmittatis, salvo tamen jure nostro et alieno quantum ad proprietatem, et recepta prius ydonea caucione de solvendo emendam, si ibidem sederit super saisina cassata, ut dicitur, per eundem. Datum ut precedens.

[1] Dieupantale, Tarn-et-Garonne, cant. Grisolles. Le bois du Ramier était déjà défriché au xviii<sup>e</sup> siècle.

[2] Première leçon : *spoliavit*.

[3] Le manuscrit porte, par erreur, *solucionis*.

## 820

(Fol. 132.) 25 jun. 1268. — SENESCALLO PRO GUILLELMO ATHONIS.

Alfonsus, *etc.* Ex parte Guillelmi Athonis de Gailhaco nobis est et alias extitit intimatum quod ipse bone memorie Raimundo, quondam comiti Tholose, predecessori nostro, viginti quinque milia solidorum margoliensium [1], jam diu est, mutuavit, qui quidem R. comes predictus balliviam de Vauro [2] et de Podiolaurentii [3] tenendam et explectandam eidem Guillelmo tradidit, quousque de predictis viginti quinque milibus solidorum eidem ad plenum fuisset satisfactum, prout in litteris ejusdem comitis, quas habet idem G., plenius continetur. Quam vero bajuliam idem G. per duos annos tantummodo se asserit tenuisse, nec eidem, ut asserit, de dicta peccunie quantitate ad plenum est satisfactum. Unde vobis, prout alias mandasse meminimus, mandamus et precipimus quatinus, vocato vobiscum dilecto et fideli clerico nostro Egidio Camelini, addiscatis et etiam inquiratis diligenter per quantum temporis dictam balliviam de Vauro et de Podiolaurencii tenuerit cum pertinenciis eorumdem, et quantum valuerit seu valere potuerit per illud temporis spatium quo tenuit balliviam supradictam, et cum quo computaverit de proventibus, redditibus et receptis ballivie supradicte, et facta inquisicione hujusmodi, de residuo predicti debiti, si quid fuerit, requiratis dilectum et fidelem nostrum Sycardum Alemanni, militem, cum magna instancia, ut eidem Guillelmo satisfaciat de residuo supradicto, cum ad hoc ex convencione et confessione subsecuta teneri dicatur, ipsum ad hoc faciendum, si neccesse fuerit, efficaciter compellatis, justicia mediante, taliter super hiis vos habentes, quod dictum Guillelmum ad nos non oporteat ulterius laborare. Datum apud Longumpontem, die lune post festum nativitatis beati Johannis Baptiste, anno ut supra.

Édité dans *Hist. de Languedoc* (nouv. édit.), VIII, cc. 1641-1642.

[1] Monnaie de Melgueil ou Mauguio; la forme ordinaire est *Melgoriensium*. — [2] Lavaur, Tarn. — [3] Puylaurens, Tarn.

## 821

26 juu. 1268. — MAGISTRO PETRO DE RIPPA ET ARNALDO [DE] FALGARIO
PRO PETRO DE GONESSIA.

Alfonsus, *etc.*, magistro Petro de Altarippa et Arnaldo de Falgario, juniori, vices gerentibus venerabilis patris... episcopi Tholose, salutem et dilectionem. Decet quemque honorem quem gerit moribus exprimere. Sane, sicut dudum ad nostram pervenit notitiam, memoratus episcopus, intuitu pietatis et contemplacione nostri, dilecto et fideli clerico nostro Petro de Gonnessia dedit et concessit quindecim libras turonensium annue pensionis, super quibus de tribus terminis jam elapsis sibi non extitit in aliquo satisfactum. Quocirca attente vos requirimus et rogamus quatinus tam de dicta pecunia preteritis terminis non soluta, quam imposterum exsolvenda dicto clerico nostro taliter satisfieri faciatis, quod graciam in hac parte sibi factam, immo nobis in persona ipsius, sentiat[1] fructuosam. Satis enim nosse potestis honori prefati episcopi congruere ut quod promisit liberaliter exolvatur, tantum super premissis facientes quod vobis debeamus propter hoc merito scire grates. Datum apud Longumpontem, die martis post nativitatem beati Johannis Baptiste, anno LX octavo.

## 822

[26 juu. 1268.] — SENESCALLO THOLOSE ET ALBIENSIS PRO CONSULIBUS
COMMUNITATIS VERDUNI [SUPER PERCEPTIONE FOCAGII].

Alfonsus, *etc.* Ex parte consulum et communitatis Verduni[2] nobis exstitit conquerendo monstratum quod collectores focagii, in partibus Tholosanis nobis debiti vel promissi, homines de barreriis[3] Verduni, videlicet de Cauiac[4], Sevemeriis[5] et de Lequefais[6], compellunt ad

---

[1] Le manuscrit porte *sautiat*.
[2] Verdun, Tarn-et-Garonne.
[3] Ce nom désigne ici la banlieue de Verdun, les faubourgs peut-être fortifiés.
[4] Notre-Dame-du-Caujac, paroisse de Savenès (Invent. des Archives de Verdun, GG, 54).
[5] Savenès, comm. Verdun.
[6] Non retrouvé sur la carte.

solvendum per se focagium, cum computati et enumerati fuerint cum ipsis hominibus de Verduno in composicione habita inter dictos collectores ex una parte et ipsos homines ex altera. Unde vobis mandamus quatinus, inspecta diligenter compositione predicta, si ipsos homines in composicione eadem, inter dictos collectores focagii memorati ex una parte et ipsos homines Verduni ex altera facta, enumeratos fuisse inveneritis, ipsos homines barreriarum predictarum ad solvendum dictum focagium non compellatis nec compelli a dictis collectoribus indebite permittatis. Si vero dicti homines dictarum barreriarum in dicta composicione enumerati non fuerint, homines predictos ad solvendum dictum focagium, prout justum fuerit, compellatis et compelli faciatis. Datum apud Longumpontem, die martis[1] post [nativitatem beati Johannis Baptiste], anno LX° octavo.

Édité dans *Hist. de Languedoc* (nouv. édit.), VIII, c. 1626.

## 823

26 jun. 1268. — JACOBO DE BOSCO PRO BERNARDO VIGERII.

Alfonsus, *etc.*, dilecto clerico suo Jacobo de Bosco, salutem. Mandamus vobis quatinus Bernardum Vigerii super hiis que proponenda duxerit coram vobis contra quascunque personas de jurisdicione nostra existentes, diligenter audiatis, et vocatis partibus et qui fuerint evocandi, de personis et rebus ad nostram jurisdicionem spectantibus exibeatis eisdem celeris justicie complementum. Datum ut supra, anno LX° octavo.

## 824

26 jun. 1268. — PRO ARNALDO OLRICI.

Alfonsus, *etc.* Ex parte Arnaldi Olrici, de Vauro, nobis insinuatum extitit conquerendo quod Rocherius, quondam bajulus de Vauro, tempore bone memorie comitis Raimundi, predecessoris nostri, masso

[1] Les mots *die martis* ont été barrés dans le manuscrit; nous les maintenons et nous complétons la date de jour.

de Prisnac⁽¹⁾, de quo erat in possessione vel quasi, ipsum indebite spoliavit nomine comitis Raimundi supradicti, cujusmodi massum tenet Vitalis de Prisnac nomine nostro, sicut dicit; — item quod cum Raimundus, comes predictus, patri ejusdem Guillelmi, heredibus et successoribus suis dedisset vigeriam de Vauro in perpetuo possidendam, gentes ejusdem comitis Raimundi ipsum de dicta vigeria, nomine dicti comitis, indebite spoliarunt in ipsius prejudicium et gravamen. Unde vobis mandamus quatinus, de consilio dilectorum et fidelium nostro- Poncii Astoaudi et magistri Odonis et aliorum bonorum, faciatis eisrum dem (*sic*) quod de jure fuerit faciendum, jure nostro et alieno in omnibus observato. Datum apud Longumpontem, die martis post nativitatem beati Johannis Baptiste, anno Domini M° CC° LX° octavo. — Mandamus itaque vobis quod, sicut idem Arnaldus petit a nobis jus sibi fieri, jus nostrum ab eodem cum instancia repetatis, de jure nostro quod erga eundem habere dicimur diligencius inquirentes et illud prout de jure poteritis in omnibus observantes. Datum ut supra.

## 825

[Jun.] 1268. — [SENESCALLO THOLOSE PRO PETRO RUCHON, A GENTIBUS VICARII DE MONTEALBANO SPOLIATO.]

Alfonsus, *etc*. Ex parte Petri Ruchon et ejus patris nobis est intimatum quod Raymundus Vigerii, Guillelmus Briquesc, Bartholomeus, serviens vigerii de Montealbano, una cum quibusdam aliis suis complicibus et fautoribus cambanam ⁽²⁾ ipsorum furtim surripuerunt, et circiter undecim vacas in eadem cambana existentes secum furtim adduxerunt, ac alias quamplurimas injurias et dampna eisdem intulerunt, in ipsorum Petri et ejus patris prejudicium et gravamen. Unde vobis

---

⁽¹⁾ Non retrouvé sur la carte. Tranier (*Dictionnaire du Tarn*) indique Preignan, comm. Marzens, cant. Lavaur. La position convient, mais le nom est différent.

⁽²⁾ Cette forme n'a pas été relevée par Ducange, qui cite *capana*, *cabannaria*, avec le sens de ferme, de remise à bestiaux, quelque chose comme la *bovaria* que les comtes de Toulouse possédaient près de cette ville.

mandamus quatinus predictis Petro et ejus patri de dictis malefactoribus faciatis super premissis quod fuerit faciendum, vel eidem predicta reddi et restitui faciatis, inquisita super hiis plenius veritate, secundum quod de jure fuerit faciendum. Datum apud Longumpontem [1], anno LX° octavo.

### 826

26 jun. 1268. — SENESCALLO THOLOSE PRO BERTRANDO DE ROCHAVILLA, MILITE.

**Alfonsus**, *etc*. Ex parte Guillelmi de Villella, militis, intelleximus quod Raimundus de Lagrolet, pater dicti Guillelmi, titulo pignoris obligavit domino Bertrando de Rocavilla, militi, quandam condaminam pro quadam peccunie quantitate, et quia de fructibus dicte condamine perceptis in sortem jamdiu est satisfactum, et dicta condamina pro facto heretice pravitatis ad nos venit, ut dicitur, in incursum, vobis mandamus quatinus, vocato Jacobo de Bosco, clerico nostro, pro jure nostro servando, de consilio fratrum inquisitorum heretice pravitatis, domini Poncii Astoaudi, militis, et magistri Odonis de Montoneria et aliorum proborum, eidem Guillelmo faciatis super predictis quod de jure fuerit faciendum. Datum apud Longumpontem, die martis post nativitatem beati Johannis Baptiste, anno Domini M° CC° LX° octavo.

### 827

28 jun. 1268. — SENESCALLO THOLOSANO PRO PISCATORIBUS THOLOSE.

**Alfonsus,** *etc*. Ex parte piscatorum urbis et suburbii Tholose intelleximus quod Raimundus, bone memorie condam comes Tholose, predecessor noster, dedit eis libertatem seu immunitatem piscandi per totum flumen Garone in dyocesi Tholosana, abbas vero Grandissilve [2] impedit quominus possint uti libertate vel immunitate predictis, sicut dicunt. Unde vobis mandamus quatinus dictum abbatem ex parte nostra requiratis seu requiri faciatis, ne ipsos in suis libertatibus im-

---

[1] L'indication du jour manque. — [2] Grandselve, abbaye cistercienne, au diocèse de Toulouse, Tarn-et-Garonne, comm. Bouillac.

pediat minus juste, eisdem piscatoribus de rebus et personis ad nostram jurisdicionem spectantibus facientes bonum jus et maturum. Datum Parisius, die jovis in vigilia apostolorum Petri et Pauli, anno ut supra.

Édité dans *Hist. de Languedoc* (nouv. édit.), VIII, c. 1616.

## 828

(Fol. 133.) 28 jun. 1268. — PONCIO ASTOAUDI, MILITI, ET MAGISTRO ODONI DE MONTONERIA PRO GUILLELMO AGACE.

Alfonsus, *etc.*, dilectis et fidelibus suis Poncio Astoaudi, militi, et magistro Odoni de Montoneria, salutem et dilectionem. Ex parte Guillelmi Agace, militis, nobis extitit intimatum quod, cum ipse advoet a nobis duas bastidas, videlicet de Sancto Ursicio[1] et Sancti Juliani[2], et de hoc solvat nobis albergam, et sit ratione predictarum bastidarum in nostra fidelitate et homagio, dicit etiam quod Gaufridus de Canaberiis, miles, defunctus, quondam senescallus noster Tholose[3], de mandato nostro super feodo dictarum bastidarum fecit inquestam, per quam invenit dictas bastidas de nostro fore feodo. Postmodum vero Guillelmus de Monteclaro, miles, super feodo dictarum bastidarum, tacita veritate, in prejudicium ipsius Guillelmi Agace a nobis quandam litteram vobis directam impetravit, ut super predictis inquireretis diligencius veritatem. Quare petebat a nobis ut super predictis per viam ordinariam procederetur, cum ipse non consenciat nec se subiciat in inquestam et sit paratus cuilibet conquerenti in nostra curia super predictis stare juri. Unde vobis mandamus quatinus inquiratis primo diligencius veritatem, utrum dicta inquisicio per dictum senescallum facta fuerit altera parte vocata et rationabiliter[4], et si ita factum fuisse

---

[1] Saint-Urcisse, Tarn, cant. Salvagnac. Sur cette bastide qui date de 1256, voir Rossignol, *Monographies communales du Tarn*, IV, p. 28 et suiv.

[2] Saint-Julien-le-Vieux (Cassini, au N.-E. de Saint-Urcisse). Cette bastide est mentionnée en 1294 sous le nom de Saint-Julien de Bon-Albert (Rossignol, IV, p. 29, note).

[3] Geoffroi de Chennevières, sénéchal de Toulouse de 1256 à 1262.

[4] Ici les mots suivants raturés : *de consensu parcium judicata*.

inveneritis, prima inquisicio [1] observetur, nec ad aliam procedatis inquestam, alioquin ad inquestam complendam, prout alias vobis mandatum a nobis extitit, procedatis, salvo jure quolibet alieno. Datum Parisius, die jovis in vigilia beatorum apostolorum Petri et Pauli, anno Domini M° CC° LX° octavo.

### 829

6 jul. 1268. — SENESCALLO THOLOSE ET ALBIENSIS PRO POPULARIBUS DE VERDUNO [SUPER COLLECTA FIENDA PER SOLIDUM ET LIBRAM].

Alfonsus, *etc.* Ex parte popularium ville de Verduno nobis exstitit supplicatum ut in dicta villa quocienscumque talliam vel colletam fieri contigerit, ipsam per solidum et libram fieri faceremus, nonnullis de majoribus dicte ville se opponentibus quod ipsa tallia minime fieret per solidum et per libram. Visis autem et diligenter inspectis per consiliarios nostros rationibus tam popularium quam majorum de dicta villa predictorum super hiis, videtur eis quod per solidum et libram debeat fieri colleta seu questa, quandocumque fieri contigerit in villa supradicta. Quare vobis mandamus quatinus, quandocumque in ipsa villa talliam seu colletam fieri contigerit, per solidum et libram fieri faciatis. Datum anno Domini millesimo ducentesimo LX° octavo, die veneris post festum beati Martini estivalis.

Édité dans *Hist. de Languedoc* (nouv. édit.), VIII, cc. 1626-1627.

### 830

6 jul. 1268. — SICARDO ALEMANNI, MILITI, PRO COMMUNITATE HOMINUM VILLE THOLOSE [CONTRA SICARDUM DE MONTEALTO].

Alfonsus, *etc.*, dilecto et fideli suo Sicardo Alamanni, militi, salutem et dilectionem. Ex parte communitatis hominum ville Tholose nobis extitit conquerendo monstratum quod Siccardus de Montealto, miles, novum instituit pedagium seu novam exaccionem in flumine Aregie,

[1] Première leçon : *ordinacio*.

apud Altamrippam, ubi est vel esse consuevit, ut asserunt, communis transitus navium, necnon fecit ibidem novam portam[1] fieri, per quam impeditur navium transitus, ut dicitur, in nostri dicteque communitatis prejudicium et jacturam. Quare vobis mandamus quatinus, vocato dicto Sicardo milite et aliis qui fuerint evocandi, ipsos diligenter audiatis, et auditis racionibus parcium, eisdem exhibeatis celeris justicie complementum. Datum die veneris in octabis apostolorum Petri et Pauli, anno Domini millesimo ducentesimo LX$^{mo}$ octavo.

Édité dans *Hist. de Languedoc* (nouv. édit.), VIII, c. 1616.

## 831

6 jul. 1268. — SENESCALLO THOLOSE ET ALBIENSIS PRO JORDANO DE SAYSSACO, MILITE.

Alfonsus, *etc.* Ex parte Jordani de Sayssaco, militis, nobis exstitit requisitum ut sibi medietatem castri de Podio Laurencii[2], quam ad manum nostram tenemus, in qua se asserit jus habere, necnon quandam pecunie quantitatem, in qua sibi tenemur, ut asserit, racione cujusdam vicarie, redderemus. Unde vobis mandamus quatinus, vocatis fidelibus clericis nostris Egidio Camelini et Jacobo de Bosco, vel altero eorundem seu alio legitimo deffensore pro jure nostro in hac parte deffendendo, eidem Jordano, auditis suis racionibus et nostris deffensionibus, per viam ordinariam exhibeatis eidem mature justicie complementum, dantes bonum consilium predictis deffensoribus nostris ad jus nostrum deffendendum in hac parte. Preterea ex parte ipsius nobis datum est intelligi quod aliqui milites de honore dicti castri Podii Laurencii se tenere advoant, qui debent advoare, ut asserit, a nobis et eciam ab eodem. Unde vobis mandamus quatinus ipsum super hoc diligenter audiatis, et vocatis qui fuerint evocandi, exhibeatis eidem super hoc bonum jus et maturum de rebus et personis de quibus jurisdicio ad nos spectat. Datum die veneris post festum beati Martini estivalis, anno Domini millesimo ducentesimo sexagesimo octavo.

[1] Sans doute un barrage, avec porte au milieu pour le passage des bateaux. — [2] Puylaurens, Tarn.

832

6 jul. 1268. — SENESCALLO PRO ELEMOSINIS THOLOSE.

Alfonsus, *etc.* Mandamus vocis quatinus fratribus Minoribus Tholose solvatis de denariis nostris pro elemosina xx libras tholosanorum; item eisdem pro fabrica ecclesie sue x libras tholosanorum; fratribus Predicatoribus ibidem xx libras thol.; item eisdem pro fabrica ecclesie sue x libras; fratribus Saccorum Tholose lx solidos thol.; item eisdem pro fabrica ecclesie sue x libras; fratribus Trinitatis Tholose lx solidos; fratribus de Capistris[1] Tholose c solidos thol.; item eisdem pro fabrica ecclesie sue x libras; sororibus Minoribus c solidos; fratribus Sancti Augustini Tholose lx solidos; domui Dei Tholose c solidos thol.; leprosarie Tholose lx solidos; leprosarie Castrisarraceni[2] xl solidos thol.; domui Dei ibidem lx solidos thol.; leprosarie de Verduno[3] xl solidos thol.; domui Dei ibidem lx solidos thol.; leprosarie de Vaurro[4] xl solidos; domui Dei ibidem lx solidos thol.; leprosarie de Lauraco[5] xx solidos thol.; domui Dei ibidem xx solidos thol.; leprosarie Fanijovis[6] lx solidos; domui Dei ibidem xx solidos thol.; leprosarie Castrinovi de Arrio[7] xx solidos thol.; domui Dei ibidem xxx solidos thol.; leprosarie de Avignonneto[8] xx solidos thol.; domui Dei ibidem xx solidos thol.; leprosarie de Calvomonte[9] xx solidos; domui Dei ibidem xx solidos; leprosarie de Portello[10] xx solidos; leprosarie de Sancto Felicio[11] xx solidos thol.; domui Dei ibidem xx solidos thol.; leprosarie de Buseto[12] xx solidos thol.; domui Dei ibidem xxx solidos; leprosarie de Vadegia[13] xx solidos; domui Dei ibidem xx solidos thol.; mo-

---

[1] J'ignore absolument de quel couvent il peut être question ici, et à quel ordre pouvaient appartenir ces religieux.

[2] Castelsarrasin, Tarn-et-Garonne.

[3] Verdun, *ibid.*

[4] Lavaur, Tarn.

[5] Laurac, Aude, cant. Fanjeaux.

[6] Fanjeaux, Aude.

[7] Castelnaudary, *ibid.*

[8] Avignonet, Haute-Garonne, cant. Villefranche.

[9] Calmont, Haute-Garonne, cant. Nailloux.

[10] Portet, cant. Toulouse.

[11] Saint-Félix, Haute-Garonne, cant. Revel.

[12] Buzet, cant. Montastruc.

[13] Baziège, cant. Montgiscard.

nialibus de Oratione Dei [1] xxx solidos; monialibus de Baignoliis in Lauraguesio [2] x solidos thol.; monialibus de Espinacia [3] xx solidos; leprosarie Sancti Martini in Lauraguesio [4] xx solidos thol.; domui Dei ibidem xx solidos thol.; leprosarie de Cepeto [5] xx solidos; leprosarie de Poillaco [6] xx solidos; leprosarie Boniloci [7] xx solidos; leprosarie Ruppis Cesarie [8] xx solidos; leprosarie Podii Laurentii [9] xxx solidos; domui Dei ibidem xxx solidos thol.; leprosarie de Castaneto [10] xx solidos; domui Dei ibidem xx solidos; sororibus de Pruilhano [11] x libras thol.; fratribus ordinis Beate Marie, matris Christi, Tholose c solidos thol.; leprosarie Villemuri [12] xx solidos; domui Dei ibidem xxx solidos thol.; leprosarie de Blaignaco [13] xx solidos thol.; leprosarie de Bonaco [14] xx solidos thol.; leprosarie de Sancta Gavella [15] xx solidos thol.; leprosarie et hospitali de Monte Astruco [16] xx solidos thol.; leprosarie de Rivis in Wasconia [17] xx solidos thol.; leprosarie de Monte Esquivo [18] xx solidos thol.; leprosarie de Fossoreto [19] xx solidos thol.; leprosarie de Carbona [20] xx solidos thol.; leprosarie de Sancta Fide [21] xx solidos thol.; leprosarie de Sancto Sulpicio [22] xx solidos tholosanorum.

In Albigensi, fratribus Minoribus de Albia c solidos turonensium; leprosarie de Gaillaco [23] lx solidos tur.; domui Dei de Gallaco c solidos tur.; leprosarie de Cordua [24] lx solidos tur.; domui Dei de Cordua

[1] L'Oraison-Dieu, abbaye cistercienne, dioc. de Toulouse.

[2] Banières, Tarn, cant. Lavaur, sur la limite du département de la Haute-Garonne.

[3] Lespinasse, Haute-Garonne, cant. Fronton.

[4] Saint-Martin-la-Lande, Aude, cant. Castelnaudary.

[5] Cepet, Haute-Garonne, cant. Fronton.

[6] Probabl. Bouillac, Tarn-et-Garonne, cant. Verdun.

[7] Bouloc, Haute-Garonne, cant. Fronton.

[8] Roquesserrière, cant. Montastruc.

[9] Puylaurens, Tarn.

[10] Castanet, Haute-Garonne.

[11] Prouille, Aude, comm. Fanjeaux; monastère de femmes, ordre de Saint-Dominique.

[12] Villemur, Haute-Garonne.

[13] Blagnac, Haute-Garonne, cant. Toulouse.

[14] Bonnac, Aude, comm. Mayreville.

[15] Cintegabelle, Haute-Garonne.

[16] Montastruc, ibid.

[17] Rieux, ibid.

[18] Montesquieu-Volvestre, ibid.

[19] Le Fousseret, ibid.

[20] Carbonne, ibid.

[21] Sainte-Foy, ibid., cant. Saint-Lys.

[22] La Pointe-Saint-Sulpice, Tarn.

[23] Gaillac, ibid.

[24] Cordes, ibid.

c solidos tur.; predicatoribus de Castris c solidos; leprosarie de Rabasteinx[1] LX solidos tur.; domui Dei de Rabastenx c solidos; leprosarie de Insu[l]a[2] XL solidos tur.; leprosarie de Causaco[3] XX solidos tur.; leprosarie de Castronovo[4] XX solidos tur.; leprosarie de Podio Celsi[5] XX solidos tur.; leprosarie de Penna[6] XX solidos; monialibus de Gallaco[7] LX solidos turonensium.

Universas autem et singulas elemosinas singulis locis, prout superius sunt distincte, solvatis taliter quod inde possitis ad instantes compotos, videlicet circa quartam diem post instantem quindenam Omnium sanctorum, de eisdem computare per vos vel per clericum vestrum, cum ad nos venerit circa dictam diem pro vestris compotis faciendis, ita quod constet de solucione earundem per litteras testimoniales quibus fides debeat adhiberi, vel alias legitime, sicut decet. Datum die veneris post festum apostolorum Petri et Pauli, anno Domini M° CC° LX° octavo.

833

(Fol. 134.) 11 jul. 1268. — SYCARDO ALEMANNI PRO COMMUNITATE HOMINUM THOLOSE.

Alfonsus, *etc.*, dilecto et fideli suo Sicardo Alamanni, militi, salutem et dilectionem sinceram. Peticiones dilectorum et fidelium nostrorum procuratorum communitatis Tholose recepimus, plures et diversos articulos, quos sub contrasigillo nostro clausos vobis mittimus, continentes, et licet quidam ex eis articulis videantur equitatem et justiciam continere, quia tamen tangere possunt alias personas que non erant presentes, [de]terminacionem dictorum articulorum ad presens duximus differendam. Propter quod determinacionem dictorum articulorum

---

[1] Rabastens, Tarn.

[2] Lisle, *ibid.*

[3] Cahuzac-sur-Vère, Tarn, cant. Castelnau-de-Montmiral.

[4] Castelnau-de-Montmiral, Tarn.

[5] Puycelcy, Tarn, cant. Castelnau-de-Montmiral.

[6] Penne, Tarn, cant. Vaour.

[7] Religieuses bénédictines de Notre-Dame de Longueville, près Gaillac (Tarn); monastère fondé au XII° siècle (Rossignol, *Monographies communales*, II, p. 313).

vobis committimus, mandantes quatinus apud Tholosam personaliter accedentes, illos qui se opponere voluerint audiatis et rationes eorum in scriptis redigi faciatis, et tam rationes illorum quam alios articulos, quibus nullus se opponet, nobis ad proximum parlamentum instantis quindene Omnium sanctorum transmitere procuretis, ut super predictis articulis disponamus prout videbitur faciendum. Datum die mercurii post festum beati Martini estivalis, anno Domini millesimo ducentesimo LX$^{mo}$ octavo.

Édité dans *Hist. de Languedoc* (nouv. édit.), VIII, cc. 1650-1651.

## 834

11 jul. 1268. — SENESCALLO THOLOSE ET ALBIENSIS PRO CONSULIBUS ET COMMUNITATE VILLE DE AURELIACO (*sic*).

Alfonsus, *etc*. Mandamus vobis quatinus Petrum Fabbri et Petrum de Pleuis, procuratores consulum[1] et communitatis ville de Auriaco[2], super hiis que coram vobis proponenda duxerint contra Petrum Ruterii, Remondum de Trentoul et Guillelmum Petri de Plumai, habitatores ville predicte, qui gracie nobis facte per homines dicte ville una cum aliis contribuere, prout asserunt, contradicunt, diligenter audiatis, et vocatis qui fuerint evocandi, de hiis que ad nostram jurisdicionem pertinent faciatis eisdem bonum jus et maturum. Datum apud Rampillionem, die mercurii post festum beati Martini estivalis, anno Domini millesimo ducentesimo sexagesimo octavo.

## 835

13 jul. 1268. — SENESCALLO THOLOSE ET ALBIENSIS PRO ARNALDO OLRICI.

Alfonsus, *etc*. Mandamus vobis quatinus Arnaudum Olrici, de Vauro, super banno quod posuistis in terris incultis dicti Arnaudi, ut dicit, diligenter audiatis, et vocatis qui fuerint evocandi auditisque

---

[1] Le manuscrit porte par erreur *consilium*. — [2] Auriac, Haute-Garonne, cant. Caraman.

racionibus eorundem, faciatis eidem bonum jus et maturum de personis et de rebus de quibus jurisdicio ad nos spectat, jure nostro servato illeso et alieno. Datum die veneris post translationem sancti Benedicti, anno Domini M° CC° LX° VIII°. — Et quid super hiis feceritis, nobis ad parlamentum Omnium sanctorum significare curetis.

## 836

15 jul. 1268. — SENESCALLO THOLOSE ET ALBIENSIS PRO EPISCOPO CONVENNARUM.

Alfonsus, *etc.* Mandamus vobis quatinus districte inhibeatis nobilibus, vassellis et aliis subditis nostris, in vestra senescalcia existentibus, ne terram vel feoda venerabilis patris... episcopi Convennarum intrent pro maleficiis perpetrandis. Si vero aliqui de jurisdicione nostra existentes, quorum jurisdicio ad nos spectet, dampna in rebus ecclesie sue intulerunt, dicta dampna emandari eidem episcopo faciatis celeriter, justicia mediante, malefactores, prout justum fuerit, puniendo. Datum die dominica ante festum beate Marie Magdalene, anno Domini M° CC° LX° octavo.

Similis littera missa fuit bajulo Wasconie pro eodem episcopo Convennarum.

## 837

15 jul. 1268. — SENESCALLO THOLOSE PRO EPISCOPO CONVENNARUM.

Alfonsus, *etc.* Venerabilis pater dominus episcopus Convennarum, volens pareariam nostram habere in quadam villa, ad ipsum pertinente in temporalibus et spiritualibus, ut asserit, valente tringinta libras turonensium annuatim in redditibus, prout dicit, medietatem dicte ville in temporalibus sub certis condicionibus nobis offert. Quare vobis[1] mandamus quatinus diligenter inquiratis quid commodi vel incommodi racione dicti pariagii obvenire nobis posset, et an illud nobis recipere expediret. De statu vero dicte ville et an[2] res sit liti-

---

[1] Le manuscrit porte *vos*. — [2] Ici le manuscrit ajoute, à tort, *si*.

giosa addiscatis diligenter veritatem, et quid super predictis invencritis ad quindenam instantis parlamenti Omnium sanctorum nobis in scriptis remittatis. Datum die dominica post translacionem beati Benedicti, anno Domini M° cc° lx° octavo.

## 838

16 jul. 1268. — SENESCALLO THOLOSE ET ALBIENSIS PRO SYCARDO DE PODIO LAURENCII, DOMICELLO.

Alfonsus, *etc.* Cum ex parte Sycardi de Podio Laurencii, domicelli, nobis extiterit intimatum quod homines, qui sunt extra castrum de Podio Laurencii, de novo fecerunt et construxerunt furnos in prejudicium nostrum et ipsius Sycardi gravamen, vobis mandamus quatinus super hoc diligenter addiscatis veritatem, et veritate comperta, jus nostrum et ipsius Sycardi servetis illesum. Datum die lune ante festum beate Marie Magdalene, anno Domini M° cc° lx° viii°.

## 839

16 jul. 1268. — SENESCALLO THOLOSE ET ALBIENSIS PRO COMMUNITATE HOMINUM THOLOSE.

Alfonsus, *etc.* Mandamus vobis quatinus articulos dudum determinatos, qui tangunt cives et civitatem Tholose, prout per litteras nostras patentes vel alias legitime vobis constiterit de eisdem, faciatis modo debito observari, nisi aliud rationabile pretendatur, quominus iidem articuli sint in toto vel in parte a dictis civibus observandi. Datum die lune ante festum beate Marie Magdalene, anno lx° octavo.

Similis littera missa fuit pro eisdem vicario Tholosano.

Édité dans *Hist. de Languedoc* (nouv. édit.), VIII, c. 1651.

## 840

[ARTICULI PRO CIVIBUS THOLOSE.]

Hii sunt articuli missi ex parte domini comitis Syccardo Alemanni, militi, pro communitate hominum de Tholosa, interclusi sub contrasigillo dicti domini comitis :

1. Primo petunt quod quandocumque aliqua summa pecunie extrahetur a civitate Tholosa, pretextu alicujus servicii, ab hominibus civitatis et suburbii exigatur per solidum et libram, secundum eorum facultates.

2. Item quod consules, qui pro tempore fuerint in Tholosa, in fine consulatus sui teneantur reddere compotum consulibus qui fuerint successores de receptis et expensis, vocatis quatuor probis hominibus de qualibet partita ad compotum audiendum, et quod hoc jurent in creacione sui consulatus.

3. Item quod consules, quando mutabuntur, quod illi mutentur similiter qui erunt communis pecunie collectores, et quod illi successoribus eorum collectoribus de receptis et expensis compotum similiter reddere teneantur.

4. Item supplicant quod cum in Tholosa consuetudines sint incerte et se adinveniuntur et fruguntur alique minus bone, quod per aliquem vel aliquos bonos viros, justos et Deum timentes, compilarentur omnes in uno registro seu libro, ideo ut sciretur in quibus et que habent consuetudines Tholose observari.

5. Item quod notarii Tholose notent in suis prothocollis in presencia parcium instrumenta, ne, quod frequenter contingit, cum partes recesserint, forte per ignoranciam aut instanciam alicujus plus discreti, scribant plus in eorum instrumentis quam actum fuerit inter partes.

6. Item quod armature et omnia alia que de communibus abstractionibus et de communibus redditibus supersunt ad expendendum et imposterum supererunt, communitati reddantur.

7. Item quod ad formam debitam redigantur pedagia de novo imposita et inventa in terra domini comitis et baronum suorum ville Tholose.

8. Item quod debita illius, cujus bona fuerint confiscata, usque ad ipsorum bonorum valenciam, si oportuerit, per illum seu per illos qui ipsa bona percipiant persolvantur.

9. Item quod sine omnibus expensis restituantur pignora indebite pignoratis.

10. Item quod [1] bona assignata mulieribus a maritis suis pro suis dotibus, si pro mariti debitis fuerint pignorata, sine omnibus expensis restituentur eisdem mulieribus.

11. Item quod si ad denunciacionem vel instanciam alicujus aliquis injuste captus fuerit et detentus, ille captus in exitu non teneatur expensas factas capcione persolvere nec aliquid illius capcionis, sed id totum teneatur persolvere ille ad cujus instanciam vel denunciacionem captus erit.

12. Item quod in partibus Tholosanis constitueretur aliqua bona persona, que audiret et fine debito terminaret omnes causas appellationum interpositarum ad dominum comitem, quia pretextu dictarum appellationum jura domini comitis et litigancium retardantur [2].

13. Item, domine, cum cives Tholose et tota universitas ejusdem super prestacione et exaccione decimarum et primiciarum a clericis multipliciter agraventur, licet vos pluries scripsistis domino episcopo Tholosano, supplicant quod vos, domine, in eo vestrum salubre consilium apponatis, saltim quod ipsi cives et universitas quoad decimas et primicias in eo statu, in quo erant tempore pacis Parisiensis [3], remaneant pacifice et quiete.

14. Item supplicant supplicando procuratores communitatis popularium Tholose, quod cum ipsa communitas et singuli de ipsa communitate nomine ejusdem habuerint et quasi possederint usum et jus utendi, fruendi pascua et in pascuis circa Tholosam infra decas et in nemoribus circunvicinis pascendo animalia sine talia et fruendo, scindendo, recipiendo ligna neccessaria usui dicte ville, persolvendo forestagium consuetum, modo de novo domini terrarum et nemorum illorum deffendunt et inhibent in (sic) dictis usibus non utentur homines Tholose, et pignorant et compellunt eos ad hoc, taliter quod exinde mors aliquando secuta est. Unde petunt et supplicant predicta, sicut condecet, emendari.

---

[1] Ici le mot *si* dans le manuscrit; nous le supprimons comme inutile. — [2] Cet article a été publié par Boutaric, p. 380, note. — [3] Traité de 1229.

15. Item supplicant quod, cum vicarius Tholose ad instanciam et sugestionem quorundam civium fecerit quod stalla de novo construantur et edificentur in quadam carreria civitatis ejusdem, vel eciam alibi pro libito civium predictorum, quod quidem posset esse in posterum in magnum gravamen et prejudicium communitatis ejusdem, maxime cum illi, ad quorum instanciam factum est, inter se constituerint quod nullus scindat carnes in predictis stallis, nisi sit de genere eorundem acsi ex successione deb[er]entur eisdem, predicto vicario, ut nobis videtur, irracionabiliter prebente consensum contra justiciam, cum hoc sit jura aliorum, ipsis irrequisitis, transferre in alium et sine cause cognicione, quod non debet esse, sicut jura clamant, faciatis illa in statum pristinum revocari.

Édité dans *Hist. de Languedoc* (nouv. édit.), VIII, cc. 1651-1653.

## 841

(Fol. 135.) 16 jul. 1268. — PRO HOMINIBUS DE BAURÈ SUPER MERCATO.

Alfonsus, *etc.*, senescallo, *etc.* Cum sicut intelligi nobis datur, homines nostri de Baurè[1] suplicant et requirunt mercatum concedi sibi, in eadem villa diebus jovis qualibet ebdomada in posterum exercendum, necnon nundinas ibidem quolibet anno per triduum continuum duraturas, vobis mandamus quatinus diligenter addiscatis quid commodi ex concessione mercati et nundinarum pariter nobis valeat provenire, et si cum utilitate nostra et sine alterius injuria predicta concedi valeant, de consilio Jacobi de Bosco et Egidii Camelini, clericorum nostrorum, quos ad hoc specialiter advocetis, mercatum predictum et nundinas tempore quo noveritis opportunas annuatim excercendas dictis hominibus concedatis, salvo in omnibus jure nostro et quolibet alieno. Datum die lune ante festum beate Marie Magdalene, anno Domini M° CC° LX° octavo.

[1] Vauré, Haute-Garonne, comm. Revel.

## 842

18 jul. 1268. — LITTERA PATENS MISSA ABBATI MOISSIACENSI, PONCIO ASTOAUDI, MILITI, SICARDO ALEMANNI ET MAGISTRO ODONI, [SUPER CONSUETUDINIBUS HOMINIBUS COMITIS CONCEDENDIS].

Alfonsus, *etc.*, dilectis et fidelibus suis viro religioso abbati Moyssiaci[1], Sicardo Alemanni, militi, senescallo Tholose et Albiensis, Poncio Astoaudi, militi, et magistro Odoni de Montoneria, salutem et dilectionem. Frequenti hominum nostrorum instancia precum excitati, ut eisdem libertates et consuetudines competentes et legitimas, quibus se regerent, concedere dignaremur, cum id, ut a bonis et prudentibus viris asseritur, in utilitatem communem patrie, nostram pariter et dictorum hominum cedere videatur, vobis mandamus quatinus, provisis certis die et loco, quibus valeatis omnes simul, vel saltim illi vestrum qui commode poterunt, convenire, cum diligencia tractetis et studiose discuciatis, quas quibus hominibus consuetudines concedere debeamus, formamque in quam conveneritis, redactam in scriptis, sub sigillis vestris inclusam nobis curetis remittere quam primo vobis obtulerit se facultas, adjecto nichilominus vestro consilio in hac parte. Datum die mercurii ante festum beate Marie Madalene, anno Domini M° CC° LX° octavo.

Édité dans *Hist. de Languedoc* (nouv. édit.), VIII, cc. 1575-1576.

## 843

17 jul. 1268. — SENESCALLO THOLOSE ET ALBIENSIS PRO QUADAM PUELLA DE MONTEACUTO RAPTA.

Alfonsus, *etc.* Inquisicionem quam nobis misistis, factam super raptu cujusdam puelle de Monteacuto[2], ut dicitur, vobis duximus remittendam, mandantes vobis quatinus eam diligencius videatis, et habito prudentum virorum consilio, super ea, preter penam sanguinis, prout

---

[1] Bertrand de Montaigu, abbé de 1260 à 1295. — [2] Montégut, Haute-Garonne, cant. Le Fousseret, ou Grenade-sur-Garonne, ou Revel.

justum fuerit, procedatis, facientes quod decreveritis inviolabiliter observari, justicia mediante. Datum die martis ante festum beate Marie Magdalene, anno Domini M° CC° LX° VIII°.

### 844

(Fol. 136.) 17 jul. 1268. — MAGISTRO RAIMUNDO ARNAUDI, JUDICI VICARII THOLOSE, [PRO ARNAUDO DE VILLANOVA].

Alfonsus, *etc.*, dilecto et fideli suo magistro Raimundo Arnaudi, judici vicarii Tholose, salutem et dilectionem. Causam appellacionis ad nos, ut dicitur, interposite ab Arnaudo de Villanova, filio quondam Poncii de Villanova, militis, et Arnaudo Guidonis, curatore predicti Arnaudi de Villanova et Raimunde, sororis sue, a sentencia lata contra ipsos per magistrum Vincencium de Rabastenx, in causa que vertitur inter ipsos, ex una parte, et Gausionam, filiam quondam Jordani de Villanova, ex altera, quam olim recolimus commisisse dilecto et fideli nostro Poncio Astoaudi, militi, qui ad presens diffinitioni dicte cause vacare non potest, vobis duximus committendam et fine debito terminandam. Datum apud Moissiacum, anno Domini M° CC° LX° VIII°, die martis ante festum beate Marie Magdalene.

### 845

17 jul. 1268. — SENESCALLO THOLOSE ET ALBIENSIS PRO ILLUSTRI REGE ARRAGONUM.

Alfonsus, *etc.* Ad preces excellentis regis Arragonum, per litteras suas nobis novissime factas, vobis iterato mandamus quatinus hominibus nostris de vestra senescallia ex parte nostra districte inhibeatis, ne terram seu feoda excellentis et karissimi amici nostri Jacobi, illustris regis Arragonum, cum armis intrent nec malum faciant in eisdem, et eisdem significetis quod si contra dictam inhibicionem attemptare presumerent, nobis quamplurimum displiceret. Datum die martis ante festum beate Marie Magdalene, anno Domini M° CC° LX° VIII°.

Similis littera senescallo Ruthenensi pro eodem rege Arragonum.

Similis littera senescallo Agenensi et Caturcensi pro eodem rege Arragonum.

### 846

17 jul. 1268. — VICARIO THOLOSE PRO UNIVERSITATE THOLOSE [SUPER LITTERIS A COMITE NUPER CONCESSIS].

Alfonsus, *etc.* Mandamus vobis quatinus litteras nostras, quas sub sigillo nostro dicimur concessisse universitati Tholose super quibusdam certis articulis ad eandem universitatem pertinentibus, quas, sicut dicitur, habent consules ejusdem ville, ab eisdem consulibus requiratis et eas penes vos habitas communitati ejusdem ville publice ostendatis, quando ab ipsa communitate vel ejus mandato super hoc fueritis requisiti, ita quod singuli homines predicte communitatis graciis, a nobis per dictas litteras patentes eisdem concessis, libere possint uti. Postquam autem mandatum nostrum adimpleveritis, predictas litteras eisdem consulibus restituatis, retento prius penes vos transcripto de eisdem. Datum die martis ante festum beate Marie Magdalene, anno Domini M° CC° LX$^{mo}$ octavo.

Édité dans *Hist. de Languedoc* (nouv. édit.), VIII, cc. 1653-1654.

### 847

18 jul. 1268. — SYCARDO ALEMANNI, MILITI, PRO COMITE PICTAVIE ET THOLOSE.

Alfonsus, *etc.*, nobili et fideli suo Sycardo Alemanni, militi, salutem et dilectionem sinceram. De cura et diligencia, quam in perquirendis pro nobis denariis bono et fideli modo et aliis negociis nostris perpendimus vos hactenus habuisse, vobis refferimus multas grates, nobilitatem vestram attentius rogantes ex affectu, quatinus secundum quod bene incepistis, de bono in melius perseverare super eisdem studeatis, taliter quod curam et sollicitudinem vestram in hac[1] parte nobis seu-

[1] Première leçon : *in hoc.*

ciamus profuisse cum effectu. Id enim vobis sepius scribere neccessitas Terre sancte et appropinquans propinquitas passagii necnon et maxima et quasi innumerabilia expensarum onera, que propter hoc tam in miitibus quam aliis nos subire oportet, merito nos compellunt. Datum die mercurii ante festum beate Marie Magdalene, anno LX$^{mo}$ octavo.

Édité dans Hist. de Languedoc (nouv. édit.), VIII, c. 1576.

## 848

19 jul. 1268. — SENESCALLO THOLOSE ET ALBIENSIS PRO RAIMUNDO STEPHANI.

Alfonsus, *etc*. Mandamus vobis quatinus Raimundum Stephani super iis que proponenda duxerit coram vobis super bonis matris sue, quoniam nobis incursis racione heretice pravitatis, ut dicitur, diligenter [au]diatis, [et] de personis et rebus ad nostram jurisdicionem spectantibus, vocato Jacobo de Bosco pro jure nostro defendendo et aliis qui fuerint evocandi, faciatis eidem bonum jus et maturum. Datum die jovis ante festum beate Marie Magdalene, anno Domini M° CC° LX° VIII°.

## 849

19 jul. 1268. — LITTERA PATENS SENESCALLO THOLOSE ET ALBIENSIS PRO BERTRANDO DE ROCA, MILITE.

Alfonsus, *etc*. Significamus vobis quod nos dedimus ex gratia, in bailivia de Cordua[1] in Albigesio, Bertrando de Roca, militi, viginti quinque libras turonensium annuatim, quandiu nostre placuerit voluntati. Unde vobis mandamus quatinus eidem Bertrando medietatem viginti quinque librarum turonensium predictarum in festo Omnium Sanctorum persolvatis et aliam medietatem in festo ascensionis Domini proximo subsequenti. Datum die jovis ante festum beate Marie Magdalene, anno Domini M° CC° LX° VIII°.

Cordes, Tarn.

## 850

20 jul. 1268. — LITTERA PATENS PRO FOREFACTIS JUDICUM, BAJULORUM ET SERVIENTUM CORIGENDIS.

Alfonsus, *etc.*, senescallo Tholose et Albiensis, *etc.* Significamus vobis quod nos dilectis et fidelibus nostris Poncio Astoaudi, militi, et magistro Odoni de Montoneria commisimus et injunximus, ut ipsi audiant, addiscant et inquirant diligenter de forefactis judicum, bajulorum, servientum et scriptorum, qui nostris existunt seu extiterunt serviciis in senescalcia Agenensi et Caturcensi[1] et eadem forefacta, prout justum fuerit, faciant emendari. Quare vobis mandamus quatinus eisdem vestrum consilium et auxilium ad predicta forefacta facere emendari impendatis, quandocumque ab ipsis fueritis requisiti. Durent littere iste usque ad instans festum Penthecoustes. Datum die veneris ante festum beate Marie Magdalene, anno Domini M° CC° LX° octavo.

Similis littera missa fuit senescallo Agenensi et Caturcensi[2].

Édité dans *Hist. de Languedoc* (nouv. édit.), VIII, cc. 1576-1577.

## 851

20 jul. 1268. — SENESCALLO THOLOSE ET ALBIENSIS PRO HENRICO BRUNEL.

Alfonsus, *etc.* Significamus vobis quod gagia duorum solidorum turonensium, que habebat Henricus Brunel in castro nostro Sancte Gavelle[3], de sex denariis turon. augmentavimus, mandantes vobis quatinus dicta gagia duorum solidorum et dimidium (*sic*) turonensium eidem persolvatis, quandiu nostre placuerit voluntati. Datum die veneris ante festum beate Marie Magdalene, anno Domini M° CC° LX° octavo.

[1] *Sic* par erreur; le scribe a oublié qu'il copiait de ce mandement l'expédition destinée au sénéchal de Toulouse. — [2] Première leçon : *senescallo Ruthenensi*. — [3] Cintegabelle, Haute-Garonne.

## 852

20 jul. 1268. — JACOBO DE BOSCO PRO BERNARDO VIGERII.

Alfonsus, *etc.*, dilecto et fideli clerico suo Jacobo de Bosco, salutem et dilectionem. Mandamus vobis quatinus in causa Bernardi Vigerii, quam vobis per litteras nostras patentes commisimus, homines de Causaco[1] jurare faciatis, secundum quod de jure et consuetudine patrie fuerit faciendum. Datum die veneris ante festum beate Marie Magdalene, anno LX° VIII°.

## 853

22 jul. 1268. — SENESCALLO THOLOSE ET ALBIENSIS PRO SYCARDO ALEMANNI, MILITE, [CONTRA PHILIPPUM DE MONTEFORTI].

Alfonsus, *etc.* Datum est nobis intelligi quod nobilis vir Philippus de Monteforti[2], miles, exigit ab hominibus nostris novum pedagium, quod fieri non debet. Unde vobis mandamus quatinus dictum Philippum ex parte nostra requiratis seu requiri faciatis quod ab exactione hujusmodi pedagii quantum ad nostros homines desistat. Quod nisi fecerit, senescallum Carcassone[3] ex parte nostra requiratis ut ipsum cessare faciat a predictis. Preterea significavit nobis dilectus et fidelis noster Sycardus Alemanni, miles, quod quidam homo noster, videlicet Raimundus de Rabasteinx, bajulus domini Philippi de Monteforti, fecit dicto Sycardo et hominibus suis plures injurias et excessus, propter quod iterato vobis mandamus quatinus super predictis inquiratis diligencius veritatem, et veritate comperta, dictos excessus et injurias, prout justum fuerit, emendari faciatis. Datum die dominica in festo beate Marie Magdalene, anno Domini M° CC° LX° VIII°.

[1] Sans doute Cahuzac-sur-Vère, Tarn, cant. Castelnau-de-Montmiral.

[2] Seigneur de Castres.

[3] La seigneurie de Castres, en effet, relevait du roi de France et faisait partie de la sénéchaussée de Carcassonne.

## 854

(Fol. 137.) 23 jul. 1268. — MAGISTRO ALANO DE MEULLENTO PRO PONCIO ASTOAUDI, MILITE, SUPER PLUMBEA BULLA SIBI CONCEDENDA.

Alfonsus, *etc.*, dilecto et fideli clerico suo magistro Alano de Meullento, venerabili archidiacono Ebroycensi, salutem et dilectionem sinceram. Cum dilectus et fidelis noster Poncius Astoaudi, miles, a nobis pecierit licenciam habendi bullam plumbeam in terra sua, sicut plures alii habent in partibus Venessini, mandamus vobis quatinus diligenter addiscatis quid hoc est et si potest ei concedi dicta bulla sine prejudicio alterius, et utrum nobis esset incommodum et quantum. Et quid super hoc inveneritis, nobis in scriptis cum aliis inquestis vestris referatis. Datum die lune post festum beate Marie Magdalene, anno Domini millesimo ducentesimo LX$^{mo}$ octavo.

Édité dans *Hist. de Languedoc* (nouv. édit.), VIII, c. 1577.

## 855

23 jul. 1268. — SENESCALLO VENESSINI PRO PONCIO ASTOAUDI, MILITE, SUPER DIVISIONE TERRITORIORUM MANSONI ET AVELL.

Alfonsus, *etc.*, senescallo Venessini, *etc.* Ex parte dilecti et fidelis nostri Poncii Astoaudi, militis, nobis extitit suplicatum ut fines territoriorum Mansoni[1] et Avell.[2] cum vicinis eorum dividi faceremus. Unde vobis mandamus quatinus, vocatis locis (*sic*) vicinis et aliis qui fuerint evocandi, fines territoriorum predictorum et (*sic*) bonorum consilio dividi faciatis, salvo tamen jure nostro et quolibet alieno, nisi causa racionabilis quare hoc fieri non debeat obsistat. Datum apud Meledunum[3], die lune post festum beate Marie Magdalene, anno Domini M° CC° LX° octavo.

[1] Mazan, Vaucluse, canton Carpentras.

[2] *Sic* dans le manuscrit; je propose de lire *Avellis* et de traduire les Abeilles, massif montagneux formant la limite des cantons de Sault et de Carpentras, et lieu dit, comm. Monieux.

[3] Melun, Seine-et-Marne.

## 856

23 jul. 1268. — SENESCALLO THOLOSE ET ALBIENSIS PRO JORDANO DE SAISSACO, MILITE, SUPER QUODAM PEDAGIO.

Alfonsus, *etc.* Super inhibicione quam vos fecisse dicitur de quodam pedagio quod percipi consuevit apud Podium Audeberti [1], dyocesis Carcassonensis, ne apud Brons [2], Tholosane dyocesis, quod a nobis in feudum tenetur, percipiatur a dilecto et fideli nostro Jordano de Saissaco, milite, mandamus vobis quatinus dictum Jordanum, vocatis qui fuerint evocandi, diligenter audiatis, et super dicta inhibicione, utrum sit racionabilis vel non, de bonorum virorum consilio quod justum fuerit faciatis. Datum apud Meledunum, die lune post festum beate Marie Magdalene, anno Domini millesimo ducentesimo sexagesimo octavo.

## 857

23 jul. 1268. — SENESCALLO PROVINCIE VEL EJUS LOCUM TENENTI PRO PONCIO ASTOAUDI, MILITE, [CONTRA COMMUNE MASSILIE].

Alfonsus, *etc.*, dilecto suo senescallo Provincie vel ejus locum tenenti, salutem et dilectionem. Dilectus et fidelis noster Poncius Astoaudi, miles, nobis pluries conquerendo monstravit commune Marsilie quandam eidem debere pecunie quantitatem, et in ejus solucione per plures annos fuisse cessatum, sicut in instrumentis publicis inde confectis et sigillo communis Marsilie sigillatis plenius continetur, quod in ipsius cedit magnum prejudicium et gravamen. Super quo plures litteras recolimus destinasse, nundum tamen est sibi, sicut asserit, satisfactum, quod nobis displicet et debet merito displicere. Hinc est quod vos adhuc requirimus et rogamus quatinus predicto Poncio, cujus personam, meritis suis exigentibus, caram habemus, dictum debitum solvi sine more dispendio faciatis, vel saltem composicionem factam inter ipsum et dilectum et fidelem nostrum Poncium (*sic*) de Vicinis, tunc

---

[1] Pech-Alibert, sur le Rebenty, au S.-O. d'Alzonne (Cassini). — [2] Bram, Aude, cant. Fanjeaux.

senescallum Provincie, faciatis tam pro tempore preterito sufficienter emendari quam imposterum inviolabiliter observari, prout in instrumento publico, sigillo dicti Petri de Vicinis[1] sigillato, videre poteritis plenius contineri. Datum die lune post festum beate Marie Magdalene, anno Domini millesimo ducentesimo sexagesimo octavo.

Similis littera missa fuit pro eodem vicario et consilio Marsilie pro Poncio Astoaudi, milite.

### 858

24 jul. 1268. — SENESCALLO THOLOSE ET ALBIENSIS PRO PONCIO ASTOAUDI, MILITE.

Alfonsus, *etc.* Mandamus vobis quatinus dilecto et fideli nostro Poncio Astoaudi, militi, tradatis de denariis vestris (*sic*) quinquaginta libras tholosanorum, ex dono a nobis sibi facto. Datum apud Meledunum, die martis post festum beate Marie Magdalene, anno Domini millesimo ducentesimo sexagesimo octavo.

### 859

25 jul. 1268. — SENESCALLO THOLOSE PRO FILIO DEFUNCTI VITALIS BELLI OCULI.

Alfonsus, *etc.* Mandamus vobis quatinus sentenciam, pro filio defuncti Vitalis Belli Oculi contra Durandum Baudeti latam, ut dicitur, per Remondum Johannis, quondam judicem nostrum in Albigesio[2], in quantum per magistrum Guillelmum de Furno, judicem nostrum, postmodum extitit, ut dicitur, confirmata, execucioni mandetis, prout de jure et consuetudine patrie fuerit faciendum. De fidejussoribus ipsius autem Durandi, vocatis qui fuerint evocandi auditisque racionibus eorundem, faciatis quod de jure et consuetudine patrie fuerit faciendum, de hiis de quibus jurisdicio ad nos spectat. Datum die mercurii

---

[1] Je ne trouve pas trace de ce Pierre et non Pons de Voisins, sénéchal de Provence pour Alfonse; c'est sans doute Pierre de Voisins, qui fut sénéchal de Toulouse jusqu'en février 1254 (Boutaric, p. 169). Le scribe l'a peut-être confondu avec Raimond Gaucelm de Lunel, qui administra pendant plusieurs années le Venaissin pour le compte d'Alfonse.

[2] Le texte porte *Ablegresio*.

in festo sanctorum Jacobi et Christofori, anno Domini millesimo ducentesimo sexagesimo octavo.

### 860

9 aug. 1268. — MAGISTRO NEPOTI, JUDICI ALBIENSIS, PRO PETRO DICTO JUGLAR.

Alfonsus, *etc.*, dilecto suo magistro Nepoti, judici Albiensis, salutem et dilectionem. Ex parte Petri dicti Juglar de Rabasteinx nobis datum est intelligi quod in causa, que coram vobis inter ipsum ex una parte, et Petrum Remondi et Guillelmum de Monte Bongam et uxorem dicti Guillelmi ex altera vertebatur, diffinitivam tulistis sentenciam pro eodem, decem libras caturcensium adjudicantem eidem, ut asserit, pro expensis, a qua quidem sentencia nondum extitit appellatum, ut dicit, sed fuit execucioni demandata; expensas tamen predictas dicti Petrus Raimundi, Guillelmus et ejus uxor sibi reddere contradicunt. Unde vobis mandamus quatinus ipsum super dictis expensis diligenter audiatis, et vocatis qui fuerint evocandi, faciatis eidem quod justum fuerit et consonum racioni. Datum die jovis in vigilia beati Laurencii, anno Domini millesimo ducentesimo sexagesimo octavo.

### 861

9 aug. 1268. — SENESCALLO THOLOSE ET ALBIENSIS PRO PETRO JUGLAR [1].

Alfonsus, *etc.* Ex parte Petri dicti Juglar nobis est conquerendo monstratum quod Ysarnus et Bertrandus de la Tousque, filii Bertrandi de la Tousque, de Rabastains [2], in presencia bajuli nostri, velud asserit, ipsum minus juste percusserunt et usque ad effusionem sanguinis verberarunt. Unde vobis mandamus quatinus ipsum super hoc diligenter audiatis, et vocatis predictis Ysarno et Bertrando et aliis qui fuerint evocandi, de personis et rebus ad nostram jurisdicionem spectantibus faciatis eidem Petro ad usus et consuetudines patrie bo-

---

[1] Cet acte est précédé dans le manuscrit des lignes suivantes : *Senescallo Tholose et Albiensis pro Petro dicto Juglar.* — *Alfonsus, etc. Mandamus vobis quatinus Petrum dictum Juglar...*

[2] Rabastens, Tarn.

num jus et maturum, jus nostrum super emenda illesum in omnibus observantes. Datum die jovis in vigilia sancti Laurencii, anno Domini millesimo ducentesimo sexagesimo octavo.

### 862

(Fol. 138.) 9 aug. 1268. — SENESCALLO THOLOSE ET ALBIENSIS PRO PETRO DICTO JUGLAR [CONTRA PETRUM DE MONTEPESATO ET REMONDUM AMELII, DE INSULA].

Alfonsus, *etc.* Ex parte Petri dicti Juglar, de Rabastains, nobis est intimatum quod cum ipse Petro de Montepesato et Remondo Amelii, de Insula, in quinquaginta libris caturcensium teneretur, quandam vineam suam eisdem creditoribus vendidit pro dictis quinquaginta libris, tali pacto habito inter ipsos, quod si infra certum tempus jam elapsum dictam pecunie summam eis redderet, vineam suam quitam et liberam rehaberet. Dicit eciam idem Petrus quod de dicta pecunie summa triginta libras, septem solidis minus, infra terminum in dicto pacto appositum eisdem reddidit, et elapso termino residuum se obtulit soluturum. Dicit eciam quod ipsi Petrus de Montepesato et Remondus dictam vineam suam sibi restituere et dictas triginta libras reddere contradicunt indebite et injuste, in ipsius prejudicium et gravamen. Unde mandamus quatinus ipsum super hoc diligenter audiatis, et vocatis dictis Petro de Montepesato et Remondo et aliis qui fuerint evocandi, de personis et rebus ad nostram jurisdicionem spectantibus faciatis eidem bonum jus et maturum. Datum die jovis in vigilia beati Laurencii, anno Domini millesimo ducentesimo LX$^{mo}$ octavo.

### 863

9 août 1268. — AU SENESCHAL DE THOLOSE ET DE AUBIJOIS POUR MONSEIGNEUR LE CONTE SUR LE CHANGE.

Alfonz, [*etc.*], au seneschal de Tholose, *etc.* Nous vos mandons que vos touz les deniers que l'en nos doit de noz baillies de vostre seneschauciée, et touz les deniers que vos nos devez et qui nos sunt deuz en vostre seneschauciée, de viez et de novel, leviez et faciez lever et iceus faciez changier à monoies d'or, se vos les poez trouver, segon la forme qui est ci desouz escrite : c'est à savoir pour chascun alfonsin d'or ou marbotin ou crosat, qui sunt une meisme chose, boens et laiaus, desquels LXIII et I tierz font le marc au marc de Troies, donez VIII sols et I denier tur.; por chascun florin d'or VIII sols VI deniers tur.; pour chascun denier d'or de Ruisset X sols tur.; por chascun denier d'or de mill. X sols VI deniers tur.; derechief pour chascun gros denier tornois d'argent le roi de France XII petiz tornois des tornois le roi de France. Et touz iceus deniers, lesquels au marchié devant dit vos pourroiz avoir ou por meins se vos povez, en tele maniere que vos n'i doigniez plus por chascun denier, envoiez au Temple à Paris environ les trois semeines après la feste de Touz sainz, par vostre clerc, quant il vendra à nos pour vos contes fere. Et le remenant de noz deniers que aus dites monoies ne pourroiz changier, si comme il est dit, festes aporter au dit Temple à Paris par le dit vostre clerc en tornois ou en paresis, et einsint le fetes en chascun terme et en chascun conte. Et à ce fere apelez Thomas, vostre clerc, et aucun changeeur qui en tel art et en tel chose soit sages et esprovez. Environ ices choses et nos autres besoignes promovoir et avancier et enseurquetout es voies por quoi nos puissions avoir deniers pour nos en bonne maniere et laial, cure et diligence metiez, en tele maniere que de vostre curieuseté et de vostre diligence vos puissions loer à droit. Et ce vos mandons nos si hastivement, pour ce que le terme du passage aproche de jor en jor. Ce fu doné le juedi en la veille de feste saint Lorenz, en l'en nostre Seigneur M CC LX ouit.

Édité en partie par Boutaric, p. 220-221.

## 864

9 aug. 1268. — SENESCALLO THOLOSE ET ALBIENSIS PRO GARNERIO CARPENTARIO.

Alfonsus, *etc.* Cum, sicut intelleximus, Garnerius nomine, mansionarius Cordue [1], sit expertus in arte carpentarie, vobis mandamus qua-

[1] Cordes, Tarn.

tinus super hoc diligenter addiscatis quibus gagiis et quomodo vellet nobis servire in subsidio Terre sancte. Et quid super hoc inveneritis, nobis in scriptis significare curetis ad parlamentum Omnium sanctorum per vestrum clericum, cum ad nos venerit pro vestris compotis faciendis. Datum die jovis in vigilia sancti Laurencii, anno Domini M° CC° LX° VIII°.

## 865

9 aug. 1268. — EGIDIO CAMELINI, CLERICO, PRO COMITE PICTAVIE ET THOLOSE [SUPER TRADITIONE FORESTARUM ET ALIIS QUIBUSDAM NEGOCIIS].

Alfonsus, *etc.* Mandamus vobis quatinus quod super tradicione forestarum nostrarum et aliis viis vobis commissis de acquirenda nobis peccunia bono modo in Tholosa, Ruthenensi, Agennensi et Caturcensi jam fecistis, nobis in scriptis per latorem presencium remittatis, et in eo quod superfuerit faciendum propter appropinquantem terminum passagii curam et diligenciam apponatis, taliter quod circa quartam diem post instantem quindenam Omnium sanctorum, cum ad nos veneritis, quid super hiis factum fuerit et referendum fuerit nos in scriptis certificare possitis. Datum die jovis [in] vigilia sancti Laurencii, anno LX° VIII°. — Significetis etiam nobis per latorem presentium quanta summa peccunie de dictarum tradicione forestarum et aliis viis, secundum quod estimare poteritis bono modo, per Thomam clericum afferri poterit Parisius apud Templum, circa tres septimanas post instans festum Omnium sanctorum. Datum ut prius.

Édité dans *Hist. de Languedoc* (nouv. édit.), VIII, cc. 1577-1578.

## 866

24 aug. 1268. — SENESCALLO THOLOSE ET ALBIENSIS PRO ODONE DE INSULA, MILITE.

Alfonsus, *etc.* Ex parte fidelis nostri Odonis de Insula, militis, nobis extitit conquerendo monstratum quod, cum ipse miles villam de Bordis[1]

---

[1] Probablement Bordes, Haute-Garonne, cant. Montréjeau.

cum pertinenciis ejusdem a nobis in homagium asserat se tenere, et quidam miles de territorio et pertinenciis ejusdem ville de Bordis, qui vocatur Ponzius[1], inierit fidem nostram et homagium nobis fecerit de hiis de quibus eidem Odoni homagium fecisse debuisset et que de pertinenciis ejusdem ville existunt, ut asserit. Unde vobis mandamus quatinus super hiis addiscatis diligencius veritatem, et si inveneritis quod dictus Ponzius, miles, predicta ab ipso Odone tenere debeat, prout in peticione ejusdem Odonis videritis contineri, fidelitatem et homagium in quibus idem Ponzeius, miles, nobis teneri dicitur racione predictorum, eidem quantum ad vos pertinet relaxetis, salvo jure quolibet alieno. Datum Parisius, die veneris in festo beati Bartholomei, anno Domini M° CC° LX° octavo.

### 867

16 jun. 1268. — VIGERIO THOLOSE PRO BERNALDO RENALDI, [MAGISTRO MONETE THOLOSE].

Alfonsus, *etc.* Mandamus vobis quatinus Bernardo Renaldi, magistro monete Tholose, assignetis diem coram nobis ad diem lune proximam ante festum sancti Andree apostoli proximo venturam, Gaufrido Maleti, civi Carnotensi, respunsuro ad ea que contra ipsum duxerit proponenda et juri parituro. Datum Parisius, sabbato post festum beati Barnabe apostoli, anno ut supra.

### 868

24 aug. 1268. — SENESCALLO THOLOSE ET ALBIENSIS [PRO MINISTRIS DOMORUM LEPROSORUM THOLOSE, SUPER EXEMPTIONE LEUDARUM ET PEDAGIORUM].

Alfonsus, *etc.* Significaverunt nobis ministri domorum leprosorum Tholose civitatis, pro seipsis et aliis ministris dyocesis Tholosane et omnibus fratribus et habitatoribus dictarum domorum, quod bajuli nostri, qui a nobis nostras emunt bajulias, eos seu fratres suos seu eorum nuncios leudas seu pedagia de elemosinis sibi pro suis usibus

---

[1] On peut aussi lire *Ponzins*.

co[l]latis solvere compellunt, videlicet de uno porco seu bove vel anete, vino seu blado, oleo vel panno pro indumentis eorum et qualibet re, quando faciunt transitum per pedagia supradicta, sive emerint ad usus proprios seu fratrum suorum predictorum. Unde vobis mandamus quatinus predictos ministros civitatis et dyocesis Tholosane et fratres habitatores dictarum domorum, secundum quod usi sunt pacifice, non permittatis super exaccione pedagii seu leude aliquatenus molestari, presertim super hiis que ad usus proprios fuerint deputata. Datum die veneris in festo beati Bertholomei apostoli, anno Domini M° CC° LX° octavo.

Édité dans Hist. de Languedoc (nouv. édit.), VIII, c. 1617.

## 869

(Fol. 139.) 22 aug. 1268. — SENESCALLO THOLOSE ET ALBIENSIS PRO ILLUSTRI REGE SICILIE.

Alfonsus, *etc.* Ex serie litterarum venerabilium patrum Dei gratia Aquensis[1] et Arrelatensis[2] archiepiscoporum ac Sistariensis episcopi[3] perpendimus quod, sicut se intellexisse a fide dignis in eisdem litteris continetur, non modica multitudo armatorum intendit hostiliter intrare Provenciam et transitum facere per terram karissimi domini et fratris nostri Dei gratia regis Francie aut per nostram, ut comitatibus Provencie et Folquaquerii dampna inferant, si, quod absit, facultas eis suppeteret ut voluntas. Hinc est quod vobis mandamus quatinus, cum ea cautela et maturitate debita qua poteritis, si vobis aliquatenus constare poterit de premissis, transitum predictorum per terram nostram procuretis sagaciter impediri, et quicquid vobis innotescere potuerit in hac parte nobis celeriter rescribatis. Scituri nos sub forma consimili senescallis nostris Agenensi et Caturcensi, Ruthinensi et Venayssini nostras litteras destinasse. Ad hec studeatis solicite providere, ne per aliquos emulos dampnum vel gravamen provenire possit terre karissimi domini et fratris nostri regis Francie vel comitatibus karissimi fratris

[1] Guillaume I⁰, dit *Vicedominus*, archevêque d'Aix (1257-1272). — [2] Bertrand de Saint-Martin, archevêque d'Arles (1266-1273). — [3] Jean Alain, évêque de Sisteron (1257-1277).

nostri regis Sycilie, Provencie et Folquaquerii aut terre nostre. Et si opus fuerit, vos a predictis senescallis nostris necnon a senescallis predicti domini regis Francie Belliquadri et Carcassone et senescallo predicti regis Sycilie in Provencia et Folquaquerio consilium et auxilium requiratis, et versa vice si vos requisierint, vestrum eis consilium et auxilium, prout oportunitas fuerit, impendatis. Datum Parisius, die mercurii proxima post assumpcionem beate Marie virginis, anno Domini M° CC° LX° octavo.

Similis littera missa fuit senescallo Agennensi et Caturcensi. — Item similis littera missa fuit senescallo Ruthenensi. — Item similis littera missa fuit senescallo Venaissini.

Édité dans *Hist. de Languedoc* (nouv. édit.), VIII, cc. 1578-1579.

## 870

25 août 1268. — [AU SÉNÉCHAL DE TOULOUSE TOUCHANT LE CHANGE DES MONNAIES.]

Alfons, filz le roi de France, cuens de Poitiers et de Tholose, à son amé et à son fael, à seneschal de Tholose et d'Aubigeis, saluz et amour. Nous vous mandons que eu porchacier noz deniers qui nous sont deuz en vostre seneschaucie, tant de noz rentes que de noz detes vieilles et noveles et de nostre monoiage de Tholose, et dou remenant dou foage à nous deu ou promis en vostre seneschauciée, et ensuerquetot des finances qui vous seront fetes pour nous suer voies qui vous furent pieça envoiées en escrit por le secors de la Terre sainte, et de quelconque autre cause, cure et diligence metez si grant com vous porroiz, et ce que à cez prochiens contes de la Touz sains nous sera deu en vostre seneschauciée, environ les III semeines de la proichene feste de Touz sainz que vous ou vostre clerc vendroiz à nos por voz contes fere, au Temple à Paris faciez apporter; nostre monoie de Tholose à monoie d'or, se vous la poez trover, chengent en tele maniere, c'est assavoir que vous doignoiz pour chascun denier d'or aufonsin ou marabotin, qui sunt une meisme monoie, de bons et laiaus aufonsins ou marabotins, dom LXIII et un tierz font le marc au marc de Troies, au fuer de vm sols et i denier tornois; por chascun denier d'or de mir. au fuer de x sols et vi deniers tornois; por chascun denier d'or double de Ruisset au fuer de x sols de tornois; por chascun denier d'or florin au fuer de vm sols vi deniers tornois; por chascun denier d'or augustoire au fuer de x sols vi deniers tornois. Et en nules de cez monoies d'or ne donez mie plus, mes mains se vous poez. Et le remenant que aus monoies d'or desus dites en la devant dite maniere changent en purs tornois de nostre seigneur le roi de France, tant es petiz com es gros d'argent, c'est assavoir i gros pour xii petiz deniers tornois, et en paresis, environ les devan dites iii semaines de ceste proichene Touz sainz facez apporter au Temple à Paris chascune monoie desevreement par soi. Et suer le devan dit change fere le conseil des changeurs de Tholose et de Bordiaus et d'autres que vos verroiz à ce profitables requerez. Et en cez choses et en noz autres besoignes saiez curieus, diligenz et ententis. Et retenez et gardez cez letres par devers vous, si que vos sachiez mieuz que vos en devroiz fere, et en parlez à Thomas, votre clerc. Ce fu doné à Paris, le samedi après la feste saint Bertholomé l'apostre, an l'an nostre Seigneur m cc lx viii.

## 871

26 aug. 1268. — SENESCALLO THOLOSANO PRO ABBATE DE CALERCIO
[SUPER BASTIDA CONSTRUENDA].

Alfonsus, *etc.* Ex parte abbatis de Calercio[1], Cisterciensis ordinis, Tholosane dyocesis, nobis extitit supplicatum ut eidem, volenti quandam bastidam construere in fronteria nobilis viri... comitis Fuxensis, sub nostro tamen dominio et districtu, nostrum preberemus assensum[2]. Quocirca vobis mandamus quatinus, communicato consilio dilecti et fidelis nostri Sycardi Alemanni, militis, addiscatis tam de loco in quo

[1] Calers, Haute-Garonne, comm. Gaillac-Toulza.

[2] La bastide projetée paraît n'avoir été établie que sous Philippe III; elle prit le nom de Gaillac-Toulza (auj. Haute-Garonne, cant. Cintegabelle); en 1277, le comte de Foix en réclamait la restitution (*Hist. de Languedoc*, nouv. édit., IX, p. 55).

dicta bastida debet construi, an sit de nostro dominio et sub quibus condicionibus fieret, quidque comodi vel incomodi ex constructione dicte bastide nobis posset in posterum provenire. Et ea que repereritis in hac parte, necnon consilium vestrum et dicti Sycardi in scriptis redactum, nobis per vestras litteras significare curetis, cum vobis nunciorum obtulerit se facultas. Datum Parisius, dominica post festum beati Bartholomei apostoli, anno Domini m° cc° lx° octavo.

## 872

26 aug. 1268. — EIDEM PRO EODEM [A QUIBUSDAM MALEFACTORIBUS GRAVITER MOLESTATO].

Alfonsus, *etc.* Ex parte abbatis de Calercio, Cisterciensis ordinis, Tholosane dyocesis, cum plurium aliorum abbatum testimoniali subscriptione, nobis est conquerendo monstratum quod nonnulli malefactores, Dei timore postposito, plures molestias et gravamina multiplicia intulerunt, bona in suis granchiis existencia consumendo, pastores et agricolas rebus suis spoliando et variis exactionibus[1] agravando, quodque deterius est, in personas religiosas manus sacrilegas iniciendo. Unde vobis mandamus quatinus de personis et rebus ad nostram jurisdicionem spectantibus, vocatis qui fuerint evocandi, dicto abbati et aliis conquerentibus exhibeatis celeris justicie complementum. Datum ut precedens.

## 873

26 aug. 1268. — EIDEM SENESCALLO SUPER DICTIS INJURIIS [A DOMINIS DE INSULA INVICEM PERPETRATIS].

Alfonsus, *etc.* Cum oculis conniventibus non possint nec debeant ulterius pertransiri impunita maleficia, que occasione guerre seu dissensionis mote inter nobiles et fideles nostros Ysarnum Jordani, militem, ex una parte, et Jordanum de Insula, militem, ex altera, seu inter gentes eorum, qui nostro spreto dominio et datos pro eis obsides,

---

[1] Première leçon : *spoliacionibus*.

quantum in eis est, periculo exponentes, contra statuta pacis et prohibiciones etiam, ut dicitur, speciales, mala malis accumulantes, a delictis prioribus non desistunt. Unde vobis mandamus quatinus partes principales ex parte nostra efficaciter requiratis seu requiri faciatis, ut a dictis maleficiis perpetrandis omnino desistant, et perpetrata taliter emendare studeant quod non oporteat super hiis manum apponere graviorem. Quod si parere noluerint, eis competenter requisitis, terras ipsorum, que de nostro immediate movent feudo, in manu nostra saysiatis, quibus tamen de eisdem terris, si eas saisiri contigerit, recredenciam facere poteritis, prestita ab eisdem ydonea caucione de perpetratis maleficiis, prout condecet, emendandis et ulterius minime perpetrandis. Datum ut supra.

## 874

(Fol. 140.) 26 aug. 1268. — ITEM EIDEM SENESCALLO PRO EODEM ABBATE [SUPER MOLENDINO IN FLUMINE AREGIE CONSTRUENDO].

Alfonsus, *etc*. Ex parte religiosorum virorum abbatis et conventus de Calercio, Cisterciensis ordinis, Tholosane dyocesis, nobis extitit intimatum quod inter honorem de Escaffarda et honorem de Novilla[1], a parte unius rippe fluminis Aregie, est quedam terra que tenetur ab abbate et conventu predictis, in qua quidem ripparia quoddam proponunt, ut dicitur, facere molendinum. Unde cum rippa ab alia parte ad nos pertineat, supplicavit nobis idem abbas, pro se et monasterio suo, ut predictam rippam ad nos pertinentem eisdem concedere velimus ad feudum seu ad censum, ut ibidem facilius et commodius predictum possint construere molendinum. Unde vobis mandamus quatinus super predicta rippa et de jure quod ibidem habemus veritatem diligenter addiscatis, et quid comodi et incomodi haberemus, si predictam rippam dictis religiosis ad feudum vel ad censum concederemus. Et quid super hiis inveneritis nobis in scriptis, cum comode poteritis, remittatis. Datum ut superiores.

[1] Je n'ai retrouvé ni l'un ni l'autre de ces noms sur les cartes; je note toutefois sur celle de Cassini le lieu de Les Galaffes, un peu au nord-ouest de Gaillac-Toulza.

## 875

27 aug. 1268. — SENESCALLO THOLOSE PRO ABBATE BELLEPERTICE [A BAJULO DE DUNES INJUSTE GRAVATO].

Alfonsus, *etc.* Vir religiosus abbas Bellepartice[1], Cisterciensis ordinis, nobis conquestus est super eo quod bajulus de Dunes[2] hominibus dicti abbatis molestias et gravamina tot et tanta intulit, quod eosdem homines compulit redimi sine causa racionabili, sicut dicit. Unde vobis mandamus quatinus, comperta super hoc veritate, quod injuste repereritis atemptatum[3] faciatis ad statum reduci debitum et prout justum fuerit emendari. Ceterum, cum dictus abbas in quodam nemore, quod a nobis se tenere asserit, construere velit quandam bastidam que, prout dicit, in nostrum et tocius confinii commodum et honorem cederet[4], vobis mandamus ut tam de dicto loco quam de condicionibus que competerent in hac parte, quidque commodi vel incommodi nobis ex construcione dicte bastide imposterum proveniret, diligenter addiscatis, et veritatem quam super hoc repereritis, in scriptis redactam nobis remittere procuretis, cum vobis obtulerit se facultas. Ad hoc super hiis que nomine sui monasterii acquisita sunt in nostris feudis vel retrofeudis ab ipso vel suis predecessoribus, que per vos bannita asserit, vocato vobiscum dilecto et fideli clerico nostro Egidio Camelini, cui super hoc scribimus, tractetis cum eodem abbate, et inspecto valore acquisitorum, juxta vias vobis et eidem clerico traditas et ad majorem summam quam poteritis bono modo, nobis prestandam pro obtinenda a nobis confirmacione super dictis acquestis, eundem abbatem sagaciter et efficaciter inducatis. Et quid super hoc feceritis cum aliis viarum articulis nobis in scriptis significare curetis per vestrum clericum, cum ad nos venerit circa quartam diem post

---

[1] Belleperche, Tarn-et-Garonne, comm. Cordes-Tolosanes.

[2] Dunes, Tarn-et-Garonne, cant. Auvillar, dans la sénéchaussée d'Agenais.

[3] Ms. *atantatum*.

[4] Il s'agit sans doute de la bastide de Donzac, Tarn-et-Garonne, cant. Auvillar, qui fut fondée, dit-on, du temps d'Alfonse de Poitiers (Curie-Seimbres, *Essai sur les bastides*, p. 218).

quindenam instantis festi Omnium sanctorum pro vestris compotis faciendis. Datum Parisius, die lune post festum beati Bartholomei apostoli, anno Domini millesimo ducentesimo LX° octavo.

### 876

31 aug. 1268. — SENESCALLO THOLOSE ET ALBIENSIS PRO DOMINO COMITE [CONTRA HOMINES TEMPLI ET HOSPITALIS].

Alfonsus, *etc.* Cum nonnulli homines, sub districtu nostro et dominio in vestra senescallia existentes, pretextu Templariorum et Hospitalariorum, occasione alicujus redevencie ab eisdem dictis Templariis et Hospitalariis prestite, a prestacione focagii et aliarum obvencionum, que ab aliis nostris hominibus nobis sine difficultate qualibet exsolvuntur, nitantur se eximere et tueri, vobis mandamus quatinus, non obstante advohacione dictorum Templariorum seu Hospitalariorum, ab aliis[1] hominibus, qui sub nostro consistunt districtu et dominio quique possessiones suas a nobis tenent sub annuo deverio sive censu, focagium exigatis efficaciter et levetis. Non enim videtur nostro consilio, quod occasione talis advohacionis seu redevencie hujusmodi homines a prestacione dicti focagii seu ab aliis obvencionibus vel deveriis, sicut nec ceteri nostri homines, aliquatenus sint exempti. Datum Parisius, die veneris post decollacionem beati Johannis Baptiste, anno Domini millesimo ducentesimo LX$^{mo}$ octavo. — Predictas litteras Thome et Egidio Camelini, Guillelmo et Salomoni, nostris clericis, ostendatis, transcriptum penes vos retinentes. Datum ut supra.

Similis littera missa fuit senescallo Ruthenensi.

Édité dans *Hist. de Languedoc* (nouv. édit.), VIII, c. 1579.

[1] *Sic* dans le manuscrit; faut-il corriger *illis?*

## 877

2 sept. 1268. — SENESCALLO THOLOSE ET ALBIENSIS PRO DOMINO
COMITE PICTAVIE ET THOLOSE [CONTRA HOMINES DE VAURO].

Alfonsus, *etc.* Inquestam, dudum per clericum vestrum nobis missam [1] clausam et sigillo vestro sigillatam, super quibusdam injuriis ab hominibus de Vauro [2] nobis factis, per dilectum et fidelem clericum nostrum, magistrum Odonem de Montoneria, vobis duximus remittendam, mandantes quatinus, vocatis vobiscum dilectis et fidelibus nostris Pontio Astoaudi, milite, et magistro Odone de Montoneria, necnon Egidio Camelini, aperiatis inquestam, et eorum communicato consilio procedatis, prout utilitati nostre sine cujusquam injuria fuerit procedendum, tractando in hiis que dubia fuerint de composicione quam vos et predicti nobis profuturam videritis et consentaneam racioni, in inquestis aliis, si quas feceritis consimiles, et in consimilibus articulis et negociis de predictorum consilio modo simili procedentes. Et quid super premissis et aliis vobis injunctis negociis feceritis per clericum vestrum, cum ad nos venerit pro vestris compotis faciendis circa tres septimanas post instans festum Omnium sanctorum, nobis in scriptis significare curetis. Datum die dominica ante nativitatem beate Marie, anno Domini M° CC° LX° VIII°.

## 878

31 aug. 1268. — SENESCALLO THOLOSE ET ALBIENSIS PRO FRATRE ARNAUDO
DE SANCTA MARIA, ORDINIS FRATRUM PREDICATORUM.

Alfonsus, *etc.* Inspectis a consiliariis nostris hiis que per dilectos et fideles nostros dominum Poncium Astoaudi et magistrum Odonem de Montoneria inquisita fuerant circa factum fratris Arnaudi de Sancta Maria, ordinis fratrum Predicatorum, de quo fuerat impetitus, nobis relatum extitit quod sentencia, contra dictum fratrem lata, nulla extitit ipso jure. Unde vobis mandamus quatinus possessiones dicti fratris,

---

[1] Le manuscrit porte *commissam*. — [2] Lavaur, Tarn.

quas vendi, ut dicitur, nostro nomine feceratis, refuso precio emptori, videlicet viginti quinque libris tholosanorum, si tantum vendite fuerint, dicto fratri easdem possessiones restitui faciatis. Datum Parisius, die veneris post decollacionem beati Johannis Baptiste, anno Domini millesimo ducentesimo sexagesimo octavo.

879

(Fol. 141.) 24 sept. 1268. — SENESCALLO THOLOSE PRO MILITIBUS RETINENDIS.

Alfonsus, *etc.* Ex vestrarum serie litterarum, quas nuper recepimus, non potuimus nec possumus ad plenum perpendere responsionem congruam juxta ea que alias vobis meminimus rescripsisse. Debuit enim eidem vestre littere inseri an inter vos nostro nomine et milites, de quibus fit mencio in eadem, sit condictum et conventum quod pro illis ducentis libris turonensium in hunc modum persolvendis, videlicet viginti quinque libris turonensium ante motum et vinginti quinque libris supra portum, in quo nos vel mandatum nostrum naves ascendemus, et residuis centum quinquaginta libris turonensium de mense in mensem, et fiet prima solucio infra primum mensem postquam nos vel mandatum nostrum aplicuerimus ultra mare, quilibet eorundem militum serviet nobis per annum integrum in partibus transmarinis, et tenebit viam quam nos tenebimus, et ascendet naves in portu in quo nos vel mandatum nostrum ascendere contingerit, et nichil amplius eisdem vel alicui eorum tenebimur facere, videlicet nec equos restituere aut in passagio vel victualibus seu aliis quibuslibet providere. Quocirca vobis mandamus quatinus juxta premissam formam cum predictis militibus conveniatis seu convencionem faciatis, si nundum est taliter conventum, subtracto nichillominus si potest fieri de dicte pecunie quantitate, cum nonnullos jam retinuerimus pro minori precio, tam de comitatu Pictavie quam de partibus Gallicanis. Et ea que super premissis feceritis, distinctis sigillatim singulis condicionibus, nobis rescribere curetis per vestrum clericum, cum ad nos venerit pro vestris compotis faciendis. Datum die lune post festum beati Mathei apostoli, anno Domini M° CC° LX° octavo.

## 880
25 sept. 1268. — EGIDIO CAMELINI, CLERICO, PRO DOMINO COMITE.

Alfonsus, *etc.*, dilecto et fideli clerico suo Egidio Camelini, salutem et dilectionem. Inspecto tenore vestre littere, nobis nuperrime presentate, intellectis quoque[1] singulis articulis in eisdem contentis, scire vos volumus nobis fore gratum ut circa tradicionem forestarum nostrarum ad censum congruum, et pecunia nobis danda pro intragio in majori qua poteritis quantitate, diligenter institeritis et imposterum diligencius insistatis. Sane, sicut scire potestis, pagarum acceleratio plurimum nobis esset utilis, cum brevitas temporis et negocii qualitas id exposcant. Ceterum sciatis quod cum abbatibus Grandissilve aut Bellepartice seu cum aliis quibuscumque super acquisitis ab eisdem in nostris feudis vel retrofeudis aut obliis nullam prorsus finacionem seu concordiam fecimus nec facere proponimus, nisi demum vestro et aliorum, quibus presens negocium commissum est, communicato consilio, presertim cum de valore acquisitorum hujusmodi nullam penitus certitudinem habeamus. Preterea si ex parte domorum milicie Templi vel hospitalis Jerosolimitani aliqui ad nos missi fuerint, supervacue laborabunt, nisi fidelis nostri S. Alemanni, militis, et vestras nobis attulerint litteras, continentes qualiter expediat nobis procedere cum eisdem. Mandamus itaque vobis quatinus cura pervigili, secundum quod confidimus vos facturos, circa commissa vobis in hac parte negocia fideliter et utiliter laboretis. Pecuniam nobis debitam aut debendam in presenti termino Omnium sanctorum de finacionibus factis vel faciendis tradatis, defferendam apud Templum Parisius per Thomam, clericum senescalli Tholosani, cum ad nos venerit circa tres septimanas instantis festi Omnium sanctorum pro suis compotis faciendis, facta nichilominus

---

[1] Le manuscrit porte, par erreur, *quod*.

scriptura per cirografum dividenda, quarum pars altera penes vos remaneat et aliam tradatis dicto Thome, de illa quantitate pecunie quam sibi tradideritis afferendam. Et quid super premissis et aliis vobis conmissis negociis feceritis, tam voce quam scripto, nos possitis ad plenum instruere, cum ad nos veneritis quarta die post instantem quindenam Omnium sanctorum, qua quarta die post quindenam Omnium sanctorum predictam erimus ubi vos volumus [1] personaliter interesse. Datum apud Moissi, die martis ante festum beati Michaelis, anno Domini M° CC° LX° VIII°. — Insuper in viis, per quas possitis habere pro nobis denarios bono modo et fideli, curam et diligenciam apponatis, ita quod de vestra sollicitudine et diligencia vos possimus merito commendare, cum in tali articulo oporteat magnam providenciam et celerem et diligentem apponere ante passagium.

Édité dans *Hist. de Languedoc* (nouv. édit.), VIII, cc. 1579-1581.

## 881

25 sept. 1268. — AU SENESCHAL DE THOLOSE POUR LE COMTE SUR LE CHANGE DES MONOIES.

Alf. sen Thol., etc. (*sic*). Nos vos mandons que vos touz les deniers que l'en nos doit de noz baillies de vostre seneschaucie et touz les deniers que vos nos devez et qui nos sunt deuz en vostre seneschauciée, de viez et de novel, dou moneage et des autres choses, levez et faciez lever, et iceus faciez changier à monoies d'or, se vos les povez trouver, selonc la forme qui est ci dessouz escrite : c'est assavoir pour chascun anfonsin d'or ou marbotin ou crosat, qui sunt une meisme chose, boens et loiaus, dont li LXIII et I tierz font le marc au marc de Troies, donez VIII sols I denier tur.; pour chascun florin d'or VIII sols VI deniers; pour chascun denier d'or de Ruisset X sols tur.; pour chascun denier d'or de mill. X sols VI deniers tur.; pour chascun denier d'or augustaire X sols VI deniers tur. Derechief pour chacun gros denier tornois d'argent

[1] La lecture de ces trois derniers mots est incertaine, mais le sens ne paraît pas douteux; la phrase, au surplus, est mal construite; il faut traduire comme s'il y avait: *ubi erimus*.

le roi de France xii petiz tornois des tornois le roi de France. Et touz iceus deniers, lesquiels au marchié devant dit vos pourroiz avoir, ou pour meins se vos povez, en tele maniere que vos n'i doignez plus pour chascun denier, envoiez au Temple à Paris environ les trois semeines après la feste de Touz sainz par vostre clerc, quant il vendra à nos pour voz contes fere, et le remanant de noz deniers que aus dites monoies ne pourroiz changier, si comme il est dit, feites aporter au dit Temple à Paris par le dit vostre clerc en tornois ou en parisis, et einsint le fetes en chascun terme et en chascun conte. Et à ce fere apelez Thomas le clerc et aucun changeeur qui en tel art et en tele chose soit sages et esprovez. Environ ices choses et nos autres besoignes promovoir et avancier, et enseurquetout es voies par quoi nos puissiens avoir deniers por nos en bonne maniere et laial, cure et diligence metiez en tele maniere que de vostre curieuseté et de vostre diligence vos puissiens loier à droitz. Et ce vos mandons si hastivement, pour ce que le terme du passage aprouche de jor [en jor]. Et retenez et gardez par devers vos cette lestre, et la mostrez à Thomas vostre clerc, en tele maniere que quant icelui Thomas vendra à nos environ les trois semeines de ceste prochienne Touz sainz, il nos puisse respondre et par boche et en escrit de ces choses qui desus sunt contenues. Ce fut doné le mardi devant feste saint Michiel, en l'an nostre Seigneur M CC LX VIII.

Similis littera senescallo Agenensi et Caturcensi.

### 882

29 sept. 1268. — SENESCALLO THOLOSANO ET ALBIENSI PRO THOMA, FILIO ROBERTI, WALTERO CAUSE ET ANDREA CAUSE.

Alfonsus, *etc.* Cum Raymundus Alnaudi, de Gallac, teneatur Thome, filio Roberti, Waltero Cause et Andrea Cause, civibus Lincolnensibus[1], pro iiii$^{xx}$ xi libris, xi solidis et iiii denariis stillingis ex empcione et tra-

---

[1] Lincoln, en Angleterre.

dicione pannorum, eidem Raymundo a Thoma et Waltero et Andrea predictis, ut dicitur, factis, vobis mandamus quatinus, vocato dicto Raymundo et qui fuerint evocandi, eisdem creditoribus vel eorum mandato certo exhibeatis super hiis celeris justicie complementum de personis et rebus que ad nostram jurisdicionem noveritis pertinere, et dictam peccunie quantitatem eisdem creditoribus vel eorum certo mandato reddi faciatis, secundum quod coram vobis, justicia mediante, cognita fuerint vel probata, illum, qui ex parte predictorum creditorum ad vos venerit pro dicto debito repetendo, ab illis de jurisdicione nostra et vestra senescallia existentibus assecurari facientes, si assecuramentum sedeat in hac parte et vos super hoc duxerit requirendum. Datum apud Marolium prope Meldas[1], die sabbati in festo beati Michaelis arcangeli, anno Domini M° CC° LX° VIII°.

## 883

3 oct. 1268. — SENESCALLO THOLOSE ET ALBIENSIS PRO SYCARDO DE MONTEALTO, MILITE, SUPER SEQUESTRACIONE TERRE.

Alfonsus, *etc.* Ex parte nobilis et fidelis nostri Sycardi de Montealto, militis, nobis est conquerendo monstratum quod vos et judex vester quedam immobilia, que dictus Sycardus in castro de Palleriis[2] et dicti castri jurisdicione habere dicitur, ad querelam seu instanciam Rogerii Ysarni, militis, vultis ponere in sequestrum et postea inquirere utrum dictus Rogerius Ysarni habeat jus aliquod in predictis, in prejudicium et gravamen dicti Sycardi et injuste, cum idem Sycardus offerat se, sicut dicit, coram vobis vel judice vestro stare juri et secundum juris ordinacionem respondere cuilibet conquerenti super universis et singulis que habet et possidet in castro et jurisdicione castri predicti. Unde vobis mandamus quatinus predicto Sycardo super premissis injurias aut gravamina indebite nullatenus inferatis vel inferri a predicto vestro judice permittatis, scientes quod nos fideli nostro Poncio Astoaudi,

[1] Mareuil-lès-Meaux, Seine-et-Marne, cant. Meaux. — [2] Pailhès, Ariège, canton de Fossat.

militi, litteratorie mandavimus quod, si vos aut judex vester occasione premissorum predicto Sycardo injurias aut gravamina intuleritis, quod ipsum super hoc audiat et faciat ei bonum jus et maturum. Datum die mercurii post festum beati Michaelis arcangeli, anno Domini M° CC° LX° octavo.

### 884

(Fol. 142.) 6 oct. 1268. — SENESCALLO THOLOSANO ET ALBIENSIS PRO THOMA DE FALGAR ET ESCLARMONDA, EJUS UXORE, NEPTE SYCARDI DE MONTEALTO, MILITIS.

Alfonsus, *etc.* Alias vobis scripsisse meminimus ut Esclarmonde, nepti nobilis et fidelis nostri Sicardi de Montealto, militis, et Thome de Falgar, viro suo, faceretis alimenta exhiberi et alia prestari ab Arnaldo de Falgar, milite, patre dicti Thome, secundum convenciones initas tempore matrimonii contrahendi. Sane cum per dictum Sicardum, ex parte dictorum Thome et Esclarmonde, nobis extiterit intimatum quod mandatum nostrum non est in hac parte aliquatenus adimpletum, vobis mandamus quatinus, prout in instrumentis super dictis convencionibus confectis videritis contineri, alimenta prestari et bonis suis seu villa vel castro, quodcunque istorum sibi fuerit in donacionem propter nupcias assignatum, gaudere dictos T. et E. faciatis, nisi aliud racionabile objectum fuerit propter quod minime gaudere debeant supradictis. Datum sabbato ante festum beati Dyonisii, anno Domini millesimo ducentesimo sexagesimo octavo.

### 885

6 oct. 1268. — SENESCALLO THOLOSE PRO SICARDO DE MONTEALTO, MILITE [1].

Alfonsus, *etc.* Ex parte nobilis et fidelis nostri Sicardi de Montealto, militis, nobis est conquerendo monstratum quod vos et judex vester quedam immobilia, que dictus Sicardus in castro de Pailheliis [2] et dicti castri jurisdicione habere dicitur, ad querelam seu instanciam Rogerii

---

[1] Rapprocher ce mandement du n° 883. — [2] Pailhès, Ariège, cant. Le Fossat.

Ysarni voluistis ponere in sequestrum et postea inquirere utrum dictus Rogerius Ysarni habeat jus aliquod in predictis. Ex qua causa idem Sicardus ad nostram audienciam se asserit appellasse, sed vos, hujusmodi appellacione contempta, possessiones hujusmodi postmodum sequestrastis in prejudicium et gravamen dicti Sycardi et injuste, cum idem Sicardus offerret et offerat se, sicut dicit, coram vobis vel judice vestro stare juri et secundum juris ordinem respondere cuilibet conquerenti super universis et singulis que habet et possidet in castro et jurisdicione dicti castri. Unde vobis mandamus quatinus, si est ita, possessiones predictas sine difficultate aliqua in statum pristinum reducatis, demum dictis partibus, auditis racionibus suis, maturam justiciam exibentes. Alioquin scire vos volumus quod nos fideli Poncio Astoaudi, militi, litteratorie mandamus ut, si premissa neglexeritis adimplere, quod ipse juxta formam sibi traditam exequatur. Datum die sabbati ante festum beati Dyonisii, anno Domini millesimo ducentesimo sexagesimo octavo.

### 886

6 oct. 1268. — LITTERA PATENS PONCIO ASTOAUDI, MILITI, PRO SYCARDO DE MONTEALTO, MILITE.

Alfonsus, *etc.*, dilecto et fideli suo Poncio Astoaudi, militi, salutem et dilectionem. Ex parte nobilis et fidelis nostri Sicardi de Montealto, militis, nobis est conquerendo monstratum quod, cum Rogerius Yserni super quibusdam possessionibus coram senescallo nostro Tholose vel judice suo eundem traxisset in causam, et ipse coram eodem predicto Rogerio vellet super hoc respondere et juri parere, predictus senescallus vel ejus judex voluerunt, possessionibus hujusmodi sequestratis, super jure utriusque partis inquirere veritatem, propter quod senciens se gravatum ex hoc, ad nostram, ut asserit, audienciam appellaverit, sed idem senescallus aut judex suus, hujusmodi appellatione contempta, possessiones hujusmodi sequestravit, in ipsius Sycardi prejudicium et gravamen. Quare damus senescallo nostro nostris litteris in mandatis ut, si est ita, predictas possessiones sine difficultate aliqua in statum pristinum reducens, demum, auditis rationibus utriusque partis, quod justum fuerit faciat. Unde vobis mandamus quatinus, si idem senescallus hoc neglexerit adimplere, vos, vocatis qui fuerint evocandi, exequamini supradicta. Datum sabbato ante festum beati Dyonisii, anno Domini M° CC° LX° VIII°.

## 887

6 oct. 1268. — LITTERA PATENS PONCIO ASTOAUDI, MILITI, ET MAGISTRO ODONI DE MONTONERIA PRO EODEM, SUPER CASTRO DE PAILLERIIS.

Alfonsus, *etc.*, dilectis et fidelibus suis Poncio Astoaudi, militi, et magistro Odoni de Montoneria, salutem et dilectionem. Ex parte nobilis viri et fidelis nostri Sycardi de Montealto, militis, nobis fuit intimatum quod, cum Bertrandus de Villamuro eundem Sycardum, curatorio nomine B. Amelii de Pailleriis, filii quondam Savarici, et Tiburgis, filie dicti Savarici, pro dictis liberis super medietate pro indiviso castri de Pailleriis, juribus et pertinenciis ejusdem castri coram magistro Guillelmo de Furno, judice senescalli nostri Tholose, traxisset in causam, idem Sycardus excipiendo proposuit quod cum predicti B. et T. patruum tutorem haberent legitimum, eisdem, cum essent impuberes, curator dari non poterat sine causa; sed idem judex, nulla exquisita causa legittima vel probata, quanquam per assercionem parcium predictarum constitisset eidem quod, tempore quo datus fuerat predictus curator, legittimum predicti liberi, videlicet patruum, tutorem habebant et sub etate pupillari etiam consistebant, nichilominus per interlocutoriam sentenciam decrevit cum curatore hujusmodi nomine curatorie procedendum in negotio supradicto, propter quod ipse, ex hoc senciens se gravatum, ad nostram duxit, ut asserit, audienciam appellandum. Unde vobis mandamus quatinus, vocatis qui fuerint evocandi, et auditis hinc inde propositis, quod justum fuerit statuatis, facientes quod decreveritis, mediante justicia, observari. Datum die sabbati ante festum beati Dyonisii, anno Domini M° CC° LX° VIII°.

TOULOUSE [1268].    573

## 888

(Fol. 143.) 8 oct. 1268. — SENESCALLO THOLOSE ET ALBIENSIS PRO BARONIBUS,
SI CONQUERANTUR DE SESINA BONORUM JUDEORUM TERRE SUE PER SENESCALLUM FACTA.

Alfonsus, *etc.* Si vos aliquos Judeos baronum terre nostre senescalcie vestre occasione mandati nostri nuper vobis per litteras nostras facti, cepistis et bona ipsorum, vosque si bona eorundem Judeorum capta detineatis et dicti barones super hoc conquerantur, mandamus vobis quatinus bona Judeorum ipsorum quos barones suos proprios esse probaverint, vocatis ad hoc probis viris, sigillo vestro et sigillis dominorum, quorum dicti Judei fuerint, sigillatim de quolibet consignetis, et eadem bona predictis dominis usque ad tres septimanas post instantem Candelosam recredatis. Quid vero super premissis feceritis et que et quanta bona taliter consignata fuerint et quibus ea recredenda duxeritis, nobis circa tres septimanas post instans festum Omnium sanctorum rescribatis per vestrum clericum, cum ad nos venerit pro vestris compotis faciendis. Datum die lune in vigilia beati Dyonisii, anno Domini millesimo ducentesimo LX$^{mo}$ octavo.

Similis littera missa fuit senescallo Agenensi et Caturcensi. — Similis littera missa fuit senescallo Xanctonensi. — Similis littera missa fuit conestabulo Alvernie. — Similis littera missa fuit senescallo Ruthinensi. — Similis littera missa fuit vicario Tholose.

Édité par Boutaric, p. 321-322, et dans *Hist. de Languedoc* (nouv. édit.), VIII, c. 1656.

## 889

13 oct. 1268. — SENESCALLO THOLOSE ET ALBIENSIS PRO RELICTA DEFUNCTI
P. DE VICINIS, SUPER DEBITO DEFUNCTI P. DE VICINIS.

Alfonsus, *etc.* Cum nos de ducentis quadraginta sex libris undecim solidis et uno denario turonensium, in quibus nobis tenebatur defunctus P. de Vicinis, miles, pro defuncto Guillelmo de Ecclesia, relicte defuncti ejusdem P. respectum dedissemus in hunc modum, ita videlicet quod medietas dicte peccunie ad festum Candelose proximo preteritum et alia medietas ad ascensionem Domini jam transactam nobis integraliter solveretur, vobisque per nostras litteras mandassemus ut predictam relictam ad solvendum predictam peccuniam usque ad predictos terminos minime compelleretis, dum tamen vobis ydonee cautum esset de dicta peccunie summa in predictis terminis sine ulteriori respectu integre persolvenda, omnesque predicti termini sint elapsi nec nobis de dicta peccunia in toto vel in parte fuerit satisfactum, vobis mandamus quatinus predictam peccunie summam a dicta relicta levantes, ipsam peccuniam integraliter una cum aliis denariis nostris mittatis Parisius apud Templum per vestrum clericum, circa tres septimanas post instans festum Omnium sanctorum, cum ad nos venerit pro vestris compotis faciendis. Datum sabbato post festum beati Dyonisii, anno Domini M° CC° LX° VIII°.

## 890

16 oct. 1268. — SENESCALLO THOLOSE ET ALBIENSIS PRO COMITE PICTAVIE ET THOLOSE SUPER JUDEIS.

Alfonsus, *etc.* Mandamus vobis quatinus ad nos mittatis circa tres septimanas post instans festum Omnium sanctorum per vestrum clericum, cum ad nos venerit pro vestris compotis faciendis, pro omnibus Judeis vestre senescallie duos Judeos captos de dicioribus Judeis ipsius senescallie, finem facturos nobiscum pro omnibus Judeis de vestra senescallia super prisia sua et de bonis eorum mobilibus que habere volumus et intendimus. Mandamus eciam vobis quatinus omnes libros Judeorum ipsorum mittatis ad dictum terminum Parisius, in fardellis distincte vestro sigillo signatis, concergio domorum nostrarum Parisius tradendos, et ad hec facienda expensas capiatis et faciatis de bonis Judeorum ipsorum. Volumus insuper quod de bonis eorum capiendis, querendis et domibus eorum investigandis et bonis eorum nobis conservandis sitis sollicitus et intentus, ita quod de hiis quantum poteritis utilitatem nostram faciatis. Ad deliberacionem eciam Judeorum caute procedatis, secundum formam alias vobis datam, excucientes ab ipsis quidquid penes eos vel alios de bonis ipsorum poteritis invenire. Mulieres vero et pueros a prisione deliberetis. Datum die martis in octabis beati Dyonisii, anno Domini millesimo ducentesimo LX$^{mo}$ octavo.

Similis littera missa fuit senescallo Ruthinensi. — Similis littera missa fuit senescallo Agenensi et Caturcensi. — Similis littera missa fuit senescallo Venaissini. — Similis littera missa fuerit vicario Tholose, hoc mutato quod mandatum fuit ei quod mitteret duos Judeos de vicaria sua per clericum senescalli Tholose et Albiensis.

Édité par Boutaric, p. 323, et dans *Hist. de Languedoc* (nouv. édit.), VIII, cc. 1656-1657.

## 891

26 oct. 1268. — SENESCALLO THOLOSE ET ALBIENSIS PRO BERTRANDO ET PETRO LATE, FRATRIBUS.

Alfonsus, *etc*. Ex parte Bertrandi et Petri Late, fratrum, pro se et aliis suis fratribus nobis extitit supplicatum quod, cum sextam partem terre seu possessionum, que fuerunt dudum patruorum suorum, ad eos, ut asserunt, racione matris sue pertinentem, eisdem restituere deberemus, presertim cum diucius non sine magnis laboribus et expensis coram judice vestro Tholose lis fuerit agitata, vobis mandamus quatinus, secundum processum legittime in causa habitum, faciatis causam hujusmodi, mediante justicia, terminari, ita quod propter deffectum juris non oporteat super hoc ad nos querimoniam ulterius reportari, salvo in omnibus jure nostro. Datum die veneris ante festum apostolorum Symonis et Jude, anno Domini M° CC° LX° VIII°.

## 892

25 oct. 1268. — PONCIO ASTOAUDI, MILITI, ET MAGISTRO ODONI DE MONTONERIA PRO COMITE PICTAVIE ET THOLOSE [SUPER DIRUTIONE BASTIDE PAMPELUNE].

Alfonsus, *etc.*, dilectis et fidelibus suis Poncio Astoaudi, militi, et magistro Odoni de Montoneria, salutem et dilectionem. Datum est nobis intelligi quod homines et communitas Sancti Antonini quandam bastidam, quam bone memorie Raimundus, quondam comes Tholose, predecessor nostri [1], in Caturcinio vel Albigesio construi fecerat, in dampnum et prejudicium nostrum cum armis diruerunt. Unde vobis mandamus quatinus diligenter super hoc veritatem addiscatis et ipsos, cum tempus et locum adesse videritis oportunum, ex parte nostra requiratis, ut maleficium hujusmodi, in injuriam nostri ab ipsis perpetratum, nobis taliter studeant emendare, quod nos non oporteat aliud remedium adhibere. Et quid super dirucione ejusdem bastide inveneritis et responsionem quam iidem homines vobis fecerint una cum aliis inquestis vestris nobis, cum ad nos veneritis, in scriptis refferatis. Datum die jovis ante festum apostolorum Symonis et Jude, anno Domini M° CC° LX° octavo. — Et super hoc cum senescallo loci colloquium habeatis.

Pampelune [2] vocabatur dicta bastida que diruta fuit.

Similis littera senescallo Tholose et Albiensis.

### 893

26 oct. 1268. — PONCIO ASTOAUDI, MILITI, ET MAGISTRO ODONI DE MONTONERIA PRO HEREDIBUS DEFUNCTI STEPHANI DE CASSIACO [SUPER MUTUO SIBI, UT DICUNT, DEBITO].

Alfonsus, *etc.* Ex parte heredum defuncti Stephani de Caissaco nobis est supplicatum quod decem et septem milia et ducentos solidos melegurensium, quos idem Stephanus dudum bone memorie Raimundo, quondam comiti Tholose, predecessori nostro, mutuavit, prout in litteris dicti predecessoris nostri plenius dicitur contineri, [eisdem reddi faceremus]. Unde vobis mandamus quatinus de dicto mutuo, quo tempore factum fuit, utrum durante guerra inter dictum predecessorem nostrum et karissimum dominum ac fratrem nostrum regem Francie, vel post, vel ante, et si de dicta peccunie summa a dicto predecessore nostro vel gentibus nostris aliquid est solutum, et de aliis circonstanciis

---

[1] *Sic* dans le manuscrit; ordinairement il y a *noster*.

[2] Cette bastide de *Pampelune* est Pampelonne, Tarn, ch.-l. cant. On en place généralement la fondation en 1280 (Curie-Seimbres, *Essai sur les bastides*, p. 401-402); ce texte prouve qu'elle est antérieure à 1249, date de la mort de Raimond VII.

que in talibus addiscende fuerint, addiscatis diligencius veritatem. Et quid super premissis inveneritis, una cum aliis inquestis vestris nobis in scriptis, cum ad nos veneritis, referatis. Datum die veneris ante festum apostolorum Symonis et Jude, anno Domini M° CC° LX° VIII°.

### 894

26 oct. 1268. — SENESCALLO THOLOSE ET ALBIENSIS PRO YSAMBARDO DE SANCTO ANTONINO.

Alfonsus, *etc.* Mandamus vobis quatinus Ysambardum de Sancto Antonino super hiis que coram vobis proponenda duxerit contra Aymardum et Guillelmum Gocelmi, fratres, diligenter audiatis, facientes eidem super hiis bonum jus et maturum. Datum die veneris ante festum apostolorum Symonis et Jude, anno Domini M° CC° LX° VIII°.

### 895

15 nov. 1268. — THOME DE NOVILLA, CLERICO, PRO COMITE [SUPER MORTE P. DE LANDREVILLA, SENESCALLI].

Alfonsus, *etc.*, dilecto et fideli suo clerico Thome de Novilla, salutem et dilectionem. Cum per litteras dilecti nostri B. de Landrevilla, militis, castellani de Vauro in Tholosano, intellexerimus fidelem nostrum P. de Landrevilla, militem, quondam senescallum nostrum Tholose et Albiensis, ab hoc seculo migravisse, super cujus decessum in cordis compassione non modicum affligimur, vobis mandamus quatinus omnes denarios, quos nobis debebat idem senescallus, tam de balliviis nostris quam aliunde de novo et veteri, circa quinque septimanas post festum Omnium sanctorum ultimo preteritum, secundum quod eidem senescallo pluries per nostras litteras mandavimus, integraliter apud Templum Parisius afferatis. Super facto Judeorum et viis acquirendi pro nobis denarios bono et legali modo et aliis negociis nostris, prout sepedicto senescallo pluries mandasse recolimus, loco ejusdem senescalli defuncti et pro ipso circa predictas quinque septimanas Omnium sanctorum competenter respondere nobis vel mandato nostro nullatenus obmitatis. Rogamus vos insuper ut in hiis et aliis negociis nostris sitis sollicitus et intentus, ita quod vobis propter hoc debeamus merito scire gratum, et super hoc predictum B., dicti defuncti senescalli filium, cui super hoc scribimus, ex parte nostra specialiter rogetis et requiratis. Datum die jovis post festum beati Martini hyemalis, anno Domini M° CC° LX° VIII°.

Édité dans *Hist. de Languedoc* (nouv. édit.), VIII, c. 1581.

## 896

15 nov. 1268. — B. DE LANDREVILLA, MILITI, PRO COMITE [SUPER EODEM].

Alfonsus, *etc.*, dilecto suo B. de Landrevilla, militi, castellano de Vauro in Tholosano, salutem et dilectionem. Cum per vestras litteras intellexerimus fidelem nostrum P. de Landrevilla, militem, quondam patrem vestrum, senescallum nostrum in Tholosano et Albiensi, ex hoc seculo migravisse, super cujus decessu in cordis compassione non modicum affligimur, vobis mandamus quatinus omnes denarios quos nobis debebat idem senescallus, tam de bailliviis nostris quam aliunde, de novo et veteri, circa quinque septimanas post festum Omnium sanctorum ultimo preteritum, secundum quod eidem senescallo pluries per nostras litteras mandavimus, per Thomam, ipsius clericum, integraliter apud Templum Parisius transmittatis, eidem clerico injungentes ut tunc super facto Judeorum et viis acquirendi pro nobis denarios bono et legali modo et aliis negociis nostris, prout sibi pluries mandavisse recolimus, loco ejusdem defuncti senescalli et pro ipso competenter debeat respondere, rogantes vos insuper ut in hiis et aliis negociis nostris sitis sollicitus et intentus, ita quod vobis propter hoc debeamus merito scire gratum, hoc idem predicto Thome ex parte nostra specialiter injungentes, cui super hoc scribimus. Datum die jovis post festum beati Martini hiemalis, anno Domini millesimo ducentesimo sexagesimo octavo.

## 897

21 nov. 1268. — PONCIO ASTOAUDI, MILITI, ET MAGISTRO ODONI DE MONTONERIA PRO EPISCOPO ALBIENSI [SUPER CASTRO CASTRINOVI DE BONAFOS].

Alfonsus, *etc.*, dilectis et fidelibus suis Poncio Astoaudi, militi, et magistro Odoni de Montoneria, salutem et dilectionem. Accedens ad nos venerabilis pater B., Dei gratia Albiensis episcopus[1], nobis exposuit quod ipse in Albigesio nomine ecclesie sue tenet a nobis in feudum quoddam castrum, quod vocatur Monsiratus[2], et nos in eadem dyocesi quoddam aliud castrum, quod vocatur Castrumnovum de Bonafos[3], ab ipso episcopo recognoscere debemus, quod quidem castrum tenet a nobis fidelis noster Sycardus Alemanni. Super quo eciam castro de Monteirato dictus episcopus nobis recognicionem, ut asserit, facere debet. Propter quod nos requisivit idem episcopus quod sibi de dicto castro de Bonafos recognicionem faceremus, cum de castro de Monteirato recognicionem nobis facere sit paratus. Unde vobis mandamus quatinus super predictis addiscatis diligenter et celeriter veritatem, videlicet an sibi de dicto castro recognicionem facere teneamur, et quod jus seu quod deverium ex ipsa recognicione posset consequi episcopus memoratus, vel si causam sufficientem et probabilem habere possimus, quare ad hoc faciendum minime teneamur. Et quid super premissis feceritis et causam, si quam, ut premissum est, habeamus, nobis litteratorie per latorem presencium remittatis, ut requisicioni ejusdem episcopi responsionem congruam facere valeamus. Datum apud Longumpontem, die mercurii ante festum beati Clementis, anno Domini M° CC° LX° octavo.

Édité dans *Hist. de Languedoc* (nouv. édit.), VIII, cc. 1642-1643.

[1] Bernard de Combret (1254-1271).
[2] Montirat, Tarn, cant. Monestiès.
[3] Auj. Castelnau-de-Lévis, Tarn, cant. Albi.

## 898

(Fol. 145.) 21 nov. 1268. — PONCIO ASTOAUDI, MILITI, ET MAGISTRO O.
PRO ABBATE SANCTI SATURNINI THOLOSE [SUPER CASTRO DE VACHARIIS].

Alfonsus, *etc*. Veniens ad nos vir religiosus abbas Sancti Saturnini Tholose nobis humiliter supplicavit ut inquesta per vos facta super castro de Vachariis[1] publicetur et eciam judicetur, quod eidem minus plene, ut asserit, facere denegastis[2]. Unde vobis mandamus quatinus responsionem et modum responsionis per vos facte abbati Sancti Saturnini super inquestam, per vos factam super castro de Vachariis, et sub quibus verbis nobis rescribatis, ut super hiis valeamus plenius informari quid ulterius sit agendum, si dicto abbati non sufficiat vestra responsio ei facta. Datum apud Longumpontem, anno Domini M° CC° LX° VIII°, die mercurii post octabas beati Martini hyemalis.

## 899

12 nov. 1268. — PONCIO ASTOAUDI, MILITI, ET MAGISTRO ODONI DE MONTONERIA PRO
COMITE CONVENNARUM [SUPER BASTIDIS DE ALANS ET DE SEIAS].

Alfonsus, *etc*. Ex parte nobilis et fidelis nostri B., comitis Convennarum, nobis extitit intimatum quod Petrus de Landrevilla, miles, defunctus quondam senescallus noster Tholose, voluit quandam bastidam construere in loco qui vocatur vulgaliter Alans[3], in qua se asserit jus habere, in ipsius comitis Convennarum prejudicium, sicut dicit. Unde vobis mandamus quatinus, vocato dicto comite et aliis qui fuerint evocandi necnon aliis qui de jure nostro vos docere poterunt pro ipso servando, de jure nostro et ipsius comitis Convennarum, quantum ad nos pertinet, diligencius addiscatis, salvo jure quolibet alieno.

---

[1] Vacquiers, Haute-Garonne, canton Fronton.

[2] Les mots *veniens ad nos... denegastis unde* sont à moitié biffés dans le manuscrit, si bien qu'on pourrait croire que la rédaction définitive du mandement commence à *Vobis mandamus*.

[3] Alan, Haute-Garonne, cant. Aurignac. (Voir sur cette bastide Curie-Seimbres, *Essai sur les bastides*, p. 346.)

Ceterum super eo quod vobis alias mandasse meminimus, ut addisceretis plenius veritatem super quadam bastida, que constructa fuisse dicitur in loco qui dicitur Seias[1], in quo se asserit jus habere, in ipsius comitis Convennarum prejudicium et gravamen, vobis iterato mandamus quatinus, vocatis qui fuerint evocandi et insuper aliis per quos de jure nostro poteritis edoceri, pro eodem observando diligencius addiscatis an [in] ipsius comitis prejudicium bastida eadem sit constructa, et in quo et quantum eidem comiti fiat prejudicium et gravamen, quantum nostra interest, et salvo jure quolibet alieno. Quid autem super premissis inveneritis et feceritis nobis in scriptis, cum ad nos veneritis, refferatis. Datum apud Longumpontem, die mercurii post octabas beati Martini hyemalis, anno Domini m° cc° lx° octavo.

## 900

22 nov. 1268. — COMISSIO PREPOSITO THOLOSANO PRO GUISCARDO DE PENNA, MILITE, ET EJUS FRATRIBUS.

Alfonsus, *etc.*, dilecto et fideli clerico suo B., preposito ecclesie Tholosane[2], salutem et sinceram dilectionem. Significavit nobis Guiscardus de Penna, miles, pro se et fratribus suis Raymundo, Guillelmo de Ruppeforti et Petro de Monteacuto, quod a sentencia lata per senescallum Albiensem super territorio de Comba Berail[3] et fructibus ejusdem contra dictum Guiscardum et fratres suos jamdictos pro Bernardo de Penna, milite, ad nos a dicta sentencia dicti fratres pro se et Raymundo predicto appellarunt, et causam appellacionis magistro Stephano de Biterris, canonico Agenensi, commisimus audiendam, qui processu temporis pronunciavit se in dicta causa procedere non posse, cum tempus indultum a jure appellantibus appellacionis prosequende, ut dicebat, fuisset transactum. A qua pronunciacione, sentencia seu dicto, tanquam ab iniqua et injuste prolata, ut dicebat, per dictum Guis-

---

[1] Peut-être Sepx, Haute-Garonne, cant. Saint-Martory. — [2] Bertrand de l'Île-Jourdain, qui devint évêque de Toulouse en 1270. — [3] La Combe-de-Bérail, Tarn, comm. Castelnau-de-Montmiral.

cardum pro se et fratribus suis ad nos extitit appellatum, qui super dicta appellacione a nobis litteras optinuit pro se et fratribus suis, Poncio Astoaudi, militi, et magistro Odoni de Montoneria [directas], quibus super dicta appellacione commisimus vices nostras, qui in causa procedentes pronunciarunt ex illis litteris ad eos directis eis nullam jurisdicionem esse collatam nec procedere posse ex litteris supradictis, pro eo quia in dictis litteris continebatur quod magister Guillelmus de Furno, judex dicti senescalli, tulit sentenciam predictam pro Bernardo de Penna et contra fratres jamdictos, cum per senescallum Albiensem lata fuisset, propter quem errorem, in narracione litterarum positum, dixerunt seu pronunciaverunt se non posse procedere in dicta causa nec eis jurisdicionem esse concessam ex litteris supradictis, dictam causam ad nos remittentes, quanquam ad eorum officium non spectaret, utpote cum super gravamine illato dictis fratribus seu sentencia lata a magistro Stephano supradicto principaliter cognoscere deberent, a qua pronunciacione seu sentencia predicti Guiscardus et frater suus Guillelmus, pro se et fratribus suis Petro et Raymundo superius nominatis, ut dicebat dictus Guiscardus, ad nos appellarunt. Unde vobis mandamus quatinus, vocatis qui fuerint evocandi, causam hujusmodi audiatis et quod justum fuerit decernatis. Datum die jovis post octabas beati Martini hyemalis, anno Domini m° cc° lx° octavo.

### 901

22 nov. 1268. — COMMISSIO PATENS B., PREPOSITO THOLOSANO, PRO GUISCARDO DE PENNA ET SUIS FRATRIBUS.

Alfonsus, *etc.* Causam appellacionis ad nos, ut dicitur, interposite ex parte Guiscardi de Penna, militis, Guillelmi et Petri, fratrum, pro se et Raymundo fratre eorundem, a sentencia diffinitiva lata contra ipsos per magistrum Nepotem, judicem Albiensem, in causa que vertitur inter dictos fratres ex parte una et Bernardum de Penna, militem, ex altera super castro de Manlot[1], vobis committimus audiendam et

---

[1] On peut lire *Manlot* ou *Maulot;* ce doit être Mailhoc, Tarn, cant. Albi.

fine debito terminandam. Datum apud Longumpontem, die jovis post octabas beati Martini hyemalis, anno Domini M° CC° LX° VIII°.

## 902

22 nov. 1268. — SENESCALLO THOLOSE ET ALBIENSIS PRO ABBATE ET CONVENTU SANCTI SATURNINI THOLOSE [SUPER VILLA DE LOBERVILLA].

Alfonsus, *etc.* Ex parte abbatis et conventus Sancti Saturnini Tholose nobis exstitit supplicatum quod villam que vocatur Lobervilla[1], que pertinet ad monasterium Sancti Saturnini, ab omnibus, cujuscunque condicionis sint, adversariis mandaremus per vos vel per bajulum Sancte Fidis[2], diocesis Tholosane, protegi et defendi. Unde vobis mandamus quatinus ipsos super hiis que de jure poteritis audiatis, et super hiis quod justum fore noveritis de personis laicis nostre jurisdiccionis faciatis. Datum apud Longumpontem, die jovis ante festum beati Clementis, anno octavo.

## 903

21 nov. 1268. — PONTIO ASTOAUDI, MILITI, ET MAGISTRO O. PRO BURGENSIBUS FANIJOVIS [CONTRA HOMINES MONTISREGALIS].

Alfonsus, *etc.* Ex parte dilectorum burgensium nostrorum Fanijovis[3] coram nobis propositum exstitit conquerendo quod homines de Monteregali[4] quosdam homines ejusdem ville rebus et mercimoniis suis in terra nostra indebite spoliarunt, ac ipsos homines apud Montemregalem captos adduxerunt et adhuc detinent minus juste, et eciam terram nostram cum armis hostiliter intraverunt [et] leudam seu pedagium, quod infra metas territorii dicte ville de Fanijovis consueverunt solvere, ad nos et ipsos homines, ut dicitur, pertinens, denegant solvere, in nostrum et ipsorum hominum prejudicium et gravamen. Unde vobis man-

---

[1] Louverville, Gers, commune Marestaing.

[2] Sainte-Foy-Peyrolières, Haute-Garonne, cant. Saint-Lys.

[3] Fanjeaux, Aude.

[4] Montréal, Aude, siège d'une châtellenie de la sénéchaussée royale de Carcassonne.

damus quatinus senescallum Carcassone ex parte nostra requiratis vel requiri faciatis, ut dictos homines nostros, quos captos detinent dicti homines de Monteregali, una cum rebus et bonis ipsorum reddi faciat et restituat, sicut decet, et injurias, interpresias ac gravamina, prout justum fuerit, emendari, necnon pedagium, quod in dicto territorio dicte ville Fanijovis usque nunc persolverunt, solvi et reddi faciat ab eisdem, secundum quod de jure et consuetudine patrie fuerit faciendum. Datum apud Longumpontem, die mercurii post octabas beati Martini hiemalis, anno octavo.

Édité dans *Hist. de Languedoc* (nouv. édit.), VIII, c. 1643.

### 904

23 nov. 1268. — PONCIO ASTOAUDI, MILITI, ET MAGISTRO ODONI DE MONTONERIA PRO ARNAUDO DE MARCAFABBA ET EJUS CONSORTIBUS.

Alfonsus, *etc.* Cum ex parte Arnaldi de Marchafabba et consortum suorum nobis fuerit conquerendo monstratum quod viccarius Tholose ipsos spoliavit super jure suo quod habere dicebantur in quadam villa, videlicet in villa que dicitur...[1], vobis mandamus quatinus, vocato dicto viccario et qui fuerint evocandi, super hiis et de quibus jurisdicio ad nos spectat ipsos diligenter audiatis, et sibi faciatis bonum jus et maturum. Datum anno Domini m° cc° lx° viii, die veneris in festo sancti Clementis.

### 905

(Fol. 146.) 23 nov. 1268. — EISDEM PRO STEPHANO ICHIERE ET HUGONE LA BALLIVA, BURGENSIBUS DE FIGIACO, [IN SENESCALLIA RUTHENENSI A QUIBUSDAM MALEFACTORIBUS SPOLIATIS].

Alfonsus, *etc.* Cum ex parte Stephani Ichiere, de Figiaco, et Hugonis La Balliva, burgensium de Figiaco[2], nobis fuerit conquerendo monstratum quod quidam malefactores ipsos transeuntes per territorium

---

[1] Le nom est resté en blanc dans le manuscrit. — [2] Figeac, Lot.

senescallie Ruthenensis in strata publica invaserunt, et eisdem centum
xxvii libras Caturcensium abstulerunt, Dei timore postposito, quam
summam peccunie habet castellanus Penne[1] in Albigesio, ut dicitur,
vobis mandamus quatinus ipsos super hoc diligenter audiatis et, vocato
dicto castellano et qui fuerint evocandi, faciatis eisdem super hiis bonum
jus et maturum. Datum ut precedens.

Édité dans *Hist. de Languedoc* (nouv. édit.), VIII, cc. 1643-1644.

## 906

25 nov. 1268. — PONCIO ASTOAUDI ET MAGISTRO O. DE MONTONERIA PRO HOMINIBUS DE PLAILHANO ET DE GAIANO [CONTRA DOMINUM MIRAPISCIS].

Alfonsus, *etc.* Ex vestrarum serie literarum, ad nos novissime pro
hominibus nostris de Plailhano[2] et de Gaiano[3] destinatarum, necnon
ex ipsorum hominum lacrimabili querimonia intelleximus dampna,
injurias et violencias eisdem hominibus nostris illatas per Guidonem de
Levis, militem, marescallum Albiensis et dominum Mirapiscis[4], et
gentes ac homines suos, ipsos in feudis nostris, que a nobis recognoscunt se tenere, perturbando et specialiter in quadam condamina, quam
a nobis recognoscunt proprietarii se tenere et ab antiquo recognoverunt, verum etiam a quibusdam possessionibus, quas ab eodem marescallo advoant, eosdem indebite spoliando. Quod senescallus Carcassone, per dilectum et fidelem nostrum P. de Landrevilla, militem,
defunctum quondam senescallum Tholosanum et Albiensis, ex parte
nostra super hoc requisitus, conniventibus oculis sustinuit et sustinet
nec super hoc consilium apposuit oportunum. Unde vobis mandamus
quatinus dictum senescallum Carcassone ex parte nostra cum magna
instancia ac meliori modo quo poteritis requiratis vel requiri faciatis,
ut dictis hominibus nostris a dicto marescallo dampna, que per ipsum
et gentes suas sustinuerunt, reddi faciat et injurias ac violencias, prout
justum fuerit, emendari, illud idem a dicto marescallo requirentes.

[1] Penne-du-Tarn, Tarn, cant. Vaour.
[2] Plaigne, Aude, cant. Belpech.
[3] Gaja-la-Selve, Aude, cant. Fanjeaux.
[4] Gui III de Mirepoix (1261-1286).

Quid autem super premissis inveneritis et feceritis necnon responsiones quas nobis fecerint nobis, cum commode poteritis, rescribatis, ut super hoc consilium apponamus quod fore noverimus oportunum. Datum apud Longumpontem, dominica in festo beate Katerine virginis, anno Domini m° cc° lx° octavo.

Édité dans *Hist. de Languedoc* (nouv. édit.), VIII, cc. 1644-1645.

### 907

2 dec. 1268. — EISDEM PRO PRIORE DE PERANO, THOLOSANE DYOCESIS, [INJUSTE VEXATO].

Alfonsus, *etc.* Ex parte prioris de Perano[1], Tholosane dyocesis, nobis est conquerendo monstratum quod servientes nostri ab hominibus ipsius prioris quasdam indebitas exactiones exigunt et levant indebite et injuste, quas quidem exactiones imposuit ipsis hominibus, ut dicitur, Bernardus Azonis, qui fuit de heresi condampnatus. Unde vobis mandamus quatinus super imposicione et exactione ac levacione dictarum indebitarum exactionum inquiratis diligenter veritatem, secundum traditam vobis formam. Et quid super hoc inveneritis, una cum aliis inquestis vestris, cum ad nos veneritis, refferatis in scriptis. Datum Parisius, dominica post festum beati Andree apostoli, anno lx° octavo.

### 908

2 dec. 1268. — SENESCALLO THOLOSE PRO RAIMUNDO GUALABERTI, DOMICELLO, [SUPER VILLA DE SALIS SIBI RESTITUENDA].

Alfonsus, *etc.* Ex parte Raimundi Gualaberti, domicelli, nobis est intimatum quod pater suus dedit ei villam de Salis[2] in maritagium, quando idem Raimundus contraxit cum uxore sua Gelarda. Postquam vero ipse pater accusatus fuit de heresi, medietatem ejusdem ville in prejudicium dicti filii sui et injuste, ut asserit, nobis dedit. Unde vobis mandamus quatinus super hiis que racione dicte medietatis dicte ville,

---

[1] Probablement Payra, Aude, cant. Salles-sur-l'Hers, plus tard du diocèse de Mirepoix. — [2] Peut-être Salles, Haute-Garonne, cant. Muret.

quam nos possidemus, ut dicitur, coram vobis proposuerit, ipsum diligenter audiatis, et vocato pro nobis bono et ydoneo deffensore et qui fuerint evocandi, de personis et rebus ad jurisdicionem nostram spectantibus faciatis eidem bonum jus et maturum. Datum Parisius, dominica post festum beati Andree apostoli, anno Domini M° CC° LX° octavo.

## 909

2 dec. 1268. — PONCIO ASTOAUDI, MILITI, ET MAGISTRO ODONI DE MONTONERIA PRO EPISCOPO CATURCENSI [CONTRA SENESCALLUM RUTHENENSEM].

Alfonsus, *etc.* Ex parte venerabilis patris... episcopi Caturcensis[1] nobis est graviter conquerendo monstratum quod senescallus noster Ruthenensis novam paxeriam in aquis suis de Caiarco[2] fecit violenter et antiquam destruxit cum armis, in ipsius episcopi prejudicium et gravamen; — item quod pax habita inter nos et ipsum episcopum super medietate riparii quod vocatur Lespaire[3], quod est in honore castri Montispensati[4], quod per maliciam a nobis, ut dicit, advocatur, exstitit minime integrata. Unde vobis mandamus quatinus, vocato senescallo nostro Ruthenensi vel alio legitimo defensore pro jure nostro illeso servando, inquiratis super premissis diligencius veritatem. Et quid super premissis inveneritis nobis, cum ad nos veneritis, una cum aliis inquestis vestris in scriptis refferatis. Datum Parisius, dominica post festum beati Andree apostoli, anno Domini M° CC° LX° octavo.

## 910

3 dec. 1268. — PONCIO ASTOAUDI, MILITI, ET MAGISTRO ODONI DE MONTONERIA PRO GUILLELMO ARNALDI.

Alfonsus, *etc.* Ex parte Guillelmi Arnaldi nobis est conquerendo mons-

---

[1] Barthélemi II, évêque de Cahors (1250-1273).
[2] Cajarc, Lot, sur le Lot.
[3] Lesparre, Tarn-et-Garonne, comm. Montfermier. *Riparium* est ici pour *reparium*, repaire, château fort.
[4] Montpezat-de-Quercy, Tarn-et-Garonne.

tratum quod judex senescalli nostri Tholose ipsum coram se in causam trahit Tholose, quando aliquis conqueratur de eodem, cum hoc facere minime debeat, sicut dicit, et cum sit mansionarius Castrisaraceni[1]. Unde vobis mandamus quatinus ipsum super hoc diligenter audiatis, et vocatis qui fuerint evocandi, de personis et rebus ad nostram jurisdicionem spectantibus faciatis eidem bonum jus et maturum. Datum Parisius, die lune post festum beati Andree apostoli, anno Domini m° cc° lx° octavo.

911

3 dec. 1268. — SENESCALLO THOLOSE ET ALBIENSIS PRO BERTRANDA, FILIA HUGONIS DE BREÇOLLES, [AB EGIDIO CAMELINI MINUS JUSTE SPOLIATA].

Alfonsus, *etc.* Ex parte Bertrande, filie Hugonis de Breçolles, nobis est conquerendo monstratum quod dilectus et fidelis clericus noster, magister Egidius Camelini, ipsam propria hereditate paterna indebite spoliavit, ex eo videlicet quod pater suus dudum extitit de heresi accusatus, quam quidem hereditatem petit sibi restitui, cum bone memorie Raimundus, quondam comes Tholose, predecessor noster, eidem hereditatem reddid[er]it et restituerit, ut asserit, patri suo a muro seu carcere liberato, pro qua restitucione facienda habuit dictus predecessor noster mille solidos tholosanorum, sicut dicit, et precipue cum nos dictam hereditatem eidem reddidimus, ut dicitur, apud Ryomum in nostro redditu de partibus transmarinis[2]. Unde vobis mandamus quatinus, si dicta Bertranda probare possit sufficienter absolucionem dicti patris sui ab hereseos crimine necnon donacionem seu restitucionem a dicto predecessore nostro eidem patri suo factam, ut asserit, eo videlicet tempore quo dictam donacionem vel restitucionem facere potuit et debuit, ipsam Bertrandam super hiis diligenter audiatis, exibentes eidem super predictis celeris justitie complementum, vocato ad hoc pro nobis legitimo deffensore, jure nostro (*sic*) super hiis in om-

[1] Castelsarrasin, Tarn-et-Garonne. — [2] Alfonse passa à Riom dans l'été de l'année 1251, en juin, juillet ou août.

nibus observantes. Datum Parisius, die lune post festum beati Andree apostoli, anno Domini m° cc° lx° octavo.

Similis littera missa fuit eidem senescallo pro Giraudo de Podio Germerii et fratribus suis super quingentis solidis Tholosanorum.

*Édité dans Hist. de Languedoc (nouv. édit.), VIII, cc. 1581-1582.*

## 912

(Fol. 147.) 4 dec. 1268. — SENESCALLO THOLOSE ET ALBIENSIS PRO ODONE DE NIELLA, MILITE, [SUPER VILLA BORDARUM].

Alfonsus, *etc.* Ex parte fidelis nostri Odonis de Niella, militis, nobis extitit intimatum quod in tenemento seu pertinenciis Bordarum [1], cujus ville dominum se asserit, sunt aliqui qui, prout dicit, de hiis que in dicto tenemento seu pertinenciis dicte ville tenent sui homines debent esse et ea ab ipso tenere, et ad ejus homagium venire denegant indebite et injuste, videlicet dominus Pon[c]ius de Sancto Martino et Renerus, nepos suus, et quidam alii pro existentibus in Roucheta [2] et in aliis tenementis dictarum Bordarum. Unde vobis mandamus quatinus dictum Odonem super hiis que racione premissorum proposuerit coram vobis, diligenter audiatis, et vocatis qui fuerint evocandi, auditis racionibus parcium, de personis et rebus ad jurisdicionem nostram spectantibus faciatis eidem bonum jus et maturum, eos qui ad homagium ejus venire debuerint ad faciendum ei dictum homagium, prout justum fuerit, compellentes. Datum Parisius, die martis post festum beati Andree apostoli, anno Domini m° cc° lx° octavo.

## 913

4 dec. 1268. — SYCARDO ALLEMANNI, MILITI, PRO PETRO GRIMOARDI ET FRATRIBUS SUIS.

Alfonsus, *etc.*, dilecto et fideli suo Sycardo Alemanni, militi, salutem

---

[1] Peut-être Bordes, Tarn, comm. Cadalen; le mandement étant adressé à Sicard Alaman qui résidait dans l'Albigeois proprement dit, cette identification paraît probable.

[2] Rouquet, Tarn, comm. Cadalen.

et dilectionem. Ex parte Petri Grimoardi et fratrum suorum nobis est conquerendo monstratum quod dilectus et fidelis noster clericus Egidius Camelini super rebus et possessionibus, quas acquisierunt a [1] militibus et personis militaribus et nobilibus dicte terre, ipsos multipliciter inquietat et molestat, in ipsorum fratrum dampnum non modicum et gravamen, sicut dicunt. Unde vobis mandamus quatinus ipsos fratres super hoc diligenter audiatis, et vocato dicto Egidio Camelini, clerico nostro, pro jure nostro deffendendo, et aliis qui fuerint evocandi, exibeatis eisdem fratribus celeris justicie complementum, jure nostro et alieno in omnibus observato. Datum Parisius, die martis ante festum beati Nicholai hyemalis, anno Domini M° CC° LX° octavo.

## 914

5 dec. 1268. — PONCIO ASTOAUDI ET MAGISTRO ODONI DE MONTONERIA PRO BERANGARIO PENTRICI.

Alfonsus, *etc.* Accedens ad nos magister Berangarius Pentrici, quondam judex Tholose, nobis conquerendo exposuit quod vicarius noster Tholose decem libras a quibusdam, quibus imponebat falsum perhibuisse testimonium, habuit et recepit, tali tamen condicione quod si vos, inspectis attestacionibus ipsorum, diceretis dictos testes falsum non perhibuisse testimonium, dictas redderet decem libras. Quibus attestacionibus diligenter per vos, ut dicitur, inspectis, pronunciastis dictos testes falsum testimonium non dixisse. Quare petit dictus Berangarius dictum vicarium compelli ad reddendum dictas decem libras dictis estibus, sicut decet, cum iidem testes dictam pecunie summam ab eodem magistro repetant occasione predictarum convencionum, inter ipsum magistrum pro dicto vicario et dictos testes habitarum, sicut dicit. Unde vobis mandamus quatinus, vocatis dicto vicario et qui fuerint evocandi, exhibeatis eidem celeris justicie complementum, jure nostro et alieno in omnibus observato [2]. Datum Parisius, die mercurii ante

---

[1] Le manuscrit porte *et a.* — [2] Le manuscrit porte *observaturi.*

festum beati Nicholai hyemalis, anno Domini millesimo ducentesimo LX<sup>mo</sup> octavo.

<small>Édité dans *Hist. de Languedoc* (nouv. édit.), VIII, cc. 1617-1618.</small>

### 915

6 déc. 1268. — PONCIO ASTOAUDI, MILITI, ET MAGISTRO ODONI DE MONTONERIA PRO ABBATE APPAMIENSI [SUPER POSSESSIONE VILLE DE BAIGNERIIS].

Alfonsus, *etc*. Veniens ad nos abbas Appamiarum[1] nobis conquerendo exposuit quod, cum venerabilis pater... episcopus Biterrensis[2], judex a domino papa sibi datus ad instanciam ipsius abbatis, precepisset ipsum abbatem mitti in possessione ville de Baigneriis[3] quantum ad perceptionem fructuum, et patrem suum quantum ad proprietatem, et ipsos abbatem et patrem suum precepisset per sentenciam in dictam possessionem mitti per judicem Tholose, et judex predictus Tholose per dictum mandatum eidem factum eosdem abbatem et patrem suum in possessione misisset predictorum, senescallus noster Tholose, qui tunc erat, ipsos a dicta possessione expulit, sicut dicit, in ipsorum prejudicium, ut asserit, et gravamen. Unde vobis mandamus quatinus, vocatis coram vobis dictis partibus et qui fuerint evocandi, auditis hinc inde rationibus, faciatis eisdem celeris justicie complementum, jus nostrum et alienum in omnibus observantes. Datum Parisius, die jovis in festo beati Nicholai hyemalis, anno LX° VIII°.

<small>Édité dans *Hist. de Languedoc* (nouv. édit.), VIII, c. 1645.</small>

### 916

6 déc. 1268. — SENESCALLO THOLOSE ET ALBIENSIS PRO EODEM [SUPER DECIMA ECCLESIE DE LAMPIAUT].

Alfonsus, *etc*. Ex parte abbatis Appamarium nobis insinuatum extitit conquerendo quod quidam laici, de nostra jurisdicione existentes, ipsum abbatem inquietant et perturbant, quominus decimam ecclesie de

---

[1] Bernard Saisset, plus tard évêque de Pamiers. — [2] Pons de Saint-Just, évêque de Béziers (1261-1293). — [3] Banières, Tarn, cant. Lavaur.

Lampiaut[1], cujus possessio ex collacione domini pape ad ipsum abbatem dicitur pertinere, recuperare valeat, de qua quidem decima extitit per quendam monachum, ut dicitur, spoliatus. Unde vobis mandamus quatinus, vocatis qui fuerint evocandi, de personis laicis, quas ad nostram jurisdicionem noveritis pertinere, exhibeatis eidem celeris justicie complementum. Datum ut precedens.

Édité dans *Hist. de Languedoc* (nouv. édit.), VIII, cc. 1645-1646.

### 917

Senescallo Tholosano et Albiensis missa fuit littera pro Arnaldo Olrici super vigeria de Vauro et masso de Prignac[2], in forma cujusdam littere facte in precedenti pallamento Penthecostes[3].

### 918

(Fol. 148.) 9 dec. 1268. — LITTERA PATENS DUPLICATA PROCURATIONIS PRO DOMINO SYCCARDO ALEMANNI ET EGIDIO CAMELINI SUPER QUESTIS.

Alfonsus, filius regis Francie, comes Pictavie et Tholose, universis presentes litteras inspecturis salutem in Domino. Cupientes subditorum nostrorum jura sic illesa servari, ne tamen nostra negligere videamur, notum facimus quod nos dilectos et fideles nostros Syccardum Alemanni, militem, et Egidium Camelini, clericum, nostros constituimus procuratores, quemlibet eorum in solidum, ita quod non sit melior ocupantis condicio, dantes eisdem conjunctim vel divisim plenam et liberam potestatem et speciale mandatum exigendi et levandi nomine nostro questam, taliam aliamve redevantiam[4], quocumque nomine censeantur, quam levare possumus ab hominibus nostris, de corpore dumtaxat vel de corpore et casalagio, in comitatu nostro Tholosano

---

[1] Lempaut, Tarn, cant. Lavaur.
[2] Lavaur, Tarn; Prignan, au sud de Lavaur (Cassini). [Voir plus haut, p. 528-529.]
[3] Voir plus haut, n° 824, mandement du 26 juin 1268.
[4] Ici les mots suivants barrés : *nobis debitas*.

existentibus. Volumus etiam quod predicti Siccardus et Egidius et eorum quilibet pro se substituere valeant alium vel alios et substitutum vel substitutos amovere, quocienscumque et quandocumque viderunt expedire, ratum et gratum habituri quicquid per eosdem vel eorum alterum aut substitutos ab ipsis transigendo, paciscendo, componendo, dictam questam querendo, recipiendo aliave faciendo que dictum contingunt negocium actum fuerit seu eciam procuratum. Datum Parisius, dominica post festum beati Nicholai hiemalis, anno Domini M° CC° LX° octavo.

Édité dans *Hist. de Languedoc* (nouv. édit.), VIII, cc. 1582-1583.

## 919

9 dec. 1268. — LITTERA PATENS PROCURATORIO NOMINE EGIDII CAMELINI SUPER QUESTA DE PENNA DE ALBIGESIO LEVANDA.

Alfonsus, *etc.*, universis presentes litteras inspecturis salutem in Domino. Notum facimus quod nos dilectum et fidelem clericum nostrum Egidium Camelini, exhibitorem presencium, nostrum constituimus procuratorem ad petendum et requirendum in judicio et extra judicium ab hominibus ville nostre de Penna[1], dyocesis Albiensis, octoginta libras caturcensium cum arreragiis, quas nobis annuatim nomine queste tenentur solvere nomine permutationis seu escambii dudum facti inter nos, ex una parte, et Oliverum et Bernardum de Penna, fratres, milites, ex altera, qui dictam questam ab eisdem hominibus, ut dicitur, percipere consueverunt temporibus retroactis, ratum et gratum habituri quicquid per dictum Egidium in hac parte factum fuerit seu eciam procuratum. Datum anno Domini M° CC° LX° octavo, dominica post festum beati Nicholai hiemalis.

[1] Penne-du-Tarn, Tarn, cant. Vaour. L'échange auquel la charte fait allusion date du 13 juin 1251; on en trouvera le texte dans l'*Histoire de Languedoc*, nouv. édit.. VIII, cc. 1294-1296. (Voir aussi *Layettes du trésor des chartes*, III, 133, et Rossignol, *Monographies communales du Tarn*, III, 259-260.)

## 920

9 dec. 1268. — SICCARDO ALEMANNI, MILITI, ET EGIDIO CAMELINI, CLERICO, PRO DOMINO COMITE SUPER FACTO HOSPITALARIORUM.

Alfonsus, *etc.*, dilectis et fidelibus suis Siccardo Alemanni, militi, et Egidio, clerico, salutem et dilectionem. Quorundam relacione nostris est auribus intimatum, et hoc ipsum missa nobis a nobili Siccardo littera continebat, quod quidam Hospitalarii jurisdicionem ad nos spectantem, precipue in villis de Frontonio[1], de Valliaco[2], de Nochia[3] et de Orgelio[4] non sine nostri prejudicio usurpaverunt. Quocirca vobis mandamus quatinus, eo quo poteritis modo nobis magis utili, jurisdicionem ipsam ad manum nostram studeatis, ut condecet, revocare, tractantes nichilominus cum eisdem Hospitalariis tam super jurisdicione eadem sibi pacifice dimitenda quam pro aliis ab eisdem in nostris feodis seu retrofeodis sine nostra licencia acquisitis, inducentes eos pro confirmacione per nostras patentes litteras super hiis obtinenda ad summam quam poteritis ampliorem. Et quid in hac parte et super aliis vobis commissis negociis feceritis nobis quam citius commode poteritis rescribatis. Datum Parisius, anno Domini M° CC° LX° octavo, dominica post festum beati Nicholai hiemalis.

## 921

9 dec. 1268. — SENESCALLO THOLOSE PRO ABBATE APPAMIARUM [SUPER POSSESSIONE CASTRI DE BANNERIIS].

Alfonsus, *etc.* Ex parte abbatis Appamiarum nobis relatum extitit conquerendo quod gentes nostre possessione castri de Banneriis[5] ipsum per violenciam expulerunt. Unde vobis mandamus quatinus, si eundem[6] violenter et injuste a dicta possessione dicti castri per gentes

---

[1] Fronton, Haute-Garonne.
[2] Verlhac-Tescou, Tarn-et-Garonne, cant. Villebrumier.
[3] Nohic, Tarn-et-Garonne, cant. Grisolles.
[4] Orgueil, Tarn-et-Garonne, cant. Grisolles.
[5] Banières, Tarn, cant. Lavaur.
[6] Ms. *eidem*.

nostras ejectum fuisse repereritis, in possessione in qua erat tempore expulsionis, eidem per gentes nostras dudum facte, ut asserit, reducatis, jure nostro et alieno super hiis omnibus observantes (*sic*). Datum Parisius, dominica post festum beati Nicholai hyemalis, anno Domini M° CC° LX° VIII°.

## 922

9 dec. 1268. — PONCIO ASTOAUDI ET MAGISTRO ODONI DE MONTONERIA PRO RAIMUNDO SAXETI, MILITE.

Alfonsus, *etc.* Ex parte Raimundi Saxeti, militis, nobis monstratum extitit conquerendo quod per gentes nostras possessione nemoris de Ramopalmerii[1], quod nemus nobis et ipsi commune dicitur, dudum, ut asserit, extitit indebite spoliatus, in ipsius prejudicium non modicum et gravamen. Ceterum de territorio de Maurville[2] communi nobis et ipsi, ut asserit, pro parte ipsum contingente per gentes nostras injuste extitit spoliatus, quanquam in possessione dicti territorii reductus alias extitisset. Unde vobis mandamus quatinus super predictis possessionibus et spoliacionibus adiscatis vel inquiratis diligencius veritatem secundum traditam vobis formam. Quid autem super premissis inveneritis nobis cum aliis inquestis vestris, cum ad nos veneritis, in scriptis refferatis. Datum Parisius, dominica post festum sancti Nicholai hyemalis, anno Domini M° CC° LX° VIII°.

## 923

10 dec. 1268. — SENESCALLO THOLOSE ET ALBIENSIS PRO HOMINIBUS DE BAURÈ SUPER MERCATO [ET NUNDINIS].

Alfonsus, *etc.* Cum, sicut intelligi nobis datur, homines nostri de Baurè[3] suplicant et requirunt mercatum sibi concedi in eadem villa, diebus jovis qualibet ebdomada in posterum exercendum, necnon nun-

---

[1] Je ne retrouve pas ce bois sur les cartes; il est indiqué sous le nom de *Rami palmarum* dans les anciens pouillés.

[2] Mourvilles-Hautes, Haute-Garonne, cant. Revel, ou Mourvilles-Basses, cant. Caraman.

[3] Vauré, Haute-Garonne, commune Revel.

dinas ibidem quolibet anno per triduum duraturum (*sic*), vobis mandamus quatinus diligenter addiscatis quid commodi ex concessione mercati et nundinarum pariter nobis valeat pervenire, et si cum utilitate nostra et sine alterius injuria predicta concedi valeant, de consilio Jacobi de Bosco et Egidii Camelini, clericorum nostrorum, quos ad hoc specialiter advocetis, mercatum predictum et nundinas, tempore quo noveritis opportunas annuatim exercendas, dictis hominibus concedatis, salvo in omnibus jure nostro et quolibet alieno. Datum Parisius, die lune post festum beati Nicholai hyemalis, anno Domini M° CC° LX° octavo.

## 924

11 dec. 1268. — PONCIO ASTOAUDI, MILITI, ET MAGISTRO ODONI DE MONTONERIA PRO JORDANO, DOMINO INSULE, MILITE, [SUPER FORCIA DE MOTA RESTITUENDA].

Alfonsus, *etc.* Ex parte nobilis et fidelis nostri Jordani, domini Insule, militis, nobis est conquerendo monstratum quod cum dilectus et fidelis noster P. de Landrevilla, miles, defunctus quondam senescallus noster Tholose et Albiensis, forcia[m] de Mota[1], que est ejusdem militis, pro bono pacis propter guerram quam habebant ad invicem filius dicti Jordani et gentes sue ex una parte et dominus Bernardus de Astaforti, miles, et complices sui ex altera, ad manum nostram accepisset, que quidem forcia ad festum Omnium sanctorum proximo preteritum reddi et restitui eidem debebatur et nondum, ut asseritur, restituta [est], vobis mandamus quatinus addiscatis de dicto facto plenius veritatem, et nisi inveneritis rationabilem causam, quare dicta forcia reddi sibi minime debeat, eisdem reddi et restitui dictam forciam faciatis, dum tamen per gentes nostras capta fuerit et detenta, habentes tamen super hoc colloquium et consilium cum Sycardo Alemanni, milite, et gentibus senescalli defuncti, qui noverunt de facto plenius veritatem. Datum Parisius, die martis post festum beati Nicholai hyemalis, anno ut supra.

Édité dans *Hist. de Languedoc* (nouv. édit.), VIII, c. 1647.

---

[1] Probablement La Mothe-Cabanac, Haute-Garonne, cant. Cadours.

## 925

11 dec. 1268. — SENESCALLO PRO EODEM [SUPER TERRA SUB PROTECTIONE DOMINI COMITIS ACCIPIENDA].

Alfonsus, *etc.* Ex parte nobilis et fidelis nostri Jordani de Insula, militis, nobis extitit supplicatum ut nos terram suam et bona sua vellemus sub nostre protectionis brachio deffensare. Et maxime cum idem Jordanus existat in servicio sancte matris Ecclesie et regis Sycilie[1] et gentes sue parate sint coram nobis vel curia nostra Tholose stare juri cuilibet conquerenti, vobis mandamus quatinus terram et gentes dicti militis ac bona eorum non permittatis ab aliquibus personis laicis, de jurisdicione nostra existentibus, indebite molestari. Si vero dicte gentes dicti militis ab aliquibus molestatoribus, de jurisdicione nostra existentibus, conqueste fuerint, vos, vocatis qui fuerint evocandi, exibeatis eisdem celeris justicie complementum. Datum die martis post festum beati Nicholai hyemalis.

Édité dans *Hist. de Languedoc* (nouv. édit.), VIII, cc. 1647-1648.

## 926

(Fol. 149.) 11 dec. 1268. — SYCARDO ALLEMANNI, MILITI, ET EGIDIO CAMELINI, CLERICO, PRO ABBATE SANCTI SATURNINI THOLOSE [SUPER FOCAGIO AB HABITATORIBUS VILLE DE GLISOLIS PROMISSO].

Alfonsus, *etc.* Ex parte abbatis Sancti Saturnini Tholose nobis relatum extitit conquerendo quod collectores focagii, nobis in comitatu Tholose debiti vel promissi, ab hominibus ville de Glisolis[2], que est communis, ut dicitur, nobis et eidem abbati, nomine sui monasterii, tam pro parte ipsum abbatem contingente quam pro nostra focagium intendit exigere et levare, in ipsius abbatis ac ecclesie sue prejudicium, ut asserit, et gravamen; et cum nos ex adverso intellexerimus quod inter dictos homines dicte ville de Glisolis et dictos collectores nostros

[1] Charles d'Anjou. — [2] Grisolles, Tarn-et-Garonne.

certa intervenerit promissio vel composicio, ita quod dicti homines ad certam summam pecunie tenentur nobis pro focagio vel subvencione seu auxilio pro subsidio Terre sancte, et jam de dicta pecunie quantitate aliquam partem, ut dicitur, persolverint, vobis mandamus quatinus promissionem vel composicionem inter predictos homines et collectores nostros habitam observari, prout justum fuerit, faciatis. Si vero dictus abbas coram vobis super hoc conquestus fuerit, ipsum diligenter audiatis, facientes eidem, quantum ad ipsum pertinet, quod justum fuerit et consonum racioni. Datum Parisius, die martis post festum beati Nicholai hyemalis, anno Domini millesimo ducentesimo LX$^{mo}$ octavo.

### 927

11 dec. 1268. — SENESCALLO THOLOSE PRO ABBATE CASTRENSI SUPER CASTRO SANCTI PAULI ET CASTRO DE ASSAALI.

Alfonsus, *etc.* [Cum] religioso viro abbate Castrensis monasterii [1] intellexerimus refferente, quod bone memorie Remondus, quondam [comes] Tholose, predecessor noster, a dominis et militibus castri Sancti Pauli de Cadoicaus [2] homagium et fidelitatem de dicto castro abbati dicti monasterii, prout antecessores sui facere consueverant, per suas patentes litteras mandavit fieri et precepit, quod factum ad mandatum suum extitit, sicut dicit; unde, cum de dicta possessione postmodum spoliatum (*sic*) extiterit et a nobis pecierit ut nos predictum monasterium in possessionem predictorum homagii et fidelitatis ejusdem castri poni faceremus; ceterum cum idem abbas nos requisierit, ut quatuor denarios tholos., quos monasterium suum predictum percipere solebat annuatim in quolibet hospicio castri de Assaailli [3], dyocesis Tholosane, de quibus fuerunt per longum temporis spacium spoliati, eidem abbati nomine monasterii sui reddere faceremus; vobis mandamus quatinus predictum abbatem, nomine sui monasterii, super predictis diligenter audiatis, et vocatis dictis dominis et militibus dicti

---

[1] Castres, abb. ordre de Saint-Benoît, évêché en 1317.

[2] Saint-Paul-Cap-de-Joux, Tarn.

[3] Soual, Tarn, cant. Dourgne.

castri Sancti Pauli necnon hominibus castri de Assoailli ac aliis qui fuerint evocandi, de personis et rebus quas ad nostram jurisdicionem noveritis pertinere exhibeatis eisdem celeris justicie complementum. Datum Parisius, die martis post festum beati Nicholai hyemalis, anno Domini millesimo ducentesimo $\text{LX}^{\text{mo}}$ octavo.

Édité dans *Hist. de Languedoc* (nouv. édit.), VIII, c. 1646.

## 928

15 déc. 1268. — SENESCALLO THOLOSE ET ALBIENSIS PRO HOMINIBUS VILLE MOISIACI PRO NUNDINIS.

Alfonsus, *etc.* Cum nos, pensata utilitate ville nostre Moisiacensis[1] et nostra pariter, habitatoribus ville predicte nundinas concesserimus, in festo sancti Martini hiemalis exercendas, vobis mandamus quatinus ad requisicionem consulum dicte ville dictas nundinas in vestra senescallia clamari faciatis, juxta formam litterarum nostrarum patentium eisdem super hoc concessarum. Datum Parisius, die sabbati post festum sancte Lucie, anno Domini millesimo ducentesimo $\text{LX}^{\text{mo}}$ octavo.

## 929

15 déc. 1268. — SENESCALLO THOLOSE ET ALBIENSIS PRO HOMINIBUS VILLE AVINIONETI PRO MERCATO.

Alfonsus, *etc.* Cum nos, pensata tam utilitate nostra quam ville nostre Avinioneti[2], habitatoribus dicti loci concesserimus mercatum, in die sabbati qualibet septimana exercendum, vobis mandamus quatinus dictum mercatum, ad requisicionem consulum dicte ville, in vestra senescallia clamari faciatis in locis in quibus fuerit proclamandum, juxta tenorem nostrarum litterarum patentium eisdem super hoc concessarum. Datum Parisius, die sabbati post festum beate Lucie, anno Domini millesimo ducentesimo $\text{LX}^{\text{mo}}$ octavo.

[1] Moissac, Tarn-et-Garonne. (Voir à ce sujet Lagrèze-Fossat, *Études sur Moissac*, I. 322.) — [2] Avignonet, Haute-Garonne, cant. Villefranche-de-Lauragais.

## 930

15 dec. 1268. — SENESCALLO THOLOSE ET ALBIENSIS PRO EPISCOPO ALBIENSI [SUPER DECIMIS INCURSIS ET NOVALIBUS].

Alfonsus, *etc.* Frequenter pulsati instancia peticionum reverendi in Christo patris episcopi Albiensis[1], vobis mandamus quatinus decimas incursas, adjuratas ac possessas ab ecclesia necnon decimas novalium a subditis nostris vestre senescallie, in dicta dyocesi decimas hujusmodi detinentibus, facta vobis primo a parte ecclesie fide sommaria de predictis, decimas easdem restitui faciatis ecclesiis quibus subsunt, nonobstante si ab ecclesia de fructibus dictarum decimarum cum aliquibus personis contractus vendicionis precesserit, nisi eedem persone vendicionem hujusmodi ostenderint perpetuam exstitisse. Preterea eos, de jurisdicione nostra existentes in eadem dyocesi, qui per annum et diem excommunicacionis sententiam sustinuerint animo indurato, per capcionem[2] bonorum in districtu nostro existencium compellatis redire ad unitatem Ecclesie post annum et diem, secundum quod per karissimum dominum fratrem nostrum regem Francie in eadem dyocesi in casu consimili observatur[3], salvo jure quolibet alieno. Datum Parisius, die sabbati post festum sancte Lucie, anno Domini millesimo ducentesimo LX<sup>mo</sup> octavo.

Édité dans *Hist. de Languedoc* (nouv. édit.), VIII, c. 1648.

## 931

(Fol. 150.) 16 dec. 1268. — SENESCALLO PRO HENRICO BRUNEL, [CASTELLANO SANCTE GAVELLE].

Alfonsus, *etc.* Significamus vobis quod nos Henrico Brunel, latori presencium, castrum nostrum Sancte Gavelle[4] ad gagia duorum solidorum et sex denariorum turonensium per diem, quandiu nobis pla-

---

[1] Bernard de Combret, évêque d'Albi (1254-1271).
[2] Le manuscrit porte *caucionem*.
[3] Voir l'ordonnance de saint Louis de 1228, citée par Ducange, *s. v. excommunicatio*.
[4] Cintegabelle, ch.-l. canton, Haute-Garonne.

cuerit, tradimus custodiendum, mandantes vobis quatinus dictum castrum cum garnisione ejusdem, si qua fuerit, eidem deliberetis et tradatis ac eidem dicta gagia persolvatis. Datum Parisius, anno Domini M° CC° LX° octavo, die dominica post festum beate Lucie.

## 932

16 dec. 1268. — INQUISITORIBUS HERETICE PRAVITATIS IN COMITATU THOLOSANO.

Alfonsus, *etc.*, viris religiosis et in Christo karissimis fratribus ordinis Predicatorum, inquisitoribus heretice pravitatis in terris karissimi domini et fratris nostri regis Francorum et nostra, salutem in Domino. Affectantes ut negocium fidei in terra nostra temporibus nostris prosperetur et errantes ab ea ad viam rectitudinis revertantur, karitatem vestram in Domino deprecamur, quatinus in negocio fidei vobis commisso sitis soliciti, fideles et attenti, in tantum quod mediante vestro et vestrorumque (*sic*) labore terra nostra purgetur heretica feditate et nomen divine majestatis in eisdem terris perpetuo excolatur, vos rogantes nichilominus ut super hiis que Egidius Camelini, clericus noster, ex parte nostra vobis dixerit, fidem vellitis adhibere, personam nostram in vestris oracionibus recommandatam habentes. Datum Parisius, dominica tercia in adventu Domini, anno Domini M° CC° LX° octavo.

Édité dans *Hist. de Languedoc* (nouv. édit.), VIII, c. 1583.

## 933

17 dec. 1268. — LITTERA PATENS SENESCALLO THOLOSE PRO GILETO DICTO CANCRE, [CUSTODE BASTIDE DE GIMONTE].

Alfonsus, *etc.* Significamus vobis quod nos Gileto dicto Cancre, latori presencium, bastidam nostram de Gimonte[1] custodiendam tradidimus, ad gagia sex denariorum tholosanorum per diem, quamdiu nostre placuerit voluntati, mandantes vobis quatinus eidem dictam bastidam

---

[1] Gimont, Gers.

tradatis custodiendam et sibi dicta gagia persolvatis. Datum Parisius, die lune post festum beate Lucie, anno Domini m° cc° lx° octavo.

### 934

18 dec. 1268. — PONCIO ASTOAUDI, MILITI, ET ODONI DE MONTONERIA PRO UNIVERSITATE HOMINUM DE GALLACO ET DE RABASTEINX [SUPER FOCAGIO].

Alfonsus, *etc.* Cum dudum dilecto et fideli nostro P. de Landrevilla, militi, defuncto quondam senescallo nostro Tholose et Albiensis, scripserimus ut de consilio vestro ea que homines de Gallaco[1] et homines de Rabasteinx[2] coram ipso et vobis vellent proponere super inmunitate quam pretendunt pro aliquibus villis que in numeracione foccorum penes nos sunt reperte, audiretis, cum easdem villas asserant contineri sub nomine universitatis de quo facta fuit mencio, quando cum eisdem extitit super focagio ordinatum, vobis mandamus quatinus, auditis racionibus eorum defensoque jure nostro, in facto hujusmodi taliter procedatis quod per vos possimus plenius edoceri an ad id quod residuum est solvendum dicti homines teneantur aut ab illo residuo sint immunes. Et quid super hoc feceritis, nobis per Thomam, clericum vestrum, ad pallamentum Candelose rescribere procuretis. Datum Parisius, die martis ante natale Domini, anno Domini m° cc° lx° octavo.

### 935

19 dec. 1268. — LITTERA PATENS SYCCARDO, MILITI, SENESCALLO ET VICARIO THOLOSE [PRO ABBATE APPAMIARUM].

Alfonsus, *etc.*, dilectis et fidelibus suis Syccardo Alemanni, militi, senescallo et vicario Tholose, salutem et dilectionem sinceram. De gratia speciali a nobis venerabili viro abbati Appamiensi[3] facta, vobis mandamus quatinus eundem abbatem usque ad instans festum Penthecostes tantummodo ad tuicionem persone sue se vicesimum per

---

[1] Gaillac, Tarn. — [2] Rabastens, Tarn. — [3] Bernard Saisset.

terram nostram armatum incedere permittatis. Datum Parisius, die mercurii ante natale Domini, anno incarnacionis ejusdem millesimo ducentesimo sexagesimo octavo.

## 936

(Fol. 151.) 21 dec. 1268. — LITTERA PATENS MAGISTRO ODONI DE MONTONERIA ET BARTHOLOMEO DE LANDREVILLA, MILITI, [PRO GUIDONE DE LEVIS, DOMINO MIRAPISCIS].

Alfonsus, *etc.*, dilectis et fidelibus suis magistro Odoni de Montoneria et Bartholomeo de Landrevilla, militi, salutem et dilectionem. Cum inter nos et nobilem virum Guidonem, marescallum, dominum Mirapiscis, extiterit ordinatum quod vos tam super injuriis, causam criminalem minime contingentibus, a dicto nobili et gentibus suis hominibus nostris de Plaignagno[1] et de Gajano[2], ut dicunt, illatis, quam super usagio quod dicti homines in foresta seu nemore dicti nobilis asserunt se habere necnon et super possessione libertatis dicti usagii, in qua idem nobilis se, patrem ipsius et avum asserit extitisse, ac super condamina et quibusdam territoriis ac aliis articulis, quos utraque pars vobis tradere voluerit, inquirere debeatis, vobis mandamus quatinus, vocatis dicto nobili seu gentibus suis et hominibus nostris predictis, receptis hinc inde articulis quos vobis tradiderint super premissis, inquiratis diligenter veritatem, si de dictorum hominum et partis adverse processerit voluntate, et inquestam quam super hiis feceritis nobis in scriptis quam cicius commode poteritis remittatis. Datum Parisius, die veneris ante nativitatem Domini, anno Domini M° CC° LX$^{mo}$ VIII°.

Édité dans *Hist. de Languedoc* (nouv. édit.), VIII, cc. 1648-1649.

## 937

21 dec. 1268. — SYCCARDO ALEMANNI PRO MAGISTRO ASSALTO DE MARSILIA.

Alfonsus, *etc.*, dilecto et fideli suo Syccardo Alemanni, militi, salutem et dilectionem sinceram. Inspecta serie litterarum vestrarum et

[1] Plaigne, Aude, cant. Belpech. — [2] Gaja-la-Selve, Aude, cant. Fanjeaux.

magistri Assalti de Marsilia, ingeniatoris, nuperrime nobis missarum, perpendimus quod idem magister ab illustri rege Castelle licentiam veniendi ad nos, ut nobiscum in subsidium Terre sancte transfretare deberet, non potuit obtinere. Quocirca vobis mandamus quatinus eidem magistro Assalto significetis literatorie, sub forma quam potius videritis expedire, quod ipsum habemus in hac parte excusatum, nolentes quod absque beneplacito et mandato prefati regis ad nos se transferat ullomodo, ne indignacionem ejusdem regis ex hoc ipsum incurrere contingeret, quod nobis non placeret. Datum Parisius, die veneris ante nativitatem Domini, anno Domini M° CC° LX° octavo.

### 938

26 dec. 1268. — SYCARDO ALEMANNI ET EGIDIO CAMELINI PRO FRATRIBUS MINORIBUS DE THOLOSA.

Alfonsus, *etc.* Cum, sicut nobis relatum extitit, contractus vendicionis celebratus fuerit inter magistrum Benedictum de Insula, emptorem, ac procuratorem fratrum Minorum de Tholosa, venditorem nomine predictorum fratrum, ad instanciam dictorum fratrum volumus et mandamus ut dictus magister possessiones sibi venditas, villam videlicet de Nogareto[1] cum suis pertinenciis teneat et possideat, salvo jure quolibet alieno, ita tamen quod servicium ad quod Petrus Botoneti defunctus tenebatur, dum vivens easdem res possideret, predictus magister prestare et facere teneatur per se vel saltim per alium ydoneum ab eo super exhibendo dicto servicio substitutum. Datum apud Feritatem Aalesie[2], in crastino natalis Domini, anno incarnacionis ejusdem M° CC° LX° VIII°.

### 939

26 dec. 1268. — EISDEM PRO EISDEM [SUPER CONCESSIONE DOMUS CUJUSDAM APUD VAURUM].

Alfonsus, *etc.* Ex parte gardiani et conventus fratrum Minorum de

---

[1] Nogaret, Haute-Garonne, cant. Revel. — [2] La Ferté-Alais, Seine-et-Oise.

Tholosa nobis extitit supplicatum ut domum quandam, apud Vaurum[1] sitam, in qua pauperes consueverunt, ut dicitur, hospitari, incolis ejusdem ville, ut iidem fratres asserunt, consentientibus, eisdem fratribus, quantum ad nos pertinet, concedere deberemus. Quocirca vobis mandamus quatinus diligenter addicastis an in hac parte dyocesani consensus accedat vel accedere debeat et patroni loci ac aliorum quorum interest. Et que circa premissa fuerint attendenda et ea que inveneritis cum consilio vestro nobis, cum commode poteritis, rescribatis. Datum ut precedens.

### 940

26 dec. 1268. — SENESCALLO THOLOSANO PRO CRUCESIGNATIS.

Alfonsus, *etc.* Mandamus vobis quatinus ea, que in vestra senescallia a nostris subditis debentur crucesignatis vestre senescallie, secundum quod fuerint cognita vel probata eisdem restitui faciatis, justicia mediante. Ceterum eisdem crucesignatis a suis creditoribus de debitis suis, facta tamen assignacione competenti, respectum dari faciatis, secundum quod karissimus dominus et frater noster rex Francie in senescalliis Carcassonne et Bellicadri facit in casu consimili observari. Preterea fratri Guillelmo de Monteills, ordinis fratrum Minorum, predicatori crucis Jerosolimitane in partibus Tholosanis, in hiis potissime que promocionem crucis contingunt, per vos et bajulos vestros assistatis favorabiliter et benigne, prestantes sibi in hac parte consilium et auxilium oportuna, cum ab ipso fratre fueritis requisiti. Data apud Longumpontem, die mercurii in crastino natalis Domini, anno Domini M° CC° LX° VIII°.

Similis littera missa fuit vicario Tholosano pro eodem.

Édité dans *Hist. de Languedoc* (nouv. édit.), VIII, cc. 1583-1584.

[1] Lavaur, Tarn.

## 941

7 jan. 1269. — SYCARDO ALEMANNI, MILITI, PRO RAIMUNDO DE PODIO.

Alfonsus, *etc.* Ex parte Raimundi de Podio nobis extitit humiliter supplicatum ut nos eidem litteras nostras con[ce]deremus, quod posset vendere de hereditate sua, movente de feudis et retrofeudis nostris, usque ad valorem triginta librarum turonensium vel circa annui redditus, burgensibus vel aliis innobilibus. Unde vobis mandamus quatinus de valore annuo et situ dicte hereditatis quam intendit vendere, et in quibus consistit, necnon cui et pro quanto eam intendit vendere, diligenter addiscatis. Et quid super premissis inveneritis necnon et consilium vestrum nobis, cum commode poteritis, in scriptis remittatis, ut super hiis valeamus plenius informari. Datum die lune in crastino epiphanie Domini, anno Domini M° CC° LX° octavo.

## 942

7 jan. 1269. — EIDEM PRO DOMINO COMITE [SUPER GUERRA INTER JORDANUM ET YSARNUM DE INSULA].

Alfonsus, *etc.*, dilecto et fideli suo Sycardo Alemanni, militi, salutem et dilectionem. Accedens ad nos Raimundus de Podio ex parte vestra intelligi nobis dedit quod gentes nobilis et fidelis nostri Jordani, domini Insule, militis, contra fidelem nostrum Isarnum Jordani, militem, et gentes et homines suos cum magna multitudine armatorum, unsque (*sic*) ad duo milia vel circa cum armis, hostiliter exiverunt in feudis et retrofeudis nostris et ibidem multa maleficia perpetrarunt. Ceterum ex adverso nobis extitit relatum pluries conquerendo, quod dictus Ysarnus, fautores, item complices sui in eosdem cum armis pluries arruerunt (*sic*), per feuda et retrofeuda nostra cum armis hostiliter incedendo et multa maleficia ibidem, ut dicitur, inferendo. Unde vobis mandamus quatinus illos, qui modo illicito per feuda vel retrofeuda nostra arma detulerint, de nostra tamen jurisdicione existentes, secundum jus vel consuetudinem patrie seu statuta dudum edita in hac parte faciatis primo per sentenciam legitime condempnari ac per emendam bona capi eorumdem, qua in sententia declarabitur quis ad quam emendam teneatur. Et si in exactione emende judicate aliquis rebellis existerit (*sic*), tunc erimus super hoc merito consulendi quid ulterius sit agendum. Quid autem super premissis feceritis nobis in scriptis insinuare curetis quam cicius comode poteritis et videritis expedire. Datum die lune in crastino epiphanie Domini, anno Domini m° cc° lx° octavo.

Édité dans *Hist. de Languedoc* (nouv. édit.), VIII, cc. 1676-1677.

## 943

(Fol. 152.) 8 jan. 1269. — SYCARDO ALEMANNI, MILITI, ET EGIDIO CAMELINI, CLERICO, SUPER FINACIONE BONORUM JUDEORUM.

Alfonsus, *etc*. Scriptum quod vos, predicte Sycarde, nobis misistis super valore bonorum Judeorum dyocesium Tholosane et Albiensis sine civitate Tholose, intelleximus diligenter. Cum itaque in fine ipsius scripti contineatur quod summa valoris dictorum bonorum est II<sup>m</sup> III<sup>c</sup> xxxv lib. turon., computatis tholosanis dupplicibus et caturcensibus dupplicibus, in qua summa non computantur Judei Alterippe[1] et Wasconie[2], vobis mandamus quatinus super bonis dictorum Judeorum Alterippe et Wasconie necnon et de bonis aliorum Judeorum dictarum dyocesium, si que ipsi Judei absconderint, diligenter et caute addiscatis, et quecumque inveneritis ad manum nostram capiatis, tractantes cum eisdem super finacione nobiscum facienda secundum formam quam vobis, predicto Egidio, tradi fecimus in scriptis, et valorem omnium bonorum dictorum Judeorum tam Alterippe et Wasconie quam aliorum jam inventorum et absconsorum et oblationem vobis ab eis factam circa tres septimanas post instantem Candelosam per Thomam, clericum vestrum[3], cum venerit pro vestris compotis faciendis, nobis in scriptis mittere nullatenus omittatis. Et videtur aliquibus quod debe-

[1] Auterive, Haute-Garonne.
[2] Nom d'une baylie de la sénéchaussée de Toulouse.

[3] Il s'agit ici de Thomas de Neuville, clerc du sénéchal de Toulouse: le scribe aurait dû écrire: *clericum senescalli*.

rent nobis dare ad minus secundum formam predictam quatuor milia librarum turon., respectu Judeorum civitatis Tholose, quorum bona non ascendebant nisi ad summam mille trescentarum librar. tholosanarum vel circa, et ad tria milia et quingentas libr. turon. nobiscum finaverunt. Datum die martis post epiphaniam Domini, anno Domini M° CC° LX° octavo.

Édité dans *Hist. de Languedoc* (nouv. édit.), VIII, cc. 1657-1658.

## 944

13 jan. 1269. — SICARDO ALEMANNI, MILITI, ET EGIDIO CAMELINI PRO ABBATE ET CONVENTU DE OBAZINA.

Alfonsus, *etc.*, dilectis et fidelibus suis Sicardo Alemanni, militi, et Egidio Camelini, clerico, vel eorum alteri salutem et dilectionem. Ad supplicacionem abbatis et conventus de Obazina[1], Cysterciensis ordinis, vobis mandamus quatinus vos vel alter vestrum diligenter addiscatis de valore granchie de la Boissoniere[2] et situ loci et commoditate ejusdem, tractetisque cum abbate dicti loci quantum pro dicta granchia, si eam sibi dare vellemus, necnon et pro confirmacione acquisitorum et acquirendorum usque ad centum libras turonensium nobis darent. Et quid super premissis inveneritis tractatumque quem cum dicto abbate habueritis, retenta voluntate nostra, nobis in scriptis vos, Egydi, cum ad nos veneritis, reportetis. Datum apud Gornaium super Marnam, in octabis Epiphanie, anno Domini M° CC° LX° VIII°.

## 945

13 jan. 1269. — EGIDIO CAMELINI, CLERICO, [PRO BERTRANDO DE SANCTA ARTHEMIA].

Alfonsus, *etc.* Ad instanciam magistri Bertrandi de Sancta Arthemia vobis mandamus quatinus ad querimoniam, quam ipse coram senescallo nostro Agennensi et Caturcensi fecerit super quibusdam injuriis fratribus suis injuste illatis, ut dicit, intersitis, ut de predicta queri-

---

[1] Aubazine, Corrèze, cant. Beynat. — [2] Je ne retrouve pas ce lieu; est-ce La Boissonnerie, Haute-Vienne, comm. Champagnac?

monia possitis testimonium perhibere et nobis in scriptis referre, cum ad nos veneritis, quid super hoc fecerit senescallus. Datum apud Gornaium super Marnam, die dominica in octabis Epiphanie, anno Domini M° CC° LX° VIII°.

## 946

2 mart. 1269. — PONCIO AUSTOAUDI, MILITI, ET MAGISTRO ODONI DE MONSTONNERIA [PRO EPISCOPO CATURCENSI].

Alfonsus, etc. Ex parte venerabilis patris episcopi Caturcensis[1] nobis exstitit intimatum quod nos reparium de Salvignac[2], quod est prope Caiarcum, quod ad se debere teneri[3] asserit, occasione advoamenti quondam bone memorie comiti Raymundo facti indebite et injuste a domino cujus est dictum reparium, detinemus. Quare vobis mandamus quatinus super hoc inquiratis diligencius veritatem, secundum traditam vobis formam. Datum Parisius, die sabbati post festum sancti Mathie apostoli, anno Domini M° CC° LX° octavo.

## 947

8 mart. 1269. — SYCCARDO ALEMANNI, MILITI, PRO ABBATE MOYSIACI.

Alfonsus, etc. Ex parte religiosi viri abbatis Moisiaci[4] nobis est conquerendo monstratum quod cum ipse ad monasterium[5] Lesatense[6], sibi inmediate, ut dicit, subjectum, in spiritualibus et temporalibus jam collapsum, pro eo reformando in melius accederet, prout sibi a sede apostolica fuerat demandatum, ac ex officio jurisdicionis sue ordinarie, prout asserit, facere poterat et debebat, quidam laici de nostra jurisdictione cum armis ad predictum monasterium accesserunt ad impediendum eundem abbatem, quod mandatum apostolicum sibi directum non posset exequi nec suum officium exercere. Unde vobis mandamus

---

[1] Barthélemi II (1250-1273).
[2] Salvagnac-Cajarc, Aveyron, cant. Villeneuve.
[3] Le manuscrit porte *a se debere tenere*.
[4] Bertrand de Montaigu, abbé de 1260 à 1295.
[5] Première leçon : *abbatem*.
[6] Lézat, Ariège, cant. Le Fossat.

quatinus per vos vel Rogerium d'Espiers vel alium ad hoc ydoneum veritatem super facto hujusmodi diligenter addiscatis, et de laicis nostre jurisdicioni subjectis, quos taliter arma detulisse inveneritis et injuriam intulisse, emendam dicto abbati, prout justum fuerit, fieri faciatis et emendas occasione dicte delationis armorum pro nobis judicari cum bonorum consilio et levari. Datum Parisius, die veneris post Lettare Jerusalem, anno Domini M° CC° LX° octavo.

Édité dans *Hist. de Languedoc* (nouv. édit.), VIII, c. 1677.

## 948

(Fol. 153.) 13 jan. 1269. — JACOBO DE BOSCO PRO INQUISITORIBUS SUPER DIMINUTIONE EXPENSARUM ET PRISIONIBUS AD INCARCERANDOS HERETICOS.

Alfonsus, *etc.*, dilecto et fideli clerico suo Jacobo de Bosco, salutem et dilectionem. Ex vestrarum serie litterarum quas nuper recepimus intelleximus fratres inquisitores heretice pravitatis apud Tholosam in negociis inquisicionis procedere ibidemque pro eodem negocio facere sumptus magnos. Unde si viderent expedire, apud Vaurum [1] vel alibi pro facto inquisicionis possent se transferre, si hoc bono modo eisdem duxeritis suggerendum, et tunc possent sumptus fieri minus graves. De castro autem de Vauro seu de alio competenti pro incarcerandis personis, quas capi contigerit, si castrum Tholose non suffecerit, providebimus competenter, que quidem persone an sint pauperes vel locupletes ignoramus, set suo tempore veritas apparebit. Ceterum de forestis tradendis ordinavimus et ordinationem in scriptis tradidimus Egidio Camelini, qualiter sit super hoc procedendum, scituri quod tradicionem forestarum earundem nolumus fieri sine illa clausula : *salvo jure quolibet alieno*, quia cum adjectione illius clausule tam pro nobis quam pro illis, qui tradicioni [2] hujusmodi [3] se opponunt, provisum credimus competenter, prout videre poteritis in scripto tradito prefato Egydio Camelini. Vos vero circa factum expensarum et alia, que vestro incumbunt officio,

[1] Lavaur, Tarn.
[2] Première leçon : *adjectioni*.
[3] Ici le mot *clausule*, que le scribe aurait dû biffer comme le mot *adjectioni*.

diligenter et fideliter peragenda taliter vos habere curetis, quod non possitis de culpa redargui, pocius de fidelitate et diligencia commendari. Datum apud Gornaium super Marnam, dominica in octabis epiphanie Domini, anno Domini M° CC° LX° VIII.

<small>Édité par Boutaric, p. 456, et dans *Hist. de Languedoc* (nouv. édit.), VIII, cc. 1584-1585.</small>

### 949

13 jan. 1269. — FRATRIBUS PONCIO DE POIETO ET STEPHANO DE VASTINO, INQUISITORIBUS HERETICE PRAVITATIS.

Alfonsus, *etc.*, religiosis viris et in Christo sibi dilectis fratribus Poncio de Poieto et Stephano de Vastino, ordinis fratrum Predicatorum, inquisitoribus heretice pravitatis in partibus Tholosanis, salutem et dilectionem sinceram. Zelum, quem ad promovendum fidei negotium et reprimendam labem hereticam in partibus Tholosanis confidimus vos habere, in Domino commendamus, scituri nos totis visceribus affectare quod negotium ipsum, opitulante Domino, prosperetur. Sane super eo quod nobis scripsistis quod castrum nostrum de Vauro deputare vellemus ad custodiam personarum quas capi contigerit infectas dicta labe, vobis taliter duximus respondendum, quod, cum ad presens non habeamus senescallum proprium in partibus Tholosanis, cum de eo ibidem disposuerimus, quod in brevi facere proponimus, intellexerimusque de numero seu quantitate personarum que capte fuerint, si castrum nostrum de Tholosa non suffecerit, tunc pro ipsorum custodia de predicto castro de Vauro seu de alio competenti taliter ordinabimus, Deo dante, quod in tuta erunt custodia nec ob deffectum carceris periculum aliquod inibi poterit imminere. Ceterum prudenciam vestram rogamus, quatinus circa promocionem negotii fidei diligenter et fideliter procedatis, sicut confidimus vos facturos. Datum ut precedens.

### 950

15 jan. 1269. — SYCARDO ALEMANNI, MILITI, ET EGIDIO CAMELINI, CLERICO, PRO ABBATE GRANDISSILVE [SUPER ACQUISITIS].

Alfonsus, *etc.* Mandamus vobis quatinus cum religiosis viris abbate et conventu Grandissilve, Cisterciensis ordinis, vel eorum certo mandato tractetis super acquisitis ab eisdem vel suis predecessoribus in feodis vel retrofeodis nostris, de composicione nobiscum facienda pro litteris nostris patentibus habendis de confirmacione a nobis super predictis obtinenda. Quid autem super premissis feceritis necnon valorem predictorum et quantum valent et in redditibus annuis et alias et oblacionem quam vobis fecerint ac tractatum exinde habitum, retenta tamen nostra voluntate, in scriptis redactos refferatis vos, Egidi, cum ad nos veneritis circa tres septimanas post instans festum Penthecostes. Datum apud Gornaium, die martis post octabas Epiphanie, anno Domini M° CC° LX° VIII°.

Similis littera missa fuit eisdem pro abbate Bellepertice, data die veneris sequenti [18 jan. 1269][1].

### 951

15 jan. 1269. — EGIDIO CAMELINI PRO ABBATE ET CONVENTU DE HELNIS [SUPER ACQUISITIS [2]].

Alfonsus, *etc.* Mandamus vobis quatinus tractetis cum religiosis abbate et conventu de Helnis [3], Tolosane dyocesis, super acquisitis in nostris feodis et retrofeodis, et addiscatis quantum nobis dare vellent pro confirmacione super predictis a nobis obtinenda, et quantum valent acquisita in redditibus annuatim. Et super hiis cum dilecto et fideli nostro Sycardo Alemanni, milite, colloquium et consilium habeatis. Et quid super hiis feceritis et oblacionem quam vobis super premissis fecerint, retenta nostra voluntate, cum ad nos veneritis circa tres septimanas post instans festum Penthecostes, in scriptis referatis. Datum apud Gornaium super Maternam, die martis post octabas Epiphanie, anno Domini M° CC° LX° VIII°.

[1] Voir plus loin, n° 953.
[2] Cet acte est cancellé dans le registre.
[3] Éaunes, abbaye cistercienne; aujourd'hui Haute-Garonne, cant. Muret.

## 952

15 jan. 1269. — EGIDIO CAMELINI [PRO CONVENTU DE HELNIS, SUPER BONIS IN MANU MORTUA TENENDIS].

Alfonsus, etc. Mandamus vobis quatinus tractetis cum religiosis viris abbate et conventu de Helnis, Tholosane dyocesis, vel eorum certo mandato super acquisitis factis ab ipsis et predecessoribus suis in feudis et retrofeudis nostris, addiscentes quantum valent acquisita in redditibus annuatim et quantum nobis dare vellent pro confirmacione predictorum per nostras patentes litteras a nobis obtinenda. Et super predictis cum dilecto et fideli nostro Sycardo Alemanni, militi (sic), colloquium et consilium habeatis. Et quid super hiis feceritis et oblacionem quam vobis fecerint super premissis, retenta nostra voluntate, cum ad nos veneritis circa tres septimanas post instans festum Penthecostes, in scriptis refferatis. Datum ut supra.

## 953

18 jan. 1269. — EIDEM EGIDIO PRO ABBATE BELLEPERTICE SUPER ACQUISITIS [1].

Alfonsus, etc. Mandamus vobis quatinus, de consilio dilecti et fidelis nostri Sycardi Alemanni, militis, cum religiosis viris abbate et conventu Bellepertice, Cisterciensis ordinis, vel eorum certo mandato tractetis super acquisitis ab eisdem et suis predecessoribus factis denuo in feudis et retrofeudis nostris sine nostra licencia speciali, de composicione nobiscum facienda pro litteris nostris patentibus de confirmacione predictorum acquisitorum a nobis obtinendis. Quid autem super premissis feceritis necnon valorem predictorum in redditibus annuis et oblacionem quam super hoc vobis fecerint ac tractatum exinde habitum, retenta nostra voluntate, in scriptis redactos refferatis, cum ad nos veneritis circa tres septimanas post instans festum Penthecostes. Datum apud Gornaium super Maternam, die veneris post octabas epiphanie Domini, anno ut supra.

[1] Cette pièce est cancellée dans le registre. (Voir plus haut, n° 950.)

## 954

18 jan. 1269. — SYCARDO ALEMANNI, PONCIO ASTOAUDI, MILITIBUS, ET MAGISTRO ODONI PRO EODEM SUPER BASTIDA.

Alfonsus, *etc.* Cum ex parte religiosi viri abbatis Bellepertice, Cisterciensis ordinis, relatum extiterit quod in quodam loco vocato, ut dicitur, Granchia nova [1], quem de nostris feudis et dominio esse asserit, libenter vellet construere quandam bastidam, que, prout dicitur, in nostrum et tocius confinii commodum cederet et honorem, vobis mandamus quatinus tam de dicto loco quam de aliis condicionibus et circonstanciis que competent in hac parte, quidque comodi vel incomodi nobis ex constructione dicte bastide in posterum proveniret, et an sine cujusquam injuria dicta bastida posset construi vel deberet, diligenter addiscatis, veritatemque quam super hoc repereritis, una cum vestro consilio in scriptis redactam, nobis remittere curetis quam cito fieri poterit bono modo. Datum apud Gornaium, die veneris post octabas epiphanie Domini, anno Domini M° CC° LX° octavo.

## 955

(Fol. 154.) 1 febr. 1269. — SYCARDO ALEMANNI, MILITI, PRO WALTERO DE CAUSEE.

Alfonsus, *etc.* Cum illustris rex Anglie jam semel et secundo nobis scripserit, deprecando ut quaterviginti undecim libras undecim solidos et IIII$^{or}$ denarios stillingorum reddi et solvi faceremus a Raimundo Arnaldi de Gaillaco, qui ex causa empcionis pannorum, ut dicitur, in dicta peccunie summa Waltero Causee, Lincolniensi, sociisque suis vel ab ipsis causam habentibus asseritur obligatus, ac super hoc nichil extiterit expeditum, quanquam litteras nostras defuncto P. de Landrevilla, militi, quondam senescallo nostro Tholosano, miserimus in hac parte [2],

---

[1] C'est probablement la bastide de Cordes-Tolosanes, fondée par Alfonse de Poitiers sur un terrain donné par l'abbaye de Belleperche, Tarn-et-Garonne, cant. Saint-Nicolas-de-la-Grave (*Hist. de Languedoc*, nouv. édit., VIII, c. 1733).

[2] Voir plus haut, n° 882, mandement du 29 sept. 1268.

hinc est quod vobis mandamus quatinus, visis et inspectis actis vel attestacionibus negocium hujusmodi contingentibus, que vel quas lator presencium exibuerit, vocato dicto R. Arnaldi, auditis hinc inde racionibus, dicto Waltero vel certo mandato suo super restitucione dicte peccunie, prout justum fuerit, facienda, communicato bonorum consilio, taliter exibere curetis justicie complementum, quod propter defectum juris non oporteat ad nos super hoc querimoniam reportari. Datum apud Gornaium super Maternam, die veneris in vigilia purificacionis beate Virginis.

## 956

1 febr. 1269. — EIDEM PRO FRATRIBUS MAGISTRI MICHAELIS DE THOLOSA, VICECANCELLARII ECCLESIE ROMANE.

Alfonsus, *etc.* Ex parte fratrum venerabilis viri et dilecti nostri magistri Michaelis de Tholosa, sacrosancte Romane ecclesie vicecancellarii, nobis est intimatum quod aliqui, tam bajuli quam alii sub districtu nostro existentes, super quibusdam territoriis et possessionibus ab eisdem, ut dicitur, licite acquisitis, [eos] molestant multipliciter contra justiciam et perturbant. Unde vobis mandamus quatinus tam eosdem bajulos quam alios de jurisdicione nostra existentes compescatis ne aliquam in predictis seu aliis bonis suis injuriam eisdem faciant vel gravamen, sed juxta tenorem instrumentorum et cartarum dictorum fratrum, possessionibus et aliis bonis suis gaudere eosdem pacifice faciatis, et si que minus juste contra ipsos fuerint attemptata, de personis et rebus ad jurisdicionem nostram spectantibus faciatis ad statum reduci debitum, justicia mediante. Datum ut precedens.

## 957

4 febr. 1269. — PONCIO ASTOAUDI, MILITI, ET MAGISTRO ODONI DE MONTONERIA PRO BERTRANDO DE GORDONIO, MILITE.

Alfonsus, *etc.* Ex parte Bertrandi de Gordonio, militis, nobis est intimatum quod bone memorie Raimundus, comes Tholose, predecessor noster, seu gentes ipsius nomine suo medietatem castri de Salvaterra[1], ad defunctum patrem ipsius Bertrandi spectantem jure suo, ut dicitur, occupaverunt indebite et injuste. Cum itaque, ut asserit, vobis alias injunxerimus quod ipsum super hoc audiretis et faceretis quod secundum formam vobis datam deberetis facere, vobis mandamus quatinus secundum formam eandem in negocio hujusmodi procedatis, nisi, secundum quod vobis alias injunctum extitit, sit processum vel aliud racionabile non obsistat, quod nobis una cum aliis inquestis vestris vel quid super hoc fecistis seu deinceps feceritis in scriptis, cum ad nos veneritis, refferatis. Datum die lune post Candelosam, anno Domini M° CC° LX° VIII.

## 958

18 febr. 1269. — SYCARDO ALLEMANNI, MILITI, PRO GERALDO DE ARMEGNACO, MILITE, SUPER INJURIIS DE GYMONT.

Alfonsus, *etc.* Ex parte nobilis et fidelis nostri Geraudi de Armeigniaco, militis, nobis est conquerendo monstratum quod homines bastide nove de Gymont[2] eidem Geraldo multiplices injurias et dampna non modica intulerunt, terram suam pro ea excolenda violenter intrando, animalia sua pro eis pascendis ibidem inmittendo et nemora sua sine ejus licencia indebite scindendo. Unde vobis mandamus quatinus eisdem hominibus ex parte nostra inhibeatis seu inhiberi faciatis ne predicto Geraldo injurias aut gravamina seu novitates indebitas inferre presumant, et si aliquas injurias vel gravamina seu novitates indebitas eidem G. a dictis hominibus illatas fuisse vel de cetero inferri noveritis, vocatis predictis hominibus et auditis eorum deffensionibus, faciatis eas dicto G., prout justum fuerit, emendari. Datum apud Longumpontem, die lune post quindenam Candelose, anno Domini M° CC° LX° octavo.

[1] Sauveterre, Tarn-et-Garonne, cant. Lauzerte. — [2] Gimont, Gers.

## 959

20 febr. 1269. — SYCARDO ALEMANNI, MILITI, PRO HOSPITALARIIS DE SANCTO SULPICIO.

Alfonsus, *etc.* Ex parte religiosorum virorum preceptoris et fratrum domus Hospitalis Sancti Johannis Jerosolimitani de Sancto Sulpicio [1] nobis relatum extitit quod habitatores ville ejusdem, pretextu quarundam consuetudinum et libertatum ipsis habitatoribus a nobis, ut dicitur, concessarum [2], multas injurias ac gravamina eisdem hospitalariis inferunt, in eorum, ut asserunt, prejudicium et gravamen, ipsis consuetudinibus abutendo. Unde vobis mandamus quatinus ipsos religiosos super hiis diligenter audiatis, et vocatis dictis habitatoribus et qui fuerint evocandi, auditis hinc inde racionibus, de personis et rebus ad nostram jurisdicionem spectantibus exibeatis eisdem celeris justicie complementum. Datum apud Longumpontem, die mercurii ante festum cathedre sancti Petri, anno ut supra.

## 960

21 febr. 1269. — DOMINO SYCARDO ALEMANNI PRO PONTIO DE MONTIBUS ET REMONDO, FRATRE SUO.

Alfonsus, *etc.* Cum ex parte Poncii de Montibus et Remondi, fratrum, nobis fuerit conquerendo monstratum quod dominus Hugo de Arsiciis, quondam senescallus noster Tholose [3], Morinum patrem suum minus juste spoliavit de manso qui dicitur Talleferret [4], vobis mandamus quatinus ipsos super hoc diligenter audiatis, posito ad hoc aliquo legitimo defensore pro jure nostro servando, et sibi faciatis super hoc bonum jus et maturum super hiis et de quibus jurisdicio ad nos spec-

---

[1] Saint-Sulpice-de-la-Pointe, Tarn, cant. Lavaur.

[2] Les anciennes coutumes de Saint-Sulpice ont été publiées plusieurs fois (v. notamment un art. de E. Cabié dans *Revue du Tarn*, 1885); elles datent de 1247 et émanent de Sicard Alaman.

[3] Sénéchal de Toulouse de 1254 au milieu de 1256.

[4] Non retrouvé; probablement aux environs de Mons, Haute-Garonne, cant. Toulouse.

tat. Datum apud Longumpontem, die jovis post quindenam Candelose, anno sexagesimo octavo.

## 961

22 febr. 1269. — [EGIDIO CAMELINI, PRO HOSPITALARIIS SUPER RECREDENTIA BONORUM SUORUM.]

Alfonsus, *etc.*, dilecto et fideli suo clerico Egidio Camelini salutem et dilectionem. Mandamus vobis quatinus, si utilitati nostre expedire videritis, fratribus sancte domus Hospitalis Jerosolimitani quecunque occasione acquisitorum ab eisdem in nostris feodis in comitatu Tolosano saisita sunt seu capta detinentur, si qua sunt, recredi faciatis sub ydonea caucione usque ad instans festum nativitatis beati Johannis Baptiste, tractantes nichilominus cum aliquo superiori eorundem, si quem cum quo possitis finaliter tractare inveneritis, de finacione super acquisitis hujusmodi facienda. Datum die veneris in festo cathedre sancti Petri, anno Domini m° cc° lx° octavo.

## 962

1 mart. 1269. — VICARIO THOLOSE PRO DOMINO COMITE PICTAVIE [SUPER NOVIS PEDAGIIS].

Alfonsus, *etc.*, dilecto et fideli suo Guillelmo de Nantoilleto, vicario Tholose, salutem et dilectionem. Cum, sicut nobis exstitit intimatum, quidam burgenses de Tholosa suo nomine exigant et levant (*sic*) pedagia contra justiciam, ut dicitur, introducta, vobis mandamus quatinus de valore pedagiorum hujusmodi et nominibus eorum qui dicta levent pedagia et in quibus locis, qua eciam occasione vel quo jure ea sibi vendicant, et pro quibus mercibus et a quo tempore ea levaverunt, diligenter addiscatis, ac ea que super premissis inveneritis, sigillatim in scriptis redacta, cum ad nos veneritis ad diem veneris post instantem quindenam Penthecostes, vobiscum afferatis. Datum Parisius, anno Domini m° cc° lx° octavo, die veneris post festum beati Mathie apostoli.

Édité dans *Hist. de Languedoc* (nouv. édit.), VIII, c. 1618.

## 963

(Fol. 155.) 3 mart. 1269. — SYCARDO ALEMANNI, MILITI, PRO COMMUNITATE THOLOSE LITTERA PATENS.

Alfonsus, *etc.* Inspecta litterarum vestrarum serie et attentis diligenter articulis, qui in instrumento per procuratores communitatis Tholose nobis oblato continebantur, communicato super eisdem bonorum consilio, ea que dicti procuratores a nobis cum instancia postulabant nondum potuimus concedere bono modo, presertim in absencia aliquorum qui peticioni eorumdem videntur se oponere, sicut ex predictis instrumento et literis potest intelligi manifeste. Unde vobis mandamus quatinus, convocato, ut moris est, pleno consilio communitatis Tholose in domo communi, si aliqui contradictores apparuerint quod non fiat collecta per solidum et libram, — item alii articulo in quo fit mencio quod consules in fine administracionis sue reddant compotum consulibus subsistutis (*sic*), — item alii in quo tangitur de mutacione camerariorum et collectorum et reddicione compoti ab eisdem facienda, — item alii super contractibus seu obligacionibus et materia instrumentorum publicorum in prothocollo seu abreviatura in presencia parcium redigendis, — item alii de mutacione judicis annis singulis, si expediens fuerit, facienda; — ipsos contradictores citetis ad diem veneris post quindenam instantis Penthecostes, ut per se vel per procuratores legitime instructos compareant, si sua crediderint interesse, coram nobis, ubi tunc erimus, processuri super predictis quinque articulis prout justum fuerit et recepturi quod super eisdem duxerimus ordinandum. Datum Parisius, dominica qua cantatur Letare Jerusalem, anno Domini M$^o$ CC$^o$ LX$^o$ octavo.

Édité dans *Hist. de Languedoc* (nouv. édit.), VIII, c. 1654.

## 964

3 mart. 1269. — ALIA LITTERA PATENS EIDEM SYCARDO PRO EADEM COMMUNITATE [1].

Alfonsus, *etc.* Ex parte communitatis Tholose nobis insinuatum exti-

[1] Ce mandement est cancellé dans le registre.

tit quod per consules civitatis Tholose, qui tunc erant, collecta semel et secundo facta extitit, que nobis assignari debuerat, ut dicitur, pro suis libertatibus confirmandis ac aliis gratiis sibi a nobis impetrandis. Sane cum nondum assignata nobis fuerit collecta exinde peccunia, nec dicti consules libertates suas confirmari fecerint nec aliquas gratias, ut asserunt, de predicta peccunia impetraverint, vobis mandamus quatinus consulibus urbis Tholose, qui nunc sunt, ex parte nostra injungatis ut ab eisdem qui dictam peccuniam receperunt, convocatis quatuor probis hominibus a communitate dicte ville necnon quatuor probis hominibus a parte dictorum consulum, ab ipsis ad hoc specialiter deputatis, de dictis collectis compotum audiant, ut dicti homines ac tota universitas predicta sciant quid residui fuerit et eorum nomina, qui illud residuum penes se detinent, necnon in quos usus collecta exinde peccunia posita fuerit et conversa. Datum Parisius, die dominica qua cantatur Letare Jerusalem, anno Domini M° CC° LX° octavo.

Édité dans *Hist. de Languedoc* (nouv. édit.), VIII, c. 1619.

## 965

3 mart. 1269. — LITTERA PATENS SYCARDO ALEMANNI PRO CONSULIBUS THOLOSE [1].

Alfonsus, *etc.* Ad aures nostras perlatum est quod per consules civitatis Tholose, qui tunc erant, collecta semel et secundo facta extitit, que, ut dicitur, in nostrum debebat commodum redundare, cum sperarent super consuetudinibus suis sibi a nobis aliquam gratiam concedendam; sicut missi nobis procuratores communitatis Tholose asserebant. Sane cum nichil commodi ex collectis predictis nobis obvenerit, et nichilominus solventes exinde gravamen incurrerint, ut dicitur, vobis mandamus quatinus consulibus urbis Tholose, qui nunc sunt, ex parte nostra dicatis ut ab eisdem qui dictam pecuniam receperunt, convocatis ab eisdem consulibus quatuor probis hominibus de qualibet partita civitatis, a communitate ejusdem civitatis ad hoc electis, de dictis

[1] Rédaction définitive du mandement précédent.

collectis compotum audiant, ita quod dicti homines ac tota universitas predicta sciant quid residui fuerit, et eorum nomina qui illud residuum penes se detinent, necnon in quos usus collecta exinde pecunia posita fuerit et conversa. Datum Parisius, die dominica qua cantatur Letare Jerusalem, anno Domini millesimo ducentesimo $\text{LX}^{\text{mo}}$ octavo.

Édité dans *Hist. de Languedoc* (nouv. édit.), VIII, c. 1620.

## 966

3 mart. 1269. — CONSULIBUS URBIS ET SUBURBII THOLOSE.

Alfonsus, *etc.*, dilectis et fidelibus suis consulibus urbis et suburbii Tholose salutem et dilectionem. Litteras vestras nobis novissime presentatas necnon articulos, de quibus in eisdem litteris fiebat mencio, inspeximus diligenter, scituri quod super quibusdam de dictis articulis, communicato bonorum et fide dignorum consilio, ordinavimus quod super eisdem fore credidimus ordinandum, prout in litteris patentibus, quas dilecto et fideli nostro Sycardo Alemanni, militi, super premissis duximus destinandas, plenius continetur et videre poteritis in eisdem. Super aliis vero articulis, de quibus in dictis litteris vestris fiebat mencio, scire vos volumus quod deliberare super hiis plenius intendimus tempore oportuno. Datum Parisius, die dominica qua cantatur Letare Jerusalem, anno Domini millesimo ducentesimo $\text{LX}^{\text{mo}}$ octavo.

Édité dans *Hist. de Languedoc* (nouv. édit.), VIII, c. 1655.

## 967

[Mart. 1269.] — VICARIO THOLOSE PRO CIVIBUS AC HOMINIBUS URBIS ET SUBURBII THOLOSE.

Alfonsus, *etc.*, dilecto et fideli suo Guillelmo de Nantolheto, vicario Tholose, salutem et dilectionem. Ex parte hominum nostrorum urbis et suburbii Tholose intelligi nobis datur quod nos eisdem hominibus dudum per nostras concessimus litteras ne aliquis in civitate Tholose captus detineretur, nisi in notoriis criminibus vel in casibus a jure vel consuetudine concessis, dum tamen parati essent prestare ydoneam caupcionem de stando juri de se conquerentibus coram vobis. Unde vobis mandamus quatinus, si de concessione hujusmodi vel mandato super premissis alias vobis facto vobis constiterit, illud faciatis prout a nobis mandatum extitit observari.

Édité dans *Hist. de Languedoc* (nouv. édit.), VIII, c. 1655.

## 968

(Fol. 156.) 3 mart. 1269. — VICARIO THOLOSE ET EGIDIO CAMELINI VEL EORUM ALTERI PRO CONFRATRIBUS BEATE MARIE DE CARMELLO.

Alfonsus, *etc.*, dilectis et fidelibus suis Guillelmo de Nantoilleto, vicario Tholose, et Egidio Camelini, clerico, vel eorum alteri salutem et dilectionem. Ex parte confratrum confratrie domus Beate Marie de Monte Carmeli nobis extitit suplicatum ut Judeos nostros Tholose compelleremus ad vendendum seu permutandum duos denarios obliarum seu census, quos habere dicuntur super quadam domo ab ipsis confratribus empta, ut asserunt, pro servicio Jesu Christi ibidem faciendo, vel quod vos nostro nomine hoc idem faceretis, cum bona dictorum Judeorum capta sint et detempta, propter quod cum dictis Judeis tractatum haberi nequiverit de predictis. Ceterum quod nos unum obolum annui census, quem habemus super quadam platea parva, predicte domui contigua, dare vellemus et concedere confratribus supradictis. Quare vobis mandamus quatinus vos duo vel alter vestrum super premissis inquiratis diligenter quantum valent predicta, et an sine cujusquam injuria eisdem predicta possemus concedere, quidque comodi vel incomodi in dominio vel aliis nobis exinde proveniret, si eisdem dictas concessiones, vendiciones seu permutaciones faceremus, necnon de aliis circonstanciis que sunt in talibus attendende. Quid autem super premissis inveneritis, cum ad nos veneritis ad diem veneris post instantem quindenam Penthecostes, in scriptis refferatis. Datum Parisius, die dominica qua cantatur Letare Jerusalem, anno Domini M° CC° LX° octavo.

Édité dans *Hist. de Languedoc* (nouv. édit.), VIII, cc. 1618-1619.

## 969

4 mart. 1269. — SIGARDO ALEMANNI, MILITI, PRO HOMINIBUS COMMUNITATIS THOLOSE [CONTRA EPISCOPUM EJUSDEM CIVITATIS].

Alfonsus, *etc.*, Sycardo Alemanni, militi, *etc.* Datum est nobis intelligi quod vicarius venerabilis patris episcopi Tholosani homines nostros communitatis Tholose vexat multipliciter et trahit in causam apud Biterrim[1] minus juste, eo quod ipsi quosdam homines habentes quedam maneria seu domicilia sub dominacione dicti episcopi, quanquam sint mansionarii in villa Tholose, compellunt contribuere ad subvencionem nobis a predictis hominibus factam pro subsidio Terre sancte, qui ad subvenciones et collectas factas alias in dicta villa contribuere, ut dicitur, consueverunt. Unde vobis mandamus quatinus dictum vicarium ex parte nostra requiratis et moneatis diligenter, ut ab hujusmodi vexacionibus et citacionibus, quas facit eisdem dictus vicarius coram judice apud Biterrim, omnino desistat, alioquin non possemus equanimiter tolerare quin adhibeamus super hoc remedium quod fore noverimus oportunum, presertim cum predicti homines nostri super predictis parati sint coram ordinario suo Tholose, ut dicitur, stare juri. Datum Parisius, die lune post mediam quadragesimam, anno Domini M° CC° LX° VIII°.

Édité dans *Hist. de Languedoc* (nouv. édit.), VIII, cc. 1640-1641.

## 970

4 mart. 1269. — VICARIO THOLOSE SUPER FACTO JUDEORUM.

Alfonsus, *etc.*, dilecto et fideli suo vicario Tholose salutem et dilectionem. Cum Judei nostri civitatis Tholose nobiscum finaverint sub certa pecunie quantitate nobis exsolvenda, juxta seriem cujusdam scripture quam Egidius Camelini secum reportavit et nonnulli Christiani Tholose, venientes ad nos, se asserent (*sic*) aliquas pecunie quantitates eisdem Judeis mutuasse, vobis mandamus quatinus creditoribus

[1] Béziers, Hérault.

eisdem de ipsis Judeis, salva nobis quantitate promissa, de residuo quod habent exibeatis justicie complementum. Datum Parisius, die lune post dominicam qua cantatur Letare Jerusalem, anno Domini M° CC° LX° octavo.

Édité dans *Hist. de Languedoc* (nouv. édit.), VIII, c. 1658.

## 971

16 febr. 1270. — LITTERA FACTA PRO EPISCOPO ALBIENSI DE MONETA.

Alfonsus, *etc.*, senescallo Agenensi et Caturcensi[1], *etc.* Ex parte reverendi patris episcopi Albiensis nobis extitit conquerendo monstratum quod ipse dampna non modica patitur et nos similiter passi fuimus, eo quod moneta nostra Albiensium non cuditur, cum alie monete nobilis et fidelis nostri comitis Ruthinensis et venerabilis patris episcopi Caturcensis cudantur cotidie et currant per Albigesium et alias terras nostras, in nostrum et dicti episcopi Albiensis prejudicium et gravamen. Unde vobis mandamus quatinus diligenter addiscatis a probis viris, qui dictam monetam nostram cudendam vellent accipere, et sub quo cuneo et de qua lege et de quo pondere eam facerent illi qui eam acciperent ad cudendam, et sub qua forma et per quantum tempus et quot miliaria facerent per dictum tempus de moneta antedicta, et quantum darent pro quolibet miliari, et de omnibus aliis condicionibus et circonstanciis que sunt in talibus addiscende. Et quid super premissis inveneritis, nobis in scriptis de quolibet articulo significare curetis, et quid commodi vel incommodi possemus assequi si hujusmodi moneta cuderetur. Datum Parisius, die dominica post octabas purificacionis beate Virginis, anno Domini M° ducentesimo sexagesimo nono.

## 972

(Fol. 159.) 17 jun. 1270. — [SENESCALLO THOLOSE ET ALBIENSIS PRO BARTHOLOMEO DE LANDREVILLA, CASTELLANO PODII CELSI.]

Alfonsus, *etc.*, senescallo Tholose et Albiensis, *etc.* Cum nos dilecto

[1] Il y a sans doute erreur dans le registre ; il faut : *senescallo Tholose et Albiensis*.

militi nostro, Bartholomeo de Landrevilla, castrum nostrum Podii Celsi[1] tradidissemus custodiendum, ad quinque solidos turonensium gagiorum per diem, vobis significamus quod nos predicto militi, latori presentium, idem castrum custodiendum tradidimus ad sex solidos gagiorum per diem, quamdiu nostre placuerit voluntati, priores litteras de quinque solidis turonensium gagiorum per diem, eidem a nobis concessas, penitus revocantes. Unde vobis mandamus quatinus eidem dictum castrum cum garnisione ejusdem deliberatum tradatis, et eidem predicta gagia sex solidorum turonensium per diem persolvatis. Datum apud Armazanicas[2] prope Aquas Mortuas, die martis ante festum nativitatis sancti Johannis Baptiste, anno Domini M° CC° LXX°.

[1] Puicelcy, Tarn, cant. Castelnau-de-Montmiral. — [2] Aimargues, Gard, cant. Vauvert.

## DEUXIÈME REGISTRE.

(Arch. nat., JJ. xxiv⁴.)

## LITTERE SENESCALLIE PICTAVENSIS,

### INCEPTE IN PASCHA, ANNO DOMINI M° CC° LX° NONO.

### 973

(Fol. 1.) 26 mart. 1269. — SENESCALLO PICTAVENSI PRO COMITE PICTAVENSI ET THOLOSE [SUPER DIVERSIS PECUNIAM PERQUIRENDI MODIS].

Alfonsus, *etc.* Quamquam ex injuncto vobis officio debeatis perquirere ea que nostrum tangunt commodum et honorem, nullo eciam excitante, tamen ne propter oblivionem aut alias occupationes multiplices contingat vos minime procedere circa quedam de quibus apud nos extant scripta, vobis mandamus quatinus emendam hominum de Jaunaio[1], pro preposito tunc Pictavensi verberato taxatam, ut dicitur, ad trescentas libras turonensium vel circa, exigatis ut condecet et levetis. Preterea faciatis judicari emendam in qua teneri asseritur Theobaldus de Fontanillis, domicellus, cum suis complicibus pro domicella quadam quam, invitis suis parentibus, sibi dicitur matrimonialiter copulasse, retenta tamen voluntate nostra. Ad hec emendam nobis gagiatam nuper Parisius per nobilem et fidelem nostrum Aymericum, vicecomitem de Ruppecavardi, judicari faciatis et levari pariter, nisi per viam composicionis aliquid oblatum vobis fuerit quod, consideratis variis delictis ejusdem vicecomitis et suorum, sit merito acceptandum, circa cujusmodi composicionem, si vobis oblata fuerit, voluntatem nostram in omnibus vos volumus retinere. Ceterum cum cives Pictavenses ali-

[1] Jaunay, Vienne, cant. Saint-Georges.

quam summam pecunie nobis obtulerunt pro subsidio Terre sancte, quam necdum quia modicam volumus acceptare, volumus ut ex parte nostra requiratis eosdem de grata subvencione nobis facienda, inducentes eosdem bono modo ad majorem quam poteritis pecunie quantitatem, requirentes simili modo homines Burgi novi Pictavensis[1], homines nostros de Monsterolio Bonini[2] et aliorum locorum et villarum nostrarum vestre senescallie, qui nondum nobis dederunt seu eciam promiserunt, ea que super premissis facta oblatave vobis fuerint in scriptis sigillatim redacta vobiscum afferentes, cum ad nos veneritis in crastino instantis quindene Penthecostes pro vestris compotis faciendis. Datum die martis post festum Resurrectionis dominice, anno Domini millesimo ducentesimo $\text{lx}^{\text{mo}}$ nono. — Super premissis consilium Symonis de Cubitis, militis, castellani de Rocha[3], et Arnulphi clerici requirentes, et ipsis ex parte nostra dicatis quod ipsi curam et diligenciam adhibeant super facienda tallia de saisimenta quam in vicecomitatu Thoarcensi facturi [sunt] et in addiscendo super tailliata de manu mortua jure nostro. Et predictis dicatis quod dictus Arnulphus in crastino quindene Penthecostes vobiscum ad nos veniat, quid super premissis [factum fuerit] in scriptis relaturus. Dictus vero castellanus remanere poterit pro perficiendo quod supererit faciendum.

### 974

28 mart. 1269. — SÉNESCALLO PICTAVENSI ET MAGISTRO EGIDIO DE AULA PICTAVENSI, CANONICO LEODIENSI, PRO JUDEO.

Alfonsus, *etc.*, dilectis et fidelibus suis senescallo Pictavensi et magistro Egidio de Aula Pictavensi, canonico Leodiensi, salutem et dilectionem sinceram. Veniens ad nos     [4], lator presencium, dedit nobis intelligi quod in perquirendis et assignandis bonis Judeorum fideliter et sollicite laboravit, asserens quod propter ejus industriam et laborem

---

[1] Il s'agit sans doute ici de Montierneuf, partie de Poitiers construite autour de l'abbaye du xie siècle. — [2] Montreuil-Bonnin, Vienne, canton Vouillé. — [3] La Roche-sur-Yon, Vendée. — [4] Le nom est resté en blanc dans le registre.

non modica utilitas nobis obvenit, sollicitudine mediante. Asserit eciam quod quantitatem pecunie usque ad valorem quinquaginta librarum eidem propter hoc promisistis. Demum conqueritur super eo quod archam suam, in aula nostra Pictavensi delatam, dum rediret de nostro servicio, sicut dicit, vacuatam et apertam invenit, licet clavem secum haberet, in cujus vacuacione dicit se dampnificatum plurimum in jocalibus et pecunia numerata. Asserit eciam quod ob hoc tam a Judeis quam Christianis exosus haberetur, adeo quod non audet secure in terra nostra Pictavensi moram trahere, ut solebat. Quare vobis mandamus quatinus tam de ejus servicio et labore quam de rebus suis subtractis ac aliis que suam tangunt querimoniam addiscatis vos ambo vel alter vestrum plenius veritatem, et ea que circa factum suum reppereritis in crastino instantis quindene Penthecostes, cum ad nos veneritis, refferatis in scriptis, facientes eidem nichilominus assecuramentum prestari, tam de Judeis quam de Christianis qui de vestra jurisdicione extiterint, quos vobis duxerit nominandos, justicia mediante. Datum die jovis post festum Resurreccionis dominice, anno Domini millesimo ducentesimo $LX^{mo}$ nono.

## 975

17 apr. 1269. — LITTERA PATENS SENESCALLO PICTAVENSI PRO DOMINO ROBERTO DE ESPINCI, MILITE, [CASTELLANO THOARCII DESIGNATO].

Alfonsus, *etc.* Significamus vobis quod nos dilecto et fideli nostro Roberto de Espinci, militi, exhibitori presencium, castrum Thoarcii[1] tradidimus custodiendum ad centum libras turonensium gagiorum per annum, quamdiu in manu nostra fuerit dictum castrum et nostre placuerit voluntati. Unde vobis mandamus quatinus dictum castrum cum garnisione ejusdem, si qua fuerit, dicto militi deliberari faciatis et eidem dicta gagia consuetis terminis persolvatis. Datum die mercurii ante festum invencionis beati Dyonisii, anno Domini millesimo $LX^{mo}$ nono.

Édité par Ledain, p. 188-189.

[1] Thouars, Deux-Sèvres.

## 976

20 apr. 1269. — SENESCALLO PICTAVENSI PRO HOMINIBUS DE PETRUCIA.

Alfonsus, *etc*. Ex parte hominum de Petrucia[1] nobis est cum querimonia intimatum quod vos quosdam homines dicte ville cepistis et quedam bona eorum seisivistis et captos ac seisita detinetis indebite et injuste ac in eorum dampnum, prejudicium et gravamen. Unde vobis mandamus quatinus dictos homines et bona predicta usque ad crastinum instantis quindene Penthecoustes eisdem sub bonis plegiis recredatis, super interprisiis eisdem per Robinum, servientem nostrum, et ipsi Robino per eosdem illatis veritatem inquirentes, prout in proximo preterito pallamento nostro extitit ordinatum, sicut in arresto super hoc facto et vobis tradito videritis contineri. Et quid super premissis feceritis in crastinum instantis quindene Penthecostes, cum ad nos veneritis, refferatis in scriptis. Datum sabbato ante festum beati Marchi euvangeliste, anno Domini millesimo ducentesimo LX$^{mo}$ nono.

Édité par Ledain, p. 175-176.

## 977

(Fol. 2.) 25 apr. 1269. — SENESCALLO PICTAVENSI PRO PRIORE BEATI DYONISII [IN VALLIBUS].

Alfonsus, *etc*. Cum vir religiosus et dilectus noster abbas Sancti Dyonisii in Francia per suas nobis intimaverit litteras, quod nobilis et fidelis noster vicecomes Castri Hairaudi priorem Sancti Dyonisii in Vallibus[2] trahat in causam coram vobis[3], cumque dictus prior contra tantum et tam potentem virum in illis partibus consilium sine nimiis sumptibus et multa difficultate habere non possit [et] nos rogaverit atque requisierit idem abbas quod causam hujusmodi coram nobis revocare vellemus, mandamus vobis quatinus predictum priorem Sancti Dyonisii in Vallibus in persona et bonis suis reconmendatum habentes, ipsum in jure suo, quantum sine juris injuria et partis alterius lesione poteritis,

[1] Probablement Prusse, Vienne, comm. Thuré, qui s'appelait encore Perusse au xv$^e$ siècle. — [2] Vaux, Vienne, cant. Leigné-sur-Usseau. — [3] Première leçon : *judicibus*.

foveatis, nec ipsum a dicto vicecomite permittatis indebite molestari. Statum vero ipsius cause et veritatem negocii in crastinum instantis quindene Penthecostes, cum ad nos veneritis, nobis refferatis in scriptis. Datum die jovis in festo beati Marci euvangeliste, anno Domini M° CC° LX° nono.

## 978

[Avr. 1269.] — AU SENESCHAL DE POITOU [POUR LE SECOURS DE TERRE SAINTE].

Aufonz, fiuz de roi de France, coens de Poitiers et de Tholose, à son amé et son feal le seneschaul de Poitou, saluz et amor. La grant neccessité de la Terre sainte et le prouchein terme du passage qui aprouche de jour en jour et qui est assené, nos semonnent et esmoivent que souvent vos escrisions que o la gregueur curiosité et diligence que vos porrez, selonc les voies qui vos furent balliées pieça en escrit et autres que vos aurez trouvées et porrez trouver, metez painne et estuide empourchacier et assambler deniers pour nos en la gregueur quantité que vos porrez en bonne manniere et leial et es plaiz de vostre seneschauciée, dont petit prouffit nos vient, pourchacier ausint et lever. Et touz les deniers ausint que l'an nos doit en vostre seneschauciée de viez et de novel, tant par la reson de noz balliées que des finances faites par raison des voies desus dites et des aides que nos ont faites la ville de Poitiers[1], de Niort[2], Fontenai[3] et noz autres villes de vostre seneschauciée, et du double de cens aussint pourchaciez et assamblez, en telle manniere que les diz deniers touz enterinement nos faites aporter au Temple à Paris l'andemein de la quinzainne de la Penthecouste qui vient proucheinnement ceu qui à celui terme en sera deu. Et la monnaie des poitevins nues changez à tournois toute o la gregneur quantité que vos porrez en bonne manniere, et ceu que vos ne porrez changer à tournois, changez en monnoies d'or ou d'argent segon l'ordenance qui vos fu pieça balliée en escrit, ou au melor marché se vos poez en bonne manniere, et ce que vos ne porroiz changier à monoies d'or ou

---

[1] Vienne. — [2] Deux-Sèvres. — [3] Fontenay-le-Comte, Vendée.

d'argent, changiez à tornois, et les aportez au Temple à Paris au terme dessus dit. Derechef nos vos mandons que les despans outrageus et qui ne sont mie proufitables abastiez et oustiez de tout en tout. Derechef encore vos mandons que quant vos affermerez noz balliies de vostre seneschauciée, icelles affermez o ancherissement chascunne par soi, segon les condicions qui vos ont esté pieça balliées en escrit, et nos raportez en escrit commant elle seront affermées, et à qui et combien chascunne par soi, au dit jour de l'endemain de la quinzainne de la Penthecoste qui vient prouchainnement. Et en toutes les choses desus dites et o bon et o leal gouvernemant de nostre terre, et en autres choses qui vos appartiennent de vostre office et de vostre pourvoiance vos aviennent, en telle manniere vos aiez que nos cognoissions bien par l'effet de l'euvre que les boisoingnes vos aient esté et soient à cuer, et que vostre diligence puissons pour ce louer à droit. Derechef nos vos mandons que vos diez de par nos à nostre feal Symon de Coutes, chevalier, chastelain de la Roche sur Yon, et Hernoul le clerc que en la talliée de sesissemanz fere en la terre de Touarceis, qui ores est en nostre main[1], et sur nostre droit de la talliée de morte main à prandre, si comme il lor fu enchargé et puis le vos avons mandé par lestres, soient curieus, diligent et entantis, si que nos leur en deions savoir gré. Et à l'andemain de la quinzainne de ceste prochainne feste de Panthecoste soiez à nos pour voz contes fere et pour le pallement. Et dites au dit Hernol le clerc qu'i viennie avecques vos au dit jour pour raporter en escrit ceu que il et le devant dit Symon auront fet de ceu qui lour fut enchargé, et li diz Symons pourra demorer pour fere ceu qui ne sera pas fet. Et vos nos raportez en escrit ceu qui sera fet de toutes les choses desus dites, si que, faite collacion de l'escrit que nos avons retenu par devers nos et de celi que vos nos raporterez, nos puissions bien voier que vos l'avez bien fait et si comme il vos a esté commandé et mandé. Et dites aussint à nostre amé et nostre feal clerc Gille de la Salle que il viengnie à nos au dit jour.

[1] Elle ne fut en effet rachetée des mains d'Alfonse, par Savari IV et son frère Guyonnet, qu'en juin 1269.

Auteles lestres furent envoiés au seneschal de Xainctonge, excepté que il n'i a pas feite mencion del viconté de Thoart, et que l'en fet mencion de $11^m$ livres tur. que les borjois de la Rochele doivent à monseigneur le conte, et de м et v$^e$ que les borjois de Saint Johan[1] li doivent ausint.

Auteles lestres furent envoiés au seneschal de Agenais et de Cahorsin, adjouté du port de Mermande et du salins d'Agen.

Auteles lestres, comme ces à tel saing ☨, furent envoiées à Thomas, le clerc de Tholose[2].

Auteles lestres furent envoiés au seneschal de Rohergue, adjouté du minier d'Orzals, et auteles au conestable d'Auvergne.

Édité par Ledain, p. 179-181.

## 979

2 mai. 1269. — LITTERA PATENS DECANO PICTAVENSI PRO SYMONE DE VERNOTO.

Alfonsus, etc., dilecto et fideli clerico suo magistro R., venerabili decano Pictavensi, salutem et dilectionem sinceram. Causam appellacionis quam Symon de Verno, filius fidelis nostri Guillelmi de Verno, militis, ad nos interposuisse dicitur in causa que inter ipsum Symonem ex una parte, et Guillelmum de Piqueingni, militem, racione uxoris sue, ex altera, super saisina vel possessione albergamenti quod vulgaliter nuncupatur Capella Bertrandi[3] et pariter super saisina talleagii[4] de Partigniaco[5], a sentencia lata, ut dicitur, per dilectum et fidelem nostrum Eustachium de Bellomarchesio, militem, senescallum nostrum in Pictavia, vobis committimus, mandantes quatinus, vocatis qui fuerint evocandi, causam eandem audiatis et fine debito terminetis. Datum apud Fontem Bleaudi, die jovis in festo ascensionis Domini, anno Domini millesimo ducentesimo sexagesimo nono.

---

[1] Saint-Jean-d'Angely, Charente-Inf.

[2] Première leçon : *au seneschal de Tholose*.

[3] La Chapelle-Bertrand, Deux-Sèvres, ant. Parthenay.

[4] On pourrait lire: *palleagium*, mais nous maintenons la lecture *talleagium*, qui veut dire la levée de la taille.

[5] Parthenay, Deux-Sèvres.

## 980

2 mai. 1269. — SYMONI DE CUBITIS, MILITI, ET ARNULPHO CLERICO, VEL EORUM ALTERI.

Alfonsus, *etc.*, dilectis et fidelibus suis Symoni de Cubitis, militi, castellano de Ruppe super Oyom, et Arnulpho clerico vel eorum alteri, salutem et dilectionem. Nuper ad nos delata extitit querimonia ex parte domini Bertonarii et Guillelmi de Vernoto, militum, super eo quod vos ab hominibus suis nitimini extorquere quedam deveria, in ipsorum prejudicium et gravamen, cum ad ea, sicut dicunt, minime teneantur, obstante consuetudine patrie que, prout asserunt, contraria est in hac parte. Unde vobis mandamus quatinus ea duntaxat, de quibus vobis constare poterit nobis deberi de consuetudine vel de jure, exigatis et levetis, in aliis que nullatenus nobis debita fuerint nichil contra justiciam vel contra consuetudinem patrie attemptantes, ac ea que per vos aut alterum vestrum fuerint expedita super tailliata de saisimento et aliis que nobis competunt racione vicecomitatus Thoarcii, quem ad presens in manu nostra tenemus, in scriptis redacta refferatis vos, Arnulphe, cum ad nos veneritis in crastinum instantis quindene Penthecostes. Datum apud Fontem Bleaudi, die jovis in festo ascensionis Domini, anno Domini M° CC° LX° nono.

## 981

(Fol. 3.) 2 mai. 1269. — SENESCALLO PICTAVENSI PRO GUILLELMO DE VERNO, MILITE, [INJUSTE DETENTO].

Alfonsus, *etc.* Ex parte fidelis nostri Guillelmi de Vernoto, militis, nobis conquerendo est monstratum quod vos eundem militem captum detinetis sine causa racionabili, sicut dicit. Quamobrem vobis mandamus quatinus dictum G. usque ad festum sancti Johannis Baptiste proximo venturum recredatis sub ydonea caucione, nisi forte racionabilis causa subsit ipsum detinendi, que nundum ad aures nostras pervenerit, propter quam recredenciam corporis sui minime fieri debeat de consuetudine vel de jure, causam detencionis et alias circunstancias, factum hujusmodi contingentes, refferentes in scriptis, cum ad nos veneritis in crastinum instantis quindene Penthecostes. Datum apud Fontem Bleaudi, die jovis in festo ascensionis Domini, anno Domini millesimo ducentesimo sexagesimo nono.

Édité par Ledain, p. 176.

## 982

[Mai. 1269.] — AYMERICO, VICECOMITI RUPPISCAVARDI.

Alfonsus, *etc.*, nobili et fideli suo Aymerico, vicecomiti Ruppiscavardi, salutem et dilectionem sinceram. Inspecta littere vestre quam nuper recepimus serie, intelleximus quod super mutuis interprisiis, dampnis et injuriis, que vertuntur inter vos et nobilem ac fidelem nostram vicecomitissam Lemovicensem [1], ordinacioni et inquisicioni nostre vos supponeretis, si dicta vicecomitissa id ipsum pro se et suis faceret, sicut decet. Sane quia nescimus an ventura sit ad proximum pallamentum, ad ea que scripsistis ad presens plene non possumus respondere; si tamen ex parte ejusdem vicecomitisse super hoc fuerimus requisiti, secundum ea que ex tenore littere vestre collegimus faciemus sibi vel suo nuncio responderi. Datum apud Longumpontem [2], anno Domini M° CC° LX° nono.

## 983

[Apr. vel mai. 1269.] — FORMA LITTERARUM QUAS DICTUS VICECOMES MISIT SUPER HOC DOMINO COMITI.

Excellentissimo domino suo Alfonso, filio illustrissimi domini regis Francie, comiti Pictavie et Tholose, Aymericus, vicecomes de Ruppecavardi, miles suus, salutem cum omni reverencia et honore. Cum dominacio vestra michi litteratorie designaverit quod domina vicecomitissa Lemovicensis proposuerat coram vobis quod super mutuis dampnis et

---

[1] Marie, vicomtesse de Limoges, alors mineure et sous le bail de sa mère, Marguerite de Bourgogne.

[2] La date de jour manque; la pièce doit être du mois de mai, d'après sa place dans le registre.

injuriis, a me et meis complicibus et ab eadem et suis fautoribus michi et meis vice versa illatis, ut dicitur, post composicionem factam quondam per dominum J., comitem Nivernensem[1], inquisicioni et ordinacioni vestre libenti animo se supponeret, si consimile facere affectarem[2], reverende dominacioni vestre significo quod de omnibus dampnis et injuriis, quas ipsa vicecomitissa dicit tam per me quam per tenentes locum meum post dictam composicionem sibi intulisse, ego paratus sum me totaliter supponere ordinacioni et inquisicioni vestre ad instans pallamentum Penthecostes, dum ipsa consimile faciat et ad dictum pallamentum velit personaliter comparere coram vobis. Et hoc dominacioni vestre diu est mandavissem, nisi esset maxima infirmitas, quam ex quo recepi vestras litteras passus fui. Unde significetis michi, si placet, per latorem presencium, si dicta vicecomitissa ibit ad predictum pallamentum, ad quod ego paratus sum accedere pro premissis tenendis ac eciam exequendis. Valeat bene et diu dominacio vestra.

## 984

12 mai. 1269. — LITTERA PATENS DOMINI COMITIS SENESCALLIS PICTAVIE ET XANCTONIE ET AGENESII, PRO DOMINO LEGATO FRANCIE.

Alfonsus, *etc.*, dilecto et fideli suo senescallo Pictavensi, salutem et dilectionem. Ad instanciam reverendi in Christo patris R., Dei gracia episcopi Albanensis, apostolice sedis legati[3], vobis mandamus quatinus ad requisicionem ejusdem aut collectorum procuracionum suarum, eidem a personis ecclesiasticis in vestris senescalliis de provincia Burdegalensi existentibus debitarum, volencium bona prelatorum et aliarum personarum ecclesiasticarum predictas procuraciones non solvencium occupare, eisdem, si opus fuerit, presidio auxilii et adjutorii assistatis,

---

[1] Jean Tristan, fils de saint Louis, mort à Tunis en 1270.

[2] Première leçon : *acceptarem.*

[3] Raoul de Chevrières, évêque d'Évreux, puis d'Albano (1261), légat en France, mort à Paris le 10 août 1270. Il fut nommé légat par Clément IV dans les derniers mois de son pontificat; mais Potthast ne cite pas la bulle de nomination. (Voir *Regesta pontificum*, n° 20504.)

cum ab ipsis collectoribus vel eorum altero fueritis requisiti, illo tamen adhibito moderamine, ne de excessu seu injusticia possitis merito reprehendi aut de negligencia increpari. Datum apud Longumpontem, anno Domini m° cc° lx° nono, dominica in festo Penthecostes [1].

Similis littera missa fuit [2] senescallo Tholosano de personis ecclesiasticis in Narbonensi provincia constitutis.

## 985

13 mai. 1269. — ISTE LITTERE CLAUSE, QUE SEQUUNTUR, MISSE FUERUNT CUILIBET ISTORUM SENESCALLORUM PRO DICTO LEGATO.

Alfonsus, *etc.*, dilecto et fideli suo senescallo Pictavensi, *etc.* Nostras patentes litteras, quas reverendo in Christo patri R., Dei gracia Albanensi episcopo, apostolice sedis legato, concessimus, vobis mittimus per presencium portitorem. Set ne occasione hujusmodi litterarum nostrarum a personis ecclesiasticis, de quibus predicte nostre littere faciunt mencionem, possitis indebite molestari, transcriptum litterarum ipsius legati patencium, ob tuicionem vestram concessarum, sub sigillo curie Parisiensis vobis mittimus. Quod transcriptum ad cautelam futurorum penes vos reservetis. Datum die lune in crastino Penthecostes, anno Domini m° cc° lx° nono.

## 986

25 april. et 13 mai. 1269. — SENESCALLO PICTAVENSI PRO DOMINO LEGATO.

Alfonsus, *etc.* Nostras patentes litteras reverendo in Christo patri R., Dei gracia Albanensi episcopo, apostolice sedis legato, concessimus sub forma inferius annotata :

Alfonsus [3], *etc.*, dilectis et fidelibus suis Pictavie, Xanctonie et Age-

---

[1] Ici la note suivante cancellée : *Similis littera missa fuit senescallo Xanctonensi.* — *Similis littera missa fuit senescallo Agenensi et Caturcensi.* — *Similis littera missa fuit senescallo Ruthenensi.*

[2] Ici les mots suivants barrés : *Sycardo Alemanni, militi.*

[3] Ce mandement est rédigé dans les mêmes termes que le n° 984, mais daté du jour suivant.

nesii senescallis, *etc.* Ad instanciam reverendi in Christo patris R., Dei gracia episcopi Albanensis, apostolice sedis legati, vobis mandamus quatinus ad requisicionem ejusdem aut collectorum procuracionum suarum, eidem a personis ecclesiasticis in vestris senescalliis de provincia Burdegalensi existentibus debitarum, volencium bona prelatorum et aliarum personarum ecclesiasticarum predictas procuraciones non solvencium occupare, eisdem, si opus fuerit, presidio auxilii et adjutorii assistatis, cum ab ipsis collectoribus vel eorum altero super hoc fueritis requisiti, illo tamen adhibito moderamine, ne de excessu seu injusticia possitis merito reprehendi aut de negligencia increpari. Datum apud Bruerias[1], die lune in crastino Penthecostes, anno Domini M° CC° LX° nono.

Sed ne occasione hujusmodi a predictis personis ecclesiasticis possitis indebite molestari, transcriptum ipsarum litterarum ipsius legati patencium, ob tuicionem vestram concessarum, sub sigillo curie officialis Parisiensis vobis mittimus per presencium portitorem. Quod transcriptum ad cautelam futurorum penes vos reservetis. Tenorque earundem litterarum ipsius legati, qui sequitur, talis est :

Radulphus, miseracione divina episcopus Albanensis, apostolice sedis legatus, nobilibus viris universis senescallis nobilissimi viri A., Pictavensis et Tholose comitis, in Burdegalensi provincia constitutis, salutem et sinceram in Domino caritatem. In Burdegalensi et aliis civitatibus et dyocesibus Burdegalensis provincie a personis ecclesiasticis earundem civitatum et dyocesium moderatas et racionabiles procuraciones nostras colligi mandavimus, certis super hoc collectoribus deputatis, qui in nonnullas ex eisdem personis, pro eo quod impositas sibi nomine procuracionum hujusmodi moderatas et racionabiles pecunie quantitates solvere contumaciter recusarunt in terminis ad hoc eis peremptorie constitutis, excommunicacionis sentenciam, mandati nostri forma servata, exigente justicia, promulgarunt, et crescente earum contumacia, ipsarum ecclesias supposuerunt ecclesiastico interdicto. Verum quia eedem

---

[1] Bruyères-le-Châtel, Seine-et-Oise, cant. Arpajon.

persone nec per excomunicacionem nec per interdictum hujusmodi possunt ad ipsarum procuracionum solucionem induci, nos contra earum protervam contumaciam solum nobis superesse videntes auxilium brachii secularis, nobilitatem vestram attente requirimus et rogamus quatinus personas ecclesiasticas, in deputatis vobis partibus constitutas. que, ut predicitur, reperientur in solucione procuracionum hujusmodi pertinaces, ad earum solucionem per capcionem rerum suarum, prout nos aut collectores earundem procuracionum, auctoritate nostra inibi deputati, requisiverimus, tradita vobis potestate cogatis, non obstante quod in provinciali concilio Burdegalensis provincie[1] per venerabiles in Christo patres archiepiscopum Burdegalensem[2] et ejus suffraganeos dicitur esse statutum, ut loca, ville, castra, civitates sive parrochie, in quibus res ecclesiarum vel ecclesiasticarum personarum aut ipse persone dicte provincie capte, rapte, invase vel occupate detinebuntur, ipso facto subjaceant interdicto, et si forte alibi transferrentur, loco illo in quo facta est translacio subjacente denuo interdicto, primum interdictum nichilominus in suo robore perseveret, et si ad plura loca horum translacio contingat fieri, id ipsum eciam observetur. Datum in abbacia de Haanone[3], vii kalendas maii, anno Domini millesimo ducentesimo sexagesimo nono.

Consimiles littere misse fuerunt senescallo Xanctonensi.

Consimiles littere misse fuerunt senescallo Agenensi.

Consimiles littere misse fuerunt senescallo Tholosano in provincia Narbonensi.

Édité par Ledain, p. 178-179.

## 987

(Fol. 4.) 30 mai. 1269. — [CASTELLANO THALEMUNDI PRO RODULPHO DE LA VERGNE.]

Alfonsus, *etc.*, dilecto et fideli suo castellano Thalemundi[4], salutem

---

[1] Sur ce concile provincial de Bordeaux je ne trouve rien ; il fut tenu sous Urbain IV, vers 1264 (Boutaric, 432-433) ; un autre concile provincial, tenu à Bourges, publia des canons analogues.

[2] Pierre de Ronceval, 1261-1269.

[3] Probablement l'abbaye de Saint-Pierre de Hasnon, au diocèse d'Arras.

[4] Talmont, Vendée.

et dilectionem. Veniens ad nos Radulphus de la Vergne, lator presencium, a nobis cum instancia peciit ut quoddam judicium, super bonis cujusdam nepotis sui sibi adjudicatis pro se latum, ut asserit, sibi faceremus integrari. Quocirca vobis mandamus quatinus, nominatis vobis ab ipso Radulpho a quo prolatum fuit idem judicium et adstantibus ad assisias de Rocha super Oyon[1], quibus, ut dicitur, prolatum fuit dictum judicium, necnon vocata coram vobis parte adversa et aliis qui fuerint evocandi, probacionem prefati judicii per recordacionem judicancium audiatis. Si vero pars adversa aliud judicium pretendere voluerit, per quod primum adnulletur judicium, similiter, nominatis vobis a quo prolatum fuit judicium et adstantibus ad prefatum judicium, necnon auditis hinc inde racionibus, predicto Radulpho super predictis exhibeatis celeris justicie complementum. Datum apud Longumpontem, die jovis post quindenam Penthecostes, anno Domini M° CC° LX° nono.

Édité par Ledain, p. 181, et partiellement par Boutaric, p. 368.

## 988

3 jun. 1269. — LITTERA PATENS SENESCALLO PICTAVENSI PRO STEPHANO MARESCALLI, MILITE, [SUPER CUSTODIA CASTRI DE TIFAUGES].

Alfonsus, *etc*. Significamus vobis quod nos dilecto et fideli nostro Stephano Marescalli, militi, castrum de Tyfauges[2] tradidimus custodiendum usque ad instans festum purificacionis beate Marie virginis, ad gagia quinque solidorum currentis monete pictavensium per diem, et a dicto festo usque ad tres annos proximo subsequentes ad gagia centum librarum ejusdem monete per annum, que gagia centum librarum eidem debet solvere fidelis noster Savaricus, vicecomes Thoarcensis, sicut inter nos ex una parte et dictum vicecomitem ex altera est conventum, prout in litteris nostris et suis super hoc confectis plenius continetur. Unde vobis mandamus quatinus dictum castrum de Tyfauges cum garnisione ejusdem, si qua fuerit, eidem Stephano deliberari faciatis, et

[1] La Roche-sur-Yon, Vendée. — [2] Tiffauges, Vendée, cant. Mortagne-sur-Sèvre.

POITOU [1269].

dicta gagia quinque solidorum pictavensium per diem usque ad instans festum purificacionis beate Marie virginis persolvatis, et a dicto festo usque ad tres annos proximo subsequentes gagia centum librarum ejusdem monete per annum a dicto vicecomite eidem persolvi faciatis. Datum apud Longumpontem, die lune post tres septimanas Penthecostes, anno Domini M° CC° LX° nono.

Édité par Ledain, p. 181-182.

### 989

3 jun. 1269. — LITTERA PATENS PRO SAYBRANDO CHABOT, MILITE.

Alfonsus, *etc.*, dilecto et fideli suo Saybrando Chaboti, militi, domino de Rochacerviere[1], salutem et dilectionem. Causam seu querellam quam fidelis noster Guillelmus de Piquigni, miles, racione filii et heredis defuncti Guidonis de Caligarubea, militis, movet seu movere intendit, vobis committimus, mandantes quatinus, vocatis qui fuerint evocandi auditisque hinc inde racionibus, causam seu querellam eandem audiatis et fine debito terminetis. Datum apud Longumpontem, die lune post tres septimanas Penthecostes, anno Domini M° CC° LX° nono.

### 990

4 jun. 1269. — SENESCALLO PICTAVENSI PRO HUETO RAUSSELLI.

Alfonsus, *etc.* Significamus vobis quod nos Hueto Rauselli, latori presencium, in bosco et stangno nostris de Sessina[2] et in garenna nostra de Noymé[3] prope Sanctum Maxencium[4] dedimus octo denarios gagiorum per diem, quamdiu nostre placuerit voluntati, mandantes vobis quatinus predicta gagia persolvatis eidem. Datum apud Longumpontem, die martis post tres septimanas Penthecostes, anno Domini M° CC° LX° nono.

---

[1] Rocheservière, Vendée.
[2] Forêt de Saison, Deux-Sèvres, comm. Soutebis, cant. Ménigoute.
[3] Saint-Georges-de-Noisné, Deux-Sèvres, cant. Mazières.
[4] Saint-Maixent, Deux-Sèvres.

## 991

14 jun. 1269. — SENESCALLO PICTAVENSI PRO PAPELARDA.

Alfonsus, *etc.* Mandamus vobis quatinus super negocio Papelarde Pictavensis, prout in alio pallamento Candelose nuper preterito vobis injunctum extitit, vocatis qui fuerint evocandi, si inspectio legitime facta fuerit ac si necdum processistis in dicto negocio, prout justum fuerit procedatis. Datum die veneris proxima post festum sancti Barnabe apostoli, anno Domini M° CC° LX° nono.

## 992

14 jun. 1269. — SENESCALLO PICTAVENSI PRO ABBATISSA MONASTERII SANCTE CRUCIS.

Alfonsus, *etc.* Ex parte religiose abbatisse monasterii Sancte Crucis Pictavensis nobis extitit intimatum quod de termino Ascencionis nuper preterito non fuit satisfactum eidem pro rata que ipsam contingit de nemoribus venditis, quanquam, sicut dicitur, paga facta fuerit, ut decebat, termino prefinito. Hinc est quod vobis mandamus quatinus porcionem dicte abbatisse sine dificultate qualibet reddi et restitui faciatis, taliter super hiis vos habentes quod ipsam ad nos non oporteat ulterius querimoniam reportare. Datum die veneris post festum beati Barnabe apostoli, anno Domini M° CC° LX° nono.

## 993

(Fol. 5.) 18 jun. 1269. — SENESCALLO PICTAVENSI PRO FRATRIBUS PENITENCIE JESU CHRISTI.

Alfonsus, *etc.* Significamus vobis quod nos fratribus Penitencie Jesu Christi[1] apud Pictavim quoddam arpentum nemoris in foresta nostra Monsterolii[2] pro oratorio et domibus suis apud Pictavim construendis dedimus intuitu pietatis, mandantes vobis quatinus eisdem dictum arpentum nemoris in dicta foresta prope vendam ejusdem foreste deli-

[1] Ordre institué à Marseille vers l'an 1251. — [2] Montreuil-Bonnin, Vienne, cant. Vouillé.

berari faciatis. Datum die martis ante festum beati Johannis Baptiste, anno Domini M° CC° LX° IX°.

## 994

22 jun. 1269. — SENESCALLO PICTAVENSI PRO PAPELARDA.

Alfonsus, *etc*. Alias vobis recolimus per nostras litteras mandavisse, ut Johannam Papelardam in possessionem quorundam, de quibus de novo se asserit spoliatam, in quorum possessione pacifica per longum tempus fuerat, ut dicit, de laicis personis et rebus ad jurisdicionem nostram spectantibus, si vobis ita esse constaret, reduci faceretis, jus suum, prout bono modo possetis sine partis alterius injuria vel prejudicio, accelerando eidem, et si aliqua instrumenta que dominium nostrum tangant apud aliquos de jurisdicione nostra existentes esse vobis constaret, vos eadem faceretis produci in medium, prout de jure et consuetudine patrie posset fieri in hac parte. Ad requisicionem et instanciam ejusdem Johanne iterato vobis mandamus et precipimus quod predictum mandatum nostrum, nisi per vos sit, ut dictum est, adimpletum, effectui mancipetis, nisi causa racionabilis subsit propter quam id minime fecistis vel facere debeatis. Quam causam, si qua fuerit, et quid super hoc eciam fecistis et deinceps feceritis, nobis ad crastinum instantis quindene Omnium sanctorum, cum ad nos veneritis, in scriptis refferatis. Datum sabbato ante nativitatem beati Johannis Baptiste, anno Domini M° CC° LX° nono.

## 995

23 jun. 1269. — SENESCALLO PICTAVIE PRO ABBATE MAJORIS MONASTERII TURONENSIS, [A QUIBUSDAM SERVIENTIBUS COMITIS MALETRACTATO].

Alfonsus, *etc*. Ex parte religiosi viri abbatis Majoris monasterii Turonensis nobis est conquerendo monstratum quod quidam servientes nostri de Rocha super Oyon[1] nuper ipsum abbatem invadentes, ipsum de palefredo suo ad terram per violenciam abtraxerunt, et palefredum

---

[1] La Roche-sur-Yon, Vendée. L'abbaye de Marmoutier y possédait le prieuré de Saint-Lienne.

eundem violenter eidem abstulerunt et adhuc ablatum detinent, ut dicitur, indebite et injuste et in dampnum et prejudicium abbatis ejusdem, eique quamplures injurias et violencias intulerunt. Unde vobis mandamus quatinus super facto hujusmodi veritatem diligenter addiscatis, et illos quos de facto hujusmodi culpabiles repereritis capiatis, eosque juxta qualitatem delicti puniatis, dicto abbati injurias ab eis sibi illatas emendari, prout justum fuerit, facientes, et emendam nobis prestari de tanto excessu ab eis in terra nostra perpetrato. Palefredum quoque predictum dicto abbati faciatis restitui indilate. Et quid super premissis inveneritis et feceritis ad crastinum instantis quindene Omnium sanctorum, cum ad nos veneritis, refferatis in scriptis. Datum dominica in vigilia nativitatis beati Johannis Baptiste, anno Domini M° CC° LX° nono.

Édité par Ledain, p. 182.

## 996

23 jun. 1269. — [SENESCALLO PRO PRECEPTORE S. JOHANNIS DE LAUNEIA.]

Alfonsus, *etc.*, senescallo Pictavensi, *etc.* Mandamus vobis quatinus religiosum virum fratrem Nicholaum, preceptorem domus Hospitalis de Launeia[1], super hiis que proponenda duxerit coram vobis super inquesta quadam facta, ut dicitur, super quadam contencione mota inter preceptorem quondam dicti loci, ex una parte, et dilectum et fidelem nostrum Gaufridum de Lezegniaco, militem, ex altera, diligenter audiatis, et vocato dicto G. et qui fuerint evocandi, auditis racionibus parcium, super his et de quibus jurisdicio ad nos spectat faciatis eidem quod debueritis in hac [parte]. Ceterum vobis mandamus quatinus dictum fratrem Nicholaum et domum suam de Launeia, cujus preceptor est, recommendatos in jure suo habeatis, nec personam ipsius nec domum in rebus suis permittatis ab aliquibus nostri[s] subditis contra justiciam molestari. Datum die dominica in vigilia beati Johannis Baptiste, anno Domini M° CC° LX° nono.

---

[1] Saint-Jean-de-Launay, Vendée, comm. Sainte-Cécile, cant. Les Essarts.

## 997

28 jun. 1269. — ARCHIPRESBYTERO REMORENTINI PRO DOMINO COMITE PICTAVIE ET THOLOSE.

Alfonsus, *etc.*, dilecto et fideli clerico suo archipresbitero Remorentini salutem et dilectionem. Mandamus vobis quatinus ex parte nostra singnificetis dilectis et fidelibus nostris religiosis viris fratri Jacobo de Giemo et ejus socio, de ordine Predicatorum, quod nos rogamus ipsos et requirimus ut in octabbis instantis festi beate Marie Magdelene ad vos intersint apud Remorentinum [1], prompti et parati extunc iter arripere vobiscum ad partes Pictavie et Xanctonie, pro inquestis ballivorum nostrorum et aliorum servientum nostrorum et aliis negociis nostris ibidem faciendis et expediendis, et forefactis nostris et bajulorum et aliorum servientum nostrorum emendandis, et pro reddendis responsionibus super inquestis jam a vobis [2] factis, secundum quod per consilium nostrum Parisius extitit ordinatum. Et quam cito ad vos venerint dicti fratres, remandetis nobis quot equi vobis et sibi defecerint, et quid vobis defecerit ad eundum in Pictavia et Xanctonia, ut vobis ad dictum terminum mittere faciamus. Datum die veneris post festum nativitatis beati Johannis Baptiste, anno Domini M° CC° LX° nono.

Édité partiellement par Boutaric, p. 400.

## 998

30 jun. 1269. — SENESCALLO PICTAVENSI PRO JOHANNE DE PAR., SELERIO, PICTAVIS COMMORANTE.

Alfonsus, *etc.* Johanne de Par., selerio, Pictavis commorante, accepimus conquerente quod Petrus de Salis multas enormes molestias et injurias intulerit eidem minus juste, in nostro servicio existenti, ut dicitur, utpote vocando ipsum latronem probatum, pluribus probis hominibus existentibus; item imponendo eidem [3] plurima falsa crimina minus

[1] Romorantin, Loir-et-Cher. — [2] Première leçon: *et pro reddendis inquestis et responsionibus factis.* — [3] Ici les mots suivants raturés: *se verberasse mulieres prenentes.*

juste, ipsumque crudeliter verberari fecerit per gentes quasdam de Lazeingniem[1] et alia gravamina sibi intulerit minus juste. Unde vobis mandamus quatinus ipsum Johannem, vocatis dicto Petro de Salis et qui fuerint evocandi, diligenter audiatis, et faciatis super hiis eidem bonum jus et maturum de hiis de quibus jurisdicio ad nos spectat, et injurias sibi factas prout condecet emendari. Datum die dominica in crastino apostolorum Petri et Pauli, anno Domini millesimo cc° lx° nono.

Édité par Ledain, p. 184.

## 999

28 jun. 1269. — SENESCALLO PICTAVENSI PRO PRECEPTORE DOMUS HOSPITALIS DE LA VAUCIAU.

Alfonsus, *etc.* Ex parte preceptoris domus Hospitalis de la Vauciau[2] nobis est conquerendo monstratum quod bajuli et servientes vestri, contra tenorem privilegiorum suorum et explecta diucius ab eisdem obtenta, sicut dicunt, exigunt et levant emendas ab hominibus dicte domus, nec eas volunt restituere dicto preceptori, licet super hoc requisiti. Unde vobis mandamus quatinus, secundum mandatum alias vobis factum aut pre[de]cessori vestro, secundum quod in arrestis factis poterit inveniri, erga dictum preceptorem super hoc procedatis [et] nullam novitatem in parte ista contra justiciam faciatis. Datum die veneris in vigilia beatorum Petri et Pauli, anno Domini m° cc° lx° nono.

## 1000

30 jun. et 7 jul. 1269. — SENESCALLO PICTAVENSI PRO DOMINO COMITE PICTAVIE ET THOLOSE, [SUPER EXCESSIBUS JUDICUM ECCLESIASTICORUM].

Alfonsus, *etc.* Transcriptum litterarum reverendi in Christo patris R., Dei gracia episcopi Albanensis, apostolice sedis legati, que sub eadem forma mittuntur venerabili viro archidiacono Blesensi in ecclesia Carnotensi et granicario[3] ecclesie Sancti Martini Turonensis ac magis-

---

[1] Lusignan, Vienne. — [2] La Vausseau, Vienne, cant. Vouillé; commanderie de l'ordre de Saint-Jean. — [3] Première leçon: *camerario*.

tro P. Sorini, canonico Xanctonensi, vobis mittimus infra scriptum, ut inspecta ejusdem transcripti serie, si opus fuerit, ad alterum de predictis tribus qui facilius et magis de propinquo poterit inveniri, recursum habeatis super injuriis et molestiis que frequenter per judices ecclesiasticos inferuntur. Datum die dominica proxima post octabas apostolorum Petri et Pauli, anno Domini m° cc° lx° nono.

Radulphus, miseracione divina episcopus Albanensis, apostolice sedis legatus, dilecto filio magistro Petro Sorini, canonico ecclesie Xanctonensis, salutem in Domino. Quietem crucesignatorum regni Francie felicis recordationis dominus Clemens papa iiii$^{us}$, qui sollicitudini nostre negocium crucis in regno predicto commisit, affectans, omnes crucesignatos et crucesignandos post crucem assumptam pro Terre sancte subsidio illo privilegio illaque immunitate gaudere voluit[1] que in generali crucesignatorum indulgencia continentur, et alias indulsit eisdem ut per litteras sedis apostolice vel legatorum ejus impetratas, quarum non esset auctoritate processum vel eciam impetrandas, nisi dicte sedis littere impetrande plenam et expressam fecerint de indulto hujusmodi mencionem, extra dyoceses in quibus ipsi et bona eorum consistunt in causam trahi vel ad judicium evocari non possint, dummodo parati sint coram suis ordinariis de se conquerentibus respondere. Cum igitur dicti crucesignati et crucesignandi cum bonis suis sint ex ipsius indulgencie beneficio sub beati Petri protectione suscepti, ita ut, donec de ipsorum obitu vel reditu certissime cognoscatur, ea integra omnia maneant et quieta, prout hec omnia in litteris apostolicis, que apud nos sunt, non est dubium contineri, discrecioni vestre qua fungimur auctoritate mandamus quatinus nobili viro Alfonso, Pictavie et Tholose comiti, qui, ut asserit, signo vivifice crucis assumpto, proponit in Terre sancte subsidium personaliter proficisci, presidio defensionis assistentes, non permittatis eum [contra] hujusmodi indulti et protectionis tenores ab aliquibus indebite molestari, molestatores per censuram ecclesiasticam compescendo, attencius provisurus ne de hiis que cause cognicionem

---

[1] Sur la légation de Raoul d'Albano, voir plus haut, n° 984.

exigunt et que personam et bona non contingunt ipsius, te aliquatenus intromittas. Nos enim, si secus presumpseris, tam presentes litteras quam processum, quem per te illarum auctoritate haberi contigerit, omnino carere viribus ac nullius fore decernimus firmitatis. Quod si dominus comes in generali passagio auctoritate apostolica statuto iter non arripuerit transmarinum, extunc easdem presentes litteras vires similiter decernimus non habere. Datum Rothomagi, ii kalendas julii, anno Domini M° CC° LX° nono.

L'acte du légat Raoul est dans Boutaric, p. 434-435.

## 1001

(Fol. 6.) 7 jul. 1269. — MAGISTRO PETRO SORINI, CANONICO XANCTONENSI, PRO DOMINO COMITE PICTAVIE ET THOLOSE, [CONTRA JUDICES ECCLESIASTICOS].

Alfonsus, *etc.*, dilecto et fideli clerico suo magistro Petro Sorini, canonico Xanctonensi, salutem et dilectionem sinceram. Quia nonnunquam tam judices ordinarii quam etiam delegati jura nostra et jurisdiciones impetunt et usurpant, ballivosque et alios officiarios nostros vexant, trahendo in causam et multipliciter molestando, nos litteram reverendi patris R., Dei gracia episcopi Albanensis, apostolice sedis legati, que ad vos dirigitur pro tuicione et deffensione jurium nostrorum, secundum quod in ea videbitis contineri, vobis mittimus per presencium portitorem, discrecionem vestram rogantes quatinus, cum per gentes nostras recursus ad vos habitus fuerit contra versucias et improbitates dictorum judicum, oportuno defensionis presidio assistatis quantum de jure poteritis et fore noveritis oportunum. Ceterum, quia contra aliquos qui, ut dicitur, tabulas testamentorum apud eos repositas, licet requisiti, renuerunt exhibere, non potuit in curia legati generalis littera impetrari, posset tamen contra dictas personas expressis nominibus obtineri, vobis mandamus ut, si que tales persone vobis innotuerint, eorum nomina rescribatis, ut contra personas easdem littera impetretur, si tamen id duxeritis consulendum et comisso vobis negocio noveritis profuturum, aut eciam ne mora trahat a se periculum, recta via ad curiam ipsius legati mittere poteritis pro hujusmodi littera impetranda, presertim cum idem legatus, sicut fertur, versus partes Pictavie sit iturus, et in eadem curia certum procuratorem, Guillelmum dictum Jolis nomine, habeamus, per nostras patentes litteras legittime constitutum, per quem littere hujusmodi et alie quas expedire videritis poterunt obtineri, si ei duxeritis intimandum. Datum die dominica proxima post octabas apostolorum Petri et Pauli, anno Domini M° CC° LX° nono.

Similis littera missa fuit magistro Egidio de Aula, Pictavensi, pro comite Pictavie et Tholose.

Fragment dans Boutaric, p. 430.

### 1002

7 jul. 1269. — MAGISTRO JOHANNI DE GRANCHIA, ARCHIDIACONO BLESENSI IN ECCLESIA CARNOTENSI, PRO COMITE PICTAVIE ET THOLOSE, [SUPER EODEM].

Alfonsus, *etc.*, dilecto suo magistro Johanni de Granchia, archidiacono Blesensi in ecclesia Carnotensi, salutem et dilectionem sinceram. Quia nonnunquam tam judices ordinarii quam etiam delegati jura nostra et jurisdiciones impetunt et usurpant, ballivosque et alios officiarios nostros vexant trahendo in causam et multipliciter molestando, nos litteram reverendi patris R., Dei gracia episcopi Albanensis, apostolice sedis legati, que ad vos dirigitur pro tuicione et deffensione jurium nostrorum, secundum quod in ea videbitis continerí, vobis mittimus per presencium portitorem, discrecionem vestram rogantes quatinus, cum per gentes nostras recursus ad vos habitus fuerit contra versucias et improbitates dictorum judicum, oportuno deffensionis presidio assistatis, quantum de jure poteritis et fore noveritis oportunum. Datum die dominica proxima post octabas apostolorum Petri et Pauli, anno Domini M° CC° LX° nono.

Similis littera magistro Egidio de Bonavalle, granicario Turonensi, pro comite Pictavie et Tholose.

## 1003

15 jul. 1269. — SENESCALLO PICTAVENSI PRO DOMINO COMITE SUPER FACTO JUDEORUM [ET ROTA EIS IMPONENDA].

Alfonsus, *etc.* Quoniam volumus quod Judei a Christianis discerni valeant et cognosci, vobis mandamus quatinus[1] imponatis omnibus et singulis Judeis utriusque sexus signa, videlicet unam rotam de fultro seu penno (*sic*) croceo, in superiori veste consutam ante pectus et retro, ad eorundem cognicionem, cujus rote latitudo sit in circonferencia quatuor digitorum, concavitas autem contineat unam palmam. Et si quis Judeus postmodum sine predicto signo[2] inventus fuerit, inventori vestis ejus superior concedatur, et nichilominus idem Judeus, qui sic inventus fuerit sine signo in publico, puniatur usque ad valorem decem librarum[3], ita quod pena hujusmodi summam non excedat predictam, et hujusmodi emende ponantur ad partem, per nos vel mandato nostro in pios usus convertende. Datum Parisius, die lune ante festum sancti Arnulphi, anno Domini M° CC° LX° nono.

Similis littera missa fuit senescallo Xanctonensi.
Similis littera missa fuit conestabulo Arvernie.
Similis littera missa [fuit] senescallo Agenensi et Caturcensi.
Similis littera missa fuit senescallo Ruthenensi.
Similis littera missa fuit senescallo Venaissini.
Similis littera missa fuit vicario Tholose.
Similis littera missa fuit senescallo Tholose.

Édité par Ledain, p. 184, et fragment dans Boutaric, p. 320.

## 1004

13 jun. et 17 jul. 1269. — SENESCALLO PICTAVENSI PRO DOMINO S., DEI GRATIA TITULI SANCTE CECILIE PRESBYTERO CARDINALI, OLIM DICTE SEDIS LEGATO.

Alfonsus, *etc.* Nostras patentes litteras quas reverendo in Christo

---

[1] Ici les mots suivants effacés : *ad requisicionem dilecti nobis in Christo fratris Pauli Christiani, de ordine fratrum Predicatorum.* — [2] Le n° 1005 ajoute ici *in publico*. — [3] Le n° 1005 ajoute *turonensium*.

patri R., Dei gratia Albanensi episcopo, apostolice sedis legato, pro reverendo in Christo patre S., Dei gratia tituli Sancte Cecilie presbytero cardinali, olim dicte sedis legato[1], concessimus sub hac forma[2] :

Alfonsus, *etc.*, senescallo Pictavensi, *etc.* Ad instanciam reverendi in Christo patris R., Dei gracia Albanensis episcopi, apostolice sedis legati, vobis mandamus quatinus ad requisicionem ejusdem aut collectorum procuracionum, reverendo in Christo patri S., Dei gracia tituli Sancte Cecilie presbytero cardinali, apostolice sedis quondam legato, a personis ecclesiasticis in terra nostra Pictavensi et vestra senescallia existentibus debitarum, volencium bona prelatorum et aliarum personarum ecclesiasticarum predictas procurationes non solvencium occupare, eisdem, si opus fuerit, presidio auxilii et adjutorii assistatis, cum ab ipsis collectoribus vel eorum altero super hoc fueritis requisiti, illo tamen adhibito moderamine, ne de excessu seu injusticia possitis merito reprehendi aut de negligencia increpari. Datum Parisius, die mercurii ante festum beate Marie Magdalene, anno Domini M° CC° LX° nono.

Sed ne occasione hujusmodi a predictis personis ecclesiasticis possitis indebite molestari, litteras ipsius legati patentes, ob tuicionem vestram concessas, vobis mittimus per presencium portitorem, quas quidem litteras ad cautelam futurorum penes vos reservetis, tenorque earundem litterarum ipsius legati, que sequntur, talis est :

Radulphus, miseracione divina episcopus Albanensis, apostolice sedis legatus, nobili viro senescallo Pictavensi, amico karissimo, salutem et sinceram in Domino caritatem. Venerabilis in Christo pater S., tituli Sancte Cecilie presbyter cardinalis, nunc in regno Francie apostolice sedis legatus, in civitatibus et diocesi ac provincia Bituricensi a personis ecclesiasticis earundem civitatum et diocesis et provincie moderatas et racionabiles procuraciones semel et secundo colligi mandavit, certis super hoc collectoribus deputatis qui nonnullas ex eisdem personis, pro eo quod impositas sibi nomine procuracionum hujusmodi moderatas

---

[1] Simon de Brion, plus tard pape sous le nom de Martin IV (1281), légat en France de 1261 à 1267.

[2] La phrase est mal construite : il faut peut-être supprimer *quas* après *litteras*, ou suppléer *vobis mittimus*.

et racionabiles peccunie quantitates solvere contumaciter recusarunt, in terminis ad hoc eis peremptorie constitutis, excommunicationis sentenciam, mandati ipsius cardinalis forma servata, exigente justicia promulgarunt, et crescente eorum contumacia, ipsarum ecclesias supposuerunt ecclesiastico interdicto. Verum quia eedem persone nec per excommunicacionem nec per interdictum hujusmodi possint ad ipsarum procuracionum solucionem induci, predictus cardinalis contra eorum protervam contumaciam solum sibi superesse cognoscens auxilium brachii secularis, nobis fecit humiliter subplicari ut super hoc ei congruum adhibere remedium curaremus. Quocirca nobilitatem vestram attente requirimus et rogamus quatinus personas ecclesiasticas, in deputatis vobis partibus de dicta provincia constitutas, que, ut predicitur, reperientur in solucione procuracionum hujusmodi pertinaces, ad earum solucionem per capcionem rerum suarum, prout nos aut collectores procuracionum ipsius cardinalis inibi deputati requisiverimus, tradita vobis potestate cogatis, non obstante quod in provinciali concilio Burdegalensis provincie per venerabiles in Christo patres archiepiscopum et ejus suffraganeos dicitur esse statutum, ut loca, ville, castra, civitates sive parrochie, in quibus res ecclesiarum vel ecclesiasticarum personarum aut ipse persone dicte provincie Burdegalensis capte, rapte, invase vel occupate detinebuntur, ipso facto subjaceant interdicto, et si forte alibi transferantur, loco illo in quo facta est translacio subjacente denuo interdicto, primum interdictum nichilominus in suo robore perseveret, et si ad plura loca horum translacionem contingat fieri, id ipsum eciam observetur. Datum Parisius, idus junii, anno Domini M° CC° LX° nono.

Similis littera missa fuit senescallo Tholose et Albiensis.
Similis littera missa fuit senescallo Agenensi et Caturcensi.

## 1005

(Fol. 7.) 19 jul. 1269. — SENESCALLO PICTAVENSI SUPER FACTO JUDEORUM.

Alfonsus, *etc.* Quoniam volumus quod Judei a Christianis discerni valeant et cognosci, vobis mandamus quatinus imponatis omnibus et singulis Judeis utriusque sexus signa, videlicet, *etc*. (Voir plus haut n° 1003.) Datum Parisius, die veneris ante festum beate Marie Magdalene, anno Domini M° CC° LX° nono.

## 1006

21 jul. 1269. — STATUTUM DOMINI COMITIS, NE ALIQUIS ADEAT IPSUM PRO JUSTICIA OBTINENDA, NISI IN DEFECTUM JUSTICIE VEL PRO APPELLACIONE.

Alfonsus, *etc.*, senescallo Pictavensi, *etc*. Laudabilium jussionum causas plerumque prebet excessus alienus, et miro modo monumenta justicie de injusticia generantur. Silet enim equitas, ubi culpa non vociferatur admissa, et feriatum quiescit presidentis ingenium quod non fuerit aliqua querela provocatum. Dudum siquidem judicio et justicia firmavimus terram nostram et jugiter cum expedit roboramus, personas instituentes ibidem pro viribus, que et potestate premineant et in exhibenda justicia agentibus et pulsatis quod debemus exsolvant, et ad quos velut ad rivos elimes, derivatos a nobis, recurrant justiciam sicientes, ne, quod absit, subjecti nostri, pro quorum quiete vigilamus et pace, longuo itinere emenso pro justicia impetranda nos cogantur adire, quam commode assequi possunt in suis laribus et domiciliis constituti. Sed ipsi, quod graviter ferimus, provisionis hujusmodi fructum minus provide abnuentes, nos pro justicia assiduis adicionibus, obmissis locorum ordinariis, interpellant, quanquam defectum justicie non inveniant apud ipsos, non absque illorum contemptu, nostra molestia et ipsorum dispendio manifesto. Viam itaque hujusmodi obstruentes et quieti nostre et honori ordinariorum predictorum consulentes et predicta dispendia evitantes, provide duximus statuendum, ut nullus deinceps subditorum nostrorum, obmissis ordine debito locorum ordinariis, ad nos pro justicia impetranda recurrat, nisi in defectum patentem illorum, quos pro servanda justicia inibi per nos aut alios duximus aut duxerimus deputandos, aut per appellacionem ad nos legittime interjectam, mandantes vobis quatinus hujusmodi provisionis nostre decretum seu statutum in assisiis vestris, et aliis locis ubi expedire videritis, publice proponatis ex parte nostra edicto generali et si opus fuerit speciali, publice inhibentes ne ad nos, exceptis casibus supradictis, habeant pro justicia obtinenda recursum, ac insinuantes nichilominus eisdem quod si secus egerint, quod non credimus, in ipsos indignacionis nostre aculeos convertentes, ipsos ad propria, infectis eorum desideriis, remittemus. Vos autem hortamur in Domino, dantes vobis nominatim[1] in mandatis, quatinus, attendentes quod in omni gente qui justiciam facit acceptus est Deo, taliter erga subditos predictos, quos vobis commisimus gubernandos, in exibenda justicia vos habeatis, quod ob deffectum vestrum predictis pressuris et angustiis adicione hujusmodi nullatenus implicentur. Datum dominica ante festum beate Marie Magdalene, anno Domini M° CC° LX° nono.

Édité par Ledain, p. 185-186, et fragment dans Boutaric, p. 378.

## 1007

19 jul. 1269. — [SENESCALLO XANTONENSI PRO QUIBUSDAM MERCATORIBUS CADOMI.]

Alfonsus, etc., senescallo Xantonensi, etc. Cum aliqui mercatores de Cadomo[2] apud Rupellam pignoratos se asserant pro debitis aliorum quibus sunt minime obligati, mandamus vobis quatinus pignorationes hujusmodi non permittatis de cetero attemptari, et si qua occasione hujusmodi detempta sint, pignoratis restitui faciatis, nisi consuetudo approbata vel aliud racionabile obstiterit in hac parte. Datum Parisius, die veneris ante festum beate Marie Magdalene, anno Domini M° CC° LX° nono.

## 1008

30 jul. 1269. — SENESCALLO PICTAVENSI PRO MOSETO JUDEO.

Alfonsus, etc. Mandamus vobis quatinus Mossetum, de Sancto Johanne Angeliacensi judeum, et duos ejus filios ad defferendum signum aliis Judeis impositum usque ad instans festum Omnium sanctorum minime

[1] Au-dessus de la ligne, correction proposée : *vel districte*. — [2] Caen, Calvados.

compellatis. Datum die martis ante festum sancti Petri ad vincula, anno Domini m° cc° lx° nono.

Édité par Boutaric, p. 320.

## 1009

30 jul. 1269. — MAGISTRO PETRO SORINI, CANONICO XANTONENSI, PRO COMITE PICTAVIE ET THOLOSE, [SUPER REDEMPTIONE VOTORUM CRUCESIGNATIONIS].

Alfonsus, *etc.*, dilecto et fideli clerico suo et magistro Petro Sorini, canonico Xantonensi, salutem et dilectionem. Secundum quod a nonnullis dicitur, quidam sibi potestatem quam non habent usurpantes et nonnulli potestate quam sibi commissam asserunt abutentes, in negocii Terre sancte prejudicium non modicum et eorum qui obvencionem redempcionis votorum crucesignatorum debent percipere, in dicte terre subsidium convertendam, in redempcione predicta adeo se prebent faciles, quod preter illos qui sub condicione certe quantitatis pecunie, in dicte terre subsidium transmittende seu etiam convertende, signum crucis assumpserunt, plurimorum facultatibus non attentis qui, si transfretarent, sumptus magnos juxta ipsorum facultates possent facere et deberent, vel si eos propter voluntatem seu corporis impotenciam aliamve causam probabilem transfretare minime contingeret, possent tamen et deberent de suis facultatibus idoneos mittere bellatores in subsidium dicte terre crucesignatos, pro voluntate sua, recepta modica peccunia, a voto crucis absolvunt, propter quod plurimi, crucis devocionem in peccunie affeccionem converti credentes, negocium ipsum vilipendunt, cum non ex zelo caritatis fidei et devocionis initium habere videatur, quod in extorsionem peccunie et elusionem dicti negocii comprobat exitus redundare. Unde videtur[1] quod si quos sciveritis hujusmodi vie viros, ipsos per quos et prout compescendi fuerint compesci, prout faciendum fuerit, procuretis, tantum inde facientes quod, si quid de premissis attemptatum fuerit, amodo desistatur, et si sine causa scandalum subortum fuerit, de cetero sopiatur, nam scandalum in grave

[1] Ici le mot *expediens* biffé.

prejudicium dicti negocii redundaret. Datum die martis ante festum sancti Petri ad vincula, anno Domini m° cc° lx° nono.

Fragment dans Boutaric, p. 317.

## 1010

(Fol. 8.) 31 jul. 1269. — PRIORI PROVINCIALI ORDINIS FRATRUM PREDICATORUM IN FRANCIA.

Alfonsus, *etc.*, viro religioso et in Christo sibi karissimo fratri P., priori provinciali ordinis fratrum Predicatorum in Francia[1], salutem et sinceram dilectionem. Jamdudum disposuimus mittere in Pictaviam, pro inquestis nostris more solito faciendis, fidelem clericum nostrum R., archipresbyterum de Remorentino, cum duobus fratribus vestri ordinis, videlicet fratre Jacobo de Giemo, qui jam frequenter hujusmodi inquisicionis officium exercuit in illis partibus, cum alio quodam fratre quem vestra circumspeccio socium sibi duceret assignandum. Cumque foret nostri propositi ut circa octabas nuper preteriti festi beate Magdalene versus Pictaviam deberent dirigere gressus suos, et memoratus archipresbyter nuperrime nobis scripserit se accepisse litteras fratris Jacobi predicti, continentes quod, cum socium non haberet sibi, ut condecet, deputatum, venire non poterat nec debebat, quocirca vestram prudenciam rogandam duximus, quatinus memorato fratri Jacobo vestris detis litteris in mandatis ut una cum dicto archipresbytero debeat proficisci pro inquisicionibus hujusmodi faciendis, eidem fratri alium, quem ydoneum fore noveritis, socium assignantes, tantum super hiis facientes quod ob carenciam socii non contingat ipsum inquisicionis negocium retardari et nos vobis propter hoc teneamur ad merita graciarum. Datum die mercurii ante festum beati Petri ad vincula, anno Domini m° cc° lx° nono. — Injungentes nichilominus, si placet, per vestras litteras eidem fratri Jacobo et alii fratri, quem eidem socium vestra prudencia duxerit assignandum, ut infra festum assumpcionis beate Vir-

---

[1] C'est le célèbre Pierre de Tarentaise, plus tard pape sous le nom d'Innocent V (Quétif et Échard, *Scriptores ordinis Prædicatorum*, I, 350 *b*).

ginis apud Remorentinum sit, paratus exinde iter arripere in Pictaviam et Xanctoniam pro inquestis hujusmodi faciendis.

## 1011

1 aug. 1269. — [ARCHIPRESBYTERO REMORENTINI, IN PICTAVIAM DEPUTATO.]

Alfonsus, *etc.*, dilecto et fideli clerico suo R., archipresbytero de Remorentino, salutem et dilectionem. Noveritis nos litteras nostras precatorias priori provinciali ordinis fratrum Predicatorum in Francia in forma que sequitur destinasse : Alfonsus, *etc.*, prout superius est expressum. Mandamus itaque vobis quatinus litteras dicti prioris quas, ut speramus, lator presencium vobis tradet, gressu concito mittatis fratri Jacobo de Giemo, mandantes sibi nichilominus per vestras litteras ut una cum socio, quem dictus prior sibi assignaverit, sit apud Remorentinum ad tardius in instanti festo assumpcionis beate Virginis, vobiscum in Pictaviam exinde continuatis gressibus profecturi, significantes nobis infra festum Assumpcionis predicte quot equi pro dictis fratribus vobis fuerint neccessarii, ut eos vobis tempestive mittere valeamus. Mittimus etiam vobis articulos quos Parisius dimisistis, adjectis responsionibus ad singulos articulos, prout visum fuit nostro consilio expedire, sub contrasigilli nostri karactere interclusos. Datum die jovis in festo sancti Petri ad vincula, anno Domini millesimo cc° lx° nono.

Fragment dans Boutaric, p. 391.

## 1012

10 aug. 1269. — [EIDEM PRO EODEM NEGOTIO.]

Alfonsus, *etc.*, dilecto et fideli clerico suo R., archipresbytero Remorentini, salutem et dilectionem sinceram. Transcriptum litterarum ex parte religiosi viri fratris P., fratrum ordinis Predicatorum in Francia prioris provincialis, necnon litterarum ex parte fratrum Jacobi de Gyemo et Droconis de Apoignaco, ejusdem ordinis, nobis nuperrine directarum, vobis mittimus infra scriptum, mandantes vobis quatinus circa festum instantis assumpcionis beate Virginis una cum dictis fratribus iter arripere non tardetis in Pictaviam et Xanctoniam, pro inquestis nostris faciendis et aliis negociis expediendis. Significetis eciam nobis si articulos, quos de partibus illis, diu est, aportastis et ad curiam dimisistis, quos vobis una cum responsionibus ad eosdem factis remisimus, habuistis, et quot equos et quam summam peccunie, tam pro vobis quam pro dictis fratribus, vobis mitti facere debeamus. Datum die sabbati in festo beati Laurencii, anno Domini M° CC° LX° nono.

## 1013

3 aug. 1269. — [LITTERE PRIORIS PREDICATORUM IN FRANCIA PRO FRATRE DEPUTANDO.]

Illustrissimo viro et in Christo karissimo, domino Alfonso, filio regis Francie, comiti Pictavie et Tholose, frater P., fratrum ordinis Predicatorum in Francia prior provincialis indignus, salutem et paratum ad obsequia famulatum. Excellencie vestre precibus, inmo mandatis parere quantum possumus cupientes, dilecto in Christo fratri Jacobo de Gyemo socium in negocio inquisicionum vestrarum ydoneum assignavimus, et eisdem mandavimus ut circa festum assumpcionis beate Virginis sint apud Remorentinum, parati exinde iter arripere in Pictaviam et Xanctoniam pro inquestis vestris secundum formam a vobis traditam faciendis. Conservet vos Deus incolumes per tempora longiora. Datum apud Montemargi, in vigilia beati Dominici.

## 1014

[6-10 d. aug. 1269. — LITTERE A FRATRIBUS JACOBO DE GIEMO ET DROCONE DE APOIGNIACO COMITI ALFONSO DIRECTE.]

Illustrissimo domino Alfonso, filio regis Francie, comiti Pictavie et Tholose, fratres Jacobus de Gyemo et Droco de Apoigniaco, de ordine fratrum Predicatorum in conventu Autissiodorensi, salutem et sic eum per hujus vite campum currere, ut post cursum eterne vite bravium valeat obtinere. Excellencie vestre significamus quod nos, die martis ante festum beati Laurencii[1], reverendi patris nostri fratris P., provin-

[1] 6 août 1269.

cialis Francie, litteras recepimus, continentes quod nos simus apud Remorentinum circa festum assumpcionis beate Virginis, parati ex tunc iter arripere cum venerabili viro R., archipresbytero, pro inquestis vestris in Pictavia et Xanctonia faciendis. Nos autem nobilitati vestre veraciter intimamus quod hoc officium recusaremus quamplurimum oportune importune, quia valde periculosum nobis et honerosum est, sed timemus vestram indignacionem incurrere et offensam. Rogamus igitur dominacionem vestram quatinus mandetis nobis apud Remorentinum voluntatem vestram circa festum assumpcionis beate Virginis, quia tunc ibi parati erimus, Deo dante, et mandetis nobis per litteras, si placet, quid in Pictavia faciemus, et utrum de Judeis conquerentes audiamus et justiciam faciamus, et omnia alia quecunque vobis placuerint rescribatis. Valeat in Domino excellencia vestra bene et diu.

## 1015

11 aug. 1269. — SENESCALLO PICTAVENSI PRO RELICTA REGINALDI, QUONDAM VICECOMITIS THOARCENSIS, [SUPER DOTE].

Alfonsus, *etc.* Cum, sicut intelligi nobis datur, relicta defuncti Reginaldi, quondam vicecomitis Thoarcensis[1], poscat sibi dotem fieri aut factam eidem, ut dicitur, assignari, mandamus vobis quatinus jus suum in hac parte secundum consuetudinem patrie conservetis et acceleretis eidem, ita quod propter defectum juris non oporteat ad nos super hoc querimoniam reportari. Datum dominica ante festum assumpcionis beate Virginis, anno Domini M° CC° LX° nono.

Édité par Ledain, p. 186.

## 1016

(Fol. 9.) 10 aug. 1269. — SENESCALLO PICTAVENSI PRO DOMINO GUILLELMO DE SANCTA MAURA, MILITE, [CONTRA DOMINUM PARTINIACI].

Alfonsus, *etc.* Ad aures nostras perlatum est quod dilectus et fidelis

---

[1] Éléonore de Soissons, veuve du vicomte Renaud, mort en février 1269.

noster Hugo Archiepiscopi, dominus Pertiniaci, observare et attendere contradicit convenciones, pacta seu ordinacionem que inter ipsum ex una parte et Guillelmum de Sancta Maura, militem, ex altera, inita fuere et firmata sub religione prestiti juramenti, vel addere nititur ordinacioni predicte que inter ipsos fuerunt minime concordata. Quocirca vobis mandamus quatinus ordinacionem eandem seu transcriptum, [quod] vobis mittimus infrascriptum, faciatis, prout condecet, observari, nisi ex parte dicti H. aliquod racionabile in contrarium pretendatur. Quod si pretenderit, assignetis eidem H. et domino G. diem terciam post instantem quindenam Omnium sanctorum, ut tunc coram nobis compareant, audituri et recepturi in hac parte quod dictaverit ordo juris. Datum Parisius, die sabbati in festo beati Laurencii, anno Domini millesimo ducentesimo sexagesimo nono.

Édité par Ledain, p. 186, et par Boutaric, p. 383.

## 1017

[CONCORDIA INTER DOMINUM PARTINIACI ET G. DE SANCTA MAURA.]

Ordinacio facta inter dominum Pertiniaci ex una parte et dominum de Sancta Maura ex altera, videlicet quod dominus Pertiniaci de tota escheancia Gaufridi de Rançonio, ultimo defuncti, vult quod dominus de Sancta Maura, nomine liberorum suorum, habeat Marcilliacum[1], Aygre[2] et Tucenois[3], cum omnibus eorum juribus, dominio, justicia alta et bassa et pertinenciis, ita tamen quod dominus Pertiniaci in predictis retinet viginti quinque libras annui redditus, de quo redditu solvet dictus Guillelmus domino Pertiniaci decem libras annui redditus solummodo, quamdiu vixerit domina Ysabellis, uxor domini Mauricii de Bellavilla, qua domina defuncta, dicte viginti quinque libre annui redditus eidem domino Pertiniaci perficientur. Et dictus Guillelmus de Sancta Maura, nomine liberorum suorum, de toto jure quod habet vel habere potest nomine liberorum suorum seu ipsi liberi in tota eschean-

[1] Marcillac-Lanville, Charente, cant. Rouillac. — [2] Aigre, Charente. — [3] Territoire de Tusson, Charente, cant. Aigre.

cia dicti defuncti Gaufridi de Rançonio, tenet se pro pagato, de rebus supradictis residuum quittans totaliter et expresse. Insuper actum est et ordinatum quod octo viginti et decem libre annui redditus, quas percipiebat idem dominus de Sancta Maura apud Pertiniacum, predicto domino Pertiniaci remaneant, ipsum quittans pro se et heredibus suis amodo de eisdem, et hoc debet dictus dominus de Sancta Maura procurare erga liberos suos. Insuper actum est et ordinatum et concedit dictus dominus Pertiniaci, quod dictus Guillelmus de Sancta Maura, quamdiu predicta domina Ysabellis, uxor Mauricii de Bellavilla, militis, vixerit, in portu Sancti Saviniani[1] percipiat ducentas libras annui redditus de primis levatis dicti portus, et dicta Ysabelli defuncta, predicte ducente libre annui redditus ad dominum Pertiniaci libere revertentur. Marcilliacum vero, Aygre et Tucenois cum pertinenciis post decessum dicte domine dicto domino Guillelmo de Sancta Maura libere remanebunt, ita tamen quod mandatum (sic) domini Pertiniaci et domini de Sancta Maura ad invicem in percepcione consuetudinum dicti portus juramento sint astricti, et dictis ducentis libris annui redditus a mandato dicti domini de Sancta Maura primo receptis, postea per totum annum illum aliquid recipiendi in dicto portu non habeat potestatem, et ita leventur quolibet anno, quamdiu vixerit domina supradicta. Si vero contingeret quod mandatum domini Pertiniaci, a mandato dicti domini de Sancta Maura semel requisitus, nollet venire ad recipiendum consuetudines dicti portus, nichilominus mandatum domini de Sancta Maura dictas consuetudines posset recipere, set de faciendo domino Pertiniaci legittimum compotum de receptis per juramentum suum fidem facere dicto domino Pertiniaci teneretur. Predictas autem convenciones et omnia supradicta tenetur dominus Pertiniaci dicto domino de Sancta Maura garantizare contra omnes qui jure hereditario aliquid possent petere in predictis, ita videlicet, quod si dominus Amanevus de Lebreto et Jocelinus de Castellione, nomine uxorum suarum, dominum Pertiniaci ultra quingentas libras redditus gravarent, quod

---

[1] Saint-Savinien, Charente-Inférieure.

dictus dominus de Sancta Maura in gravamine dictam summam excedente, secundum peticionem sibi racione escheancie contingentem, gravamen hujusmodi restituere teneretur. Dictus vero Guillelmus, pro se et heredibus suis, domino Pertiniaci omnia instrumenta que habet ab ipso racione octo viginti et decem librarum redditus, quas apud Pertiniacum, ut dictum est, percipere consueverat, reddere et restituere tenetur. De predictis convencionibus observandis fidem dederunt dicte partes coram domino comite. Rogaverunt et requisierunt dicte partes quod dominus comes, visis litteris dictarum parcium pattentibus, eisdem litteras suas patentes concedat super dictis convencionibus in forma simili.

## 1018

13 aug. 1269. — SENESCALLO PICTAVENSI PRO HEREDIBUS DEFUNCTI G. DE RANCONIO, JUNIORIS.

Alfonsus, *etc.* Ex relacione quorundam nobis innotuit quod, cum inter coheredes porciones hereditarie dividuntur, presertim per baronias seu castellanias, non ei qui primogenitus est aut qui primogeniti locum tenet, sed nobis tanquam superiori domino, a singulis coheredibus pro porcione sua hereditaria, secundum consuetudinem Pictavensem, prestandum est fidelitatis juramentum et homagium faciendum. Sane cum dilectus et fidelis noster Hugo Archiepiscopi, dominus Pertiniaci, nitatur, ut dicitur, habere et recipere homagia a suis coheredibus quantum ad successionem hereditatis que fuit defuncti G. de Rançonio junioris, mandamus vobis quatinus de consuetudine patrie in casu predicto inquiratis diligentissime veritatem, et ea que repereritis super hoc, fideliter in scriptis redacta et sub sigillo vestro inclusa, nobis, quamcicius comode poteritis, transmittatis vel saltim vobiscum afferatis, cum ad nos veneritis in crastinum instantis quindene Omnium sanctorum pro vestris compotis faciendis, non permittentes quicquam interim in casu premisso contra consuetudinem patrie in nostrum prejudicium attemptari. Et si quid attemptatum fuerit, prout de jure vel consuetudine patrie fieri poterit, ad statum debitum revocetis. Datum die martis ante festum assumpcionis beate Virginis, anno Domini M° CC° LX° nono.

Fragment dans Boutaric, p. 494.

### 1019

15 aug. 1269. — ARCHIPRESBYTERO REMORENTINI PRO DOMINO COMITE.

Alfonsus, *etc.*, dilecto et fideli clerico suo archipresbytero Remorentini salutem et dilectionem. Secundum quod nuperrime scripsistis per litteram quam clericus vester nobis presentavit, per eundem clericum vobis mittimus tres equos pro fratribus qui vobiscum in Pictaviam et Xanctoniam sunt ituri, et decem libras turonensium pro expensis vestris in itinere faciendis, vobis mandantes quatinus una cum dictis fratribus acceleretis iter vestrum, et peractis inquestis que vobis commisse sunt faciende seu perficiende, presertim magis neccessariis, et forefactis ballivorum nostrorum emendatis, redeatis, ita quod die tercia post instantem quindenam Omnium sanctorum vel circa ad nos sitis ubi nos audieritis tunc adesse. Datum apud Hospitale juxta Corbolium, in festo assumpcionis beate Virginis, anno Domini M° CC° LX° nono. — Et articulos Parisius traditos cum responsionibus ibidem insertis, qui vobis tradi debuerunt, vobis mittimus per vestrum clericum supradictum.

### 1020

15 aug. 1269. — SENESCALLO PICTAVENSI PRO RADULPHO DE ASPEROMONTE.

Alfonsus, *etc.* Mandamus vobis quatinus Radulphum de Asperomonte, nepotem quondam defuncti Jaquelini de Mailliaco, militis, teneatis in saisina possessionum quas quondam dedisse dicitur uxori sue, matri dicti Radulphi, Guillelmus de Asperomonte, miles, prout per litteras nostras inde confectas et alias legitime vobis constare poterit, vocatis qui fuerint evocandi et auditis racionibus parcium, servato quantum ad rachetum et quantum ad alia jure nostro. Datum apud Corbolium, die jovis in festo assumpcionis beate Virginis, anno Domini M° CC° LX° nono.

Édité par Ledain, p. 187.

## 1021

(Fol. 10.) — ELEMOSINE DOMINI COMITIS IN PICTAVIA, SINE LITTERIS.

Fratribus Predicatoribus Pictavensibus xx libras pictavensium; fratribus Minoribus Pictavensibus xx libras pict.; leprosarie Pictavensi c solidos pict.; domui Dei de Sancto Petro Pict.[1] c solidos pict.; domui Dei Sancte Radegondis Pictav. c solidos pict.; domui Dei Sancti Hylarii Pictavensis lx solidos pict.; domui Dei Beate Marie Majoris Pictavensis[2] c solidos pict.; domui Dei fondate per Petrum de Caritate Pictavis[3] lx solidos pict.; fratribus Minoribus de Sancto Maxencio[4] c solidos pict.; item eisdem fratribus Minoribus pro fabrica ecclesie sue x libras pict.; domui Dei de Sancto Maxencio lx solidos pict.; fratribus Minoribus de Castro Ayraudi[5] c solidos pict.; fratribus Minoribus de Niorto[6] x libras pict.; domui Dei de Niorto c solidos pict.; leprosarie de Niorto lx solidos pict.; domui Dei de Lezeigniaco[7] c solidos pict.; domui de Charezai[8] lx solidos pict.; leprosarie de Monsterolio[9] xl solidos pict.; leprosarie de Fontencto[10] xl solidos pict.; domui Dei de Fontaneto xl solidos pict.; duabus leprosariis de Sancto Maxencio iiii libras pict., cuilibet xl solidos pict.; abbacie de Valencia[11] c solidos pict.; abbacie Trinitatis Pictavensis c solidos pict.; abbacie Sancte Crucis Pictavensis c solidos pict.; abbacie de Misericordia Dei[12] xl solidos pict.; fratribus Sacorum Pictavensibus c solidos pict.; abbacie de Pinu[13] x libras pict.; domui Dei Montismaurilii[14] c solidos pict.; abbacie de Fonte Comitis[15]

[1] Saint-Pierre, près la cathédrale.
[2] Notre-Dame-la-Grande.
[3] Inconnue.
[4] Saint-Maixent, Deux-Sèvres.
[5] Châtellerault, Vienne.
[6] Niort, Deux-Sèvres.
[7] Lusignan, Vienne.
[8] Charzay, Vienne, comm. Ranton.
[9] Montreuil-Bonnin, Vienne, cant. Vouillé.
[10] Fontenay-le-Comte, Vendée.
[11] Valence, abb. ordre de Cîteaux, dioc. de Poitiers; auj. Vienne, comm. Couhé.
[12] La Merci-Dieu, abb. ordre de Cîteaux, dioc. de Poitiers; auj. Vienne, comm. la Roche-Posay.
[13] Le Pin, abb. ordre de Cîteaux, dioc. de Poitiers; Vienne, comm. Béruges.
[14] Montmorillon, Vienne.
[15] Fontaine-le-Comte, abb. ordre de Saint-Augustin, dioc. de Poitiers; auj. Vienne, cant. Poitiers.

LX solidos pict.; abbacie de Bonivalle⁽¹⁾ LX solidos pict.; monialibus de Villa Salan⁽²⁾ C solidos pict.; fratribus Minoribus de Pertiniaco⁽³⁾ C solidos pict.; fratribus Minoribus de Mirabello⁽⁴⁾ LX solidos pict.; fabrice ecclesie Sancti Leodegarii⁽⁵⁾ LX solidos pict.; monialibus de Podia⁽⁶⁾ C solidos pict.; ecclesie Beate Radegondis pro vitreis faciendis C solidos pict.

Édité par Ledain, p. 199.

## 1022

16 aug. 1269. — FRATRIBUS JACOBO DE GYEMO ET DROGONI DE APPOIGNIACO, ORDINIS FRATRUM PREDICATORUM, ET R., ARCHIPRESBYTERO DE RUMORENTINO, INQUISITORIBUS IN PICTAVIA ET XANCTONIA PRO COMITE PICTAVIE ET THOLOSE.

Alfonsus, *etc.*, religiosis viris et in Christo sibi dilectis fratribus Jacobo de Gyemo et Droconi de Apugniaco, ordinis fratrum Predicatorum, ac dilecto et fideli suo Roberto, archipresbitero de Rumorentino, inquisitoribus in Pictavia et Xanctonia, salutem et dilectionem. Cum nos dilectis et fidelibus nostris senescallis nostris Pictavensi et Xanctonensi per nostras litteras, cuilibet eorum directas, mandaverimus ut de denariis nostris solvant pro elemosina, videlicet senescallus Pictavensis fratribus Predicatoribus Pictavensibus XX libras pictavensium, *etc.*, *ut supra usque ad* ecclesie Beate Radegondis pro vitreis faciendis C solidos pict.

Item senescallus Xanctonensis in Xanctonia : fratribus Minoribus Xanctonensibus XII libras pict.; domui Dei Xanctonensi X libras pict.; leprosarie Xanctonensi C solidos pict.; fratribus Minoribus Sancti Johannis Angeliacensis⁽⁷⁾ XII libras pict.; duabus domibus [Dei] Sancti Johannis Angeliacensis VI libras pict., cuilibet LX solidos pict.; fratribus Minoribus de Ruppella⁽⁸⁾ XX libras pict.; fratribus Predicatoribus de

⁽¹⁾ Bonnevaux, abb. ordre de Cîteaux; auj. Vienne, comm. Marçay.

⁽²⁾ Villesalem, ordre de Fontevrault; auj. Vienne, comm. Journet.

⁽³⁾ Parthenay, Deux-Sèvres.

⁽⁴⁾ Mirebeau, Vienne.

⁽⁵⁾ Il existe dans la Vienne plusieurs églises dédiées à Saint-Léger, sans compter Saint-Ligaire, prieuré dépendant de l'abbaye de Lesterp, Vienne, comm. Le Vigean.

⁽⁶⁾ La Puye, maison de l'ordre de Fontevrault; auj. Vienne, cant. Pleumartin.

⁽⁷⁾ Saint-Jean-d'Angely, Charente-Inférieure.

⁽⁸⁾ La Rochelle, Charente-Inférieure.

Ruppella xx libras pict.; leprosarie de Ruppella x libras pict.; domui Dei de Ruppella x libras pict.; fratribus Saccorum de Ruppella c solidos pict.; fratribus Minoribus de Cognaco[1] c solidos pict.; domui Dei de Portei[2] lx solidos pict.; hospitali de Raingni[3] c solidos pict.; fratribus Trinitatis de Ponte Taleburgi[4] c solidos pict.; monialibus de Gascongneria[5] c solidos pict.; leprosarie de Banaone[6] lx solidos pict.; fratribus Minoribus de Pontibus[7] xl libras pict.; fratribus Predicatoribus de Pontibus x libras pict.; monialibus Sancti Viviani de Argentonnio[8] lx solidos pict.; abbatie Fontis Dulcis[9] x libras pict.; domui Dei de Bream[10] xl solidos pict.; vobis mandamus rogantes quatinus, cum per loca ipsa transitum feceritis pro inquisicionibus vobis commissis faciendis, diligenter addiscatis an dicta pecunia singulis locis predictis soluta fuerit, sicut decet, ita quod super hoc possimus per litteras vestras loco et tempore compettenti in scriptis, vel per vos ipsos cum ad nos veneritis, plenius edoceri. Datum apud Hospitale prope Corbolium, anno Domini millesimo ducentesimo lx$^{mo}$ nono, die veneris in crastino assumpcionis beate Marie virginis.

### 1023

16 aug. 1269. — ARCHIPRESBITERO REMORENTINI LITTERA PATENS PRO GUILLELMO DE VERNOTO, MILITE.

Alfonsus, *etc.*, dilecto et fideli clerico suo R., archipresbitero Remorentini, salutem et dilectionem. Causam appellacionis ad nos interposite a fideli nostro Guillelmo de Vernoto, milite, super quibusdam gravaminibus eidem illatis, ut asserit, per senescallum nostrum Pictavensem, vobis duximus committendam, vobis mandantes quatinus cau-

---

[1] Cognac, Charente.
[2] Peut-être les Portes, Charente-Inférieure, comm. Ars-en-Ré.
[3] Je n'ai rien trouvé pour ce nom de lieu.
[4] Taillebourg, Charente-Inférieure, cant. Saint-Savinien.
[5] La Gascognière, Charente, cant. Jarnac, comm. Sainte-Sévère.
[6] Benon, Charente-Inférieure, comm. Courçon.
[7] Pons, Charente-Inférieure.
[8] Le grand Saint-Bibien, près de la forêt de Benon (Cassini, au sud de Benon).
[9] Fondouce, Charente-Infér., comm. Saint-Bris-des-Bois.
[10] Bran, Charente-Inf., cant. Montendre.

sam eandem audiatis et fine debito terminetis. Datum apud Hospitale juxta Corbolium, die veneris in crastino assumpcionis beate Virginis, anno Domini m° cc° lx° nono.

## 1024

3 sept. 1269. — SENESCALLO PICTAVENSI PRO COMITE PETRAGORICENSI.

Alfonsus, *etc.* Mandamus vobis quatinus fidelem nostrum Mauricium de Bellavilla, militem, adjornetis coram nobis ad terciam diem post quindenam Omnium sanctorum proximo venturam, nobili viro Archembaudo, comiti Petragoricensi, responsurum, ad ea que contra ipsum Mauricium duxerit proponenda. Datum die martis ante nativitatem beate Marie virginis, anno Domini millesimo ducentesimo sexagesimo nono.

## 1025

8 sept. 1269. — SENESCALLO PICTAVENSI PRO NOBILI COMITE AUGI.

Alfonsus, *etc.* Ex parte nobilis et karissimi consanguinei nostri Alfonsi, filii regis Jerusalem, comitis Augi[1], nobis est conquerendo monstratum quod abbatissa Sancte Trinitatis Pictavensis ipsum seu gentes suas super rebus et possessionibus de feodo nostro moventibus et ad jurisdicionem et cognicionem curie nostre spectantibus, ut dicitur, trahit in causam coram judice ecclesiastico contra justiciam, sicut dicit. Quare vobis mandamus quatinus dictam abbatissam ex parte nostra attencius requiratis ut ab hujusmodi vexacione desistat, ipsam, si opus fuerit, ad id, quantum de jure fieri poterit, compellentes, nichilominus judicem ipsum, qui de causa cognoscit, per conservatorem privilegiorum nostrorum, quorum transcripta habent magister Petrus Sorini, canonicus Xanctonensis, in Xanctonia et Egidius de Aula in Pictavia, auctoritate eorundem privilegiorum requiri facientes, si necesse fuerit, ne de hiis que ad jurisdicionem nostram mediate vel inmediate pertinent se nullatenus intromittat. Datum dominica in festo nativitatis beate Marie virginis, anno Domini millesimo ducentesimo sexagesimo nono.

[1] Alfonse de Brienne, comte d'Eu, fils de Jean de Brienne, roi de Jérusalem.

## 1026

7 sept. 1269. — SENESCALLO PRO NOBILI GAUFRIDO DE LEZEIGNIACO, DOMINO JARNIACI, [SUPER ASSIGNATIONE IPSI FIENDA].

Alfonsus, etc. Cum in nuper preterito parlamento, prout asseritur[1], vobis injunctum extiterit ut nobili et fideli nostro Gaufrido de Lezeigniaco, domino Jarniaci[2], assideretis seu assignaretis viginti libras annui redditus, quantum propinquius bono modo possetis prope domum de Ardema[3], cum, nisi facta assignacione predicta littera patens quam habet a nobis non possit comode perfici vel compleri, vobis mandamus quatinus assignacionem hujusmodi, prout condictum extitit, taliter fieri procuretis quod littera nostra predicta in pallamento nostro instantis quindene Omnium sanctorum fieri possit, ut condecet, et compleri. Datum anno Domini M° CC° LX° nono, die sabbati ante nativitatem beate Marie.

## 1027

(Fol. 11.) 9 sept. 1269. — SENESCALLO PICTAVENSI PRO CHRISTIANIS CONTRA JUDEOS.

Alfonsus, etc. Insinuatum est nobis quod nonnulle persone miserabiles, qui gagia sua dicunt penes Judeos pignori obligata, non possunt eadem rehabere, licet sortem solvere sint parati, et eisdem de Judeis conquerentibus exibere justiciam denegastis. Quocirca vobis mandamus quatinus Christianis conquerentibus de Judeis, tam in premisso casu quam in aliis, sine difficultate qualibet exibeatis celeris justicie complementum, et solvendo sortem faciatis eisdem Christianis pignora sua reddi et restitui, veritate super sortis debite quantitate [comperta]. Ceterum non compellatis aliquem Christianum Judeo solvere nec vexetis eosdem Christianos ad querimoniam Judeorum, sicut ab aliquibus dicitur vos fecisse. Datum die lune in crastino nativitatis beate Virginis, anno Domini M° CC° LX° nono.

Consimilis littera missa fuit senescallo Xanctonensi.

Édité par Ledain, p. 187.

[1] Première leçon : *injungitur*.
[2] Jarnac, Charente.
[3] Probablement Ardennes, Charente-Inférieure, comm. Fléac.

## 1028

9 sept. 1269. — [FRATRIBUS JACOBO ET DROCONI SUPER EODEM.]

Alfonsus, *etc.*, religiosis viris et in Christo sibi dilectis fratribus Jacobo de Giemo et Droconi de Apugniaco, ordinis fratrum Predicatorum, ac dilecto et fideli[1] suo R., archipresbytero de Remorentino, inquisitoribus in Pictavia et Xanctonia, salutem et dilectionem sinceram. Formam littere, quam misimus senescallis nostris Pictavensi et Xanctonensi, vobis mittimus infrascriptam : Alfonsus, *etc.*, ut precedens; scire vos volentes quod in brevi deputare proponimus aliquos bonos viros qui circa restitucionem usurarum, que per Judeos a Christianis sunt extorte, necnon super hiis que nobis scripsistis et super aliis que viderimus expedire procedant fideliter et prudenter, secundum formam quam eisdem duxerimus committendam. Propter quod ad presens aliis personis commissionem non facimus super hiis que scripsistis. Datum die lune in crastino nativitatis beate Marie, anno Domini M° CC° LX° nono.

## 1029

8 sept. 1269. — SENESCALLO PICTAVENSI SUPER CITACIONE GAUFRIDI DE LEZIGNIACO, MILITIS.

Alfonsus, *etc.* Cum nobilis et fidelis noster Gaufridus de Lezigniaco, dominus Jarniaci, in causa que vertitur inter ipsum ex una parte et dilectos et fideles nostros Hugonem, dominum Pertiniaci, et Fulconem de Mastacio, milites, ex altera, ab audiencia senescalli nostri Xanctonensis ex causa sufficienti et legittima ad nos se asserat appellasse, mandamus vobis quatinus predictos Hugonem et Fulconem ad diem terciam post instantem quindenam Omnium sanctorum citetis coram nobis, in causa appellacionis hujusmodi quantum de jure fuerit processuris. Datum anno Domini M° CC° LX° nono, dominica in festo nativitatis beate Marie virginis.

---

[1] Ici le mot *clerico*, biffé.

## 1030

15 sept. 1269. — SENESCALLO PICTAVENSI PRO COMITE PICTAVIE ET THOLOSE SUPER ACQUISITIS TEMPLARIORUM.

Alfonsus, *etc.* Miramur admodum nec est mirum quod super facto Templariorum, de acquisicionibus factis ab eisdem in feudis et retrofeudis seu censivis nostris in vestra senescallia, pro quo jam vobis sepe scripsimus, nichil nobis hactenus respondistis. Vobis itaque mandamus quatinus juxta formam super hoc alias vobis scriptam, quam iterato fecimus infra scribi, in ipso negocio procedatis, taliter super hiis vos habentes quod non possitis in hac parte de negligencia merito reprehendi. Datum dominica in octabis nativitatis beate Virginis, anno Domini M° CC° LX° nono.

Édité par Ledain, p. 187-188.

## 1031

5 sept. 1269. — ISTA LITTERA DEBET PRECEDERE PRECEDENTEM LITTERAM AD TALE SIGNUM ✷ ET INCLUDI IN ALIAM PRECEDENTEM AD TALE SIGNUM +.

Alfonsus, *etc.* Secundum quod aliás vobis scripsisse meminimus per litteras nostras, quarum transcriptum fecimus infra scribi, iterato vobis mandamus et districte precipimus quatinus, si secundum formam infrascripte littere processistis, saisita in manu nostra teneatis, alioquin secundum formam ejusdem littere procedentes, acquisita saisiatis et saisita teneatis quousque aliud a nobis receperitis in mandatis, nisi forsan ydonee vobis cautum fuerit de solvendis nobis mille quingentis libris turonensium pro singulis ducentis libris annui redditus ab eisdem Templariis acquisitis. Qua caucione recepta, taliter saisita eisdem restituatis, in recépcione hujusmodi caucionis eisdem de primis mille quingentis libris turonensium ad instantes octabas Omnium sanctorum solvendis terminum prefigentes, et residuum quod fuerit, singulis annis mille quingente libre turonensium solvantur, quousque totum fuerit persolutum. Datum die jovis ante festum nativitatis beate Marie virginis, anno Domini M° CC° LX° nono.

## 1032

6 aug. 1269. — FORMA LITTERE INTERCLUSE IN PRECEDENTI.

Alfonsus, *etc.* Nuper, cum preceptor domus milicie Templi de Rupella tractaret pro confirmacione obtinenda a nobis super hiis que Templarii acquisierunt in feudis et retrofeudis nostris comitatus Pictavensis, idem preceptor, prout recolimus, constanter asserebat acquisita ab eis in dicto comitatu nostris temporibus non valere ultra ducentas libras annui redditus, ad quod eciam presens fuit fidelis miles noster Reginaldus de Preicigniaco, et quidam alii qui tunc nobis assistebant. Sane nuperrime nobis extitit intimatum quod iidem Templarii temporibus nostris acquisierunt in dicto comitatu Pictavensi usque ad valorem duorum milium librarum annui redditus, sicut fertur. Quocirca vobis mandamus quatinus, quantacunque poteritis sollicitudine, diligencius addiscatis de valore annui redditus eorum que dicti Templarii acquisierunt a triginta annis citra in feudis seu retrofeudis nostris vel censivis, infra metas comitatus nostri predicti, necnon in quibus consistant hujusmodi acquisita et a quibus personis acquisierunt, et de hiis diligenter, sigillatim et districte, quancito commode poteritis, nobis per vestras litteras ea que didiceritis significare curetis. Quod si forte, sicut promisit idem preceptor pro domo sua de Rupella et aliis domibus milicie Templi in comitatu Pictavensi constitutis, infra instans festum assumpcionis beate Virginis ad nos non venerit nec sufficienter miserit ad componendum seu finandum nobiscum super acquisicionibus supradictis, vos ex nunc acquisita sua a xxx$^e$ annis citra universa et singula, que in vestra consistunt senescallia, saisiatis et in manu nostra efficaciter teneatis, quousque aliud super hoc a nobis receperitis in mandatis. Datum die martis ante festum beati Laurencii, anno Domini m° cc° lx° nono.

Édité par Ledain, p. 188.

## 1033

(Fol. 12.) 27 sept. 1269. — INQUISITORIBUS IN PICTAVIA ET XANTONIA PRO ABBATE ET CONVENTU GRACIE SANCTE MARIE, CISTERCIENSIS ORDINIS, XANCTONENSIS DYOCESIS.

Alfonsus, *etc.* Cum religiosi viri abbas et conventus Gracie Sancte Marie[1], Cisterciensis ordinis, Xanctonensis dyocesis, habeant, ut asserunt, usagium ad omnia neccessaria sua capienda in foresta nostra de Argentonio[2], ex donacione bone memorie Richardi, quondam regis Anglie defuncti, et castellanus noster de Banaone[3] ipsos religiosos in dicto usagio perturbat et molestat, dicens quod usagium debent habere dicti religiosi in dicta foresta ad neccessaria omnium locorum suorum, excepta granchia que vocatur Angulus[4], nec usagium dicte foreste quantum ad dictam granchiam habuerint, ipso sciente, vobis mandamus quatinus super hiis diligenter inquiratis, vocato coram vobis dicto castellano et auditis ejus racionibus pro jure nostro, secundum traditam vobis formam. Et quid super hiis inveneritis cum aliis inquestis vestris, cum ad nos veneritis, in scriptis referatis. Datum die veneris ante festum beati Michaelis, anno Domini M° CC° LX° nono.

## 1034

30 sept. 1269. — A MESIRE JEHAN DE NANTUEILL, CHEVALIER, SEIGNEUR DE TORZ.

Aufonz, fiuz de roy de France, coens de Poitiers et de Thoulouse, à noble son amé et son feal Jehan de Nantueill, chevalier, seigneur de Torz, saluz et attalantement de boenne amour. De ce que vous avez esté ferment dehestié, si cum vos nos avez fait assavoir par voz lestres, nos en avons pitié en nostre cuer, et de ce que vos estes tornez à guerison, nos en loons nostre Segneur et en somes liez. De ce que en la terre de Thale-

---

[1] Abbaye de la Grâce-Dieu, Charente-Inférieure, comm. Benon.

[2] C'est probablement le nom d'une partie de la forêt de Benon; je ne l'ai pas retrouvé sur les cartes; voir pourtant plus haut, n° 1022, *S. Vivianus de Argentonio.*

[3] Benon, Charente-Inférieure, cant. Courçon.

[4] Non retrouvé sur les cartes.

mont[1] et en la viconté de Toarz eschei mout de choses, quant nous les eumes en nostre mein, dum li seneschaus n'a de riens ouvré, dites au dit seneschal que il en face ce qu'il devra, et vous meesmes l'en aidiez et conseilliez selonc ce que vous verrez qui sera à fere. Et des dites choses et de ce que en sera fet nos raportez plus pleinement la verité et vostre conseil, comment seur ce irons avant, à l'andemein de la quinzeine de la Touz seinz qui vient prochiennement, auquel jour nos vous mandons, prianz que vos soiez à nos, et ce ne lesiez mie. Et sachiez que quant ces lestres furent fetes, nos estiens sein et bestié, Dieu merci, ce meesmes desirranz à oir tourjours de vous. Ce fu doné à Paris, le lundi en l'endemein de la seint Michiel, en l'an nostre Seigneur M CC LX IX.

Édité par Boutaric, p. 126-127.

## 1035

30 sept. 1269. — GUILLELMO DE SANCTA MAURA, MILITI, PRO ABBATE DE INSULA.

Alfonsus, *etc.*, nobili et dilecto suo Guillelmo de Santa Maura, militi, salutem et dilectionem sinceram. Veniens ad nos vir religiosus abbas de Insula[2] nobis dedit intelligi quod vos bona sue abbacie sine causa cognicione occupastis et eadem fere ab anno citra occupata, ut asserit, detinetis. Quocirca vobis rogantes mandamus quatinus in facto hujusmodi vos taliter habeatis quod non debeatis merito de injusticia reprehendi nec oporteat super hoc manum apponere graviorem. Datum Parisius, anno Domini M° CC° LX° nono, die lune in crastino sancti Michaelis archangeli.

## 1036

30 sept. 1269. — PRO ABBATE DE PINU.

Alfonsus, *etc.*, senescallo Pictavensi, *etc.* Cum enormes injurie et excessus quamplurimi in personis et rebus monachorum de Pinu[3], ut

---

[1] Talmont, Vendée.
[2] C'est sans doute *Insula Dei*, Notre-Dame-la-Blanche, dans l'île de Noirmoutier.
[3] Le Pin, abb. de l'ordre de Cîteaux, au dioc. de Poitiers; auj. Vienne, comm. Béruges.

dicitur, illati fuerint, et presertim ab hominibus de Monsterolio[1], vobis mandamus quatinus injurias et excessus hujusmodi, cum vobis alias injunctum extiterit, faciatis taliter emendari quod non oporteat ad nos propter hoc ulterius querimoniam reportari. Datum Parisius, die lune in crastino beati Michaelis archangeli, anno Domini M° CC° LX° nono.

## 1037

1 oct. 1269. — SENESCALLO PICTAVENSI [PRO BLANCHIA, FILIA LUDOVICI REGIS].

Alfonsus, *etc*. Cum nobilissima et karissima neptis nostra Blanchia, karissimi domini et fratris nostri Ludovici, Dei gracia Francorum regis illustrissimi, filia[2], per comitatum nostrum Xanctonensem (*sic*) in brevi transitum sit factura, in Hyspaniam proficiscens, vobis mandamus quatinus quam cito poteritis commode, in introitu senescallie vestre cum ea qua commode poteritis studeatis occurrere honorabili comitiva, exponentes sibi et suis domos nostras et castra nostra providentesque de venacionibus, piscibus et aliis talibus que bono modo poterunt preparari, et associantes eandem per vestram senescalliam, prout melius honori nostro et qualitati negotii noveritis expedire. Datum Parisius, die martis in festo sancti Remigii, anno Domini M° CC° LX° nono.

Similis littera missa fuit senescallo Xanctonensi.

Similis littera missa fuit domino Johanni de Nantolio.

## 1038

7 oct. 1269. — AU SENESCHAL DE POITOU POR LE CONTE DE POITIERS ET DE THOLOSE, DES BALLIES ET DOU CHANGE.

Aufonz, fiuz de roi de France, coens de Poitiers et de Thoulouse, à son amé et à son feal au seneschal de Poitou, saluz et amor. La grant neccessité de la Terre seinte et le prochein terme du passage qui aproche de jor en jor et qui est assené, c'est assavoir la premiere semeinne de

---

[1] Montreuil-Bonnin, Vienne, canton Vouillé.

[2] Née en 1252, épousa en 1269 Fernand de la Cerda, infant de Castille.

ce prochein mai à Eeues mortes et à Marseille, nos semonnent et esmoivent que souvent vos escrisions que o la gregneur curiouseté et deligence que vos porrez, selonc les voies qui vos furent balliées pieça en escrit et autres que vos avez trovées et pourez trover, metez peine et estuide en porchacier et essembler deniers por nos, en la greigneur quamtité que vos pourez en boenne maniere et loial, et esplaiz de votre seneschaucie, dont petit profit nos vient, porchacier ausint et lever, et toz les deniers ausint que Bernart de Guisergues et autres nous doivent en votre seneschauciée de viez et de nouvel, tant par la reson de noz ballies que de finances fetes par reson des vaies dessus dites et des aides que nous ont fetes la vile de Poitiers et Niort[1], Fontenai[2] et nos autres viles de vostre seneschaucie, et double de cens aussint pourchaciez et asenblès en tele maniere que les diz deniers touz enterinement nos fetes aporter au Temple à Paris, l'endemein de la quinzeinne de la Touz seinz qui vient prochenement, se qui à celui terme en sera deu. Et la monnaie des Poitevins neus changiez an tornois, toute o la greigneur quamtité que vos pouroiz en bone maniere, et ceu que vos ne pouroiz changier à tornoiz, changiez à monnoies d'or ou d'argent, selonc l'ordenance qui vos fu pieça ballie en escrit, ou à melleur marchié se vos povez en bone maniere, et ce que vos ne porrois changier à monnoies d'or ou d'argent, changiez à tornois et les portès au Temple à Paris au terme dessus dit. Derechief nos vos mandons que les despens outrageus et qui ne sunt mie profitables abatez et ostez de tout en tout. Derechief encore vos mandons, car quant vos affermereiz noz ballies de vostre seneschauciée, icelles afermez o anchierissement chacune par soi, segom les condicions qui vos ont esté pieça balliées en escrit, et nous raportez en escrit coumant elles seront afermées et à qui et combien chacune par soi, au dit jor de l'andemein de la quinzaine de la Touz seinz qui vient procheinement. Et [en] toutes les choses dessus dites et o boen et o loial gouvernement de nostre terre, et autres choses qui vos apartiennent de vostre office et de vostre por-

[1] Deux-Sèvres. — [2] Fontenay-le-Comte, Vendée.

voience vos aviennent, en tele maniere vous aiez que nous cognoissienz bien par le fet de l'uevre que les besoignes vos aient esté et soient à cuer, et que vostre diligence puissions por ce louer à droiz. Et vous nos raportez en escrit ce qui sera fet de totes les choses dessus dites, si que, faite collation de l'escrit que nous avons retenu par devers nous et de celui que vos nos raportereiz, nous puissions bien voier que vos l'avez bien fait et si comme il vos a esté commandé et mandé. Et dites aussint à nostre amé et nostre feal clerc Gille de la Sale et à Guillaume Potet et à Hernoul, que il viengnent à nos au dit jour. Et cez lestres monstrez à Hernou, et li dites que il en soit curieus et ententis, si que nos li en sachiem gré. Ce fu donné le lundi devant la feste seint Denis, en l'an nostre Segneur MCCLXIX.

Auteles lestres furent envoiées au seneschal de Xanctonge, muez les nons des viles.

Auteles lestres au seneschal de Tholose et d'Aubijois.

Auteles lestres au conestable d'Auvergne, muez les nons des viles et sanz fere mencion dou change.

Auteles lestres furent envoiées au seneschal de Venissi cum au conestable d'Auvergne, muez les nons des viles.

Auteles lestres furent envoiées au seneschal d'Ageneis et de Caorsin, cum au conestable d'Auvergne, ajostez le port de Mermande et le salin d'Agiens.

Auteles lestres furent envoiées au seneschal de Roergue cum au conestable d'Auvergne, ajostée la clause dou miner.

Édité par Ledain, p. 189-190, et par Boutaric, p. 348-349.

## 1039

12 oct. 1269. — [SENESCALLO PICTAVENSI PRO GAUFRIDO DE CASTROBRIANDI.]

Alfonsus, *etc.*, senescallo Pictavensi, *etc.* Ex parte fidelis nostri Gaufridi de Castrobriandi, militis, ad nos est perlata querimonia quod, cum relicta defuncti Renaudi, quondam vicecomitis Thoarcensis[1], se

[1] Voir plus haut, n° 1015.

aplegiaverit contra Guidonem de Thoarcio, valetum, in manu fidelis nostri Symonis de Cubitis, castellani de Ruppe super Oyon, pro tercia parte terre Thalemondi[1], quam petit sibi assignari in porcione dicto Guioneto assignata, et occasione hujusmodi aplegiamenti non solum terra dicti Guidonis in Thalemondesio, verum eciam pars dicti Gaufridi sit saisita, quanquam aplegiacio minime facta fuerit contra ipsum, vobis mandamus quatinus, si ita est, dicto Gaufrido terram suam occasione predicta saisitam eidem deliberari faciatis, nisi aliud racionabile obsistat propter quod deliberacio hujusmodi minime sit facienda. Datum die sabbati post festum beati Dyonisii, anno Domini m° cc° lx° nono.

Édité par Ledain, p. 190-191.

## 1040

(Fol. 13.) 17 oct. 1269. — [SENESCALLO PICTAVENSI PRO PONCIO DE MIRABELLO.]

Alfonsus, etc., senescallo Pictavensi, etc. Ex[2] parte fidelium nostrorum Poncii de Mirabello, militis, et senescalli nostri Xanctonensis[3] ad aures nostras perlatum est quod fidelis noster Guillelmus de Calvigniaco, miles, dominus Castriradulphi[4], cum multitudine armatorum equitum et peditum hostiliter intravit terram et feuda dicti Poncii, que a nobis tenet in senescallia Xanctonensi, excessus plurimos, dampna gravia et injurias intolerabiles perpetrando, quod in nostrum prejudicium non ambigitur redundare. Quocirca vobis mandamus quatinus per vos vel per alios sufficientes nuncios, cum vestris litteris patentibus deputatos, coram testibus ad hoc vocatis inhibeatis eidem et aliis pariter hominibus nostris in vestra senescallia existentibus, de quibus fueritis requisiti, ne prefato Poncio in terra et feudis que a nobis tenet quicquam forefaciant, cum parati simus cuilibet conquerenti de dicto P. exibere justicie complementum, precipientes insuper dicto G. ut illata per ipsum et suos in nostris feudis dampna restitui et injurias

[1] Talmont, Vendée. — [2] Première leçon : *Litterarum vestrarum quas nuper recepimus serie plenius.* — [3] C'était alors Jean de Villette. — [4] Châteauroux, Indre.

emendari taliter procuret quod non oporteat propter hoc ad nos ulterius querimoniam reportari, exigentes nichilominus ab eodem G. caucionem ydoneam de stando juri et faciendo emendas ad quas ipsum teneri constare poterit ex predictis. Quod si forsan dictus G. parere noluerit in hac parte, ea que a nobis tenet in feudum saisiatis, dimisso ibi unico serviente. Datum die jovis ante festum beati Luce euvangeliste, anno Domini M° CC° LX° IX°.

## 1041

(Fol. 14.) 19 oct. 1269. — LITTERA MISSA DOMINO JOHANNI DE NANTOLIO PRO SUBSIDIO FACIENDO TERRE SANCTE A NOBILIBUS PICTAVENSIBUS ET XANCTONENSIBUS ET ALIIS.

Alfonsus, *etc.*, dilecto et fideli suo Johanni de Nantolio, militi, domino de Torz, salutem et dilectionem sinceram. Tam per ea que nobis scripsistis alias quam ex serie littere vestre nuperrime nobis misse perpendimus usitatum esse in Pictavia, quod nobiles comitatus Pictavensis dominis suis crucesignatis congruum debeant prestare auxilium pro subsidio Terre sancte. Cujusmodi usu supposito, vobis mandamus quatinus, una cum senescallis nostris Xanctonensi et Pictavensi, nobiles senescalcie sue, fideles nostros, et alios, si ad hoc secundum usum suppositum teneantur, ex parte nostra cum instancia requiratis ut pro dicte terre subsidio prestent nobis auxilium oportunum, prefigentes nichilominus eisdem terminum competentem, infra quem de predicto auxilio satisfaciant prout decet, intimantes eisdem quod, nisi hoc fecerint, nos, elapso termino, auxilium hujusmodi levare ulterius nullatenus differemus. Datum die sabbati post festum sancti Luce euvangeliste, anno Domini M° CC° LX° IX°.

Édité par Ledain, p. 191, et par Boutaric, p. 285.

## 1042

19 oct. 1269. — LITTERA MISSA SENESCALLO PICTAVENSI PRO SUBSIDIO FACIENDO TERRE SANCTE A NOBILIBUS PICTAVENSIBUS ET ALIIS.

Alfonsus, *etc.* Tam per ea que nobis scripsit alias dilectus et fidelis noster Johannes de Nantolio, miles, quam ex serie littere ejusdem nobis nuperrime misse, perpendimus usitatum esse in Pictavia quod nobiles comitatus dominis suis crucesignatis congruum debeant prestare auxilium pro subsidio Terre sancte. Cujusmodi usu supposito, vobis mandamus quatinus una cum prefato Johanne, vel si forsan absens fuerit, non obstante ipsius absencia, nobiles senescalcie vestre, fideles nostros, et alios, si ad hoc secundum usum suppositum teneantur, ex parte nostra cum instancia requiratis ut pro dicte terre subsidio prestent nobis auxilium oportunum, prefigentes nichilominus eisdem terminum competentem, infra quem de predicto auxilio satisfecerint, prout decet, intimantes eisdem quod, nisi hoc fecerint, elapso termino, auxilium hujusmodi levare ulterius nullathenus differemus. Datum die sabbati post festum sancti Luce euvangeliste, anno Domini M° CC° LX° IX°.

Similis littera missa fuit senescallo Xanctonensi pro eodem negocio.

Édité par Ledain, p. 191.

## 1043

21 oct. 1269. — SENESCALLO PICTAVENSI PRO HOMINIBUS POPULARIBUS DE NIORTO [SUPER DUPLICATIONE CENSUS ET LEVATIONE COLLECTE].

Alfonsus, *etc*. Ex serie litterarum fratrum Jacobi de Giemo et Droconis de Appugniaco, ordinis fratrum Predicatorum, inquisitorum in Pictavia et Xanctonia, intelleximus quod inter populares, presertim in villa nostra de Niorto, murmur non modicum et tumultuosa querimonia invaluit, occasione duplicati census qui exigitur ab eisdem, non tam, ut ex ipsa littera potest conici, ob ipsam census duplicacionem quam propter gravem et austerum modum in colligendo adhibitum necnon injuriosum, si, ut fertur, pignora nonnisi aurea et argentea hii qui dictum censum colligunt velint aliquatenus acceptare. Quocirca vobis mandamus quatinus in collectione census hujusmodi tales curetis preponere, qui modum servent debitum, nec in colligendo aliqua inferant gravamina hiis a quibus census fuerit exigendus. Ceterum, prout dictorum fratrum littera continebat, collectores illius peccunie, que pro rachetis in Pictavia moderatis nobis est exsolvenda, quasdam personas miserabiles, predia seu alia bona inmobilia non habentes, compellunt ad collectam hujusmodi contribuere contra justiciam, sicut dicunt, super quibus, si ad vos delata fuerit querimonia, de plano et sine strepitu judicii, communicato bonorum consilio, faciatis in hac parte observari quod justum fuerit et equitas suadebit, taliter super hiis que premissa sunt vos habentes, quod propter defectum vestrum et bajulorum insolenciam non oporteat ad nos inde querimoniam reportari, quia nobis plurimum displiceret. Datum die lune post festum beati Luce euvangeliste, anno Domini m° cc° lx° nono. — Et quid super duplicacione dictorum censuum factum fuerit et quantum valet summa cujuslibet[1] ville, ad crastinum instantis quindene Omnium sanctorum, cum ad nos veneritis, refferatis in scriptis, quid inde levatum fuerit apud Templum Parisius afferentes.

Édité par Ledain, p. 191-192, et fragment dans Boutaric, p. 281-282.

## 1044

21 oct. 1269. — [FRATRIBUS JACOBO ET DROCONI ET ARCHIPRESBYTERO REMORENTINI SUPER LEVATIONE CENSUS DUPLICATI.]

Alfonsus, *etc.*, religiosis et in Christo sibi dilectis fratribus Jacobo de Gyemo et Droconi de Apugniaco, ordinis fratrum Predicatorum, ac dilecto et fideli clerico suo R., archipresbytero Remorentini, inquisitoribus in Pictavia et Xanctonia, salutem et dilectionem sinceram. Quantus favor quantaque affectio ad Terre sancte subsidium debeatur, ex ante gestis christianorum olim principum satis liquet, qui frequenter retroactis temporibus Christum sequentes, bajulando sibi crucem, relictis parentibus, uxoribus et filiis, parati fuere mortem corporis non solum non refugere, sed libenter pro Christo recipere, necnon sanctorum patrum Romanorumque pontificum canonicis institutis et privilegiis, que in ipsius terre subsidium transeuntibus sunt indulta, luce clarius declaratur. Dicte igitur Terre sancte attento neccessitatis articulo, fulti insuper pretextu consuetudinis aprobate ususque longevi,

[1] Première leçon: *cujuscumque*.

cujus non est vilis auctoritas, mandavisse meminimus censum colligi duplicatum, prius facta nobis sepius relacione quod secundum usum patrie tanquam crucesignati id facere poteramus, sicut alii barones crucesignati super homines suos frequenter[1] hoc utuntur. Nemini itaque credimus facere injuriam dum utimur jure nostro, et si judicium super hoc pecierint, illud per senescallum nostrum mandavimus sibi fieri. Si autem in colligendo excessum est et modus debitus non extitit observatus, procul dubio nobis displicet. Unde super hoc senescallo nostro sub forma scripsimus competenti. Quia vero tumultus invaluerit et obloquantur homines, Deo dante, nobis non oberit. Sic enim subditorum nostrorum jura servari volumus, ne nostra tamen negligere videamur, et licet difficile sit obstruere os loquencium iniqua, illo tamen vos credimus sciencie dono vigere et ad Terre sancte subsidium compassionis zelo affici, quod satis de facili popularis tumultus hujusmodi per vestram industriam conquiescet, maxime si diligenter et benigne exposite fuerint multiplices et varie raciones, que pro dicte Terre sancte subsidio ultro se offerunt cuicumque qui negocium ipsum ex intimo cordis affectu desiderat prosperari. Vos itaque, prout ad vestrum spectat officium, faciatis quod qualitati negocii videritis expedire; nos siquidem, nostri contenti juribus, injuriam, si qua facta est, curabimus propulsare. Datum die lune post festum beati Luce euvangeliste, anno Domini M° CC° LX° IX°. — Noveritis insuper quod alique ville de senescallia Xantonensi nobiscum super dupplicacione suorum censuum liberaliter finaverunt.

Fragment dans Boutaric, p. 282.

## 1045

(Fol. 15.) 13 nov. 1250. — [LETTRE DE PLUSIEURS SEIGNEURS EN FAVEUR D'ABBÉ DE LA ROE, CHEVALIER.]

A toz cels qui ces presentes lestres verront e orront, Aymeris, vicoens de Thoart, Thebaut Chaboz, sires de Rochecervere, Renauz

---

[1] La lecture de ce mot est plus que douteuse; nous nous guidons d'après le sens.

de Thouarz, sires de Vihers, Jehans d'Aler, Jean de Berçoire, Guillaumes Armengeos, Guillaume de Verno, chevalier, saluz en nostre Segneur. Sachez que nos somes tenu e avons juré sur les seins evangiles à ajuer e à deffendre e à garder e à leaument conseillier Abbé de la Roe, chevalier, e totes les soes choses qui sont e qui seront, à noz poers e à noz despenses, contre tote gent qui poeent vivre e morir. E en garentage de verité nos en avon donné au dit Abbé cestes presentes lestres, saelées de noz seaus. Ce fu fet e donné lou diemene après la seint Martin d'iver, en l'en de l'incarnacion Jesu Crist milleme ducenteme cinquante.

## 1046

23 nov. 1269. — AYMERICO CHASTEIGNIER, MILITI, [PRO COMITE MARCHIE].

Alfonsus, *etc.*, dilecto et fideli suo Aymerico dicto Chasteignier, militi, salutem et dilectionem sinceram. Cum dilectus et fidelis noster H., comes Marchie[1], nobis insinuaverit conquerendo quod senescallus noster Pictavensis, ballivi et alii servientes nostri ipsi comiti et suis in comitatu Marchie et aliis terris suis multas injurias et gravamina irrogarunt, vobis mandamus quatinus ad locum seu loca ubi dictus comes dictas injurias sibi vel suis esse factas seu illatas asserit, personaliter accedentes, super omnibus et singulis articulis quos vobis mittimus sub contrasigillo nostro[2] interclusos, inquiratis, et inquestam quam super hiis feceritis, vocatis tamen qui fuerint evocandi, nobis ad proximum parlamentum Candelose in scriptis fideliter remittatis. Si vero circa predicta negocia, aliquo casu occurrente, vaccare non potueritis, illud predicto comiti per latorem presencium significare curetis. Datum apud Longumpontem, die sabbati in festo beati Clementis, anno Domini M° CC° LX° nono.

Similis littera missa fuit priori fratrum Predicatorum Pictavis, exe[p]to quod dictum fuit *rogamus*.

[1] Hugues XII de Lusignan.
[2] Première leçon : *sub sigillo dilecti et fidelis clerici nostri magistri P. Vigerii, archidiaconi Xanctonensis venerabilis.*

## 1047

[Nov. 1269. — QUERIMONIE COMITIS MARCHIE.]

Hec sunt requeste quas comes Marchie facit domino suo illustrissimo comiti Pictavie ad parlamentum beati Martini hyemalis.

1. Requirit quod inquiratur de hoc quod homines ville de Bellaguarda[1] usurpant et excolunt proprias terras et nemora comitis Marchie contra voluntatem suam. — 2. Item de novis guardis quas senescallus Pictavensis percipit et levat de hominibus terre ipsius comitis. — 3. Item de jure quod comes Marchie dicit se habere super Judeis terre sue. — 4. Item de hoc quod servientes senescalli Pictavie, post inhibicionem domini comitis Pictavensis, compulserunt (sic) Christianos terre comitis Marchie ad debita persolvenda Judeis, et quod dampna emendentur Christianis que passi fuerunt post dictam compulsionem. — Non est necessarie quod de hoc articulo inquiratur, quia injunctum est senescallo [ut] deinceps talem compulsionem non faciat vel fieri permittat et hoc idem injungat inquisitoribus senescallus. — 5. Item de hoc quod quando alloquatus sive senescallus comitis Marchie cepit vel arrestavit aliquem pro suspicione murtri vel pro alia causa racionabili, servientes ville de Bellaguarda fingunt dictum captum esse de libertate ville de Bellaguarda et petunt ipsum eis deliberari, et nisi deliberetur eis incontinenti, pignorant dictum comitem, ita quod necesse habet eis tradere dictum malefactorem, et sic comes amittit jurisdicionem suam, et hoc potest probari de pluribus. — 6. Item quando aliquis debet emendam vel alia debita comiti Marchie vel est obligatus alteri super aliquo debito, et comes vel ejus senescallus volunt recuperare emendam vel ipsum debitorem compellere ad solucionem creditoribus faciendam, ille debitor facit venire servientes senescalli Pictavensis et procurat cum ipsis servientibus quod dicant quod terra ipsius debitoris est saizita ex parte senescalli Pictavensis, et sic comes non potes levare emendam suam nec justiciam aliis exibere. Et hoc poterit pro-

---

[1] Bellegarde-en-Marche, Creuse.

bari de pluribus per inquestam, et petit quod amoveatur impedimentum ut possit habere sua debita. — 7. Item petit comes Marchie sibi deliberari villas de Montibus[1] et de villa de Tenenz[2], que ville sunt de dominio de Crosent[3], et homines dictarum villarum advoant se pro comite Marchie, et comes fuit in ultimis expletis ab anno citra, quas villas Johannes de Beyssac, serviens senescalli Pictavensis, saizivit racione ballie de Briderio[4]. — Non inquiratur, sed jus fiat. — 8. Item petit deliberationem terre Johannis et Bonini, Pictavensium servientum et hominum suorum ligiorum de Garracto[5], quam terram Gaufridus Talebot, serviens senescalli Pictavensis, saizivit occasione cobranciarum[6], et pignora ipsorum detinet quamvis nichil acquisiverint seu cobraverint. — Si dicti Johannes et Boninus consenciant inqueste, inquiratur, aliter non. — 9. Item requirit quod inquiratur de hoc quod quidam, qui vocatur Minor et est banitus de terra ipsius comitis et de Pictavia, rapuit animalia in comitatu Marchie post bannimentum, et illa duxit apud Corna[7], et bajulus dicti loci evidenter dicta animalia receptavit. — 10. Item cum burgenses de Filitino[8] essent citati coram senescallo Marchie, super hoc quod ipsi receptaverunt dictum Minorem, murtrarium, bannitum de terra comitis Marchie et de Pictavia, dicti burgenses citati semel, secundo, tercio, quarto, quinto, prout debet fieri, noluerunt comparere ad dies sibi assignatos coram dicto senescallo, et propter hoc fuerunt banniti de terra comitis Marchie, et postea servientes senescalli Pictavensis inhibuerunt dictis burgensibus ne hobedirent dicto bannimento, et senescallo Marchie ne procederet contra dictos burgenses. Et requirit comes Marchie quod inquiratur utrum dicta inhibitio justa fuerit vel injusta, vel quod dicta inhibitio revocetur, ita quod dictus comes possit procedere contra ipsos, prout de jure fuerit procedendum. Et petit comes Marchie quod super

---

[1] Non retrouvé.

[2] Sans doute Tenèze, sur la Grande-Creuse, Creuse, comm. Villars.

[3] Crozant, Creuse, cant. Dun-le-Palleteau.

[4] Bridier, Creuse, cant. La Souterraine.

[5] Guéret, Creuse.

[6] *Recouvrances*, revendications. (Voir Ducange, s. v.)

[7] Probablement La Corne, Puy-de-Dôme, comm. Bourg-Lastic.

[8] Felletin, Creuse.

homnibus premissis veritas inquiratur. — 11. Item dicit comes Marchie quod usus et consuetudo comitatus Marchie talis est, quod dominus Guido de Lezigniaco, frater suus, potest et debet tenere terram suam de ipso comite primogenito, et vult quod de hoc inquiratur.

De premissis, in quibus debet fieri inquisitio, inquiratur, vocatis qui fuerint evocandi, quantum ad dominum comitem Pictavensem pertinet.

Édité par Ledain, p. 193-195.

## 1048

(Fol. 16.) 25 nov. 1269. — LITTERA PATENS CASTELLANO SANCTI MAXANCII [PRO VICECOMITISSA THOARCII].

Alfonsus, *etc.*, dilecto et fideli suo castellano Sancti Maxancii salutem et dilectionem. Causam appellacionis, ad nos interposite ab audiencia senescalli nostri Pictavensis a Guioneto de Thoarcio contra vicecomitissam Thoarcii, relictam defuncti Renaudi, vicecomitis Thoarcii[1], vobis duximus committendam, mandantes vobis quatinus, vocato ydoneo accessore ad sumptus parcium et aliis qui fuerint evocandi, causam eandem audiatis et fine debito terminetis. Datum apud Longumpontem, die lune post festum beati Clementis, anno Domini M° CC° LX° nono.

Édité par Ledain, p. 193.

## 1049

26 nov. 1269. — [ABBATI S. CYPRIANI PICTAVENSIS PRO MUTUO COMITI FACIENDO.]

Alfonsus, *etc.*, dilecto in Christo viro religioso et honesto, venerabili abbati Sancti Cypriani Pictavensis, salutem et dilectionem sinceram. Mandamus vobis rogantes quatinus dilecto et fideli nostro Eustachio de Bellomarchesio, militi, senescallo Pictavensi, fidem adhibere velitis super hiis que vobis ex parte nostra de mutuo duorum milium librarum turonensium faciendo duxerit refferenda. Datum apud Longumpontem, die martis post festum beati Clementis, anno LX° nono.

---

[1] Voir plus haut, n°ˢ 1015 et 1039.

Similis littera missa fuit Thome Poverelli, canonico ecclesie Beate Marie Majoris. — Similis littera missa fuit abbati Sancti Michaelis in Heremo [1].

## 1050

29 nov. 1269. — VIRO RELIGIOSO FRATRI PETRO DE GIEMO, PRIORI FRATRUM PREDICATORUM PICTAVENSIUM.

Alfonsus, *etc.*, viro religioso et in Christo sibi dilecto fratri Petro de Giemo, priori fratrum Predicatorum Pictavensium, salutem et sinceram dilectionem. Confidentes de fidelitate vestra et prudencia, attencius vos rogamus quatinus una cum dilecto et fideli nostro R., archipresbytero Remorantini, aliquandiu laborare velitis per terram nostram Pictavie et Xantonie, respondendo secundum ea que determinata fuerint super inquestis et articulis, quas responsiones vobis in scriptis ostendet archipresbyter memoratus, terminantes seu perficientes inquestas, si que jam cepte perficiende fuerint, et facientes eciam alias que fuerint faciende, secundum ea que dictus archipresbyter vobis oretenus explicabit. Ceterum assistatis senescallo nostro Xanctonensi in publicis assisiis et certis locis de quibus idem archipresbyter vos instruet, et si qui apparuerint de dicto senescallo conquerentes, exhibeatis eisdem, comperta veritate, celeris justicie complementum, taliter super hiis vos habentes quod vobis cedat ad meritum et nobis proficiat ad salutem. Datum apud Longumpontem, in vigilia beati Andree apostoli, anno Domini M° CC° LX° nono.

## 1051

(Fol. 17.) 13 dec. 1269. — SENESCALLO PICTAVENSI SUPER COMPOSICIONE FACTA INTER NOBILES H., DOMINUM PARTINIACI. ET GUILLELMUM DE SANCTA MAURA [2].

Alfonsus, *etc.* Formam composicionis facte inter nobiles fidelem nostrum, dominum Partiniaci ex una parte et Guillelmum de Sancta

---

[1] Saint-Michel-en-l'Herm, Vendée, cant. Luçon. — [2] Voir plus haut, n° 1017.

Maura, militem, ex altera, vobis mittimus sub contrasigillo nostro interclusam, vobis mandantes quatinus eandem a partibus sigillari faciatis, cum forma eadem confecta sit juxta seriem aresti nostri, quod nuper apud Longumpontem redditum fuit partibus antedictis, qua forma composicionis a dictis partibus sigillata et a nobis inspecta, cum sigillis pendentibus[1] earundem litteram nostram, sub forma quam vobis mittimus, intendimus sigillare.

Noverint universi quod in nostra presencia constituti fidelis noster Hugo, dominus Partiniaci, miles, et Guillelmus de Sancta Maura, miles, asseruerunt quod cum contencio verteretur inter predictum Hugonem ex una parte et dictum Guillelmum, racione et nomine liberorum dicti Guillelmi, ex altera, super eo quod idem Guillelmus dicebat terciam partem quarte partis tocius terre, hereditatis et omnium reddituum et proventuum defuncti Gaufridi de Rançonio, junioris, filii et heredis defuncti Gaufridi de Ranconio, militis, ad ipsos liberos racione consanguinitatis et proximitatis pertinere, dicto Hugone ex adverso dicente prefatos liberos domini G. de Rançonio, senioris, defuncti, nichil juris debere habere in hereditate predicta, quod successio tocius hereditatis dicti defuncti G. junioris, quia filius primogenite sororis, pertinebat ad ipsum Hugonem.

Tandem super dicta contencione seu discordia coram nobis inter partes predictas in modum qui sequitur extitit ordinatum : videlicet quod prefatus Hugo, dominus de Partiniaco, voluit et expresse concessit et consensit quod de dicta tota escasura seu successione dicti defuncti G. junioris dictus Guillelmus de Sancta Maura, nomine liberorum suorum, habeat Marcilliacum[2], Aygre[3] et Tucheneis[4], cum omnibus eorum pertinenciis, juribus, dominiis, justiciis altis et bassis, ita tamen quod idem Hugo retinet [et] retinuit in predictis viginti quinque libras annui redditus, que siquidem viginti libre ab arbitrium alicujus boni viri ad unam partem, in loco tamen competenti, debent eidem domino

---

[1] Le manuscrit porte : *patentibus*.
[2] Marcillac-Lanville, Charente, canton Rouillac.
[3] Aigre, Charente.
[4] Territoire de Tusson, Charente, cant. Aigre.

Hugoni assignari. De quibus viginti quinque libris percipiet dictus Hugo decem libras annui redditus solummodo, quamdiu vixerit Isabellis, uxor fidelis nostri Mauricii de Bellavilla, militis, et ea defuncta, dicte viginti quinque libre annui redditus eidem Hugoni assignate ab eodem integre percipientur.

Dictus vero Guillelmus de Sancta Maura, nomine liberorum suorum, de toto jure quod habet et habere potest nomine liberorum suorum seu ipsi liberi in tota escasura seu successione dicti defuncti G. junioris pro Marcilhaco, Aygre et Thuchenays et omnibus eorundem pertinenciis, exceptis viginti quinque libris predictis, se tenet et tenuit, ut habuit et habet coram nobis, integre et plenarie pro contento et pagato, totum jus quod habebat seu habere poterat in residuo nomine liberorum suorum dicte escasure seu successionis predicti G. junioris prefato Hugoni, nomine liberorum predictorum, quitans penitus et expresse.

Actum fuit insuper et ordinatum inter ipsos quod octo viginti et decem libre annui redditus, quas percipiebat idem dominus de Sancta Maura apud Partigniacum, ut asserunt dicte partes, dicto domino de Partigniaco perpetuo remanent et remanebunt, quittans ipsum dominum de Partiniaco pro se et heredibus suis a modo totaliter de eisdem. Extitit insuper ordinatum inter ipsos quod predictus Guillelmus, quandiu vixerit predicta Ysabellis, in portu Sancti Saviniani[1] habeat et percipiat ducentas libras annui redditus de primis levatis dicti portus. Ea vero Ysabelle defuncta, predicte ducente libre ad dictum dominum de Partigniaco libere revertantur.

Marciliacum vero, Aygre et Tuchanais cum omnibus eorundem pertinenciis post decessum dicte Ysabellis dicto Guillelmo de Sancta Maura integraliter et libere remanebunt, exceptis xxv libris supradictis. Fuit etiam condictum in ordinacione predicta quod nuncii seu procuratores domini de Partiniaco et domini de Sancta Maura sint ad invicem in percepcione consuetudinis seu proventuum dicti portus de

---

[1] Saint-Savinien, Charente-Inférieure.

fideliter levando juramentum (sic) astricti, et dictis ducentis libris annui redditus a mandato dicti domini de Sancta Maura primo perceptis, ut superius dictum est, non percipiet dictus G. vel ejus mandatum per totum annum illum aliquid in portu predicto ultra summam prelibatam. Que siquidem ducente libre ita levabuntur quolibet anno, quamdiu vixerit Ysabellis memorata. Si vero contingeret quod mandatum domini de Partiniaco, a mandato seu procuratore dicti domini de Sancta Maura semel requisitus, ad levandum et percipiendum consuetudines et proventus dicti portus nollet venire, nichilominus mandatum seu procurator dicti domini de Sancta Maura dictos proventus et consuetudines poterit percipere et levare, verum eidem domino de Partiniaco tenebitur per juramentum suum fidem facere per legitimum compotum de receptis et levatis coustumarum et proventuum dicti portus. Predictam ordinacionem seu composicionem et convenciones et omnia predicta tenetur et promisit dictus dominus de Partiniaco dicto domino de Sancta Maura garentizare contra omnes, qui jure hereditario aliquid possent petere in predictis, videlicet Marcilliaco, Aygre et Tuchanays et omnibus eorundem pertinenciis.

Sane et in ordinacione predicta convenit inter partes predictas, si contingeret quod Amaneus de Lebret et Jocelinus de Castalione, milites, racione uxorum suarum, vel uxores eorundem dictum dominum Hugonem vel suos impeterent vel tra[h]erent in causam super successione dicti G. junioris, et propter hoc oporteret dictum Hugonem dare aliquid dictis militibus vel uxoribus eorundem et assignare ultra quingentas libratas reddituum, quod dictus Guillelmus tenetur racione composicionis predicte et tenebitur contribuere et conferre pro summa excedente dictam summam quingentarum libratarum reddituum, pro rata quam habet racione et nomine liberorum suorum in bonis seu successione dicti defuncti G. junioris superius nominati. Promisit eciam dictus Guillelmus, pro se et heredibus suis, et racione ordinacionis predicte tenetur reddere et restituere domino de Partiniaco omnia instrumenta que habet ab eodem super predictis octo viginti et decem libris annui redditus, quas apud Partiniacum, ut dictum est, percipere consuevit. Promisit insuper dictus Guillelmus, fide coram nobis [1] prestita corporali, se facturum et curaturum erga liberos suos quod premissa omnia et singula, prout superius sunt expressa, cum ad etatem legitimam pervenerint, ratificabunt, laudabunt et concedent et acceptabunt, et quod ipsi vel aliquis eorundem contra premissa vel aliquid premissorum jure aliquo per se vel per alios non venient in futurum.

Pro quibus omnibus et singulis tenendis et fideliter adimplendis, per eandem fidei dacionem, se et heredes suos et omnia bona sua mobilia et immobilia, presencia et futura, ubicunque existencia, eidem domino de Partiniaco in contraplegium obligavit et obligata reliquit. Dictus vero dominus de Partiniaco pro predictis convencionibus inviolabiliter observandis fidem coram nobis [2] prestitit corporalem. Et nos ad perpetuam rei geste memoriam, ad requisicionem et rogatum dictarum parcium, sigillum nostrum presentibus litteris duximus apponendum, salvo in omnibus jure nostro et quolibet alieno. Datum, etc.

Datum anno Domini M° CC° LX° nono, die veneris in festo beate Lucie virginis.

## 1052

(Fol. 18). 13 dec. 1269. — [SENESCALLO PICTAVENSI PRO GAUFRIDO ARNALDO DE PRADA.]

Alfonsus, *etc.*, senescallo Pictavensi, *etc.* Ex parte Gaufridi Arnaldi de Prada nobis est conquerendo monstratum quod Bonus Ostrugus, judeus, quandam robam ipsius pro quadraginta solidis detinet pignori obligatam, quam sibi pro dictis quadraginta solidis reddere sibi denegat, sicut dicit. Quare vobis mandamus quatinus dictum Judeum ad reddendum dicto Gaufrido robam predictam, sorte soluta, prout justum fuerit, compellatis, dum tamen vobis constiterit ipsum Judeum dictam robam ab ipso Gaufrido vel alio suo nomine recepisse vel eciam habuisse, nec ex parte dicti Judei aliquid racionabile ostendatur, propter quod restitucio dicte robe impediri valeat vel differri. Datum die veneris in festo beate Lucie virginis, anno Domini M° CC° LX° nono.

[1,2] Première leçon: *in manu nostra.*

## 1053

13 dec. 1269. — SENESCALLO PICTAVENSI [PRO JOHANNA DICTA PAPELARDA].

Alfonsus, *etc*. Sepe et sepius vobis scripsisse meminimus[1] ut Jehannam dictam Papelardam in possessionem quorundam bonorum, de quibus de novo per aliquos laicos, de nostra jurisdicione existentes, se asserit spoliatam, in quorum possessione pacificata (*sic*) extiterat, ut dicebat, reduci faceretis secundum [quod] vobis constaret de predictis, jus suum eidem, prout meliori modo poteritis sine juris injuria, accelerendo, et si aliqua instrumenta, que jus suum et nostrum contingant dominium, apud aliquos de jurisdicione nostra existentes fore vobis constaret, eadem produci in medium faceretis ad instanciam ejusdem Jehanne, prout de jure vel consuetudine patrie posset fieri et deberet, nec premissa seu aliqua premissorum feceritis, prout dicta Jehanna intelleximus conquerente, vobis iterato mandamus, districtius injungentes, quatinus predictum mandatum nostrum, nisi per vos fuerit adimpletum, per vos vel per alium fidelem nec alteri parcium suspectum exequamini diligenter, nisi causa racionabilis et legitima subsit propter quam id facere minime debeatis. Causam vero, si qua sufficienter ostensa fuerit, nobis quam cicius commode poteritis in scriptis insinuare curetis, taliter super premissis vos habentes quod propter defectum juris vel vestrum ipsam Jehannam ad nos non oporteat ulterius laborare, nec vos possitis proinde [de in]justicia redargui vel de negligencia increpari. Constanter enim asserit dicta Jehanna in sui juris dilacione jus nostrum ledi pariter et differri. Datum die veneris in festo beate Lucie virginis, anno Domini M° CC° LX° nono.

## 1054

14 dec. 1269. — ARCHIPRESBITERO DE REMORENTINO [CONTRA QUOSDAM PREPOSITOS].

Alfonsus, *etc.*, dilecto et fideli clerico suo, Roberto, archipresbitero

---

[1] Voir plus haut, n°ˢ 677, 991 et 994.

Remorentini, salutem et dilectionem. Cum religiosi viri et in Christo nobis dilecti fratres Jacobus de Giemo et Droco de Apogniaco, ordinis fratrum Predicatorum, nobis dederint intelligi quod complures prepositi nostri coram ipsis et vobis citati pluries pro inquirendo contra eos, sicut vobis ex vestro officio competebat, coram vobis comparere noluerint, et dicti fratres una vobiscum contra eos tanquam contra contumaces inquisiverint et in pluribus eos culpabiles invenerint, sicut dicunt, vobis mandamus quatinus prepositos ipsos, quorum nomina per suas litteras dicti fratres nobis mittunt una cum inquestis contra eos per ipsos fratres et vos factis, ad restitucionem eorum que ablata sunt injuste ab eis per capcionem rerum suarum et corporum, si necesse fuerit, compellatis, et emendam ab ipsis de eorum inobediencia et contemptu, quia ad mandatum dictorum fratrum et vestrum venire noluerunt, levari faciatis, circa hoc ita diligenter et aspere procedentes quod metu pene tam isti quam alii prepositi ab injustis exactionibus et extorsionibus arceantur. Ceterum quedam memorialia que dicti fratres nostro consilio ostenderunt, una cum responsionibus per nostrum consilium sibi factis, vobis mittunt per suas litteras dicti fratres. Unde vobis mandamus quatinus memorialia ipsa execucioni demandari faciatis, prout ibidem videritis contineri, et in inquestis faciendis tam contra nos quam contra ballivos nostros procedatis. Datum sabbato ante festum beati Thome apostoli, anno Domini M° CC° LX° nono. — Preterea in parlamento nostro nuper preterito per consilium nostrum extitit ordinatum quod nullus prepositus, occasione disclamacionis monetarum, emendam debet percipere, sed ad nos tantum spectat. Unde vobis mandamus quatinus diligenter addiscatis qui prepositi et quantum receperint de emendis predictis, et specialiter de preposito de Luçat de Ecclesiis[1], qui inde quindecim libras de dicta villa dicitur recepisse, et id quod ab ipsis levatum inveneritis pro nobis repeti faciatis, et idem senescallis Pictavensi et Xantonensi injungatis.

---

[1] Lussac-les-Églises, Haute-Vienne, cant. Saint-Sulpice-les-Feuilles.

## 1055

17 dec. 1269. — SENESCALLO PICTAVENSI PRO NOBILI COMITE AUGI.

Alfonsus, *etc.* Ex parte nobilis et karissimi consanguinei nostri Alfonsi, filii regis Jerusalem, comitis Augi, nobis est conquerendo monstratum quod abbatissa Sancte Trinitatis Pictavensis ipsum seu homines suos super rebus et possessionibus de feodo nostro moventibus et ad jurisdictionem et cognicionem curie nostre spectantibus, ut dicitur, trahit in causam coram judice ecclesiastico contra justiciam, sicut dicit. Quare vobis mandamus quatinus dictam abbatissam ex parte nostra attencius requiratis ut ab hujusmodi vexacione desistat, ipsam, si opus fuerit, ad id quantum de jure fieri poterit compellentes, nichilominus judicem ipsum qui de causa cognoscit per conservatorem privilegiorum nostrorum, quorum transcripta habent magister Petrus Sorini, canonicus Xanctonensis, in Xanctonia et Egidius de Aula in Pictavia, auctoritate eorundem privilegiorum requiri facientes, si necesse fuerit, ne de his que ad jurisdicionem nostram mediate vel inmediate pertinent se ullatenus intromittat. Datum die martis post festum beate Lucie virginis, anno Domini M° CC° LX° nono.

## 1056

(Fol. 19.) 19 dec. 1269. — NOBILI VIRO GAUFRIDO DE LEZEGNIACO, MILITI, PRO COMITISSA LINCESTRIE [1].

Alfonsus, *etc.*, nobili et dilecto suo Gaufrido de Lezegniaco, militi, salutem et dilectionem. Rogamus vos quatinus nobilem dominam et dilectam nostram comitissam Lincestrie [2] benigne in suis justis peticionibus audiatis, et in hiis que coram vobis habet expedire vos eidem amore nostri exibeatis favorabilem et benignum. Datum apud Parisius, die jovis ante festum beati Thome apostoli, anno Domini M° CC° LX° nono.

[1] Cet acte est cancellé. — [2] Éléonore Plantagenet, veuve de Simon de Montfort, comte de Leicester.

## 1057

19 dec. 1269. — SENESCALLO PICTAVENSI PRO AYMERICO CLERICO.

Alfonsus, *etc.* Mandamus vobis quatinus quinquaginta IIII libras, in quibus tenebatur defunctus Aymericus, quondam vicecomes Toarcensis, dum vivebat, ut dicitur, defuncto Guillelmo de Petragora, Aymerico, ejusdem Guillelmi filio, clerico, reddi faciatis et solvi, prout hujusmodi debitum cognitum fuerit vel probatum, ita quod propter defectum juris ipsum clericum ad nos non oporteat ulterius habere recursum. Datum Parisius, die jovis ante festum sancti Thome apostoli, anno Domini M° CC° LX° nono.

## 1058

22 dec. 1269. — SENESCALLO PICTAVENSI PRO DOMINO GUIDONE DE BAUCEIO, MILITE.

Alfonsus, *etc.* Ad preces et instanciam nobilis et dilecti nostri Guidonis de Bauceio, militis, vobis significamus quod nobis placet quod ipse de feudis nostris transferre seu alienare possit in decanum et capitulum ecclesie Beati Petri Pictavensis, usque ad xxv libras annui redditus in decima de Chenecé [1] et de Novavilla [2], de nostro feudo moventibus, et quod predicte xxv libre annui redditus a dictis decano et capitulo possint in manu mortua teneri et possideri, salvo jure quolibet alieno. Datum dominica ante nativitatem Domini, anno Domini M° CC° LX° nono.

## 1059

25 dec. 1269. — [PETRO SORINI PRO GUILLELMO DE NOBILIACO.]

Alfonsus, *etc.*, dilecto et fideli suo magistro P. Sorini, canonico Xanctonensi, salutem et dilectionem. Mandamus vobis quatinus erga Guillelmum de Nobiliaco, burgensem de Naintriaco [3], super hiis que coram vobis habet facere, occasione quorundam bonorum suorum per vos racione testamenti cujusdam avunculi sui, ut asserit, saisitorum,

[1] Chéneché, Vienne, cant. Neuville. — [2] Neuville, Vienne. — [3] Naintré, Vienne, cant. Châtellerault.

quantum ad nos pertinet, taliter vos habere curetis quod propter deffectum juris seu justicie possitis super hoc minime reprehendi. Datum apud Longumpontem, in festo nativitatis Domini, anno Domini M° CC° LX° nono.

## 1060

25 dec. 1269. — SENESCALLO PICTAVENSI PRO CAPITULO ECCLESIE BEATI HILARII.

Alfonsus, *etc.* Ex parte decani et capituli ecclesie Beati Hilarii Pictavensis nobis extitit suplicatum ut in villa sua de Campiniaco[1], Pictavensis dyocesis, mercatum fieri certa die sibi concedere dignaremur. Quocirca vobis mandamus quatinus diligenter addiscatis quid commodi seu incommodi nobis proveniret ex concessione hujusmodi, si fieret, et quid propter hoc vellent nobis facere, quaque die pocius nobis expediret mercatum ibi fieri, si peticioni sue vellemus favorem impertiri, ac de aliis circonstanciis que in talibus requiruntur vos taliter instruatis quod, cum se facultas obtulerit, nos vel consilium nostrum possimus super hoc plenius edoceri, commissa nichilominus vobis nostra negocia habentes propensius commandata. Datum apud Longumpontem, anno Domini M° CC° LX° nono, in festo Nativitatis dominice.

## 1061

3 jan. 1270. — SENESCALLO PICTAVENSI PRO AMANEVO DE LEBRETO ET GAUCELINO DE CASTELLIONE.

Alfonsus, *etc.* Cum, sicut ex parte fidelis nostri Amanevi de Lebreto[2] et Gaucelini de Castellione nobis extitit intimatum, quarta pars hereditatis que fuit Gaufridi de Rançonio, junioris, ultimo defuncti, racione uxorum suarum ad ipsos pertineat, sicut dicunt, et fi-

---

[1] Champagné-Saint-Hilaire, Vienne, cant. Gençay.

[2] Un Amanieu d'Albret avait épousé une dame dont nous ignorons le nom, sœur de Geoffroi de Rançon, de la dame de Parthenay et de la femme de Josselin de Castillon. (Le P. Anselme, V, 8-9.) Mais cet Amanieu n'est pas le sire d'Albret de ce nom qui vivait encore vers 1270, et dont la femme s'appelait Mathe de Bordeaux.

delis noster Hugo Archiepiscopus[1] quartam eandem, quam detinet, ut dicitur, licet requisitus eis restituere indebite contradicat[2], vobis mandamus quatinus ad instanciam predictorum Amanevi et Gaucelini prefatum Hugonem citetis coram vobis certis die et loco, [et] auditis hinc inde racionibus parcium exhibeatis super hoc dictis A. et G. bonum jus et maturum de personis et rebus que in vestra senescallia existunt [et quas] ad nostram jurisdicionem noveritis pertinere. Datum anno Domini M° CC° LX° nono, die veneris ante epiphaniam Domini.

Similis littera missa fuit senescallo Xantonensi.

## 1062

3 jan. 1270. — NOBILI VIRO HUGONI ARCHIEPISCOPI, DOMINO PERTINIACI, PRO AMANEVO DE LEBRETO ET GAUCELLINO DE CASTELLIONE.

Alfonsus, *etc.*, nobili et fideli suo Hugoni Archiepiscopi, domino Pertiniaci, salutem et dilectionem sinceram. Ad instanciam procuratoris Amanevi de Lebreto, fidelis nostri, et Gaucelini de Castellione, racione uxorum suarum, vobis mandamus quatinus quartam partem hereditatis que fuit Gaufridi de Rançonio, junioris, ultimo defuncti, eis debitam, sicut dicunt, si ita est, absque strepitu judicii et de plano restituatis eisdem, taliter super hiis vos habentes quod non possitis proinde de [in]justicia reprehendi. Datum die veneris ante epiphaniam Domini, anno Domini M° CC° LX° nono.

Édité par Ledain, p. 195.

## 1063

(Fol. 20.) 21 jan. 1270. — [SENESCALLO PICTAVENSI PRO HUGONE, DOMINO PARTINIACI, ET GUILLELMO DE SANCTA MAURA.]

Alfonsus, *etc.*, senescallo Pictavensi, *etc.* Ex serie litterarum nobilis et fidelis nostri Hugonis, domini Pertiniaci et Volventi[3], nobis nuperrime missarum, nobis innotuit quod vos eundem compellere inten-

---

[1] Seigneur de Parthenay. — [2] Ms. : *contradicerat*. — [3] Vouvant, Vendée, canton La Châtaigneraie.

ditis ad observanciam convencionum earum, que inter ipsum H. et Guillelmum de Sancta Maura, militem, coram nobis fuerunt inite et deducte in judicio et firmate a partibus, fide prestita corporali. Unde, cum ex processu prehabito ipsum teneri liqueat ad predicta, nec processum coram nobis habitum infirmare aut in aliquo prejudicare nobis possint convenciones quecunque inter ipsum dominum Pertiniaci et dictum G. de Sancta Maura postmodum emanarint, significamus vobis quod nos eidem H. nostris damus litteris in mandatis ut in hac parte taliter se habeat quod non possit de culpa redargui nec aliam coactionem oporteat evenire, vosque super premissis secundum priorum continenciam litterarum, prout justum fuerit, procedatis. Datum Parisius, die martis ante festum beati Vincencii, anno Domini M° CC° LX° nono.

Édité par Ledain, p. 195-196.

## 1064

21 jan. 1270. — NOBILI VIRO H., DOMINO PERTINIACI, [PRO GUILLELMO DE SANCTA MAURA].

Alfonsus, *etc.*, nobili et fideli suo H., domino Pertiniaci et Volventi, salutem et dilectionem. Recepta nuper vestre littere series continebat quod senescallus noster Pictavensis compellere vos intendit ad observacionem convencionum earum que inter vos et Guillelmum de Sancta Maura, militem, coram nobis fuerunt inite et deducte in judicio ac firmate a partibus, fide prestita corporali, quodque easdem convenciones per apposicionem sigilli vestri ratificare debeatis, quod mirari non debetis cum ex processu prehabito ad predicta liqueat vos teneri, nec processum coram nobis habitum infirmare aut in aliquo prejudicare nobis possunt convenciones quecunque inter vos et dictum G. postmodum emanarint. Quocirca vobis mandamus quatinus, sano utentes consilio, taliter in hac parte vos habere curetis, quod non possitis de culpa argui et coactionem aliam intercedere non contingat. Datum Parisius, die martis [ante] festum beati Vincencii, anno nono.

Édité par Ledain, p. 196.

## 1065

23 jan. 1270. — [PRO HOMINIBUS DE PARVO JAUNAYO.]

Alfonsus, *etc.*, senescallo Pictavensi, *etc.* Ex parte hominum de Parvo Jaunayo [1] nobis est intimatum quod juxta formam arresti, pro ipsis in nuper preterito parlamento Omnium sanctorum coram nobis facto super verberacione prepositi Pictavensis, minime est processum. Quare vobis mandamus quatinus, juxta tenorem ejusdem arresti, cujus transcriptum vobis mittimus infrascriptum, in facto hujusmodi procedere minime differatis, dictis hominibus exhibentes super hoc celeris justicie complementum, ita quod propter deffectum juris ipsos ad nos propter hoc non oporteat ulterius laborare. Datum Parisius, die jovis in crastino sancti Vincencii, anno Domini M° CC° LX° nono.

#### FORMA ARRESTI.

De parte hominum de Clam, ibidem seu in villa dicta Petit Jaunoy [commorantium], super eo quod petitur emenda ab eisdem racione prepositi Pictavensis verberati apud le Grant Jaunoy [2], cum ipsi ad hujusmodi maleficium perpetrandum non fuerint : — senescallus Pictavensis faciat jus de taxatoribus dictarum emendarum, si petierint dicti homines, et propter hoc non differatur solucio emende. Caveat tamen senescallus ne compellantur ad solucionem dicte emende illi qui non fuerint in enti culpabiles dicti facti seu dicte verberacionis.

## 1066

28 jan. 1270. — SENESCALLO PICTAVENSI PRO COMITE PICTAVIE ET THOLOSE.

Aufonz, fiuz de roi de France, coens de Poitiers et de Tholose, à son amé et son feel le senechal de Poito ou à celui qui est en son leu, salut et amour. La grant neccessité de la Terre saincte et le pruchain terme du passage qui apruiche de jour en jour et qui est asené, c'est

---

[1] Clan ou le Petit-Jaunay, Vienne, comm. Jaunay. — [2] Jaunay, Vienne, cant. Saint-Georges.

à savoir à la prumiere semene de ce pruchein mois de may à Egues Mortes[1] ou à Marselle, nous semonnent et esmeuvent que souvent vous escrisions, que o la gregneur curieuseté et diligence que vous pourrez, selonc les voies qui vous furent pieça balliées en escrit et autres que vous auroiz trouvées et pourrez trouver, metez poinne et estuide en pourchacier et assembler deniers pour nous en bone maniere et leal, en la gregneur quantité que vous porrez, et es esploiz de vostre seneschauciée, don petit profit nous vient, pourchacier ausint et lever. Et touz les deniers que vous nous devez et que autres nous doivent en vostre seneschauciée, de viez et de nouvel, tant par reson de noz ballies que des finances fettes par reson des voies desus dittes et des aydes qui nous ont fettes la ville de Poitiers, Niort et Fontenoi et noz autres villes de vostre seneschauciée, et le double de cens ausint et enseurquetout les $x^m$ livres que nos feaus barons de Poito nous doivent à ce pruchein terme de la Chandeleur pour les rachez amesurer, pourchaciez et assemblez en tele maniere que touz iceus deniers, qui nous sont deuz à ce pruchain terme de la Chandeleur en vostre seneschauciée, nous soient enterinement poié au terme devant dit, si que il soient touz prez en Poito au mois de laditte feste de la Chandeleur en bone garde, et les deniers que vous auroiz euz et receuz pour nous retenez par devers vous, ne les envoiez pas en France. Et tous les deniers que de noz rentes et des finances et par autres raisons auroiz receuz pour nous, retenues tant seulement d'icele[s] $x^m$ livres pour les rachez amesurer $vi^m$ livres en poitevins neus, en fettes changier à tournois gros d'argent le remenant et à monaies d'or, se en les peut trouver à change avenant, segon l'ordenance qui vous fu pieça balliée en escrit[2], ou à mellieur marchié se vous povez en bone maniere, pourveanz toutes voies que aus gros tournois d'argent ne au[s] autres monoies d'or et d'argent ne puissiez estre deceuz, quar aucuns ont esté trové naguieres qui fesoient fausse monnoie des gros tornois. Et vous remembre nequedent que en cele peccune en quoi nos est tenuz

---

[1] Aigues-Mortes, Gard. — [2] Voir plus haut, n° 644.

Bernart de Guiserges, mestre de nostre monoie de Monterel, à rendre à nouz à Monpellier ou à Agues Mortes dedanz la quinzene de ceste pruchene feste de la resurrection nostre Segneur, si come il est convant et come il apert par les lettres dudit Bernart, que nous avons par devers nous, à ses propres despans dedanz ledit terme soit portée, et icelui efficanment requerez que les dittes convenances, entre nous ou noz genz de par nous et ledit Bernart eues, aconplisse et enterine. Derechief nous vous mandons que les outrageus despans et qui ne sunt mie profitable abatez et ostez de tout en tout. Et en toutes les choses desus dittes et eu bon et eu leal gouvernement de nostre terre et autres choses, qui vous aparticnent de vostre office et de vostre pourveance vous avienent, en tele maniere vous aiez que nous cognoissien[s] bien par l'efet de l'euvre que les besoignes vous aient esté et soient à cueur et que vostre diligence puissons pour ce louer à droit. Et tout ce qui sera fet de toutes les devant dittes choses fettes metre en escrit, en tele maniere que quant noz genz vendront ou pais, vous leur en puissiez respondre en escrit ce qui en aura esté fet. Et atournez et ordenez vostre conte en tele maniere que quant les dittes noz genz seront ou pais, vous puissiez à eus, si come droiz est, conter. Ce fu doné à Paris, le mardi devant la purificacion nostre Dame, en l'an nostre Segneur mil CC LX IX. — Et ces lettres montrez à Ernou le clerc, se il est en Poito.

Auteles lestres furent envoiés au senechal de Santonge, ecceté le fet Bernart de Guisergues[1] et les x$^m$ livres pour les rachez.

Auteles leitres furent envoiées au senechal de Roergue. — Auteles au senechal d'Agenois et de Caors. — Auteles au conetable d'Avergne.

Édité par Ledain, p. 196-198.

## 1067

(Fol. 21.) 28 jan. 1270. — [SENESCALLO PICTAVENSI PRO GENTIBUS CONSILII MOX IN PICTAVIAM DESTINANDIS.]

Alfonsus, etc., senescallo Pictavensi, etc. Cum aliquos de nostro con-

[1] Le manuscrit porte *Lusergues*.

silio proponamus destinare apud Pictavim, ita quod personaliter sint ibidem die lune proxima post Cineres mane [1], ut causas et negocia que occurrerint audiant et decidant, vobis mandamus quatinus dictis loco et die adesse nullatenus obmittatis, publicantes in assisiis vestris et publicari facientes et in castellaniis ubi videritis expedire, ne quis de vestra senescallia occasione cujuscunque cause seu negocii ad nos in Franciam veniat, cum, ut premissum est, illic mittere debeamus qui conquerentibus justiciam exhibebunt, diem assignatam vicecomiti Castri Ayraudi [2] et priori Sancti Dyonisii in Vallibus [3] et aliis, si aliqui [4] coram nobis ante dictam diem fuerint assignati, usque ad eamdem diem lune prorogetis, ad quem diem lune citetis barones et alios nobiles de vestra senescallia quos citandos noveritis, ut coram allocatis nostris dictis die et loco compareant, super requisicione eis jam facta de subvencione nobis pro Terre sancte subsidio facienda, ut condecet, responsuri et secundum processus in hac parte habitos ulterius processuri. Datum die martis ante festum purificacionis beate Marie virginis, anno Domini M° CC° LX° nono. — Senescallo nostro Xanctonensi, cui scribimus, si aliquo casu eum vos videre contigerit, dicatis ex parte nostra vel significetis eidem, si in vestra senescallia vel sua fuerit, quod ad dictam diem apud Pictavim adesse aliquatenus non postponat.

Similis littera missa fuit senescallo Xanctonensi.

Édité par Beugnot, p. 415.

## 1068

1 febr. 1270. — SENESCALLO PICTAVENSI PRO RADULPHO DE MONTEFORTI, CIVE PARISIENSI.

Alfonsus, etc. Mandamus vobis quatinus, elapso termino crucesignatis indulto super respectu seu sufferencia debitorum suorum, compellatis nobilem et fidelem nostrum comitem Marchie [5] ad satisfaciendum Radulpho de Monteforti, civi Parisiensi, de illa peccunie

---

[1] 3 mars. — [2] Châtellerault, Vienne. — [3] Vaux, Vienne, cant. Leigné-sur-Usseau — [4] Le manuscrit porte *aliquibus*. — [5] Hugues de Lusignan.

quantitate in qua sibi teneri dicitur, prout coram vobis legitime fuerit cognita vel probata. Datum Parisius, die sabbati ante purificacionem beate Marie virginis, anno LX° IX°.

### 1069

19 febr. 1270. — PRO CASTRO DE THEOPHAGIIS,
[VICECOMITISSE THOARCENSI DELIBERANDO].

Alfonsus, *etc.*, dilecto et fideli suo... castellano Theoffagiarum[1], salutem et dilectionem. Mandamus vobis quatinus nobili et dilecte nostre Alyenordi, relicte defuncti Reginaldi, quondam vicecomitis Thoarcensis[2], castrum de Theophagiis, quod sibi custodiendum tradidimus, sine difficultate qualibet deliberetis eidem, et hoc nullatenus dimittatis[3]. Datum Parisius, die mercurii proxima ante festum cathedre sancti Petri. anno LX° nono.

Édité par Ledain, p. 198.

### 1070

(Fol. 22). 19 febr. 1270. — [PRO EODEM NEGOCIO].

Alfonsus, *etc.*, senescallo Pictavensi, *etc.* Mandamus vobis quatinus castrum de Theofagiis, cujus custodiam usque ad triennium habebamus, nobili domine Alienordi, relicte condam fidelis nostri R., vicecomitis Thoarcensis, tradatis et deliberetis, si de consensu et voluntate fidelis nostri Savarici, vicecomitis Thoarcensis, id procedat. Datum Parisius, die mercurii ante festum cathedre sancti Petri, anno Domini M° CC° LX° nono.

Édité par Ledain, p. 198.

### 1071

20 febr. 1270. — SENESCALLO PICTAVENSI PRO WILLELMO DE WARENNIS, FILIO
COMITIS WARENNARUM.

Alfonsus, *etc.* Mandamus vobis quatinus nobilem et fidelem nostrum

---

[1] Tiffauges, Vendée, cant. Mortagne-sur-Sèvre. — [2] Voir plus haut, n°' 1015 et 1048. — [3] *Sic* dans le manuscrit; le sens demanderait plutôt *omittatis*.

comitem Marchie et Engolisme ad querelam Willelmi de Varennis, filii comitis Warennarum [1], citetis coram vobis ad certos diem et locum, eidem Willelmo responsurum et juri pariturum. Datum Parisius, die jovis ante festum cathedre sancti Petri, anno Domini M° CC° LX° nono.

## 1072

12 mart. 1270. — LITTERA PATENS DECANO ECCLESIE BEATI HYLARII PICTAVENSIS PRO GUIONETO DE THOARCIO.

Alfonsus, *etc.*, viro venerabili et discreto... decano ecclesie Beati Hylarii Pictavensis, salutem et dilectionem. Causam appellacionis ad nos interposite ex parte Guioneti de Thoarcio, valeti, ab audiencia dilecti et fidelis nostri castellani Sancti Mauxencii, in causa appellacionis ad nos alias interposite ex parte dicti Guid. ab audiencia dilecti et fidelis nostri senescalli Pictavensis contra nobilem mulierem relictam Reginaldi, vicecomitis quondam Thoarcensis, vobis committimus audiendam et fine debito terminandam. Datum Pictavis, die mercurii post dominicam qua cantatur Reminiscere, anno Domini M° CC° LX° IX°.

Édité par Ledain, p. 198.

## 1073

12 mart. 1270. — LITTERA PATENS MAGISTRIS AYMERICO VETERIS ET PHILIPPO DE CASTENETO, CANONICIS BEATI HYLARII PICTAVENSIS.

Alfonsus, *etc.*, viris venerabilibus et discretis magistro Aymerico Veteris et Philippo de Casteneto, canonicis ecclesie Beati Hylarii Pictavensis, salutem et dilectionem sinceram. Causam appellacionis ad nos interposite ex parte religiosi viri et fidelis nostri abbatis Sancti Savini [2] ab audiencia dilecti et fidelis nostri senescalli Pictavensis, in causa que vertebatur inter ipsum abbatem ex una parte et Guidonem

---

[1] Fils de Jean I<sup>er</sup>, comte de Warenn, de Surrey et de Sussex, mort en 1304; Jean avait épousé Alfais de la Marche, sœur d'Hugues de Lusignan, comte de la Marche. (Le P. Anselme, *Histoire généalogique*, VI, 27-28.)

[2] Saint-Savin, ordre de Saint-Benoît; ch.-l. de cant. du dép. de la Vienne.

Clarbaudi, militem, ac Symonem Clarbaudi, valetum, ex altera, vobis committimus audiendam et fine debito terminandam. Quod si non ambo hiis exequendis potueritis interesse, alter vestrum ea nichilominus audiat et decidat. Datum Pictavis, die mercurii post dominicam qua cantatur Reminiscere, anno Domini M° CC° LX° IX°.

## 1074

11 mart. 1270. — BALLIVO ANDEGAVENSI [PRO RADULFO CHARROIAU, MILITE].

Alfonsus, *etc.*, dilecto suo ballivo Andegavensi salutem et dilectionem sinceram. Ex querela Radulfi Charroiau, militis, intelleximus quod multiplicia gravamina et quamplures injurias eidem et hominibus suis ac pluribus aliis in feodis et retrofeodis nostris per gentes et servientes vestros, racione marchie [1] non divise, contra justiciam sunt illata. Quocirca dilectionem vestram rogamus quatinus circa hoc tale remedium adhibere curetis, quod dictus miles seu alii de vobis vel vestris non habeant justam materiam conquerendi et quod vobis debeamus propter hoc merito scire gratum, quod eciam non oporteat nos aliud apponere consilium in hac parte. Datum Pictavis, die martis post dominicam qua cantatur Reminiscere, anno Domini M° CC° LX° IX°.

## 1075

14 mart. 1270. — COMMISSIO FACTA MAGISTRO PHILIPO, CANONICO BEATI HILARII PICTAVENSIS, PRO G. DE VERNOTO.

Alfonsus, *etc.*, discreto viro et dilecto suo magistro Philipo de Castanato, canonico ecclesie Beati Hilarii Pictavensis, salutem et dilectionem. Causam appellacionis quam Simon de Vernoto, filius fidelis nostri Guillelmi de Vernoto, militis, ad nos interposuisse dicitur, in causa que inter ipsum Simonem ex una parte et Guillelmum de Pin-

---

[1] C'est-à-dire, que les limites de l'Anjou et du Poitou étaient indécises sur ce point. On sait d'ailleurs que les parties limitrophes du Poitou, de l'Anjou et de la Bretagne s'appelaient *les Marches* dès le XIII° siècle.

guegni, militem, racione uxoris sue, ex altera, vertebatur, super seisina vel possessione albergamenti quod vulgariter nuncupatur Capella Bertrandi[1] et pariter super seisina gilleagii[2] de Pertigniaco, a sentencia lata, ut dicitur, per dilectum et fidelem nostrum Eustachium de Bellomarchesio, militem, senescallum nostrum Pictavensem, vobis committimus, mandantes quatinus, vocatis qui fuerint evocandi, causam eamdem audiatis et fine debito terminetis, non obstante commissione primitus a nobis facta dilecto et fideli clerico nostro magistro R., venerabili decano Pictavensi, vel processu seu processibus, si qui super hoc habiti fuerint coram eo, cum dictus decanus cognicioni ejusdem cause vacare non possit, pluribus negociis occupatus. Datum Pictavis, die veneris post festum beati Gregorii, anno Domini M° CC° LX° nono.

## 1076

29 mart. 1270. — [GAUFRIDO DE PONTIZ, CANONICO PICTAVENSI, PRO JOHANNA PAPELARDE.]

Alfonsus, etc., dilecto sibi magistro Gaufrido de Pontiz, canonico Pictavensi, salutem et dilectionem. Causam sive causas quam vel quas Johanna dicta Papelarde, vidua, movet seu movere intendit contra Thomam Poverelli, canonicum Beate Marie Majoris Pictavensis, Petrum Garner, Hugonem Grassin, Guillelmum Grassin, fratres, Hilariam Lobergiere, maritum ipsius, relictam dicti Pepi dictam la Verriere et quosdam alios manentes in burgo qui dicitur Burgus defuncti Petri de Camera, quantum ad nostram jurisdicionem pertinet, vobis committimus audiendam et fine debito terminandam secundum acta omnia et agenda. Datum apud Sanctum Johannem Angeliacensem, die sabbati post annunciacionem beate Marie, anno Domini M° CC° LX° nono.

[1] La Chapelle-Bertrand, Deux-Sèvres, cant. Parthenay. — [2] Ou mieux *jalleagium*, droit de jaugeage, de mesure. (Voir Ducange, v° *jalagium*.)

1077

(Fol. 23.) [Mense mart. finiente 1270.] — LITTERA SUPER MONETA PICTAVENSIUM PRO B. DE GUISARGUES.

Aufonz, fiuz de roi de France, coens de Poitiers et de Tholose, à touz ceus qui verront ces presentes leitres, salut. Sachent tuit que nous avons ballé à Bernart de Guisergues, bourjois de la Rochele, à fere à Montereul Bonin notre monnoie de Poitevins, des la nativité seint Jehen qui fut en l'en notre Segneur mil cc lx ix juques à la feste de Paques qui seront l'en notre Segneur mil cc lx xii, en tele maniere et en tele condicion comme eile a esté feite en notre tens puis que le contez de Poito vint en notre mein. Et promist li diz Bernart à fere dedenz ledit terme seisante milliers gros, et de chacun gros millier nous doit rendre xxx livres de la dite monoie, et feit li gros milliers unze cenz et vint et v livres. Et se il faisoit plus de seisante milliers dedenz le dit terme[1]..., ce qui a esté feit des la seint Jehen l'an notre Segneur mil cc lx ix juques à samedi après les Brandons en cel en meesmes, il est tenuz pour chacun gros millier qui ferait plus randre xxx livres à nous. Et se il fesoit moins, il est tenuz à rendre de lx milliers, serons ce qu'il est dit desus. Derechief il a promis à fere dedenz ledit terme douze milliers de malles au gros millier, dont li millier fet unze cenz et vint et cinc livres doubles de malles, et doivent estre feites les malles à trois deniers de loi, ausint comme li deniers sont à quatre deniers poujaise mains, et se doivent delivrer les malles de dis et uit sols et deus deniers à celui marc auquel li denier sont delivré, et ne se lessent pas les malles à delivrer, se l'en treuve en trois mars deus malles plus. Et nous doit rendre douze cens livres de tournois pour ces douze milliers de malles dedenz la prumiere semene de moi à Egues Mortes. Et nous ne poons fere en autre leu en Poito ou en Sentonge monoie de deniers ne de malles durant le terme devant dit. Et de chacune delivrance doivent estre pris de chacune cent livres de-

[1] Ici un blanc dans le manuscrit; voir la pièce suivante, p. 708.

livrées, tant de deniers que de malles, sis deniers et mis en une boite, et par le devant dit Bernart et la garde de la monoie souz clef estre gardé. Et doit li devant dit Bernart avoir une clef et la dite garde de la monoie l'autre, et par les deniers de cele boite et par les malles sera prové, savoirmon se la monoie des deniers et des malles est feite seron les condicions devant dites. Et doit li diz Bernarz paier tous les deniers dou monnaige de lx milliers des deniers desus diz, conté ce qu'il en a paié, enterinement dedens la Touz seinz qui sera l'an notre Segneur mil et cc et lx douze, c'est à savoir par trois termes par an, c'est à savoir le premier terme à l'Acension prochene à venir, et le secont terme à la Touz seinz ensuivant après, et le tierz terme à la Chandeleur ensuivant, et ensint à l'an qui s'ensuit après, selon ce que de la monoie fera de l'un terme juques à l'autre. Et pour ces convenances tenir, acomplir et leaument garder obliga li diz Bernarz soi et ses biens par sa propre volanté et par sun sermant, et la fourme dou sermant est contenue par un cirographe devisé par l'a, be, ce, dont il a une partie et nous l'autre. Et a promis et otroié li diz Bernart qu'il ne puisse trebuchier ne recorre notre monaie après la delivrance. Et nous vossimes et commandames et volons et commandons que, à la requeste dou dit Bernart, notre senechal de Poito et de Seintonge facent crier et deffandre que aucuns ne prangne en notre terre autre monoie que la devant dite notre monoie et la monoie notre tres chier segneur et notre frere leurroi de France. Et pour que ces convenances desus dites soient fermes et estables, nous avons fet ces presentes leitres seller de nostre seel. Ce fu donné en l'an de notre Segneur mil et cc lx ix, le mois de marz.

## 1078

[Mense martio finiente 1270.] — ITEM ALIA LITTERA SUPER EADEM MONETA.

A touz ceus qui ces presentes leitres varront et orront, je Bernart de Guiserges, bourgois de la Rochele, faz à savoir que je ai pris de tres noble segneur Aufonz, fiuz de roi de France, conte de Poitiers et de Toulose, à fere à Montereul Bonnin sa monoie de poitevins, de la nativité seint Jehen qui fu en l'an notre Segneur mil deus cenz et LXIX juques à la feste de Pasques qui sera l'an nostre Segneur mil deus cenz sexante et douze, en telle manniere et en telle condicion comme elle a esté faite en son tens, puis que la contez de Poitou vint en sa main. Et proumet à faire dedanz ledit terme sexante milliers gros, et de chascun gros millier li doi rendre trente livres de ladite monaie, et fait li gros milliers onze cenz et vint cinc livres. Et se je fesaie plus de sexante milliers dedanz ledit terme, conté ce qu'il a esté fait des la saint Jehan l'an nostre Segneur M CC LX et nuef juques au samedi après les Brandons en cel an meemes, je sui tenuz, pour chascun gros milier que je ferai plus, randre xxx livres audit monsegneur le conte. Et se je en fesoie mains, je suis tenuz à rendre de sexante milliers selonc ceu qui est dit desus. Derechef j'ai proumis à faire dedanz ledit terme douze milliers de mallies au gros millier, dont li milliers fait unze cenz et vint cinc livres de malles doubles. Et doivent estre faites les malles à trois deniers de loi, ausint comme li deniers sont à quatre deniers poujaisse mains. Et se doivent delivrer les malles de dis et vint souz et deus deniers à celui marc auquel li deniers sont delivré, et ne se lessent pas les malles à delivrer se l'en troive en trois marcs deus malles plus, et li devons randre douze cenz livres tournois pour ces douze milliers de mallies dedanz la premiere semainne de moi à Egues Mortes. Et li devant diz misires li coens ne poit faire en autre leu en Poitou ou an Xaintonge monaie de deniers ne de malles durant le terme devant dit. Et de chascune delivre doivent estre pris de chascunne c livres delivrées, tant deniers que de mallies, vi deniers et mis en unne boite et par moi et la garde de la monaie souz clef estre gardé, et doi aver unne clef et laditte garde de la monaie l'autre, et par les deniers de celle boite et par les mallies sera prouvé, savoirmon se la monaie des deniers et des mallies est faicte selonc les condicions devant dites, et doi paier touz les deniers de monaiage de sexante milliers des deniers desus diz, conté ceu que je en ai paié, enterinement dedanz la Touz sainz qui sera l'an nostre Segneur qui fera M CC LX et unze, ce est assavoir par trois termes par an, ce est assavoir le premier terme à l'Acenssion prouchainne à venir, et le secont à la Touz sainz anssuivant emprais, et le tierz terme à la Chandeleur enssuivant, et einssint en l'an qui s'ansuit après, selonc ceu que je de la monaie ferai de l'un terme juques an l'autre. Et pour ces convenances tenir et aconplir et leaument garder, j'ai obligé au devant dit monsegneur le conte moi et mes biens par ma propre volenté et par mon seremant. Et la fourme du serement est contenue par un cirougraffe devisé par l'a, be, ce, dont j'ai l'unne partie et li dit misires li coens l'autre. Et ai proumis et ostraié que je ne puisse tresbucher ne rescouvrer ladite monnaie après la delivrance. Et li devant diz misires le coens commande, veut et mande que à la requeste de moi ses seneschaus de Poitou et de Xaintonge facent crier et deffendre que aucun ne praigne en sa terre autre monaie que la devant dite soue monaie et la monaie son tres cher segneur et frere le roy de France. Et pour ceu que ces convenances soient fermes et estables, j'ai mis mon seel en ces presentes letres. Ceste letre fu donnée en l'an nostre Segnour M CC sexante et nuef, ou mois de marz.

Édité par Boutaric, p. 194-196.

## 1079

(Fol. 24.) — CYROGRAFFUM SUPER MONETA PICTAVENSIUM.

Je Bernart de Guisargues, bourjois de la Rochelle, jur, touchées les saintes Euvangilles, et en vertu du serement proumet moi fermement et sanz mauvaiseté garder toutes les condicions et chascunne par soi contenues en l'estrument des convenances faites sur la façon de la monaie de poitevins et des malles poitevines entre moi et noble homme monsegneur Aufonz, conte [de] Poitiers et de Tholose. Et jur que à mon poer et à mon esciant icelle monaie de deniers et de mallies fourgerai ou ferai fourger leaument et feaument, et toutes les autres convenances emplierai selonc ceu que en l'estrument sur ce fait plus plenierement est contenu. Et jur que je ne recevré nus des deniers des ouvriers pour que il i ait plus de trois forz ou de trois foibles ou fierton, ce est assavoir que li fort doivent estre de xv sols et v deniers au marc de Tours, et li foible de xix sols vi deniers. Et veul que la tenour du serement de moi, doné par la letre devisée, soit mis en escrit, de la teneur duquel l'unne partiie remaingne par devers moi et l'autre partiie par la letre devisée, si comme il est dit, par devers mon segneur le conte devant dit. Et je Bernarz de Guisargues devant diz oblige par le devant dit serement à toutes ces choses emplir moi et mes hers et mes biens touz moibles et non moibles, presenz et futurs, en quelque leu que il soient.

### 1080

(Fol. 25.) 4 apr. 1270. — [SENESCALLO PICTAVENSI PRO COMITE MARCHIE.]

Alfonsus, *etc.*, senescallo Pictavensi, *etc.* Ex parte dilecti et fidelis nostri comitis Marchie crucesignati nobis extitit intimatum quod vos sine cognicione alicujus cause quingentas libras turonensium, in quibus Petrus Fomon, canonicus ecclesie Beati Hilarii Pictavensis, tenetur eidem ex vendicione nemoris, seisivistis et saisita detinetis. Hinc est quod vobis mandamus quatinus dictam saisinam, ex parte vestra, ut dictum est, factam, amoveri faciatis incontinenti, nichilominus homines captos de Carroffier[1], dicti comitis Marchie, per prepositum Montis Maurilii[2] deliberari faciatis seu recredetis, justicia mediante. Et si quis de ipso conqueratur, faciatis eidem bonum jus et maturum. Datum apud Angolesmam, die veneris ante ramos Palmarum, anno Domini m° cc° lx° nono.

### 1081

4 apr. 1270. — [SENESCALLO PICTAVENSI PRO GUILLEBAUDO DE MOSTEROLIO BONIN.]

Alfonsus, *etc.*, senescallo Pictavensi, *etc.* Cum Guillebaudo de Mosterolio Bonin, latori presencium, intuitu pietatis concesserimus unum arpentum terre seu alicujus essarti circa Mosterolium Bonin, pro domo in qua debet morari edificanda, vobis mandamus quatinus aliquod ar-

---

[1] Il faut sans doute corriger *Carrofio*, Charroux, Vienne, dont le domaine appartenait jadis au comte de la Marche, qui y avait peut-être encore quelques hommes au xiii° siècle.

[2] Montmorillon, Vienne.

pentum terre seu essarti ad nos spectans circa villam dicti Mosterolii liberetis eidem, ad sex denarios pictavenses nobis et successoribus nostris in festo Omnium sanctorum annuatim reddendos, et super hoc eidem vestras patentes litteras sigilletis. Nichilominus erogetis eidem XL solidos pictavensium pro dicta domo edificanda, bona capcione[1] prehabita quod in edificacione dicte domus dicti denarii convertentur. Datum die veneris, apud Angolesmam, ante Ramos palmarum, anno Domini M° CC° LX° nono.

## 1082

8 apr. 1270. — SENESCALLO PICTAVENSI PRO ABBATE DE FONTENELLIS.

Alfonsus, *etc.*, senescallo Pictavensi, *etc.* Ad nos veniens abbas Sancte Marie de Cancellata[2] nobis conquerendo monstravit quod servientes nostri foreste de Rocha super Oyon abbatem et fratres abbacie de Fontenellis[3] usagio quod dicunt se habere in foresta nostra de Rocha super Oyon minus juste spoliarunt. Unde vobis mandamus quatinus dictis abbati et fratribus dicti loci super dicto usagio faciatis juxta ordinacionem factam de aliis usuageariis tam religiosis quam secularibus in foresta de Mosterolio[4], cujusmodi ordinacionem habere penes vos debetis in scriptis, qua inspecta diligenter, faciatis eidem abbati et fratribus secundum tenorem ordinacionis predicte. Datum apud Montigniacum[5], die martis ante Pascha, anno Domini M° CC° LX° nono.

Édité par Ledain, p. 199.

[1] *Sic* pour *caucione*.
[2] Chancelade, abb. cistercienne, dioc. de Périgueux, Dordogne, cant. Périgueux.
[3] Fontenelle, abb. de l'ordre S. Augustin, dioc. de Poitiers, puis de Luçon, auj. Vendée, comm. Saint-André-d'Ornay. — La forêt de la Roche-sur-Yon a, en grande partie, disparu.
[4] Montreuil-Bonnin, Vienne, canton Vouillé.
[5] Il faut sans doute traduire Montignac, Dordogne, ch.-l. cant.; car pour venir d'Angoulême et atteindre Montauban où il était le 21 avril 1270 (D. Vaissete, *Hist. de Languedoc*, nouv. éd., VI, p. 917), Alfonse dut forcément traverser le Périgord.

# LITTERE SENESCALLIE XANCTONENSIS
## INCEPTE IN PASCHA, ANNO DOMINI M° CC° LX° NONO.

### 1083

(Fol. 33[1].) 28 mart. 1269. — [SENESCALLO XANCTONENSI SUPER PECUNIA JUDEORUM PARISIUS AFFERENDA.]

Alfonsus, *etc.*, senescallo Xanctonensi, *etc.* Mandamus vobis quatinus pecuniam numeratam, cujuscunque monete existat, aurum seu argentum in massa vel in palliola, quecunque reperta fuerint tempore capcionis Judeorum in vestra senescallia, prout conditum extitit in forma vobis tradita, vobiscum, cum ad nos veneritis in crastinum instantis quindene Penthecostes, apud Templum Parisius afferatis, [et] circa alia vobis commissa negocia et perquirenda pecunia bono modo adhibeatis diligenciam et curam sollicitam, ita quod inde debeatis merito commendari, ea nichillominus que nobis debentur in vestra senescallia, tam de novo quam de veteri, cum veneritis ad predictum terminum, afferentes. Et si qua relacione digna vobis occurerint, in scriptis redacta pariter afferatis. Datum die jovis post [festum] Resurrectionis dominice, anno Domini M° CC° LX° nono.

### 1084

[Mense apr. 1269.] — SENESCALLO XANCTONENSI PRO VENERABILI PATRE... EPISCOPO XANCTONENSI.

Alfonsus, *etc.*, senescallo Xanctonensi, *etc.* Cum, sicut ad nostram redit memoriam, in nuper preterito pallamento Candelose vobis datum

[1] Le feuillet 32 est blanc dans le registre; les feuillets 26 à 31, qui manquent, étaient sans doute également blancs.

extiterit in mandatis ut super quibusdam excessibus, contra venerabilem patrem... episcopum Xanctonensem[1] ac suos in suum et ecclesie sue prejudicium perpetratis, de personis laicis nostre jurisdicionis, que super hoc possent culpabiles reperiri, faceretis satisfactionem condignam et emendam fieri competentem, prout personarum condicio et delictorum qualitas exposceret puniendo, nec, prout nobis relatum est, hactenus in hac parte processum sit ut deceret, propter quod iidem malefici seu alii eorum exemplo ausi sunt denuo pejora prioribus exercere, vobis mandamus et districte precipimus quatinus circa eos, qui culpabiles reperti fuerint primo vel secundario extitisse, si tamen in vestra senescallia de nostra jurisdicione fuerint, taliter vos habere curetis, quod non possitis exinde de negligencia seu injusticia reprehendi, et ne ipsis vel aliis facilitas venie delinquendi tribuat incentivum, nichilominus refferentes nobis in scriptis quid super hoc feceritis, cum ad nos veneritis in crastinum instantis quindene Penthecostes pro vestris compotis faciendis. Datum... [2].

## 1085

[Mense apr. 1269.] — MAGISTRIS ADEMARO DE BOR, SCOLASTICO, ET P. ROGERII, CANONICO XANCTONENSI, [SUPER LEGATIS PRO TERRE SANCTE SUBSIDIO FACTIS].

Alfonsus, *etc.*, viris venerabilibus et sibi dilectis magistris Ademaro de Bor, scolastico, et P. Rogerii, canonico Xanctonensi, salutem et dilectionem sinceram. Cum, sicut nobis relatum extitit, nonnulle persone Pictavensis et Xanctonensis civitatum et dyocesium absque dificultate non modica nolint et interdum omnino denegent exibere tabulas testamentorum, que apud ipsas esse dicuntur, ex qua re, quantum pertinet ad gracias a sede apostolica pro Terre sancte subsidio nobis factas, non minimum detrahitur, sicut fertur, discrecionem vestram rogandam duximus ex affectu quatinus, juxta formam mandati a reverendo in Christo patre R., Dei gracia Albanensi episcopo, apostolice

---

[1] Pierre VI Laudis. — [2] La date n'a pas été écrite.

sedis legato [1], ad vos litteratorie directi, quantum sine offensa juris et cum honestate poteritis, efficaciter procedatis, tantum super hoc facientes quod per effectum operis cognoscamus nostrum in hac parte, imo pocius Terre sancte negocium cordi vobis, ut condecet, extitisse. Datum... [2].

## 1086

15 apr. 1269. — EGIDIO DE AULA, CANONICO DE LODUNO, PRO COMITE PICTAVIE ET THOLOSE.

Alfonsus, etc., dilecto et fideli clerico suo Egidio de Aula, canonico de Loduno, salutem et dilectionem. Transcriptum litterarum patencium, quas super exhibicione testamentorum nobis vel ad hoc nostro nuncio facienda, saltim pro ea parte que nos contingit vel contingere potest racione graciarum nobis a sede apostolica concessarum, a reverendo in Christo patre R., Dei gracia Albanensi episcopo, apostolice sedis legato, ad viros venerabiles magistros Ademarum de Bor, scolasticum, et P. Rogerii, canonicum Xanctonensem, impetrari fecimus, necnon transcriptum litterarum nostrarum quas predictis magistris A. et P. super hoc [3]... vobis mittimus interclusa. Unde vobis mandamus quatinus ad prosecucionem graciarum, nobis a sede apostolica concessarum, prout vobis alias injunctum extitit, secundum quod utilitati nostre et Terre sancte expedire videritis, procedatis, et ad predictos magistros Ademarum et Petrum Rogerii, juxta dicti legati litterarum tenorem, recursum, cum vobis opus fuerit, habeatis. Litteras autem patentes dicti legati magistro P. Sorini duximus destinandas. Datum die lune post dominicam qua cantatur Jubilate, anno Domini M° CC° LX° nono. — Vos, Egidi, die lune vel die martis post quindenam instantis Penthecostes [4] ad nos veniatis, quid super hiis et aliis nostris negociis feceritis relaturus.

Transcriptum litterarum legati, quod fuit presentibus interclusum, est in quaterno communium litterarum. Transcriptum vero litterarum

---

[1] Voir plus haut, n° 1001. — [2] La date n'a pas été écrite. — [3] Sic dans le manuscrit; le copiste a passé quelque chose. — [4] 27 ou 28 mai 1269.

domini comitis, quod fuit presentibus interclusum, est precedens littera.

Similis littera fuit missa magistro P. Sorini, excepto quod non fuit ei missum transcriptum litterarum domini legati, sed ipsa littera patens.

### 1087

16 apr. 1269. — REGINALDO DE PONTIBUS, MILITI, PRO GUILLELMO CAPITIS FERRI, CLERICO.

Alfonsus, *etc.*, nobili et fideli suo Reginaldo de Pontibus, militi, salutem et dilectionem sinceram. Ex parte Guillelmi Capitis Ferri, clerici, nobis est conquerendo monstratum quod Robertus de Laiardel, castellanus vester castri de Montiniaco[1], Petragoricensis dyocesis, quod a nobis tenetis in feudum, cum quibusdam complicibus suis laicis ipsum clericum ecclesia de Brenac[2], ejusdem dyocesis, de qua canonice, ut dicit, fuerat investitus, et quam pacifice et quiete tenuerat, destituit cum armis minus juste, et in eundem ac quosdam alios clericos manus injecit temere violentas. Unde vobis mandamus quatinus secundum quod de premissis vobis constiterit, de laicis ipsis ad jurisdicionem vestram spectantibus factum hujusmodi faciatis, ut condecet, emendari, ita quod ad honorem Dei et ecclesie cedat et quod idem clericus de dampnis et injuriis, sibi ab ipsis datis et illatis, satisfactionem competentem habeat et emendam, taliter super hiis vos habentes quod ad nos deinceps super hiis querimonia minime reportetur. Tale enim ac tantum facinus in nostris feudis a laicis perpetratum impunitum relinquere non possumus nec debemus. Datum die martis post dominicam qua cantatur Jubilate, anno Domini M° CC° LX° nono. — Debita vero in quibus Geraldo, fratri dicti G., clerico, tenentur, ut dicit, quidam homines dicti castri, subditi vestri, sibi reddi faciatis, prout erunt cognita vel probata justicia mediante, ipsos fratres ac suos de subditis vestris assecurari facientes, prout de jure et consuetudine patrie fuerit faciendum.

---

[1] Montignac, Dordogne, ch.-l. cant. — [2] Brenac, Dordogne, comm. Montignac.

## 1088

(Fol. 34.) 17 apr. 1269. — SENESCALLO XANCTONENSI PRO GUILLELMO CAPITE FERRI.

Alfonsus, *etc.*, senescallo Xanctonensi, *etc.* Ex parte Guillelmi Capitis Ferri, clerici, nobis est conquerendo monstratum quod Robertus de Laiardel, castellanus castri de Montigniaco, Petragoricensis dyocesis, quod nobilis et fidelis noster Reginaldus de Pontibus, miles, a nobis tenet in feudum, cum quibusdam suis complicibus laicis ipsum clericum ecclesia de Brenac, ejusdem dyocesis, de qua canonice, ut dicit, fuerat investitus et quam pacifice et quiete tenuerat, cum armis destituit minus juste, et in eundem ac quosdam alios clericos manus injecit temere violentas. Unde vobis mandamus quatinus dictum Reginaldum de Pontibus, militem, cui etiam[1] super hoc scribimus, ex parte nostra requiratis vel requiri faciatis ut de laicis ad jurisdicionem suam spectantibus factum hujusmodi faciat emendari, ita quod ad honorem Dei et ecclesie cedat, et quod idem clericus de dampnis et injuriis sibi ab ipsis datis et illatis satisfactionem competentem habeat et emendam. Si vero dictus Reginaldus super hoc negligens fuerit vel remissus, vos, secundum quod vobis constiterit de premissis, de laicis, quantum ad nostram spectat jurisdicionem, factum predictum faciatis, prout justum fuerit, emendari, taliter super hiis vos habentes quod ad nos deinceps super hiis querimonia minime reportetur. Tale enim ac tantum facinus, in nostris feudis a laicis perpetratum, impunitum relinquere non possumus nec debemus, jus nostrum super delacione armorum per dictum castellanum et suos complices facta illesum servantes. Datum die mercurii post dominicam qua cantatur Jubilate, anno Domini M° CC° LX° nono.

## 1089

1 mai. 1269. — SENESCALLO XANCTONENSI PRO VICECOMITE TURENNE.

Alfonsus, *etc.*, senescallo Xanctonensi, *etc.* Mandamus vobis quatinus

---

[1] La lecture de ce mot est douteuse, nous suivons le sens. On pourrait peut-être lire *similiter*, mais l'expression serait insolite.

dilectum et fidelem nostrum Vivianum de Barbezello, militem, ex parte nostra requiratis seu requiri faciatis ut de mille et quingentis libris turonensium, in quibus fidejussisse dicitur pro dilecto et fideli nostro Renaudo de Pontibus, milite, et uxore ejus, vicecomiti Turenne, satisfaciat competenter. Quod si ad requisicionem vestram facere noluerit, vos, vocatis coram vobis dicto Viviano et qui fuerint evocandi, faciatis eidem vicecomiti de hiis, de quibus jurisdicio ad nos spectat, celeris justicie complementum, servato tamen privilegio crucesignatis indulto. Datum apud Fontem Bleaudi, die mercurii in vigilia ascensionis Domini, anno Domini millesimo ducentesimo LX$^{mo}$ nono.

## 1090

4 mai. 1269. — SENESCALLO XANTONENSI PRO RADULPHO POPIAU.

Alfonsus, *etc.*, senescallo Xanctonensi, *etc.* Veniens ad nos Radulphus Popiau nobis conquerendo monstravit quod prior de Neraco [1], Hugo de Bosqueto, Yterius, Henricus, Renaudus Ydriau, Guillelmus Roergue, de Asneriis [2], et Johannes Radulphi, de Fontanis [3], injuriantur eidem super quibusdam decimis et possessionibus moventibus de nostris feodis, sicut dicit, et que fuerunt patris sui jam defuncti. Unde vobis mandamus quatinus dictum priorem ex parte nostra requiratis seu requiri faciatis ne dicto Radulpho violenciam inferat super decimis et possessionibus moventibus de nostris feodis, et vocatis coram vobis dictis Hugone de Bosqueto, Yterio, Henrico, Renaudo Ydriau, Guillelmo Roerge et Johanne Radulphi, de Fontanis, et qui fuerint evocandi, faciatis eidem bonum jus et maturum de personis et de rebus de quibus jurisdicio ad nos spectat, ipsum assecurari facientes, si pecierit, a laicis de nostra jurisdicione, si assecuramentum debeat fieri, justicia mediante. Datum die sabbati post invencionem sancte Crucis, anno Domini M° CC° LX° IX°.

[1] Il faut sans doute corriger *Nersaco* et traduire Nersac, Charente, cant. Angoulême.

[2] Asnières, Charente, cant. Hiersac.

[3] Fontaines, Charente, comm. Bonneville.

## 1091

11 mai. 1269. — SENESCALLO XANCTONENSI PRO PETRO PIRARDI, PRESBITERO.

Alfonsus, *etc.*, senescallo Xanctonensi, *etc.* Veniens ad nos Petrus Pirardi, presbiter, nobis conquerendo monstravit quod dilectus et fidelis noster Johannes de Nantholio, miles, spoliavit ipsum indebite, sicut dicit, jure suo hereditario quod in decimaria de Macoville [1] sibi competere asseruerat. Ceterum conquestus est nobis de Petro Bouchardi, milite, qui eundem presbiterum spoliavit contra justiciam, sicut dicit, de decima seu parte decime que apud Torz [2] sibi hereditario jure competit, sicut dicit, licet paratus sit et obtulerit sibi facere homagium et alia deveria, sicut decet. Unde vobis mandamus quatinus, vocatis qui fuerint evocandi, de personis et rebus que ad nostram spectant jurisdicionem in vestra senescallia exibeatis memorato presbitero celeris justicie complementum, frustratorium judicii strepitum, quantum sine juris injuria et lesione consuetudinis potest fieri, resecantes. Datum apud Longumpontem, die sabbati in vigilia Panthecostes, anno Domini M°CC°LX° nono.

## 1092

13 mai. 1269. — SENESCALLO XANCTONENSI SUPER ELECTIONE XANCTONENSI.

Alfonsus, *etc.*, senescallo Xanctonensi, *etc.* Cum, sicut ad nostram pervenit noticiam, in ecclesia Xanctonensi, nuper pastoris solacio destituta [3], satis de prope inmineat electio facienda, cum ad tres septimanas nuper preteriti festi Penthecostes dies electionis sit, ut dicitur, assignata, et ob ea que in electione ibidem nuperrime celebrata contigerunt timeatur ne denuo in ecclesia eadem oriri contingat discordiam seu scandalum, presertim ab eis qui suo ducti spiritu laicorum suffragio innituntur, et vota eligencium libera esse debeant, non coacta, vobis

---

[1] Macqueville, Charente-Inférieure, cant. Matha.

[2] Thors, Charente-Inférieure, cant. Matha.

[3] On connait mal la suite des évêques de Saintes vers la fin du gouvernement d'Alfonse de Poitiers. (Voir plus loin, n° 1143.)

mandamus quatinus aliquem ad hoc ydoneum loco vestri substituatis, qui sollicite, diligenter et mature provideat, ne tempore electionis predicte tumultum seu violenciam contingat fieri in electione predicta per potenciam laicalem, eam, si qua fieret, prout condecet, repellendo, scituri nos scripsisse dilecto et fideli nostro Fulconi de Mastacio, militi, ut ei quem substituendum duxeritis, quantum expediens fuerit et honestum, assistat presidio oportuno. Datum in crastinum Penthecostes, anno Domini m° cc° lx° nono.

Édité par Boutaric, p. 457-458.

### 1093

13 mai. 1269. — FULCONI DE MASTACIO, MILITI, SUPER EODEM.

Alfonsus, *etc.*, dilecto et fideli suo Fulconi de Mastacio, militi, salutem et dilectionem. Cum fideli nostro senescallo Xanctonensi mandaverimus ut tempore electionis in ecclesia Xanctonensi in proximo celebrande aliquem ad hoc ydoneum loco sui substituat, qui sollicite, diligenter et mature provideat ne tumultum vel violenciam in electione predicta contingat fieri per potenciam laicalem, eam, si qua fieret, ut condecet, reppellendo, dictusque senescallus circa tempus electionis predicte ad nos sit venturus, vobis mandamus quatinus ei quem dictus senescallus ad hoc substituendum duxerit, si quem substituat, quantum expediens fuerit et honestum, assistatis presidio oportuno. Quod si dictus senescallus inveniri non possit nec quemquam ad hoc substituerit, vosmet ipsi violenciam, si qua in electione predicta contingat fieri, per potenciam laicalem, prout decens fuerit, reprimatis. Datum in crastinum Penthecostes, anno Domini m° cc° lx° nono.

### 1094

(Fol. 35.) 6 jun. 1269. — DECANO ET CAPITULO XANCTONENSI PRO HUGONE ARCHIPRESBITERO (*sic*) PERTINIACI.

Alfonsus, *etc.*, viris venerabilibus et dilectis suis decano et capitulo ecclesie Xanctonensis salutem et dilectionem sinceram. Discrecioni vestre significamus quod nos fidelem nostrum Hugonem Archipresbiterum [1], dominum Pertiniaci et Volventi, in hominem nostrum recepimus de Taleburgo [2] et pertinenciis, racione successionis defuncti Gaufridi de Rançonio, prudenciam vestram rogantes ut de hiis que de feodo vestro et ecclesie vestre movent racione successionis predicte ipsum in hominem vestrum recipere velitis. Datum apud Longumpontem, die jovis ante festum beati Barnabe apostoli, anno Domini M° CC° LX° nono.

Similis littera missa fuit pro eodem abbati Sancti Johannis Angeliacensis.

### 1095

14 jun. 1269. — SENESCALLO XANCTONENSI PRO SYMONE RIGAUDI, DOMICELLO, [SUPER RESTITUTIONE TERRE PATERNE].

Alfonsus, *etc.* Veniens ad nos Symon Rigaudi, valetus, nobis humiliter supplicavit ut terram quam pater suus Theophanie, sorori sue, circa Fronteneium [3] in maritagium assignavit, que quidem terra in manu nostra capta detinetur, eo videlicet quod maritus suus dudum de guerra contra excellentissimum et karissimum dominum et fratrem nostrum regem Francie illustrissimum et contra nos dicitur extitisse [4], sibi reddere debeamus. Quare vobis mandamus quatinus ipsum Symonem super hiis diligenter audiatis, et vocatis qui fuerint evocandi, institutoque pro nobis legittimo deffensore, auditis eciam tam racionibus nostris quam dicti valeti, faciatis eidem quod justum fuerit et consonum racioni. Datum die veneris post festum beati Barnabe apostoli, anno Domini M° CC° LX° IX°.

---

[1] *Sic* dans le titre et dans le texte; il faut corriger *Archiepiscopum*. — [2] Taillebourg, Charente-Inférieure, cant. Saint-Savinien. — [3] C'est probablement Frontenay, Deux-Sèvres. — [4] Allusion à la guerre de 1242.

## 1096

12 juin. 1269. — SENESCALLO XANCTONENSI PRO DOMINO COMITE SUPER DEBITO PETRI DE PONTELEVAY ET SOCIORUM SUORUM.

Alfonsus, *etc.* Cum Petrus, Johannes et Nicholaus de Pontelevayo, fratres, cives Turonenses, Johannes de Martellis et Petrus de Caturco, burgenses nostri de Ruppella, occasione composicionis nobiscum facte pro deffectu talleie monete nostre nove pictavensium, quam apud Mosterolium[1] olim cudi fecerant, nobis tenerentur in mille ducentis quinquaginta libris turonensium, quilibet in solidum, prout in litteris super hoc confectis plenius continetur, ac de dicta peccunie quantitate in parte modica nobis extiterit satisfactum, vobis mandamus quatinus dictos Johannem de Martellis et P. de Caturco ad solucionem residui totalis summe, quod residuum est circiter mille libr. turonensium, cum quilibet eorum teneatur in solidum, efficaciter compellatis. Prefixi enim solucionis termini sunt elapsi. Datum die mercurii[2] post festum beati Barnabe apostoli, anno Domini M° CC° LX° IX°.

## 1097

15 juin. 1269. — SENESCALLO XANCTONENSI PRO JUDEIS [SUPER TALLIA].

Alfonsus, *etc.* Ex parte Judeorum senescallie vestre nobis datum est intelligi quod sex de ipsis dederunt unanimiter potestatem eligendi alios quinque qui talliam, in qua nobis predicti Judei tenentur ex finacione quam nobis fecerunt, inter ipsos pro modo facultatum suarum distribuerent ac eciam assiderent, qui sex tres elegerunt et in alios duos cum illis tribus eligendos consentire valentes minime vel volentes, unde vobis mandamus quatinus predictos sex ad consenciendum seu eciam eligendum alios duos cum tribus predictis, ut decebit, compellatis. Alioquin duos cum illis tribus adjungatis ne propter hoc predicte

---

[1] Voir plus haut, n° 32 et suiv. — [2] On avait d'abord écrit *veneris*, puis on a corrigé *mercurii*.

tallie solucio differatur. Datum die sabbati proxima post festum beati Barnabe apostoli, anno Domini millesimo ducentesimo LX$^{mo}$ nono.

Édité partiellement par Boutaric, p. 327.

## 1098

18 jun. 1269. — SENESCALLO XANCTONENSI PRO MATHEO CONSTANTINI, CLERICO, CRUCESIGNATO.

Alfonsus, *etc.* Matheus Constantini, clericus, crucesignatus, nobis conquerendo monstravit quod Guillelmus de Vunzac, miles, ipsum Matheum possessione vel quasi quarundam terrarum, redituum, redevenciarum pluriumque rerum aliarum, quos et quas a domino Fulcone de Monte Andronis, milite, ac a quibusdam aliis militibus tenebat, ut asserit, indebite spoliavit et spoliatum detinet in ipsius prejudicium non modicum atque dampnum. Quare vobis mandamus quatinus dictum Fulconem de Monte Andronis et alios dominos, de quibus advoat se tenere vel eciam tenuisse, si nobis subsint, ex parte nostra requiratis vel requiri faciatis, ut dicto clerico super predictis exibeant celeris justicie complementum. Quod si facere noluerint vel in exibendo jus dicto clerico negligentes fuerint vel remissi, vos eidem, prout justum fuerit, faciatis[1] mature justicie complementum. Datum die martis ante festum nativitatis beati Johannis Baptiste, anno Domini M°CC° LX°IX°.

## 1099

19 jun. 1269. — SENESCALLO XANCTONENSI PRO HELIA DE PELLICIA, CIVE XANCTONENSI.

Alfonsus, *etc.* Ex parte quorundam fide dignorum nobis cum querimonia relatum est quod Johannes Aymerici, laicus, cum quibusdam complicibus suis Heliam de Pellicia, civem Xanctonensem, in civitate eadem circa horam meridianam publice verberavit et atrociter ac verberari fecit, sicut dicitur, in nostrum et jurisdicionis nostre vituperium et contemptum. Unde cum talia maleficia conniventibus

[1] Le mot *eidem* est ici répété à tort.

occulis pertransiri non debeant impunita, presertim cum per hoc ceteris prebeatur audacia delinquendi, vobis mandamus quatinus super facto hujusmodi addiscatis diligenter veritatem, vocatisque qui fuerint evocandi, tam dicto Helie quam nobis maleficium hujusmodi faciatis de personis laicis ad nostram jurisdicionem spectantibus, prout justum fuerit, emendari. Excessus eciam in ecclesia Xanctonensi nuper perpetratos[1], prout alias vobis mandasse meminimus, quantum ad laicos de nostra jurisdicione existentes puniatis, taliter super hiis vos habentes quod de negligencia non possitis redargui in hac parte. Datum die mercurii ante nativitatem beati Johannis Baptiste, anno Domini M° CC° LX° nono.

## 1100

21 jun. 1269. — MAGISTRO PETRO SORINI, CANONICO XANCTONENSI, PRO DOMINO COMITE.

Alfonsus, etc., dilecto et fideli suo magistro Petro Sorini, canonico Xanctonensi, salutem et sinceram dilectionem. Discrecioni vestre mandamus, rogantes quatinus in expediendis nostris negociis, de quibus juxta ordinacionem nostri consilii thesaurarius ecclesie Beati Hylarii Pictavensis vobis scribit, et in aliis nostris negociis diligenter et solicite, prout consuevistis hactenus, intendatis, ita quod curam et diligenciam vestram sentiamus[2] nobis esse more solito fructuosam. Datum die veneris ante nativitatem beati Johannis Baptiste, anno Domini M° CC° LX° nono.

## 1101

21 jun. 1269. — [LITTERE STEPHANI DE SARCLEIS PRO COMITE.]

Magister Stephanus de Sarcleis, thesaurarius ecclesie Beati Hylarii Pictavensis, discreto viro Guillelmo Joliveti, clerico, procuratori illustris viri Alfonsi, filii regis Francie, comitis Pictavie et Tholose, salutem et sinceram dilectionem. Mandamus vobis quatinus pro ipso domino

---

[1] Voir plus haut, n° 1092. — [2] Ms. *sanecciamus*.

comite impetretis in curia legati litteras quas vobis mittimus presentibus interclusas[1], et eas quam cicius poteritis remittatis et circa istarum litterarum impetracionem diligenter et sollicite intendatis, scientes quod ipse dominus comes preces suas dirigit in suis clausis litteris ipsi domino legato et archidiacono Tricastino[2], ut ipsi in negociis suis, que vos vel alii proposueritis coram ipsis, utiliter et accelerando quantum secundum Deum et justiciam poterunt, exhibeant se favorabiles et benignos. Datum die veneris ante nativitatem beati Johannis Baptiste, anno Domini M° CC° LX° nono.

## 1102

(Fol. 36.) — [LITTERE COMITIS, DIRECTE LEGATO SEDIS APOSTOLICE.]

Significat paternitati vestre Alfonsus, filius regis Francie, comes Pictavie et Tholose, quod cum eidem a sede apostolica sit concessum ut in regno Francie et terris ac comitatibus suis legata indistincte relicta ac extorta per usurariorum pravitatem vel alias illicite acquisita, de quibus non aparet cui facienda sit restitucio, et eciam quedam alia que in litteris apostolicis super hiis sibi concessis plenius continentur, colligantur et assignantur (sic) eidem, cum iter arripuerit transmarinum, certo super hoc[3] executore deputato a sede predicta, propter mortem domini pape[4] in negociis non inceptis executor predictus procedere nequit ad execucionem hujusmodi graciarum. Quare supplicat paternitati vestre quatinus, ne propter defectum executoris tam pro-[ficuo][5] negocio tarditatis aliquid afferatur, dare dignemini in mandatis discretis viris scolastico Xanctonensi et magistro Petro Sorini, canonico Xanctonensi, ut in execucione procedant hujusmodi graciarum.

Iste autem littere impetrentur in curia legati sub hac forma vel

---

[1] Ms. *interclusam*.

[2] Saint-Paul-Trois-Châteaux. J'ignore le nom de cet archidiacre.

[3] Ms. *hos*.

[4] Clément IV, mort à Viterbe le 29 nov. 1268.

[5] *Sic* dans le manuscrit; il faut suppléer un adjectif commençant par *pro* et ayant le sens d'excellent ou de pressé; nous proposons *proficuo*.

sub meliori si haberi possint. Si vero haberi non possint, impetretur commissio generalis sub forma communi vel sub forma meliori, sub qua poterit obtineri, ad predictos scolasticum et magistrum P. Sorini.

Fragment dans Boutaric, p. 316.

## 1103

21 juin. 1269. — MAGISTRO PETRO SORINI DE GRACIIS SUPER SIGILLO THESAURARII.

Viro venerabili et discreto magistro Petro Sorini, canonico Xanctonensi, Stephanus, thesaurarius ecclesie Beati Hylarii Pictavensis, salutem in Domino sempiternam. Cum vos excellentissimo domino A., filio regis Francie, comiti Pictavie et Tholose, per vestras litteras duxeritis supplicandum ut super quibusdam dubitabilibus et aliis in ipsis litteris contentis vos per nostras litteras patentes certificare curaret, per que certius et sanius procederetis in negocio graciarum sibi a sede apostolica concessarum, discrecioni vestre ordinacionem consilii ipsius domini comitis, habiti super premissis, per nostras presentes litteras patentes mittimus sub hac forma : scilicet quod vos, inspectis verbis testamentorum et communicato peritorum consilio, tam super forma procedendi quam super dubitabilibus emergentibus in legatis et clausulis in testamentis contentis, attentis diligenter hiis que sunt in talibus attendenda, procedatis ad colligendum legata indistincte relicta et alia que ex ipsis graciis ad ipsum dominum comitem videbitis pertinere; — item quia forte laboriosum esset vobis colligere una cum magistro Egidio de Aula testamenta senescallie Pictavensis, quod vos saltem apud Niortum cum ipso Egidio certis diebus conveniatis, ut ibi testamenta dicte senescallie Pictavensis, que vel eorum transcripta defferet ibidem dictus Egidius, diligenter una cum ipso Egidio inspiciatis et discernatis quid ex ipsis ad dictum dominum comitem debeat pertinere, et eidem Egidio consulatis ea que super hiis et negocium contingentibus videritis consulenda. Datum anno Domini M° ducentesimo LX$^{mo}$ nono, die veneris ante festum nativitatis beati Johannis Baptiste.

## 1104

26 juin 1269. — SENESCALLO XANCTONENSI PRO DOMINO COMITE
[SUPER VENDITIONE FORESTARUM].

Alfonsus, *etc.* Ex relacione Petri de Verbria, venditoris forestarum domini regis Francie, didicimus quod merrenna et alia neccessaria ad dolia et alia utensilia ad vinum reponendum facienda, in non minima quantitate apud Ruppellam debent in proximo aplicare, et cum in nonnullis forestarum nostrarum vestre senescallie multa merrenna ad hujusmodi dolia ac alia utensilia facienda possent, ut intelleximus, inveniri, vobis mandamus quatinus cum Radulpho de Sotevilla, venditore forestarum nostrarum, et aliis in hoc expertis colloquium super hoc habeatis, et pensata utilitate nostra, de forestis nostris quas ad hoc apciores et commodiores videritis per dictum Radulphum, de consilio tamen vestro et aliorum in hoc peritorum, vendi et distrahi ad incherimentum, ut moris est, faciatis, secundum quod utilitati nostre videritis pocius expedire. Alias vero forestas nostras vestre senescallie vendatis pro majori precio quod poteritis bono modo, prout vobis alias est injunctum, necnon in balliviis nostris et preposituris affirmandis, in perquirendis pro nobis denariis bono et legali modo secundum vias, diu est, vobis traditas in scriptis sive missas, in juribus nostris servandis et in excessibus bajulorum, prepositorum et servientum nostrorum corrigendis ac in aliis negociis nostris fideliter exequendis, et in bono [et] legali regimine terre nostre diligenter et sollicite vigiletis, presertim propter transmarinum passagium instans de prope, ubi nos multa expendere oportebit, ita quod, cum ad partes illas venerimus, de predictis omnibus et singulis minorem curam quam poteritis habeamus, et nos vestram propter hoc possimus sollicitudinem merito commendare. Ceterum vobis mandamus ut glandes vel pessons forestarum nostrarum vendatis in denariis ad incherimentum porcorum et non denariorum, ita quod conveniatur in pacto vendicionis quod ille supra quem incherizatum fuerit, habeat et teneat in dictis forestis per pactum habitum in dicta convencione certum numerum porcorum loco incherimenti, secundum quod videritis faciendum, et quod totum precium denariorum in dicta convencione habitum penes nos integre debeat remanere. Datum die mercurii post nativitatem beati Johannis Baptiste, anno Domini m° cc° lx° nono. — Insuper peccuniam, tam de balliviis nostris quam aliis de causis de novo et veteri nobis debitam, apud Templum Parisius in crastinum instantis quindene Omnium sanctorum in turonensibus vel ad scambium quod vobis, diu est, scripsimus, integraliter vel majorem summam quam poteritis afferri faciatis. Datum ut supra.

Similis littera missa fuit senescallo Pictavensi, excepta prima clausula usque ad : *alias vero forestas.*

Édité par Ledain, p. 182-183.

## 1105

20 jul. 1269. — SENESCALLO XANCTONENSI PRO GILBERTO DE PODIO LAURENCII.

Alfonsus, *etc.*, senescallo Xanctonensi, *etc.*[1]. Mandamus vobis quatinus permittatis Guillebertum de Podio Laurentii, ut possit videre Jordanum de Lantario, dudum condempnatum de heresi ab inquisitoribus heretice pravitatis, dum tamen ipse Guillebertus sit solus et quod sint ibi aliqui de gentibus nostris, et hoc ita caute et solicite faciatis ne verbo vel facto possit in hoc periculum inminere. Datum Parisius, die sabbati ante festum beate Marie Magdalene, anno Domini m° cc° lx° nono.

## 1106

31 jul. 1269. — MAGISTRO PETRO SORINI PRO DOMINO COMITE.

Alfonsus, *etc.*, dilecto et fideli clerico suo magistro Petro Sorini, canonico Xanctonensi, salutem et dilectionem sinceram. Litteras vestras nuper recepimus, inter alia continentes quod reverendus in Christo

[1] Cette pièce est certainement par erreur dans le cahier de la sénéchaussée de Saintonge; en effet : 1° Puylaurens et Lanta étaient dans la sénéchaussée de Toulouse; 2° il n'y avait pas d'hérétiques en Saintonge; 3° Guillebert de Puylaurens est nommé dans un mandement au sénéchal de Toulouse, du même temps. (Voir même registre, fol. 80.)

pater dominus R., episcopus Albanensis, apostolice sedis legatus, vobis suis dederat litteris in mandatis et in virtute obediencie preceperat ut redempciones votorum crucesignatorum et crucesignandorum in civitate et dyocesi Xanctonensibus, una cum gardiano fratrum Minorum Xanctonensium colligere deberetis et collectas deponere in tuto loco, quousque idem legatus super hoc aliter duceret providendum; sed vos dubitantes ad execucionem mandati hujusmodi et nobis procedere inconsultis, pro eo quod nostrum prejudicium tangere videbatur, quid super hoc agendum esset vobis exponi a nobis cum instancia postulastis. Quare consultacioni vestre tenore presencium respondentes[1], vobis mandamus quatinus, cum intencionis sedis apostolice aut legati predicti non sit, prout credimus, nec esse debuerit ut per predictum mandatum vobis factum nobis prejudicium aliquod generetur, maxime cum novum mandatum post suspensionem graciarum ab eadem sede ad dictum legatum, quod appareat, minime emanaret, apud predictum legatum tam litteris vestris quam, si fieri potest cum ad partes illas declinaverit, oraculo vive vocis vos, prout poteritis, excusetis, ita super hec eidem scribentes vel si fieri potest viva voce predicta exponentes quod intencionis ejusdem propositum et potestatem quam super hoc habuerit sentire valeatis, ac demum nobis quidquid super hoc inveneritis et vobis responderit rescribentes. Super aliis autem articulis, in quibus vos hesitare predictarum vestrarum litterarum tenor declarat, quid agendum sit per magistrum Egidium de Aula, clericum nostrum, vobis duximus respondendum. Datum die mercurii ante festum beati Petri ad vincula, anno Domini millesimo CC° LX° nono.

## 1107

(Fol. 37.) 6 aug. 1269. — SENESCALLO PICTAVENSI PRO COMITE PICTAVIE ET THOLOSE [2].

Alfonsus, *etc.*, senescallo Pictavensi, *etc.* Nuper cum preceptor domus milicie Templi de Rupella tractaret pro confirmacione obtinenda a

[1] Première leçon : *intimantes*. — [2] Cet acte a été transcrit une seconde fois et avec la même date au verso du feuillet.

nobis super hiis que Templarii aquisiverunt in feudis et retrofeudis nostris comitatus Pictavensis, idem preceptor, prout recolimus, constanter asserebat acquisita ab eis in dicto comitatu nostris temporibus non valere ultra ducentas libras annui redditus, ad quod etiam presens fuit fidelis miles noster Reginaldus de Precigniaco et quidam alii qui tunc nobis assistebant. Sane nuperrime nobis extitit intimatum quod iidem Templarii temporibus nostris acquisiverunt in dicto comitatu Pictavensi usque ad valorem duorum milium librarum annui redditus, sicut fertur. Quocirca vobis mandamus quatinus quantacunque poteritis sollicitudine diligencius addiscatis de valore annui redditus eorum que dicti Templarii acquisiverunt a xxx annis citra in feudis seu in retrofeudis nostris vel censivis infra metas comitatus nostri predicti, necnon in quibus consistant hujusmodi acquisita, et a quibus personis acquisiverint, et de hiis diligenter, sigillatim et distincte quam cito comode poteritis nobis per vestras litteras ea que didiceritis significare curetis. Quod si forte, ut promisit dictus preceptor pro domo sua de Rupella et aliis domibus milicie Templi in comitatu Pictavensi constitutis, infra instans festum absumpcionis beate Virginis ad nos non venerit vel sufficienter miserit ad componendum seu finandum nobiscum super acquisitionibus supradictis, vos extunc acquisita sua a triginta annis citra, universa et singula que in vestra consistunt senescallia, seisiatis et in manu nostra efficaciter teneatis, quousque aliud super hoc a nobis receperitis in mandatis. Datum die martis ante festum beati Laurencii, anno Domini M° CC° LX° nono.

Consimilis littera missa fuit senescallo Xanctonensi.

## 1108

6 aug. 1269. — REGINALDO DE PRECIGNIACO, MILITI, [SUPER ACQUISITIS A TEMPLARIIS IN COMITATU PICTAVENSI].

Alfonsus, *etc.*, dilecto et fideli militi suo Reginaldo de Precigniaco salutem et dilectionem sinceram. Gratum gerimus et acceptum vestramque fidelitatem et diligenciam merito commendamus super eo quod nobis insinuare curastis de acquisicionibus quas Templarii fecisse dicuntur a triginta annis citra in comitatu nostro Pictavensi, tam in feudis nostris quam retrofeudis vel censivis. Valor enim acquisicionum, quem nobis scripsistis, in universum excedit valorem illius summe quam preceptor milicie Templi de Rupella, vobis presentibus, asserebat, propter quod nimirum in composicione facienda cum Templariis facile potuissemus decipi, nisi vestra nos reddidisset littera cauciores. Quare vobis mandamus, rogantes quatinus cura pervigili et attenta addiscatis quam citius et quanto cercius poteritis de valore eorum que Templarii a xxx annis citra in comitatu nostro Pictavensi quocunque modo acquisierunt, necnon a quibus personis acquisierint ac in quibus locis et rebus seu proventibus consistant hujusmodi acquisita, et ea que didiceritis in hac parte, sigillatim in scriptis redacta, nobis quam cito commode poteritis rescribatis. Datum die martis ante festum beati Laurencii, anno Domini M° CC° LX° nono. — Et super hoc nostras mittimus litteras senescallis nostris Pictavensi et Xanctonensi, ut[1] inquirant diligencius veritatem de valore annui redditus predictorum acquisitorum, a predictis Templariis factorum in dicto comitatu, et in quibus rebus et locis eadem consistunt.

## 1109

13 aug. 1269. — SENESCALLO XANCTONENSI PRO FRATRIBUS ORDINIS BEATE MARIE MATRIS CHRISTI DE RUPPELLA.

Alfonsus, *etc.* Mandamus vobis quatinus religiosis viris fratribus ordinis Beate Marie matris Christi[2], apud Rupellam commorantibus, dimidium arpentum nemoris in foresta nostra que dicitur Guillaume[3] assignetis et deliberetis, in propinquiori loco vende dicte foreste quo poteritis absque emptorum dicte foreste prejudicio sive dampno. Datum die martis ante festum assumpcionis beate Virginis, anno Domini M° CC° LX° nono.

[1] Première leçon : *ut super hiis inquirant.*
[2] Ce sont sans doute les Servites, ordre institué en 1257.
[3] Je ne retrouve pas cette forêt aux environs de la Rochelle; elle a sans doute disparu depuis longtemps.

## 1110

(Fol. 38.) 15 aug. 1269. — [SENESCALLO XANCTONENSI PRO ELEMOSINIS FACIENDIS.]

Alfonsus, *etc.*, senescallo Xanctonensi, *etc.* Mandamus vobis quatinus fratribus Minoribus Xanctonensibus solvatis de denariis nostris pro elemosina XII libras pictavensium; domui Dei Xanctonensi X libras pict.; leprosarie Xanctonensi C solidos pict.; fratribus Minoribus Sancti Johannis Angeliacensis XII libras pict.; duabus domibus Dei Sancti Johannis Angeliacensis VI libras pict.; fratribus Minoribus de Rupella XX libras pict.; fratribus Predicatoribus de Rupella XX libras pict.; leprosarie de Rupella X libras pict.; domui Dei de Rupella X libras pict.; fratribus Saccorum de Rupella C solidos pict.; fratribus Minoribus de Coingniaco[1] C solidos pict.; domui Dei de Portei[2] LX solidos pict.; hospitali de Rengni[3] C solidos pict.; fratribus Trinitatis de Ponte Talleburgi[4] C solidos pict.; monialibus de Gascongneria[5] C solidos pict.; leprosarie de Banaone[6] LX solidos pict.; fratribus Minoribus de Pontibus[7] X libras pict.; fratribus Predicatoribus de Pontibus X libras pict.; monialibus Sancti Viviani de Argentonio[8] LX solidos pict.; fratribus ecclesie Fontis Dulcis[9] X libras pict.; domui Dei de Bredon[10] XL solidos pict. Universas autem et singulas elemosinas singulis locis, prout superius sunt distincte, solvatis, taliter quod inde possitis ad instantes compotos circa tres septimanas post festum Omnium sanctorum computare de eisdem, ita quod constet de solucione earundem per litteras testimoniales, quibus fides debeat adhiberi, vel alias legitime, sicut decet. Datum apud hospitale juxta Corbolium, die jovis in festo assumpcionis beate Virginis, anno Domini M° CC° LX° nono.

[1] Cognac, Charente.
[2] P.-è. Reignac, Char., comm. Baignes.
[3] Non retrouvé.
[4] Taillebourg, Charente-Inférieure, cant. Saint-Savinien.
[5] Probablement la Gasconnière, Charente, comm. Sainte-Sevère.
[6] Benon, Charente-Inf., cant. Courçon.
[7] Pons, Charente-Inférieure.
[8] Voir plus haut, p. 666, note 8.
[9] Fondouce, ordre de Saint-Benoît, diocèse de Saintes, Charente-Inférieure, comm. Saint-Bris-des-Bois.
[10] Bresdon, Charente-Inf., cant. Matha.

## 1111

16 aug. 1269. — SENESCALLO XANCTONENSI PRO COMITE PICTAVIE ET THOLOSE SUPER FEUDIS SCRIBENDIS.

Alfonsus, *etc.*, senescallo Xanctonensi, *etc.* Ut de feudis que a nobis tenentur et feudatariis qui nobis fecerunt homagium aut facere debent de dyocesi Xanctonensi pleniorem noticiam habeamus, vobis mandamus quatinus, cum ea qua poteritis diligencia et sollicitudine, faciatis in scriptis redigi in singulis castellaniis dicte dyocesis, separatim et distincte, feuda que a nobis teneri debent et feudatariorum nomina, premittendo rubricam ad singulas castellanias sigillatim pertinentem. Item quod de diversis castellaniis feuda seu ipsarum feudatariorum nomina minime sint permixta, sed clare liquere possit quis feudatarius, quas possessiones et sub quibus serviciis seu redevenciis et in qua castellania teneat a nobis aut tenere debeat. Et scripturam quam inde feceritis, in quaterno redactam, sub sigillo vestro consignatam, nobis quam cicius commode poteritis transmitatis[1]. Datum apud Hospitale prope Corbolium, in crastino assumpcionis beate Virginis, anno Domini M° CC° LX° nono. — Item mandamus vobis quatinus queratis ad opus nostri duodecim gladios bonos de oezier[2], fortes et leves, verniculatos id est verniciez.

Édité par Boutaric, p. 486.

## 1112

5 sept. 1269. — SENESCALLO XANCTONENSI PRO REGINALDO DE PRECIGNIACO, MILITE.

Alfonsus, *etc.*, senescallo Xanctonensi, *etc.* Ad instanciam dilecti et fidelis militis nostri, Reginaldi de Precigniaco, vobis mandamus quatinus, secundum quod alias vobis extitit datum in mandatis, si nondum inquisiveritis de jure proprietatis quod asserit se habere idem Regi-

---

[1] Le travail demandé par Alfonse ne paraît pas avoir été exécuté; du moins on n'a pas, jusqu'ici, retrouvé le polyptyque de la sénéchaussée de Saintonge.

[2] Le mot *gladius* paraît avoir ici le sens de *javelot*; il s'agit de hampes de javelot, en osier ou en roseau.

naldus super costuma portus novi[1], juxta mandatum inde alias vobis factum super hoc inquiratis, et ad cumulum gracie amplioris quam dicto R. facimus in hac parte, inquiratis super jurisdicione et justicia quam ibidem asserit se habere, et inquestam quam super hoc feceritis ad crastinum instantis quindene Omnium sanctorum, cum ad nos veneritis, vobiscum afferatis. Datum die jovis ante nativitatem beate Marie virginis, anno Domini M° CC° LX° nono.

## 1113

4 sept. 1269. — SENESCALLO XANCTONENSI PRO PETRONILLA DE LAMESNIÉE ET FRATRIBUS SUIS.

Alfonsus, *etc.*, senescallo Xanctonensi, *etc.* Veniens ad nos Petronilla de Lamesnie, pro se et coheredibus suis, insinuavit nobis conquerendo quod magister Johannes de Syvrayo super rebus et possessionibus ad jurisdicionem et cognicionem curie nostre, ut dicitur, spectantibus, trahit ipsam et coheredes suos in causam coram judice ecclesiastico, contra justiciam, sicut dicit. Quare vobis mandamus quatinus dictum magistrum Johannem ex parte nostra attencius requiratis, ut ab hujusmodi vexacione desistat, ipsum, si opus fuerit, ad id quantum de jure fieri poterit compellentes, nichilominus judicem ipsum qui de causa cognoscit per conservatorem privilegiorum nostrorum in Xanctonia auctoritate eorum privilegiorum requiri facientes, si neccesse fuerit, ne de hiis que ad jurisdicionem nostram mediate vel inmediate pertinent se ullatenus intromittat. Datum anno Domini millesimo ducentesimo sexagesimo nono, die mercurii ante nativitatem beate Virginis.

## 1114

5 sept. 1269. — SENESCALLO XANCTONENSI PRO TEMPLARIIS DE RUPPELLA.

Alfonsus, *etc.*, senescallo Xanctonensi, *etc.* Secundum quod alias

---

[1] Il s'agit sans doute ici du nouveau port de la Rochelle.

vobis scripsisse meminimus per litteras nostras, quarum transcriptum fecimus infrascribi[1], iterato vobis mandamus et districte precipimus quatinus si secundum formam infrascripte littere processistis, saisita in manu nostra teneatis. Alioquin secundum formam ejusdem littere procedentes, acquisita saisiatis et saisita teneatis quousque aliud a nobis receperitis in mandatis, nisi forsan ydonee vobis cautum fuerit de solvendis nobis mille quingentis libris turonensium pro singulis ducentis libris annui redditus ab eisdem Templariis acquisitis, qua caucione recepta, taliter saisita eisdem restituatis, in recepcione hujusmodi caucionis eisdem de primis mille quingentis libris turonensium ad instantes octabas Omnium sanctorum solvendis terminum prefigentes, et residuum quod fuerit, singulis terminis mille quingente libre turonensium solvantur quousque totum fuerit persolutum. Datum die jovis ante festum nativitatis beate Marie virginis, anno Domini millesimo ducentesimo LX$^{mo}$ nono.

## 1115

(Fol. 39.) 6 sept. 1269. — SENESCALLO XANTONENSI PRO HOMINIBUS DE MARCILLIACO ET QUIBUSDAM ALIIS.

Alfonsus, *etc.*, senescallo Xantonensi, *etc.* Ex parte hominum parrochiarum de Marcilliaco[2], de Andelliaco[3], Enenda[4], de Sancto Candido[5], de Niolio[6] et de Villadulci[7] nobis est intimatum quod vineas eorum, quas habent in magno feodo Alnisii[8], saisivistis, inhibendo eisdem ne eas vindemient, racione duppli census quod pro nobis petitis ab eisdem. Unde ex parte ipsorum nobis est supplicatum ut quingentas libras turonensium ab ipsis pro auxilio crucis nostre loco duppli census accipere velimus, cum summa ejusdem duppli, si leva-

---

[1] Voir plus haut, n° 1107.
[2] Marsilly, Charente-Inférieure, cant. la Rochelle.
[3] Andilly-les-Marais, Charente-Inférieure, cant. Marans.
[4] Esnandes, Charente-Inférieure, cant. la Rochelle.
[5] Saint-Xandre, Charente-Inférieure, cant. la Rochelle.
[6] Nieul-sur-Mer, Charente-Inférieure, cant. la Rochelle.
[7] Villedoux, Charente-Inférieure, cant. Marans.
[8] L'Aunis.

retur, summam dictarum quingentarum librarum turonensium non excederet, sicut fertur. Volentes itaque eisdem graciam facere specialem, vobis mandamus quatinus, inquisita diligenter veritate, si vobis constiterit dupplum census summam dictarum quingentarum librarum turonensium non excedere, recepta ab eis ydonea caucione de dictis quingentis libris, vel de majori summa si plus valeret duplum census, solvendis, medietate videlicet ad instans festum Omnium sanctorum et alia medietate ad instans festum Candelose, predictas vineas eorum ipsis vindemiari permittatis, ita tamen quod primam medictatem dictarum quingentarum librarum turonensium vel majoris summe, si plus valeret dictum dupplum, apud Templum Parisius in crastino instantis quindene Omnium sanctorum afferri faciatis. Datum die veneris ante nativitatem beate Virginis, anno Domini millesimo ducentesimo LX$^{mo}$ nono.

## 1116

10 sept. 1269. — SENESCALLO XANCTONENSI PRO PHILIPO DE VERMES.

Alfonsus, *etc.* Mandamus vobis quatinus, recepta a Philipo de Vermes, latore presencium, ydonea caucione de sexaginta duodecim libris vel circa in quibus nobis tenetur, ut dicit, de residuo firme portus nostri de Talneio super Vulturnum [1] solvendis in hunc modum, videlicet medietate infra octabas instantis festi Omnium sanctorum et alia medietate infra octabas instantis Candelose, ipsum Philipum occasione dicte summe peccunie usque ad dictos terminos minime molestetis. Datum die martis post festum nativitatis beate Virginis, anno Domini M° CC° LX° nono.

## 1117

15 sept. 1269. — JOHANNI DE NANTOLIO, MILITI, DOMINO DE TORZ, PRO COMITE PICTAVENSI.

Alfonsus, *etc.*, dilecto et fideli suo Johanni de Nantolio, domino de

---

[1] Tonnay-Boutonne, Charente-Inférieure.

Torz, salutem et dilectionem. Litterarum vestrarum, quas nuper recepimus, seriem pleno collegimus intellectu, et ad articulos in eisdem contentos taliter duximus respondendum. In primis super minerio quod repertum fuisse dicitur in terra cujusdam nobilis, cujus nomen minime expressistis, vobis mandamus rogantes quatinus una cum senescallo nostro, in cujus senescallia minerium est repertum, de jure quod habemus vel habere possumus diligenter addiscatis, jus nostrum in hac parte servantes illesum, et nichilominus in scriptis quid super hoc inveneritis aut feceritis refferentes. — Ad secundum articulum de subvencione nobis prestanda a nobilibus terre nostre pro subsidio Terre sancte, pro eo quod alii nobiles a suis subditis recipiunt, ut scripsistis, placet nobis ut, una cum senescallo Xanctonensi in sua senescallia et cum senescallo Pictavensi in senescallia Pictavensi, nobiles utriusque senescallie, simul vel divisim, prout expedire videritis, requiratis ut nobis subvencionem faciant adeo competentem, quam debeamus merito acceptare. Quod si acquieverint, gratum geremus pariter et acceptum. Sin autem hoc noluerint, non attendentes, ut deberent, quod a suis subditis eciam nobilibus in casu consimili recipiunt, vos super jure vel consuetudine, quod vel quam in subvencione petenda ab ipsis habemus, addiscatis cum diligencia veritatem, addiscentes eciam utrum ex debito vel ex gracia subvencioni hujusmodi predicti nobiles subditi aliis nobilibus crucesignatis se supponant. — Ad tercium articulum vobis taliter respondemus quod nobis placet ut ab abbatibus, prioribus et aliis personis ecclesiasticis nostre terre et burgensibus, qui necdum nobis in aliquo subvenerunt, neccessitate nostra, ymo eciam assumpti negocii quod importabilia exigit onera expensarum, eis diligenter exposita, subvencionem aliquam nobis fieri postuletis, ipsos ad hoc quibus poteritis persuasionibus inducentes. — Super quarto autem articulo scire vos volumus quod karissimus dominus et frater noster Ludovicus, Dei gracia rex Francorum, quemdam militem suum misit nuncium ad regem Arragonum, cui injunxit ea que credidit negocio profutura. Ea vero que super hiis aliisque nobis prodesse videritis, inveneritis et feceritis, nobis in scriptis, cum ad nos veneritis in crastinum instantis quindene Omnium sanctorum, refferatis, vel antea si opus fuerit per aliquem nuncium rescribatis. Datum dominica in octabis nativitatis beate Virginis, anno Domini millesimo ducentesimo LX$^{mo}$ nono.

## 1118

15 sept. 1269. — SENESCALLO XANCTONENSI PRO COMITE PICTAVIE ET THOLOSE.

Alfonsus, *etc.*, dilecto et fideli suo Johanni de Villeta, militi, senescallo Xanctonensi, *etc.* Licet ex officii vestri debito vobis incumbat jura nostra ubique in vestra senescallia illesa servare et ad jus et proprietatem nostram revocare ab aliis male detenta, ex habundanti tamen vobis mandamus quatinus, a vobis omnino excussa negligencia, acquisita in feudis et retrofeudis nostris, maxime a triginta annis citra, a capitulo ecclesie Xanctonensis saisiatis et saisita retineatis, quousque aliud a nobis receperitis in mandatis, aut si vobis aliquid optulerit quod merito debeat acceptari, saisita recredatis eisdem, recepta prius ydonea caucione, refferentes nichilominus nobis quid factum fuerit in hac parte. Quod si forsan ex hoc ad terram nostram interdicti vel in vos excommunicacionis sententiam promulgari formidatis, vos occurrentes in tempore appellacionem interponatis ad legatum in Francia, cujus remedio a laqueo dicti capituli exui valeatis. Ceterum ad aliud quod in alia littera vestra vidimus contineri, quod de acquisitis a Templariis in feudis et retrofeudis nostris, non solum in senescallia vestra, sed in toto comittatu Pictavensi inquirere deberetis, non invenimus nos scripsisse[1], unde aut scribentis fuit vicium si scriptum fuit, aut si non fuit scriptum, error fuit litteram exponentis. Non enim intelligimus vos inquirere, nisi dumtaxat in vestra senescallia, de hujusmodi acquisitis. Datum dominica in octabis nativitatis beate Marie virginis, anno Domini M° CC° LX° nono.

Fragment dans Boutaric, p. 437.

[1] Voir plus haut, n° 1107; la faute de rédaction existe dans ce dernier acte.

## 1119

15 sept. 1269. — MAGISTRO P. VIGERII, VENERABILI ARCHIDIACONO ALNISII.

Alfonsus, *etc.*, dilecto et fideli clerico suo, magistro Petro Vigerii, venerabili archidiacono Alnisii[1], salutem et dilectionem sinceram. Intellectis hiis que in vestra littera et in cedula ibidem interclusa vidimus contineri, scire vos volumus quod nos per litteram nostram, quam lator presencium vobis deffert, scribimus nobili et fideli nostro H., domino Pertiniaci, ut Lapum de Florencia, quem de mandato nostro cepit et captum detinet ad instanciam Geuberti de Florencia, secundum formam composicionis coram vobis inter partes inite liberet, quantum ad nos spectat, cum alia occasione quam propter querimoniam dicti Geuberti non intersit nostra dictum Lapum captum detineri, vosque litteram ipsam dicto domino Pertiniaci presentari faciatis, prout videritis expedire. Datum die dominica in octabis nativitatis beate Virginis, anno Domini millesimo ducentesimo LX$^{mo}$ nono.

## 1120

15 sept. 1269. — HUGONI ARCHIEPISCOPI, MILITI, DOMINO PERTINIACI, PRO LAPO DE FLORENCIA.

Alfonsus, *etc.*, dilecto et fideli suo Hugoni Archiepiscopi, militi, domino Pertiniaci, salutem et dilectionem sinceram. Cum dudum de mandato nostro, ad instanciam Geuberti de Florencia, Lapum de Florencia ceperitis et captum adhuc, ut dicitur, teneatis, dilectique ac fideles nostri magister Petrus Vigerii, archidiaconus Alnisii, et senescallus noster Xanctonensis nobis significaverint per suas litteras quod inter partes coram ipsis quedam composicio inhita est certis pactionibus informata, vobis mandamus quatinus secundum formam composicionis ejusdem dictum Lapum, quantum ad nos pertinet, liberetis, ut compositio eadem finem possit capere preoptatum. Datum dominica in oc-

---

[1] L'Aunis, au diocèse de Saintes.

tabis nativitatis beate Marie virginis, anno Domini millesimo ducentesimo LX$^{mo}$ nono.

## 1121

(Fol. 40.) 16 sept. 1269. — THOME DE NOVILLA, CLERICO, PRO COMITE PICTAVIE ET THOLOSE [1].

Alfonsus, etc., dilecto et fideli suo Thome de Novilla salutem et dilectionem. Mandamus vobis quatinus super preparacione recium nostrorum et aliis novis usque ad decem vel duodecim, si opus fuerit, faciendis pro venando, cum senescallo nostro Tholose et Albiensis et Johanne Archerii colloquium habeatis, et eidem senescallo ex parte nostra dicatis quod ab instanti quindena festi sancti Michaelis in antea usque ad Candelosam vel Carniprivium in forestis nostris venari faciat et apros et leas capi in majori quantitate quam poterit usque ad ducentos vel circa, et eos bene faciat salsari ad defferendum ultra mare. In factione armorum, quarrellorum, ferrorum ad equos et in perquirendis pro nobis denariis bono et legali modo, in cambio monetarum nostrarum ad turonenses vel ad monetas aureas seu grossos turonenses argenti domini regis Francie, et in aliis negociis vobis a nobis injunctis, prout in memorialibus vobis traditis, quando a nobis ultimo recessistis, plenius continetur, curam et diligenciam apponatis majorem quam poteritis bono modo, ita quod quidquid super premissis et singulis actum fuerit circa tres septimanas instantis festi Omnium sanctorum, cum ad nos veneritis, nobis refferatis in scriptis. Datum die lune post octabas nativitatis beate Virginis, anno Domini millesimo ducentesimo LX$^{mo}$ nono.

## 1122

18 sept. 1269. — SENESCALLO XANCTONENSI PRO PHILIPO DE PARREIGNI.

Alfonsus, etc., senescallo Xanctonensi, etc. Mandamus vobis quatinus religiosum virum... abbatem Sancti Johannis Angeliacensis [2]

---

[1] Ce mandement est cancellé. — [2] Cet abbé s'appelait Thomas; il mourut vers la fin de l'année 1269 ou au début de 1270.

ex parte nostra requiratis ut Philippo de Parregni, pauperi homini, tringenta tres libras pictavensium, quas sibi dederamus, ut dicit, et quas in dicta abbacia penes quosdam monacos ipsius abbacie deposuit, eidem reddat indilate, taliter quod super hoc nos non oporteat aliud remedium adhibere. Et quid super hoc fecerit et vobis responderit idem abbas, in crastino instantis quindene Omnium sanctorum, cum ad nos veneritis, nobis refferatis in scriptis. Datum die mercurii post exaltacionem sancte Crucis, anno Domini M° CC° LX° nono.

## 1123

[Sept. 1269.] — SENESCALLO XANCTONENSI PRO ABBATE ET CONVENTU GRACIE SANCTE MARIE, CISTERCIENSIS ORDINIS [1].

Alfonsus, *etc.*, senescallo Xanctonensi, *etc.* Ex parte religiosorum abbatis et conventus Gracie Sancte Marie, Cisterciensis ordinis, nobis extitit conquerendo monstratum quod Reginaldus de Precigniaco, miles, homines ipsorum in terra sua commorantes, sibi concessa a bone memorie Ricardo, quondam rege Anglorum, ut dicitur, molestat et perturbat . . . [2], in prejudicium dictorum religiosorum non modicum et gravamen, necnon et quod filius castellani nostri de Banaone cepit quendam conversum de abbacia eorundem per capucium et percussit ac ipsum turpiter tractavit. Unde vobis mandamus quatinus, dictis religiosis vel eorundem procuratore et dicto Reginaldo coram vobis vocatis, auditisque racionibus utriusque partis, faciatis eisdem bonum jus et maturum. De filio autem castellani nostri predicti veritatem inquiratis super verberacione conversi predicti, quod si inveneritis ut dictum est, prout condecet faciatis emendari, et ipsum a servicio nostro expellatis quousque super hoc fuerit absolutus. Et quid super predictis et aliis nostris negociis . . . (*La suite manque*).

[1] Cet acte, cancellé, est une première rédaction du suivant. — [2] Ici deux mots absolument illisibles.

## 1124

27 sept. 1269. — SENESCALLO XANCTONENSI PRO ABBATE ET CONVENTU GRACIE SANCTE MARIE.

Alfonsus, *etc.*, senescallo Xanctonensi, *etc.* Ex parte religiosorum abbatis et conventus Gracie Sancte Marie[1], Cisterciensis ordinis, nobis extitit conquerendo monstratum quod Reginaldus de Precigniaco, miles, homines ipsorum molestat et perturbat, in prejudicium dictorum religiosorum non modicum et gravamen. Unde vobis mandamus quatinus, vocatis partibus coram vobis auditisque racionibus earundem, faciatis eisdem bonum jus et maturum. De filio autem castellani nostri de Banaone[2], [de] quo conqueruntur super hoc quod cepit unum conversum de sua abbacia per capucium violenter et ipsum turpiter tractavit, vobis mandamus quatinus inquiratis veritatem super verberacione predicta. Quod si inveneritis ut dictum est, prout condecet faciatis emendari, ipsum a servicio nostro expellentes quousque super hoc fuerit absolutus. Et quid super predictis et aliis nostris negociis feceritis nobis, cum ad nos veneritis infra crastinum quindene Omnium sanctorum pro vestris compotis faciendis, in scriptis referatis. Ex parte nostra dicatis castellano nostro de Banaone ne molestet dictos religiosos super usagio suo quod debent habere in foresta nostra de Argentonio[3]. Datum die veneris ante festum beati Mychaelis, anno Domini M° ducentesimo LX° nono.

## 1125

30 sept. 1269. — SENESCALLO XANCTONENSI PRO ABBATE DE PLANA SILVA.

Alfonsus, *etc.*, senescallo Xanctonensi, *etc.* Veniens ad nos vir religiosus abbas de Plana silva[4], Premostratensis ordinis, nobis conque-

---

[1] Notre-Dame-de-Charron; auj. Charron, Charente-Inférieure, cant. Marans.

[2] Benon, Charente-Inférieure, cant. Courçon.

[3] Cette forêt d'Argenton, qui devait se trouver tout près du château de Benon, paraît avoir disparu. Elle a sans doute été défrichée depuis longtemps.

[4] Pleneselve, dioc. de Bordeaux, Gironde, cant. Saint-Ciers-la-Lande.

rendo monstravit quod nobilis et fidelis noster Poncius de Mirabillo, miles, et sui multas injurias et dampna non modica sibi et suo monasterio intulerunt, sua animalia depredando, archas et dolia infringendo et alia quamplurima gravamina eidem indebite inferendo. Quocirca vobis mandamus quatinus, secundum quod de facto hujusmodi vobis constare poterit, dicta dampna et injurias a personis et de rebus ad nostram jurisdicionem spectantibus faciatis, prout justum fuerit, emendari, ita quod ad honorem Dei et nostrum cedat honorem, et quod propter defectum juris vel vestrum a dicto abbate ad nos non oporteat ulterius querimoniam reportari. Datum Parisius, die lune post festum beati Michaelis archangeli, anno Domini m° cc° lx° nono.

Similis littera missa fuit senescallo Pictavensi pro eodem abbate, super injuriis et dampnis sibi illatis a domino Guillelmo de Calvigniaco, milite.

## 1126

### 9 oct. 1269. — CASTELLANO DE RUPPELLA.

Alfonsus, *etc.*, dilecto et fideli suo Guillelmo de Monasteriis, castellano de Ruppella, salutem et dilectionem. Ad peticionem vestram licenciam vobis ad partes istas veniendi concedimus et usque ad mensem post instans festum Omnium sanctorum tantummodo, vel usque ad quinque septimanas ad plus, moram in istis partibus faciendi, ita tamen quod talem loco vestri ad castri nostri de Ruppella custodiam dimittatis, quod ob defectum vestrum vel dicto castro dampnum vel periculum non possit aliquod evenire. Datum die mercurii in festo beati Dyonisii, anno Domini m° cc° lx° nono.

## 1127

### (Fol. 41.) 12 oct. 1269. — SENESCALLO XANCTONENSI PRO GUIONETO DE THOARCIO.

Alfonsus, *etc.*, senescallo Xanctonensi, *etc.* Cum, sicut ex parte fidelis nostri Guioneti de Thoarcio nobis datum est intelligi, antecessores sui in possessione fuerint naves per mare transitum facientes signandi⁽¹⁾ apud Ruppellam, cujusmodi consuetudine uti consueverunt pacifice, ut asserit, et quiete, et nos terram dicti Guioneti ob defectum hominis ad manum nostram, diu est, tenuerimus, propter quod hujusmodi consuetudine minime uti potuit, sicut dicit, ne vero eidem Guioneto vel suis successoribus in posterum possit aliquod periculum propter hoc imminere, mandamus vobis quatinus diligenter addiscatis utrum ipsi predecessores dicti Guioneti fuerint in possessione pacifica signandi apud Ruppellam naves superius memoratas, et an hujusmodi consuetudine pacifice uti consueverint temporibus retroactis. Quid autem super predictis inveneritis nobis ad instans parlamentum Omnium sanctorum, cum ad nos veneritis, in scriptis referatis. Datum die sabbati post festum beati Dyonisii, anno Domini M° CC° LX° nono.

## 1128

12 oct. 1269. — SENESCALLO XANTONENSI PRO FRATRE PETRO, MINISTRO DOMUS SANCTE TRINITATIS DE PONTE THALEBURGI.

Alfonsus, *etc.*, senescallo Xantonensi, *etc.* Veniens ad nos vir religiosus frater Petrus, minister domus Sancte Trinitatis de Ponte Thaleburgi⁽²⁾, nobis conquerendo monstravit quod, nuper in nundinis sancti Jacobi mota controversia inter ipsum et quendam mercerium in cimiterio domus sue supradicte, fidelis noster Gaufridus Febet, miles, post ipsum ministrum clamavit : *Ad mortem, occide presbiterum,* et in ipso clamore dicti militis idem presbiter graviter percussus fuit et in capite vulneratus. Unde vobis mandamus quatinus super maleficio hujusmodi addiscatis plenarie veritatem, et illos de jurisdicione nostra quos super hoc culpabiles inveneritis, prout justum fuerit, puniatis et dicto ministro injuriam sibi factam faciatis, ut condecet, emendari. Veritatem facti et quid super hoc feceritis in crastino instantis quindene Omnium sanctorum, cum ad nos veneritis, referatis in scriptis. Datum sabbato post festum beati Dyonisii, anno Domini M° CC° LX° nono.

⁽¹⁾ Faut-il traduire *piloter,* conduire à l'aide de signaux? — ⁽²⁾ Taillebourg, Charente-Inférieure, cant. Saint-Savinien.

## 1129

17 oct. 1269. — SENESCALLO XANCTONENSI PRO PONCIO,
DOMINO MIRABELLI, MILITE.

Alfonsus, *etc.*, senescallo Xanctonensi, *etc.* Litterarum vestrarum, quas nuper recepimus, serie plenius intellecta super dampnis, gravaminibus, injuriis et excessibus illatis fideli nostro Poncio, domino Mirabelli, et hominibus suis, in terra quam tenet a nobis in feudum, per fidelem nostrum Guillelmum de Calvigniaco, militem, dominum Castri Radulphi[1], et suos complices, taliter vobis duximus respondendum quod, quantum ad ipsum G. pertinet, sub certa forma scripsimus senescallo nostro Pictavensi, in cujus senescallia sita sunt ea que dictus G. tenet a nobis in feudum, presertim in castellania de Oblinquo[2]. Sane vobis mandamus quatinus tam dicto G., si ipsum in senescallia vestra declinare contigerit, et aliis quibuscunque in senescallia vestra de districtu nostro existentibus, de quibus a dicto P. vel certo mandato suo fueritis requisiti, coram personis ydoneis ad hoc vocatis, districte inhibeatis seu per allocatos a vobis inhiberi ex parte nostra faciatis ne prefato Poncio aut hominibus suis in terra, quam tenet a nobis in feudum, aliquid forisfaciant, cum parati simus cuilibet conquerenti de dicto P. exhibere celeris justicie complementum, inquirentes nichilominus de hiis qui, de senescallia vestra existentes, prefato Guillelmo in dictorum perpetracione gravaminum cum armis opem et operam prestiterunt, ab eis quos culpabiles inveneritis, de districtu nostro in vestra senescallia existentibus, emendas pro delacione armorum et tantis excessibus judicatas exigentes et levantes et dampna passis nichilominus restitui facientes, justicia mediante. Datum die jovis ante festum beati Luce euvangeliste, anno Domini M° CC° LX° nono.

[1] Châteauroux, Indre. — [2] Le Blanc, Indre.

## 1130

21 oct. 1269. — SENESCALLO XANTONENSI PRO COMITE PICTAVIE
ET THOLOSE SUPER ACQUISITIS A TEMPLARIIS.

Alfonsus, *etc.* Cum vobis alias mandaverimus per litteras nostras quod de valore annuo eorum, que Templarii in feodis et retrofeodis nostris a triginta annis citra acquisiverint in senescallia vestra, et quod predicta ab eis acquisita saisiretis, nisi sub certa forma, in predictis litteris nostris expressa, de compositione tractarent et eandem sufficienter firmarent, nec postea quid super hiis per vos factum fuerit nobis rescripseritis, transcriptum earundem litterarum nostrarum, vobis a nobis super hoc novissime missarum, vobis mittimus infrascriptum, mandantes ut juxta formam earundem litterarum in ipso negocio procedatis, et quid super hoc feceritis et responsionem Templariorum, necnon quantum acquisiverint dicti Templarii in senescallia vestra in feodis et retrofeodis nostris, nobis ad crastinum instantis quindene Omnium sanctorum, cum ad nos veneritis, refferatis in scriptis. Datum die lune post festum beati Luce euvangeliste, anno Domini M° CC° LX° nono.

Litteras in hac precedenti littera subscriptas quere retro quarto folio, ad tale signum. (*Voir plus haut,* n° 1114.)

## 1131

23 nov. 1269. — [COMMUNIE DE RUPPELLA.]

Alfonsus, *etc.*, viris prudentibus, dilectis et fidelibus suis majori et juratis communie de Ruppella, salutem et sincere dilectionis affectum. Mandamus vobis, rogantes quatinus dilecto et fideli clerico (*sic*) nostro Johanni de Vileta, militi, senescallo Xanctonensi, fidem adhibere velitis super hiis que vobis ex parte nostra de mutuo duorum milium librarum turonensium faciendo duxerit refferenda. Datum die sabbati in festo sancti Clementis, anno Domini M° CC° LX° IX°.

Similis littera missa fuit majori et juratis communie Sancti Johannis

Angeliacensis. — Similis littera missa fuit abbati Mailliacensi[1]. — Similis littera abbati Sancti Michaelis in Heremo[2], quod fidem adhibeat senescallo Pictavensi. — Similis littera abbati Sancti Cipriani Pictavensis[3]. — Similis littera Thome Pevrelli, canonico Beate Marie majoris Pictavensis.

## 1132

25 nov. 1269. — LITTERA PATENS CASTELLANO DE RUPELLA
[PRO RELICTA JOHANNIS GAGANTIS].

Alfonsus, *etc.*, dilecto et fideli suo castellano de Rupella salutem et dilectionem. Causam que vertitur seu verti speratur inter relictam Johannis Gagantis ex una parte et senescallum nostrum Xanctonensem ex altera vobis duximus committendam, mandantes vobis quatinus, vocato coram vobis magistro Aymerico Thamer, visuro jurare testes quos dicta relicta producere voluerit, testes eosdem sub hac forma audiatis, videlicet quod si ipsa velit probare quod res, de qua agitur, esset in manu nostra antequam dictus Aymericus explectaret res predictas vel certus alias esse possitis, vocato ad hoc dicto Aymerico, res predictas vel valorem earum ad manum vestram capiatis et jus partibus faciatis. Si vero dicta relicta predicta probare nequiverit vel alias de predictis nequiveritis esse certus, dictum Aymericum in saisina sua dimittatis et jus faciatis partibus antedictis, vocatis qui fuerint evocandi. Datum apud Longumpontem, die lune post festum beati Clementis, anno Domini millesimo ducentesimo LX° nono.

## 1133

(Fol. 42.) 26 nov. 1269. — [PRO REGNAUDO DE PRICINIACO.]

Alfonsus, *etc.*, religioso viro, sibi in Christo dilecto, gardiano fratrum Minorum de Rupella, et magistro Yterio de Nabinalis, clerico, salutem et dilectionem sinceram. Cum nobilis, dilectus et fidelis noster Re-

---

[1] Raoul. — [2] Peut-être Pierre II, cité en 1270. — [3] Nicolas I<sup>er</sup>.

gnaudus de Priciniaco, miles, asserat se fuisse in possessione et sesina ponendi mensuras in domo Petri de Jadres, mandamus vobis quatinus diligenter inquiratis primo de possessione et sesina dicti R. de Pricigniaco ponendi mensuras in dicta domo Petri de Jadres, necnon de possessione et sesina jurisdicionis seu justicie quam habebat idem R. in platea et loco et locis circonvicinis, antequam dicta domus edificaretur ibidem. Et postmodum inquiratis utrum dictus R. de Pricigniaco habeat jurisdicionem et justiciam consimilem vel majorem ei que est de Allodio[1] ponendi mensuris (sic) in villa de Allodio et locis vicinis sue jurisdicionis, et utrum dicta domus Petri de Jadres sit in territorio dicte ville de Allodio. Inquiratis insuper an predicta domus de territorio Ruppelle fuerit, et an scientibus et pacientibus servientibus nostris predictus R. vel ejus mandatum usus fuerit dictis mensuris in dicta domo, et inquestam quam super premissis feceritis, clausam sub sigillis vestris, senescallo nostro Xanctonensi tradatis, nobis ad instans pallamentum nostrum quindene Candelose refferendam. Datum apud Longumpontem, die martis post festum sancti Clementis, anno Domini m° cc° lx° nono.

## 1134

27 nov. 1269. — FRATRI JOHANNI DE KAYS PRO HUGONE ARCHIEPISCOPI, DOMINO PERTINIACI.

Alfonsus, *etc.*, dilecto et fideli suo fratri Johanni de Kays, ordinis milicie Templi, salutem et dilectionem. Mandamus vobis quatinus, secundum quod dilectus et fidelis noster Hugo Archiepiscopi, dominus Pertiniaci, vobis scripserit de quadam navi pro ipso conducenda seu nauzilanda, proviso tamen de y[n]dempnitate nostra et quod suis fiat sumptibus, faciatis quod bono modo poteritis et utilitati sue videritis expedire. Datum apud Longumpontem, die mercurii post festum beati Clementis, anno Domini m° cc° lx° nono.

[1] Laleu, Charente-Inférieure, cant. la Rochelle.

## 1135

7 déc. 1269. — SENESCALLO XANCTONENSI PRO GUIDONE
ET AYMERICO DE ROCHA, MILITIBUS.

Alfonsus, *etc.*, senescallo Xanctonensi, *etc.* Mandamus vobis quatinus Guidonem et Aymericum de Rocha, milites, super hiis que proponenda duxerint coram vobis contra Aymericum de Rupe Cavardi et fratres suos, Bartholomeum de Haya, militem, nomine liberorum suorum, Almodim de Talneio, Karolum de Ruppeforti, militem, et ejus uxorem, et Imbertum Guidonis et ejus uxorem, Guillelmum Chem.[1] militem, et ejus uxorem, et Robertum de Mastacio et ejus uxorem, racione porcionis hereditatis matris dictorum Guidonis et Aymerici, diligenter audiatis, et vocatis partibus et qui fuerint evocandi, exhibeatis eisdem celeris justicie complementum. Datum die sabbati post festum sancti Nicholai hyemalis, anno Domini M° CC° LX° nono.

## 1136

(Fol. 43.) 20 déc. 1269. — SENESCALLO XANCTONENSI PRO NOBILI DOMINA RELICTA
COMITIS QUONDAM LEYCESTRIE.

Alfonsus, *etc.*, senescallo Xantonensi, *etc.* Mandamus vobis quatinus quandam litteram nostram clausam, continentem quod nobilis fidelis noster Guido de Lezeniaco, dominus Compnaci[2], die jovis proxima post tres septimanas instantis festi Candelose[3] coram nobis vel mandato nostro debeat comparere, eidem G. vel certo mandato suo presentari faciatis, ut tunc super quibusdam convencionibus initis, ut dicitur, inter ipsum ex una parte et nobilem dominam relictam quondam comitis Leycestri[e][4], et super aliis que dicta domina vel alius pro ea sibi objecerit, veniat responsurus. Datum die veneris ante festum beati Thome apostoli, anno Domini M° CC° LX° nono.

---

[1] *Sic* dans le manuscrit, avec un trait abréviatif sur la dernière lettre.

[2] Cognac, Charente.

[3] 27 février 1270.

[4] Éléonore Plantagenet, veuve de Simon de Montfort, comte de Leicester.

## 1137

26 dec. 1269. — SENESCALLO XANCTONENSI PRO FRATRIBUS
BEATE MARIE DE CARMELO DE RUPELLA.

Alfonsus, *etc.*, senescallo Xanctonensi, *etc*. Significamus vobis quod nos fratribus Beate Marie de Carmelo de Rupella dimidium arpentum nemoris in bosco nostro qui dicitur Guillelmus[1] contulimus intuitu pietatis, mandantes vobis quatinus predictum dimidium arpentum nemoris eisdem fratribus in dicto bosco prope vendam, in loco competenti, ad minus incomodi nostri quod possit fieri bono modo, deliberari faciatis. Datum in crastino natalis Domini, anno Incarnacionis ejusdem M° CC° LX° nono.

## 1138

23 dec. 1269. — SENESCALLO XANCTONENSI PRO JOHANNE HOUDEBOURGE.

Alfonsus, *etc.*, senescallo Xanctonensi, *etc*. Ex parte Johannis dicti Heudeberge, de Rothomago, nobis est intimatum quod Henricus de Silvaneto, prepositus noster Sancti Johannis Angeliacensis, filius Hugonis de Preel, et quidam alii de vestra senescallia eidem quamplurimas injurias intulerunt, sicut dicit, et pannos suos quos defferebat arrestarunt et detinent minus juste, super quibus, sicut dicit, inquisivistis. Unde vobis mandamus quatinus, vocatis dictis preposito, filio Hugonis, et aliis qui fuerint evocandi, de personis et rebus ad nostram jurisdicionem spectantibus exibeatis eidem celeris justicie complementum. Datum Parisius, die lune ante natale Domini, anno Domini M° CC° LX° nono.

## 1139

31 dec. 1269. — LITTERA PATENS PRO JOHANNE POULIN SUPER GAGIIS.

Alfonsus, *etc.*, senescallo Xanctonensi, *etc*. Significamus vobis quod nos Johanni dicto Poulin, latori presencium, in castro nostro Xancto-

---

[1] Voir plus haut, n° 1109, note 3.

nensi dedimus octo denarios pictavenses gagiorum per diem, quamdiu nostre placuerit voluntati, mandantes vobis quatinus eidem dicta gagia persolvatis. Datum apud Longumpontem, anno Domini M°CC°LX°nono, die martis post natale Domini.

## 1140

6 jan. 1270. — SENESCALLO XANCTONENSI PRO JOHANNE EANNES DE PORTUGALENSI.

Alfonsus, *etc.*, senescallo Xanctonensi, *etc.* Mandamus vobis quatinus Johannem, dictum Eannes de Portugalensi, in hiis que coram vobis contra Elyam Johannis, burgensem de Rupella, et ejus uxorem duxerit proponenda, diligenter audiatis, et vocatis coram vobis dictis Elia et ejus uxore et aliis qui fuerint evocandi, auditisque racionibus et deffensionibus hinc et inde, dicto Johanni Eannes de personis et rebus ad nostram jurisdicionem spectantibus exhibeatis celeris justicie complementum, tantum super hoc facientes quod dictum Johannem ob defectum juris ad nos non oporteat ulterius laborare. Datum anno Domini M° CC° [LX°] nono, die lune in festo epiphanie Domini.

## 1141

26 jan. 1270. — SENESCALLO PRO BURGENSIBUS SANCTI JOHANNIS ANGELIACENSIS SUPER INJURIIS.

Alfonsus, *etc.*, senescallo Xanctonensi vel ejus locum tenenti, *etc.* Ex relatu quorundam intelleximus quod quidam burgenses nostri de Sancto Johanne Angeliacensi nobis quamplures injurias et dampna non modica intulerunt, secundum quod vos plenius videre poteritis in quibusdam articulis contineri, quos vobis sub contrasigillo nostro mittimus interclusos, mandantes quatinus super predictis addiscatis plenius veritatem, et secundum quod de hujusmodi dampnis et injuriis vobis constare poterit, ipsos burgenses super premissis nobis, ut condecet, emendandis efficaciter requiratis, jus nostrum in omnibus observando. Et quid super hiis feceritis et responsionem eorum nobis in scriptis significare curetis. Datum Parisius, dominica post conversionem sancti Pauli, anno Domini M° CC° LX° nono.

## 1142

28 jan. 1270. — MAGISTRO P. SORINI, CANONICO XANCTONENSI, SUPER GRACIIS DOMINO COMITI CONCESSIS.

Alfonsus, *etc.*, dilecto et fideli clerico suo magistro P. Sorini, canonico Xanctonensi, salutem et dilectionem sinceram. Facta diligenti collacione super litteris apostolicis, gratias nobis ab eadem sede concessas continentibus [1], cum quibusdam gratiis postmodum karissimo domino ac fratri nostro..., regi Francorum illustrissimo, a dicta sede concessis, accedente ejusdem domini regis beneplacito et assensu, de consciencia reverendi in Christo patris R., Dei gracia Albanensis episcopi, apostolice sedis legati, inter gentes memorati domini regis, ad hoc specialiter deputatas, et nostras pariter finaliter exstitit ordinatum quod, juxta seriem graciarum a prefata sede nobis concessarum, in comitatibus et aliis terris nostris pecunia collecta et colligenda tam super redempcionibus votorum crucesignatorum quam aliis obvencionibus et legatis in subsidium Terre sancte, necnon de indistincte legatis et extortis per usurariam pravitatem et aliis illicite acquisitis, eciam in terris aliorum, nobis per legatum vel ejus mandatum suo tempore debeat assignari. Quocirca vobis mandamus, vos rogantes quatinus diligenter investigare curetis quid et quantum et a quibus et quo tempore et ex quibus articulis in partibus vestris levatum fuerit et receptum seu levari contigerit in futurum, providentes utilitati nostre in hac parte quantum poteritis bono modo. Datum Parisius, die martis ante festum purificacionis beate Marie virginis, anno Domini M° CC° LX° nono.

Similis littera missa fuit magistro Egidio de Aula, clerico. — Item alia similis littera missa fuit magistro Guillelmo Ruffi.

---

[1] Le texte porte *gratiis... concessis*.

## 1143

(Fol. 44.) 3 febr. 1270. — SENESCALLO XANTONENSI SUPER EXCESSIBUS FACTIS QUONDAM EPISCOPO XANTONENSI DEFUNCTO ET SUIS.

Alfonsus, *etc.*, senescallo Xantonensi, *etc.* Cum alias jam pluries vobis dederimus nostris [litteris] in mandatis ut super injuriis, violenciis et excessibus contra venerabilem patrem episcopum Xantonensem ultimo defunctum[1] et suos ac alios clericos Xantonensis diocesis, in suum et ecclesie predicte prejudicium perpetratis, a personis laicis jurisdicioni nostri subjectis, que possent super hoc reperiri culpabiles, faceretis satisfactionem condignam et emendam fieri competentem, prout personarum condicio et delictorum qualitas exposceret puniendas, nec, prout nobis relatum est, hactenus in hac parte processum sit ut deceret, propter quod iidem malefici seu alii eorum exemplo ausi sunt postea pejora prioribus exercere, vobis mandamus, districte precipientes, quatinus ipsos quos in hac parte repereritis culpabiles, dum tamen de nostra existant jurisdicione et vestra senescallia, taliter prout premissum est punire et emendas nostras ab ipsis levare curetis, quod non possitis exinde de negligencia seu injusticia reprehendi, et ne ipsis vel aliis facilitas venie delinquendi tribuat incentivum, nec hoc obtentu cujuscumque persone aliquatenus dimittatis, afferentes nichilominus vobiscum in scriptis ea que super hoc feceritis apud Pictavim, die lune proxima post Cineres, cum ibidem veneritis pro vestris compotis faciendis. Datum die lune in crastino purificacionis beate Virginis, anno Domini M° CC° LX° nono.

## 1144

16 febr. 1270. — PRO BURGENSIBUS MERCATORIBUS DE ROTHOMAGO.

Alfonsus, *etc.*, senescallo, *etc.* Ex parte burgensium mercatorum de Rothomago nobis extitit intimatum quod burgenses nostri de Sancto

---

[1] Voir plus haut, n° 1092. L'évêque ici cité peut être Élie de Fors ou Pons de Pons.

SAINTONGE [1270].   753

Johanne Angeliacensi ultra summam taxatam pro kaio aque Vult[ur]ni[1] reficiendo, sex denarios ab eisdem mercatoribus exigunt minus juste, cum dicta summa taxata jam diu est, ut asserunt, sit soluta. Quare vobis mandamus quatinus dictos mercatores Rothomagenses, si de burgensibus nostris predictis coram vobis super hoc querimoniam proponere voluerint, ipsos diligenter audiatis, vocatis qui fuerint evocandi, et exhibeatis mature justicie complementum. Datum Parisius, die dominica post octabas purificacionis beate Virginis, anno Domini M° CC° LX° nono.

## 1145

19 febr. 1270. — SENESCALLO XANTONENSI PRO DOMINO COMITE PICTAVIE ET THOLOSE.

Alfonsus, *etc.* Intelleximus nonnullis refferentibus quod fratres defuncti fratris Renauldi, quondam elemosinarii nostri, non modicam quantitatem peccunie habuerunt, quam tanquam nostram sub obtestatione divini judicii in supremo vite sue mandaverat nobis reddi. Verum quia sub dissimulacione et silencio usque nunc videtur negocium pertransisse, vobis mandamus quatinus, inquisita super hoc diligenter veritate, secreto tamen prout expedit, indempnitati nostre in hac parte curetis cum diligencia providere, relaturi nobis vel mandato nostro quidquid vobis innotuerit in premissis. Datum Parisius, die mercurii ante festum cathedre sancti Petri, anno Domini M° CC° LX° nono.

## 1146

26 mart. 1270. — DOMINO GUILLELMO DE CALVIGNIACO PRO DOMINO COMITE PICTAVIE ET THOLOSE.

Alfonsus, *etc.*, dilecto et fideli suo Guillelmo de Calvigniaco, militi, salutem et dilectionem sinceram. Super eo vero quod ad nostram presenciam personaliter venire non potueritis, pluribus magnis et arduis negociis vestris inpeditus, prout per vestras nobis significastis lit-

---

[1] La Boutonne, rivière qui passe à Saint-Jean-d'Angely.

teras, vos habemus legitime excusatum. Super eo vero quod nobis scripsistis quod vobis mandamus quando vos nos vellemus personaliter nobis accedere et venire ad portum apud Aquas mortuas[1], vobis singnificamus quod nos intendimus quod vos ad portum apud Aquas mortuas personaliter interesse debeatis infra primam ebdomadam instantis mensis maii, prout juramento super hoc prestito a baronibus extitit ordinatum. Verumtamen quia non est presumendum et dificile esset, propter dificultatem honerandi de nostris harnesiis et rebus nostris naves, ipsas naves in promptu et ita incontinenti nos ascendere debeamus cum non possemus[2], ut militibus et gentibus vestris qui vobiscum et nobiscum transfretare debent parcatur laboribus, missionibus et expensis, injungere poteritis et dicere ut saltem infra quindenam predicti mensis maii cum apparatu suo prompti naves ascendere ad vos et nos ad portum apud Aquas mortuas studeant personaliter interesse, hoc nullatenus obmittentes. Datum apud Rupellam, die mercurii post Annunciationem dominicam, anno Domini M° CC° LX° nono.

## 1147

8 apr. 1270. — PRO HUGONE DE TYAC, MILITE, ET ARNODI, UXORE SUA.

Alfonsus, *etc.*, senescallo Xanctonensi, *etc.* Veniens ad nos Hugo de Tyac, miles, pro se et Arnodi uxore sua nobis dedit intelligi quod Adzemarus de Archiac, miles, filius dicte Arnodis, eosdem Hugonem et Arnodim dote dicte Arnodis, quam racione primi mariti sui, videlicet patris dicti Adzemari, juste possidebat, indebite, ut asserit, spoliavit et adhuc eosdem de dicta dote detinet spoliatos. Unde vobis mandamus quatinus, vocato dicto Ademaro et qui fuerint evocandi, dictos Hugonem et Arnodim super premissis diligenter audiatis, exhibentes eisdem super hiis que ad nostram jurisdicionem noveritis pertinere mature justicie complementum, per inquestam, si de jure vel consuetudine patrie inquesta sedeat in hac parte, vel alias secundum quod de jure

[1] Aigues-Mortes, Gard. — [2] *Sic* dans le manuscrit; ce membre de phrase est mal construit.

vel consuetudine patrie fuerit faciendum, ipsumque Hugonem assecurari facientes a dicto Ademaro et aliis quos vobis nominandos duxerit, dum tamen de nostra existant jurisdicione et vestra senescallia et assecuramentum in hac parte de jure vel consuetudine vendicet sibi locum. Datum apud Montigniacum [1], die martis ante Resurrectionem dominicam, anno Domini m° cc° lx° nono.

[1] Montignac, Dordogne.

# LITTERE CONESTABULIE ALVERNIE,

## INCEPTE IN PASCHA, ANNO DOMINI M° CC° LX° NONO.

### 1148

(Fol. 49.)[1] 24 mart. 1269. — CONESTABULO PRO ABBATE ARRELACENSI[2].

Alfonsus, *etc.*, dilecto et fideli suo... conestabulo Alvernie salutem et dilectionem. Mandamus vobis quatinus fideli nostro Gaufrido, servienti in Montanis[3], ex parte nostra districte inhibeatis ne homines religiosi viri abbatis Aureliacensis, presertim eos quos sub custodia domini regis vobis esse constiterit, pignoret vel pignorari faciat. Et si que ab hominibus ipsius abbatis, in custodia dicti domini regis existentibus, capta detineat, ea ipsis, ut condecet, restitui faciatis. Datum apud Longumpontem, in festo Resurrectionis dominice, anno Domini M° CC° LX° nono.

### 1149

24 mart. 1269. — GAUFRIDO, SERVIENTI IN MONTANIS, PRO ABBATE AURELIACENSI.

Alfonsus, *etc.*, dilecto et fideli suo Gaufrido, servienti in Montanis, salutem et dilectionem. Mandamus vobis et districte inhibemus quatinus homines religiosi viri abbatis Aureliacensis, presertim eos quos[4] sub custodia domini regis esse vobis constiterit, minime pignoretis vel pignorari faciatis, et si que ab hominibus ipsius abbatis, in custodia domini regis existentibus, capta detinetis, ea ipsis, ut condecet, restituatis. Datum apud Longumpontem, in festo Resurrectionis dominice, anno Domini M° CC° LX° nono.

---

[1] Les folios 45-48 sont restés blancs.
[2] Corrig. *Aureliacensi*; Aurillac, Cantal.
[3] Les Montagnes d'Auvergne, bailliage de la connétablie d'Auvergne, aujourd'hui dans le Cantal et dans la Haute-Loire.
[4] Le manuscrit porte à tort *qui*.

## 1150

25 mart. 1269. — CONNESTABULO ALVERNIE PRO ROBERTO ALDI.

Alfonsus, *etc.*, conestabulo Alvernie, *etc.* Veniens ad nos Robertus Aldi nobis conquerendo monstravit quod bona ipsius et fidejussorum suorum capta detinetis, ea videlicet racione quod ipse quendam hospitem vestrum, Stephanum dictum Bechet, de Yseodoro [1], demantitus fuerat, pro eo quod idem Stephanus eidem Roberto imposuerat quod quandam carrucam ipsius male subtraxerat, ut dicebat. Quare vobis mandamus quatinus, si est ita, predicta bona dicto Roberto et ejus plegiis recredatis usque ad tres septimanas post instans festum Penthecostes, nisi aliud racionabile obsistat, super quo cum veritate facti in scriptis redacta in crastino instantis quindene Penthecostes, cum ad nos veneritis, nos plenius certificare curetis. Datum apud Longumpontem, in crastino Resurrectionis dominice, anno Domini millesimo ducentesimo LX° nono.

## 1151

25 mart. 1269. — BALLIVO DE MONTANIS IN ALVERNIA PRO ARCHAMBAUDO DE ROCHA, MILITE.

Alfonsus, *etc.*, dilecto et fideli suo Gaufrido, ballivo de Montanis [2] in Alvernia, salutem et dilectionem. Cum juxta mandatum nostrum Archambaudo de Rocha, militi, terram suam, quam saisitam tenebatis pro eo quod quasdam possessiones advoaverat a[b] Henrico, filio comitis Ruthenensis, restitueritis, de fructibus tamen de dicta terra per vos perceptis usque ad valorem viginti librarum retinueritis, ut asserit, vobis mandamus quatinus predictos fructus per vos de dicta terra perceptos eidem integre restituatis, nisi aliud fuerit racionabile quod obsistat. Quod si fuerit, nobis in scriptis significare curetis. Datum apud Longumpontem, in crastino Resurrectionis dominice, anno Domini millesimo ducentesimo sexagesimo nono.

---

[1] Issoire, Puy-de-Dôme. — [2] C'est le même qui est qualifié plus haut de *serviens*.

## 1152

2 apr. 1269. — CONESTABULO ALVERNIE PRO HOMINIBUS DE SENAC.

Alfonsus, *etc.*, conestabulo Alvernie, *etc.* Ex parte hominum nostrorum de Senac [1] nobis est conquerendo monstratum quod dominus de Bellenave et alii laici subditi nostri, vicini sui, eosdem citationibus et vexacionibus inquietant multipliciter et molestant indebite et injuste, contra eorum libertates et bonas consuetudines diutius approbatas. Unde vobis mandamus quatinus ipsos super hoc diligenter audiatis, nec permittatis ipsos a laicis de nostra jurisdicione existentibus contra ipsorum libertates et bonas consuetudines indebite molestari, et si aliqua gravamina indebite sibi a nostris subditis illata inveneritis, ea faciatis de personis et rebus ad jurisdicionem nostram spectantibus, prout justum fuerit, emendari. Si vero de alia jurisdicione fuerint molestatores hujusmodi, dominos de quorum jurisdicione fuerint [requiratis], ut ipsis exhibeant celeris justicie complementum, et si negligentes fuerint et resortum ad nos pertineat, vos quantum ad jurisdicionem nostram spectat suppleatis, justicia mediante, taliter super hiis vos habentes quod ipsos super hoc non oporteat ulterius ad nos habere recursum. Datum apud Hospitale prope Corbolium, die martis post octabas Pasche, anno Domini millesimo ducentesimo sexagesimo nono.

## 1153

13 apr. 1269. — CONESTABULO ALVERNIE PRO COMITE PICTAVIE ET THOLOSE [CONTRA LUDOVICUM DE ROERIIS].

Alfonsus, *etc.*, conestabulo Alvernie, *etc.* Significatum nobis extitit quod dudum super illata injuria fideli nostro G. de Dauchon, militi, dicto Becontour et suis per Ludovicum de Roeriis, militem, tunc scutiferum, et suos complices, composicio facta fuit sub certa forma certisque condicionibus, de quibus extant littere sigillo nostro Ryomi sigil-

---

[1] Sénat, Haute-Loire; comm. Saint-Didier-sur-Doulon.

late, quarum litterarum transcriptum aliqui de nostro consilio habent penes se, sicut dicunt. Sane, cum inter alios articulos in dicta composicione contentos expressum sit, quod a parte non servante dictam composicionem nobis solverentur centum marche argenti, ac dictus Ludovicus et Radulphus de Roeriis, pater suus, miles, composicioni hujusmodi non acquieverint, sicut fertur, et dictus Guillelmus super hoc pluries querimoniam detulerit coram nobis, vobis mandamus quatinus dictas centum marchas a predictis L. et R., patre suo, nostro nomine exigatis, et emendam super delacione armorum quam dictus Ludovicus fecit una cum suis complicibus, quando illata fuit dicta injuria, considerata qualitate delicti, faciatis judicari pariter et levari. Et quid super premissis feceritis nobis in scriptis referatis, cum ad nos veneritis in crastinum instantis quindene Penthecostes. Datum die sabbati post quindenam Pasche, anno Domini millesimo ducentesimo sexagesimo nono.

## 1154

22 apr. 1269. — CONESTABULO ALVERNIE PRO HOMINIBUS MONTISFERRANDI, [AB IPSO INDEBITE VEXATIS].

Alfonsus, *etc.*, conestabulo Alvernie, *etc.* Ex parte hominum de Monteferrandi[1] delata est ad nos querimonia, super eo videlicet quod vos ejusdem ville consules et quosdam alios de melioribus detinetis carceri mancipatos sine causa racionabili, sicut dicunt, insuper servientes in numerosa multitudine, non sino magno eorum incomodo et gravamine, ut asserunt, in eorum domibus posuistis. Hinc est quod vobis mandamus quatinus circa factum eorundem hominum, juxta consilium in nuper preterito pallamento Candelose Parisius habitum ac in scriptis redactum vobis traditum, procedatis cum ea qua decet maturitate et cautela, providentes ne de obmissione seu negligencia aut eciam de injusticia possitis merito reprehendi. Si enim aliud factum de novo non emerserit, detentis, si opus fuerit, illis duntaxat homi-

[1] Montferrand, Puy-de-Dôme, comm. Clermont.

nibus qui alias se obligasse dicuntur et fidejussores constituisse pro summa quatuor milium librarum turonensium, quam dicunt applegiasse pro emenda, retenta voluntate nostra quantum ad diminucionem vel augmentum dicte summe, alios, si quos captos tenetis, recredere poteritis usque ad quindenam instantis festi Penthecostes sub ydonea caucione. Excessum eciam servientum minuatis usque ad numerum competentem, cum in hiis que devorant vel consumunt nulla nobis proveniat utilitas et aliis pariat grave dampnum. Vos vero tam super isto quam super aliis vobis injunctis negociis curam et diligenciam taliter adhibeatis, quod exinde debeatis merito commendari, refferentes vobiscum in scriptis, cum ad nos veneritis in crastinum dicte quindene Penthecostes, universa et singula que super eisdem negociis fuerint expedita. Datum apud Fontem Bleaudi, die lune ante festum beati Marci euvangeliste, anno Domini M° CC° LX° IX°.

Édité par Boutaric, p. 291-292.

## 1155

(Fol. 50.) 22 apr. 1269. — CONESTABULO ALVERNIE PRO LUDOVICO DE BELLIJOCO, MILITE.

Alfonsus, *etc*. Litteras nobilis et fidelis nostri Ludovici de Bellijoco, militis, recepimus, continentes quod vos quosdam homines suos injuste captos detinetis, quanquam vobis obtulerit eos sisti judicio coram vobis. Unde vobis mandamus quatinus in hac parte taliter vos habere curetis, jure nostro servato, quod dictus Ludovicus non habeat justam de vobis materiam conquerendi. Datum ut precedens.

## 1156

19 jun. 1269.—CONESTABULO ALVERNIE PRO DOMINO MAURICIO DE BREON, MILITE

Alfonsus, *etc.*, conestabulo Alvernie, *etc*. Mandamus vobis quatinus nobilem et fidelem nostrum Ludovicum de Bellojoco, militem, requiratis seu requiri faciatis ut creditores nobilis et fidelis nostri Mauricii de Breon, militis, eidem Ludovico subjectos, compellat dare respectum

AUVERGNE [1269].

eidem Mauricio, juxta tenorem privilegii crucesignatis indulti per karissimum dominum et fratrem [nostrum] regem Francie in hac parte. Quod si ad requisicionem vestram hoc facere noluerit, vos observari, ut dictum est, faciatis. Datum die mercurii ante festum beati Johannis Baptiste, anno Domini M° CC° LX° nono.

## 1157

13 et 23 jun. 1269. — CONESTABULO ARVERNIE PRO DOMINO S., DEI GRATIA TITULI SANCTE CECILIE PRESBITERO CARDINALI, SUPER PROCURACIONIBUS SUIS.

Alfonsus, *etc.*, conestabulo Arvernie, *etc.* Nostras patentes litteras [vobis mittimus], quas reverendo in Christo patri R., Dei gratia Albanensi episcopo, apostolice sedis legato, pro reverendo in Christo patre S., Dei gratia tituli Sancte Cecilie presbitero cardinali, olim dicte sedis legato, concessimus sub forma inferius annotata :

Alfonsus, *etc.*, conestabulo Alvernie, *etc.* Ad instanciam reverendi in Christo patris R., Dei gracia Albanensis episcopi, apostolice sedis legati, vobis mandamus quatinus ad requisicionem ejusdem aut collectorum procuracionum reverendo in Christo patri S., Dei gratia tituli Sancte Cecilie presbitero cardinali, apostolice sedis quondam legato[1], a personis ecclesiasticis in terra nostra Arvernie et vestra conestabularia[2] existentibus debitarum, volencium bona prelatorum et aliarum personarum ecclesiasticarum, predictas procurationes non solvencium, occupare, eisdem, si opus fuerit, presidio, auxilio et adjutorii (*sic*) adsistatis, cum ab ipsis collectoribus[3] vel eorum altero super hoc fueritis requisiti, illo tamen adhibito moderamine ne de excessu seu injusticia possitis merito reprehendi aut de negligencia increpari. Datum die dominica in vigilia festi[4] nativitatis beati Johannis Baptiste, anno Domini M° CC° LX° nono.

[1] Simon de Brie, plus tard pape sous le nom de Martin IV (1281-1285).
[2] Ici les mots suivants effacés : *de provincia Bituricensi*.
[3] Première leçon : *procuratoribus*.
[4] Première leçon : *die sabbati ante festum*.

Sed ne occasione hujusmodi a predictis personis ecclesiasticis possitis indebite molestari, litteras ipsius legati patentes ob tuicionem vestram concessas vobis mittimus per presencium portitorem, quas quidem litteras ad cautelam futurorum penes vos reservetis. Tenorque earundem litterarum ipsius legati qui sequitur talis est :

Radulfus, miseracione divina episcopus Albanensis, apostolice sedis legatus, nobili viro conestabulo Alvernie, amico karissimo, salutem et sinceram in Domino caritatem. Venerabilis in Christo pater S., tituli Sancte Cecilie presbiter cardinalis, tunc in regno Francie apostolice sedis legatus, in Claromontensi civitate et dyocesi a personis ecclesiasticis ejusdem civitatis et diocesis moderatas et racionabiles procuraciones [1] semel et secundo colligi mandavit, certis super hoc collectoribus deputatis qui [in] nonnullas ex eisdem personis, pro eo quod impositas sibi nomine procuracionum hujusmodi moderatas et racionabiles pecunie quantitates solvere contumaciter recusarunt in terminis ad hoc eis peremptorie constitutis, excommunicacionis sentenciam, mandati ipsius cardinalis forma servata, exigente justicia promulgarunt, et crescente eorum contumacia ipsarum ecclesias supposuerunt ecclesiastico interdicto. Verum quia eedem persone nec per excommunicacionem nec per interdictum hujusmodi possunt ad ipsarum procuracionum solucionem induci, predictus cardinalis, contra earum protervam contumaciam solum sibi superesse cognoscens auxilium brachii secularis, nobis fecit humiliter supplicari ut super hoc ei congruum adhibere remedium curaremus. Quocirca nobilitatem vestram attente requirimus et rogamus quatinus personas ecclesiasticas, in deputatis vobis partibus constitutas, que, ut predicitur, repperientur in solucione procuracionum hujusmodi pertinaces, ad earum solucionem per capcionem rerum suarum, prout nos aut collectores procuracionum ipsius cardinalis [2] inibi deputati requisiverimus, tradita vobis potestate cogatis, non obstante quod in provinciali concilio Bituricensis provincie per venerabiles in Christo patres archiepiscopum Bituricensem et ejus

---

[1] Première leçon : *expensas*. — [2] Première leçon : *legati*.

suffraganeos dicitur esse statutum ut loca, ville, castra, civitates sive parrochie, in quibus res ecclesiarum sive ecclesiasticarum personarum aut ipse persone dicte provincie capte, invase vel occupate detinebuntur, ipso facto subjaceant interdicto, et si forte alibi transferantur, loco illo in quo facta est translacio subjacente denuo interdicto, primum interdictum nichilominus in suo robore perseveret, et si ad plura loca horum translacionem contingat fieri, id ipsum eciam observetur. Datum Parisius, idus junii, anno Domini M° CC° LX° nono.

Consimiles littere misse fuerunt senescallo Ruthinensi super eodem pro senescallia sua.

Similis littera missa fuit senescallo Pictavensi die sabbati[1] ante festum beate Marie Magdalene.

Similis littera missa fuit senescallo Agenensi et Caturcensi dicta die.

Similis littera missa fuit senescallo Tholose et Albiensis dicta die.

## 1158

16 jul. 1269. — LITTERA PATENS UNIVERSIS SENESCALLIS IN PROVINCIA BURDEGALENSI CONSTITUTIS, [PRO LEGATO].

Alfonsus, *etc.*, universis nostris senescallis in Bituricensi provincia constitutis, salutem et dilectionem. Ad instanciam reverendi in Christo patris R., Dei gracia Albanensis episcopi, apostolice sedis legati, vobis mandamus quatinus, ad requisicionem ejusdem aut collectorum procuracionum, reverendo in Christo patri S., Dei gracia tituli Sancte Cecilie presbytero cardinali, apostolice sedis quondam legato, a personis ecclesiasticis in terris nostris et vestris senescalliis de provincia Bituricensi existentibus debitarum, volentium bona prelatorum et aliarum personarum ecclesiasticarum predictas procuraciones non solvencium occupare, eisdem, si opus fuerit, presidio auxilii et adjutorii assistatis cum ab ipsis collectoribus vel eorum altero ad hec fueritis requisiti, illo tamen adhibito moderamine, ne de excessu seu injusticia possitis

[1] Corriger *die mercurii* et voir plus haut, n° 1004, où l'on trouvera une autre copie de la lettre du légat Raoul, évêque d'Albano.

merito reprehendi aut de negligencia increpari. Datum anno Domini m° cc° lx° nono, die martis ante festum beate Marie Magdalene.

### 1159

(Fol. 51.) 23 jun. 1269. — CONESTABULO ARVERNIE PRO DOMINO S., TITULI SANCTE CECILIE PRESBITERO CARDINALI, SUPER PROCURACIONIBUS SUIS LITTERA PATENS.

Alfonsus, *etc.*, conestabulo Alvernie, *etc.* Ad instanciam reverendi in Christo patris R., Dei gratia Albanensis episcopi, apostolice sedis legati, vobis mandamus quatinus ad requisicionem ejusdem aut collectorum procuracionum reverendo in Christo patri S., Dei gracia tituli Sancte Cecilie presbitero cardinali, apostolice sedis quondam legato, a personis ecclesiasticis in terra nostra Ruthenensi et vestra conestablia[1] existentibus debitarum, volencium bona prelatorum et aliarum personarum ecclesiasticarum predictas procuraciones non solvencium occupare, eisdem, si opus fuerit, presidio auxilii et adjutorii assistatis, cum ab ipsis collectoribus vel eorum altero super hoc fueritis requisiti, illo tamen adhibito moderamine ne de excessu seu injusticia possitis merito reprehendi aut de negligencia increpari. Datum die dominica in vigilia festi[2] nativitatis beati Johannis Baptiste, anno Domini m° cc° lx° nono.

Similis littera missa fuit senescallo Pictavensi.

Similis littera missa fuit senescallo Tholose et Albiensis.

Similis littera missa fuit [senescallo] Agenensi et Caturcensi, die sabbati ante festum beate Marie Magdalene [20 jul.].

Consimiles littere misse fuerunt senescallo Ruthinensi super eodem pro senescallia sua.

Édité par Boutaric, p. 433-434.

[1] Ici les mots : *de provincia Bituricensi*, barrés.

[2] Première leçon : *die sabbati ante festum*.

## 1160

24 jun. 1269. — CONESTABULO ARVERNIE PRO ROBERTO DE CORCELLIS, DOMICELLO, [SUPER USURIS].

Alfonsus, *etc.*, conestabulo Arvernie, *etc.* Mandamus vobis quatinus precipiatis illi qui sigillum nostrum tenet apud Ryomum, ut dilectum et fidelem valetum nostrum Robertum de Corcellis seu fidejussores suos creditoribus, quibus est vel extitit obligatus, usuras quas usuras esse probare poterit, solvere non compellat, et quicquid suis creditoribus ab ipsis vel ejus nomine solutum fuisse constiterit, in sortem faciat, prout condecet, computari. Datum die lune in festo nativitatis beati Johannis Baptiste, anno Domini M° CC° LX° nono.

## 1161

30 jun. 1269. — CONESTABULO ALVERNIE PRO PETRO PELLABO, MILITE.

Alfonsus, *etc.*, conestabulo Alvernie, *etc.* Mandamus vobis quatinus in crastinum instantis quindene Omnium sanctorum, cum ad nos veneritis pro vestris compotis faciendis, nos certificare curetis si Petrus Pellabo, miles, tantumdem de terra a nobis advoaverit quantum de terra, quam a nobis tenere debebat in feudum, ab episcopo Claromontensi advoavit. Datum dominica in crastinum apostolorum Petri et Pauli, anno Domini millesimo ducentesimo LX° nono.

## 1162

10 jul. 1269. — CONESTABULO ALVERNIE PRO MAGISTRO DOMUS MILICIE TEMPLI IN PROVENCIA.

Alfonsus, *etc.*, conestabulo Alvernie, *etc.* Cum ex parte religiosi viri magistri domus milicie Templi in Provencia nobis extitit conquerendo monstratum quod vos arrestaveritis et teneatis, in sui prejudicium, minus juste quendam bovem et alias res eidem spectantes, occasione cujusdam bovis qui cornu quendam puerum, ut dicitur, interfecit, vobis mandamus quatinus ipsum super hoc diligenter audiatis, vocatis qui fuerint evocandi, et sibi bovem suum et alia bona sua, prout justum fuerit, restituatis, cum bovem interfectorem suum esse, ut dicitur, minime recognoscat, nisi sit aliud racionabile quod obsistat. Datum die mercurii post octabas apostolorum Petri et Pauli, anno Domini M° CC° LX° nono.

## 1163

17 jul. 1269. — CONESTABULO ALVERNIE PRO HOMINIBUS DE MONTEFERRANDI.

Alfonsus, *etc.*, conestabulo Alvernie, *etc.* Instancie et supplicacionibus procuratoris hominum de Monteferrandi deliberato consilio inclinati, vobis mandamus quatinus comburgenses suos, quos captos, ut dicitur, detinetis pro emenda quatuor milium librarum turonensium que nostro nomine exigitur ab eisdem, recredatis usque ad tres septimanas post instans festum Omnium sanctorum, si duntaxat pro emenda hujusmodi detinentur, prefigentes dictis hominibus et procuratoribus eorundem diem certam in ipsa recredencia, videlicet in quindena assumpcionis beate Marie virginis proximo ventura, infra quam diem quindene dicti homines vel procuratores sui pro eis raciones et deffensiones suas in scriptis vobis tradant, per quas nituntur solucionem dicte peccunie declinare, quas receptas una cum racionibus et deffensionibus vestris, communicato consilio magistri Guillelmi Ruffi, quem si presens non fuerit per litteras consulatis, et aliorum bonorum qui processus coram vobis habiti et eorum que factum hujusmodi contingunt habent noticiam, in scriptis redactis et sub sigilli vestri karactere interclusis, nobis per fidelem nuncium infra instans festum sancti Remigii transmittatis, ut, inspectis tam dictorum hominum racionibus quam vestris deffensionibus, consilium habeamus quid ulterius sit agendum, assignantes nichilominus dictis hominibus seu eorum procuratoribus ipsorum nomine diem coram nobis ad diem terciam post instantem quindenam Omnium sanctorum, audituris et recepturis quid in hac parte duxerimus ordinandum. Datum die mercurii ante festum beate Marie Magdalene, anno Domini M° CC° LX° nono.

## 1164

21 jul. 1269. — CONESTABULO ALVERNIE PRO GUILLELMO DE FIGIACO.

Alfonsus, *etc.* Cum, sicut intelleximus, Guillelmus de Figiaco, serviens noster, causam habeat cum fratre suo pro porcione hereditaria que ipsum contingit, et adeo usque processum fuerit, sicut dicitur, quod justicia mediante bona dicti fratris saisita sint, nec tamen propter hoc partem debitam de hereditate velit facere dicto G. fratri suo, vobis mandamus quatinus jus dicti Guillelmi quantum poteritis de jure vel consuetudine acceleretis eidem, dilacionibus frivolis resequatis, ita quod a suo passagio et nostro servicio ipsum non oporteat retardari. Datum dominica ante festum beate Marie Magdalene, anno Domini M° CC° LX° nono.

## 1165

15 aug. 1269. — FRATRIBUS ODONI DE PARISIUS ET THOME DE LATAROSA, ORDINIS FRATRUM PREDICATORUM, ET MAGISTRO JOHANNI DE PUTEOLIS, INQUISITORIBUS IN ALVERNIA, RUTHENENSI ET VENESSINO, PRO COMITE PICTAVIE ET THOLOSE [SUPER ELEMOSINIS].

Alfonsus, *etc.*, religiosis viris et in Christo sibi dilectis, fratribus Odoni de Parisius et Tome de Latarosa, ordinis fratrum Predicatorum, ac dilecto et fideli suo magistro Johanni de Puteolis, inquisitoribus in Alvernia, Ruthenensi et Venessino, salutem et dilectionem. Cum nos dilectis et fidelibus nostris conestabulo Alvernie et senescallis nostris Ruthinensi et Venessini, per nostras litteras cuilibet eorum directas, mandaverimus ut de denariis nostris solvant pro elemosina nostra, videlicet conestabulo Alvernie: fratribus Minoribus Claromontis[1] x libras turonensium; fratribus Predicatoribus Claromontis x lib. tur.; domui Dei Claromontensi LX sol. tur.; leprosarie Claromontensi LX sol. tur.; leprosarie de Noneta[2] LX sol. tur.; domui Dei de Noneta LX sol. tur.; domui Dei de Brolio[3] LX sol. tur.; leprosarie de Brolio XL [sol.]

---

[1] Clermont-Ferrand, Puy-de-Dôme. — [2] Nonette, Puy-de-Dôme, cant. Saint-Germain-Lembron. — [3] Le Breuil, Puy-de-Dôme, cant. Saint-Germain-Lembron.

tur.; domui Dei de Sancto Porciano [1], LX sol. tur.; leprosarie de Sancto Porciano XL sol. tur.; fratribus Minoribus Sancti Porciani C sol. tur.; fratribus Minoribus de Riomo [2] X lib. tur.; leprosarie de Riomo LX sol. tur.; domui Dei de Riomo C sol. tur.; fratribus Minoribus de Monteferrandi [3] C sol. tur.; leprosarie de Monteferrandi XL sol. tur.; domui Dei de Monteferrandi LX sol. tur.; abbacie de Lesclache [4] X libr. tur.; fratribus de Chartrosia [5] C sol. tur.; abbacie de Bellaaqua [6] C sol. tur.; domui Dei de Ponte Castelli [7] LX sol. tur.; leprosarie de Ponte Castelli XL sol. tur.; domui Dei de Tornelio [8] LX sol. tur.; leprosarie de Tornelio XL sol. tur.; monialibus de Curtapetra [9] XL sol. tur.; fratribus Minoribus de Aureliaco [10] C. sol. tur.; fratribus Minoribus de Bride [11] C sol. tur.; fratribus Minoribus de Savegniaco [12] C sol. tur.; monialibus de Mediomonte [13] C sol. tur. — Item senescallo Ruthenensi in Ruthenensi: fratribus Minoribus de Amilliavo [14] X lib. tur.; domui Dei de Amilliavo C sol. tur.; leprosarie de Amilliavo LX sol. tur.; fratribus Minoribus Ruthinensibus C sol. tur.; leprosarie Ruthinensi XL sol. tur.; domui Dei Ruthinensi LX sol. tur.; domui Dei de Peruce [15] XL sol. tur.; leprosarie de Peruce XL sol. tur.; domui Dei de Villafranca [16] XL sol. tur.; leprosarie de Villafranca XL sol. tur.; ecclesie de Villafranca C sol. tur.; domui Dei de Villanova [17] XL sol. tur.; leprosarie de Villanova XL sol. tur.; domui Dei de Naiaco [18] LX sol.

[1] Saint-Pourçain, Allier.
[2] Riom, Puy-de-Dôme.
[3] Montferrand, comm. Clermont.
[4] L'Esclache, abbaye cistercienne, paroisse de Prondines, transférée plus tard dans un faubourg de Clermont.
[5] Chartreuse du Port-Sainte-Marie, Puy-de-Dôme, cant. Pontgibaud, comm. Chapdes-Beaufort.
[6] Bellaigue, abb. de l'ordre de Cîteaux; Puy-de-Dôme, comm. Virlet.
[7] Pont-du-Château, Puy-de-Dôme.
[8] Tournoël, Puy-de-Dôme, com. Volvic.
[9] Courpière, Puy-de-Dôme, prieuré régulier de Saint-Martin, ordre de Saint-Benoît.
[10] Aurillac, Cantal.
[11] Brioude, Haute-Loire.
[12] Sauvagnat, Puy-de-Dôme, cant. Herment.
[13] Mégemont, Puy-de-Dôme, commune Chassagne.
[14] Millau, Aveyron.
[15] Peyrusse, Aveyron, cant. Montbazens.
[16] Villefranche-de-Rouergue, Aveyron.
[17] Villeneuve-d'Aveyron, Aveyron.
[18] Najac, Aveyron.

## AUVERGNE [1269].

tur.; leprosarie de Naiaco LX sol. tur.; fratribus Minoribus de Figiaco[1] c sol. tur.; fratribus Predicatoribus de Figiaco c sol. tur.; fratribus Minoribus Sancti Antonini[2] c sol. tur. — Item senescallo Venessini in Venessino : fratribus Minoribus de Insula[3] c sol. tur.; fratribus Heremitis Sancti Johannis Baptiste in Avignione LX sol. tur.; fratribus Minoribus Avignionis XV libr. tur.; fratribus Predicatoribus Avignionis XV lib. tur.; fratribus Minoribus de Vallerias[4] LX sol. tur.; sororibus Minoribus Avignionis c sol. tur.; fratribus de Carmelo Avignione x libr. tur.; — vobis mandamus, rogantes quatinus cum per loca ipsa transitum feceritis pro inquisicionibus vobis commissis faciendis, diligenter addiscatis an dicta pecunia singulis locis predictis soluta fuerit, sicut decet, ita quod super hoc possimus per litteras vestras loco et tempore competenti vel per vos ipsos, cum ad nos veneritis, plenius edoceri. Datum apud Hospitale prope Corbolium, die jovis in festo assumpcionis beate Virginis, anno Domini M° CC° LX° nono.

### 1166

(Fol. 52.) 15 aug. 1269. — CONESTABULO ALVERNIE PRO ELEMOSINIS DOMINI COMITIS.

Alfonsus, *etc.* Mandamus vobis quatinus fratribus Minoribus Claromontis solvatis de denariis [nostris] pro elemosina x libras turonensium[5]... Universas autem et singulas elemosinas singulis locis, prout superius sunt distincte, solvatis, taliter quod inde possitis ad instantes compotos circa tres septimanas post festum Omnium sanctorum computare de eisdem, ita quod constet de solucione earundem per litteras testimoniales quibus fides debeat adhiberi, vel alias legittime sicut decet. Datum apud Hospitale juxta Corbolium, in festo assumptionis beate Virginis, anno Domini M° CC° LX° nono.

---

[1] Figeac, Lot.
[2] Saint-Antonin, Tarn-et-Garonne.
[3] L'Isle-sur-la-Sorgue, Vaucluse.
[4] Valréas, Vaucluse.
[5] La suite, comme dans l'acte précédent, jusqu'aux mots : *Item senescallo Ruthenensi.*

## 1167

3 sept. 1269. — GUICHARDO, CANONICO CAMERACENSI, PRO COMITE.

Alfonsus, *etc.*, dilecto et fideli clerico suo Guichardo, canonico Cameracensi, salutem et dilectionem sinceram. Significamus vobis quod nobis placet quod decanus Bituricensis [1] et collega suus, prout nobis scripsistis, inquirant super juramento quod petit episcopus Claromontensis a vasallis nostris existentibus in Montanis [2], si vos et aliqui de consilio nostro videritis expedire. Formam vero littere mittende super hoc conestabulo Arvernie faciatis, et eam sigillandam et dicto conestabulo mittendam nobis per Reginaldum, clericum nostrum, vel alium quem expedire videritis remittatis. Datum die martis ante nativitatem beate Virginis.

## 1168

4 sept. 1269. — CONESTABULO ALVERNIE PRO HUGONE DE RUPPE, DOMICELLO.

Alfonsus, *etc.* Veniens ad nos Hugo de Ruppe, domicellus, nobis conquerendo monstravit quod ballivus de Crevecuer [3] ipsum duodecim solidis et dimidio viennensium, quos percipiebat singulis annis in loco qui dicitur de Rifilangas [4], contra justiciam et sine cause cognicione spoliavit, sicut dicit. Unde vobis mandamus quatinus ipsum super hiis et aliis que coram vobis proposuerit contra ipsum diligenter audiatis, vocatoque bajulo predicto et aliis qui fuerint evocandi, faciatis eidem super hiis bonum jus et maturum. Datum die mercurii ante nativitatem beate Marie, anno Domini M° CC° LX° nono.

---

[1] C'était alors Simon de Rochechouart, fils du vicomte Aimeri.

[2] Voir plus haut; partie des domaines d'Alfonse en Auvergne, aujourd'hui dans le Cantal et dans la Haute-Loire.

[3] Crèvecœur, Cantal, comm. Saint-Martin-Valmeroux.

[4] Roufilange, Cantal, comm. Saint-Cirgues-de-Malbert.

## 1169

5 sept. 1269. — CONESTABULO ALVERNIE PRO COMITE PICTAVIE ET THOLOSE.

Alfonsus, *etc.*, conestabulo Alvernie, *etc*. Datum est nobis intelligi quod decanus Bitturicensis cum quodam collega suo ad partes Alvernie pro quibusdam negociis karissimi domini ac fratris nostri regis Francorum illustrissimi accesserunt. Hinc est quod vobis mandamus quatinus, si iidem decanus et collega suus, ad instanciam Claromontensis episcopi, de mandato prefati domini regis inquirere voluerint de jure quod asserit idem episcopus se habere super prestacione juramenti quod exigit a vassallis nostris existentibus in Montanis, vos vel alius ad hoc ydoneus et compettenter instructus, cum hujusmodi inquestam fieri contingerit, intersitis, ut inquisitores eosdem de jure nostro in hac parte instruatis et jus nostrum, prout commode fieri poterit, deffendatis. Satis enim placet nobis quod super hoc veritas inquiratur. Datum die jovis ante festum nativitatis beate Marie virginis, anno Domini millesimo ducentesimo sexagesimo nono.

## 1170

15 sept. 1269. — CONESTABULO ALVERNIE PRO JOHANNE DE RUPPEFORTI [CONTRA QUOSDAM HOMINES MONTISFERRANDI].

Alfonsus, *etc.*, conestabulo Alvernie, *etc*. Mandamus vobis quatinus Johannem de Ruppeforti, quantum ad nostram spectat jurisdicionem, super hiis que proponenda duxerit coram vobis contra Petrum del Chambo, Robertum Salvages, Durandum Riclees, Durandum Chaintela et Stephanum de Limovicis, quondam consules Montisferrandi, racione cujusdam littere a predictis, tempore quo erant consules, eidem Johanni concesse, diligenter audiatis et de predictis et aliis, de quibus ad vos cognicio pertinet, faciatis eidem Johanni bonum jus et maturum, facientes nichilominus ipsum assecurari de hiis quos vobis duxerit nominandos, si tamen de illis quos nominaverit cohercio ad vos spectet.

Datum dominica in octabis nativitatis beate Marie virginis, anno Domini millesimo ducentesimo sexagesimo nono.

### 1171

16 sept. 1269. — CONESTABULO ALVERNIE PRO COMITE PICTAVIE
[SUPER VENATIONE IN FORESTIS CONESTABULIE].

Alfonsus, *etc.*, connestabulo Alvernie, *etc.* Mandamus vobis quatinus a quindena festivitatis Omnium sanctorum proximo venture in antea in forestis nostris Alvernie venari faciatis ad apros et leas, tandiu quod capiantur quadraginta vel sexaginta vel centum ex ipsis, et apud Ruppem Dagulphi[1] vel apud turrim nostram Ryomi capiatis nostra rethia ad dictas feras capiendas, et dicta recia faciatis, si opus fuerit, repparari, apros et leas captas salsari et parari, prout condecet, faciatis ad defferendum in partibus transmarinis; in regimine terre nostre, denariis perquirendis bono modo, debitis novis et veteribus levandis et exigendis et apportandis apud Templum Parisius, cum ad nos veneritis ad instantes compotos in crastino quindene Omnium sanctorum, ac in aliis negociis nostris vobis commissis bene, fideliter ac sollicite promovendis taliter vos habentes, quod debeatis exinde merito commendari. Datum die lune post exaltacionem sancte Crucis, anno Domini millesimo ducentesimo sexagesimo nono.

Édité par Boutaric, p. 119.

### 1172

(Fol. 53.) 19 sept. 1269. — CONESTABULO ALVERNIE PRO EUSTACHIO DE MONTEBUXERII.

Alfonsus, *etc.* Cum jam vobis sepius datum extiterit in mandatis, ut de feudo quod fideli valeto nostro Eustachio de Montebuxerii duximus concedendum, dominum de Volubrio[2] ad homagium dicti Eustachii venire faceretis, vel feudum ipsum eidem E. assignaretis, si dominus de Volubrio predictus homagium facere recusaret, prout in

[1] Roche-d'Agoux, Puy-de-Dôme, cant. Pionsat.

[2] Vollore-Ville, Puy-de-Dôme, cant. Courpière.

arresto, in nuper preterito pallamento Penthecostes Parisius confecto et vobis tradito, evidentius dicitur contineri, quare vobis mandamus quatinus, juxta predicti arresti seriem, sine ulteriori dilacione efficaciter procedatis, nisi aliud racionabile et adeo validum ex parte dicti domini de Volubrio proponatur quod merito admitti debeat et propter quod factio homagii seu assignacio feudi de jure debeat retardari. Datum die jovis ante festum beati Mathei apostoli et euvangeliste, anno Domini M° CC° LX° nono.

## 1173

22 sept. 1269. — CONESTABULO ALVERNIE PRO ASTORGIO DE AURELIACO, MILITE, SUPER INJURIIS.

Alfonsus, *etc.*, conestabulo Alvernie, *etc.* Cum Henricus dictus de Rodès[1] et quidam alii de mandato ipsius Henrici, ut dicitur, intulerunt dampna quamplurima in terram Astorgii de Aureliaco, militis, et suorum, vobis mandamus quatinus, vocatis dicto Henrico et suis et aliis qui fuerint evocandi, eidem militi et suis, de rebus et personis ad nostram jurisdicionem spectantibus et in vestra conestabulia existentibus, exhibeatis eidem mature justicie complementum, necnon de portacione armorum inquiratis et emendam nostram, si qua fuerit, judicari et levari faciatis. Datum die dominica post festum beati Mathei apostoli, anno Domini millesimo ducentesimo sexagesimo nono.

## 1174

22 sept. 1269. — CONESTABULO ALVERNIE PRO DOMINO DE VALEBRES.

Alfonsus, *etc.*, connestabulo Alvernie, *etc.* Cum ex relacione domini de Volubrio receperimus, ipso conquerente, quod bona sua saisiveritis ad manum vestram et sola racione quia coram vobis citatus contempsit seu noluit comparere, vobis mandamus quatinus dicta bona, prestita prius ab eodem ydonea caucione de stando juri coram vobis tam super

---

[1] Il s'agit sans doute ici du fils du comte de Rodez, Henri, qui succéda à son père en 1275.

querela quam deffectu diei seu dierum, recredatis eidem, et demum eundem citetis ad certam diem coram vobis, secundum formam litterarum quas vobis mittimus per valetum seu servientem Eustachii de Montebuxerio processuris, prout ordo dictaverit racionis. Datum die dominica post festum beati Mathei apostoli, anno Domini millesimo ducentesimo sexagesimo nono.

## 1175

27 sept. 1269. — CONESTABULO ALVERNIE PRO PONCIO BEGONIS, HUGONE ET GUILLELMO, FRATRIBUS.

Alfonsus, *etc.* Ex parte Poncii Begonis, Hugonis Begonis et Guillelmi Begonis, fratrum, hominum nostrorum [1], in hoc quod quoddam curtille tenent a nobis apud Rivum Morti [2], situm in terra nostra, levantes et cubantes et manentes ibidem, nobis est conquerendo monstratum quod A[m]blardus, serviens pro karissimo domino et fratre nostro rege Francorum in Alvernia, ipsos inquietando eorundem omnia mobilia bona cepit et adhuc capta detinet, ut dicitur, minus juste. Quare vobis mandamus quatinus dictum Amblardum requiratis ex parte nostra, ut ea que de bonis dictorum fratrum capta detinere dicitur, reddat et restituat eisdem, justicia mediante, et ab eorundem inquietacione desistat, maxime de hiis que tenere in nostra jurisdicione noscuntur. Quod si noluerit facere dictus Amblardus, ballivum Bituricensem ex parte nostra super hoc requiratis vel requiri faciatis. Datum die veneris ante festum beati Mychaelis, anno Domini M° CC° LX° nono.

## 1176

1 oct. 1269. — CONESTABULO ALVERNIE PRO DOMINO S., TITULI SANCTE CECILIE PRESBITERO CARDINALI, SUPER PROCURACIONIBUS SUIS.

Alfonsus, *etc.*, conestabulo Alvernie, *etc.* Nostras patentes litteras quas reverendo in Christo patri R., Dei gracia Albanensi episcopo,

[1] Ici les mots suivants biffés : *nobis conquerendo fuit monstratum*. — [2] Peut-être Rivemont, comm. Nebouzat, Puy-de-Dôme.

apostolice sedis legato, pro reverendo in Christo patre S., Dei gracia tituli Sancte Cecilie presbitero cardinali, olim dicte sedis legato, concessimus sub forma inferius annotata :

Alphunsus [1], dilectis et fidelibus nostris conestabulo et universis senescallis in provincia Bituricensi constitutis. Ad instanciam reverendi in Christo patris R., Dei gracia Albanensis episcopi, apostolice sedis legati, vobis mandamus quatinus ad requisicionem ejusdem aut collectorum procuracionum reverendo in Christo patri S., Dei gracia tituli Sancte Cecilie presbitero cardinali, apostolice sedis quondam legato, a personis ecclesiasticis in vestris conestabulia et senescalliis de provincia Bituricensi existentibus debitarum, volencium bona prelatorum et aliarum personarum ecclesiasticarum predictas procuraciones non solvencium occupare, eisdem, si opus fuerit, presidio auxilii et adjutorii assistatis, cum ab ipsis collectoribus vel eorum altero super hoc fueritis requisiti, illo tamen adhibito moderamine ne de excessu seu injusticia possitis merito reprehendi aut de negligencia increpari. Datum anno Domini M° CC° LX° nono, die martis in festo beati Remigii.

Sed ne occasione hujusmodi a personis predictis ecclesiasticis possitis indebite molestari, litteras ipsius legati patentes, ob tuicionem vestram concessas, vobis alias meminimus destinasse, quas siquidem litteras ad cautelam futurorum penes vos mandavimus reservari. Tenorque earundem litterarum ipsius legati, qui sequitur, talis est :

Radulphus, miseracione divina episcopus Albanensis, apostolice sedis legatus, nobilibus viris universis senescallis nobilissimi viri A., Pictavie et Tholose comitis, in Bituricensi provincia constitutis, salutem et sinceram in Domino caritatem. Venerabilis in Christo pater S., tituli Sancte Cecilie presbiter cardinalis, tunc in regno Francie apostolice sedis legatus, in Bituricis et aliis civitatibus et diocesibus Bituricensis provincie a personis ecclesiasticis earundem civitatum et diocesium moderatas et racionabiles procuraciones semel et secundo colligi mandavit, etc. Datum Parisius, anno Domini M° CC° LX° nono, die... [2].

[1] Ici les mots suivants en interligne : *Ista patens littera triplicata fuit.* (Voir plus haut le n° 1157.) — [2] La suite manque. Le numéro 1157 est daté du 13 juin.

Similis littera senescallo Pictavensi. — Similis senescallo Agenensi et Caturcensi. — Similis senescallo Xanctonensi.

## 1177

(Fol. 54.) 5 sept. et 1 oct. 1269. — CONESTABULO ALVERNIE PRO DOMINO R., DEI GRATIA ALBANENSI EPISCOPO, APOSTOLICE SEDIS LEGATO, SUPER PROCURACIONIBUS SUIS.

Alfonsus, *etc.*, conestabulo Alvernie, *etc.* Nostras patentes litteras reverendo in Christo patri R., Dei gracia episcopo Albanensi, apostolice sedis legato, concessimus sub forma inferius annotata :

Alfonsus, *etc.*, conestabulo Alvernie, *etc.* Ad instanciam reverendi in Christo patris R., Dei gracia Albanensis episcopi, apostolice sedis legati, vobis mandamus quatinus, ad requisicionem ejusdem aut collectorum procuracionum ipsarum, eidem a personis ecclesiasticis in vestra conestabulia existentibus debitarum, volencium bona prelatorum et aliarum personarum ecclesiasticarum predictas procuraciones non solvencium occupare, eisdem, si opus fuerit, presidio auxilii et adjutorii assistatis, cum ab ipsis collectoribus vel eorum altero super hoc fueritis requisiti, illo tamen adhibito moderamine ne de excessu seu injusticia possitis merito reprehendi aut de negligencia increpari. Datum die martis in festo beati Remigii, anno Domini M° CC° LX° nono.

Sed ne occasione hujusmodi a predictis personis ecclesiasticis possitis indebite molestari, litteras ipsius legati patentes, ob tuicionem vestram concessas, vobis mittimus per presencium portitorem, quas siquidem litteras ad cautelam futurorum penes vos reservetis. Tenorque earundem litterarum ipsius legati, qui sequitur, talis est :

Radulphus, miseracione divina episcopus Albanensis, apostolice sedis legatus, conestabulo Alvernie salutem et sinceram in Domino caritatem. In Bituricensi et aliis civitatibus et diocesibus Bituricensis provincie a personis ecclesiasticis earundem civitatum et diocesium moderatas et racionabiles procuraciones nostras colligi mandavimus, certis super hoc collectoribus deputatis, qui in nonnullas ex eisdem personis, pro eo quod impositas sibi nomine procuracionum hujusmodi moderatas et racionabiles pecunie quantitates solvere contumaciter recusarunt in terminis ad hoc eis peremptorie constitutis, excommunicacionis sentenciam, mandati nostri forma servata, exigente justicia, promulgarunt, et crescente earum contumacia, ipsarum ecclesias supposuerunt ecclesiastico interdicto. Verum quia eedem persone nec per excommunicacionem nec per interdictum hujusmodi possunt ad ipsarum procuracionum solucionem induci, nos contra earum protervam contumaciam solum nobis superesse videntes auxilium brachii secularis, nobilitatem vestram attente requirimus et rogamus quatinus personas ecclesiasticas in deputatis vobis partibus constitutas, que, ut predicitur, reperientur in solucione procuracionum hujusmodi pertinaces, ad earum solucionem per capcionem rerum suarum, prout nos aut collectores earundem procuracionum, auctoritate nostra inibi deputati, requisiverimus, tradita vobis potestate cogatis, non obstante quod in provinciali concilio Bituricensis provincie per venerabiles in Christo patres archiepiscopum Bituricensem et ejus suffraganeos dicitur esse statutum ut loca, ville, castra, civitates sive parrochie, in quibus res ecclesiarum vel ecclesiasticarum personarum aut ipse persone dicte provincie capte, rapte, invase vel occupate detinebuntur, ipso facto subjaceant interdicto, et si forte alibi transferrentur, loco illo in quo facta est translacio subjacente denuo interdicto, primum interdictum nichilominus in suo robore perseveret, et si ad plura loca horum translacionem contingat fieri, id ipsum eciam observetur. Datum in abbacia Fontis Ebraudi[1], nonis septembris, anno Domini M° CC° LX° nono.

Similis littera senescallo Pictavensi.
Similis senescallo Agenensi et Caturcensi.
Similis senescallo Tholose et Albiensis.
Similis senescallo Ruthenensi.

---

[1] Fontevrault, auj. Maine-et-Loire, cant. Saumur.

## 1178

3 oct. 1269. — [CONESTABULO PRO HOMINIBUS MONTISFERRANDI.]

Alfonsus, *etc.*, conestabulo Alvernie, *etc.* Litteras nostras sub forma infrascripta vobis meminimus alias destinasse :

Alfonsus, *etc.* Instancie et supplicacionibus procuratoris hominum Montisferrandi deliberato consilio inclinati, *etc.* Datum die mercurii ante festum beate Marie Magdalene, anno Domini M° CC° LX° nono[1].

Verum quia necdum nobis quid super hoc factum fuerit rescripsistis, nec raciones dictorum hominum et deffensiones vestras, prout vobis mandavimus, remisistis, licet remissionis terminus sit elapsus, vobis mandamus quatinus mandato nostro, prout in supra scriptis nostris litteris continetur plenius, adimpleto, predictas raciones dictorum hominum et deffensiones vestras nobis quam cicius commode poteritis remittere non tardetis. Datum Parisius, die jovis post festum sancti Michaelis, anno Domini M° CC° LX° nono.

## 1179

(Fol. 55.) 12 oct. 1269. — CONESTABULO ALVERNIE PRO DOMINO COMITE PICTAVIE ET THOLOSE SUPER FACTO MONTISFERRANDI [ET NOVE MONETE EPISCOPI CLAROMONTENSIS.]

Alfonsus, *etc.*, conestabulo Alvernie, *etc.* Raciones ex parte consulum communitatis Montisferrandi traditas necnon raciones et deffensiones vestras super emenda quatuor milium librarum, in qua nobis tenentur, recepimus sub sigilli vestri karactere interclusas, mandantes vobis quatinus, si homines Montisferrandi ad diem tertiam post quindenam instantis festi Omnium sanctorum coram nobis non citastis, prout vobis per aliam litteram scripsisse meminimus, citetis eosdem ut ad diem eandem per procuratorem seu sindicum legitime instructum coram nobis compareant, auditurum et recepturum quod in parte ista duxerimus ordinandum. Et si plura alia habere poteritis nobis utilia

---

[1] Voir plus haut, n° 1163; mandement du 17 juillet 1269.

que factum hujusmodi contingant, nobis, cum ad nos veneritis, refferatis in scriptis. Ceterum super facto monete quam episcopus Claromontensis denuo cudi facit, lege et pondere, ut asseritis, deffraudatam, quam prohiberi fecistis in terra nostra recipi seu eciam declamari, intelleximus quod in hac parte vestra littera continebat, illud tamen expediens fore credimus ut cum diligencia investigare curetis qualiter constare poterit quod moneta eadem de qua, cum ad nos veneritis, aliquam modicam quantitatem afferatis, sit, ut scripsistis, lege et pondere defraudata. Quod si constet, ut et constare debet, alias enim injuriosa esset prohibitio seu declamacio, et ob hoc memoratus episcopus contra vos processerit, ad legatum in Francia R., Albanensem episcopum, si opus fuerit, appellatis (sic), ballivo Bituricensi nichilominus factum, prout res exegerit, intimaretes. Datum die sabbati post festum beati Dyonisii, anno Domini M° CC° .X° nono. — Magistro Guillelmo Ruffi ex parte nostra dicatis ut in crastino quindene Omnium sanctorum ad nos intersit.

## 1180

12 oct. 1269. — CONESTABULO ALVERNIE PRO DURANDO CORBINAY, CRUCESIGNATO.

Alfonsus, etc., conestabulo Alvernie, etc. Si Durandus Corbinay, crucesignatus, caucionem vobis ydoneam prestiterit de transfretando nobiscum personaliter, ad expensas suas proprias, in proximo passagio instantis mensis mayi, ipsum a consulibus Ryomi talliari nullatenus permittatis in subsidio, nobis ab eisdem consulibus et universitate Ryomi promisso pro subsidio Terre sancte, dum tamen summa ab eisdem nobis promissa minime minuatur, data nichilominus ab eodem Durando ydonea caucione de restituenda, nisi ut dictum est transfretaverit, porcione ipsum de dicta tallia contingente. Responsionem autem hanc a nobis factam fratri Guarino, de ordine fratrum Minorum, auctoritate apostolica predicatori crucis in Alvernia, intimetis. Datum sabbato post festum beati Dyonisii, anno Domini M° CC° LX° nono.

## 1181

17 oct. 1269. — CONESTABULO ALVERNIE PRO RADULPHO DE ROBORE, MILITE.

Alfonsus, *etc.*, conestabulo Alvernie, *etc.* Ex parte fidelis nostris Radulphi de Robore, militis, nobis extitit intimatum quod vos domum et villam suam de Marçac[1] sine causa racionabili saisivistis et saisitas, ut asserit, detinetis occasione quarundam furcarum quas in territorio dicte ville dicitur erexisse, cum ibidem asserat omnimodam justiciam se habere. Quare vobis mandamus quatinus, sublatis dictis furcis si de novo erecte fuerint, recepta postmodum ab eodem ydonea caucione, saisita recredatis eidem, inquirentes de possessione et expletis quibus se dicit in dicta villa et pertinenciis jurisdicionem exercuisse temporibus retroactis. Et ea que vobis in hac parte constare poterunt, in scriptis redacta vobiscum afferatis ad crastinum instantis quindene Omnium sanctorum, cum ad nos veneritis pro vestris compotis faciendis. Datum die jovis ante festum beati Luce euvangeliste.

## 1182

17 oct. 1269. — CONESTABULO ALVERNIE PRO EUSTACHIO DE MONTEBUXERIO.

Alfonsus, *etc.*, conestabulo Alvernie, *etc.* Tociens vestris auribus extitit inculcatum factum, pro quo fidelis valetus noster Eustachius de Montebuxerii nos sepius adiit, quod preter neccessarium fore credimus factum ipsum presentibus iterum explicare. Sane, sicut accepimus, ob defectum diei seu dierum feudum, de quo dominus de Volubrio homagium debebat facere dicto Eustachio, saisivistis. Quare vobis mandamus quatinus dictum feudum eidem domino de Volubrio recredatis sub ydonea caucione, injungentes eidem, postmodum coram vobis in judicium vocato, et districte precipientes ut, secundum quod alias mandatum extitit, dicto Eustachio faciat homagium. Quod si facere noluerit, feudum predictum dicto Eustachio assinetis et in possessionem

---

[1] Probablement Marsac, Puy-de-Dôme, cant. Ambert.

seu saisinam ejusdem inducatis inducumque, prout justum fuerit, deffendatis. Datum die jovis ante festum beati Luce euvangeliste, anno Domini M° CC° LX° nono.

## 1183
CONESTABULO ALVERNIE PRO LUDOVICO DE ROIERE, MILITE.

Alfonsus, *etc*. Cum intellexerimus quod Ludovicus de Roiere, miles, ire proponat in servicium karissimi fratris nostri K.[1], Dei gracia illustris regis Sycilie, et ipse coram vobis vel aliis ballivis nostris...[2].

## 1184
14 nov. 1269. — CONESTABULO ALVERNIE PRO PETRO DE RYOMO.

Alfonsus, *etc*. Cum Petrus de Ryomo ortolanus apud Sanctum Germanum in Laia karissime sororis nostre M., Dei gracia Francorum regine illustrissime[3], sit talliatus in triginta solidis turonensium vel quadraginta vel circiter in tallia communi quam pro nobis faciunt prepositi nostri de Alvernia, sicut dicit, ad instanciam illustrissime dicte karissime sororis nostre vobis mandamus quatinus dictum Petrum ad solucionem dictorum triginta vel quadraginta solidorum turonensium vel circiter pro tallia compelli nullatenus permittatis. Gagia vero ejusdem, si qua ceperint dicti prepositi, eidem reddi faciatis. Datum die jovis post festum sancti Martini hyemalis, anno Domini M° CC° LX° IX°.

## 1185
(Fol. 56.) 29 nov. 1269. — [BERAUDO DE MERCORIO PRO QUODAM EJUS HOMINE.]

Alfonsus, *etc.*, nobili et fideli suo Beraudo, domino de Mercolio[4], militi, salutem et sincere dilectionis affectum. Noveritis nos conesta-

---

[1] Charles d'Anjou.
[2] La fin de ce mandement n'a pas été écrite.
[3] Marguerite de Provence.
[4] La forme la plus usuelle est *Mercorium*, Mercœur, Puy-de-Dôme, comm. Ai les-sur-Couze.

bulo nostro Alvernie dedisse in mandatis, ut hominem vestrum pro quo scripsistis ponat in sufferencia usque ad voluntatem nostram, quantum ad exactionem talie que ab eodem homine petebatur. Datum apud Longumpontem, die veneris in vigilia sancti Andree apostoli, anno Domini M° CC° LX° IX°.

## 1186

### 3 déc. 1269. — PRO DOMINA BORBONII.

Alfonsus, *etc.*, conestabulo Alvernie, *etc.* Mandamus vobis quatinus de emendis, quas de tempore domini Borbonii[1] exigere dicimini pro nobis a nobili et fideli nostra domina Borbonii[2], ipsam in nostram ponatis sufferenciam usque ad mensem post Candelosam proximo venturam, salvo jure alieno, eandem interim propter hoc minime gagiantes. Ceterum super causis super quibus ipsam coram vobis citari contigerit, vos ipsam per procuratorem suum sufficientem recipiatis, quantum ad nos spectat et eciam quantum ad alias personas, in casibus quibus facere poteritis sine juris alterius lesione, nullam a nostris subditis, de jurisdicione nostra existentibus, eidem domine permittentes inferri minus juste molestiam vel gravamen. Datum die martis post festum beati Andree apostoli, anno Domini M° CC° LX° nono.

## 1187

### 3 déc. 1269. — PRO EADEM.

Alfonsus, *etc.*, magistro Guillelmo Ruffi, *etc.* Mandamus vobis quatinus ea que ex parte nostra pro nobili domina Borbonii vobis injuncta fuerunt, prout faciendum fuerit, integrari faciatis eidem domine et eciam observari, ita quod propter defectum vestrum in hac parte dictam dominam ad nos non oporteat ulterius habere recursum[3]. Et si in hac parte fuerit aliquis defectus quem vos supplere minime possitis, prout de jure faciendum fuerit, illum nobis remittatis in scriptis vel

---

[1] Jean de Bourgogne, mari d'Agnès de Bourbon, mort avant février 1268. — [2] Agnès, dame de Bourbon, morte en 1277. — [3] Première leçon : *laborare*.

refferatis, cum ad nos veneritis ad instans parlamentum Candelose. Datum anno Domini m° cc° lx° ix°, die martis post festum sancti Andree apostoli.

## 1188

12 dec. 1269. — [CONESTABULO ALVERNIE PRO QUIBUSDAM INQUISITORUM SENTENTIIS EXECUTIONI DEMANDANDIS.]

Alfonsus, *etc.*, conestabulo Avernie, *etc.* Sicut per religiosos viros fratres Odonem de Parisius et Thomam de Latarosa et fidelem clericum nostrum magistrum Johannem de Putheolis, inquisitores in terra nostra Avernie, datum sit nobis intelligi quod condempnaciones, in scriptis a dictis inquisitoribus Petro dicto Petit de Renieres et Thome dicto Brandon contra quosdam ballivos et servientes, et quedam alie condempnaciones, quibusdam personis in scriptis sub sigillo fratris Odonis, quo communiter utebantur, tradite nundum sint plene execucioni demandate, vobis mandamus quatinus predictas condempnaciones sine dilacione execucioni demandare curetis. Datum die jovis post festum beati Nicholai hiemalis, anno Domini m cc° lx° nono.

Édité par Boutaric, p. 410-411.

## 1189

20 dec. 1269. — CONESTABULO ALVERNIE PRO JOHANNE DE RUPEFORTI.

Alfonsus, *etc.*, conestabulo Alvernie, *etc.* Cum, sicut ex parte Johannis de Ruperforti nobis extitit intimatum, vos quandam litteram sigillo communitatis ville Montisferrand sigillatam, factam, ut asserit, super quibusdam convencionibus inter homines dicte ville et ipsum J. habitis, in ipsius prejudicium detinetis, cum propter detencionem hujusmodi jus suum recuperare non possit a dictis hominibus, sicut dicit, vobis mandamus quatinus[1], vocatis qui fuerint evocandi, si est ita et alia causa racionabilis non obsistat, dictam litteram restituatis eidem, recepta prius ab ipso idonea caucione de restituenda vobis

[1] Le manuscrit porte : *quia*.

dicta littera, cum a vobis super hoc fuerit requisitus, exibentes eidem, tam super dictis litteris quam super contentis in eisdem, de personis et rebus ad nostram jurisdictionem spectantibus celeris justicie complementum. Datum die veneris ante festum natalis Domini, anno Domini M° CC° LX° nono.

## 1190

20 dec. 1269. — CONESTABULO ALVERNIE PRO ALIPDI, FILIA DEFUNCTI GUILLELMI DE TREMOILLES.

Alfonsus, *etc.*, conestabulo Auvernie, *etc.* Ex parte Aelipdis, filie et heredis defuncti Guillelmi de Tremoilles, nobis est conquerendo monstratum quod Bernardus de Montignet, nomine Eustachii de Bellomarchesio, militis, senescalli nostri in Pictavia, ipsam minorem mille sextariatis terre indebite, ut dicitur, spoliavit, in ipsius minoris prejudicium non modicum atque dampnum. Quare vobis mandamus quatinus, vocato dicto Bernardo et qui fuerint evocandi, dictam minorem super hiis diligenter audiatis, exhibentes eidem super predictis celeris justicie complementum, de personis et rebus quas ad jurisdicionem nostram noveritis pertinere. Datum Parisius, die veneris ante festum beati Thome apostoli, anno Domini M° CC° LX° nono.

## 1191

27 dec. 1269. — CONESTABULO AUVERNIE PRO CONSULIBUS ET COMMUNITATE HOMINUM VILLE MONTISFERRANDI [SUPER SUBSIDIO ET EMENDA].

Alfonsus, *etc.*, conestabulo Alvernie, *etc.* Cum per Bartholomeum Patriarche, procuratorem consulum et communitatis ville Montisferrendi, et collegas suos, videlicet Petrum Andree, Durandum Fabri et Petrum dictum Bonum Hominem, pro consulibus et communitate predictis cum nostris consiliariis, occasione illius emende quam ab ipsis petebamus et aliarum petitionum quas faciebamus eisdem racione subvencionis nobis faciende pro subsidio Terre sancte, tractatum fuerit et sub certa forma concordatum, scilicet quod dicti homines duo milia librarum turonensium nobis vel mandato nostro solvant terminis infra scriptis : scilicet mille libras turonensium infra quindenam instantis dominice Resurrectionis, et quingentas libras in festo Omnium sanctorum proximo subsequenti, et alias quingentas libras residuas in festo ascensionis Domini, quod erit anno septuagesimo primo, ac ipse procurator et college sui predicti corporaliter juraverunt super sancta Dei evangelia se facturos et curaturos pro viribus quod solucio dictarum duarum milium librarum turonensium per dictos consules et communitatem fiat terminis prenotatis, et de hoc curabunt nobis dari nostro nomine idoneam caucionem; vobis mandamus quatinus, recepta a dictis hominibus et communitate aut ab eorum legitimo procuratore idonea caucione de solucione dicte quantitatis peccunie predictis terminis facienda, restituatis eisdem pignora, si qua vos vel ballivi vestri occasione predictorum capta detinetis formam caucionis et nomina fidejussorum quos dederint in hac parte nobis per vestras patentes litteras rescribentes, ut postmodum pro quitacione predictorum litteras nostras patentes dictis hominibus concedamus in forma quam viderimus expedire. Ceterum, si de bonis fidelis nostri Ludovici de Bellijoco, milite, aliqua seisita tenetis occasione questionis mote contra ipsum pro homine justiciato apud Montemferrandi, recredatis eidem quousque aliud a nobis receperitis in mandatis. Quod si dicti homines caucionem idoneam prestare noluerint, super dicto mandato procedatis juxta tenorem mandati nostri vobis alias super hoc directi, cujus seriem[1] vobis mittimus presentibus hiis insertam, quanquam penes vos, ut credimus, habeatis. Cujusmodi mandati tenor talis est :

Remambrance que du fet de Montferrant a esté ordené et commandé au conestable que li homes qui estoient pris pour le feit de l'amande de Montferrant soient recreceuz dequ'à un jor certein, si brief et si covenable toutesvoies que il puissent avoir eu deliberation et conseul d'ofrir par voie de composicion tel somme de pecune que li conestables puisse et doie recevoir pour monsegneur le conte, en tel meniere

---

[1] Ms. *seriam.*

toutevois que li conestables ne receve meneur somme ou quantité de ladite amande que dedens mil livres tur., et les meite au plus tost que il pourra en bone meniere. — Derechief quant aus aides que misires a fet demander aus homes de Montferrant por mout de reisons, c'est à savoir prumierèmant pour sa chevalerie[1], après pour sa guerre que il out general en Poito[2], derechief pour la voie d'outremer où il passa à l'autre foiz, derechief pour sa prise d'outremer, derechief pour le secours de la terre d'Outremer où il propose à aler personaument, Dieu donant, est einsint ordené que, comme li procurateur à la dite vile de Montferrant se soient parti sanz feire nule fin et sanz reipit ne soufrance de la court monsegneur le conte, que li conestables, si tost comme il sera ou pais, les requiere des dites aides, et se il ne se veulent convenir à lui, que il lieve les dites aides et chacune par soi seron la coustume d'Auvergne, laquele fu enquise par lui mesmes et par meitre Guillaume de la Roche en ce cas. — Et se ils veulent entendre à composicion et donner IIII$^m$ livres tur. au mains, tant pour les dites aides quan pour l'amande, li conestable recevra cest offre, retenue la volanté monsegneur dou plus, ou se il veulent finer des aides par soi et de l'amande par soi, pour chacune fin pourra aceter pour monsegneur II$^m$ livres tur., en tele meniere que il eit bone seurté de poier l'offre qui sera feite an termes que misires ordenera. Et se il ne veulent entendre à nule composicion, ne quant aus aides ne quant à l'amande, alle avant li conestables quant aus aides seron la coustume dou pais, si comme dit eit, et quant à l'amande enguagent les pleiges que il a de la dite amande dequ'à la somme dont il sont pleige.

Datum apud Longumpontem, die veneris post nativitatem Domini, anno Domini M° CC° LX° nono.

L'instruction en français a été publiée par Boutaric, p. 292-293.

[1] En 1241. (Voir le compte publié par Boutaric, *Bibl. de l'École des Chartes*, t. XIV, p. 22, et réimprimé dans le tome XXII des *Historiens de France*.) — [2] Il s'agit ici de la guerre de 1242.

## 1192

(Fol. 57.) 29 dec. 1269. — CONESTABULO AUVERNIE PRO ROBERTO DE CORCELLIS, DOMINO DE BROLIO.

Alfonsus, *etc.*, conestabulo Auvernie, *etc.* Cum inter nos ex una parte et dilectum ac fidelem valletum nostrum Robertum de Courcellis, dominum de Brolio, super justicia de Brolio[1] composicio facta fuerit, prout in nostris patentibus litteris super hoc confectis plenius continetur, vobis mandamus quatinus justiciam de Brolio et alia in dictis nostris patentibus litteris contenta eidem Roberto deliberetis [et] teneri et observari faciatis, prout in eisdem nostris patentibus litteris videbitis contineri. Ceterum vobis mandamus quatinus ipsum ad solvendum usuras, quas usuras esse probare poterit, non compellatis nec compelli a nostris subditis permittatis. Datum apud Longumpontem, die dominica post nativitatem Domini, anno Domini M° CC° LX° nono.

## 1193

30 dec. 1269. — CONESTABULO ALVERNIE PRO GUILLELMO DE FIGIACO.

Alfonsus, *etc.* Cum pro dilecto serviente nostro Guillelmo de Figiaco vobis alias scripserimus, quod in causa inter ipsum et fratrem suum mota jus dicti Guillelmi quantum possetis de jure vel consuetudine patrie acceleraretis eidem, nec adhuc mandatum nostrum adimpleveritis in hac parte, super quo non i[m]merito admiramur, vobis iterato mandamus districte precipientes quatinus, postpositis omnibus frustratoriis dilacionibus, jus predicti Guillelmi in causa eadem quantum poteritis de jure vel consuetudine acelerare curetis, ita quod a suo passagio quod de prope instat et a nostro servicio ipsum non oporteat retardari, taliter super hiis vos habentes quod ipsum ad nos non oporteat ulterius habere recursum. Datum apud Longumpontem, anno Domini M° CC° LX° nono, die lune post nativitatem Domini. —

---

[1] Probablement Le Breuil, Puy-de-Dôme, can. Saint-Germain-Lembron.

Ea vero que sibi a nostris subditis debentur, prout cognita fuerint vel probata, reddi faciatis eidem, justicia mediante.

## 1194

3 et 16 jan. 1270. — CONESTABULO ALVERNIE SUPER FACTO MONETE EPISCOPI CLAROMONTENSIS.

Alfonsus, *etc.*, conestabulo Alvernie, *etc.* Litteras karissimi domini et fratris nostri Ludovici, regis Francorum, super facto monete novorum claromontensium, episcopo Claromontensi[1] et ballivo Bituricensi presentandas, vobis per latorem presencium destinamus, mandantes quatinus litteras easdem dictis episcopo et ballivo faciatis, quam cito commode poteritis, presentari. Et transcriptum dictarum litterarum vobis mittimus infrascriptum. Datum Parisius, die jovis post octabas epiphanie Domini, anno Domini M° CC° LX° nono.

Ludovicus, Dei gracia rex Francorum, dilecto et fideli suo episcopo Claromontensi salutem et dilectionem. Cum ex parte gencium karissimi fratris et fidelis nostri A., comitis Pictavie et Tholose, nobis extiterit intimatum quod vos monetam antiquam, in Alvernia currentem, de novo mutari fecistis, ita quod viginti solidi antique monete faciunt viginti quinque vel circa de nova, et sic jus fratris nostri et aliorum baronum illius terre leditur per mutationem predictam, mandamus vobis quatinus, si est ita, hoc sine more dispendio revocetis, et si quas excommunicacionis sentencias promulgastis in gentes predicti fratris nostri, eo quod nolunt seu recusant recipere predictam novam monetam, predictas sentencias relaxetis, scientes quod, nisi hoc feceritis, nos baillivo nostro Bituricensi mandamus ut ad premissa facienda vos absque dilatione compellat, et nichilominus inhiberi publice faciat ne quis in Alvernia recipere audeat dictam monetam. Datum apud Sanctum Germanum in Laya, die veneris post circumcisionem Domini.

Alia littera dirigitur senescallo (*sic*) Bituricensi pro eodem, super eo,

---

[1] Voir à ce sujet Boutaric, p. 216-217.

quod si dictus episcopus hoc facere noluerit, quod per capcionem bonorum suorum ad hoc, si opus fuerit, compellat eum et inhiberi faciat ne aliquis in Alvernia recipere audeat dictam monetam.

Le mandement de saint Louis est dans Boutaric, p. 216-217.

## 1195

(Fol. 58.) 19 jan. 1270. — LITTERA PATENS PRO ROBERTO DICTO BOISEL.

Alfonsus, *etc.*, conestabulo Alvernie, *etc.* Significamus vobis quod nos Roberto dicto Boissel de Latarosa, exhibitori presencium, dedimus decem denarios turonenses gagiorum per diem in castro nostro de Noneta[1], quamdiu nostre placuerit voluntati, mandantes vobis quatinus eidem Roberto dicta gagia persolvatis. Datum Parisius, anno Domini M° CC° LX° nono, dominica proxima ante festum sancti Vincencii.

## 1196

31 jan. 1270. — PRO DOMINO LEGATO LITTERA PATENS MISSA FUIT AGENENSI ET CATURCENSI AC RUTHINENSI [SENESCALLIS] ET CONESTABULO ALVERNIE.

Alfonsus, *etc.*, dilectis et fidelibus suis Agenensi et Caturcensi ac Ruthinensi senescallis et conestabulo Alvernie, *etc.* Ad instanciam et requisicionem reverendi in Christo patris R., Dei gracia Albanensis episcopi, apostolice sedis legati, vobis mandamus quatinus, ad requisicionem ejusdem aut collectorum procuracionum suarum eidem a personis ecclesiasticis, in vestris senescalliis de provincia Bituricensi existentibus, debitarum et impositarum, personas easdem ecclesiasticas in senescalliis vestris existentes, nostre jurisdicioni subjectas, vobis ab eisdem collectoribus nominandas, per capcionem rerum suarum, si opus fuerit, compellatis ad solucionem procuracionum hujusmodi faciendam. Datum Parisius, die veneris ante festum purificacionis beate Virginis, anno Domini millesimo CC° LX° nono.

[1] Nonette, Puy-de-Dôme, cant. Saint-Germain-Lembron.

## 1197

1 febr. 1270. — CONESTABULO ALVERNIE [PRO HOMINIBUS RIOMI].

Alfonsus, *etc.*, conestabulo Alvernie, *etc.* Mandamus vobis quatinus illud residuum quantitatis peccunie, in qua nobis tenentur homines nostri Riomi pro subvencione quatuor milium librarum turonensium, nobis prestita ab eisdem in subsidium Terre sancte, procuretis modis omnibus nobis solvi terminis constitutis, conpellentes ad solucionem dicte peccunie homines de Riomo, nostre jurisdicioni subjectos, ad solvendum ratam contribucionis eis impositam per consules dicte ville, taliter super hiis vos habentes quod de dicta peccunia suis terminis sine defectu aliquo nobis plenarie satisfiat, quia dilacio dempnosa quam plurimum nobis foret pro passagio transmarino ita brevi. Datum Parisius, die sabbati ante purificacionem beate Marie virginis, anno Domini M° CC° LX° nono.

## 1198

4 febr. 1270. — [SENESCALLIS VENESSINI ET RUTHINENSI AC CONESTABULO ALVERNIE PRO INQUISITORIBUS AD PARTES ILLAS MITTENDIS.]

Alfonsus, *etc.*, dilectis et fidelibus Venessini et Rutthinensi senescallis et conestabulo Alvernie, *etc.* Significamus vobis quod nos ad partes nostras Venessini et Rutthinenses et Alvernie mittimus dilectos nostros fratrem Odonem de Parisius, fratrem Thomam de Latarosa, de ordine fratrum Minorum, et magistrum Johannem de Putheolis, presbiterum, latores presencium, pro forefactis nostris et ballivorum ac servientum nostrorum corrigendis, vobis mandantes quatinus super hiis consilium vestrum et auxilium impendatis eisdem quocienscunque ab ipsis fueritis requisiti, nichilominus districte vobis precipientes ut eis inquisitoribus sine difficultate qualibet pareatis in corrigendis excessibus servientum et eisdem ab officio penitus amovendis, quos iidem inquisitores vobis duxerint nominandos, et in restitucionibus faciendis a bajulis, ad quas faciendas, si per inquisitores ipsos fuerint condempnati, execucioni sine more dispendio insistatis. Datum Parisius, die martis post purificacionem beate Virginis, anno Domini M° CC° LX° nono.

## 1199

16 febr. 1270. — PRO LIBERIS GUILLELMI DE SPINACIA, DEFUNCTI, MILITIS.

Alfonsus, *etc.*, conestabulo Alvernie, *etc.* Ex parte liberorum defuncti Guillelmi de Spinacia nobis extitit intimatum quod liberi defuncti Rogerii de Venda, domicelli, quem, diu est, interfecisse dicitur dictus Guillelmus de Spinacia, occasione hujusmodi minas inferunt eisdem liberis Guillelmi de Spinacia, indebite et injuste, cum super hoc, ut asseritur, inter partes extiterit compositum seu eciam concordatum. Quare vobis mandamus quatinus, si vobis constiterit pacem seu concordiam factam fuisse inter partes et de consensu earundem, pacem hujusmodi seu composicionem observari faciatis a partibus, prout de jure fuerit faciendum, jus nostrum et alienum in hac parte observantes illesum. Datum die dominica in quindena Candelose, anno LX° IX°.

## 1200

20 febr. 1270. — PRO MAGISTRO GUILLELMO RUFFI.

Alfonsus, *etc.*, dilecto et fideli clerico suo magistro Guillelmo Ruffi salutem et dilectionem. Cum nos per vestras litteras intellexerimus quod vos, itinere arrepto veniendi ad nos in Franciam more solito, didicistis quod nos in proximo apud Pictavim iter arripere debebamus, quo audito ad propria reddiistis, quare vobis mandamus quatinus ad nos Pictavi[m] infra octabas Brandonum, omnibus postpositis, accedatis, nobis de hiis que pro nobis et nostro nomine de novo et veteri tractavistis racionem debitam redditurus. Datum Parisius, die jovis ante festum cathedre sancti Petri, anno Domini M° CC° LX° nono.

## 1201

(Fol. 59.) 23 mart. 1270. — CONESTABULO ALVERNIE PRO GUILLELMO, DOMINO DE VOLUBRIO, MILITE.

Alfonsus, *etc.*, conestabulo Alvernie, *etc.* Fideli nostro G. de Volubrio, milite, nuper apud Nyortum in nostra presencia existente, ordinatum extitit quod duellum gagiatum ab ipso contra dilectum et fidelem nostrum Eustachium de Montebuxerii et feudum dicti domini de Volubrio, quod idem Eustachius in manu sua detinet, ad presens in manu nostra saisiatis, dicto Guillelmo assensum suum ad hoc prebente, ut nostre satisfaceret voluntati. Quocirca vobis mandamus quatinus una cum fideli nostro magistro Guillelmo Ruffi dictum Eustachium efficaciter inducatis ut premissis consenciat. Modis enim omnibus volumus gagium in manu nostra poni et feudum pariter dicti domini de Volubrio, quod tenet dictus Eustachius in presenti, quibus in manu nostra positis, deliberato consilio ordinabimus quid ulterius sit agendum. Datum apud Niortum, dominica ante festum annunciacionis beate Marie, anno Domini M° CC° LX° nono.

## 1202

26 mart. 1270. — CONESTABULO ALVERNIE PRO DURANDO DE FIGIACO.

Alfonsus, *etc.*, connestabulo Alvernie, *etc.* Mandamus vobis quatinus Durandum de Figiaco super hiis omnibus, que proponenda duxerit coram vobis, diligenter audiatis, vocatis quorum interest, et sibi faciatis bonum jus et maturum. Super his vero que de bonis ipsius sive rebus, ut asserit, minus juste capiuntur et detinentur in sui prejudicium, recredenciam faciatis vel fieri faciatis, si de jure vel consuetudine patrie recredencia sedeat in hac parte. Datum apud Rupellam[1], die mercurii post Letare Jerusalem, anno Domini M° CC° LX° nono.

---

[1] La Rochelle, Charente-Inférieure.

## 1203

28 mart. 1270. — CANCELLARIO RIOMI PRO R. DE CORCELLIS, DOMICELLO.

Alfonsus, *etc.*, dilecto suo cancellario Riomi, salutem et dilectionem. Roberto de Corcellis, dilecto et fideli valleto nostro, accepimus conquerente quod nonnulli pretextu litterarum vestrarum ab ipso usuras petunt, et per usurariam pravitatem extorquere nitunt[ur], et extortas illicite eciam sibi reddi [contradicunt]. Unde vobis mandamus quatinus ipsum R. super hoc diligenter audiatis et ipsum Robertum ad solvendas usuras ac extorta per usurariam pravitatem, si probare poterit infra certum tempus usuras esse ac extorta per pravitatem usurariam, ad satisfaciendum de eisdem minime compellatis, nisi ad ea solvenda se astrinxerit juramento. Datum apud Sanctum Johannem Angeliacensem[1], die veneris post annunciacionem beate Marie, anno Domini M° CC° LX° nono.

## 1204

29 mart. 1270. — CONESTABULO ALVERNIE PRO GUILLELMO MARESCALLI.

Alfonsus, *etc.*, conestabulo Alvernie, *etc.* Guillelmo Marescalli accepimus conquerente quod quidam miles seu milites in quadam terra, sibi a nobis, ut dicitur, restituta, inponit seu inponunt aliquas servitutes. Unde vobis mandamus quatinus ipsum Guillelmum diligenter super hoc audiatis, vocatis dictis milite seu militibus et qui fuerint evocandi, et sibi super hiis et de quibus jurisdicio ad nos spectat faciatis eidem bonum jus et maturum. Ceterum super arreragiis vero, que sibi soluta non fuerunt, quando dicte terre sibi libere facta fuit restitucio, sicut dicit, ipsum diligenter audiatis, et constituto pro jure nostro servando idoneo defensore, super hiis et de quibus jurisdicio nobis spectat, faciatis eidem bonum jus et maturum. Datum die sabbati post annunciacionem beate Marie, apud Sanctum Johannem Angeliacensem, anno Domini M° CC° LX° nono.

---

[1] Saint-Jean-d'Angely, Charente-Inférieure.

## 1205

29 mart. 1270. — CONESTABULO ALVERNIE PRO BERTRANDO DICTO PERRONEAL.

Alfonsus, *etc.*, conestabulo Alvernie, *etc.* Bertrando dicto Perroneal accepimus conquerente quod, cum nos precepissemus, sicut dicit, ut de quadam emenda quam nobis debebat levarentur xx libre tantum, et gentes vestre seu servientes vestri levaverunt ab ipso et suis fidejussoribus usque ad valorem centum librarum minus juste, super quibus levatis a dictis levatoribus petit sibi fieri legitime compotum, et a Durando Gregorii et aliis qui sciunt de hoc [inquiri], et quod ad hoc compellantur, unde vobis mandamus quatinus, vocatis dicto Durando Gregorii et hiis quorum interest coram vobis, ipsum Bertrandum diligenter audiatis, et legitimum compotum super levatis, prout justum fuerit, sibi fieri faciatis super premissis quod faciendum fuerit in hac parte. Datum apud Sanctum Johannem Angeliacensem, die sabbati post Annunciacionem dominicam, anno Domini m° cc° lx° nono.

## 1206

1 apr. 1270. — CONESTABULO ALVERNIE PRO PREPOSITO PALUELLI.

Alfonsus, *etc.*, conestabulo Alvernie, *etc.* Ex parte prepositi de Palluiau[1] nobis est conquerendo monstratum quod, cum affirmasset balliviam de Paluello eo modo quo anno precedenti fuerat affirmata, et illo anno precedenti commande essent in firma, isto anno fuerunt amote dicte commande, quare petit de commandis illis amotis satisfieri sibi. Unde vobis mandamus quatinus ipsum super hoc diligenter, constituto pro jure nostro servando ydoneo deffensore, audiatis, et sibi super his faciatis bonum jus et maturum, de guerpinis vero, secundum quod in casu consimili vobis est injunctum, eidem facientes. Datum apud Xanctonas[2], die martis in octabbis Annunciationis dominice, anno Domini m° cc° lx° nono.

---

[1] Palluet, Allier, comm. Saint-Pourçain. — [2] Saintes, Charente-Inférieure.

## 1207

2 apr. 1270. — CONESTABULO ALVERNIE PRO ANGYO DE MANCHOMONTE.

DOMINO DE GIROLIS.

Alfonsus, etc., conestabulo Alvernie, etc. Cum ex parte Angui de Mangnomonte nobis fuerit conquerendo monstratum quod vos ipsum minus juste et in sui prejudicium spoliastis de custodia ville et de alta justicia ville de Giroles⁽¹⁾, super quo petit testes admitti super possessione quos duxerit producendos, vobis mandamus quatinus ipsum super hoc diligenter audiatis, constituto pro jure nostro servando ydoneo deffensore, et sibi facialis bonum jus et maturum. Datum apud Xanctonas, die mercurii ante Ramos Palmarum, anno Domini m° cc° lx° nono.

## 1208

(Fol. 60.) 3 apr. 1270. — PRO EUSTACHIO DE MONTEBUSSERII ET GUILLELMO DE VALLURNIO, MILITE.

Alfonsus, etc., dilectis et fidelibus suis conestabulo Alvernie et magistro Guillelmo Rulli, clerico, etc. Cum super negocio quod vertitur inter Guillelmum de Valubrio, militem, et Eustachium de Montebusserii, vallelum nostrum, alias fuerit ordinatum ut ipsos efficaciter induceretis quod infra diem eisdem super dicto negocio assignatam gagium duelli et feodum, super quo inter ipsos vertitur contencio, in manu nostra ponerent et nobis concederent potestatem super predictis ut vellemus ordinandi, et dictus Eustachius, ad nos postmodum veniens, absque consensu amicorum suorum predicta facere contradicat, vobis mandamus quatinus ad diem eis assignatam de pace inter ipsos tractetis et eos ad hec efficaciter, prout poteritis, inducatis, alioquin bonum jus et maturum eis facialis, nichilominus nobis causam discordie et si concordare nequiverint apud Aquas Mortuas⁽²⁾ in octabis apostolorum Philipi et Jacobi⁽³⁾ rescribentes. Datum apud Xanctonas, die jovis ante Ramos Palmarum, anno Domini m° cc° lx° nono.

⁽¹⁾ Je propose Girgols, Cantal, cant. Saint-Cernin. ⁽²⁾ Aigues-Mortes, Gard. ⁽³⁾ 8 mai.

# ERRATUM.

Page 118, supprimer la note finale entre ] et voir p. 313.

# TABLE.

## PREMIER REGISTRE.

(Archives nationales, JJ. xxiv.)

|   | Pages. |
|---|---|
| Littere terre Pictavensis, incepte in Pascha, anno Domini m° cc° lx° vii°. | 1 |
| Année 1268, nouveau style. | 46 |
| Littere terre Xanctonie, incepte in Pascha, anno Domini m° cc° lx° vii°. | 53 |
| Année 1268, nouveau style. | 76 |
| Littere terre Ruthinensis, incepte in Pascha, anno Domini m° cc° lx° vii°. | 82 |
| Année 1267, suite. | 313 |
| Année 1268, nouveau style. | 320 |
| Littere Arvernie, que incipiunt in Pascha, anno Domini m° cc° lx° vii°. | 119 |
| Année 1268, nouveau style. | 135 |
| Littere Tholose et Albiensis, incepte in Pascha, anno Domini m° cc° lx° vii°. | 143 |
| Année 1268, nouveau style. | 229 |
| Littere terre Agenensis et Caturcensis, incepte in Pascha, anno Domini m° cc° lx° vii°. | 258 |
| Année 1268, nouveau style. | 307 |
| Littere terre Venaissini, incepte in Pascha, anno Domini m° cc° lx° vii°. | 334 |
| Année 1268, nouveau style. | 353 |
| Littere senescallie Pictavensis, incepte in Pascha, anno Domini m° cc° lx° viii°. | 363 |
| Année 1269, nouveau style. | 419 |
| Littere senescallie Xanctonensis, incepte in Pascha, anno Domini m° cc° lx° viii°. | 435 |
| Année 1269, nouveau style. | 457 |
| Littere conestabilie Alvernie, incepte in Pascha, anno Domini m° cc° lx° viii°. | 462 |
| Année 1269, nouveau style. | 488 |
| Littere senescallie Tholose et Albiensis, incepte in Pascha, anno Domini m° cc° lx° viii°. | 496 |
| Année 1269, nouveau style. | 606 |

# TABLE.

## DEUXIÈME REGISTRE.

(Archives nationales, JJ. xxıv<sup>d</sup>.)

| | Pages. |
|---|---|
| Littere seneseallie Pictavensis, incepte in Pascha, anno Domini m° cc° ɪx° nono. | 697 |
| Année 1270, nouveau style. | 695 |
| Littere seneseallie Xanctonensis, incepte in Pascha, anno Domini m° cc° ɪx° nono. | 714 |
| Année 1270, nouveau style. | 750 |
| Littere conestabulie Alvernie, incepte in Pascha, anno Domini m° cc° ɪx° nono. | 756 |
| Année 1270, nouveau style. | 788 |

www.ingramcontent.com/pod-product-compliance
Lightning Source LLC
Chambersburg PA
CBHW070716020526
44115CB00031B/1129